Die Übersichten

Extraseiten: Mit den farbig markierten Extraseiten können Sie Lerninhalte anwenden, üben und vertiefen.

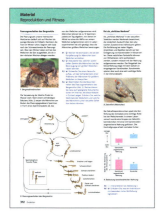

Material
Mit den Inhalten dieser Seiten üben Sie, selbstständig komplexe Aufgaben zu lösen – auch eine gute Vorbereitung auf Klausuren und das Abitur.

Methoden
Diese Seiten zeigen Ihnen die grundlegenden Methoden im Überblick. Hier können Sie bei der Arbeit mit dem Buch immer wieder nachschlagen.

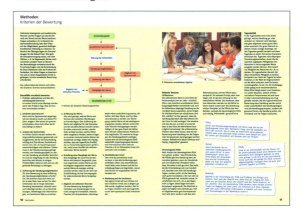

Praktikum
Hier arbeiten Sie praktisch, indem Sie Experimente planen, durchführen und auswerten.

Basiskonzepte
Auf diesen Seiten werden grundlegende Prinzipien der Biologie vorgestellt.

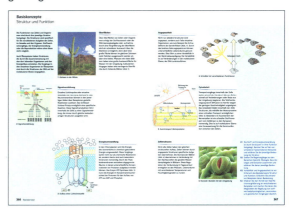

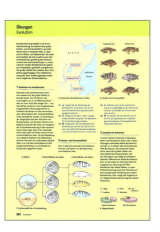

Übungen
Am Ende jedes Kapitels finden Sie eine Zusammenfassung und Aufgaben zum Üben für Klausur und Abitur.

Die Lösungen zu diesen Aufgaben finden Sie am Ende des Buches.

Glossar
Die wichtigsten Fachbegriffe zu den Themen werden kurz und prägnant erklärt.

Aufgaben mit Anforderungsbereichen
Die Schwierigkeit der Aufgaben ist abgestuft in einfach, mittel und schwierig.

○ Anforderungsbereich I (einfach)
◐ Anforderungsbereich II (mittel)
● Anforderungsbereich III (schwierig)

Inhalt

Grundbegriffe Zelle 6
Grundbegriffe Energiestoffwechsel 8

Arbeitsmethoden in der Biologie

Methoden: Kriterien der Bewertung 10
Methoden: Bewerten am Beispiel der Stammzellforschung 12
Methoden: Modelle unterstützen die Forschung 14
Methoden: Klausuraufgaben 16

1 Genetik

1.1 Nucleinsäuren 20
DNA — ein geniales Speichermedium 20
DNA-Replikation 22
PCR — DNA-Replikation im Reagenzglas 23
RNA — mehr als nur eine weitere Nucleinsäure 24
Material: Nucleinsäuren 25

1.2 Proteinbiosynthese 26
Die Entwicklung des Genbegriffs 26
Material: Genwirkketten 27
Transkription — der erste Schritt der Proteinbiosynthese 28
Material: Die Erforschung der RNA 30
Der genetische Code 32
Material: Die Entdeckung des genetischen Codes 33
Translation — t-RNA als Vermittler 34
Translation — ein Protein entsteht 36
Vergleich der Proteinbiosynthese bei Pro- und Eukaryoten 38
Modellvorstellungen zur Genregulation bei Prokaryoten 40
Material: Genregulation bei Prokaryoten 41
Modellvorstellungen zur Genregulation bei Eukaryoten 42
Epigenetik — Gene und Umwelt 44
Material: Epigenetik 46
Material: Genomische Prägung 47
RNA — Interferenz und Gen-Silencing 48
Mutationen 50
Material: Mondscheinkinder und schädliche UV-Strahlung 52
Proteom und Proteomforschung 54

1.3 Humangenetik 56
Befruchtung und Meiose 56
Chromosomenmutationen 58
Mukoviszidose — eine erblich bedingte Krankheit 60
Stammbaumanalyse 61
Material: Stammbaumanalyse 62
Material: Angewandte Stammbaumanalyse 63
Molekulargenetische Verfahren — Elektrophorese und Sequenzierung 64
Hochdurchsatzsequenzierung 66
Genomik — die Analyse des Genoms 68
Genetischer Fingerabdruck 70

Künstliche Befruchtung 72
Präimplantationsdiagnostik 73
Pränataldiagnostik 74
Nicht-invasive pränatale Testverfahren (NIPT) 75
Material: Genetische Beratung 76
Material: Bewertung eines Fallbeispiels für die PID 77

1.4 Entwicklung 78
Differenzierung und Entwicklung 78
Eigenschaften embryonaler und adulter Stammzellen 80
Krebs — Fehler in der Informationsübertragung 82
Altern 84
Material: Zelltod 85

1.5 Gentechnik 86
Gentechnische Verfahren im Überblick 86
Biotechnologie 88
Modellorganismen 90
Knockout-Organismen 91
Synthetische Organismen 92
Material: Synthetische Organismen — Einsatzmöglichkeiten und Gefahren 93
Gentechnik in der Medizin 94
Material: Reproduktionstechnik, Klonen 95
Gentechnik in der Lebensmittelherstellung 96
Material: Gen-Ethik 97
Übungen: Genetik 98

2 Neurobiologie

2.1 Nervenzellen — Bau und Funktion 102
Vom Reiz zur Reaktion 102
Das Neuron 103
Die Biomembran — Grundlage der Funktion von Neuronen 104
Das Ruhepotential 106
Die Entstehung des Aktionspotentials 108
Weiterleitung des Aktionspotentials 110
Umwandlung von Reizen in elektrische Signale 111
Material: Erkenntnisgewinnung am Beispiel neurobiologischer Forschung 112

2.2 Neuronale Schaltungen 114
Synapsen 114
Verrechnungsprozesse an Synapsen 116
Synapsengifte — neuroaktive Stoffe 118
Material: Synapsengifte als Arzneimittel 119
Der neuronale Weg vom Reiz zur Reaktion 120
Reflexe 122

Inhalt

2.3 Sinne — Grundlagen der Wahrnehmung 124
Menschliches Auge und Netzhaut 124
Adaptation — Anpassung der Lichtempfindlichkeit 125
Funktion der Netzhaut 126
Fototransduktion — Signaltransduktion 128
Farben entstehen im Kopf 130
Wahrnehmung 131
Kontraste verbessern die Wahrnehmung 132
Vom Reiz zum Sinneseindruck 134

2.4 Bau und Funktion des Nervensystems 136
Nervensystem des Menschen 136
Nerven und Hormone regeln Körperfunktionen 138
Lexikon: Bau und Funktion des menschlichen Gehirns 140
Methoden der Hirnforschung 142
Modellvorstellungen zum Gedächtnis 144
Neuronale Plastizität — Dauerbaustelle Gehirn 146
Material: Erforschung der Plastizität 148
Degenerative Erkrankungen — Demenz 150
Schlaf und Traum 152
Sucht nach Belohnung 154
Material: Psychoaktive Stoffe 155
Neuro-Enhancer — Doping für das Gehirn 156
Übungen: Neurobiologie 158

3 Ökologie

3.1 Lebewesen und Umwelt 162
Wechselbeziehungen in der Biosphäre 162
Einfluss der Temperatur 164
Material: Energie und Lebensweise 165
Ökologische Potenz und Präferenz 166
Material: Präferenz und Toleranz 167
Tiergeografische Regeln 168
Material: Leben mit wenig Wasser — die Kängururatte 169
Der Einfluss von Feuchtigkeit 170
Leben im Salzwasser 172
Zeigerarten — Bioindikatoren 174
Der Einfluss von Sauerstoff auf Tiere 175

3.2 Ökologische Nische 176
Das Konzept der ökologischen Nische 176
Material: Die ökologische Nische von Strudelwürmern 178
Praktikum: Untersuchungen zur ökologischen Nische 179
Konkurrenz um Ressourcen 180
Arten konkurrieren 182
Material: Eichhörnchen und Grauhörnchen 183
Material: Intraspezifische und interspezifische Konkurrenz 184

3.3 Dynamik von Populationen 186
Wachsende Populationen 186
Populationsgrößen verändern sich 188
Räuber und Beute 190
Modelle zur Räuber-Beute-Beziehung 192
Mehrartensysteme — Beutewechsel des Luchses 194
Material: Rebhuhndichte 195
Ernährungsstrategien — Spezialisten und Generalisten 196
Parasitismus 197
Symbiose 198
Material: Pilzsymbiosen 199
K- und r-Lebenszyklusstrategie 200
Dispersion — Verteilungsmuster in Populationen 201
Populationsökologie und Pflanzenschutz 202
Biologische Invasion — Neobiota 204

3.4 Synökologie 206
Gestufte Systeme 206
Primärproduktion 208
Fotosynthese — Energieumwandlung 209
Bau und Funktion eines Blattes 210
Spaltöffnungen — Regulation der Transpiration 211
Äußere Einflüsse auf die Fotosynthese 212
Sonnenblätter — Schattenblätter 213
Licht und Schatten im Wald 214
Leben braucht Energie 216
Zweigeteilte Fotosynthese 218
Material: Experimente zur zweigeteilten Fotosynthese 219
Fotoreaktion 220
Synthesereaktion — Glucosesynthese 222
Fotosynthese in trockenen Regionen — CAM 224
Material: Fotosynthese 226
Chemosynthese in der Tiefsee 228
Stoffabbau durch Destruenten 229
Kohlenstoffkreislauf 230
Stickstoffkreislauf und Energiefluss 231
Biodiversität 232

3.5 Land- und Gewässerökosysteme 234
Der Wald 234
Sukzession 236
Praktikum: Wald 238
Der See im Jahresverlauf 240
Der oligotrophe See 242
Der eutrophe See 243
Mineralstoffe im See 244
Material: Daphnien im See 246
Fließgewässer 248
Flussauen als Rückzugsraum 250
Renaturierung von Fließgewässern 251
Praktikum: Freilandökologie an Gewässern 252
Meer als Lebensraum 254

3.6 Mensch und Umwelt 256
Weltbevölkerung 256
Regenerative Energiequellen 257
Umweltschutz — unsere Verantwortung 258
Arten- und Biotopenschutz 259
Der ökologische Fußabdruck 260
Schutz der globalen Vielfalt 261
Übungen: Ökologie 262

4 Evolution

4.1 Evolution — Veränderung und Vielfalt 266
Veränderungen in großen und kleinen Schritten 266
Variabilität und Artenvielfalt 268
Variabilität und ihre Ursachen 270
Natürliche Selektion 272
Der Weg zur Angepasstheit 274
Material: Selektion 276
Selektion ändert Populationen 278
Das Hardy-Weinberg-Gesetz 280
Material: Selektion bei der Felsen-Taschenmaus 282
Gendrift 284
Material: Populationsgenetik 286

4.2 Artbildung 288
Isolation und Artbildung 288
Arbildungsmodelle 290
Hybride und Hybridzonen 292
Hybridzonen der Hausmaus in Deutschland 294
Adaptive Radiation 296
Material: Artbildung 297
Coevolution — Anpassung und Gegenanpassung 298
Material: Malaria und Sichelzellanämie 300

4.3 Reproduktion und Fitness 302
Evolution und Verhalten 302
Habitatwahl 303
Fortpflanzung und Investition in die Nachkommen 304
Paarungssysteme 305
Material: Sexualstrategien 306
Material: Fortpflanzungstaktiken der Heckenbraunelle 308
Sexuelle Selektion und Partnerwahl 310
Material: Reproduktion und Fitness 312
Material: Investment 313
Altruismus und Selektion 314
Altruismus und Kooperation 316
Material: Kooperation 317
Material: Verhalten und Evolution 318

4.4 Evolutionstheorien 320
Synthetische Evolutionstheorie 320
Pioniere der Evolutionsforschung 322
Nicht naturwissenschaftliche Theorien 323

4.5 Ähnlichkeit und Verwandtschaft 324
Homologie und Analogie 324
Rudimente und Atavismen 326
Material: Homologie und Analogie 327
Merkmale und Merkmalsprüfungen 328
Morphologische Rekonstruktion von Stammbäumen 329
Molekulare Verwandtschaft 330
Molekulare Uhren 332
Neue Gene entstehen 333
DNA-Datenbanken 334
Material: Gen-Datenbanken 336
Methoden der Paläontologie 338
Lebende Fossilien 340
Brückentiere 341

4.6 Evolution des Menschen 342
Der Mensch ist ein Primat 342
Unsere nächsten Verwandten 343
Mensch und Schimpanse — ein Vergleich 344
Die frühen Hominiden 346
Homo — eine Gattung erobert die Erde 348
Die Herkunft des heutigen Menschen 350
Neandertaler — ein Stück Forschungsgeschichte 352
Material: Neandertaler und moderne Menschen 353
Hautfarbe und Diskriminierung 354
Material: Hautfarbe und Sonnenlicht 355

4.7 Die Evolution des Lebens auf der Erde 356
Frühe biologische Evolution: Erste lebende Zellen 356
Mehrzeller entstanden mehrmals in der Evolution 357
Tier- und Pflanzengeografie 358
Systematik der Lebewesen 360
Übungen: Evolution 362

Basiskonzepte 364
System 364
Struktur und Funktion 366
Entwicklung 368

Anhang 370
Lösungen zu den Übungsseiten 370
Glossar 376
Register 386
Operatoren 395
Bildnachweis 396

Grundbegriffe Zelle

Alle Zellen sind von einer Zellmembran (Biomembran) umgeben. Eukaryotische Zellen haben im Zellinneren Biomembranen, welche sie in verschiedene Funktionsräume (Kompartimente) unterteilt. In diesen können unterschiedliche Stoffwechselreaktionen ablaufen. An der Oberfläche der Membranen können membrangebundene Stoffwechselprozesse ablaufen. Eine Vergrößerung der Oberfläche durch Faltung und Stapelung steigert deren Effektivität. Die hierdurch entstandenen Funktionseinheiten der Zelle werden als Zellorganellen bezeichnet

Bestandteile der Zellen

1. Der Zellkern *(Nucleus)* enthält den größten Teil der DNA. Er steuert und kontrolliert die Vorgänge in der Zelle.
2. Kernkörperchen *(Nucleoli)* sind am Zusammenbau der Ribosomen beteiligt.
3. Das *Cytoplasma* besteht ca. zu 70 % aus Wasser und zu 20 % aus Proteinen. Es ist die Grundsubstanz der Zelle.
4. *Lysosomen* und *Vakuolen* enthalten unterschiedliche Substanzen, z.B. Enzyme.
5. *Dictyosomen* sind durch Membranen abgegrenzte, gestapelte Hohlräume. Proteine werden hier je nach Bestimmungsort in der Zelle modifiziert. Die Gesamtheit der vernetzten Dictyosomen in einer Zelle wird als *Golgi-Apparat* bezeichnet.

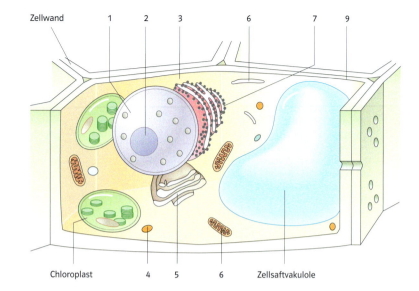

2 *Pflanzenzelle mit Zellorganellen (schematisch)*

6. Das *Endoplasmatisches Reticulum (ER)* sind Membranen, die als Kanalsystem das Cytoplasma durchziehen. Verschiedene Substanzen werden hier transportiert.
7. Die *Ribosomen* sind die Syntheseorte der Proteine in der Zelle (s. Seite 36).
8. Die *Mitochondrien* sind die Energiewandler in der Zelle.
9. Die *Zellmembran* umgibt die Zelle und trennt sie von der Umgebung.

Bestandteile der Pflanzenzellen

Zusätzlich zu den Organellen der Tierzellen haben Pflanzen noch zusätzliche Zellbestandteile. Die *Zellwand* besteht hauptsächlich aus Cellulose und dient der Stabilisierung der Pflanzenzelle. Die *Zellsaftvakuole* kann bis zu 90 % der Zelle ausmachen. Sie ist umschlossen von einer Membran, dem *Tonoplasten*. In ihr werden Mineralsalze und Proteine abgelagert. Der *Chloroplast* ist der Ort der Fotosynthese (s. Seite 218).

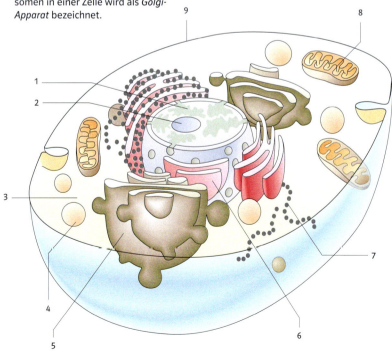

1 *Tierzelle mit Zellorganellen (schematisch)*

Cytoskelett

Alle eukaryotischen Zellen besitzen neben den Membranen ein *Cytoskelett*. Im Gegensatz zu den Organellen und Membranen baut sich das Cytoskelett je nach Bedarf ständig um. Es durchzieht das Cytoplasma als ein dreidimensionales Netzwerk aus langen, dünnen Proteinfäden, den *Filamenten* (Abb. 3). Es dient der Stabilisierung der Zelle und dem schnellen Transport von großen Molekülen oder Vesikeln innerhalb der Zelle. Diese Vesikel können vom Golgi-Apparat kommen und Hormone, wie das Insulin, beinhalten.

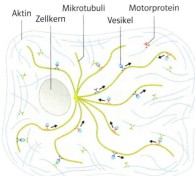

3 *Stoffverteilung in der Zelle*

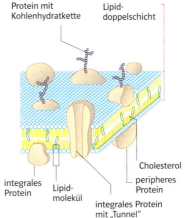

5 *Schema der Biomembran*

Biomembran

Die Zellmembran, die alle Zellen umschließt, hat den typischen Aufbau der *Biomembran* (Abb. 5). Sie bestehen aus Lipiden und Proteinen. Aufgrund ihrer chemischen Eigenschaften ordnen sich die Biomembranlipide zu einer Lipiddoppelschicht zusammen. Die Biomembran dient als äußere Hülle der Zelle und als Trennwand zur Kompartimentierung der Zelle. Proteine können auf der Membran aufliegen oder sie durchqueren. Sie bestimmen die verschiedenen Funktionen der Biomembran.

Totipotent — Pluripotent — Unipotent

Die DNA steuert die Differenzierung der Zellen in den Geweben. Die Immun- oder Nervenzellen sind verschieden differenziert (Abb. 7). Der Zellkern ist während der ersten Stadien der Embryonalentwicklung *totipotent*. Alle Zelltypen können sich daraus entwickeln. Die differenzierten Zellen sind *unipotent*, sie sind als ein Zelltyp differenziert. Stammzellen sind *pluripotent*. Sie können sich nicht zu einem neuen Organismus entwickeln, sondern nur zu verschiedenen Geweben.

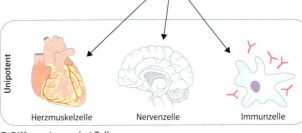

7 *Differenzierung bei Zellen*

4 *Bewegung durch Motorproteine*

Zellzyklus

Beim Wachstum aller Organismen entstehen die notwendigen neuen Zellen durch eine *Zellteilung*. Bei jeder Zellteilung teilt sich auch der Zellkern mit den Chromosomen und der DNA. Der Vorgang der Zellkernteilung wird als *Mitose* bezeichnet. Es entstehen zwei genetisch identische Zellen (Abb. 6). Die Zelle wächst durch die Flüssigkeitsaufnahme und die Synthese neuer Baustoffe. Die Anzahl der Teilungen in einem Gewebe ist kontrolliert.

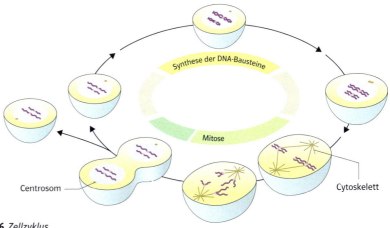

6 *Zellzyklus*

7

Grundbegriffe Energiestoffwechsel

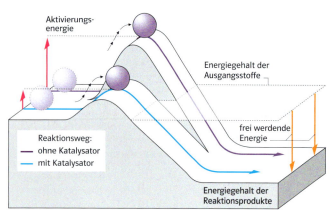

1 Ablauf einer enzymkatalysierten Reaktion

Energieumwandlung

Zellen benötigen ständig Zufuhr von Energie Diese Energie stammt aus der chemischen Bindungsenergie der Nahrungsmoleküle, wie z. B. der Glucose. Sie ist ein energiereicher Stoff. Auch Pflanzen nutzen nicht direkt die Sonnenenergie, sondern die bei der Fotosynthese gebildete Glucose. Die Zellen machen die in der Glucose gebundene chemische Energie für den Organismus verfügbar, indem sie die Glucose in mehreren Schritten zu den energiearmen Stoffen Wasser und Kohlenstoffdioxid verarbeiten. Ein kleiner Teil der Reaktionen erfolgt im Cytoplasma, der größere Teil in den Mitochondrien (Abb. 3).

ATP

Etwa 95 % der ATP-Bildung in der Zelle erfolgt in den Mitochondrien, der Rest im Cytoplasma. ATP (*Adenosintriphosphat*) ist in den Zellen das Energietransportmolekül für die Energiebereitstellung. Es koppelt in der Zelle Reaktionen, die Energie freisetzen, mit Reaktionen, die Energie benötigen. ATP zerfällt in ADP (*Adenosindiphosphat*) und Phosphat (Abb. 2). Hierbei wird Energie freigesetzt. Durch Energiezufuhr aus chemischen Reaktionen wird ATP wieder zurückgebildet.

Enzyme

Tausende Reaktionen laufen ständig in allen lebenden Zellen von Mikroorganismen, Pflanzen, Tieren und Menschen ab. Jede von ihnen wird durch ein spezifisches Enzym mit einer räumlichen Struktur katalysiert. Das Fehlen einzelner Enzyme kann zu Krankheiten oder zum Tode führen. Alle Zellen verwenden hauptsächlich Proteine als *Enzyme*.

Enzyme sind *Biokatalysatoren*. Sie senken bei Reaktionen die Energieschwelle und damit die notwendige Aktivierungsenergie (Abb. 1). Die Herabsetzung der Aktivierungsenergie ist auf eine Wechselwirkung zwischen dem Enzym und dem umzusetzenden Stoff, dem Substrat, zurückzuführen. Enzyme sind substrat- und wirkungsspezifisch. Sie können immer nur bei der Reaktion eines spezifischen Stoffes die Reaktion beschleunigen. Es ist auch immer die gleiche Reaktion.

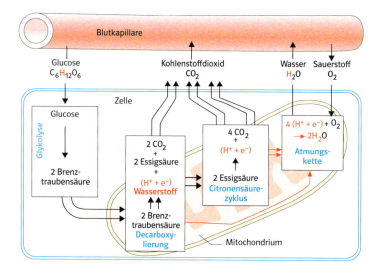

3 Dissimilation (schematisch)

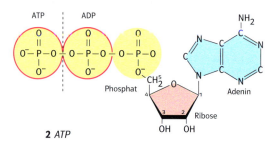

2 ATP

Drehscheibe für Stoffe

Der Citronensäurezyklus hat neben der Energiebereitstellung in den Mitochondrien noch eine zweite Bedeutung als Drehscheibe des Stoffwechsels. Es können nicht nur Fette, Eiweiße oder Kohlenhydrate aus der Nahrung abgebaut, sondern Bausteine aus dem Citronensäurezyklus für den Aufbau körpereigener Substanzen genutzt werden. Beispielsweise können bei fehlender Glucose die Zellen in den meisten Körperteilen weiterarbeiten, nicht jedoch das Gehirn. Die Bausteine, die beim Fett- oder Eiweißabbau entstehen, können nicht über die Blutschranke zum Gehirn gelangen und daher dort nicht genutzt werden. Nur Glucose kann die Blutschranke passieren. Solche Mangelsituationen können durch lang andauernde Hungersituationen entstehen.

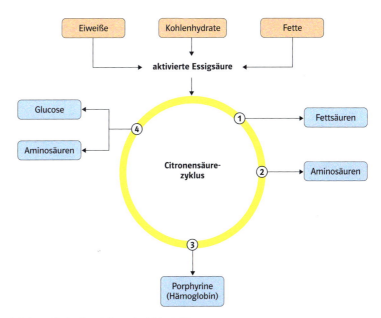

4 Schematische Darstellung der Nährstoffwege

Sauerstoff

Sauerstoff wird im Blut zu den Zellen transportiert. Die Sauerstoffaufnahme erfolgt beim Menschen in der Lunge. Hier wird der Sauerstoff an das Hämoglobin in den Erythrocyten gebunden und über die Blutbahn im Körper verteilt. Im Gewebe wird der Sauerstoff vom Hämoglobin abgegeben. Der Austausch erfolgt immer von der hohen zur niedrigen Konzentration. Er wird in den Zellen für die Vorgänge der Dissimilation benötigt. Das entstehende Kohlenstoffdioxid wird im Blut gelöst und über die Lunge ausgeatmet.

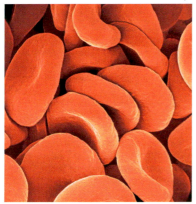

5 Erythrocyten

Nährstoffe

Nährstoffe dienen in allen Organismen dem Energie- oder Baustoffhaushalt. Sie gelangen über den Verdauungstrakt in den Organismus und werden über die Blutbahn zu den Geweben und Zellen transportiert. Hierzu werden sie im Darm zu kleinen wasserlöslichen Stoffen abgebaut (Abb. 5). Von der Darmwand werden sie in das Blut transportiert. Die nicht wasserlöslichen Bestandteile der Fette werden an Transportmoleküle gebunden und zunächst durch die Lymphe, später erst im Blut weiterbefördert. Mit der Nahrung nehmen wir täglich auch bis zu 30 mg Nucleotide auf, die für den Aufbau der körpereigenen DNA genutzt werden. Nucleotide können vom Körper auch aus Zuckern, Phosphat und Aminosäuren aufgebaut werden.

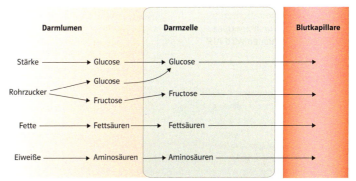

6 Verdauung und Aufnahme der Nährstoffe ins Blut

Methoden
Kriterien der Bewertung

Zahlreiche biologische und medizinische Themen werfen Fragen auf, die den Bereich der Moral und der Werte berühren. Fragen entstehen z. B. im Bereich der Stammzellforschung oder Gen-Chips mit der Möglichkeit, genetisch bedingte Krankheiten frühzeitig zu erkennen. Im Bereich der Ökologie legen wir Entscheidungen für die Zukunft fest: Wie geht die Energieversorgung weiter, wie viele Flächen, z. B. im Regenwald, dürfen noch vernichtet werden? Auch im Bereich der Neurobiologie entstehen durch die Forschung Fragen, wie die Entscheidung für Neuro-Enhancer oder die Freiheit der Gedanken. Um diese Fragen zu beantworten und zu einem begründeten Urteil zu gelangen, ist eine moralische Bewertung erforderlich.

Das nebenstehende Schema soll helfen, die einzelnen Schritte nachzuvollziehen.

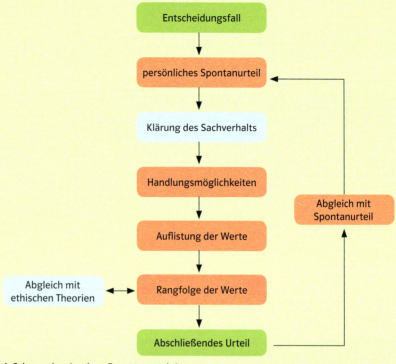

1 *Schema der einzelnen Bewertungsschritte*

Einzelfälle moralisch bewerten

1. Problem wahrnehmen und den Entscheidungsfall benennen
Im ersten Schritt muss überlegt werden, worin das Problem liegt. Was soll konkret entschieden werden?

2. Intuitives Spontanurteil
Dann wird im Spontanurteil abgefragt, wie der Einzelne intuitiv auf dieses Problem reagiert. Wie würde ich spontan entscheiden, ohne mich näher damit beschäftigt zu haben?

3. Analyse des Sachverhalts
Im dritten Schritt werden weitere Hintergrundinformationen gesammelt und ausgewertet, die für die Entscheidung wichtig sind. Das können Sachinformationen sein, die z. B. Expertengruppen zusammentragen und erläutern. Zudem muss in der Situationsanalyse gefragt werden, wer Handlungssubjekt ist, wer von der Handlung unmittelbar betroffen ist und wer langfristig von der Handlung betroffen sein könnte. In einigen Problemfällen bietet es sich auch an, die geltende Rechtslage zu befragen.

4. Auflistung der Handlungsmöglichkeiten
Für eine Bewertung ist eine Auflistung der Handlungsmöglichkeiten erforderlich. Die Antwort muss sich nicht auf ein Ja oder Nein, bzw. auf ein Tun oder Unterlassen der in Frage stehenden Handlung beschränken, vielmehr kann auch überlegt werden, ob es Abschwächungen, Mittelwege oder Alternativen gibt, um bestimmte Ziele zu erreichen.

5. Auflistung der Werte
Hier wird gefragt, welche Werte und Normen den einzelnen Handlungen zu Grunde liegen. Eine Auflistung der Werte soll möglichst für alle Szenarien und für alle Betroffenen erstellt werden. Es sollte untersucht werden, welche Ziele verfolgt werden, welche Mittel dafür eingesetzt werden, welche Folgen zu erwarten sind und welche Motive der Handelnde verfolgt. Dabei wird häufig sichtbar, dass der eigentliche Konflikt, der zur Entscheidungssituation geführt hat, meist einen Konflikt der dahinter stehenden Werte darstellt.

6. Erstellung einer Rangfolge der Werte
Eine Rangfolge der zuvor benannten Werte wird dadurch hergestellt, dass man begründet, welche Werte als die wichtigsten angesehen werden und welche Werte als weniger wichtig erachtet werden. Dies ist der Kern der Urteilsfindung, da hier Vorrangregeln für widerstreitende Werte festgelegt werden.

7. Abgleich mit ethischen Theorien
Für eine Bewertung biologischer Techniken und Anwendungen ist es nicht zwingend erforderlich, ethische Theorien mit einzubeziehen. Allerdings bieten diese zusätzliche Argumente, die helfen, sich über Werte und ihre Relevanz bewusst zu werden. Zur Überlegung, welche Werte als die wichtigeren angesehen werden, können somit ethische Theorien hinzugezogen werden. Heiligt z. B. der gute Zweck die Mittel, dann können utilitaristische Positionen dies begründen. Für manche ist hingegen die Handlungsabsicht wichtiger, sodass eher die deontologische Ethik weiterhilft. Expertengruppen könnten hier Informationen über ethische Theorien z. B. im Philosophie-Unterricht sammeln und vorstellen.

8. Abschließendes Urteil
Hier wird das persönliche Urteil verfasst, in das alle Vorüberlegungen einfließen sollten. Das abschließende Urteil liefert eine Antwort auf die Entscheidungsfrage und begründet, warum eine Person im vorgestellten Fall wie handeln soll.

9. Rückbezug auf die Intuitionen
Das eigene Urteil soll zum Schluss mit dem intuitiven Urteil, das zu Beginn gefällt wurde, verglichen werden. Hier ist zu fragen, inwiefern sich das begründete von dem spontanen Urteil unterscheidet.

2 *Diskussion verschiedener Aspekte*

Ethische Theorien
Utilitarismus
Die *utilitaristische Ethik* ist eine Ethik der Nutzenanalyse (von lat. *utilis* = nützlich). Wenn man zwischen verschiedenen Handlungsmöglichkeiten entscheiden soll, wird im *Utilitarismus* diejenige Handlung als die moralisch beste angesehen, deren Folgen für alle Betroffenen am nützlichsten sind. Mit „nützlich" ist hier gemeint, dass die Handlung das Glück aller Betroffenen fördert bzw. ihr Leid verringert. Der einzelne soll also das tun, von dem er erwartet, dass es das Glück der Betroffenen bestmöglich hervorbringt. Die utilitaristische Position setzt dabei voraus, dass bei der Bewertung einer Handlung nur die Folgen oder Konsequenzen herangezogen werden müssen. Deshalb wird dieser Ethiktyp auch häufig „Folgenethik" genannt.

Deontologische Ethik
Nach Ansicht der *deontologischen Ethik* (von griech. *to déon* = das Erforderliche, die Pflicht) gilt eine Handlung dann als moralisch geboten, wenn der Handelnde sich von bestimmten Prinzipien leiten lässt, die selbst in sich gut sind. Das heißt, bei der Entscheidung, wie man handeln soll, beachtet man nicht die Handlungsfolgen, sondern prüft, ob die Handlung nach guten Grundsätzen, die man sich zur Pflicht gemacht hat, verlaufen würde. So verpflichtet man sich z. B. zu der Regel, nicht zu lügen. Diese Regel wird dann konsequent angewandt. Die Wahrheit zu sagen ist folglich nicht deshalb gut, weil es möglicherweise gute Konsequenzen nach sich zieht, sondern weil dies dem Wahrheitsprinzip und der Pflicht dazu entspricht. Ein weiteres Prinzip, dem man folgen soll, ist das der Achtung vor der menschlichen Würde. Das bedeutet, dass man Menschen niemals nur als Mittel zu einem Zweck nutzen darf. Die Einhaltung solcher Prinzipien ist die Pflicht des Handelnden, weshalb die deontologische Ethik auch häufig „Pflichtethik" genannt wird.

Tugendethik
In der Tugendethik wird nicht direkt gefragt, welche Handlung ge- oder verboten ist. Vielmehr wird überlegt, was ganz allgemein einen guten Menschen ausmacht. Ein guter Mensch ist diesem Ansatz zufolge derjenige, der den Tugenden gemäß handelt und diese Tugenden zu einem Teil seines Charakters entwickelt hat. Tugenden sind diejenigen Charaktereigenschaften, durch die die natürlich angelegten Fähigkeiten des Menschen in hervorragender Weise ausgeübt werden können. Eine natürliche Fähigkeit des Menschen ist z. B. zu denken. Ein tugendhafter Mensch übt diese menschliche Fähigkeit zu denken kompetent aus. Nach der Tugend zu leben bedeutet, in der Wahl der Eigenschaften auf die Mitte zwischen zwei Extremen zurückzugreifen. So ist z. B. der Großzügige weder geizig noch verschwenderisch. Diese Mitte hängt jedoch vom Einzelnen, von seiner Situation, seinem Umfeld und seinem Temperament ab und muss in jeder Lebensentscheidung neu klug gewählt werden. Bei der tugend-ethischen Bewertung einer Handlung werden somit weder ausschließlich die Handlungsfolgen, noch die Handlungsprinzipien, sondern die gesamte Person, die Handlung selbst, die Umstände und die Folgen betrachtet.

> **Wert:**
> Werte sind Orientierungsstandards, von denen man sich bei der Handlungswahl leiten lässt. Bestimmte Dinge sind für jemanden von Wert oder wertvoll. Das ist nicht im materiellem Sinne gemeint, sondern kann auch abstrakte Dinge meinen: zum Beispiel der Wert des Lebens, der Gesundheit, des Nutzens oder der Freiheit.

> **Moral:**
> Moral beschreibt die tatsächlichen Handlungsmuster und „guten Sitten" in einer Gemeinschaft. Moral und Sitten bilden den Grundrahmen und die Orientierung dafür, wie man sich anderen gegenüber verhalten soll.

> **Ethik:**
> Ethik ist die Wissenschaft von der Moral, d.h. die jeweils geltende Moral wird reflektiert und hinsichtlich ihrer Gültigkeit geprüft. So wird etwa gefragt: Ist die hier bei uns herrschende Moral auch für alle gültig? Die Ethik versucht, allgemeingültige Aussagen über das gute und gerechte Handeln zu treffen.

> **Bioethik:**
> Bioethik ist die Anwendung der Ethik auf Probleme der Biologie und Medizin. Fasst man den Begriff weit, dann wird der Umgang des Menschen mit der belebten Natur, der Umwelt und den Tieren bewertet. Ist mit „Bioethik" eher die medizinische Ethik gemeint, dann werden sittliche Fragen im Umgang mit dem Leben von Menschen (z.B. beim Lebensbeginn oder zum Lebensende) insbesondere in Hinblick auf neue Techniken und Anwendungen in der Biomedizin erörtert.

11

Methoden
Bewerten am Beispiel der Stammzellforschung

Die Forschung an menschlichen embryonalen Stammzellen ist in Deutschland sehr umstritten. Befürworter sehen darin eine Chance, langfristig Krankheiten zu heilen. Kritiker halten dagegen, dass man keine Embryonen töten darf, um diese Forschung zu betreiben. Im Folgenden werden die einzelnen Schritte der Bewertung am Beispiel der Stammzellforschung vollzogen.

Forschung mit embryonalen Stammzellen

1. Problemfrage
Dürfen menschliche Embryonen zur Forschung mit embryonalen Stammzellen zerstört werden?

2. Spontanurteil
Hier werden bestehende individuelle Urteile abgefragt. Man kann die Meinung vertreten: „Ja, man darf die Embryonen nutzen, sie sind ja noch keine Menschen." Oder aber man sagt z. B. „Nein, Embryonen sind zu wichtig, die darf man nicht zerstören".

3. Analyse des Sachverhalts
Hier muss genau geklärt werden, was überhaupt im Einzelnen gemeint ist. Es muss geklärt werden, was embryonale Stammzellen sind, wie sie gewonnen werden, warum sie gewonnen werden sollen, welche Forschung damit betrieben werden soll, wer generell Betroffen ist usw. Dies kann über Rechercheaufträge erfolgen z. B. in Schulbüchern, Lexika oder beispielsweise über das Internet.

Informationen zum Sachverhalt
Menschliche embryonale Stammzellen sind undifferenzierte Zellen, aus denen sich während der Embryonalentwicklung ein gesamter Mensch entwickeln kann. Je nach der Fähigkeit, sich zu entwickeln, werden *totipotente* von *pluripotenten Stammzellen* unterschieden. Aus jeder totipotenten Stammzelle kann sich – unter bestimmten Bedingungen – ein gesamter Mensch entwickeln. Aus pluripotenten Stammzellen können sich sämtliche Gewebe- und Zelltypen des Menschen entwickeln, nicht mehr jedoch ein gesamter Organismus. Totipotente Zellen gibt es ca. bis zum 4. Tag nach Befruchtung der Eizelle, dem sogenannten *Achtzellstadium*.

Pluripotente Stammzellen kann man vom ca. 5. bis 7. Tag nach der Befruchtung gewinnen. Da sich Stammzellen in sämtliche Zelltypen des Körpers entwickeln können, ist ein langfristiges Ziel der Forschung, gezielt Organe herzustellen, die mit dem Spender genetisch identisch sind, sodass es vermindert zu Abstoßungsreaktionen kommt, wie es bei der Organspende häufig der Fall ist. Bislang werden menschliche embryonale Stammzellen vor allem im Rahmen der Grundlagenforschung verwendet. So wird zum einen erforscht, wie die frühe Embryoanalentwicklung verläuft, zum anderen wird das Wissen zum Verständnis von Krankheiten genutzt (insbesondere von Tumorerkrankungen, da Stammzellen den Krebszellen sehr ähneln). Zur Gewinnung der Stammzellen muss der Embryo zerstört werden.

Betroffen von der Forschung sind zum einen die Forscher selbst, welche die in Frage stehende Handlung durchführen wollen. Zudem sind die Embryonen betroffen. Entscheidend ist nun, welchen Wert man den Embryonen zuspricht. Darf man Rechte von bereits Geborenen auch auf Ungeborene übertragen? Sind Embryonen schon Menschen und haben dieselben Rechte wie Geborene? Oder sind sie, etwa weil sie sich nicht in der Gebärmutter befinden, sondern in Zellkultur „nur" ein Zellhaufen, der sich erst noch zum Menschen entwickeln muss? Zudem sind die Eltern des Embryos, sprich die Eizellspenderin und der Samenspender, von der Entscheidungssituation betroffen, da ihr Embryo mit ihrem Erbgut zerstört

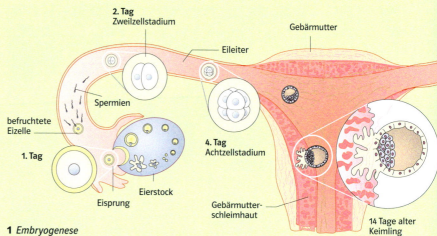

1 *Embryogenese*

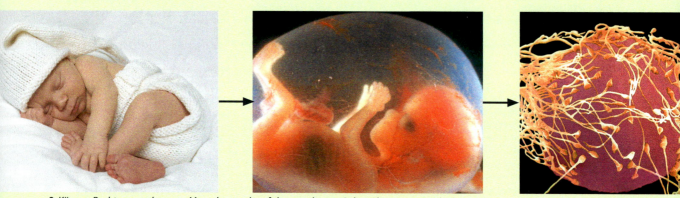

2 *Können Rechte von geborenen Menschen auch auf das ungeborene Leben übertragen werden?*

wird. Den Kreis der Betroffenen kann man beliebig weit ziehen. So könnten auch Krebspatienten als langfristig Betroffene in die Entscheidung einbezogen werden, weil sie z. B. ein Interesse an der Erforschung der Krankheit und der zukünftigen Aussicht auf Genesung haben.

Um die Situation der Betroffenen besser zu verstehen, bietet es sich an, Stellungnahmen aus den unterschiedlichen Bereichen zu lesen. Darin werden viele Argumente für die Forschung und die Absichten geliefert. Zugleich werden in anderen Stellungnahmen Gründe genannt, warum der Embryo beispielsweise bereits wie ein vollständiger Mensch zu betrachten ist, den man nicht töten darf. Die deutsche Rechtslage verbietet im Embryonenschutzgesetz die Verwendung von Embryonen, wenn dies nicht zum Zweck seiner Erhaltung dient. Das heißt, die Zerstörung von Embryonen zu Forschungszwecken ist verboten. Als Embryo gilt bereits die Zygote, d. h. die befruchtete Eizelle ab der Verschmelzung des mütterlichen und des väterlichen Zellkerns (Abb. 1).

4. Handlungsmöglichkeiten
Die Möglichkeiten, die sich dem Forscher bieten, sind unter anderem:
1. Ich erforsche embryonale Stammzellen, weil ich wichtige Zwecke verfolge.
2. Ich forsche nicht an embryonalen Stammzellen, weil ich damit Menschenleben zerstören würde.
3. Ich erforsche embryonale Stammzellen nur unter ganz bestimmten Umständen, z. B. wenn es diese Stammzellen schon gäbe und ich keine Embryonen mehr zusätzlich dafür zerstören müsste.

5. Auflistung der Werte
Übersichtlich wird eine Auflistung der Werte, wenn man sie den Betroffenen zuordnet:
- Forscher: Wissensgewinn, Grundlagenforschung, Heilung von Krankheiten
- Embryonen: Leben, körperliche Unversehrtheit
- Eltern: Selbstbestimmung über eigene Embryonen
- Patienten: Leben, Gesundheit
- Staat: Sicherung der Grundrechte wie Leben, aber auch Forschungsfreiheit

Im Fall der Stammzellforschung ist besonders brisant, dass bei der Zuschreibung der Werte überhaupt in Frage gestellt wird, ob Embryonen für besondere Werte stehen und deshalb geschützt werden müssen. Das heißt, der Wert des Lebens, der bei der Zerstörung des Embryos in Frage gestellt wird, wird nicht vom Embryo selbst, sondern über die Eltern oder den Staat gefordert. Die grundlegende Frage beim Embryonenschutz ist demzufolge die nach dem Status des Embryos. Das heißt, dass überlegt wird, ob man Rechte von Geborenen auf Embryonen übertragen kann. Sind Embryonen bereits Menschen mit denselben Rechten oder sind sie eine Anhäufung von Zellen, die außerhalb der Gebärmutter nicht überleben würden?

6. Rangliste der Werte:
Die Überlegung, welchen Werten ein Vorrang eingeräumt wird, muss von jedem persönlich durchgeführt werden, da dies der Kern der eigentlichen moralischen Überlegung ist. Mögliche Vorrangsregeln könnten sein:
a) Erforschung von Krankheiten und Aussicht auf Heilung ist wichtiger als der Schutz von Embryonen. Das Recht auf Leben von zukünftigen Kranken hat damit Vorrang vor dem Recht auf Leben von Embryonen. Reiner Wissensgewinn ist auch von Wert, steht aber dem Recht auf Leben nach.
b) Das Recht auf Leben betrifft auch Embryonen. Somit hat ihr Leben und ihre Unversehrtheit Vorrang vor der Forschung. Die Heilung von zukünftigen Krankheiten ist auch von Wert, steht aber dem Wert des bereits bestehenden embryonalen Menschenlebens, das geschützt werden muss, nach.

7. Abgleich mit ethischen Theorien:
Im *Utilitarismus* wird eine Handlung daran gemessen, ob sie gute Folgen nach sich zieht. Die Handlung mit den wahrscheinlich meisten guten Handlungsfolgen ist einer anderen Handlung vorzuziehen. Das bedeutet hier, dass die Aussicht auf Heilung z. B. von Krebspatienten ein wichtiges Ziel darstellt, das die Zerstörung von Embryonen erlaubt. Embryonen selbst haben noch keine Interessen und damit selbst auch keinen Wert. Höchstens die Eltern der Embryonen könnten Interesse am Weiterleben der Embryonen haben. Wenn diese aber der Forschung einwilligen, rechtfertigt das Ziel die Mittel.

In *deontologischen Ethiken* wird unter anderem dafür argumentiert, dass jeder Mensch eine unantastbare Würde hat, die einen davor schützt, ausschließlich als Mittel zu einem Zweck genutzt zu werden. Viele Argumente, wie z. B. Spezieszugehörigkeit, Kontinuität, Individualität oder Potenzialität, sprechen dafür, dass ein Embryo bereits ein Mensch ist, mit dem uneingeschränkten Recht auf Leben.

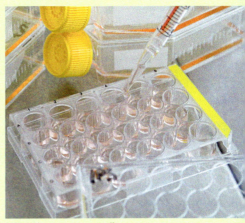

3 *Behälter mit Stammzellen*

Das bedeutet, dass Forscher keine Embryonen zerstören dürfen, um an Stammzellen zu forschen.

8. Abschließendes Urteil
Das abschließende Urteil hängt stark mit der zuvor erstellten Rangliste der Werte zusammen. In einem abschließenden Urteil wird die Auflösung der Entscheidungssituation begründet. Dies könnte knapp folgendermaßen aussehen:
a) Forscher sollten mit embryonalen Stammzellen arbeiten dürfen, auch wenn sie dazu Embryonen zerstören müssen, weil sie damit die wichtige Aufgabe der Grundlagenforschung erfüllen und langfristig zur Heilung von Krankheiten betragen könnten.
b) Forscher sollten zum Zwecke der Forschung keine Embryonen zerstören dürfen, weil der Embryo bereits menschliches Leben ist, dem ein besonderer Schutz zukommt. Man darf unter keinen Umständen menschliches Leben zerstören, selbst wenn man damit gute Absichten verfolgt.

9. Rückbezug auf die Intuitionen
Auch hier gibt es nur individuelle Lösungen. Entweder wird man in seinem Spontanurteil bestätigt und hat während der Erarbeitung dafür noch weitere Argumente gesammelt. Oder man hat sein Urteil leicht modifiziert, weil andere Gedankengänge hinzugekommen sind. Schließlich besteht die Möglichkeit, dass man sich vorher über die Wertgrundlagen keine Gedanken gemacht hat und sein Urteil nun komplett revidiert hat.

Methoden
Modelle unterstützen die Forschung

Modelle spielen in den Naturwissenschaften eine große Rolle. Sie haben verschiedene Aufgaben. Sie können sichtbare Phänomene und Strukturen besser verdeutlichen. Modelle können jedoch auch abstrakte naturwissenschaftliche Zusammenhänge, die durch Experimente aufgezeigt werden, besser verständlich machen.

Modelle in der Wissenschaft
Modelle sind Produkte der wissenschaftlichen Erkenntnisgewinnung. Andererseits arbeiten Wissenschaftler auch mit diesen Modellen weiter, um Zusammenhänge besser zu verstehen und weitere Versuche zu planen. Ein typisches Beispiel ist das DNA-Modell. Dieses entsprach nicht immer den heutigen Erkenntnissen. Die chemische Analyse der DNA hatte verschiedene Bausteine ergeben. Es ließen sich Desoxyribose, Phosphate und vier verschiedene Basen nachweisen. Diese Erkenntnis führte nicht direkt zu einem Verständnis des räumlichen Aufbaus der DNA und zu sinnvollen Modellen. Die räumlichen Strukturen eines großen Moleküls mussten mit weiteren Untersuchungsmethoden geklärt werden.

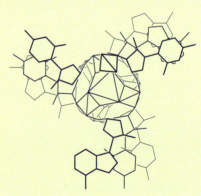

1 *Widerlegtes DNA-Modell (nach Pauling)*

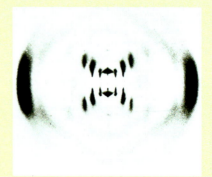

2 *DNA – Röntgenstrukturanalyse*

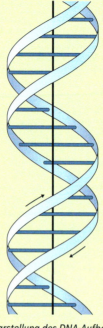

3 *Erste Darstellung des DNA-Aufbaus*

Modelle zeigen Denkfehler
Erste Überlegungen des Chemikers LINUS PAULING führten zu einer Modellvorstellung, die sich durch weitere Messungen nicht bestätigen ließ (Abb. 1). Dieses Modell ging von drei gedrehten Molekülen aus. PAULING vermutete jedoch, dass die Verbindungen zwischen den Molekülen als ein zentraler Mittelstrang vorliegt, von dem aus die verschiedenen Basen nach außen zeigten. Dieser Aufbau widersprach den Vorstellungen anderer Wissenschaftler, wie dem Biologen JAMES D. WATSON und dem Physiker FRANCIS CRICK. Diese wiesen anhand von Bindungsabständen zwischen den Molekülen nach, dass bestimmte Bindungsstrukturen mit diesem Modell räumlich nicht zu verwirklichen waren. Ein Modell ist wissenschaftlich überholt, wenn es sich nicht experimentell bestätigen lässt. Die Forschung ist daher ein ständiger Wechsel zwischen der Entwicklung von Modellen und deren experimentellen Überprüfung.

Experimente sind Modellgrundlagen
Die heute bekannte Struktur (Abb. 5) wurde erst mithilfe der Röntgenstrukturanalyse möglich. Die Strukturen auf dem Röntgenfilm (Abb. 2) zeigen das Ergebnis eines Röntgenstrahlenbeugungsmusters der Biochemikerin ROSALIND FRANKLIN. Das Kreuzungsmuster der Röntgenreflexe deutet auf eine helikale Struktur hin, die stark geschwärzten Regionen am oberen und unteren Rand des Röntgenfilms zeigen, dass die Basen regelmäßig übereinander gestapelt sind.

4 *Forschungsmodell der DNA*

Modelle sind Diskussionsgrundlagen
Sehr schnell entwickelten WATSON und CRICK anhand dieser Daten und über die ungefähre Kenntnis der Abstände zwischen den Basen die Vorstellung von dem außen liegenden molekularen Skelett aus Desoxyribonucleinsäure und den Phosphaten. Die Bausteine ordneten sie in ihrem Modell (Abb. 4) entsprechend an und konnten mit anderen Wissenschaftlern daran Bedenken und weitere Fragen diskutieren. Die Paarung der Basen konnte an dem Modell bereits überlegt werden, ebenso die Antiparallelität der beiden DNA-Stränge.

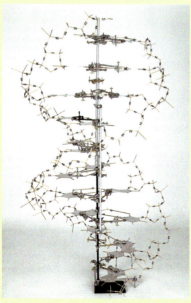

5 *Heutige Vorstellung der DNA (Modell)*

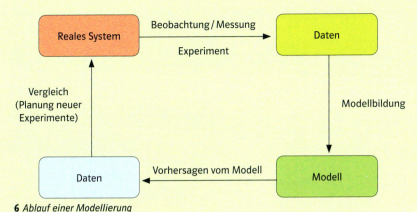

6 Ablauf einer Modellierung

Durch die Entwicklung des Modells war die Erforschung der DNA-Struktur deutlich vorangetrieben worden. Eine Zeichnung des schematischen Aufbaus wurde in einer bedeutenden Fachzeitschrift international veröffentlicht (Abb. 3). Sie diente als Grundlage für alle folgenden Modelle der DNA.

Mathematische Modelle
Mithilfe mathematischer Modelle versucht man in der Wissenschaft und in der wissenschaftlichen Anwendung wichtige Mechanismen biologischer Phänomene und deren Parameter zu erfassen. Dies können verschiedene Fragestellungen in realen Systemen sein, z.B. das Populationswachstum von Mikroorganismen oder Tumoren, die Ausbreitung von Krankheiten und Möglichkeiten des Impfschutzes, die Populationsdynamik von Räuber-Beute Systemen oder die Fitnessentwicklung innerhalb der Evolution. Mathematische Modelle versuchen die Parameter in Gleichungen nutzbar zu machen und dadurch Voraussagen für die jeweiligen Systeme zu treffen (Abb. 6). Die Übersetzung der biologischen Fragestellung in ein mathematisches Problem wird auch als *Modellierung* bezeichnet. Hierbei müssen Zusammenhänge vereinfacht werden. Eine größere Komplexität kann man durch Computersimulationen erreichen, die in der Lage sind, mehrere Rechenansätze in einem sinnvollen Zeitrahmen zu erbringen.

Messdaten — Grundlagen für Modelle
Mathematische Modelle sind quantitativ durch messbare Größen angegeben. Es lassen sich z.B. in der Immunbiologie keine Aussagen über den Zustand von Krankheit oder Gesundheit mathematisch darstellen. Diese Aussagen müssen durch konkrete Messdaten, wie die Konzentration von Substanzen oder Mikroorganismen im Blut, angegeben werden. Die richtige Auswahl dieser Parameter eines biologischen Systems zu identifizieren ist relevant für die Beantwortung der wissenschaftlichen Fragestellung und daher ein wesentlicher Teil der Modellierung. Mathematische Modelle sind immer auch dynamische Modelle, da sie Veränderungen von den Systemen und ihren Parametern über einen festgelegten Zeitraum beschreiben. Die mathematischen Modelle führen zu mathematischen Vorhersagen mit den errechneten Daten. Diese können zu neuen Hypothesen führen und müssen mit dem realen System abgeglichen werden (Abb. 6). Hierdurch sind weitere Experimente besser planbar und gezielter einzusetzen.

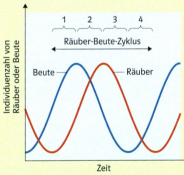

7 Modelldaten zum Räuber-Beute-System

Populationsdynamik
ALFRED LOTKA und VITO VOLTERRA entwickelten unabhängig voneinander mathematische Modelle zur Populationsdynamik. Beispielsweise reagieren Räuber- und Beutepopulationen zeitlich verzögert auf die Abundanz (= Häufigkeit) der jeweils anderen Population. Dies führt zu gekoppelten Abundanzschwankungen (Abb. 7). Ein solches Modell kann nicht die exakten Daten der Abundanzen von Populationen vorhersagen, da die Zusammenhänge wesentlich komplexer sind, als sie in dem Modell errechnet sind. Trotzdem kann das Modell die Tendenz für gekoppelte Zyklen bei Räuber-Beute-Interaktionen erklären.

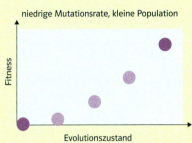

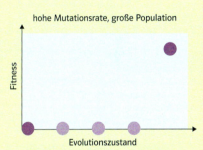

8 Modelldaten zur Entwicklung der Fitness

Allelverteilung
Ein mathematisches Modell zur Verteilung von Allelen in einer Population bei der sexuellen Fortpflanzung wurde von GODFRFY HARDY und WILHELM WEINBERG entwickelt. Das Modell ging primär von genetischen Aspekten ohne Veränderungen wie Mutationen aus. In der Natur sind solche Populationen nicht real, da ständig Mutationen und Veränderungen bei den Fortpflanzungspartnern auftreten können. Diese Veränderungen müssen bei Modellbildungen in die Berechnungen mit einbezogen werden, um die sich ändernden Häufigkeiten bestimmter Allele vorauszusagen (Abb. 8).

A1 Erläutern Sie anhand Abb. 6 den Vorgang der Modellierung am Beispiel der DNA-Strukturaufklärung.
A2 Beschreiben Sie den Kurvenverlauf in Abb. 7 und erläutern Sie die einzelnen Abschnitte 1 bis 4 unter dem Aspekt der Populationsgröße von Räubern und Beute an einem Beispiel.
A3 Beschreiben Sie die Daten in Abb. 8 und erläutern Sie, welche Bedeutung solche Modellrechnungen für das Verständnis der Evolution haben.

Methoden
Klausurvorbereitung

Bevorstehende Klausuren können für Aufregung sorgen. Durch gute Planung und Vorbereitung kann man sich manchen Stress ersparen und außerdem bessere Ergebnisse erzielen.

Zeitplan, Organisation ist alles
Legen Sie einen Terminplan für die Zeit bis zur Abiturprüfung an. Verschaffen Sie sich einen Überblick über die Termine der nächsten zwei Jahre, soweit sie bekannt sind. Wichtige Daten wie Klausuren, Referate, Studienfahrt werden markiert und dadurch hervorgehoben. Die Ferientermine werden geblockt. Der Terminplan wird laufend aktualisiert. Eine langfristige Übersicht verhindert unliebsame Überraschungen oder Überschneidungen. Bitte bedenken Sie, dass Lernen Zeit erfordert. Sie selbst müssen Sorge dafür tragen, dass diese Zeit auch zur Verfügung steht.

Das Themenfeld
Neben einer zeitlichen ist auch eine thematische Übersicht sehr hilfreich. Informieren Sie sich bei Ihrer Kursleiterin bzw. Ihrem Kursleiter über die Themen, die in der Klausur behandelt werden. Je frühzeitiger Sie die Themen der Klausur kennen, desto gezielter kann die Vorbereitung sein. Die Terminübersicht und die Themenkenntnis sind wichtige Schlüssel zu einer hohen *Lerneffizienz*. Diese ist bei der Vielzahl der Klausuren, die Sie in der Oberstufe zu absolvieren haben, Voraussetzung für Ihren Lernerfolg.

Das Themenfeld wird so genau wie möglich aufgeschlüsselt.

Unterrichtsnotizen
Überlegen Sie sich vor Beginn des Kursunterrichts, wie Sie die Unterlagen, die sich im Verlauf des Biologieunterrichts ansammeln, sortieren wollen. Gruppieren Sie z. B. alle Unterlagen nach Semestern und legen Sie für jedes Semester einen eigenen Unterordner an. Unterrichtsmitschriften sind außerordentlich hilfreich. Sie dienen zum einen der Verarbeitung der behandelten Themen, indem Sie das im Unterricht gesprochene Wort durch die Verschriftlichung erstmals bearbeiten. Dieser Bearbeitungsprozess ist bereits der erste Schritt, die Inhalte im Gedächtnis zu verankern. Sind die Mitschriften darüber hinaus auch noch ordentlich und leserlich, so sind sie eine Erinnerungshilfe. Unterschätzen Sie nicht die Sorgfalt, mit der Sie Ihre Notizen anfertigen. Äußerlich ansprechende Unterlagen nehmen Sie für die Klausurvorbereitung lieber zur Hand als unleserliche Kritzeleien.

Referate hören
Die Qualität von Referaten ist sehr unterschiedlich. Dennoch behandeln sie mitunter Themen, die auch in einer Klausur wichtig werden können. Nehmen Sie daher diese Unterrichtsform ernst! Der oder die Vortragende sollte ein Hand-out in der Größe einer DIN-A4-Seite verfassen. Wird dieses Hand-out vor dem Vortrag verteilt, so können Sie sich darin leserliche Notizen zum Referat machen (s. oben). Das Hand-out sollte alle wichtigen Punkte des Vortrags beinhalten, trotzdem aber nicht inhaltlich überfrachtet sein. Es dient wie Ihre Unterrichtsmitschriften der Nachbearbeitung z. B. im Hinblick auf Klausuren und sollte eine schnelle thematische Orientierung ermöglichen.

Lernportionen
Schier unleistbar ist es, sich den thematischen Stoff von vier Semestern innerhalb von wenigen Tagen anzueignen. Daher sollten Sie sich ausreichend Zeit nehmen. Das gilt natürlich auch für die normalen Kursklausuren. Lernen auf den letzten Drücker ist fehleranfälliger und weniger effektiv als Lernen, das in kleineren Portionen und über einen längeren Zeitraum hinweg erfolgt. Verabreden Sie sich mit anderen Kursteilnehmern zu gemeinsamen Lernnachmittagen. Das macht Spaß. Das gemeinsame Treffen motiviert Sie frühzeitig, mit der Nachbearbeitung der im Unterricht behandelten Themen zu beginnen. Nehmen Sie sich dabei kleinere Lernportionen vor und planen Sie genügend Zeit ein, um auch gegenseitige Verständnisfragen zu klären. Deren Klärung ist für Ihren eigenen Lernerfolg außerordentlich hilfreich. Inhalte, die Sie jemandem erklären müssen,

---

Themenfeld des dritten Semesters (Ökologie)

1) Grundbegriffe der Ökologie
   - ökologische Potenz,
   - Toleranzkurven,
   - ökologische Nische, ...

2) Umweltansprüche eines Lebewesens
   - Faktor Licht bei Pflanzen,
   - Faktor Temperatur bei Tieren,
   - homoiotherm, poikilotherm

Herbstferien
Erste Klausur!

3) Wechselwirkung der Lebewesen
4) Populationsökologie
5) Ökosysteme 1

Zweite Klausur!

6) Ökosysteme 2
   Winterferien
   ...

1 *Mögliches Themenfeld*

2 *Jahresplaner (Ausschnitt)*

16 Methoden

3 Lernnachmittag mit angenehmer Atmosphäre

haben Sie sich besser eingeprägt, als solche, die Sie nur gelesen haben. Fangen Sie also früh mit der Klausurvorbereitung an. Mehrmalige Wiederholungen sind wesentlich lernwirksamer als eine einmalige Kraftanstrengung kurz vor der Klausur.

Lernen mit System
Lernen ist Aneignung. Suchen Sie Möglichkeiten, sich die Inhalte von Klausuren aktiv anzueignen. Das Lesen ist nur eine und bei vielen Menschen nicht die wirkungsvollste Art der Aneignung. Sie sollten herausfinden, auf welche Art der Aneignung von Inhalten Sie am besten ansprechen. Die Aneignung geschieht, wenn Sie Inhalte in eine andere Darstellungsform umarbeiten. Das kann zum Beispiel darin bestehen, dass ein vorgefertigter Text in einen selbst formulierten Text umgearbeitet wird. Bei vielen Menschen ist eine grafische Umarbeitung effektiver. Versuchen Sie hierzu, einen Text ohne ein einziges geschriebenes Wort in eine Grafik zu überführen. Es kommt dabei nicht auf eine besonders gelungene Gestaltung, sondern auf den Prozess der Umarbeitung selbst an.

Der Schlüssel zum Erfolg ist hierbei eine möglichst hohe eigene Aktivität. Rezeptive Einstellungen, wie z. B. beim Filmanschauen, sind weniger lernwirksam.

Vermeiden Sie in Lernphasen Nebeneindrücke. Hintergrundmusik, ein laufender Fernsehapparat usw. konkurrieren mit den Lerninhalten und verhindern eine ungeteilte Zuwendung. Berücksichtigen Sie, dass das Gehirn in der Nacht die Eindrücke des Tages so verarbeitet, dass dabei eine dauerhafte Merkleistung entsteht. Lernen braucht genügend Schlaf! Die Inhalte, um die es in Klausuren geht, prägen sich bei positiver Grundstimmung besser ein. Versuchen Sie z. B. bei Gruppenarbeiten bewusst eine angenehme Atmosphäre zu schaffen.

Zusammengefasst:
– Aktive Umarbeitung.
– Nebeneindrücke vermeiden.
– Für ausreichend Schlaf sorgen.
– Positive Grundstimmung anstreben.

Wenn Sie Ihre Zeit gut eingeteilt haben, brauchen Sie am Tag vor der Klausur nicht mehr zu lernen.

Die Klausuraufgabe
Wenn die Klausuraufgabe nun vor Ihnen liegt, fangen Sie nicht gleich an zu schreiben. Verschaffen Sie sich zunächst einmal einen Überblick über die Inhalte, die von Ihnen bearbeitet werden sollen. Suchen Sie die übergeordneten Themen, die in dieser Klausur behandelt werden. Nun werden Sie Themen aus Ihrer Vorbereitung wiedererkennen. Das wird Ihnen Sicherheit und Selbstvertrauen geben, damit geht die Arbeit viel leichter und erfolgreicher. Versuchen Sie abzuschätzen, wie viel Zeit Sie ungefähr für die Teilaufgaben benötigen. Bei komplexen Aufgaben lohnt es sich, vor der Beantwortung ein stichwortartiges Konzept zu erstellen.

Beginnen Sie nun mit einer Teilaufgabe, die Ihnen leicht fällt. Damit kommen Sie in einen Schreibfluss, aus dem heraus sich andere Teilaufgaben leichter lösen lassen. Verlieren Sie die Zeit nicht aus den Augen. Bei langen Klausuren leidet die Konzentration am Ende unweigerlich. Deswegen sollten Sie Aufgaben, die den Charakter von „Zeitfressern" annehmen, nicht am Ende bearbeiten, sondern sich für den Schluss eher eine kürzere Teilaufgabe aufbewahren.

Bitte achten Sie darauf, dass es Teilaufgaben mit und solche ohne Material gibt. Bei materialbezogenen Aufgaben müssen Sie in der Lösung auch auf das Material eingehen.

Machen Sie rechtzeitig vor Ablauf der Bearbeitungszeit einen Qualitätscheck:
– Habe ich den Operator der Aufgabe wirklich erfasst? (s. Anhang S. 395)
– Habe ich das angegebene Material wirklich voll umfänglich ausgeschöpft?
– Habe ich kein Material übersehen?
– Sind die Rechtschreibung und der Satzbau korrekt?

4 Unterrichtsnotizen helfen beim Lernen

17

Genetik

Molekulargenetik

Die Molekulargenetik beschäftigt sich mit den Mechanismen der Proteinbiosynthese und ihrer Regulation. Sie ist u. a. Grundlage für die Gentechnik und die medizinische Forschung.

Epigenetik

Dieser Zweig der Molekularbiologie befasst sich mit erblichen Veränderungen, die ohne Änderung der DNA-Sequenz auftreten. Sie erklärt z. B. die Abweichungen bei eineiigen Zwillingen.

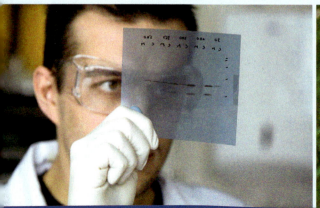

Die Zellen lebender Organismen enthalten Informationen zu allen Bereichen des Lebens. Sie steuern z. B. Zellteilung und Wachstum und bestimmen grundlegende Merkmale des Lebewesens.

Biotechnologie

Durch Verfahren der Gentechnik können Medikamente, Lebensmittel und Lebewesen mit neuen Genkombinationen erzeugt werden, die durch Züchtungen nicht entstehen könnten.

Humangenetik

Die Humangenetik beschäftigt sich mit der Vererbung beim Menschen. Sie untersucht unter anderem, mit welcher Wahrscheinlichkeit erbbedingte Veränderungen weitergegeben werden.

1.1 Nucleinsäuren
DNA — ein geniales Speichermedium

r5894v

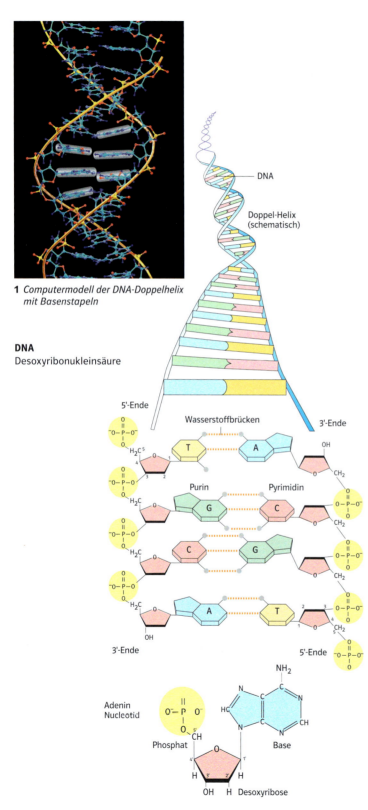

1 *Computermodell der DNA-Doppelhelix mit Basenstapeln*

DNA
Desoxyribonukleinsäure

2 *Molekularer Aufbau der DNA*

Trotz ihrer recht einfachen Struktur bietet die DNA einen enormen Speicherplatz bei geringem Platzbedarf und eine hohe Stabilität bei verlustfreier Kopierbarkeit – ein geniales Speichermedium.

Bau der DNA
Im Jahr 1953 schloss ROSALIND FRANKLIN aus Untersuchungen an DNA, dass es sich um zwei schraubig gewundene Moleküle handelt, bei denen die Phosphatmoleküle nach außen und die Basen nach innen gerichtet sind. JAMES D. WATSON und FRANCIS H. C. CRICK fügten das vorhandene Datenpuzzle zusammen und stellten im selben Jahr das DNA-Doppelhelixmodell auf.

Jeder Einzelstrang entsteht durch die Verkettung von DNA-Nucleotiden. Ein DNA-Nucleotid besteht aus Zucker *(Desoxyribose)*, *Phosphat* und einer der Basen *Adenin* (A), *Thymin* (T), *Guanin* (G) oder *Cytosin* (C). Die Base ist am C_1-Atom (Kohlenstoffatom 1) des Zuckers gebunden, Phosphat am C_5-Atom (s. Abb. 2). Die Verknüpfung der Nucleotide erfolgt durch eine Bindung zwischen dem C_3-Atom und dem Phosphat des nächsten Nucleotids. So entsteht eine Kette aus sich abwechselnden Phosphaten und Zuckern. Am einen Ende des Einzelstranges befindet sich Phosphat (5'-Ende), am anderen eine OH-Gruppe (3'-Ende). Die unterschiedlichen Enden geben der DNA eine Orientierung und ermöglichen so die Informationsspeicherung in der Reihenfolge der Basen.

In der Doppelhelix sind zwei Einzelstränge mit entgegengesetzter Orientierung *(antiparallel)* umeinander gewunden. Die innen liegenden Basen verknüpfen sich passgenau über Wasserstoffbrücken: Adenin und Thymin verbinden zwei Wasserstoffbrücken, Guanin und Cytosin drei. Aufgrund ihrer Struktur paaren sich immer eine Purinbase (A oder G) des einen Einzelstranges mit einer Pyrimidinbase (T oder C) des anderen.

Bereits 1951 stellte ERWIN CHARGAFF beim Vergleich der DNA verschiedenster Lebewesen fest, dass in jeder DNA jeweils gleich viele Moleküle von A und T bzw. von C und G vorliegen.

Die hohe Anzahl von Wasserstoffbrückenbindungen in doppelsträngiger DNA leistet ihren Beitrag zur notwendigen Stabilität des Informationsträgers, entscheidend sind aber wohl die Basenstapelkräfte zwischen den übereinanderliegenden Basen. Diese Kräfte beruhen auf Wechselwirkungen zwischen den π-Elektronen der Ringsysteme und den Aminogruppen. Da der Base Thymin die Aminogruppe fehlt, sind Bereiche mit TA-Stapeln weniger stabil als Bereiche mit GC-Stapeln (Abb. 4). Ein hoher GC-Gehalt der DNA sorgt aufgrund der höheren Anzahl der H-Brücken und den stärkeren Stapelkräften für höhere Stabilität.

DNA wird verpackt

Die genetische Information einer Zelle ist sehr umfangreich. Die gesamte Länge der DNA beträgt beim Bakterium *Escherichia coli* 1,1 mm (4,2 Millionen Basenpaare) und in jeder einzelnen menschlichen Zelle ca. 1,80 m (bzw. 6 Milliarden Basenpaare). Der Durchmesser des Zellkerns beträgt aber nur 0,006 mm. Bei Eukaryoten wird die DNA daher in einem hoch geordneten Verpackungsprozess verdichtet. Dabei spielt eine Gruppe von Proteinen im Zellkern eine wichtige Rolle, die *Histone*. Diese wirken wie „Lockenwickler", um die die DNA-Doppelhelix je zweimal gelegt ist. So entsteht ein *Nucleosom*. Nucleosomen sind im Elektronenmikroskop wie Perlen an einer Schnur erkennbar. Dadurch erreicht die DNA eine größere Dicke (11 nm) und wird auf ca. $\frac{1}{6}$ verkürzt. Der Nucleosomenstrang wird nochmals zu einer 30 nm dicken Faser aufgewunden, die durch andere Proteine weiter zu Schleifen geordnet wird. Diese werden bei einer Zellteilung um ein zentrales Proteingerüst zu einem 700 nm dicken *Chromatid* kondensiert.

A1 ● Die DNA im Vergleich mit modernen Speichermedien: Ein Nucleotid auf einem DNA-Strang hat einen Informationsgehalt von 2 bit (= 0,25 byte), da es $2^2 = 4$ Zustände (A, T, G bzw. C) annehmen kann. Berechnen Sie den Informationsgehalt der DNA einer menschlichen Zelle. Vergleichen Sie ihn mit modernen Speichermedien (DVD oder USB-Stick). Berücksichtigen Sie auch den Platzbedarf.

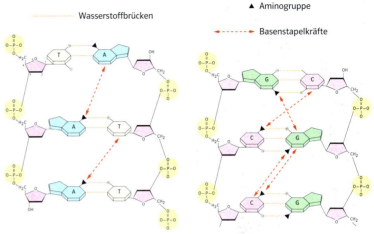

4 *Stabilität der DNA*

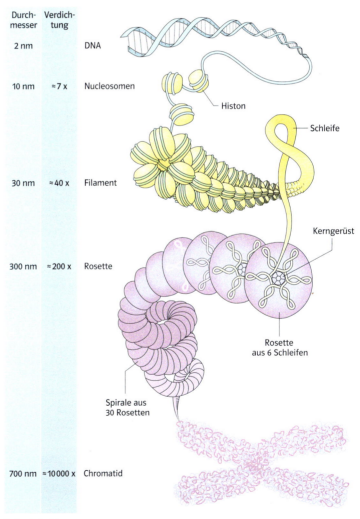

5 *Packstruktur*

DNA-Replikation

Tochterzellen haben beide dieselbe genetische Information wie die Mutterzelle. Jede Zellteilung erfordert also vorangehend die identische Verdopplung (*Replikation*) der DNA.

Der Mechanismus der DNA-Replikation

Jeder DNA-Doppelstrang einer Tochterzelle besteht aus einem neu synthetisierten Einzelstrang und einem alten, originalen Einzelstrang der Mutterzelle. Die *Replikation* der DNA erfordert also ein Auftrennen der alten Doppelstränge. Dies beginnt an den Replikationsursprüngen (*Origins*). An diesen Stellen hat der Doppelstrang viele AT-Basenpaare, sodass er aufgrund der geringeren Anzahl an Wasserstoffbrücken und schwächeren Basenstapelkräften hier leichter geöffnet werden kann.

Mehrere Enzyme arbeiten als „Replikationsmaschine" eng zusammen (Abb. 1). Zwei dieser *Multienzymkomplexe* erkennen und binden sich an ein Origin und arbeiten in entgegengesetzte Richtungen. Betrachten wir die Arbeit in einer Richtung: Eine Helicase trennt die beiden Einzelstränge, sodass eine Y-förmige Replikationsgabel entsteht. Einzelstrang-Bindungsproteine halten die Einzelstränge getrennt. Die beiden DNA-Polymerasen eines Multienzymkomplexes nutzen jeweils den originalen Einzelstrang als Vorlage (Matrize) und freie energiereiche Nucleotide als Bausteine, um durch komplementäre Basenpaarung (A-T/T-A, G-C/C-G) zwei identische Kopien des ursprünglichen Doppelstranges herzustellen. Vermutlich um die hohe Genauigkeit der Verdopplung zu gewährleisten, synthetisieren DNA-Polymerasen den neuen Einzelstrang, allerdings immer nur von 5' nach 3'. Da Einzelstränge eines DNA-Doppelstranges aber antiparallel angeordnet sind, kann nur einer der neuen Einzelstränge kontinuierlich synthetisiert werden — er wird *Leitstrang* genannt. Der andere, als *Folgestrang* bezeichnet, wird in kleinen Stücken (*Okazaki-Fragmente*) diskontinuierlich synthetisiert, welche nachfolgend zu einem durchgehenden Einzelstrang verbunden werden.

Gleitklammerproteine halten den Kontakt zwischen der DNA und der Polymerase aufrecht. Eine Schleifenbildung der Folgestrangmatrize ermöglicht, dass beide DNA-Polymerasen im Multienzymkomplex dieselbe Orientierung besitzen. DNA-Poymerasen können den neuen Einzelstrang nur verlängern. Als Startpunkt baut die Primase des Multienzymkomplexes kurze komplementäre RNA-Stücke (*Primer*) an die Matrizen. Während für den Bau des Leitstranges ein Primer ausreicht, benötigt am Folgestrang jedes DNA-Fragment einen eigenen. Abschließend wird jeder Primer noch gegen ein DNA-Stück ausgetauscht.

A1 Erläutern Sie den Vorteil der hohen Anzahl an AT-Basenpaaren im Bereich eines Origins.

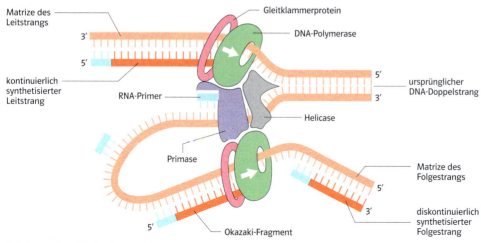

1 *Schema einer Replikationsmaschine*

PCR — DNA-Replikation im Reagenzglas

Oft reicht schon ein einzelnes Haar eines Täters am Tatort, um ihn zu überführen. Dies ist dank eines Verfahrens möglich, das KARY MULLIS 1983 beschrieb. Mit der *Polymerasekettenreaktion* (engl. *Polymerase chain reaction; PCR*) lassen sich auch geringste Mengen DNA in kurzer Zeit identisch vervielfältigen.

Das benötigt man für die PCR
Für die Durchführung einer PCR benötigt man die zu vervielfältigende DNA, Nucleotide, eine hitzestabile DNA-Polymerase, wie z. B. die Taq-Polymerase aus dem Bakterium *Thermus aquaticus*, sowie zwei DNA-Primer. Bei den Primern handelt es sich um kurze DNA-Stücke (ca. 20 bis 25 Nucleotide), die jeweils zum Anfang bzw. zum Ende der DNA-Sequenz komplementär sind, die man vervielfältigen möchte, d. h. es können nur DNA-Stücke vervielfältigt werden, deren Sequenzen zumindest teilweise bekannt sind. Durchgeführt wird die PCR in einem Thermocycler, einem Heizblock, der es ermöglicht, die Temperatur in den Reaktionsgefäßen schnell zu erhöhen und auch schnell wieder herunterzukühlen.

Ablauf der PCR
Die PCR läuft in drei Schritten ab, die 20- bis 30-mal wiederholt werden.
Denaturierung:
Zunächst werden die Wasserstoffbrückenbindungen zwischen den Einzelsträngen eines DNA-Doppelstrangs bei hohen Temperaturen (ca. 95 °C) getrennt.
Anlagerung der Primer:
Genau wie bei der DNA-Replikation in einer Zelle benötigt man für die PCR Primer, die die Ansatzstellen für die DNA-Polymerase bilden. Damit die Primer an die einzelsträngigen DNA-Abschnitte binden können, wird die Temperatur wieder heruntergefahren. Bei ca. 50 °C können die Primer an die Einzelstränge binden.
Synthese des DNA-Doppelstrangs:
Nachdem die Primer gebunden haben, kann die Taq-Polymerase mit der Synthese des komplementären DNA-Strangs beginnen. Vom 3'-Ende des Primers an werden freie Nucleotide angelagert und zu einem kontinuierlichen Strang verknüpft. Dieser Schritt läuft bei 72 °C ab.

1 *Thermocycler*

Nach dem dritten Schritt beginnt der PCR-Zyklus von vorn. Die Erhöhung der Temperatur sorgt dafür, dass die Taq-Polymerase sich ablöst und die DNA-Doppelstränge sich wieder voneinander trennen. In der modernen Form der Echtzeit-PCR *(Real-time-PCR)* kann der Ablauf, also die Anzahl der durchlaufenen Zyklen, mittels einer molekularen Sonde (fluoreszenzmarkierte Taq-Polymerase verfolgt werden.

A1 Vergleichen Sie die Polymerasekettenreaktion mit der DNA-Replikation in einer eukaryotischen Zelle.

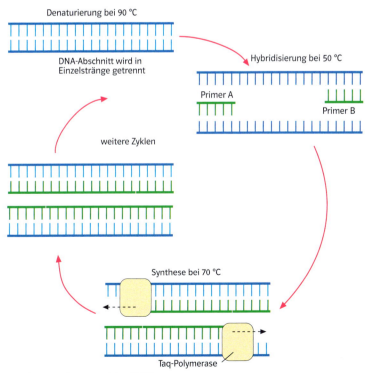

2 *Polymerasekettenreaktion (PCR)*

RNA — mehr als nur eine weitere Nucleinsäure

In den Zellen der Lebewesen gibt es neben der DNA eine weitere Art der Nucleinsäuren — die *RNA (Ribonucleic-Acid)*. Trotz nur sehr kleiner chemischer Unterschiede sind DNA und RNA in ihrer Struktur und ihren Funktionen sehr verschieden.

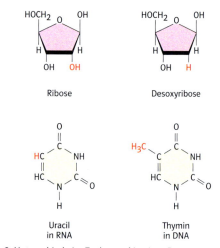

2 *Unterschiede im Zucker und in einer Base*

Bau der RNA

Wie die DNA ist auch die RNA aus Nucleotiden aufgebaut, also aus Einheiten, die ihrerseits aus Zucker, Phosphat und Base bestehen (Abb. Randspalte). Die RNA unterscheidet sich in einigen Punkten von der DNA:
- Anstelle der Desoxyribose dient das ähnlich gebaute Zuckermolekül *Ribose* als Grundbaustein.
- Anstelle der Base Thymin enthält sie die ähnlich gebaute, sich ebenfalls mit Adenin paarende Base *Uracil* (Abb. 2).
- Sie besteht in der Regel nur aus einem Einzelstrang.
- Sie ist wesentlich kürzer.
- Sie hat eine geringere Lebensdauer.

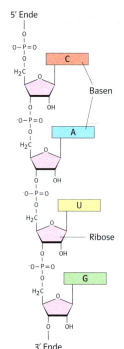

Aufbau der RNA aus Nucleotiden

Funktionen der RNAs

Hatte man zunächst nur die Funktionen der RNAs im Rahmen der Proteinbiosynthese erkannt, unterscheidet man heute eine Vielzahl verschiedener RNA-Klassen entsprechend ihrer Größe und ihrer Aufgaben (Abb. 1). Durch Basenpaarungen komplementärer Bereiche innerhalb desselben Moleküls kann sich eine einzelsträngige RNA zu einer komplexen dreidimensionalen Struktur falten. Solche RNAs arbeiten wie Proteine enymatisch und werden als *Ribozyme* bezeichnet.

A1 ○ Recherchieren Sie ein Beispiel eines Ribozyms und beschreiben Sie seine Funktion.

A2 ◔ Vergleichen Sie Ribozyme und Enzyme in ihrem Aufbau und ihrer Funktion.

Info-Box: RNA-Welt

Ausgehend von den Fähigkeiten der RNA, genetische Informationen zu speichern und enzymatisch zu arbeiten, erstellte man die Hypothese einer „RNA-Welt":

Erdgeschichtlich frühe Lebensformen besaßen weder DNA noch Proteine — RNAs waren zu diesem Zeitpunkt die einzigen Nucleinsäuren. Sowohl das genetische Material als auch die gesamte enzymatische Maschinerie sollen also zu Beginn der Entwicklung des Lebens ausschließlich aus RNA bestanden haben.

Gestützt wird diese Hypothese auch durch die kleinen chemischen Unterschiede zwischen RNA und DNA: Zum einen lässt sich Ribose chemisch viel einfacher herstellen als Desoxyribose. Zum anderen wird der Ersatz von Uracil durch Thymin in der DNA als Weiterentwicklung interpretiert, da er eine Fehlererkennung ermöglicht: Durch *Desaminierung* (Entfernung der Aminogruppe) entsteht aus der Base Cytosin die Base Uracil. Diese ungewollte Veränderung kann in der RNA nicht von einem „regulären" Uracil unterschieden werden. In der DNA hingegen kann die Umwandlung durch Desaminierung als Fehler erkannt und von Reparatursystemen behoben werden.

RNA-Klasse	Funktion
m-RNAs / messenger-RNAs	codieren Proteine
r-RNAs / ribosomal RNAs	bilden die Grundstruktur der Ribosomen und katalysieren die Proteinsynthese
t-RNAs / transfer RNAs	wesentlich für die Proteinsynthese als Adapter zwischen m-RNA und Aminosäuren
sn-RNAs / small nuclear RNAs	werden für eine Vielfalt von Prozessen im Zellkern benötigt, z.B. beim Spleißen von prä-m-RNA
mi-RNAs / micro RNAs	regulieren die Genexpression durch Blockieren der Translation ausgewählter m-RNAs
si-RNAs / small interfering RNAs	regulieren die Genexpression durch den Aufbau kompakter Chromatinstrukturen oder durch Steuerung des m-RNA-Abbaus

1 *Wichtige RNA-Klassen und ihre Funktionen*

Material
Nucleinsäuren

Viren

Viren besitzen ein kleines Genom. Es kann entweder aus DNA oder aus RNA bestehen und einzel- oder doppelsträngig sein. Da Viren neben der Nucleinsäure meist nur noch eine Hülle aus Proteinen und keinen eigenen Stoffwechsel besitzen, werden sie nicht als Lebewesen angesehen. Sie befallen die Zellen eines Wirtes und nutzen dessen Stoffwechsel inklusive seiner Enzymmaschinerie, um sich zu vermehren. Dazu müssen zum einen neue Hüllproteine hergestellt und zum anderen die Nucleinsäure vervielfältigt werden (Abb. 1).

DNA-Viren, die z. B. uns Menschen befallen, können direkt unsere Replikationsmaschinen nutzen, um ihre DNA zu vervielfältigen. Viren, deren Genom aus RNA besteht, schreiben dieses zunächst in DNA um *(Retroviren)* oder lassen nach eigenen Bauplänen spezielle RNA-Polymerasen bauen, die für die Vervielfältigung der RNA sorgen *(RNA-Viren)*.

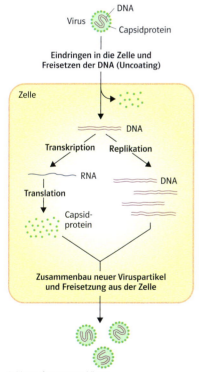

1 *Vermehrung von Viren*

A1 ● Erläutern Sie die Schwierigkeiten bei der Entwicklung antiviraler Medikamente ohne Nebenwirkungen. Nehmen Sie Stellung zu der Aussage „Viren sind perfekte Tramper".

Das Hershey-Chase-Experiment

ALFRED HERSHEY und MARTHA CHASE nutzten 1952 in ihrem Experiment Bakteriophagen. Das sind Viren, die sich auf Bakterien als Wirtszellen spezialisiert haben. Zum Zeitpunkt ihrer Untersuchung war bekannt, dass Bakteriophagen aus Proteinen und Nucleinsäuren bestehen und dass sie die Maschinerie des Bakteriums nutzen, um sich zu vervielfältigen. Ob Proteine oder DNA oder sogar beide für die Produktion neuer Viren entscheidend sind, war unbekannt. HERSHEY und CHASE gelang es in ihrem Experiment, Proteine und DNA der Viren zu trennen, ohne die Vermehrung zu stören (Abb. 2).

A2 ● Nennen Sie die drei möglichen Hypothesen von HERSHEY und CHASE. Erläutern Sie die Schritte des Experiments. Ergänzen Sie begründet die Schlussfolgerung.

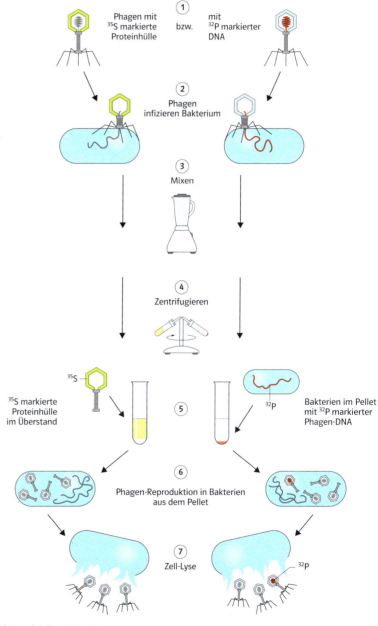

2 *Schritte des Experiments*

1.2 Proteinbiosynthese
Die Entwicklung des Genbegriffs

Mangelmutante
Organismus, der aufgrund einer Mutation einen bestimmten Stoff (hier: Aminosäure) nicht mehr produzieren kann.

Genwirkkette
Zusammenwirken verschiedener Gene bei aufeinander folgenden Stoffumwandlungen.

Im 19. Jahrhundert untersuchte GREGOR MENDEL mithilfe von Kreuzungsversuchen an Erbsenpflanzen die Regeln der Vererbung. Er ging von den Merkmalen aus und nannte die erblichen Faktoren schlicht „Anlagen". Der Begriff „Gen" benutzte er nicht.

Der Brite ARCHIBALD GARROD stellte als Erster 1909 die Hypothese auf, dass ein Gen die genetische Information für den Aufbau eines Enzyms trägt. Bestätigt wurde seine Hypothese 1940 durch Versuche der Amerikaner GEORGE BEADLE und EDWARD TATUM. Sie experimentierten mit dem Schimmelpilz *Neurospora*.

Beadle- und Tatum-Versuch
Natürlich vorkommende Neurospora können alle benötigten Aminosäuren selbst herstellen und sind daher im Labor in der Lage, auf aminosäurefreien Nährböden *(Minimalmedium)* zu wachsen. Durch Bestrahlung mit UV-Licht schufen die beiden Forscher Neurospora-Formen, die einige Aminosäuren nun nicht mehr selbst synthetisieren konnten: es entstanden *Mangelmutanten*.

Unter den Mangelmutanten von Neurospora, die die Aminosäure Tryptophan nicht aufbauen können, gibt es vier verschiedene Typen. Bei jedem kann man den Tryptophanmangel durch Zugabe eines anderen Stoffs zum Minimalmedium ausgleichen und so dem Pilz das Wachstum ermöglichen (Abb. 1). Aus der Biochemie war bekannt, dass Neurospora Tryptophan aus der Vorstufe Shikimisäure über drei Zwischenprodukte aufbaut. Diese vier Umwandlungen werden jeweils durch ein anderes, spezifisches Enzym katalysiert. Da somit jedem der vier Mangelmutantentypen ein anderes Enzym fehlte, schlossen BEADLE und TATUM, dass jedes der vier Enzyme durch ein anderes Gen codiert wird. So lieferten sie den Beweis für GARRODS *Ein-Gen-ein-Enzym-Hypothese*.

Weitere Entwicklung des Genbegriffs
Mit Kenntnis darüber, dass nicht jedes Protein *(Polypeptid)* ein Enzym darstellt, verallgemeinerte man zeitnah die Ein-Gen-ein-Polypeptid-Hypothese. Heute wird diese Hypothese aufgrund weiterer Befunde eingeschränkt:
– Mehrere, nicht direkt nebeneinander liegende DNA-Abschnitte werden für den Bau eines Proteins benötigt.
– Ein und dasselbe Gen enthält die genetische Information für den Bau von mehreren Proteinen (s. alternatives Spleißen, S. 39).

Man betrachtet heute noch Gene als Abschnitte der DNA, die für die Ausbildung von Merkmalen verantwortlich sind, doch inzwischen weiß man, dass dieser Weg nicht ausschließlich über den Bau einer m-RNA und eines Proteins erfolgen muss. Da manche Gene die genetische Information für RNA-Moleküle tragen, die nicht weiter translatiert werden, lautet die Definition demnach: Ein Gen ist ein DNA-Abschnitt, der für eine RNA codiert.

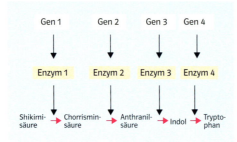

1 *Mangelmutanten und Genwirkkette*

A1 ⊖ Geben Sie an, welches Gen bei den in Abb. 1 dargestellten Neurospora-Mutanten jeweils defekt ist und erläutern Sie die Entwicklung des Genbegriffs.

26 Genetik

Material
Genwirkketten

Durch die Untersuchung von Mangelmutanten konnten Wissenschaftler inzwischen viele Stoffwechselwege bei Bakterien aufklären. Dabei spielen die Synthesewege von Aminosäuren eine besonders große Rolle, da sie die Grundbausteine von Proteinen sind, die nahezu an allen Prozessen in einem Organismus beteiligt sind.

Argininsynthese

Bakterien der Art *Serratia marcescens* wurden auf einem Nährboden mit einem sogenannten Vollmedium gezüchtet. Ein Vollmedium enthält außer Zucker und Salzen alle von den Bakterien benötigten Aminosäuren. Wird ein steriler Samtstempel vorsichtig auf einen Nährboden gedrückt, so bleiben von jeder Kolonie einige Bakterien hängen. Auf diese Art lässt sich ein ganz bestimmtes Koloniemuster von einer Platte auf andere übertragen. Mit dieser Stempeltechnik wurden hier Bakterien einer Platte mit Vollmedium jeweils auf vier Platten mit Minimalmedien übertragen, die die genannten Zusätze enthalten. Anschließend wurden die Platten bebrütet.

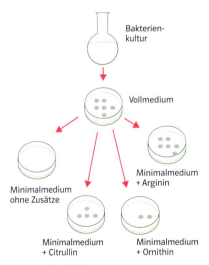

1 *Stempeltechnik*

A1 ◐ Erläutern Sie das in der Abbildung dargestellte Versuchsergebnis.
A2 ○ Erklären Sie den Begriff „Mangelmutante".
A3 ○ Nennen Sie Möglichkeiten, im Labor Mangelmutanten eines Bakteriums zu erkennen.
A4 ◐ Stellen Sie den Syntheseweg der Aminosäure Arginin in Form einer Genwirkkette dar.

Phenylalaninstoffwechsel

Die Aminosäure Phenylalanin wird mit proteinhaltiger Nahrung aufgenommen. Sie ist der Ausgangspunkt verschiedener Stoffwechselwege, über die eine Reihe wichtiger Stoffwechselprodukte gebildet wird (Abb. 2). Jede biochemische Umsetzung wird dabei durch ein spezifisches Enzym katalysiert, jedes Enzym durch ein entsprechendes Gen codiert. Alle miteinander bilden eine *Genwirkkette*.

Ist eines dieser Enzyme aufgrund einer Mutation nicht funktionsfähig, so kommt es zu den verschiedensten Krankheitsbildern. Am schwerwiegendsten ist die sogenannte *Phenylketonurie* (PKU). Phenylalanin reichert sich bis zum 30-fachen der normalen Konzentration im Blut und Gewebe an. Zum Teil wird es im Urin ausgeschieden, aber auch zu giftigem Phenylpyruvat abgebaut *(Phenylketon)*. Dieses beeinträchtigt u.a. die Entwicklung des Gehirns und verursacht schwerste geistige Schäden.

Ein Mangel des Wachstumshormons Thyroxin führt zu erblichem *Kretinismus*. Betroffene leiden unter schweren Wachstumsstörungen sowie unter schweren Schäden am Nervensystem.

Albinismus ist zurückzuführen auf einen Mangel am Farbstoff Melanin. Er ist gekennzeichnet durch weiße Haare, helle Haut- und Augenfarbe und eine hohe Sonnenempfindlichkeit.

Fällt im Körper das Abbauprodukt Homogentisinsäure vermehrt an, so wird es mit dem Urin ausgeschieden, lagert sich aber auch im Knorpelgewebe ab. Durch Oxidation entsteht das schwarz gefärbte *Alkapton* (deshalb *Alkaptonurie*). Die Symptome der Alkaptonurie sind gichtähnliche Gelenkentzündungen, dunkle Flecken auf der Lederhaut des Auges und die Entstehung von Nierensteinen.

A5 ◐ Ordnen Sie die beschriebenen Krankheitsbilder Mutationen der Gene der Enzyme A, B, C bzw. D zu. Begründen Sie.
A6 ○ Bei den oben beschriebenen Stoffwechselerkrankungen handelt es sich um genetisch bedingte Krankheiten, die durch eine rezessive Anlage verursacht werden. Die Erkrankung tritt nur auf, wenn beide homologen Chromosomen den Defekt aufweisen. Geben Sie dafür eine Erklärung.
A7 ◐ Neugeborene werden heute routinemäßig auf PKU untersucht. Beschreiben Sie eine mögliche Therapie im Falle eines positiven Tests.
A8 ◐ PKU-Kranke fallen häufig durch eine besonders helle Haut, helle Haarfarbe und helle Augen auf. Begründen Sie diese Symptome anhand des Phenylalaninstoffwechsels.

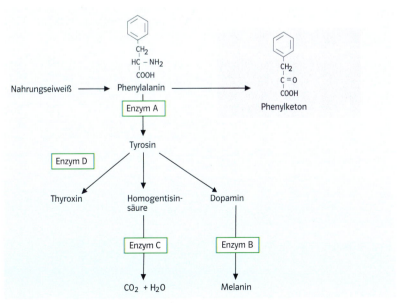

2 *Phenylalaninstoffwechsel des Menschen*

Transkription — der erste Schritt der Proteinbiosynthese

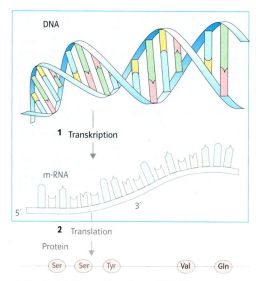

1 *Die Proteinbiosynthese in zwei Schritten*

Die DNA trägt die genetische Information einer Zelle. Sie enthält eine Vielzahl von Genen, die Bauanleitungen für Proteine darstellen. Die Umsetzung der genetischen Information in ein Protein bezeichnet man als *Proteinbiosynthese*. Sie erfolgt in zwei Teilschritten (Abb. 1):
1. Transkription
2. Translation

Transkription
Wird ein bestimmtes Protein in der Zelle benötigt, wird von dem entsprechenden Abschnitt des DNA-Moleküls zunächst eine Kopie erzeugt. Diesen Vorgang nennt man *Transkription*. Die genetische Information wird damit beweglich. Sie kann bei eukaryotischen Zellen den Kern durch die Kernporen verlassen und von der DNA zu den Ribosomen, den Organellen der Proteinsynthese, gelangen. Das Transportmolekül für die genetische Information ist eine *Ribonucleinsäure (RNA)*. Da sie die genetische Botschaft (engl. message) überträgt, nennt man sie *messenger-RNA* oder kurz m-RNA.

Ablauf der Transkription
Die Transkription wird von dem Enzym RNA-Polymerase katalysiert. Die Transkription beginnt jeweils an einem *Promotor*, einer bestimmten Startsequenz auf der DNA. Promotoren sind gekennzeichnet durch viele benachbarte AT-Basenpaare. Durch die geringere Anzahl an Wasserstoffbrücken und deutlich geringere Basenstapelkräfte kann der DNA-Doppelstrang an solchen Stellen leichter geöffnet werden.

Ein Promotor liegt vor dem Gen, das transkribiert werden soll. Zunächst lagern sich dort sogenannte *Transkriptionsfaktoren* an. Das sind Proteine, die der RNA-Polymerase helfen, sich anzulagern und zu starten. Sie beeinflussen damit maßgeblich, wie oft welches Gen transkribiert und somit welche Proteine häufiger als andere hergestellt werden. Bei Eukaryoten besitzen Transkriptionsfaktoren eine enorme Bedeutung für die Regulation von Zellstoffwechsel und Entwicklung.

Nach der Anlagerung (Abb. 2a) bewegt sich die RNA-Polymerase auf der DNA entlang, wobei sie die DNA entwindet und blasenartig öffnet, sodass die Nucleotide beider Stränge auf einem kurzen Bereich freiliegen. Einer der beiden DNA-Stränge dient dabei als Vorlage *(Matrizenstrang)*, an die sich komplementäre RNA-Nucleotide anlagern. Diese werden durch die RNA-Polymerase zu einem m-RNA-Einzelstrang verbunden (Abb. 2b und c). Das ständig länger werdende RNA-Molekül löst sich von der DNA und der DNA-Doppelstrang schließt sich hinter der Polymerase sofort wieder. Die Transkription endet, sobald die RNA-Polymerase auf eine bestimmte Basenfolge am DNA-Strang stößt, die *Stoppsequenz* genannt wird. Das Enzym löst sich von der DNA und setzt die m-RNA frei (Abb. 2d).

Bedeutung des codogenen Strangs
Da die DNA doppelsträngig ist, können von jedem Gen theoretisch zwei verschiedene m-RNA-Moleküle erstellt werden, je nachdem welcher Strang als Vorlage dient. Die genetische Information ist aber nur in einem der beiden DNA-Stränge enthalten. Die RNA-Polymerase braucht die Information, welchen DNA-Einzelstrang sie transkribieren soll. Der Promotor ist asymmetrisch und bindet den Transkriptionsfaktor und die Polymerase daher nur in einer bestimmten Orientierung. Da die RNA-Polymerase RNA nur vom 5'-Ende zum 3'-Ende aufbauen kann, liegt damit

auch fest, welcher DNA-Einzelstrang abgelesen wird, nämlich der von 3' nach 5' verlaufende. Dieser Matrizenstrang dient als Vorlage, er wird auch *codogener Strang* genannt.

A1 ○ Geben Sie die m-RNA-Sequenz an, in die der folgende DNA-Abschnitt transkribiert wird.
3'TTGAGGCTAGATACCGAACCTTCT5'

A2 ◐ Stellen Sie tabellarisch DNA-Replikation und Transkription gegenüber, indem Sie die biologische Bedeutung, den Zeitpunkt im Zellzyklus, die zugehörigen Vorlagen, die beteiligten Enzyme sowie die verwendeten Nucleotide auflisten.

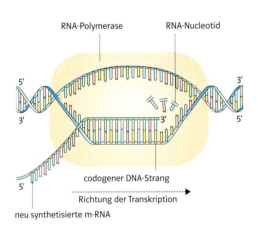

2 *Transkription*

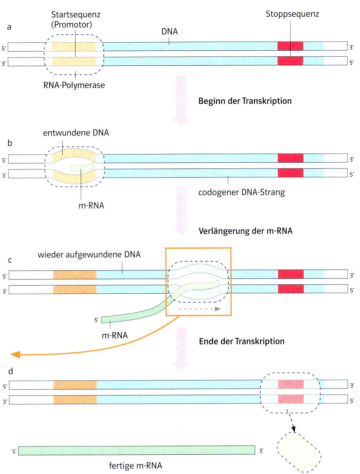

3 *Teilschritte der Transkription*

Info-Box: Wirkung von Hemmstoffen

Die komplexen Vorgänge der Proteinbiosynthese bieten viele Angriffsmöglichkeiten für Hemmstoffe (s. Tabelle). Einige Hemmstoffe, wie z. B. das Actinomycin D, unterscheiden dabei nicht, ob es sich um eine prokaryotische oder eukaryotische Zelle handelt. Andere Hemmstoffe, wie z. B. das Rifampicin, wirken hingegen nur auf Prokaryoten. Sie können daher als gut verträgliche Antibiotika bei uns Menschen eingesetzt werden.

Hemmstoff	Wirkung auf die Proteinbiosynthese
Actinomycin D	bindet an doppelsträngige DNA
Rifampicin	hemmt die RNA-Polymerase von Prokaryoten
Amanitin	hemmt die RNA-Polymerase von Eukaryoten
Streptomycin	bindet an die kleine Ribosomen-Untereinheit bei Prokaryoten
Tetracycline	verhindern Bindung der t-RNA an das Prokaryoten-Ribosom
Puromycin	wird anstelle einer beladenen t-RNA an das Ribosom gebunden
Chloramphenicol	verhindert die Verknüpfung der Aminosäuren am Prokaryoten-Ribosom
Kirromycin	verhindert das Vorrücken der t-RNA von der A- an die P-Stelle bei Prokaryoten
Cycloheximid	verhindert die Verknüpfung der Aminosäuren am Eukaryoten-Ribosom
Diphtherie-Toxin	Enzym; verändert einen wichtigen Translationsfaktor chemisch und macht ihn unbrauchbar

Der Knollenblätterpilz ist der für uns giftigste Pilz Europas. Sein Gift ist das Amanitin. Es hemmt spezifisch die Transkription bei Eukaryoten, indem es den Abbau der RNA-Polymerase initiiert. Schon die Aufnahme einer geringen Menge führt zum Tod.

4 *Knollenblätterpilz*

Material
Die Erforschung der RNA

Die Vorgänge der Proteinbiosynthese wurden durch die Erkenntnisse vieler Wissenschaftler in verschiedenen Experimenten entschlüsselt und führten sowohl zu exakteren Vorstellungen als auch zur Falsifizierung von Hypothesen und Modellen.

Entdeckungsgeschichte der RNA

Mit der Entdeckung der DNA im Jahr 1953 kam die Frage nach ihrer genetischen Funktion auf. Den Wissenschaftlern wurde experimentell schnell deutlich, dass die DNA nicht direkt als Bauvorlage an der Proteinsynthese beteiligt sein konnte. Durch experimentelle Ergebnisse und Beobachtungen vermuteten sie daher, dass die Ribonucleinsäuren eine Bedeutung bei der Proteinsynthese haben könnten, indem diese als Vorlage für die Verknüpfung der Aminosäuren bei der Proteinsynthese dienen. Experimente zeigten, dass sehr viel RNA in Zellen vorkommt, in denen viele Proteine synthetisiert werden.

Diese Überlegungen wurden verstärkt durch die Entdeckung von Partikeln in den Zellen, die aus RNA bestehen, den *Ribosomen*. Dies führte 1956 zur „Ein Gen–ein-Ribosom–ein-Protein-Hypothese". Im Laufe der folgenden Untersuchungen wurde in den Zellen verschiedener Mikroorganismen die Basenzusammensetzung der DNA untersucht. Man fand große Unterschiede bei der DNA. Die Basenzusammensetzung der RNA besonders in den Ribosomen war jedoch von der DNA unabhängig und bei den verschiedenen Mikroorganismen gleich. Diese Erkenntnis widerlegte die Hypothese, dass die Ribosomen das direkte Verbindungsglied zwischen der DNA und den Proteinen sind.

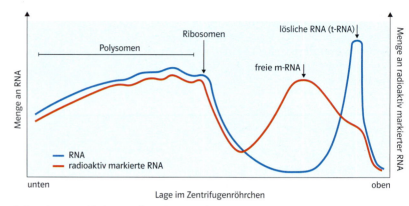

2 Experiment zur Bedeutung der m-RNA

Wäre die „Ein–Gen–ein Ribosom–ein-Protein-Hypothese" gültig, dann müssten für die verschiedenen Proteine auch verschiedene Ribosomen existieren.

Einige Wissenschaftler konnten zu diesem Zeitpunkt nachweisen, dass in den Zellen der Mikroorganismen eine kurzlebige kleine RNA gebildet wurde, welche eine ähnliche Basensequenz wie DNA-Abschnitte aufwies. Ebenfalls wurde nachgewiesen, dass diese kurze RNA sich an die Ribosomen anlagert und wieder von diesen getrennt werden kann. Die Information von der DNA wurde wie von einem Boten auf die Ribosomen übertragen. 1961 einigte man sich daher auf den Begriff *messenger-RNA (m-RNA)*.

Experiment zum Ort der m-RNA

Wissenschaftler untersuchten die Weitergabe der genetischen Information aus der DNA bis zum Ort der Proteinsynthese. Hierzu führten sie Experimente mit radioaktiv markierten Tracern durch. Um sicher zu gehen, dass die Tracer nicht in die DNA eingebaut werden, verwendete man einen spezifischen Baustein, der nur in der RNA vorkommt, das Uracil. Für einen kurzen Zeitraum von ca. zwei Minuten wurde eukaryotischen Zellen radioaktives Uracil zur Verfügung gestellt (Pulse). Die während dieses Zeitraums gebildeten RNA-Moleküle waren radioaktiv markiert.

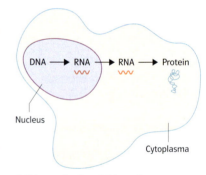

3 Schema der Proteinbiosynthese

Danach wurde das angebotene radioaktiv markierte Uracil gegen nicht radioaktives Uracil ausgetauscht (Chase). Während des Zeitraums mit und ohne radioaktiv markierten Uracil wurden jeweils Zellen aus dem Versuchsansatz entnommen, um die Lokalisierung der radioaktiven Tracer und die räumliche Veränderung in der Zelle zu untersuchen (Abb. 1).

Experiment zur Bedeutung der RNA

Bakterienzellen wurden in Zellkulturen vermehrt und die verschiedenen RNAs aus diesen Zellen mithilfe der Dichtegradientenzentrifugation in Zentrifugenröhrchen getrennt. Es konnten verschiedene RNAs nachgewiesen werden, welche nach dem

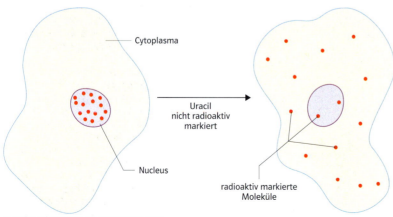

1 Pulse-Chase-Experiment zur m-RNA

heutigen Wissen den Polysomen, Ribosomen, der m-RNA und der t-RNA entsprachen. Entsprechend ihrer Dichte waren sie weiter oben oder unten im Zentrifugenröhrchen angeordnet (Abb. 2). Im zweiten Teil des Experiments wurde Bakterien in der Nährlösung radioaktives Uracil als Tracer zur Verfügung gestellt. Uracil ist ein spezifischer Baustein der RNA. Gleichzeitig wurden die Bakterien mit Bakteriophagen infiziert. Diese bewirken in den Bakterienzellen die Neubildung von Bakteriophagen und lösen dadurch die Neusynthese der hierzu notwendigen Proteinen aus. Hierdurch konnten die Wissenschaftler davon ausgehen, dass die Proteinbiosynthese zu diesem Zeitpunkt gestartet wurde. Nach ca. 4 min wurden die Zellen abgetötet. In den folgenden Untersuchungen wurden die Bestandteile der Bakterienzellen mithilfe der Dichtegradientenzentrifugaion aufgetrennt und der radioaktiv markierte Tracer in den verschiedenen Zonen nachgewiesen (s. Abb. 2 rote Linie). Die Ergebnisse dieser Versuche ermöglichten es, Erkenntnisse zur Bedeutung der m-RNA bei dem Vorgang der Proteinbiosynthese zu gewinnen.

Experiment mit Acetabularia

Zur Erforschung der Bedeutung des Zellkerns und der RNA bei Pflanzen eigneten sich die großen Zellen der einzelligen Alge Acetabularia. Sie ist bis zu 40 mm lang und gut zu präparieren. Die verschiedenen Zellabschnitte Hut, Stiel und Rhizoid (Abb. 4) lassen sich gut unterscheiden. Der Zellkern befindet sich immer im Rhizoid. Die verschiedenen Arten besitzen unterschiedliche Hutformen (Abb. 5).

Die Experimente, bei denen die einzellige Alge in zwei Teile zerlegt wurde, zeigten, dass der zellkernhaltige Teil auf Dauer überleben konnte, die kernlosen Teile zwar über einige Tage am Leben gehalten werden konnten, danach aber ihren Stoffwechsel einstellten. Weitere Experimente zeigten, dass das obere Stück des Stiels einen Hut bilden konnte und das kernhaltige Rhizoid sich zu einer ganzen, fortpflanzungsfähigen Zelle regenerieren konnte.

Da das obere Stück der Zelle die Ausbildung eines neuen Hutes auch ohne Nucleus übernahm, stellte man die Hypothese auf, dass Substanzen im Cytoplasma das Aussehen steuern („morphogenetische Substanzen"). Diese Substanzen mussten vorher vom Nucleus abgegeben worden sein. Zur gleichen Zeit kamen die Vermutungen zur Bedeutung der m-RNA auf. Experimente wurden durchgeführt, bei denen Enzyme in zwei verschiedenen Acetabularia-Arten untersucht wurden. Hierzu wurden die Enzymproteine mithilfe der Gelelektrophorese aufgetrennt. Die verschiedenen Proteine zeigten ein spezifisches Muster.

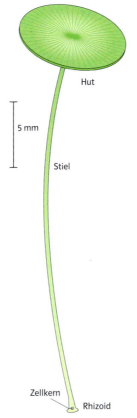

4 *Acetabularia mediterranea*

5 *Hut von Acetabularia crenulata*

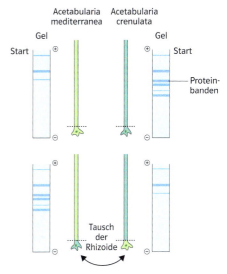

6 *Auftrennung von Proteinen*

Wurden die Rhizoide der beiden Acetabularia-Arten getauscht, änderten sich innerhalb von vier Wochen die Enzymmuster (Abb. 6) und der jeweilige andere Hut wurde ausgebildet.

A1 ○ Beschreiben Sie kurz das Experiment in Abb. 1 und erläutern Sie die Bedeutung der kurzfristigen Gabe von radioaktiv markiertem Uracil.

A2 ◐ Erklären Sie anhand der in Abb. 1 dargestellten Versuchsergebnisse die unterschiedliche Verteilung des Tracers in der Zelle und übertragen Sie diese Aussagen auf das Schema in Abb. 3.

A3 ◐ Erläutern Sie mithilfe dieser Aussagen und der Informationen zur Entdeckungsgeschichte der RNA, welche Fragestellungen mit diesem Experiment beantwortet werden konnten.

A4 ◐ Beschreiben Sie die Versuchsergebnisse in Abb. 2.

A5 ◐ Erklären Sie die Messergebnisse in Verbindung mit der Versuchsdurchführung.

A6 ◐ Erläutern Sie anhand des Textes zur Entdeckungsgeschichte der m-RNA, welcher Zusammenhang mit den Versuchen geklärt werden konnte.

A7 ◐ Beschreiben Sie die Experimente mit Acetabulariazellen in Abb. 6. Nehmen Sie hierzu auch die Informationen aus dem Text zur Hilfe.

A8 ◐ Erläutern Sie, welche Bedeutung diese Ergebnisse für die Hypothese zu den morphogenetischen Substanzen und der m-RNA haben.

Der genetische Code

Kolinearität
Die Basenabfolge einer m-RNA entspricht der Aminosäuresequenz des codierten Proteins.

Code
System von Regeln und Übereinkünften, das die Zuordnung von Zeichen, auch Zeichenfolgen, zweier verschiedener Zeichensysteme erlaubt.

Die **Codesonne** gibt an, welches Codon der m-RNA in welche Aminosäure übersetzt wird. Das erste Nucleotid eines Codons (5'-Ende) steht innen, die Codons werden von innen nach außen gelesen. GCA steht z. B. für die Aminosäure Alanin.

Struktur und Funktion von Proteinen werden durch die Abfolge ihrer Aminosäuren, die *Aminosäuresequenz*, bestimmt. Aus 20 verschiedenen Aminosäuren kann theoretisch eine beinahe unbegrenzte Anzahl verschiedener Aminosäuresequenzen erzeugt werden. In der Basensequenz der m-RNA ist festgelegt, in welcher Reihenfolge Aminosäuren zu langen Ketten verbunden werden müssen, um ein funktionsfähiges Protein zu erhalten.

Die Zuordnung
Wie ein Codebuch die Übersetzung von Zeichen aus einem System in ein anderes erlaubt, z. B. vom Morsealphabet in herkömmliche Buchstaben, liefert der *genetische Code* die Übersetzungsvorschrift, um aus einer m-RNA-Basensequenz die Aminosäuresequenz eines Proteins abzuleiten. In der Abfolge der Nucleotidbasen der m-RNA ist die Aminosäuresequenz codiert.

Da es nur vier verschiedene Basen gibt, aber 20 proteinbildende Aminosäuren, muss eine Gruppe von mehreren Nucleotiden ein Codewort (*Codon*) bilden und für eine Aminosäure codieren. Stünde nur eine Base für eine Aminosäure, könnten nur vier verschiedene Aminosäuren, durch Zweiergruppen nur $4^2 = 16$ und erst durch Dreiergruppen $4^3 = 64$ verschiedene Aminosäuren verschlüsselt werden.

Eine Dreiergruppe, ein *Basentriplett*, ist also die theoretische Mindestgröße für ein Codon. Es gibt dann aber mehr Tripletts als zu codierende Aminosäuren. Manche Aminosäuren sind mehrfach codiert. Der genetische Code ist *redundant*.

Experimentelle Ermittlung des Codes
Mithilfe künstlicher m-RNA-Moleküle und der Untersuchung der danach synthetisierten Aminosäureketten konnten Länge und Bedeutung der einzelnen m-RNA-Codons aufgeklärt werden. Der genetische Code ist ein Triplettcode. Die meisten Aminosäuren werden durch verschiedene Codons verschlüsselt, die sich meist in der dritten Base unterscheiden. Einige Codons haben Sonderbedeutungen: Das Startcodon AUG passt zur DNA-Startstelle der Transkription, die entsprechende Aminosäure (verändertes Methionin) wird später wieder entfernt. UAG, UAA und UGA entsprechen keiner Aminosäure. Sie sind *Stoppcodons*. Bei allen Lebewesen ist dieser Code gleich. Eine gegebene RNA wird von allen Organismen in die gleiche Aminosäuresequenz übersetzt. Der genetische Code ist universell.

A1 ○ Übersetzen Sie die folgende m-RNA in eine Aminosäuresequenz:
5'UUAGAUGAGCGACGAACCCCUAAAAU-UUACCUAGUAGUAGCCAU 3'

A2 ○ Übertragen Sie diesen Abschnitt eines codogenen DNA-Strangs in die entsprechende Aminosäuresequenz.
3'CTGGCTACTGACCCGCTTCTTCTATC 5'

A3 ◐ Lassen Sie den ersten Buchstaben im Beispielsatz „VORDERRNAISTDIEDNA" weg und behalten den „Triplettcode" bei, wird der Sinn des Satzes entstellt. Lassen Sie in der DNA-Sequenz aus Aufgabe 2 ebenfalls die erste Base nach dem Startcodon weg. Beschreiben Sie die Konsequenzen.

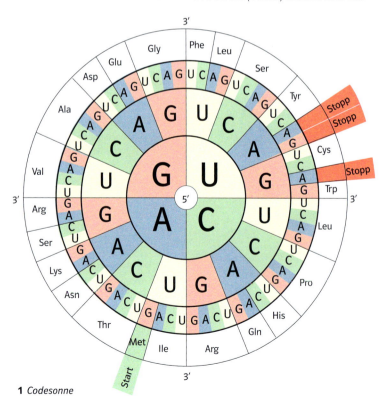

1 *Codesonne*

Material
Die Entdeckung des genetischen Codes

Lange Zeit konnte keine eindeutige Aussage darüber getroffen werden, welches Basentriplett für welche Aminosäure codiert. Die beiden Wissenschaftler MARSHALL NIRENBERG und PHILIP LEDERER beschrieben im Jahr 1964 einen experimentellen Ansatz, mit dem der genetische Code in der Folgezeit vollständig aufgeklärt werden konnte.

Der Triplettbindungstest

NIRENBERG und LEDERER synthetisierten kurze m-RNA-Moleküle mit bekannter Basensequenz. Diese mischten sie mit Ribosomen, die aus Bakterien isoliert worden waren. Die Untersuchungen zeigten zunächst, dass die m-RNA-Moleküle an die Ribosomen binden. In einem zweiten Schritt gaben sie alle zur Proteinbiosynthese notwendigen Bestandteile in ein Reagenzglas. In diesem zellfreien System befanden sich in der Hauptsache:
– gereinigte Ribosomen
– ein Gemisch aller 20 in Lebewesen vorkommenden Aminosäuren (jeweils von Versuch zu Versuch wechselnd war eine der Aminosäuren radioaktiv markiert)
– eine m-RNA aus drei Nucleotiden bekannter Basensequenz

Nachdem die genannten Komponenten zusammengebracht worden waren und aufeinander einwirken konnten, wurde das Gemisch auf einen Filter gegeben. Die Porengröße des Filters wurde so gewählt, dass er Teilchen von der Größe eines Ribosoms zurückhielt, kleinere Teilchen hingegen passieren ließ. Dann wurde untersucht, ob sich das radioaktive Signal auf dem Filter oder im Filtrat befand.

Vier Schlüsselexperimente

Die beiden Forscher gaben ihrem zellfreien System eine m-RNA der Basensequenz UUU hinzu. Markierten sie die Aminosäure Serin radioaktiv, fand sich das radioaktive Signal im Filtrat, gaben sie hingegen anstelle von Serin die radioaktiv markierte Aminosäure Phenylalanin hinzu, fand sich das Signal auf dem Filter. In einem weiteren Versuchsblock wurde dem System eine m-RNA der Basensequenz UCU zugegeben. Radioaktiv markiertes Serin fand sich auf dem Filter, radioaktiv markiertes Phenylalanin hingegen im Filtrat.

A1 ● Skizzieren Sie den Versuchsaufbau von NIRENBERG und LEDERER, mit dem der genetische Code entschlüsselt wurde.
A2 ○ Aus den Versuchsergebnissen lässt sich den Tripletts UUU und UCU eine Bedeutung zuordnen. Nennen Sie diese.
A3 ● Vor den Triplettbindungstests wurden alle m-RNA-Moleküle der Herkunftszellen entfernt. Begründen Sie dieses Vorgehen.

Weiterführende Versuche

Gibt man dem zellfreien System längerkettige m-RNA-Moleküle bekannter Basensequenz hinzu, werden nach der Anweisung der künstlichen m-RNA-Moleküle Polypeptide synthetisiert. Die Aminosäuresequenz der isolierten Polypeptide kann ermittelt werden.

Auf diese Weise war es MARSHALL NIRENBERG und HAR GOBIND KHORANA möglich, weitere Tripletts zuzuordnen. In der Tabelle finden Sie einige Ergebnisse der Versuche. Links angegeben stehen die eingesetzten synthetischen RNA-Moleküle, rechts die dadurch aufgebauten Peptide.

Die RNA ist in Kurzschreibweise angegeben; da es regelmäßige Polynucleotide sind, genügt es, ihre sich ständig wiederholenden Bausteine anzugeben. Poly-U bedeutet also eine RNA nur aus Uracil-Nucleotiden (–UUUUUUUUUUUU–), Poly-A eine nur aus Adenin-Nucleotiden (–AAAAAAAAAAAA–), Poly-AC eine, in der sich regelmäßig immer Adenin- und Cytosin-Nucleotide abwechseln (–ACACACACACAC–).

A4 ○ Durch die Verwendung von Poly-U-, Poly-A-, Poly-C- und Poly-G-m-RNA-Sequenzen konnte weiteren Tripletts eine Bedeutung zugeordnet werden. Nennen Sie die entsprechenden Tripletts und ihre Bedeutung.
A5 ● Verwendet man RNA, in der zwei Nucleotide abwechselnd vorkommen, erhält man Peptide, in denen sich zwei Aminosäuren abwechseln.
Erklären Sie dies. Kann man durch diese Versuche die Bedeutung weiterer Tripletts eindeutig klären?
A6 ● Verwendet man andere, regelmäßige Polynucleotide aus längeren Untereinheiten, erhält man im Gemisch verschiedene Peptide (s. unten). Erläutern Sie, weshalb verschiedene Peptide gebildet werden. Ordnen Sie weiteren Tripletts eine Bedeutung zu.
A7 ● Es wurden ebenfalls Experimente mit vier regelmäßig wechselnden Nucleotiden durchgeführt (s. unten). Analysieren Sie das Versuchsergebnis.

RNA	Damit entstehende Peptide
Poly-U	Phe – Phe – Phe – Phe – Phe – …
Poly-A	Lys – Lys – Lys – Lys – Lys – Lys – …
Poly-C	Pro – Pro – Pro – Pro – Pro – Pro – …
Poly-G	Gly – Gly – Gly – Gly – Gly – Gly – …
Poly-AC	Thr – His – Thr – His – Thr – His – … oder His – Thr – His – Thr – His– Thr – …
Poly-AAC	Asn – Asn – Asn – Asn – Asn –… oder Thr – Thr – Thr – Thr – Thr – Thr –… oder Gln – Gln – Gln – Gln – Gln – Gln – …
Poly-ACC	Thr – Thr – Thr – Thr – Thr – … oder Pro – Pro – Pro – Pro – Pro – … oder His – His – His – His – …
Poly-ACCC	Thr – His – Pro – Pro – Thr – His – Pro – Pro – …

33

Translation — t-RNA als Vermittler

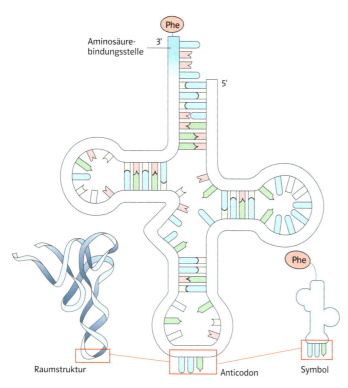

1 Bau der t-RNA (schematisch)

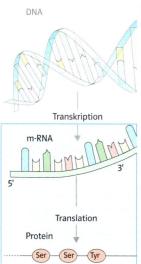

Bei der Translation wird die Basensequenz der m-RNA in eine Aminosäuresequenz übersetzt. Der genetische Code gibt an, welches Basentriplett in welche Aminosäure übersetzt wird (s. Seite 32). Er ist das Wörterbuch für die Übersetzung. Eine besondere Nucleinsäure, die *transfer-RNA (t-RNA)*, stellt das Bindeglied zwischen Basen- und Aminosäuresequenz dar. Sie transportiert die Aminosäuren aus dem Vorrat im Cytoplasma zu den Ribosomen, wo dann passende Aminosäuren zum Polypeptid verknüpft werden.

Bau der t-RNA

Die t-RNA wird wie die m-RNA durch Transkription aufgebaut. Sie besteht aus ca. 80 Nucleotiden und ist wie die m-RNA einsträngig. Sie enthält aber kurze Nucleotidbereiche, die zu anderen Abschnitten desselben Moleküls komplementär sind und mit diesem Basenpaarungen eingehen können. Dadurch entsteht eine Struktur, die in schematischer Darstellung wie ein Kleeblatt aussieht. Die tatsächliche Raumstruktur ist jedoch L-förmig (Abb. 1). Diese Raumstruktur ist von entschei-

dender Bedeutung für die Funktion der t-RNA bei der Proteinsynthese. Die t-RNA-Moleküle besitzen zwei exponierte ungepaarte Nucleotidbereiche, die als Bindungsstellen dienen:
– Das sogenannte *Anticodon*, eine Folge von drei aufeinanderfolgenden Basen, paart sich mit dem komplementären Codon in einem m-RNA-Molekül.
– An der *Aminosäurebindungsstelle*, einer kurzen einsträngigen Region am 3'-Ende des Moleküls, wird die Aminosäure, die zum Codon der m-RNA passt, gebunden.

Der genetische Code ist *redundant*, das heißt, mehrere Codons codieren für dieselbe Aminosäure. Daher gibt es für einige Aminosäuren mehrere t-RNAs. Manche t-RNAs können sich aber auch mit mehr als einem Codon der m-RNA paaren (s. Info-Box). Der genetische Code ist dennoch eindeutig: jedem Codon ist genau eine Aminosäure zugeordnet.

Eine Zelle stellt demnach viele verschiedene t-RNA-Moleküle her, um den genetischen Code lesen zu können. Wie aber wird jede t-RNA mit genau der richtigen der 20 verschiedenen Aminosäuren verknüpft?

Beladung der t-RNA

Für jede der 20 Aminosäuren gibt es hochspezifische Enzyme, die *Aminoacyl-t-RNA-Synthetasen*. Diese Enzyme beherrschen wie ein Übersetzer zwei Sprachen. Sie übersetzen die „Nucleotidsprache" in die „Aminosäuresprache". Sie erkennen das Anticodon einer t-RNA und beladen diese mit der zugehörigen Aminosäure. Dies ist der entscheidende Schritt bei der Umsetzung des genetischen Codes.

In das aktive Zentrum der Synthetase passt nur die richtige Kombination aus Aminosäure und zugehöriger t-RNA. Nach dem Schlüssel-Schloss-Prinzip bindet die Synthetase zunächst die passende Aminosäure. Spezifische Nucleotide sowohl im Anticodon als auch in der Erkennungsregion ermöglichen der Synthetase die Erkennung und Anlagerung der richtigen t-RNA. Aminosäure und t-RNA werden unter ATP-Verbrauch verknüpft und die beladene t-RNA wird freigesetzt (Abb. 2).

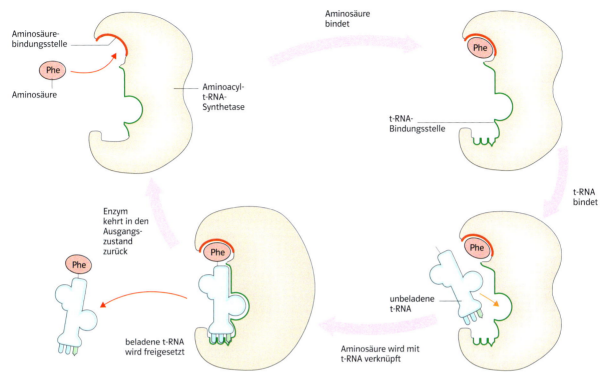

2 Beladung der t-RNA

Info-Box: Wobble-Hypothese

Eigentlich müssten in jeder Zelle 61 verschiedene t-RNAs vorkommen, eine für jedes der 61 m-RNA-Codons, die für eine Aminosäure codieren. Man weiß jedoch, dass in einer Zelle je nach Organismus nur bis zu 41 verschiedene t-RNA-Moleküle vorhanden sind. FRANCIS CRICK formulierte dazu die *Wobble-Hypothese* (engl. *wobble* = wackeln). Nur die ersten beiden Basen von m-RNA-Codon und Anticodon der t-RNA werden nach den Regeln der komplementären Basenpaarung über Wasserstoffbrücken verbunden. Beim dritten Basenpaar kann es aufgrund der Raumstruktur der t-RNA auch zu unüblichen Basenpaarungen — sogenannten „Wobble-Paarungen" — kommen, z. B. von G und U. Ein einziges Anticodon kann sich daher mit mehr als einem Codontyp paaren. Sowohl UCC als auch UCU codieren für die Aminosäure Serin.

Einige Anticodons tragen am 5'-Ende die Base Inosin (I). Diese kann mit C, U und A Basenpaarungen eingehen. AUC, AUU und AUA codieren für die Aminosäure Isoleucin.

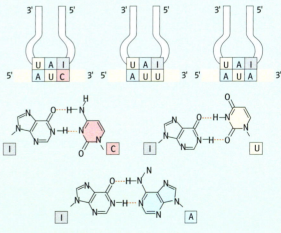

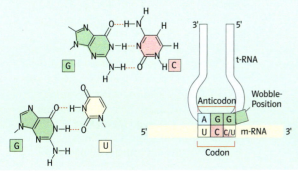

Mit der Wobble-Hypothese lässt sich erklären, warum sich die Codons für eine bestimmte Aminosäure oft nur im dritten Nucleotid unterscheiden. Die dritte Base spielt bei der Erkennungsspezifität oft eine geringere Rolle.

Translation — ein Protein entsteht

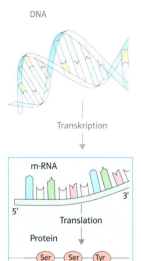

Die *Translation* erfolgt an den Ribosomen. Das Ribosom wandert auf der m-RNA entlang und übersetzt dabei Codon für Codon die Nucleotidsequenz der m-RNA in eine Aminosäuresequenz.

Die t-RNA-Moleküle dienen dabei als Adapter, um jede Aminosäure an die richtige Position in der Peptidkette zu bringen. Sie werden im Cytoplasma von spezifischen Enzymen mit Aminosäuren beladen (s. Seite 35) und transportieren diese zu den Ribosomen.

Ribosomen bestehen aus Proteinen und Nucleinsäure, der r-RNA. Sie sind aus zwei unterschiedlich großen Untereinheiten zusammengesetzt. t-RNA-Moleküle werden am Ribosom nur dann gebunden, wenn ihre Anticodons komplementär zu den Codons der m-RNA sind. Ein Ribosom besitzt drei Bindungsstellen für t-RNA-Moleküle: die A-, die P- und die E-Stelle (Abb. 1). An die *P-Stelle* bindet die t-RNA, die mit der wachsenden **P**eptidkette verbunden ist. An die *A-Stelle* bindet die t-RNA, welche die nächste **A**minosäure der Kette trägt. An der *E-Stelle* verlässt die **e**ntladene t-RNA das Ribosom.

Beginn der Translation
Zunächst binden die mit Methionin beladene Start-t-RNA und die kleine Ribosomenuntereinheit an das 5'-Ende der m-RNA. Dieser Komplex wandert die m-RNA entlang, bis er auf das erste *Startcodon* AUG stößt (Abb. 2a). Dann wird auch die große Ribosomenuntereinheit angelagert. Die Start-t-RNA befindet sich an der P-Stelle, die A-Stelle ist bereit, die nächste t-RNA aufzunehmen (Abb. 2b).

Verlängerung der Peptidkette
Bei der Kettenverlängerung wird eine Aminosäure nach der anderen an die Start-Aminosäure angehängt. Dieser Vorgang erfolgt in drei Schritten:
– *Codonerkennung*: An der P-Stelle ist eine t-RNA mit der wachsenden Peptidkette gebunden. Eine t-RNA mit der nächsten Aminosäure der Kette bindet an die unbesetzte A-Stelle des Ribosoms, indem ihr Anticodon Basenpaarungen mit dem Codon der m-RNA eingeht, die an der A-Stelle exponiert ist (Abb. 2c).
– *Peptidbindung*: Das Ribosom katalysiert eine Peptidbindung zwischen der wachsenden Peptidkette und der gerade angelieferten Aminosäure der t-RNA in der A-Stelle (Abb. 2d). Dabei trennt sich das Polypeptid von der an der P-Stelle gebundenen t-RNA und hängt nun an der t-RNA in der A-Stelle (Abb. 2e).
– *Verschiebung*: Das Ribosom rückt daraufhin in 5'–3'-Richtung um genau drei Nucleotide, also um ein Codon, auf der m-RNA weiter. Die entladene t-RNA wird dadurch auf die E-Stelle verschoben und löst sich ab. Die t-RNA mit der wachsenden Peptidkette befindet sich an der P-Stelle (Abb. 2f). An die freie A-Stelle kann die nächste mit einer Aminosäure beladene t-RNA binden.

So wird das Peptid jeweils um eine Aminosäure verlängert und zwar genau so, wie es die Codons der m-RNA vorschreiben.

Ende der Translation
Erreicht die A-Stelle des Ribosoms eines der *Stoppcodons* (UAA, UAG oder UGA), so bindet statt einer beladenen t-RNA ein als *Freisetzungsfaktor* bezeichnetes Protein (Abb. 2g). Daraufhin löst sich die wachsende Peptidkette ab und nimmt ihre Raumstruktur ein. Der Komplex aus Ribosom und m-RNA zerfällt (Abb. 2h und i).

A1 Das Codon AUG hat zwei verschiedene Bedeutungen, je nachdem, ob es sich am Anfang einer m-RNA befindet oder nicht. Begründen Sie.

A2 Ein Ausschnitt eines Peptids lautet: … Ser – Val – Lys – Met – Ala … Geben Sie eine mögliche Sequenz der m-RNA und der codogenen DNA an.

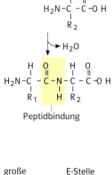

Peptidbindung

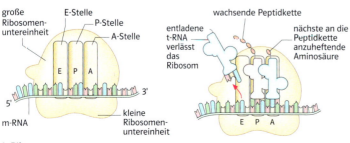

1 *Ribosom*

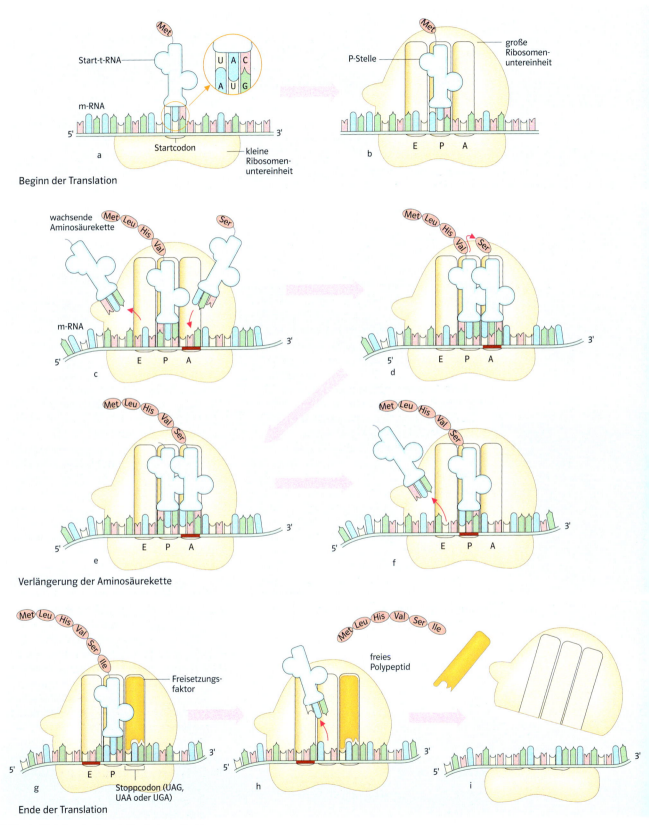

2 *Die drei Schritte der Translation (schematisch)*

Vergleich der Proteinbiosynthese bei Pro- und Eukaryoten

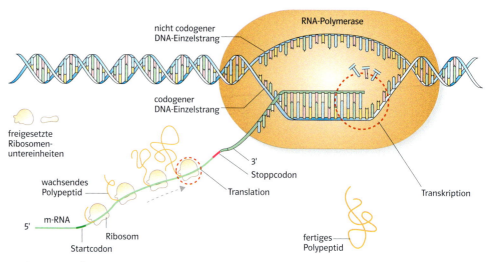

1 Schematische Übersicht über die Proteinbiosynthese bei Prokaryoten

Proteinbiosynthese bei Prokaryoten

Die Proteinbiosynthese bei *Prokaryoten* dauert meist lediglich wenige Minuten, während denen eine m-RNA mehrfach abgelesen wird. Oft wandert eine ganze Gruppe von Ribosomen an derselben m-RNA entlang, sodass gleichzeitig mehrere Polypeptide synthetisiert werden. Die Gesamtheit der Ribosomen an einem m-RNA-Strang bezeichnet man als *Polysome*.

Prokaryoten besitzen keinen Zellkern, deshalb kann die Translation beginnen, bevor die Transkription der m-RNA beendet ist. Sobald sich das vordere 5'-Ende der m-RNA vom codogenen Strang löst, lagert sich bereits das erste Ribosom an. Zudem kann ein DNA-Strang von mehreren RNA-Polymerasen gleichzeitig transkribiert werden, die sich in kurzen Abständen hintereinander auf der DNA bewegen. Die wachsenden m-RNA-Stränge werden von Ribosomen translatiert, sodass man mehrere Polysome an einem DNA-Strang erkennt.

Spleißen bei Eukaryoten

Bei *Eukaryoten* verläuft die Proteinbiosynthese prinzipiell in den gleichen Phasen wie bei den Prokaryoten. Ein einzelnes Gen kann gleichzeitig von mehreren Polymerasen transkribiert werden, wodurch die Anzahl der m-RNA-Moleküle und damit auch die Menge des gebildeten Polypeptids zunimmt.

Auffällig ist, dass die durch Transkription entstehende m-RNA zunächst ungleich länger ist, als es das codierte Protein erfordern würde. Sie ist ein Vorläufer *(prä-m-RNA)* und muss vor der Translation in eine funktionsfähige m-RNA umgewandelt *(prozessiert)* werden. Jede m-RNA enthält viele Abschnitte, die codierend sind und als *Exons* bezeichnet werden. Dazwischen liegen nicht informationstragende Abschnitte *(Introns)* mit einer Länge von 50 bis 3000 Nucleotiden.

Die DNA und somit auch die RNA aller Eukaryoten weisen Introns und Exons auf. Die Introns werden an bestimmten Stellen zu Schleifen gelegt und ausgeschnitten und die Exons an den richtigen Stellen

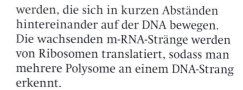

2 *Polysom*

38 Genetik

zur eigentlichen m-RNA verknüpft. Dieser Prozess, das *Spleißen* (Abb. 4) der prä-m-RNA, wird durch einen Enzymkomplex, das *Spleißosom*, durchgeführt. Dies ist ein Komplex aus verschiedenen Ribonucleoproteinen.

Alternatives Spleißen
Untersuchungen des menschlichen Genoms haben gezeigt, dass die DNA einer Zelle aus ca. 25 000 Genen besteht. Die Zelle ist aber in der Lage, mehr als 100 000 verschiedene Proteine herzustellen. Somit enthält ein Gen nicht nur die Information für ein Protein, sondern es codiert häufig für mehrere unterschiedliche Proteine. Durch *alternatives Spleißen* (auch *differentielles Spleißen* genannt) wird die prä-m-RNA je nach Bedarf unterschiedlich prozessiert, indem zusätzlich zu den Introns auch Exons aus der prä-m-RNA herausgeschnitten werden.

Modifikationen von m-RNA und Proteinen
Bevor die m-RNA aus dem Zellkern über die Kernporen ins Cytoplasma transportiert werden kann, wird sie auf unterschiedliche Weise modifiziert. An ihr 3'-Ende wird kurz nach der Transkription ein Poly-A-Schwanz aus 150 bis 200 Adenin-Nucleotiden angehängt. Dadurch wird der vorzeitige Abbau durch Endonucleasen verlangsamt. An das 5'-Ende wird eine „Kappe" aus einem methylierten Guanosylrest aufgesetzt. Diese beiden Strukturen ermöglichen die korrekte

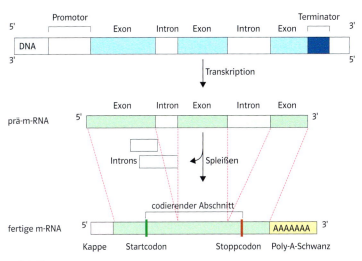

4 *Spleißen*

Anlagerung der Ribosomen an die m-RNA im Cytoplasma und eine längere Lebensdauer der m-RNA. Nach ihrer Synthese werden viele eukaryotische Proteine noch verändert. Manche erhalten ihre biologisch aktive Form erst durch Anhängen von Seitengruppen, z. B. Zuckern oder Phosphatgruppen an bestimmte Aminosäuren. Spezifische Signalpeptide an Proteinen sorgen dafür, dass diese an ihren Bestimmungsort in der Zelle gelangen.

A1 ○ Erläutern Sie, weshalb die Proteinbiosynthese bei Eukaryoten mehr Zeit erfordert.

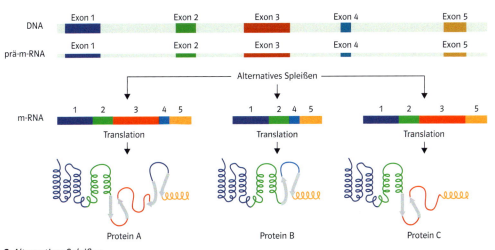

3 *Alternatives Spleißen*

Modellvorstellungen zur Genregulation bei Prokaryoten

Bakterien

Viele Proteine, wie z. B. die Enzyme des Energiestoffwechsels, werden in Zellen ständig benötigt, andere sind nur unter bestimmten Bedingungen erforderlich. Gene, die ständig transkribiert werden, nennt man *konstitutive Gene*. Solche, die je nach Bedarf an oder abgeschaltet werden, *regulierte Gene*.

Das Operon-Modell
Der Mechanismus für das An- und Abschalten von Genen wurde von FRANÇOIS JACOB und JACQUES MONOD an Bakterien untersucht. Sie erhielten für das von ihnen entwickelte *Operon-Modell* zur Regulation der Genaktivität 1965 den Nobelpreis. Ihr Operon-Modell wurde später mithilfe molekularbiologischer Methoden bestätigt. Das Modell gilt auch für viele eukaryotische Gene.

Substrat-Induktion
Ein Regulatorgen codiert für ein Repressorprotein, das an einen bestimmten DNA-Abschnitt, den *Operator*, bindet und so die Transkription blockiert. Gelangt das Substrat Lactose als *Effektor* (Abb. 1 unten) in die Zelle, lagert es sich als Effektor an den *Repressor* an. Dies ändert dessen Raumstruktur, er löst sich von der DNA ab und ist inaktiviert. Die RNA-Polymerase hat „freie Bahn" und transkribiert die Gene des Lactoseabbaus. Die gebildeten Enzyme spalten den Zweifachzucker Lactose in Glucose und Galactose, die dann vom Bakterium weiter verwertet werden können. Nach Abbau der Lactose bindet der Repressor wieder an den Operator. Dieser ist eine Art Schalter für die Gene des Lactoseabbaus. Promotor, Operator und die von ihnen kontrollierten Gene bilden eine Funktionseinheit, das *Operon*. In diesem Beispiel heißt es *lac-Operon*.

Endprodukt-Repression
In anderen Fällen bewirkt die hohe Konzentration des Endproduktes, dass dessen Produktion abgeschaltet wird *(negative Rückkopplung)*. Beispielhaft dafür ist die Synthese der Aminosäure Tryptophan. Das Repressorprotein liegt in der inaktiven Form vor, es kann nicht an seinen Operator binden. Die Strukturgene, die für die Enzyme des Tryptophanstoffwechsels codieren, werden ungehindert abgelesen (Abb. 2 oben). Die Tryptophankonzentration steigt und damit die Wahrscheinlichkeit, dass ein Tryptophanmolekül sich als Effektor mit einem Repressorprotein verbindet (Abb. 2 unten). Dies ändert die Raumstruktur des Repressors, er wird aktiv und lagert sich an seinen Operator an. Das Tryptophanoperon wird blockiert, die Transkription gestoppt und die Tryptophansynthese kommt zum Erliegen.

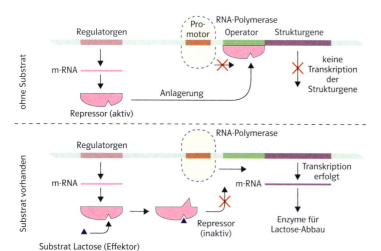

1 *Substrat-Induktion: Das lac-Operon von E. coli*

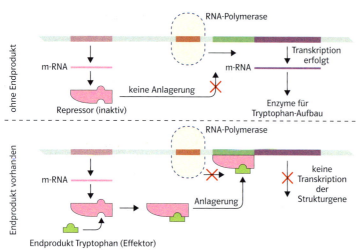

2 *Endprodukt-Repression: Das Tryptophan-Operon von E. coli*

A1 Vergleichen Sie Substrat-Induktion und Endprodukt-Repression.

A2 Erläutern Sie die Aussage: Ein Effektor kann als Induktor oder als Co-Repressor wirken.

Material
Genregulation bei Prokaryoten

Enzymadaptation

Schon zu Beginn des 19. Jahrhunderts war das Phänomen der Enzymadaptation bekannt: Bestimmte Enzyme waren in Bakterien immer nur dann nachzuweisen, wenn auch ihr passendes Substrat vorhanden war. Doch wie konnte das Substrat dafür sorgen, dass das zugehörige Enzym gebildet wird?

Eine frühe Hypothese war: Einige Substratmoleküle verbinden sich mit bereits vorhandenen Vorläufer-Proteinen zu den aktiven Enzymen. JACOB und MONOD untersuchten diese Hypothese, indem sie den Bakterien ausschließlich radioaktiv markierte Aminosäuren *(Tracer)* zum Bau neuer Proteine anboten und dann die Menge radioaktiver Proteine maßen. Dabei wählten sie als Substrat Lactose und maßen die Konzentration des Enzyms ß-Galactosidase, welches den Zucker in Glucose und Galactose spaltet.

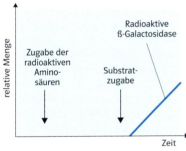

1 *Ergebnisse der Konzentrationsmessung*

- **A1** ○ Beschreiben Sie die Grafik.
- **A2** ◐ Mit dem gezeigten Ergebnis konnte die Hypothese widerlegt werden. Erläutern Sie diese Schlussfolgerung.
- **A3** ◐ Zeichnen Sie das zu erwartende Ergebnis, wenn die Hypothese richtig gewesen wäre.
- **A4** ◐ Erläutern Sie die zeitliche Verzögerung zwischen der Substratzugabe und dem ersten Auftreten radioaktiver ß-Galactosidase.

Doppelte Kontrolle des lac-Operons

Die Transkription des lac-Operons wird durch Bindung eines Repressorproteins an den Operator blockiert. Da hier ein gebundener *Repressor* die Transkription *verhindert*, spricht man in diesem Fall von einer *negativen Kontrolle*. Lactose inaktiviert den Repressor, er löst sich von der DNA und die Transkription kann erfolgen. Allerdings erfolgt die Transkription des lac-Operon nur dann, wenn zudem die Konzentration von Glucose in der Bakterienzelle niedrig ist. Bei einer hohen Glucosekonzentration kommt es trotz inaktiviertem Repressor zu keiner Transkription. Es erfolgt also eine doppelte Kontrolle.

Die Bakterienzelle schützt sich damit vor einem unnötigen Energie- und Materialeinsatz: Der zusätzliche Proteinbau zur Nutzung der Lactose wird erst dann induziert, wenn der einfacher zu nutzende Zucker Glucose aufgebraucht ist.

Weitere Untersuchungen lieferten die Details der zweiten Kontrollform. Entscheidend ist die Menge der Abbauprodukte der Glucose. Eine hohe Glucosekonzentration sorgt über die große Menge ihrer Abbauprodukte für eine niedrige Konzentration von cyclischem AMP (c-AMP). Sinkt die Glucosemenge und damit auch die ihrer Abbauprodukte erhöht sich dementsprechend die Konzentration an c-AMP. Eine hohe c-AMP-Konzentration induziert die Transkription des lac-Operons, sofern Lactose das Repressorprotein inaktiviert hat (neg. Kontrolle). Das c-AMP verbindet sich mit dem Protein CAP (catabolite activating protein) zu einem CAP-c-AMP-Komplex. Dieser ist in der Lage, sich direkt vor dem Operator des lac-Operons an die DNA zu binden (CAP-Bindungsstelle) und wirkt als Transkriptionsaktivator: Nur wenn der CAP-c-AMP-Komplex gebunden ist, kann sich die RNA-Polymerase mit dem Operator verbinden und die lac-Gene transkribieren. Da in der zweiten Kontrollform ein gebundener *Aktivator* die Transkription *ermöglicht*, spricht man in diesem Fall von einer *positiven Kontrolle*.

Die Kombination der beiden Kotrollformen ermöglicht der Bakterienzelle zwei verschiedene Signale integriert zu beantworten: Lactose muss vorhanden sein und Glucose muss fehlen — bei jeder anderen Kombination der Signale bleibt das lac-Operon ausgeschaltet.

- **A5** ○ Beschreiben Sie die vier Zustände des lac-Operons (Abb. 2) und geben Sie für jeden Zustand an, ob Lactose und/oder Glucose vorhanden sind.
- **A6** ● Nehmen Sie begründet Stellung zu folgender Aussage: Die Konzentrationsbestimmungen von Lactose, Glucose, Glucose-Abbauprodukten, c-AMP und CAP lieferten den Forschern wichtige Informationen bei der Entschlüsselung der doppelten Kontrolle des lac-Operons.
- **A7** ● Erstellen Sie Hypothesen, auf welchem Weg Medikamente in die doppelte Kontrolle des lac-Operons eingreifen können.

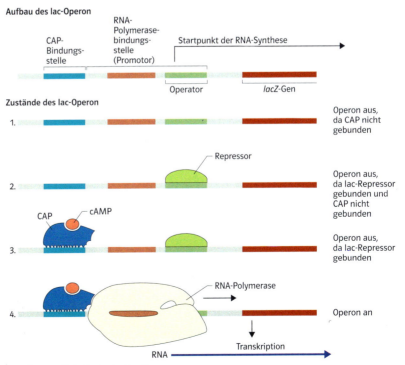

2 *Aufbau und Zustände des lac-Operons*

Modellvorstellungen zur Genregulation bei Eukaryoten

Es gibt bei Eukaryoten viele Schritte auf dem Weg von der DNA zum funktionsfähigen Protein, die prinzipiell alle reguliert werden können (Abb. 1). Eine Zelle kann die Synthese ihrer Proteine auf verschiedenen Ebenen regulieren, indem sie beeinflusst,
- zu welchem Zeitpunkt und wie oft ein Gen transkribiert wird,
- wie die prä-m-RNA gespleißt wird,
- welche m-RNA-Moleküle an den Ribosomen translatiert werden und
- welche Proteine nach der Synthese selektiv aktiviert oder inaktiviert werden.

Besonders ökonomisch für die Zelle ist die Regulation der Transkription: Wird ein Protein nicht benötigt, wäre es Material- und Energieverschwendung, wenn dennoch seine Vorstufen gebaut würden.

Transkriptionsfaktoren

Die Transkriptionskontrolle bei Eukaryoten ähnelt den Mechanismen bei Prokaryoten, ist aber wesentlich komplexer. Eukaryotische DNA enthält wesentlich mehr *regulatorische Sequenzen*. Das sind DNA-Abschnitte, die in unmittelbarer Nähe des Gens oder auch weiter weg liegen können und selbst nicht transkribiert werden. An diese Stellen und auch direkt an die RNA-Polymerase selbst binden spezielle Proteine. Da sie für die Bindung der Polymerase an die DNA und für den Start der Transkription nötig sind, werden sie *Transkriptionsfaktoren* genannt. Oft wirken mehrere Transkriptionsfaktoren zusammen (Abb. 2). Ermöglicht wird dies durch Schleifenbildung der DNA sowie durch einen *Mediator*, einen Proteinkomplex mit Bindungsstellen für die Regulatorproteine. Für eine erfolgreiche Schleifenbildung der DNA spielt dabei auch die Entfernung zwischen den regulatorischen Sequenzen in der DNA eine Rolle (s. Info-Box).

Neben aktivierenden Transkriptionsfaktoren *(Enhancer)* gibt es auch hemmende Transkriptionsfaktoren. Diese Repressoren *(Silencer)* verhindern die Bindung der RNA-Polymerase an den Promotor oder blockieren den Start der Transkription. Über die Synthese bzw. die Aktivierung von Transkriptionsfaktoren kann die Zelle die Genexpression regulieren.

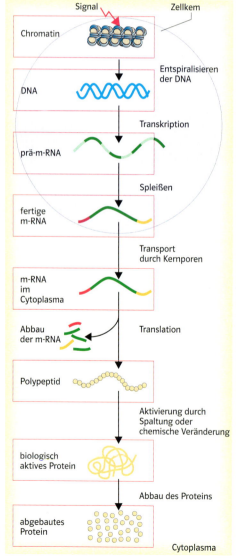

1 *Regulation der Proteinbiosynthese*

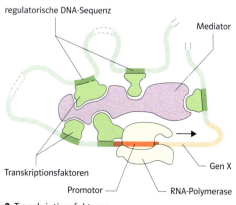

2 *Transkriptionsfaktoren*

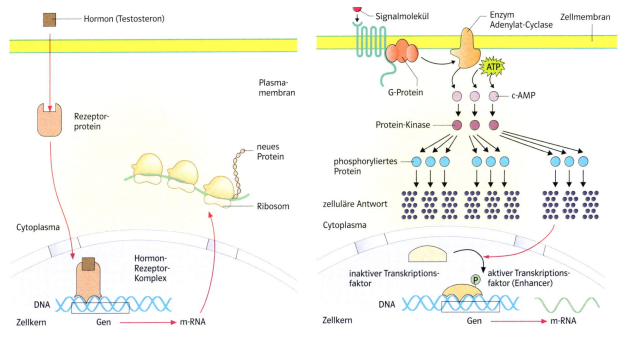

3 Genaktivierung durch lipophile Hormone

4 Genaktivierung durch hydrophile Hormone

Genaktivierung

Hormone können Gene auf verschiedene Arten aktivieren. *Lipophile* (fettlösliche) *Hormone* durchdringen die Lipidschicht der Zellmembran. Nach dem *Schlüssel-Schloss-Prinzip* binden sie im Inneren ihrer Zielzellen an Rezeptorproteine. Der Komplex aus Hormon und Rezeptor kann die Kernmembran passieren und im Zellkern an regulatorische DNA-Abschnitte binden. Dadurch wird die Transkription bestimmter Gene ausgelöst (Abb. 3).

Hydrophile (wasserlösliche) *Hormone*, wie z.B. das Wachstumshormon, können die Zellmembran nicht durchdringen. Sie binden an Rezeptoren an der Oberfläche ihrer Zielzellen. Durch die Bindung an den Rezeptor wird in der Zielzelle eine Reihe von Proteinen aktiviert, durch die am Ende der Kette eine Vielzahl von Proteinmolekülen entsteht, die einen Transkriptionsfaktor im Zellkern aktivieren (Abb. 4).

A1 ○ Fassen Sie die Möglichkeiten der Genregulation bei Eukaryoten auf den verschiedenen Ebenen (Transkriptionsebene, RNA-Prozessierungsebene, Translationsebene, Proteinaktivitätsebene) in Form einer Tabelle zusammen.

Info-Box: Schleifenbildung der DNA bringt Proteine zueinander

Für eine effektive Genregulation muss bei Eukaryoten eine Vielzahl verschiedener Transkriptionsfaktoren zusammenwirken. Die Wahrscheinlichkeit, dass diese per Zufall „zur richtigen Zeit am richtigen Ort sind", wird durch ihre Bindung an die DNA massiv erhöht, denn durch Schleifenbildung der DNA können nun die „wie an einer Leine hängenden" Proteine in Kontakt gebracht werden.

Da die DNA aber nicht beliebig flexibel ist, nimmt der Abstand zwischen den Bindungsstellen auf der DNA einen Einfluss auf die Wahrscheinlichkeit des erfolgreichen Kontaktes. Wie bei einem starren Draht ist es umso schwieriger, zwei Proteine durch Schleifenbildung zusammenzubringen, je enger ihre Bindungsstellen auf der DNA beieinander liegen. Allerdings verringert sich der Vorteil „der gemeinsamen Leine" je weiter die Bindungsstellen auseinander liegen. Für die DNA geht man davon aus, dass eine Entfernung von etwa 500 Nucleotidpaaren zwischen den Bindungsstellen der Proteine mit der höchsten theoretischen Wahrscheinlichkeit zum Kontakt führt.

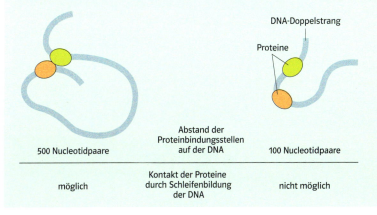

Epigenetik — Gene und Umwelt

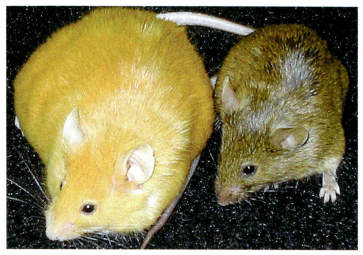

1 *Agouti-Maus und brauner Artgenosse*

Fettleibig, anfällig für Diabetes und Krebs, gelbliches Fell — so sehen die sogenannten *Agouti-Mäuse* aus. Sie unterscheiden sich von ihren braunen Artgenossen vor allem durch die Fellfarbe *(Agouti)*. Diesen phänotypischen Unterschied verdanken sie der Aktivierung des Agouti-Gens, das alle Mäuse besitzen. Da dieses Agouti-Gen im Normalfall nicht aktiv ist, sind die Mäuse schlank, gesund und haben ein braunes Fell. Den Aktivitätszustand des Gens können die Mäuse vererben, sodass auch die Nachkommen der Agouti-Mäuse von Verfettung und Krebserkrankungen betroffen sind. Agouti-Weibchen, die vor und während der Schwangerschaft mit einer Mischung aus gängigen Nahrungsergänzungsmitteln (z.B. Vitamin B12, Folsäure, Cholin und Betain) gefüttert werden, bringen allerdings überwiegend gesunden, schlanken und braunen Nachwuchs zur Welt. Das bedeutet, dass über die Ernährung in der Schwangerschaft der Aktivitätszustand bestimmter Gene der Nachkommen beeinflusst werden kann. Das Teilgebiet der Genetik, das sich mit erblichen Veränderungen in der Genregulation beschäftigt, die nicht auf einer Änderung in der DNA beruhen, ist die **Epigenetik** (gr. *epi* = darüber).

Markierungen im Genom

Diese epigenetischen Veränderungen können, wie das Beispiel der Agouti-Maus zeigt, vor allem durch Umwelteinflüsse hervorgerufen werden. Unterschiedliche Regulationsmechanismen legen fest, welche Gene eingeschaltet sind und welche nicht. Eine mögliche Stilllegung der Gene findet durch die Komprimierung des Chromatins statt. In einer typischen Säugetierzelle liegen etwa zehn Prozent des Genoms als sogenanntes konstitutives, dicht gepacktes *Heterochromatin* vor. Gerade nicht benötigte Gene werden auf diese Weise ausgeschaltet, da die RNA-Polymerase wegen der dadurch entstandenen Wicklung die DNA nicht ablesen kann. Die Unterschiede in der Packungsdichte lassen sich auf chemische Veränderungen der Histonproteine und einiger modifizierter DNA-Basen zurückführen.

Diese Veränderungen wirken wie eine Markierung im Genom, mit der in den Zellen die Transkriptionsrate eines Gens gesteuert wird. Es werden enzymatisch funktionelle Gruppen (z.B. Acetylgruppen) an bestimmte Aminosäuren angefügt oder abgespalten *(Acetylierung* bzw. *Deacetylierung)*. Die Acetylierung der Histone führt zu einer geringeren Packungsdichte und erhöht damit die Transkriptionsrate (Abb. 2).

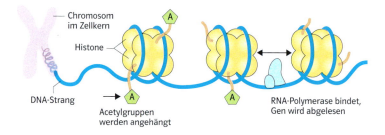

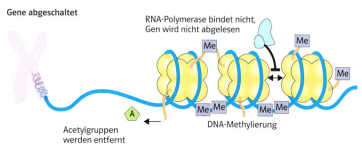

2 *Genregulation durch Komprimierung der DNA*

Methylierung der DNA als epigenetischer Faktor

Eine weitere Möglichkeit, die Packungsdichte zu verändern, ist die Methylierung der DNA. Spezielle Enzyme, die *DNA-Methyltransferasen*, hängen vorrangig an die Base Cytosin eine Methylgruppe (-CH$_3$) an (Abb. 2). Die daraus resultierende Veränderung der Raumstruktur führt zu einer Blockierung der RNA-Polymerase, die Transkription unterbleibt und die betroffenen Gene sind damit funktionell stillgelegt *(Silencing)*. Einen ähnlichen Effekt hat die Methylierung der freien, aus den Nucleosomen herausragenden Enden der Histone *(Histonschwänze)*. Diese Methylgruppen sind Signalsequenzen für weitere Proteine, die das Anheften der RNA-Polymerase und anderer Transkriptionsfaktoren verhindern. Der Methylierungszustand der DNA kann durch Entfernen der Methylgruppen wieder rückgängig gemacht werden. Die DNA geht in die lockere Form des Euchromatins über und die Gene werden wieder angeschaltet. Dies ist bei der Aktivierung des Agouti-Gens der Fall. Das Methylierungsmuster wird bei der Zellteilung übernommen und kann über die Keimzellen auch an die nächste Generation weitergegeben werden. Umwelt- und bestimmte Lebensbedingungen können dabei Veränderungen solcher epigenetischer Markierungen anregen.

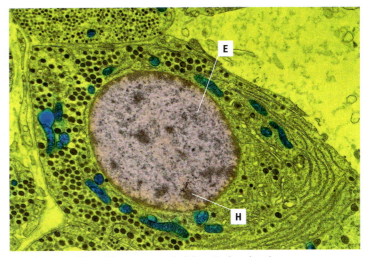

3 Euchromatin (E) und Heterochromatin (H) im Nucleus (rosa)

A1 ⊖ Beschreiben Sie die unterschiedlichen epigenetischen Modifikationen am Beispiel der Agouti-Maus.

Info-Box: Epigenetik und Krebs

Fehlerhafte epigenetische Markierungen spielen nach neueren Erkenntnissen auch bei der Entstehung von Krebs eine Rolle: Durch Fehlregulation von Genen, die das Zellwachstum fördern oder durch das Abschalten der Gene, die normalerweise Tumorwachstum verhindern. Beim *Retinoblastom*, einem vor allem im Kindesalter auftretenden bösartigen Tumor der Netzhaut des Auges, wurde erstmalig beschrieben wie DNA-Hypermethylierung Gene ausschalten kann, die Tumorwachstum verhindern *(Tumorsuppressorgene)*. Dabei codiert das Retinoblastomgen für ein Protein, das den Zellzyklus steuert. Wird der Kontrollbereich *(Promotor)* dieses Gens hypermethyliert, unterbleibt die Transkription des betreffenden DNA-Abschnitts und das Protein wird nicht mehr gebildet. Die darauf folgende unkontrollierte Teilung der Zellen stellt einen Schritt in Richtung Krebsentstehung dar.

A2 ● Entwickeln Sie eine Hypothese hinsichtlich der Wirkung epigenetischer Medikamente zur Krebstherapie

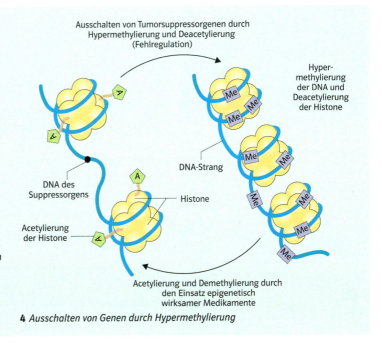

4 Ausschalten von Genen durch Hypermethylierung

Material
Epigenetik

Die Epigenetik liefert eine Erklärung, wie Umweltfaktoren den Aktivitätszustand von Genen verändern können und wie diese Veränderungen von einer Generation zur nächsten weitergegeben werden können.

Zwillingsforschung

Untersucht man die Methylierungsmuster von eineiigen Zwillingen, müssten sie wegen des identischen Genoms gleich sein. Zur Untersuchung der Methylierungsmuster eines Chromosoms bei eineiigen Zwillingen verwendete man molekulare Sonden. Rote und grüne Signale zeigen Unter- bzw. Übermethylierung an. Die gelbe Färbung kommt durch gleiche Anteile grüner und roter Signale zustande.

A1 ○ Vergleichen Sie die Veränderungen durch epigenetische Abweichung in Abb. 1 und ordnen Sie die Methylierungsmuster begründet dreijährigen bzw. fünfzigjährigen eineiigen Zwillingen zu.

A2 ● Formulieren Sie eine Hypothese über die Ursachen der epigenetischen Abweichungen bei eineiigen Zwillingen.

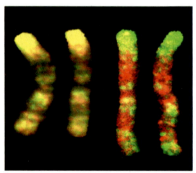

1 *Chromosomen junger bzw. alter Zwillinge*

2 *Eineiige Zwillinge*

Königin oder Arbeiterin?

Ein interessantes Beispiel für die Bedeutung der Epigenetik ist die Entwicklung von Bienenköniginnen oder Arbeiterinnen. Bienen sind genetisch identische Organismen. Dennoch lässt sich die große langlebige Bienenkönigin, die mit der Fortpflanzung beschäftigt ist, von den wesentlich kleineren unfruchtbaren Arbeiterinnen unterscheiden. Die Königin legt zeitlebens nur Eier und sorgt durch die Absonderung von Pheromonen für den Zusammenhalt des Bienenstocks. Lediglich das Futter während des Larvenstadiums entscheidet über die Phänotypbildung (Abb. 4).

3 *Arbeiterinnen beim Wabenbau*

4 *Bienenkönigin*

Bienenlarven, die während der gesamten Larvenentwicklung mit dem fett- und eiweißreichen *Gelée Royale* (Abb. 5) aus den Kopfdrüsen der Ammenbienen gefüttert werden, entwickeln sich zu Königinnen. Larven, die nach dem dritten Stadium nur noch Pollen und Honig erhalten, werden Arbeiterinnen. Im Verlauf der Entwicklung werden Gene chronologisch an- und abgeschaltet; je nach Entwicklungsstadium wird nur ein bestimmter Teil der Gene transkribiert, während andere stillgelegt sind. Neben der genetisch festgelegten Genregulation stellt man bei den Bienen offensichtlich eine zusätzliche Beeinflussung durch die Ernährung fest. Das Futter löst ein unterschiedliches Methylierungsmuster der Königinnen aus. Etwa 550 Gene sind bei der Königin anders methyliert. Darüber hinaus zeigten Untersuchungen, dass bei Arbeiterinnen vergleichsweise viele Gene methyliert sind.

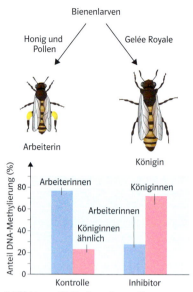

5 *Effekt von Methyltransferase-Hemmer*

A3 ○ Beschreiben Sie den Einfluss des Gelée Royal auf die Entwicklung in einem Bienenstaat.

A4 ◐ Erläutern Sie anhand der Abb. 5 die Wirkung von Methyltransferase-Hemmern auf die Larven.

A5 ◐ Stellen Sie eine begründete Hypothese auf über die Zusammensetzung des Gelée Royal hinsichtlich seiner epigenetischen Wirkung

Auch die Arbeiterinnen unterscheiden sich untereinander in der Genaktivität. Bei den älteren Sammelbienen werden anders als bei Ammen oder Baubienen bis zu 40 % andere Gene transkribiert. Der Wechsel der Tätigkeiten der Arbeiterinnen wird allerdings nicht genetisch festgelegt, sondern durch Pheromone ausgelöst, die die älteren Sammelbienen abgeben. Sind nur wenige Sammelbienen im Stock, sinkt die Pheromonkonzentration und die jüngeren Bienen werden zu Sammelbienen.

A6 ◐ Ermitteln Sie, welche Folgen eine hohe Pheromonkonzentration für das Sammelverhalten der Bienen hat.

Material
Genomische Prägung

Schildpattkatzen besitzen ein rotschwarz gefärbtes Fell. Sie sind ein gutes Beispiel für die phänotypischen Auswirkungen der Inaktivierung eines X-Chromosoms durch extreme Komprimierung. Die unterschiedlichen Farbmuster des Fells zeigen das jeweils aktive X-Chromosom bei der Schildpattkatze an. Schildpattkatzen sind für die Fellfarbe heterozygot. Die Gene für die Ausbildung der Fellfarben liegen auf dem X-Chromosom. In einer Zelle ist jedoch stets nur ein X-Chromosom aktiv. Die Expression von Genen hängt damit davon ab, von welchem Elternteil das X-Chromosom und damit das Allel für die Fellfärbung stammt. Dieses Phänomen bezeichnet man als genomische Prägung (genomic imprinting) Bei Genen, die der genomischen Prägung unterliegen (imprintete Gene), ist entweder nur die von der Mutter stammende, oder nur die vom Vater stammende Version aktiv. Welches der beiden X-Chromosomen inaktiviert wird, unterliegt dem Zufall. Die Information über das stillzulegende X-Chromosom bleibt über alle nachfolgenden Zellgenerationen erhalten. Dies bezeichnet man als Zellgedächtnis.

Inaktivierung des X-Chromosoms

Die Gene für die Ausbildung der Fellfarben liegen auf dem X-Chromosom; in einer Zelle ist stets nur ein X-Chromosom aktiv. Während der frühen Embryonalentwicklung wird in den Zellen der weiblichen Katze das andere X-Chromosomen inaktiviert. Das Chromatin dieses X-Chromosoms wird dabei so stark komprimiert, dass es bei Anfärbung des Chromatins im Zellkern als Struktur nachgewiesen werden kann. Man spricht in diesem Zusammenhang von *Barr-Körperchen*. Die Komprimierung des X-Chromosoms geht von der sogenannten *XIC Region (X Inactivation Center)* einem bestimmten DNA-Abschnitt in der Mitte des Chromosoms aus, der für die *XIST-RNA (X inactive specific transcript)* codiert (Abb. 3).

Zellgedächtnis

Während den im Wachstum und Entwicklung stattfindenden Zellteilungen und die damit einhergehenden DNA-Replikationen muss die Kondensation des X-Chromosoms wieder aufgehoben werden. Das Methylierungsmuster der DNA, auf dem die Information über die Inaktivierung des X-Chromosoms beruht, bleibt erhalten. Besondere Enzyme, die sogenannten *Erhaltungsmethylasen*, erkennen nach der Replikation das Methylierungsmuster des Leitstrangs und ergänzen es am anderen. Anhand der Informationen auf dem Matrizenstrang werden auch die Veränderungen an den Histonen auf den neu synthetisierten Strang übertragen (Abb.1). Bei der Meiose werden dagegen die epigenetischen Modifikationen gelöscht und die Inaktivierung väterlicher bzw. mütterlicher Gene setzt neu ein.

A1 Beschreiben Sie die genauen Vorgänge bei der Inaktivierung des X-Chromosoms und stellen Sie die Kondensation des X-Chromosoms grafisch dar.

A2 Erläutern Sie die Weitergabe von Methylierungsmustern an Tochterzellen und erörtern Sie den Begriff „Zellgedächtnis" am Beispiel der Schildpattkatze.

2 Schildpattkatze

A3 Begründen Sie, inwiefern die Inaktivierung eines X-Chromosoms bei Säugetieren ein extremes Beispiel für epigenetische Vererbung darstellt.

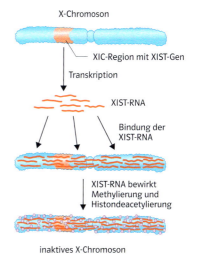

3 Stilllegung des Chromosoms durch XIST-RNA

1 Weitergabe der Methylierungsmuster bei der DNA-Replikation

RNA-Interferenz und Gen-Silencing

Die RNA-Interferenz (RNA-i) umfasst Mechanismen in eukaryotischen Zellen, bei denen mithilfe von kurzen, doppelsträngigen RNA-Molekülen (mi-RNA und si-RNA) die informationstragende m-RNA gezielt zerstört wird. Diese Mechanismen werden von Zellen sowohl zur Regulation der Genexpression als auch zur Virusabwehr eingesetzt und stellen ein potentes Werkzeug der Molekularbiologen für die Gentechnik und Therapie dar.

Regulation der Genexpression

Micro-RNA (mi-RNA) sind kurze, nicht für den Proteinbau codierende RNA-Moleküle, die durch Transkription zelleigener DNA-Abschnitte gebildet werden. Dabei ist die Transkript zunächst länger (prä-mi-RNA), paart sich komplementär zu einem Doppelstrang und wird durch Enzymkomplexe *(Dicer)* auf die typische Größe von 20—25 Nucleotiden geschnitten (Abb. 1).

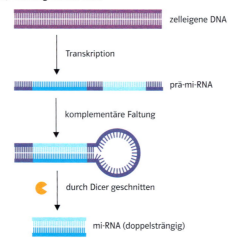

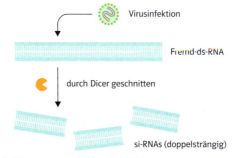

1 *Bildung von mi-RNA und si-RNA*

Spezielle Proteine trennen die doppelsträngige mi-RNA auf und verbinden sich mit einem der beiden Stränge. Diesen nutzen sie als Leitsequenz für ihre Suche nach komplementären m-RNA-Molekülen. Der Komplex aus einzelsträngiger mi-RNA und speziellen Proteinen wird entsprechend seiner Funktion RISC *(RNA-induzierter Stillegungskomplex*, engl. *RNA-induced silencing complex)* genannt. Findet RISC in einem m-RNA-Molekül einen weitreichend komplementären Abschnitt, so initiiert es den unmittelbaren Abbau dieser m-RNA. Ist der komplementäre Bereich weniger weitreichend, so kommt es nicht zur Zerstörung der m-RNA, aber zu einer deutlichen Verlangsamung ihrer Translation. Da RISC aus beiden Prozessen unverbraucht hervorgeht, kann ein einziger Komplex zahlreiche m-RNA-Moleküle regulieren (Abb. 2).

Eukaryotische Zellen sind also in der Lage, durch RNA-Interferenz die Expression von Genen gezielt zu verlangsamen oder sogar komplett auszuschalten *(Gen-Silencing)*. Da die Regulation nach der Transkription stattfindet, spricht man hier von *posttranskriptionellem Gen-Silencing (PTGS)*. Dieser Form der Regulation wird eine ähnlich große Bedeutung zugesprochen, wie den Transkriptionsfaktoren, zumal beim Menschen inzwischen über 1500 verschiedene mi-RNAs identifiziert wurden.

Virusabwehr

Viren nutzen fremde Zellen, um sich zu vermehren. In ihrem Lebenszyklus bilden sie doppelsträngige RNA-Moleküle (ds-RNA). Diese werden von den schon erwähnten Enzymkomplexen der eukaryotischen Zelle *(Dicer)* angegriffen und in kurze Stücke von 20—25 Nucleotiden geschnitten. Sie werden si-RNA *(small interfering RNA)* genannt, sind also zellfremden Ursprungs und werden zum Ausschalten zellfremder Gene genutzt (Abb. 1).

Wie bei der mi-RNA verbindet sich auch bei der si-RNA ein Strang mit Proteinen zum RISC (s. Abb. 2). Da dieser nun als Leitsequenz einen Ausschnitt der Virus-RNA besitzt, wendet er sich gezielt gegen die Virus-RNA und zerstört sie. Die Translation der Virus-Proteine unterbleibt und die Vermehrung der Viren ist gestoppt. In Pflanzen hat man beobachtet, dass die si-RNA-Moleküle bzw. die entsprechenden RISC-Komplexe sowohl an benachbarte als auch an Tochterzellen weitergegeben wurden. Dadurch erhielten noch nicht befallende Zellen eine Art Resistenz gegenüber den Viren.

Neben dem posttranskriptionellen Gen-Silencing kann RNA-Interferenz bereits auch die Transkription von m-RNA gezielt ausschalten *(transkriptionelles Gen-Silencing)*. Dazu verbindet sich einzelsträngige si-RNA mit speziellen Proteinen zu sogenannten RITS-Komplexen *(RNA-induzierter transkriptionaler Stilllegungskomplex*, engl. *RNA-induced transcriptional silencing complex)*. RITS erkennt komplementäre m-RNA-Moleküle noch während sie an einer transkribierenden RNA-Polymerase entstehen. RITS befindet sich dadurch in unmittelbarer Nähe zum Ziel-Gen und initiiert eine lokale DNA-Methylierung oder eine Heterochromatinbildung durch Histonmodifizierung. Wie auf den Seiten zur Epigenetik gezeigt, sind dies zwei Wege, um eine erneute Transkription dieses Gens dauerhaft zu verhindern.

Gentechnik und Therapie
Um die Funktion eines Gens zu erforschen, wird dieses Gen gezielt ausgeschaltet *(Gen-Silencing)* und die Auswirkungen dieser Maßnahme auf den Organismus untersucht. Für das gezielte Ausschalten eines Gens kann der natürliche Mechanismus der RNA-Interferenz genutzt werden: Ausgehend von der Basensequenz des Ziel-Gens werden komplementäre si-RNA-Moleküle künstlich hergestellt. Gelangen diese si-RNA-Moleküle in die Zelle, so laufen die oben beschriebenen Schritte der RNA-Interferenz ab und führen zur gezielten Inaktivierung des gewünschten Gens.

Eine dauerhaftes Gen-Silencing lässt sich erreichen, wenn die gewünschten si-RNA-Moleküle oder zumindest doppelsträngige RNA-Moleküle vom Organismus selbst hergestellt werden. Dazu muss die entsprechende DNA-Basensequenz in das Genom des Organismus integriert und angeschaltet werden. Verwirklicht wurde

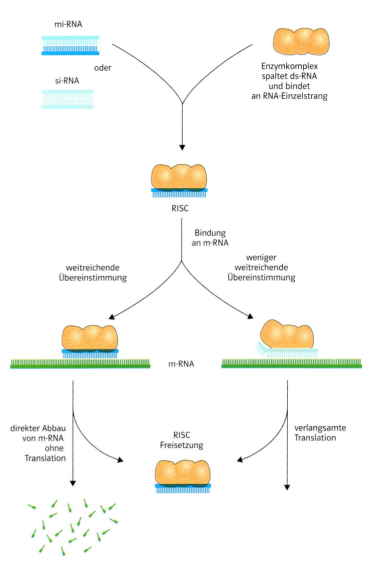

2 *Mechanismen der RNA-Interferenz*

dies z. B. in den gentechnisch veränderten Lebensmitteln Anti-Matsch-Tomate und Amflora-Kartoffel (s. Seite 96). Die Mechanismen der RNA-Interferenz bieten auch vielversprechende Ansätze in der Therapie von Krankheiten, die auf eine gestörte Genregulation zurückzuführen sind.

A1 Vergleichen Sie mi-RNA mit si-RNA.
A2 Erläutern Sie die Unterschiede zwischen der Regulation durch RISC und der durch Transkriptionsfaktoren.

Mutationen

Mutationen sind Veränderungen der DNA, die ungerichtet und nicht vorhersagbar ablaufen. Größtenteils sind Mutationen neutral und verändern den Phänotyp nicht. Dies ist vor allem auf die Redundanz des genetischen Codes zurückzuführen. Das heißt, dass die Veränderungen der Basensequenz der DNA nicht unbedingt zu Veränderungen der Aminosäuresequenz eines Proteins führen. Dazu kommt, dass große Teile der DNA nicht codierend sind.

Durch Mutationen wird die genotypische Vielfalt erhöht. Damit sind sie wichtige Evolutionsfaktoren und für die Entwicklung des Lebens und der Artenvielfalt auf der Erde mitverantwortlich.

Mutagene
Mutationen können spontan d. h. ohne äußere Einflüsse stattfinden. Beispielsweise finden Kopierfehler bei der Replikation der DNA etwa an jedem milliardsten Basenpaar statt. Aber auch Einflüsse wie UV-Strahlung, Röntgenstrahlung und Chemikalien können Mutationen auslösen, indem veränderte Basenpaarungen auftreten. Diese äußeren Einflüsse nennt man *Mutagene*.

Mutagene Stoffe sind beispielsweise sogenannte *Basenanaloga*, die aufgrund ihrer Ähnlichkeit mit Basen bei der Replikation als Platzhalter fungieren. Dazu zählt das 5-Bromuracil, ein weißes Pulver, welches in der chemischen Industrie verwendet wird. 5-Bromuracil leitet sich von Thymin ab und kann an dessen Stelle eingebaut werden. Diesen Vorgang nennt man *Substitution*. Bromuracil kann sich mit Adenin paaren, nach spontaner chemischer Umlagerung aber auch mit Guanin. Die Zellen verfügen zwar über effektive Reparatursysteme, mit deren Hilfe Schäden an der DNA meist wieder rückgängig gemacht werden können, dennoch ist beim Umgang mit Mutagenen Vorsicht geboten.

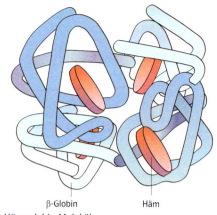

2 *Hämoglobin-Molekül*

Genmutationen
Wird innerhalb eines Gens nur eine einzelne Base ausgetauscht, spricht man von einer *Punktmutation*. Diese kann unterschiedliche Auswirkungen haben. Codiert die neue Basensequenz für die gleiche Aminosäure, handelt es sich um eine *stumme Mutation* (Abb. 3). Punktmutationen, die zum Aminosäureaustausch führen, nennt man *Missense-Mutationen*, weil Proteine mit veränderter bzw. eingeschränkter Aktivität entstehen können. Ein Beispiel hierfür ist das *Sichelzell-Hämoglobin* (HbS). Die Veränderung des Hämoglobins beruht auf dem Austausch einer einzigen Aminosäure in der Peptidkette des β-Globins.

Dies ist auf die Substitution einer Base im β-Globin-Gen zurückzuführen. Das HbS bildet nach Sauerstoffabgabe und unter Sauerstoffmangel Aggregate, wodurch die Erythrocyten an Plastizität verlieren und eine sichelartige Form annehmen (Abb. 1). Sichelzellen können in den Blutkapillaren verklumpen und so zu Infarktbildung bei verschiedenen Organen führen.

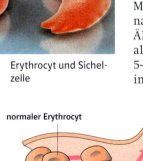

Erythrocyt und Sichelzelle

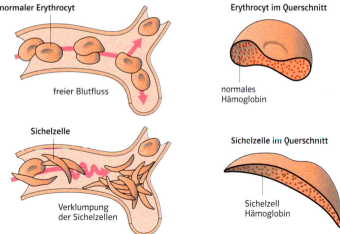

1 *Normale Erythrocyten und Sichelzellen in Blutgefäßen*

50 Genetik

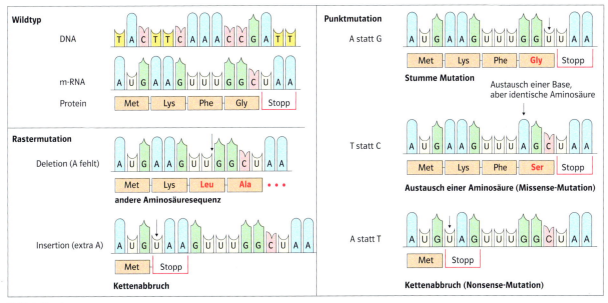

3 *Mutationstypen*

Eine Punktmutation kann auch dazu führen, dass sich ein Stopp-Codon bildet. Dann entstehen bei der Translation unvollständige funktionslose Proteine. Diese Mutationen werden daher *Nonsense-Mutationen* genannt.

Frameshiftmutationen

Bei einer *Frameshift*- bzw. *Rastermutation* werden Basen zusätzlich eingefügt *(Insertion)* oder entfernt *(Deletion)*. In beiden Fällen wird das Leseraster des m-RNA-Triplettcodes verschoben. Dadurch kann es zu einem Stopp der Proteinbiosynthese kommen (Kettenabbruch), oder es entsteht ein völlig anderes Protein, wie im Beispiel der Abbildung 3.

Bei der Krankheit Thalassämie werden zum Beispiel zu wenig intakte β-Ketten des Hämoglobins gebildet. Die Folge sind deformierte rote Blutkörperchen und damit Sauerstoffmangel sowie viele organische Defekte.

Während diploide Lebewesen meist ein unverändertes Allel besitzen, prägen sich bei haploiden Organismen Mutationen (außer stummen) stets phänotypisch aus. An haploiden Organismen wie Bakterien lassen sich deshalb die Auswirkungen von Mutationen besonders gut untersuchen.

Basensequenz eines normalen ß-Globin-Gens

CAC	GTG	GAC	TGA	GGA	CTC	CTC	TTC	AGA	CGG	CAA	TGA	CGG	GAC
Val	His	Leu	Thr	Pro	Glu	Glu	Lys	Ser	Ala	Val	Thr	Ala	Leu

Aminosäuresequenz

Basensequenz eines ß-Globin-Gens bei ß-Thalassämie

CAC	GTG	GAC	TGA	GGA	CTC	CTC	CAG	ACG	GCA	ATG	ACG	GGA	CTC
Val	His	Leu	Thr	Pro	Glu	Glu							
1	2	3	4	5	6	7							

Aminosäuresequenz

4 *ß-Globin-Kette und veränderte Aminosäuresequenz bei Thalassämie*

A1 ○ Begründen Sie, warum nicht alle Mutationen zum Nachteil des Trägers sein müssen.

A2 ○ Beschreiben Sie die Ursachen und Folgen der Sichelzellanämie.

A3 ◐ Eine DNA-Sequenz im codogenen Strang sei gegeben: CGAAATAAGCTGTTC. Fügen Sie willkürlich zwei verschiedene Punktmutationen sowie eine Insertion und eine Deletion ein und erläutern Sie die Auswirkungen auf die Aminosäuresequenz. Nehmen Sie dabei die Codesonne zu Hilfe.

A4 ◐ Erläutern Sie die Ursachen für die veränderte Aminosäuresequenz bei der β-Globin-Kette (Abb. 4).

51

Material
Mondscheinkinder und schädliche UV-Strahlung

1 Kind mit UV-Schutzanzug

Mondscheinkinder sind Träger einer Mutation, die den Aufenthalt im Freien bei Sonnenlicht zur tödlichen Gefahr werden lässt. Ungeschützt sind die Patienten zu einem Leben in der Dämmerung verurteilt. Um ihnen einen weitestgehend normalen Alltag mit sozialer Integration zu ermöglichen, sind erhebliche Lichtschutzmaßnahmen notwendig — wie z. B. das Tragen von Schutzanzügen (Abb. 1).

Xeroderma pigmentosum

Die Bedeutung des Reparatursystems wird an der Hautkrankheit *Xeroderma pigmentosum (XP)* deutlich, die auch als *Mondscheinkrankheit* bekannt ist. Xeroderma Pigmentosum (XP) ist eine seltene genetisch bedingte Erkrankung, bei der ein Defekt in der Reparatur UV-Licht induzierter DNA-Schäden vorliegt. Fusionsexperimente mit Zellen von XP-Patienten belegen, dass mindestens sieben Gene an der DNA-Reparatur beteiligt sind. Den Betroffenen fehlt das Enzym *Endonuclease*, das für das Ausschneiden der UV-induzierten DNA-Schäden verantwortlich ist (Abb. 5). Die Betroffenen reagieren äußerst empfindlich auf UV-Strahlung. Hautzellen werden irreversibel geschädigt. Die Haut an den sonnenexponierten Körperstellen, wie z. B. Gesicht, Händen etc. reagiert auf die UV-Strahlung mit Verbrennungen wie bei einem starken Sonnenbrand und auch mit Verfärbungen. Bei Xeroderma pigmentosum liegen häufig nicht nur Symptome an der Haut vor, oft sind auch die Augen betroffen.

Eine Lichtscheue kann das erste Symptom der Mondscheinkrankheit sein, noch bevor Hautveränderungen zu beobachten sind. Häufig tritt auch eine Hornhautentzündung auf. Am Auge bilden sich oft Tumore.

XP-Patienten haben ein extrem erhöhtes Hautkrebsrisiko (2000fach erhöht gegenüber gesunden Menschen). XP-Betroffene (weltweit ca. 2000) sterben meist früh.

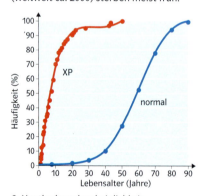

2 Hautkrebswahrscheinlichkeit

A1 Erläutern Sie, welche Maßnahmen zum Lichtschutz bei einem XP-Patienten noch sinnvoll sein könnten.

A2 Vergleichen Sie die Wahrscheinlichkeit, an Hautkrebs zu erkranken, bei XP-Patienten und Menschen ohne dieses Krankheitsbild (Abb. 2).

Mutagene Wirkung von UV-Strahlen

Das Sonnenlicht ist für alle Organismen lebensnotwendig (Abb. 3), dennoch können bestimmte Wellenlängen schädigende Wirkung haben. Durch die Ozonschicht, die unsere Erde umgibt, wird ein Teil des Sonnenlichts absorbiert. Besonders gefährlich sind die UV-Strahlen, die in die tieferen Schichten unserer Haut eindringen. UV-Strahlung kann bei benachbarten Thyminbasen eine Dimerbildung auslösen. Dabei verbinden sich zwei nebeneinander liegende Thyminmoleküle über zwei kovalente Bindungen zu einem Molekül (Abb. 5).

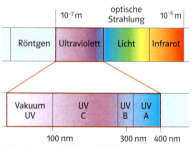

3 Spektrum des Sonnenlichts

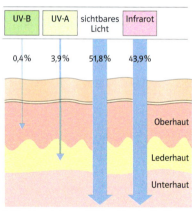

4 Eindringtiefe von UV-Strahlen in die Haut

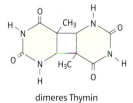

5 Thymindimer

A3 Formulieren Sie eine Hypothese über die Auswirkungen der Dimerbildung auf die DNA-Replikation.

Excisionsreparatur

Um Schädigungen und Entwicklungsstörungen bei den betroffenen Lebewesen zu verhindern, werden effektive Reparaturmechanismen aktiv (u.a. die Fotoreaktivierung durch Fotolyasen), die die Dimere wieder trennen. Fehlpaarungen bei der Replikation werden von speziellen Enzymen erkannt und direkt nach der Replikation repariert *(Postreplikationsreparatur)*. Bisher wurden 50 verschiedene Reparaturenzyme identifiziert, die mehr als 99 % der Mutationen reparieren.

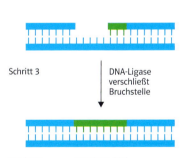

6 *Excisionsreparatur (Excision = Ausschnitt)*

A4 ⊖ Nennen Sie das dem Reparatursystem der DNA zugrunde liegende Prinzip.

A5 ⊖ Erläutern Sie die Bedeutung von Reparaturmechanismen für den Organismus im Allgemeinen und die Excisionsreparatur im Besonderen.

Versuche mit *E-coli*-Bakterien und bestimmten UV-sensiblen Mutanten (uvr- und RecA-) trugen zur Aufklärung des DNA-Reparatursystems bei. Solche Systeme sind die sogenannte RecA- und uvR-Enzyme. Diese Enzyme erkennen die fehlerhafte Sequenz und aktivieren eine Art SOS-System zur Reparatur. Weitere Untersuchungen ergaben, dass die uvr-Gene für verschiedene Untereinheiten einer Endonuclease codieren. Die Aufgabe dieses Enzyms ist die ständige Kontrolle der DNA auf Fehler und Schäden.

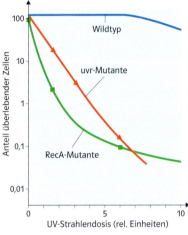

7 *UV-Strahlendosis in relativen Einheiten*

A6 ⊖ Beschreiben und erklären Sie die in Abb. 7 dargestellten Versuchsergebnisse.

Hautkrebs durch UV-Strahlung

Als größtes vermeidbares Risiko an dem gefährlichen Schwarzen Hautkrebs *(Malignes Melanom)* zu erkranken, gilt eine hohe UV-Belastung durch häufige, lang anhaltende und intensive Sonnenstrahlung sowie Sonnenbrand in der Kindheit und Jugend.

8 *Sonnenbrand — die Haut vergisst nichts*

Ein Melanom entsteht durch die Umwandlung der pigmentbildenden Zellen der Haut zu bösartigen Zellen, hervorgerufen entweder durch spontane Umwandlung oder durch Schäden, die durch Sonnenlicht hervorgerufen werden. Diese bösartigen Zellen unterliegen nicht mehr der natürlichen Wachstumskontrolle und können sich fast ungehindert teilen und in der Folge ein Geschwulst (Tumor) bilden. Wird dieses Melanom nicht frühzeitig erkannt, wenn es noch relativ dünn ist, so können sich Zellen aus dem Tumorverband lösen, tiefer in die Haut eindringen und letztlich in andere Körperregionen verschleppt werden.

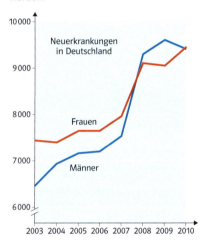

9 *Zunahme des Schwarzen Hautkrebses*

Auf bereits erfolgte Schädigungen reagiert unsere Haut zunächst mit dem Aufbau eines Eigenschutzes. Die Haut wird braun: Unter dem Einfluss von UV-B-Strahlung bildet sich in den sogenannten *Melanocyten* der Basalzellschicht der Hautfarbstoff *Melanin*, der in Form von Melanosomen abgegeben und durch UV-A-Licht aktiviert wird. Dieser Eigenschutz führt dazu, dass man sich etwas länger in der Sonne aufhalten kann, bis ein Sonnenbrand entsteht.

A7 ⊖ Erläutern Sie die Aussage: „Die Haut vergisst nichts."
A8 ○ Beschreiben Sie die Entwicklung der Krebsneuerkrankungen (Abb. 9) und stellen Sie Hypothesen über mögliche Ursachen auf.
A9 ⊖ Begründen Sie, warum das Maligne Melanom häufig tödlich verläuft.

53

Proteom und Proteomforschung

1 Schmetterling und Raupe

Genom
Gesamtheit aller Gene eines Organismus

Proteom
Gesamtheit aller Proteine eines Organismus — flexibel und sich meist ständig ändernd

Transkriptom
Gesamtheit aller zu einem bestimmten Zeitpunkt in einer Zelle transkribierten, das heißt von der DNA in RNA umgeschriebenen Gene

Genomik
die Wissenschaft von Form, Funktion und Interaktion der Gene eines Organismus

Proteomik
die Wissenschaft von Form, Funktion und Interaktion der Proteine eines Organismus

Proteine steuern als Hauptakteure des Lebens alle Lebensvorgänge. Sie sind entscheidend für alle wichtigen Leistungen lebender Systeme und ihre Bedeutung liegt in der Vielfalt ihrer Aufgaben: *Strukturproteine* bilden das Cytoskelett des Organismus, aus ihnen bestehen Sehnen, Fingernägel und Haare. *Enzyme* und die extrazelluläre Matrix sorgen für den ständigen Auf-, Um- und Abbau aller in einem Organismus benötigten oder anfallenden Stoffe. *Signalproteine*, wie z. B. Hormone, sind Träger der Kommunikation innerhalb eines Organismus. Proteine wirken auch als *Antikörper* im Immunsystem. Die Gesamtheit aller Proteine, die in einem Organismus zu einer bestimmten Zeit auftreten, bezeichnet man als **Proteom**.

Proteomforschung

Das Zusammenwirken aller Proteine in einem Organismus ist ein komplexes und noch weitgehend unüberschaubares und wandelbares Netzwerk. Schätzungen gehen von etwa 100 000 verschiedenen Proteinen in jedem Zelltyp aus, wohingegen das Genom des Menschen nur etwa 20 000 bis 30 000 Gene umfasst.

Die Veränderlichkeit des Proteoms lässt sich am Beispiel der Raupe und des Schmetterlings sehr gut darstellen: Die Raupe und der aus ihr entstehende Schmetterling haben das gleiche Genom. Bei der phänotypischen Ausprägung sind aber jeweils nicht nur andere Gene aktiv, sondern es kommt auch zu nachträglichen Veränderungen der transkribierten m-RNA, zu alternativem Spleißen und zur Veränderung der Polypeptide nach der Translation (*posttranslationale Modifikation*). Viele Genprodukte werden erst nach einer komplexen Bearbeitung und Zusammensetzung in der Zelle funktionsfähig, wie z. B. die Ribosomen, bestehend aus Proteinen und ribosomaler RNA. Ziel der Proteomforschung ist die vollständige Katalogisierung des Proteoms eines Organismus. Dabei werden vor allem Organismen untersucht, deren Genom bereits sequenziert wurde.

Durch die Erforschung des Proteoms gewinnt die Medizin ständig neue Erkenntnisse hinsichtlich neuer Wirkstoffe gegen Krebs, Erbkrankheiten, Infektionserkrankungen sowie bestimmten neurologischen Krankheiten wie z. B. der Alzheimer-Demenz (Abb. 3). Ziel der Proteomik ist es auch, neue Stoffwechsel- und Signalwege zu finden, die zur Entstehung von Krankheiten beitragen. Jedes neu entdeckte Protein ist ein möglicher Angriffspunkt für neue Wirkstoffe. Erste Erfolge wurden bereits erzielt: Virenhemmende Medikamente gegen Grippe und AIDS beruhen auf Wirkstoffen, die durch die Erforschung des Proteoms entwickelt wurden.

A1 ○ Beschreiben Sie die verschiedenen Möglichkeiten der Veränderung des Proteoms im Laufe der Entwicklung eines Organismus.

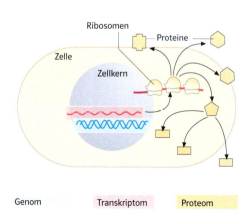

2 Beziehung Genom, Transkriptom und Proteasom

Methoden der Proteomforschung

Um Krankheiten zu erforschen, wird der gesamte Proteinbestand einer Zelle analysiert und quantitativ bestimmt. Nur so lässt sich feststellen, welche Proteine im Vergleich zum gesunden Organismus in veränderter Form oder Konzentration vorliegen. Der erste Schritt ist die Auftrennung des Proteingemisches in einer Probe, die meist mit einer *2D-Gelelektrophorese* durchgeführt wird. Dabei werden die Proteine in einem speziellen Kunststoff-Gel nach Ladung und Größe getrennt. Jeder Punkt auf der Gel-Matrix entspricht einem Proteintyp, der sich aus dem Gel herausschneiden lässt (Abb. 3 und 4).

Man erhält ein kompliziertes Fleckenmuster, eine Art Proteomkarte, die sowohl die Art als auch die Menge der vorhandenen Proteine wiedergibt. Je größer der Fleck, umso mehr von dem Protein war in der Probe vorhanden. Unter gleichen Bedingungen findet man ein bestimmtes Protein immer am gleichen Platz.

Die Proteine lassen sich aus dem Gel herausschneiden und mit biochemischen Verfahren identifizieren. Dazu zerschneiden sehr spezifische Proteasen die Aminosäureketten der Proteine an genau definierten Stellen, sodass die unterschiedlich großen Proteinbruchstücke jeweils typisch sind für jedes Protein bzw. Protease-Paar. Zur Identifizierung des zerschnittenen Proteins dient die sogenannte *Massenspektrometrie*, mit der man die Masse (das Gewicht) von Molekülen erfassen kann.

Das Ergebnis der Massenspektrometrie ist ein dem genetischen Fingerabdruck vergleichbares unverwechselbares Spektrum, anhand dessen man das Molekül eindeutig identifizieren kann. In speziellen Datenbanken können die Proteomforscher dann das Protein suchen, das zu ihrem Spektrum passt. Mittels Röntgenstrukturanalyse wird die genaue räumliche Struktur eines Proteins ermittelt.

Kennt man Aufbau, Menge und Funktion einzelner Proteine z. B. im gesunden Gewebe, lässt sich oft besser verstehen, wie sie durch bestimmte Krankheiten verändert werden und warum Menschen auf Medikamente unterschiedlich reagieren (Abb. 3). Das könnte der erste Schritt zu einer individuellen medikamentösen Behandlung sein.

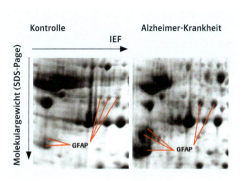

3 *Vergleich nach 2D-Gelelektrophorese*

Das Glia fibrilläre Protein (GFAP) wird vermehrt bei der Alzheimer-Krankheit hergestellt.

A2 ○ Beschreiben Sie die genauen Arbeitsabläufe bei der Proteomanalyse.

A3 ● Auch schon seit langem bekannte genetische Erkrankungen, wie z. B. das Down-Syndrom, sind Gegenstand der Proteomforschung. Stellen Sie eine begründete Hypothese darüber auf, wie sich die Trisomie 21 auf das Proteom der Betroffenen auswirken könnte.

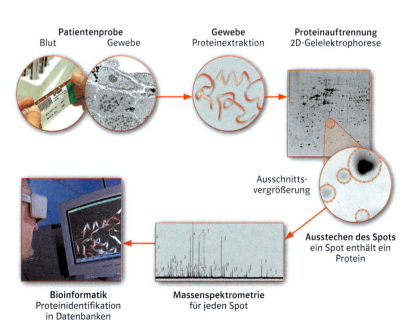

4 *Arbeitsabläufe einer Proteomanalyse*

1.3 Humangenetik
Befruchtung und Meiose

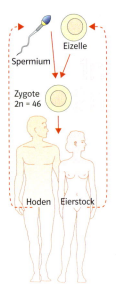

Entwicklungszyklus des Menschen

Charakteristisch für die sexuelle Fortpflanzung ist die Vereinigung zweier haploider Keimzellen (n) zu einer diploiden Zygote (2n). Als *Befruchtung* bezeichnet man die Verschmelzung der Zellkerne zweier Keimzellen. Der Befruchtung (n + n → 2n) geht eine *Besamung* voraus, wobei eine Spermienzelle in die Eizelle eindringt. Wie die höheren Pflanzen sind fast alle Tiere Diplonten.

Für die sexuelle Fortpflanzung müssen sich die Geschlechtspartner erkennen und in ihrer Paarungsbereitschaft synchronisiert sein. Entsprechend aufwändig sind die sexuellen Verhaltensmuster. Im Wasser lebende Tiere, wie Fische und Amphibien, geben ihre Keimzellen in das Wasser ab. Es handelt sich um eine äußere Besamung. Bei den meisten Landtieren werden die Spermien direkt im Rahmen einer *Begattung (Kopulation)* in den weiblichen Fortpflanzungsapparat übertragen. Bei dieser inneren Besamung werden die empfindlichen Keimzellen vor dem Austrocknen geschützt und Verluste gering gehalten.

Meiose
Die meisten höher entwickelten Lebewesen haben Zellen mit diploidem Chromosomensatz (2n, s. Randspalte). Das gilt auch für die Urkeimzellen der *Gonaden*, aus denen die haploiden *Keimzellen* (1n) gebildet werden. Zur Entstehung haploider Keimzellen müssen die beiden Chromosomensätze durch eine besondere Zellteilung, die *Meiose* (s. Seite 57; *meiosis,* griech. = Minderung), auf einen einfachen Satz reduziert werden.

Wie bei der Mitose geht auch der Meiose eine Verdopplung der DNA voraus. Jede Urkeimzelle enthält also beim Eintritt in die Meiose zwei Chromosomensätze (2n), wobei die Chromosomen aus jeweils zwei Chromatiden bestehen (4C).

Die Chromatiden werden in zwei Teilungsschritten (Meiose I, Meiose II) zufallsgemäß auf vier Keimzellen (1n, 1C; Abb. 1) verteilt:
– Meiose I:
  Die homologen Chromosomen werden auf zwei haploide Tochterzellen verteilt (1n, 2C), die genetische Information wird neu kombiniert.
– Meiose II:
  Die Schwesterchromatiden werden an den Centromeren getrennt und auf bis zu vier *haploide Keimzellen* (1n, 1C) verteilt.

Männliche und weibliche Keimzellen *(Gameten)* differenzieren sich anschließend unterschiedlich. Dabei bildet die Eizelle mit verschiedenen Hilfszellen (Polkörperchen) und Hüllen das *Ei*. Die Spermienzellen reifen zu begeißelten *Spermien* heran.

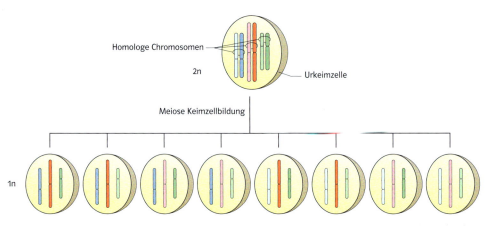

1 *Mögliche Kombinationen der Chromatide bei der Keimzellbildung*

56 Genetik

Genetische Vielfalt durch Meiose

Die Meiose dient der Reduktion des diploiden Chromosomensatzes sowie der Rekombination der Gene. Durch die zufällige Verteilung der homologen Chromosomen auf die Tochterzellen werden Chromosomen und somit auch Gene neu kombiniert (Abb. 1). Zudem kann es während der Meiose zu einem Austausch von Chromosomenstücken kommen *(Crossingover)*, was ebenfalls zur Neukombination der genetischen Information führt. Diese Vorgänge erklären die genetische Variabilität bei Nachkommen und Folgegenerationen und sind wesentliche Grundlage der Evolution.

Das Ergebnis der Meiose sind haploide Keimzellen, aus denen durch Verschmelzung eine diploide *Zygote* hervorgehen kann.

Meiose — ein Vorgang in mehreren Phasen

Mitose und Meiose lassen sich in verschiedene Phasen einteilen, die teilweise ähnlich ablaufen. Zu Beginn des Prozesses verdichten sich die Chromosomen. Dabei lagern sich die homologen Zwei-Chromatid-Chromosomen exakt aneinander. Im Lichtmikroskop erkennt man eine Tetrade aus vier Chromatiden. Die Tetraden werden von einem Proteinkomplex zusammengehalten. In diesen Phasen werden zwischen homologen Chromosomen DNA-Stücke ausgetauscht (Crossingover). Die Crossingover-Bereiche erkennt man im mikroskopischen Bild als Kreuzungen *(Chiasmata,* Abb. 2).

Im Gegensatz zur Mitose werden bei der ersten meiotischen Teilung nicht Chromatiden, sondern homologe Chromosomen voneinander getrennt, die von dem Spindelapparat zu den Zellpolen transportiert werden. Bei der zweiten meiotischen Teilung erfolgt die Trennung der beiden Schwesterchromatiden eines Zwei-Chromatid-Chromosoms.

A1 Nennen Sie Gemeinsamkeiten und Unterschiede bei der Bildung weiblicher und männlicher Keimzellen.

A2 Stellen Sie die Vorgänge bei Mitose und Meiose in Form einer Tabelle einander gegenüber.

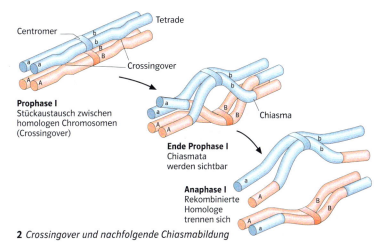

2 *Crossingover und nachfolgende Chiasmabildung*

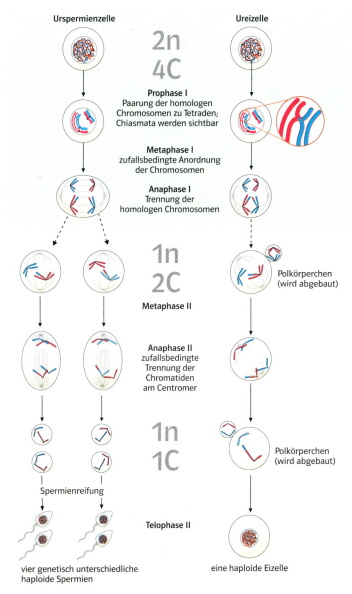

3 *Teilschritte der Meiose*

Chromosomenmutationen

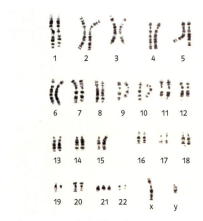

1 *Karyogramm, freie Trisomie 21*

2 *Jugendliche mit Down-Syndrom*

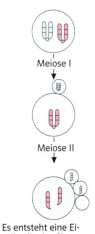

Es entsteht eine Eizelle, die das Chromosom 21 zweimal enthält.

Entstehung der freien Trisomie 21

In einer Zelle ist das Mengenverhältnis zwischen DNA und Cytoplasma so eingestellt, dass sich der Stoffwechsel optimal steuern lässt. Die DNA-Menge im Kern ist bei Eukaryoten durch Anzahl und Größe der Chromosomen festgelegt. Eine Veränderung der Chromosomenanzahl kann zur regulären Entwicklung gehören oder auf Mutationen zurückgehen. Bei den meisten Tieren und höheren Pflanzenarten befinden sich in den Körperzellen zwei homologe Chromosomensätze. Sie sind *diploid (2n)*; nur die Keimzellen haben einen einfachen Chromosomensatz; sie sind *haploid (1n)*.

Bleibt nach der Mitose oder Meiose eine Zellteilung aus, entstehen Vielfache des Chromosomensatzes im Kern *(Polyploidie)*. Zellen, Gewebe und Früchte polyploider Pflanzen sind besonders groß. Daher ist die künstliche Polyploidisierung ein verbreitetes Verfahren zur Pflanzenzucht. Dazu benutzt man Zellgifte, wie z.B. das Alkaloid *Colchicin* aus der Herbstzeitlosen *(Colchicum autumnale)*, um die Ausbildung des Spindelapparates zu verhindern.

Genommutationen beim Menschen

Kommt es bei der Keimzellbildung zu einer Fehlverteilung der homologen Chromosomen, kann ein Chromosom fehlen *(Monosomie)* oder ein zusätzliches drittes Chromosom auftreten *(Trisomie)*. Dabei haben Monosomien in der Regel weitaus dramatischere Folgen; ihre Träger sind nicht lebensfähig. Beim Menschen sind nur wenige Trisomien von *Autosomen* (Chromosomen, die nicht das Geschlecht bestimmen) überhaupt lebensfähig: Trisomie 13 *(Pätau-Syndrom)*, Trisomie 18 *(Edwards-Syndrom)* oder Trisomie 21 *(Down-Syndrom)*.

Obwohl die Chromosomen 13, 18 und 21 vergleichsweise genarm sind, beeinträchtigen ihre Trisomien den Phänotyp schwerwiegend. Die Genbalance ist aufgrund dieser *numerischen Chromosomenanomalien* gestört, was bei Trisomie 13 und 18 zu schwersten Missbildungen führt. Bei diesen Krankheitsbildern liegt die Lebenserwartung bei wenigen Monaten. Bei der Trisomie 21 liegt die Lebenserwartung dagegen etwa bei 50 Jahren, da insbesondere die Organfehlbildungen heute gut behandelt werden können.

Ursachen

Unterbleibt in der Meiose die Trennung bestimmter Chromosomen *(Nondisjunction)*, so entstehen Trisomien. Dies kann während der ersten Reifeteilung die homologen Zwei-Chromatid-Chromosomen bei einem Elternteil betreffen. Dann treten Keimzellen auf, denen das betreffende Chromosom fehlt bzw. solche, bei denen es zweifach vorliegt. Eine Nondisjunction kann auch im Verlauf der Meiose II auftreten, wenn die Schwester-Chromatiden des Chromosoms nicht getrennt werden (s. Randspalte). In jedem Fall entsteht bei der Verschmelzung einer Keimzelle, die das Chromosom zweifach enthält, mit einer regulären Keimzelle eine Zygote mit einer Trisomie (47, XX oder 47, XY).

58 Genetik

Trisomie 21

Die Symptome des Down-Syndroms beschrieb der englische Kinderarzt JOHN LANGDON-DOWN 1886 erstmals wie folgt: unterdurchschnittliche Körpergröße, kürzere Finger und Zehen, rundlicher Kopf, Augen mit schräggestellter Lidfalte. Dazu treten u. a. Herzfehler, Infektionsanfälligkeit, geistige Behinderung und verkürzte Lebenserwartung auf. Down-Sydrom-Patienten erkranken häufiger an Leukämie und der Alzheimer-Krankheit.

Untersuchungen haben gezeigt, dass die Trisomie 21 auf eine Fehlverteilung während der Meiose II zurückzuführen ist. Sie tritt mit einer Häufigkeit von 1:650 Geburten auf, die mit dem Alter der Mutter zunimmt. Das überzählige Chromosom stammt zu 95 % der diagnostizierten Fälle aus der Eizelle. Die Eizellen verharren bis zur Eireifung in der Meiose I, die Meiose II beginnt erst zum Zeitpunkt des Eisprungs. Aufgrund der langen Phase zwischen den beiden Reifeteilungen sind Eizellen wahrscheinlich störanfälliger für Fehlverteilungen der homologen Chromosomen.

Chromosomenanomalien bei Gonosomen

Auch die Geschlechtschromosomen können von numerischen Anomalien betroffen sein. Ca. 3 % aller Neugeborenen weisen eine Fehlverteilung der Gonosomen auf.

Beim *Turner-Syndrom*, das mit einer Wahrscheinlichkeit von 1:2500 bei weiblichen Neugeborenen auftritt, besitzen die unfruchtbaren Frauen lediglich ein X-Chromosom. Die Betroffenen haben keine funktionstüchtigen Eierstöcke und bilden keine sekundären Geschlechtsmerkmale aus. Das Turner-Syndrom ist das einzige Beispiel für eine Monosomie, bei der die betroffene Person lebensfähig ist, wenngleich viele Embryonen vor der Geburt absterben.

Bei etwa einem von 500 männlichen Neugeborenen tritt das *Klinefelter-Syndrom* auf. Die Betroffenen besitzen ein überzähliges X-Chromosom, sind unfruchtbar und bilden überdurchschnittlich lange Gliedmaßen aus.

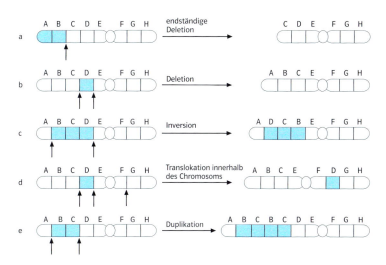

3 *Chromosomenmutationen*

Strukturelle Chromosomenanomalien

Nicht nur bezüglich der Anzahl können sich durch Mutationen phänotypische Veränderungen ergeben, sondern auch hinsichtlich der Chromosomenstruktur.

Beim sogenannten *Katzenschrei-Syndrom* geht durch einen Bruch des Chromosoms 5 während der Meiose ein Chromosomenstück verloren, es fehlen dem Chromosom bestimmte Gene. Hier spricht man von *Deletion* (von lat. *delere* = fehlen). Typische Kennzeichen dieses Syndroms sind Fehlbildungen im Stimmapparat. Das Schreien des Kindes klingt wie das Miauen einer Katze. Betroffene Menschen sind geistig unterentwickelt. Weitere Formen struktureller Chromosomenmutationen sind die *Duplikation*, bei der Chromosomenstücke durch Anfügen eines deletierten Chromosomenabschnitts an ein homologes Chromosom verdoppelt vorliegt und die *Translokation*, bei der das deletierte Fragment auf ein nicht homologes Chromosom übertragen wird. Fügt sich ein Chromosomenstück in umgekehrter Richtung in sein Ursprungschromosom ein, spricht man von einer *Inversion*.

Syndrom
(griech. *syndromos* „zusammentreffend/ begleitend"): gleichzeitiges Vorliegen verschiedener Symptome/Krankheitszeichen

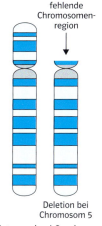

Deletion bei Chromosom 5
Katzenschrei-Syndrom

A1 ○ Beschreiben Sie die Ursachen von Monosomien und Trisomien.

A2 ◐ Eine Trisomie kann auf eine Nondisjunction in der Meiose I zurückgehen. Entwerfen Sie analog zur Randspaltenabbildung (s. Seite 58) ein Schema.

Mukoviszidose — eine erblich bedingte Krankheit

lat. *muscus* = Schleim
viscidus = zäh

„Wehe dem Kind, das beim Kuss auf die Stirn salzig schmeckt, es ist verhext und muss bald sterben." Diese Worte aus dem 17. Jahrhundert überliefern ein einfaches Verfahren zur Diagnose einer der häufigsten rezessiv vererbten Krankheiten, der *Mukoviszidose*, auch *Cystische Fibrose (CF)* genannt. Die Erkrankungsrate liegt bei Neugeborenen bei 1:2500. Durch spezielle Diäten, die Einnahme schleimlösender Mittel und Antibiotika zur Vermeidung von Infektionen, konnte die durchschnittliche Lebenserwartung der Betroffenen in den letzten Jahren deutlich gesteigert werden.

Das CFTR-Gen

Die Krankheit kann auf den Ausfall nur eines Gens zurückgeführt werden. Dieses befindet sich auf Chromosom 7. Mittlerweile kennt man ca. 600 verschiedene Defekte des CFTR-Gens *(Cystic Fibrosis Transmembrane Conduction Regulator)*, von denen der sogenannte *deltaF508* bei etwa 70 % der Erkrankten vorkommt. Diese Mutation betrifft ein Membrankanalprotein, das in den Lungenepithelzellen für den Transport von Chloridionen auf die Schleimhautoberfläche verantwortlich ist (Abb. 2). Die erhöhte Chloridionenkonzentration auf den Schleimhäuten sorgt da-

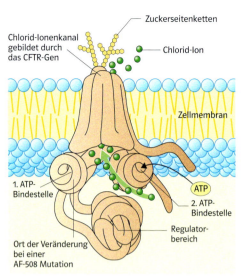

2 *Der Chloridionenkanal (CFTR)*

für, dass der Schleim auf den Oberflächen genügend Wasser enthält und somit nicht zu zähflüssig wird. Bei Patienten mit Mukoviszidose führt die Mutation zu einer strukturellen Veränderung dieser Kanalproteine, sodass keine Chloridionen mehr auf die Oberfläche der Lungenepithelzellen gepumpt werden können. Die Defekte des Proteins reichen von einer leichten Einschränkung in der Funktion bis zu einer völligen Funktionsunfähigkeit.

Bei Mukoviszidose-Kranken wird so in Lunge, Bauchspeicheldrüse, Dünndarm und Schweißdrüsen zähflüssiger Schleim gebildet, der nur schwer abtransportiert werden kann. Dadurch kommt es in den betroffenen Organen zu Funktionsstörungen. Da der Schleim einen guten Nährboden für Bakterien darstellt, sind die Schleimhäute oftmals chronisch entzündet. Die sich aus diesen chronischen Infektionen ergebenden Lungenkomplikationen sind die häufigste Todesursache von CF-Patienten.

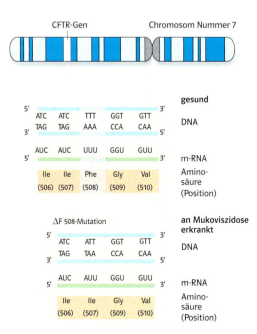

1 *Unterschiede in Basen- und Aminosäuresequenz*

A1 ○ Ermitteln Sie anhand von Abb. 1 die Art des genetischen Defekts.

A2 ● Ermitteln Sie anhand von Abb. 2, wie die in Abb. 1 dargestellte Mutation des CFTR-Gens das Membrankanalprotein verändert und welche physiologischen Ursachen der Entstehung des zähen Schleims zugrunde liegen.

60 Genetik

Stammbaumanalyse

Bei etwa einem von 20 000 männlichen Neugeborenen wird *Hämophilie* diagnostiziert (altgriech. *haima* „Blut", gr. *philia* „Neigung"; auch *Bluterkrankheit*). Diese Erbkrankheit, bei der die Blutgerinnung gestört ist, tritt in unterschiedlichen Formen auf. Das Blut aus Wunden gerinnt nicht oder nur langsam (Abb. 1). Häufig kommt es auch zu spontanen Blutungen, die ohne sichtbare Wunden auftreten. Im Fall einer Verletzung müssen sich an Hämophilie Erkrankte die fehlenden Blutgerinnungsfaktoren schnellstmöglich intravenös verabreichen.

Der Fokus der *Humangenetik* richtet sich auf die Untersuchung von genetisch bedingten Erkrankungen wie der Hämophilie sowie die Möglichkeit ihrer Diagnose, Prävention und Therapie. Bevor molekulargenetische Methoden entwickelt wurden, mussten bei der genetischen Forschung beim Menschen andere Methoden angewandt werden, um Erkenntnisse zu gewinnen. Die bei Pflanzen und Tieren etablierten Kreuzungsexperimente sind aufgrund der langen Generationszeit und aus ethischen Gründen ausgeschlossen. Wie lässt sich trotzdem feststellen, welcher Erbgang der Hämophilie zugrunde liegt?

Analyse von Erbgängen
Humangenetiker überprüfen zunächst über mehrere Generationen die Merkmalsausprägung der Mitglieder der betroffenen Familie und erstellen auf der Basis der so gewonnenen Daten einen sogenannten *Stammbaum*. Dazu verwenden sie bestimmte Symbole (s. Randspalte). Zunächst wird geklärt, ob eine *dominante* oder *rezessive Vererbung* vorliegt. Ist das Allel für ein Merkmal dominant, reicht die Anwesenheit eines Allels (*Heterozygotie*) aus, um das Merkmal zur Ausprägung zu bringen.

Die Information eines rezessiven Allels kann nur im Fall der *Homozygotie* phänotypisch in Erscheinung treten. Ob ein Allel dominant oder rezessiv ist, lässt sich erkennen, wenn beide Elternteile den gleichen Phänotyp aufweisen, ein Kind jedoch phänotypisch von den Eltern abweicht.

1 *Junge mit Blutgerinnungsstörung (Bluter)*

Autosomale Erbgänge
Allele, die auf den 22 *Autosomen* des Menschen liegen, werden unabhängig vom Geschlecht vererbt. Im Unterschied dazu werden Allele, die auf den *Gonosomen* (X-, Y-Chromosomen) liegen, *gonosomal* vererbt, treten also in Abhängigkeit vom Geschlecht auf. Dabei zeigen sich einige Besonderheiten: Erben Männer ein rezessives Allel mit dem X-Chromosom der Mutter, tritt das Merkmal in Erscheinung, da das zweite homologe X-Chromosom fehlt (*Hemizygotie*). Bei einer X-chromosomal-rezessiven Vererbung tritt eine Häufung von männlichen Merkmalsträgern auf.

Unvollständige Penetranz und variable Expressivität
Bei einigen Krankheiten mit autosomal-dominantem Erbgang wird das dominante Allel nicht von jedem Träger phänotypisch ausgeprägt (*unvollständige Penetranz*). So nimmt man an, dass nur 10 % der Frauen, die eine Mutation im BRCA 1-Gen aufweisen (*Konduktorinnen*), an einer erblichen Form des Brustkrebses erkranken. Bei unterschiedlichem Ausprägungsgrad der Symptome einer Erbkrankheit spricht man von *variabler Expressivität*. Ein Beispiel dafür ist die Krankheit *Neurofibromatose*, bei der es zu unkontrolliertem Wachstum von Nervengewebe kommt.

A1 Erklären Sie den Begriff „Hemizygotie" an einem Beispiel.

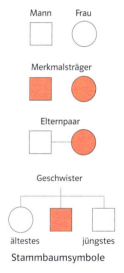

Stammbaumsymbole

Allel
eine von mehreren möglichen Ausführungen eines Gens

Material
Stammbaumanalyse

Erblich bedingte Krankheiten, die sich auf einen Defekt eines einzelnen Gens zurückführen lassen, heißen monogen. Ihre Vererbung kann nach unterschiedlichen Gesetzmäßigkeiten erfolgen.

A1 ○ Leiten Sie ab, was man unter polygenetisch vererbten Merkmalen versteht und recherchieren Sie Beispiele.

A2 ◐ Erklären Sie, warum ein Elternpaar, das Merkmalsträger ist, ein Kind mit anderem Phänotyp bekommen kann.

A3 ◐ Analysieren Sie mithilfe der Kriterien aus Abb. 1 den Stammbaum für erbliche Kurzfingrigkeit und Rot-Grün-Sehschwäche.

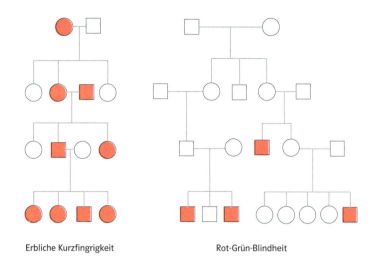

Erbliche Kurzfingrigkeit   Rot-Grün-Blindheit

2 *Beispiele für dominant-rezessive Erbgänge*

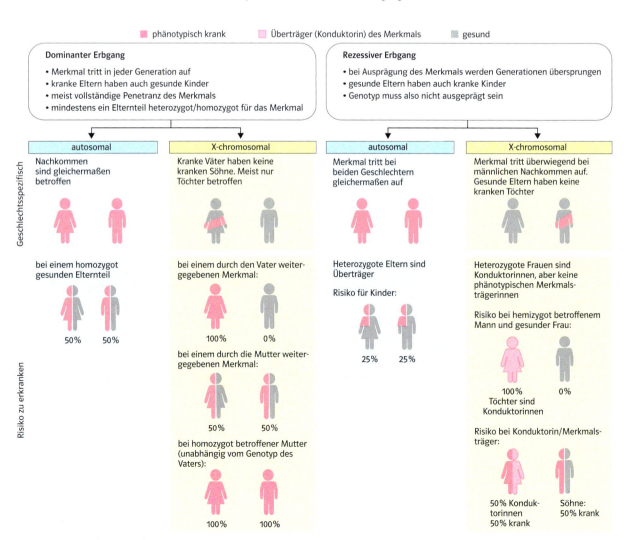

1 *Kriterien zur Analyse von Erbgängen*

62 Genetik

Material
Angewandte Stammbaumanalyse

Aufgrund von Stammbaumanalysen konnten einige erblich bedingte Erkrankungen bestimmten Chromosomen zugeordnet werden. Zuerst gelang das für das X-Chromosom, da sich hier auch rezessive Gene im Phänotyp des hemizygoten Mannes auswirken (z. B. Rot-Grün-Sehschwäche, Hämophilie).

Hämophilie und Rot-Grün-Sehschwäche

Die Gene, welche für die Phänotypen Hämophilie und Rot-Grün-Sehschwäche codieren, liegen auf dem gleichen Chromosom. In der Regel treten dann in den folgenden Generationen keine neuen Merkmalskombinationen auf (Abb. 1). Werden die zugehörigen Gene unabhängig voneinander vererbt, liegen sie auf verschiedenen Chromosomen.

A1 ◐ Analysieren Sie den Stammbaum in Abb. 1 hinsichtlich des vorliegenden Vererbungsmodus und bestimmen Sie die Genotypen der einzelnen Personen.

A2 ◐ Ordnen Sie dem vorliegenden Erbgang dem entsprechenden Chromosom in Abb. 2 zu und begründen Sie Ihre Entscheidung.

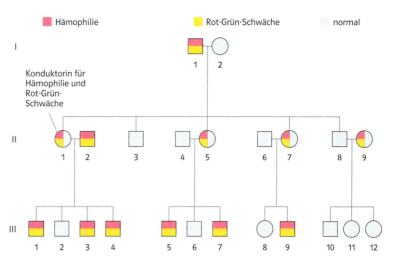

1 *Stammbaum einer Familie mit Rot-Grün-Sehschwäche und Hämophillie*

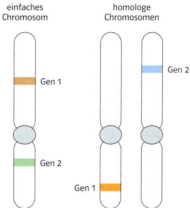

2 *Unterschiedliche Genorte auf Chromosomen*

Die Vererbung des Nagel-Patella-Syndroms

Für diese Erkrankung sind eine Deformation der Fingernägel, eine degenerierte Kniescheibe *(Patella)*, eine Streckhemmung der Arme sowie eine Wirbelsäulenverkrümmung typisch. Der Stammbaum in Abb. 3 zeigt, dass das *Nagel-Patella-Syndrom* gleichzeitig mit bestimmten Blutgruppenmerkmalen auftritt.
Für die Vererbung der Blutgruppen der Blutgruppen A, B und 0 sind drei Allele verantwortlich *(multiple Allelie)*. Die Allele A und B sind jeweils dominant über das Allel 0. Kommen A und B nebeneinander vor, wirken sich beide gleichermaßen auf den Phänotyp aus *(kodominante Allele)*.

A3 ◐ Untersuchen Sie den Stammbaum in Abb. 3. Stellen Sie eine Vermutung an, welcher Vererbungsmodus des Nagel-Patella-Syndroms vorliegt und begründen Sie Ihre Entscheidung hinreichend.

A4 ● Erklären Sie mithilfe der Abb. 3 das gleichzeitige Auftreten des Nagel-Patella-Syndroms mit bestimmten Blutgruppenmerkmalen und stellen Sie eine begründete Hypothese über die Fälle auf, bei denen es zu Abweichungen kommt (Personen 7, 10 und 16).

A5 ● Erläutern Sie in Bezug auf Abb. 2, inwiefern sich die Fälle der Personen 7, 10 und 16 mit den Vorgängen während der Meiose I erklären lassen können.

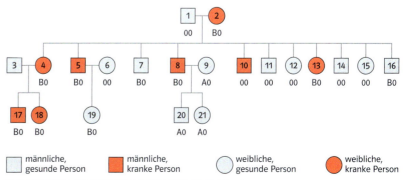

3 *Stammbaum einer Familie mit Nagel-Patella-Syndrom*

Molekulargenetische Verfahren — Elektrophorese und Sequenzierung

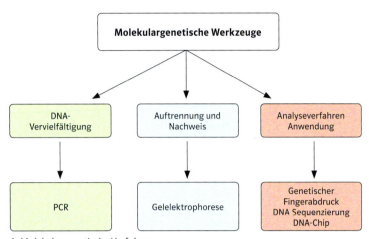

1 *Molekulargenetische Verfahren*

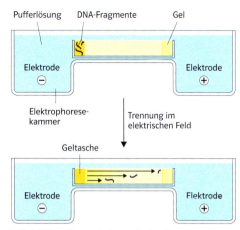

3 *Gelelektrophorese (schematischer Querschnitt)*

Viele Fragestellungen in der molekulargenetischen Forschung, Medizin oder Kriminalistik werden durch die Untersuchung der DNA im Zellkern gelöst (Abb. 1). Hierzu können die riesigen DNA-Stränge jedoch nicht direkt untersucht werden. Sie müssen mithilfe von Restriktionsenzymen in verschieden lange Abschnitte *(Fragmente)* zerlegt werden (s. Seite 88).

Gelelektrophorese

Für verschiedene Analyseverfahren ist es notwendig, die DNA-Abschnitte unterschiedlicher Größe voneinander zu trennen und zu bestimmen. Dies erfolgt mithilfe der *Gelelektrophorese*. Das Gel stellt dabei ein dreidimensionales Sieb dar, in welchem sich unterschiedlich große Moleküle mit verschiedenen Geschwindigkeiten bewegen. Bei diesem Verfahren werden zunächst die jeweiligen DNA-Abschnitte mithilfe der PCR vervielfältigt. Das Gemisch wird anschließend in die Vertiefungen eines Gels pipettiert (Abb. 2). Das Gel befindet sich in einer Salzlösung und mithilfe von Elektroden wird ein elektrisches Feld aufgebaut. Die Nucleotide der DNA-Fragmente sind an der Phosphatgruppe negativ geladen. Im elektrischen Feld bewegen sie sich daher durch die Poren des Gels zur positiven Elektrode. Die Auftrennung der Fragmente ist abhängig von der angelegten Spannung sowie der Größe und Form der Fragmente. Kleine Fragmente bewegen sich durch das Gel schneller als die großen. Es erfolgt also im elektrischen Feld eine Auftrennung der DNA-Fragmente entsprechend ihrer Länge (Abb. 3).

Die unterschiedlich langen Fragmente liegen nach der Auftrennung im Gel in den verschiedenen Banden vor. Lässt man parallel zu den Untersuchungsproben ein Gemisch mit DNA-Abschnitten bekannter Größe durch das Gel laufen, lassen sich auch die Größen der aufgetrennten Moleküle in den zu untersuchenden Proben bestimmen. Sichtbar gemacht werden sie durch fluoreszierende Substanzen oder durch eine radioaktive Markierung. Die jeweiligen Banden werden mit einem Skalpell aus dem Gel geschnitten und können weiter untersucht werden.

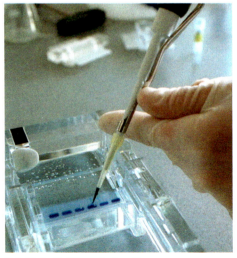

2 *Gel beim Befüllen mit einer Pipette*

DNA-Sequenzierung

Die Möglichkeit, die Abfolge der Basen innerhalb eines DNA-Moleküls festzustellen *(zu sequenzieren)*, hat die biologischen und medizinischen Wissenschaften revolutioniert. Für viele Fragestellungen ist nicht die Länge, sondern die genaue Basenabfolge eines DNA-Abschnitts von Interesse. Neben vielen anderen Fragen in der Forschung wird die DNA-Sequenzierung zum Beispiel zur Untersuchung genetisch bedingter Erkrankungen oder zur Entwicklung neuer Impfstoffe herangezogen. Da sie eine wichtige Methode darstellt, wird viel in die Entwicklung immer schnellerer, genauerer und billigerer Verfahren zur Sequenzierung großer DNA-Mengen investiert.

Erste Generation — Sanger

Eine der ersten Methoden zur DNA-Sequenzierung wurde von FREDERICK SANGER und ALAN COULSON 1977 beschrieben. Das Verfahren beruht auf einem basenspezifischen Abbruch der DNA-Synthese und anschließender Auftrennung der Fragmente durch Gelelektrophorese (Abb. 4).

Dazu wird eine einsträngige DNA-Matrize, deren Basenabfolge bestimmt werden soll, zusammen mit Nucleotiden und DNA-Polymerase in vier Sequenzieransätze gegeben. Dort erfolgt die komplementäre Anlagerung von Nucleotiden an den Matrizenstrang. In den Ansätzen befindet sich jedoch neben den normalen Desoxy-Nucleotiden jeweils ein radioaktiv markiertes Didesoxy-Nucleotid (z. B. ddA, also Didesoxiadenin). Diesem fehlt am dritten C-Atom die OH-Gruppe. Solange sich normale Nucleotide anlagern, wird die DNA-Synthese fortgesetzt. Nach dem Einbau eines Didesoxy-Nucleotids bricht jedoch die Synthese ab, da am dritten C-Atom kein weiteres Nucleotid binden kann. So entstehen im Sequenzieransatz unterschiedlich lange DNA-Ketten, die mit einem bestimmten Didesoxy-Nucleotid enden. Im ersten Ansatz enden beispielsweise alle DNA-Stränge, deren Synthese frühzeitig beendet wurde, mit ddA.

Die vier Sequenzieransätze werden nun durch Gelelektrophorese aufgetrennt. Kürzere Stränge kommen im elektrischen Feld schneller voran. Das Bandenmuster des Gels entspricht daher der Nucleotidsequenz des synthetisierten Strangs. Der unbekannte Matrizenstrang muss die komplementäre Nucleotidsequenz besitzen.

A1 Geben Sie die entstehenden DNA-Fragmente im zweiten Ansatz von Abb. 4 an.

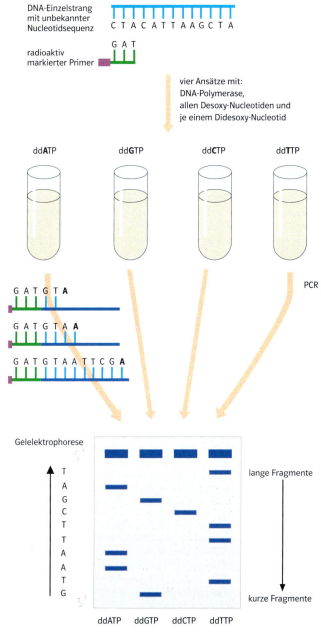

4 *1. Generation der DNA-Sequenzierung (schematisch)*

Hochdurchsatzsequenzierung

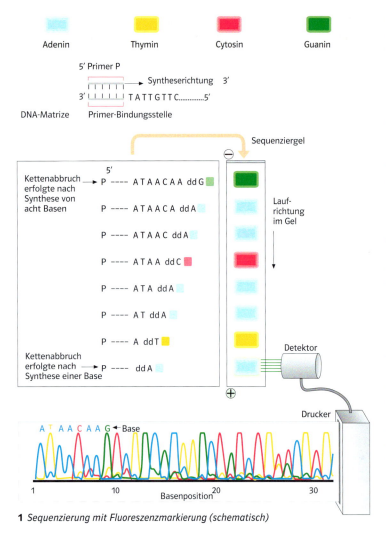

1 *Sequenzierung mit Fluoreszenzmarkierung (schematisch)*

Die DNA-Sequenzierung ist die Bestimmung der Nucleotid-Reihenfolge im DNA-Molekül. Die DNA-Sequenzierung hat die biologischen Wissenschaften revolutioniert und das Zeitalter der Erforschung des gesamten Genoms von Organismen, der *Genomik*, eingeleitet.

Fluoreszenzmarkierung

Die *Sanger-Sequenzierung* wird noch heute verwendet. Sie wurde jedoch verändert, um eine Automatisierung des Vorgangs zu ermöglichen. Hierzu werden die Didesoxynucleotide nicht mehr radioaktiv markiert, sondern mit vier Fluoreszenzfarbstoffen versehen (Abb. 1), für jeden Nucleotidtyp eine andere Farbe. Die Reaktion kann durch die spezifische Zuordnung der vier Fluoreszenzfarben zu den vier Nucleotiden in einem Reaktionsgefäß ablaufen.

Die Trennung der unterschiedlich langen DNA-Stränge erfolgt via *Kapillarelektrophorese*, also einer Auftrennung durch ein Gel in einem dünnen Röhrchen. Die verschiedenfarbig markierten DNA-Stränge gelangen nach ihrer Länge sortiert an einem Detektor vorbei. Dieser erkennt anhand der Fluoreszenzmarkierung, welche Base sich am Ende einer Kette befindet. Die vom Detektor registrierte Basenfolge entspricht direkt der Basenfolge des synthetisierten DNA-Strangs. Die Messung erfolgt automatisiert, ist jedoch durch die Geschwindigkeit der Gelelektrophorese begrenzt.

Zweite Generation

Einen Durchbruch für die Wissenschaft erbrachten verschiedene Sequenziermethoden der zweiten Generation, da sie einen viel höheren Sequenzier-Durchsatz erlauben. Mit den klassischen Verfahren benötigte man zur vollständigen Sequenzierung des menschlichen Genoms ca. 10 Jahre. Die Methoden der zweiten Generation ermöglichen die Entschlüsselung eines Genoms dieser Größe je nach Verfahren in ca. 8 Wochen. Die meisten der Verfahren der zweiten Generation verwenden keine Auftrennung über die Gelelektrophorese, sondern eine Kopplung von den DNA-Fragmenten an Oberflächen. Diese Untersuchungsverfahren werden unter anderem zur Bestimmung der Häufigkeit von bestimmten Genmutationen, z. B. bei der Untersuchung genetisch bedingten Krankheiten, eingesetzt, da sie gut automatisierbar sind.

Die dritte Generation

Bei den Sequenzier-Methoden der ersten und zweiten Generation erfolgt vor der eigentlichen Sequenzierung immer erst der Schritt der DNA-Vervielfältigung. Durch diese waren mehrere gleiche Moleküle vorhanden und die Nachweisreaktionen konnten besser beobachtet werden. Zur dritten Generation zählen unterschiedliche Methoden, die chemische Reaktionen, z. B. eine Fluoreszenzreaktion bei der DNA-Synthese. Die Nachweismethoden sind sehr viel empfindlicher und können direkt von Computern ausgewertet werden. Das bedeutet, die Basenabfolge wird direkt während der Synthese eines komplementären Strangs beobachtet. Dadurch erübrigt sich eine Vervielfältigung der DNA vor der Analyse.

Bei dem sogenannten „Single Molecule Real Time Sequencing"-Verfahren sind auf einer Platte kleine Reaktionszellen in Form von Vertiefungen eingelassen, an deren Boden jeweils eine DNA-Polymerase befestigt ist, an welcher der zu untersuchende DNA-Strang repliziert wird (Abb. 2). Die vier verschiedenen Nucleotide sind mit jeweils einem fluoreszierenden Farbstoff markiert (Abb. 3). Beim Einbau eines Nucleotids an den DNA-Strang wird der am Nucleotid gebundene Fluoreszenzmarker abgespalten und bei dieser Reaktion ein kurzer Lichtblitz abgegeben. Die Farbe des Lichtblitzes entspricht immer dem spezifischen Nucleotid.

Mit diesem Verfahren können Millionen Sequenzier-Reaktionen zur gleichen Zeit ablaufen und mithilfe von Computern bearbeitet und ausgewertet werden. Hierdurch wird ein hoher Probendurchsatz ermöglicht, sodass das menschliche Genom innerhalb weniger Tage sequenziert werden kann. Der Vorteil liegt auch in der

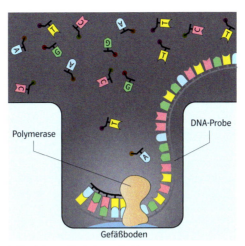

3 *Reaktionszelle (schematisch)*

automatischen Durchführung, die mit geringeren Kosten verbunden ist und so in Zukunft zu einer intensiveren Genomuntersuchung in der Forschung und Medizin führen wird.

A1 ○ Erklären Sie, weshalb bei der Sequenzierung mit der Fluoreszenzmarkierung in Abb. 1 der Detektor nicht am Gel entlang geführt werden muss.

A2 ◐ Fassen Sie die Veränderung der DNA-Analyse seit SANGER kurz zusammen und erläutern Sie die Bedeutung dieser technischen Entwicklung.

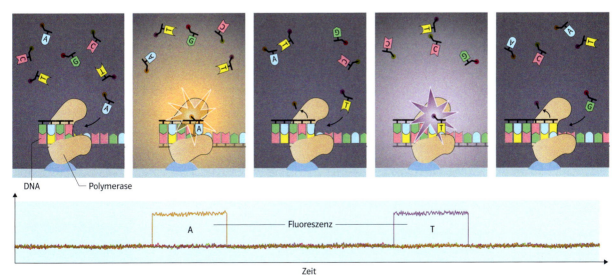

2 *Single Molecule Real Time Sequenzing (schematisch)*

Genomik — die Analyse des Genoms

Polymorphismus = genetisch bedingte Variabilität innerhalb einer Art

Erforschung des Genoms

Alle Menschen sind individuell und einzigartig. Die Unterschiede in ihren *Genomen* sind jedoch gering. Menschen unterscheiden sich untereinander nur durch etwa 0,1 % ihrer DNA. Diese Variationen sind für die Wissenschaft von großem Interesse, da sie Unterschiede wie Krankheitsrisiken oder die Wirksamkeit von Medikamenten beeinflussen. Die meisten Nucleotide im menschlichen Genom sind mehr oder weniger unveränderlich. Mutierte (polymorphe) Versionen kommen nur selten vor. Nur ein Nucleotid von ca. 300 ist polymorph. Die Ursache könnte in häufiger variierenden Nucleotiden liegen oder in bereits vorhandenen Varianten der Vorfahren. Bei einer bestimmten Anzahl der heute lebenden Menschen sind daher die mutierten Versionen im Genom, bei anderen die ursprüngliche Form vorhanden. Forschungsprojekte haben das Ziel, ein umfassendes Verzeichnis dieser Unterschiede im menschlichen Erbgut zu erstellen, in der häufige Muster menschlicher DNA-Sequenz-Variationen zu finden sind. Weltweit kartographieren Forscher dazu die Variationsmuster über das gesamte Genom. Grundlage bilden etliche Sequenzen der Genotypen von Personen mit Vorfahren unter anderem aus Afrika, Asien und Europa.

Gekoppelte Genomabschnitte

Mit „*Single Nucleotide Polymorphism*" (SNP) bezeichnet man Variationen von einem Basenpaar in einem DNA-Strang. Man findet sie in allen Bereichen des Genoms, jedoch mit einer unterschiedlichen Häufigkeit. Die Bedeutung der SNPs für die Wissenschaft liegt in ihrem großen Vorkommen und in ihrer Vielfalt. SNPs lassen sich gut nachweisen und dem Auftreten von Erkrankungen zuordnen. Das Genom wird nicht willkürlich und zufällig vererbt, sondern in mehr oder weniger großen Abschnitten, die etliche Gene beinhalten. Diese Blöcke werden weitgehend geschlossen von Generation zu Generation vererbt.

Genomweite Assoziationsstudien

Viele weit verbreitete Krankheiten wie Diabetes, Krebs, Schlaganfälle, Depressionen oder Asthma werden durch eine Kombination von verschiedenen Genen und Umweltfaktoren beeinflusst. Durch den Vergleich einer Patientengruppe mit einer Kontrollgruppe ist es möglich, ein mit der Erkrankung verknüpftes genetisches Merkmal zu finden.

In diesen sogenannten *genetischen Assoziationsstudien* wird untersucht, ob bestimmte Genvariationen bei Trägern eines Merkmals (z. B. einer Erkrankung) häufiger oder seltener vorkommen als bei Kontrollgruppen. Taucht ein einzelner SNP signifikant oft in kranken Personen auf, spricht man von einer *Assoziation*. Das „Krankheits-Gen" ist damit zwar noch nicht identifiziert, aber man hat eine heiße Spur entdeckt, an welcher Stelle des Genoms weitergesucht werden kann. Das reduziert die Zahl der in Frage kommenden Gene enorm. Anhand von Assoziationsstudien können auch Genvariationen, die eine relativ geringe Risikoerhöhung bewirken, nachgewiesen werden. Die Identifikation einer Genvariante ist meist nur der erste Schritt. Im Anschluss stehen Untersuchungen, inwiefern das Gen in ein Protein überschrieben wird und wie dieses mit anderen Proteinen zusammenwirkt. Die komplexe Wechselbeziehung von Genen untereinander erschwert die Identifizierung eindeutiger Risikogene, denn erst das Zusammenspiel hunderter Gene bildet jene Merkmale aus, die wir von unseren Eltern geerbt haben.

DNA-Chips

Eine systematische Untersuchung bestimmter Allele eines Gens mittels Assoziationsstudien war lange Zeit technisch nicht möglich. Mittlerweile ermöglicht

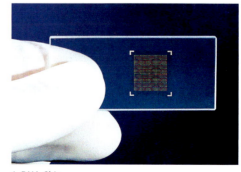

1 *DNA-Chip*

die Chip-Technologie genomweite Assoziationsstudien. Die DNA-Chips „angeln" mithilfe des komplementären Aufbaus gezielt Nucleotid-Fragmente aus einer Lösung heraus. Hierzu werden auf einem fingernagelgroßen Plastik- oder Glasplättchen (Abb. 1), dem *DNA-Microarray*, einzelsträngige DNA-Fragmente als Sonden zielgenau durch einen Roboter auf der Trägeroberfläche verklebt, die bestimmte Genabschnitte der gewünschten DNA-Abschnitte binden (Abb.2). Hierdurch ist die exakte Sequenz und Position auf dem Chip bekannt.

Ein Problem der Untersuchungen ist es, in der Genexpressionsforschung zu unterscheiden, ob es sich bei einer bestimmten DNA-Sequenz um ein Gen handelt oder nicht. Hierzu untersucht man ob diese Sequenz als m-RNA transkribiert wird. Diese wird in vielen Untersuchungen mithilfe des Enzyms *Reverse Transkriptase* in die einsträngige *c-DNA (complementary DNA)* umgeschrieben. Bei den Reihenuntersuchungen sind die Gene bereits bekannt, daher können direkt DNA-Fragmente verwendet werden. Die zu untersuchende DNA oder m-RNA wird zunächst mit einem roten und grünen Fluoreszenzfarbstoff markiert und dann als Probe auf den Chip gegeben.

Die DNA-Proben sind in einer Flüssigkeit, welche die Sonden umspült. Wenn eine Chipsonde einen passenden Bindungspartner gefunden hat, kann man aufgrund der Position des Fluoreszenz-Signals auf den vorliegenden Polymorphismus schließen. Die Position, Intensität und Wellenlänge der entstehenden Mischfarbe werden mit einer hochauflösenden Laserkamera gemessen und mit speziellen Computerprogrammen ausgewertet. *Microarrays* erlauben eine parallele Analyse vieler tausend Einzelnachweise mit einer geringen Menge biologischen Probenmaterials. Neben Genomuntersuchungen dienen sie auch der Bestimmung von Änderungen bei der Ausprägung von Genen, der Genexpression und der SNP-Forschung.

Datenbanken
Die Fülle an genetischer Information wächst täglich. Damit die Informationen von Wissenschaftlern genutzt werden

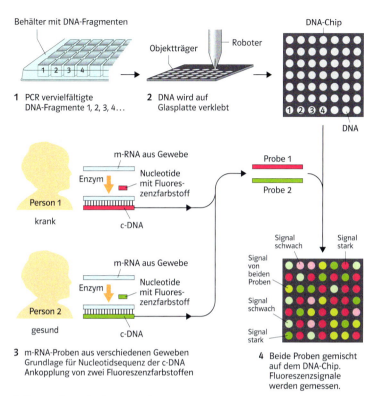

2 *Untersuchung der Genexpression*

können, werden sie in sogenannten molekulargenetischen Datenbanken gesammelt und öffentlich zugänglich gemacht. Mithilfe von Microarray-Daten, konnte die weltweit größte populationsgenetische Kontroll-Datenbank für genomweite Assoziationsstudien entwickelt werden, die Wissenschaftlern den freien Zugang zu Genotypisierungsdaten ermöglicht. Aus der Datenbank können die Forscher Kontrolldaten auswählen, die bezüglich Alter und Geschlecht mit den Fällen ihrer aktuellen Studien übereinstimmen und auch einen ähnlichen ethnischen Hintergrund haben. Damit können sie die Anzahl der benötigten Kontrollproben reduzieren. Dafür ist es aber wichtig, nur dann Proben in die Kontroll-Datenbank aufzunehmen, wenn sie die allgemeine Bevölkerung repräsentieren und nicht aufgrund eines bestimmten Krankheitsmerkmals ausgewählt wurden.

A1 Beschreiben und erklären Sie den Ablauf der Untersuchung zur Genexpression anhand von Abb. 2 und anhand des Textes.

complementary DNA
dt. = komplementäre DNA

Genotypisierungsdaten
Daten aus molekulargenetischen Untersuchungen zum Genotyp eines Lebewesens

Genetischer Fingerabdruck

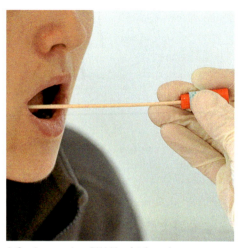

1 *Gewinnung einer DNA-Vergleichsprobe*

Fingerkuppe

Vor über 100 Jahren wurde in Großbritannien der erste Täter aufgrund seiner am Tatort gefundenen Fingerabdrücke überführt. Gibt es keine Zeugen für ein Verbrechen, ist eine unverwechselbar einem bestimmten Menschen zuzuordnende Spur häufig die einzige Möglichkeit, den Täter zu finden. Die bei jedem Menschen anders verlaufenden Hautleisten der Fingerkuppen gelten als sicherer Hinweis. Solche Spuren können jedoch vom Täter einfach vermieden oder abgewischt werden.

DNA zur Täterbestimmung

Es gibt immer wieder Berichte über Fälle, in denen Täter nach sehr vielen Jahren überführt werden. Grundlage für diese Erfolge sind die heute in der Kriminalistik eingesetzten Methoden der *DNA-Analyse*. Kleinste Spuren der Täter, wie z. B. Blutreste, Sperma, Haare oder Speichel, können aufgrund der enthaltenen DNA mit hoher Genauigkeit einem Verdächtigen zugeordnet werden. Man spricht vom *genetischen Fingerabdruck*. Seit 1990 ist der genetische Fingerabdruck in Deutschland als Beweismittel zugelassen. Analysiert werden hierfür aber nicht die für Proteine codierenden Bereiche des menschlichen Genoms, da diese in der Regel nur geringe Unterschiede aufweisen. Die zwischen den Genen liegenden Bereiche variieren dagegen erheblich, da Mutationen in diesen Abschnitten selektionsneutral sind.

Es gibt inzwischen mehrere Verfahren zur Ermittlung des genetischen Fingerabdrucks. Bei allen Verfahren wird das genetische Material durch PCR vervielfältigt und anschließend mit einer Gelelektrophorese analysiert.

Fragmentierung von DNA

Zur Analyse wird die DNA mit passenden Restriktionsenzymen geschnitten und analysiert. Unterschiedlich große Restriktionsfragmente verschiedener Personen gehen auf Basensequenzunterschiede im Bereich der Schnittstelle zurück, wodurch das Restriktionsenzym die DNA mancher Personen nicht mehr schneiden kann. Bei einer genügend großen Anzahl von Schnittstellen ergibt sich für jede Person (ausgenommen eineiige Zwillinge), eine individuelle Zusammenstellung von Teilstücken der DNA.

Die *Gelelektrophorese* sortiert die DNA nach der Länge der Fragmente. Verschiedene DNA-Fragmente gleicher Länge können so nicht unterschieden werden. Dies ist durch den Einsatz des *Blotting-Verfahrens* und den Einsatz von *Gensonden* möglich. Dazu ist eine einsträngige DNA nötig, die man durch Denaturierung der DNA durch Zusatz von Natronlauge in die Elektrophorese-Gele erhält. Die Restriktionsfragmente werden zur weiteren Analyse auf eine Nylonmembran übertragen, auf der sie haften bleiben. Nun können Restriktionsfragmente mit Gensonden identifiziert werden. Gensonden sind einsträngige DNA-Abschnitte, die an komplementäre Sequenzen binden und durch Radioisotope oder Fluoreszenzfarbstoffe markiert sind. Hybridisieren zwei Banden mit den gleichen Sonden, ist davon auszugehen, dass diese identisch sind.

Analyse repetitiver Sequenzen

Für diese Analyse nutzt man Abschnitte in den nicht für Proteine codierenden DNA-Bereichen des Genoms, in denen sich bestimmte Sequenzen häufig wiederholen *(repetitive Sequenzen)*. Man unterscheidet je nach Länge und Häufigkeit der wiederholenden Sequenzen *Mini-* und *Mikrosatelliten*. Bei Minisatelliten, auch *VNTRs* genannt *(Variable number of tandem repeats)*, wird eine Sequenz von 5 bis 50 Basenpaaren etwa 10- bis 100-mal wiederholt. Häufig werden heutzutage aber Mikrosatelliten *(Small tandem repeats, STRs)* untersucht. Das sind kurze DNA-Sequenzen aus 2 bis 4 Basenpaaren, die hintereinander in 5- bis 15-facher Wiederholung vorliegen. Die Anzahl der Wiederholungseinheiten einer Sequenz ist bei Menschen sehr unterschiedlich.

Diese sich wiederholenden Sequenzen werden mit geeigneten *Restriktionsenzymen* ausgeschnitten und anschließend gelelektrophoretisch getrennt. Die Untersuchung gibt Auskunft über die Länge und damit über die Anzahl der Wiederholungen einer Sequenz in einem Mikrosatelliten. So ergibt sich für jeden Menschen ein charakteristisches Bandenmuster. Die einzige Ausnahme bilden eineiige Zwillinge, die mit diesem Verfahren meistens nicht zu unterscheiden sind. Dieses Verfahren wird auch bei Vaterschaftstests eingesetzt. Um die Sicherheit des Tests zu erhöhen, werden mehrere Mikrosatelliten analysiert.

Vaterschaftsgutachten

Eine weitere humangenetische Anwendung findet der genetische Fingerabdruck bei Vaterschaftsgutachten. Dazu wird die DNA von Mutter, Kind und den als Vätern infrage kommenden Männern untersucht. Da das Kind die eine Hälfte seiner DNA von der Mutter, die andere vom Vater geerbt hat, lassen sich die DNA-Fragmente nach der Auftrennung eindeutig zuordnen. Juristisch gesehen muss die Mutter bzw. das volljährige Kind dem Test allerdings zustimmen.

A1 ⊖ Erklären Sie, warum DNA-Bereiche, die für Proteine codieren, für den genetischen Fingerabdruck ungeeignet sind.

A2 ○ Erklären Sie, warum die Sicherheit eines genetischen Fingerabdrucks mit der Anzahl der untersuchten STRs steigt.

A3 ⊖ Analysieren Sie das Ergebnis des Vaterschaftstestes (Auszug, siehe Randspalte).

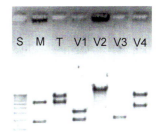

M: Mutter
T: Tochter
V1—V4: potenzielle Väter

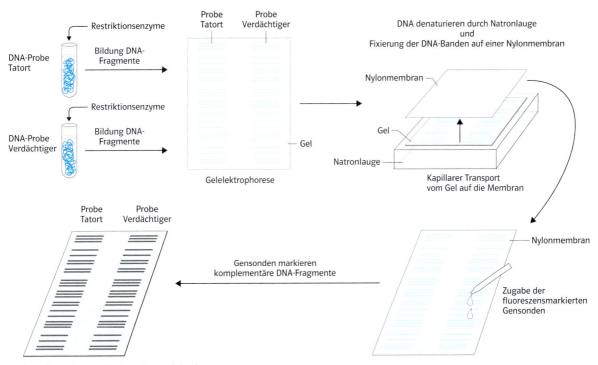

2 *Herstellung des genetischen Fingerabdrucks*

Künstliche Befruchtung

Rund 700 000 Paare, die ungewollt kinderlos blieben, suchen jährlich in Deutschland ärztlichen Rat. 1978 kam in England mit LOUISE JOY BROWN das erste Kind nach einer künstlichen Befruchtung zur Welt. Seitdem wurden weltweit etwa vier Millionen Kinder auf diesem Weg gezeugt. Als Ursache für Unfruchtbarkeit gelten bei der Frau z. B. Hormonstörungen, die gestörte Aufnahme der Eizelle aus dem Eierstock in den Eileiter oder ein Eileiterverschluss. Beim Mann gibt es z. B. eine zu geringe Spermienkonzentration oder bewegungsunfähige Spermien. Immer mehr Paaren kann der Wunsch nach einem Kind mit medizinischen Methoden erfüllt werden.

In-vitro-Fertilisation (IVF)
Bei beidseitigem Eileiterverschluss kann eine Befruchtung im Reagenzglas vorgenommen werden. Dazu wird bei der Frau die Heranreifung mehrerer Follikel bzw. Eizellen hormonell ausgelöst. Unter Ultraschallkontrolle werden mit einer Punktionsnadel Eizellen entnommen und in ein Kulturmedium gegeben. Die Spermienzellen des Mannes werden auf ihre Anzahl, Form und Beweglichkeit untersucht und dann mit den Eizellen im Kulturmedium zusammengebracht. Die Zygoten werden in einem Brutschrank inkubiert, bis mehrzellige Embryonen herangewachsen sind. Nach zwei Tagen, im Achtzellstadium, werden meist zwei Embryonen mit einem Katheder in die Gebärmutter der Frau eingespült *(Embryonentransfer)*. Die überzähligen Embryonen können aufgehoben werden. Im Vorfeld wird die Frau mit Hormonen behandelt, damit sich die Gebärmutterschleimhaut so aufbaut, dass sich der Embryo einnisten kann.

Intracytoplasmatische Spermieninjektion (ICSI)
Sind die Spermienzellen unbeweglich oder die Anzahl im Ejakulat zu gering, kann eine Spermienzelle direkt in die reife Eizelle injiziert werden. Dazu wird die Eizelle unter mikroskopischer Kontrolle mit einer feinen Glaspipette angesaugt und damit fixiert. Die Spermienzelle befindet sich in einer sehr feinen Kanüle, die in die Eizelle hineingeschoben wird. Wie die IVF so hat auch diese Methode lediglich eine Erfolgsaussicht von ca. 20 %.

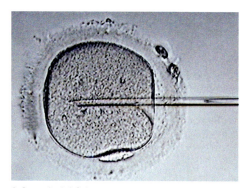

2 *Spermieninjektion*

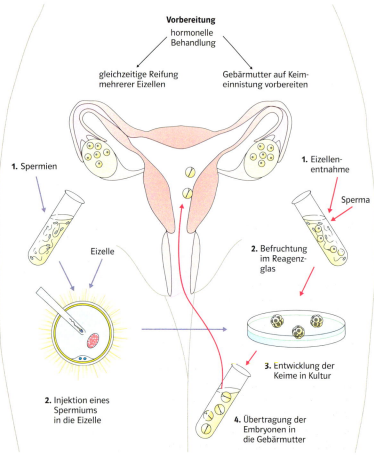

1 *Befruchtung im Reagenzglas*

A1 ● Im Gegensatz zur Samenspende ist die Eizellspende in Deutschland verboten. Begründen und bewerten Sie dieses Verbot (s. Seite 10).

72 Genetik

Präimplantationsdiagnostik

Mit der Möglichkeit, Eizellen außerhalb des Körpers zu befruchten, ergibt sich ein Verfahren, mit dem Embryonen vor dem Transfer in die Gebärmutter auf genetisch bedingte Erkrankungen und Defekte untersucht werden können, die sogenannte *Präimplantationsdiagnostik (PID)*. Dieser geht eine In-vitro-Fertilisation voraus. Im Achtzellstadium werden den künstlich gezeugten Embryonen jeweils eine oder zwei Zellen entnommen und auf mutierte Gene untersucht. Für den Embryo ist die Zellentnahme gefahrlos, da die restlichen Zellen totipotent sind. Nach der Diagnose werden dann nur Embryonen in die Gebärmutter eingesetzt, die keine genetisch bedingten Erkrankungen aufweisen.

Neue Verfahren

Inzwischen gibt es ein neueres, diagnostisch noch genaueres Verfahren, bei dem die Entnahme der Zellen erst am fünften Tag im sogenannten Blastocystenstadium erfolgt. Der äußeren Hülle der Blastocyste, dem Trophoblasten (wird später zur Plazenta), können mehrere Zellen entnommen werden, ohne den Embryo in seiner Entwicklung zu gefährden. Mithilfe der PID können nicht nur genetisch bedingte Erkrankungen oder Chromosomenanomalien erkannt werden, sondern es ist auch möglich, gezielt ein Kind zu zeugen, das als sogenanntes „Retterkind" z. B. als Stammzellenspender für ein erkranktes Geschwisterkind dient.

Gesetzliche Vorgaben

PID ist in engen Grenzen auch in Deutschland erlaubt. Sie darf nur durchgeführt werden, wenn bei den potentiellen Eltern eine Disposition für eine schwere erbliche Erkrankung vorliegt. Ob im Einzelfall eine PID durchgeführt wird, entscheidet die Ethikkommission. Die Prüfung umfasst neben den maßgeblichen medizinischen Kriterien auch psychische, soziale und ethische Gesichtspunkte. Nur speziell ausgebildete Ärzte dürfen die PID durchführen. Eine eingehende Beratung ist Pflicht. Das Gesetz ist in Deutschland sehr umstritten. Auf der einen Seite kann man mit ihrer Hilfe vermeiden, dass Eltern ein behindertes oder mit einer Erbkrankheit belastetes Kind bekommen bzw. dieses noch vor der Geburt verlieren. Gegner befürchten andererseits, dass sich durch die Möglichkeit der PID, sehr viel mehr Paare für eine künstliche Befruchtung entscheiden und es dadurch zu einer gezielten Auswahl von Embryonen kommen könnte.

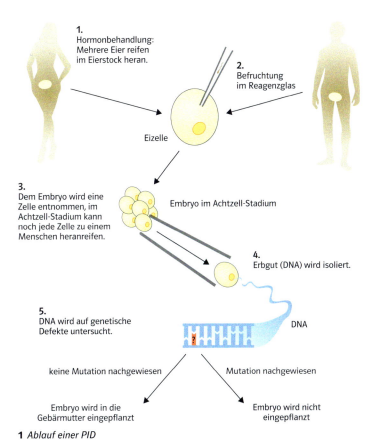

1 *Ablauf einer PID*

A1 In bestimmten Ländern gibt es Listen von Erkrankungen, bei denen eine PID gestattet ist. Dabei werden z. B. folgende Erkrankungen genannt: Hämophilie, Mukoviszidose, Marfan-Syndrom und Amylotrophe Lateralsklerose (ALS). Bilden Sie eine „Ethikkommission" aus 4–5 Mitgliedern. Informieren Sie sich unter anderem in diesem oder anderen Lehrwerken über die vier oben genannten Erkrankungen. Entscheiden Sie sich in Ihrer „Ethikkommission", bei welcher dieser Erkrankungen eine PID zulässig sein sollte. Präsentieren Sie Ihr Ergebnis dem Kurs.

A2 Beurteilen Sie die PID als Methode der gezielten Zeugung eines sogenannten „Retterkindes".

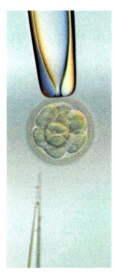

Zellentnahme bei einer PID

Pränataldiagnostik

Unter *Pränataldiagnostik (PND)* versteht man medizinische Untersuchungen, die mit speziellen Verfahren während der Schwangerschaft nach Hinweisen auf mögliche Störungen oder Fehlbildungen des ungeborenen Kindes suchen.

Nicht-invasive Verfahren

In spezialisierten Ultraschalluntersuchungen zur Feindiagnostik wird im ersten Schwangerschaftsdrittel, u.a die sogenannte Nackentransparenz (Nackenfalte) gemessen. Dabei handelt es sich um eine Ansammlung von Flüssigkeit im hinteren Halsbereich, die bei jedem Feten am Ende des 3. Monats auftritt. Bei einigen Erkrankungen des Feten ist die Nackentransparenz häufig vergrößert. Umgekehrt muss nicht jedes Kind mit einem vergrößerten Nackenfalte unter einer Chromosomenstörung leiden. Aus den gemessenen Werten wird in Kombination mit Bluttests ein statistischer Risikowert mit höherer Genauigkeit berechnet, wobei man auf Angaben wie das Alter der Frau und die genaue Schwangerschaftsdauer angewiesen ist. Bei den Blutuntersuchungen bestimmt man u.a. den Wert für das sogenannte Alphafetoprotein, der ab einer bestimmten Höhe auf Verschlussstörungen in der Bauchwand oder der Wirbelsäule des Ungeborenen hinweist. Die Testergebnisse des Ersttrimester-Screenings dienen als Grundlage, um sich für oder gegen weitere Untersuchungen zu entscheiden *(invasive Verfahren)*.

Invasive Verfahren

Will man eine zuverlässigere Diagnose bekommen, so kann eine Untersuchung des Mutterkuchens *(Chorionzottenbiopsie)*, eine Fruchtwasseruntersuchung *(Amniozentese)* oder eine Nabelschnurpunktion durchgeführt werden (Abb. 1). Bei diesen Untersuchungen wird eine Kanüle durch die Bauchdecke der Frau gestochen. Unter Ultraschallkontrolle werden Fruchtwasser und embryonale Zellen entnommen. Die Zellen werden bis zur Zellteilung kultiviert und im Labor auf ihren Chromosomensatz hin untersucht. Weitere Untersuchungen sind möglich (z.B. DNA-Analyse).

A1 ○ Vergleichen Sie die Methoden pränataler Diagnostik und benennen Sie mögliche Risiken.

Ultraschallaufnahme

invasiv = in den Körper eingreifend

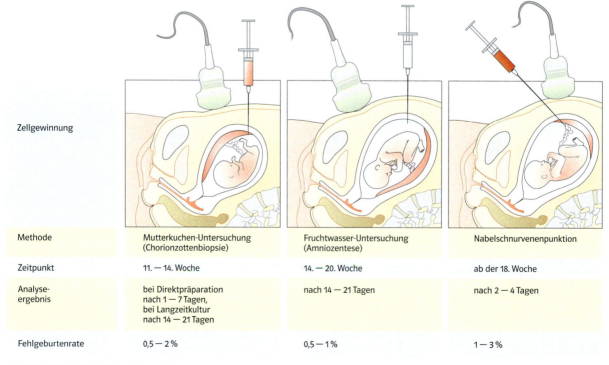

Methode	Mutterkuchen-Untersuchung (Chorionzottenbiopsie)	Fruchtwasser-Untersuchung (Amniozentese)	Nabelschnurvenenpunktion
Zeitpunkt	11. – 14. Woche	14. – 20. Woche	ab der 18. Woche
Analyseergebnis	bei Direktpräparation nach 1 – 7 Tagen, bei Langzeitkultur nach 14 – 21 Tagen	nach 14 – 21 Tagen	nach 2 – 4 Tagen
Fehlgeburtenrate	0,5 – 2 %	0,5 – 1 %	1 – 3 %

1 *Methoden vorgeburtlicher Diagnostik*

Nicht-invasive pränatale Testverfahren (NIPT)

Seit dem Jahr 2012 ist ein *nicht-invasiver molekulargenetischer Bluttest* zur Feststellung einer fetalen Trisomie 21 auf dem Markt. Basierend auf dem Einsatz von modernsten Sequenzierungs-Technologien ist er der Herstellerfirma zufolge in der Lage, aus mütterlichem Blut eine Trisomie 21 (oder auch eine Trisomie 13 bzw. 18) zuverlässig auszuschließen oder zu bestätigen.

Eingesetzt werden soll er als Ergänzung zur nicht-invasiven Pränataldiagnostik ausschließlich bei schwangeren Frauen ab der zwölften Schwangerschaftswoche, die ein erhöhtes Risiko für chromosomale Veränderungen beim ungeborenen Kind tragen. Gemäß dem Gendiagnostikgesetz und den Richtlinien der Gendiagnostikkommission müssen sich die Frauen vor dem Test durch einen qualifizierten Arzt humangenetisch und ergebnisoffen beraten und aufklären lassen. Der Test kann aber und sollte das Ersttrimester-Screening nicht ersetzen. Die Anwendung muss deshalb immer in einer umfassenden Beratung und Diagnostik eingebettet sein.

Nicht-invasive pränatale Gentests
Die Untersuchungsmethode des *nicht-invasiven pränatalen Gentests* basiert auf der Analyse zellfreier DNA im Blut der Schwangeren. Dieses Erbmaterial, das nicht von Zellen umschlossen ist, liegt in kleinen Bruchstücken vor und zirkuliert frei im mütterlichen Blut. Dieses enthält neben mütterlicher DNA durchschnittlich 10 % fetales Erbmaterial (cff-DNA = zellfreie fetale DNA), das von abgestorbenen Zellen der Plazenta entstammt und fortwährend in den Blutkreislauf der Schwangeren abgegeben wird (Abb. 1). Die Lebensdauer der einzelnen Fragmente beträgt unter zwei Stunden und innerhalb weniger Stunden nach der Geburt des betreffenden Kindes ist keine solche cff-DNA mehr im Blut der Mutter nachweisbar.

Mit dem Test wird festgestellt, ob die Menge an kindlichem Erbmaterial für ein bestimmtes Chromosom im Blut der Schwangeren erhöht ist, um eine entsprechende Trisomie beim Ungeborenen zu bestimmen. Im Gegensatz zu herkömmlichen Gentests sequenziert der Test das gesamte Genom und ermittelt, wie häufig das Chromosom 13, 18 oder 21 vorliegt.

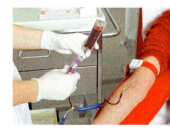

Blutentnahme bei einer Schwangeren

A1 Behindertenverbände stehen dem neuen Verfahren kritisch gegenüber. Stellen Sie mögliche Pro- und Contra-Argumente aus der Sicht der Behindertenverbände, aus der Sicht der betroffenen Frauen und aus gesellschaftlicher Sicht gegenüber. Nehmen Sie abschließend Stellung zum Einsatz des nicht-invasiven pränatalen Testverfahrens.

A2 Diskutieren Sie die Meinungen: „Kein Hoffen ist frei von Bangen und kein Leben ist ohne Risiko" und „Eltern können kein Recht auf die Existenz gesunder Kinder geltend machen".

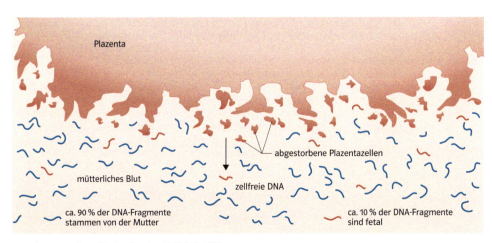

1 *Vorkommen der zellfreien fetalen DNA (cff-DNA)*

Material
Genetische Beratung

In den letzten Jahren haben sich die Möglichkeiten, genetisch bedingte Krankheiten und Fehlbildungen des ungeborenen Kindes festzustellen, deutlich verbessert. Etwa 2—3 % der Neugeborenen haben Fehlbildungen, die genetisch bedingt sein können. Werdende Eltern möchten vor diesem Hintergrund über das Risiko einer genetisch bedingten Beeinträchtigung ihres Kindes aufgeklärt werden. Diese Aufgabe übernehmen speziell ausgebildete Fachärzte in genetischen Beratungsstellen.

Ziele einer genetischen Beratung

Laut Weltgesundheitsorganisation (WHO) soll die genetische Beratung
- anhand der Befunde der Ratsuchenden und ihrer Familien einen Familienstammbaum erstellen und das Risiko eines erneuten Auftretens der genetisch bedingten Erkrankung berechnen.
- helfen, die medizinischen Fakten, den Krankheitsverlauf sowie die diagnostischen und therapeutischen Möglichkeiten zu erfassen.
- helfen, mit einem möglichen Risiko umzugehen und auf der Basis der eigenen ethischen Wertvorstellungen zu einer tragfähigen Entscheidung zu gelangen.
- über die Risiken und Grenzen der invasiven pränatalen und molekulargenetischen Diagnostik aufklären.
- über Unterstützung der Erkrankten und ihrer Familien durch psychosoziale Betreuung informieren.
- Gefühle und Ängste der Betroffenen ansprechen.

Indikation für eine genetische Beratung

Eine genetische Beratung ist nicht in jedem Fall angezeigt, sondern wird nur dann durchgeführt, wenn z. B:
- ein oder beide Elternteile an einer genetisch bedingten Krankheit leiden.
- eine Frau bereits mehrere Fehlgeburten ohne gynäkologischen Befund hatte.
- die Frau deutlich älter als 35 Jahre ist.

A1 Nennen Sie weitere mögliche Indikationen für eine genetische Beratung.

1 *Beratungsgespräch*

Fallbeispiel: Frau und Herr Müller (30 und 34 Jahre alt, gesund) suchen eine genetische Beratungsstelle auf. Sie haben zwei gesunde Kinder und stehen vor der Frage, ob sie bei sich und ihren Kindern (6 und 8 Jahre) einen Gentest durchführen lassen sollen. Bei Frau Müllers Bruder wurde *myotone Dystrophie*, eine genetisch bedingte Form des Muskelschwunds, diagnostiziert.

Myotone Dystrophie ist die häufigste Form von Muskelschwund im Erwachsenenalter. Es kommt dabei zu einer stark verzögerten Muskelentspannung, Katarakt (Trübung der Augenlinse), zu fortschreitender Muskelschwäche in den Beinen, Herzrhythmusstörungen und Atemproblemen. Der Tod, meist im Alter von ca. 50—60 Jahren, erfolgt überwiegend durch Herzversagen. Daran verstarb auch Frau Müllers Vater mit 45 Jahren, ohne dass dies auf eine genetische Erkrankung zurückgeführt wurde. Myotone Dystrophie wird autosomal-dominant vererbt. Bei den Betroffenen kommt es zu einer vielfachen Wiederholung des Tripletts CTG im Bereich des sogenannten DM-Gens auf Chromosom 19. Bei Gesunden kommen höchstens bis zu 37 Wiederholungen der CTG-Sequenz vor, bei Erkrankten können sie 50- bis 2000-mal wiederholt sein. Das führt zu einer Beeinträchtigung eines Proteins, das für die Muskelfunktion zuständig ist. Bei der Vererbung nimmt die Anzahl der Triplett-Wiederholungen und damit auch die Schwere der Krankheit zu. Je mehr Triplettwiederholungen vorhanden sind, desto früher und stärker treten die Symptome der myotonen Dystrophie auf. Auf der Grundlage der in einem Gentest ermittelten Anzahl der Triplett-Wiederholungen lässt sich der Gendefekt (auch vorgeburtlich) diagnostizieren. Frau und Herr Müller möchten nun wissen, ob sie und ihre Kinder Träger der der Mutation für myotone Dystrophie sind.

Gesetzliche Grundlage

Das 2010 in Kraft getretene Gendiagnostikgesetz regelt genetische Untersuchungen bei Menschen und die Verwendung genetischer Proben und Daten. Zweck dieses Gesetzes ist es, die Voraussetzungen für genetische Untersuchungen und im Rahmen genetischer Untersuchungen durchgeführte genetische Analysen sowie die Verwendung genetischer Proben und Daten zu bestimmen und eine Benachteiligung aufgrund genetischer Eigenschaften zu verhindern, um insbesondere die staatliche Verpflichtung zur Achtung und zum Schutz der Würde des Menschen und des Rechts auf informationelle Selbstbestimmung zu wahren.

A2 Formulieren Sie aus der Perspektive des Ehepaars Müller mögliche Fragen für ein genetisches Beratungsgespräch.

A3 Erarbeiten Sie auf der Basis des vorliegenden Materials Pro- und Contra-Argumente für einen Gentest bei Herrn und Frau Müller und ihren Kindern.

A4 Diskutieren Sie, ob Sie an Stelle von Frau Müller den Gentest durchführen lassen würden und das Testergebnis wissen wollen.

76 Genetik

Material
Bewertung eines Fallbeispiels für die PID

Susanne und Martin B. haben einen fünfjährigen Sohn, bei dem im Alter von drei Jahren die X-chromosomal rezessive Erkrankung Muskeldystrophie des Typs Duchenne diagnostiziert wurde. Sie ist die häufigste muskuläre Erbkrankheit im Kindesalter und beginnt im Frühstadium mit einer Schwäche der Becken- und Oberschenkelmuskulatur, schreitet rasch voran und endet, meist im jungen Erwachsenenalter, immer tödlich, sobald die Herz- und Atemmuskulatur abgebaut wird.

Das Ehepaar wünscht sich ein zweites Kind und ist sich über eines gewiss: Sie möchten ein gesundes Kind. „Wir können dieses Leiden keinem zweiten Kind zumuten". Sie wollen die Möglichkeit einer PID in Anspruch nehmen, um von den in vitro gezeugten Embryonen diejenigen auszuwählen, die nicht an Muskeldystrophie Duchenne erkranken.

Positionen zur PID

(...) Lediglich die genetischen Ursachen (in der Familie bekannte Mutationen, spontane und erbliche Chromosomenanomalien) lassen sich mittels PID erkennen. Da nicht alle genetisch bedingten Entwicklungsstörungen eine infauste Prognose haben, stehen in der öffentlichen Diskussion die Schicksale der durch genetische Ursachen behinderte Menschen im Fokus. Das Schicksal der Frauen, Paare und Familien, die durch pathologische Schwangerschaftsverläufe so behindert werden, dass sie ihr Leben nicht mehr oder nur noch mit großer Mühe bewältigen können, steht eher im Schatten. Paare mit Kinderwunsch, die sich aufgrund ihrer genetischen Risiken für eine PID entscheiden und dafür die keinesfalls risikofreie! künstliche Befruchtung in Kauf nehmen und Paare, die spontan nicht schwanger werden können und deshalb eine künstliche Befruchtung anstreben und aufgrund ihrer Lebenssituation ein besonderes genetisches Risiko (z. B. genetisches Altersrisiko der Frau) haben, tun dies nicht, weil sie grundsätzlich Menschen mit den von ihnen abgeklärten genetisch bedingten Erkrankungen ihr Lebensrecht absprechen. Sie tun es, weil es ihren individuellen Lebensrahmen sprengt. Wir leben in einer pluralistischen Gesellschaft, die einerseits viele verschiedene Lebensentwürfe zulässt und andererseits Regelwerke entwickelt und umsetzt, die den Umgang mit den Möglichkeiten technischer Entwicklungen kontrollieren. Die PID, wie sie heute in der BRD durchgeführt werden kann, entspricht dem. Niemandem sollte dieser Weg verwehrt werden, niemand darf dazu gezwungen werden.
Prof. Dr. med. Elisabeth Gödde, Fachärztin für Humangenetik, Psychotherapie

(...) Für die katholische Kirche steht bei der Frage einer Zulassung der PID die große Sorge um das Schutzbedürfnis derer, die ihren eigenen Willen noch nicht äußern können, im Vordergrund. PID ist ethisch deswegen nicht zu rechtfertigen, weil die Auswahl eines mutmaßlich gesunden Kindes notwendig mit der Selektion und Verwerfung von Embryonen einhergeht. Die Medizin und die ärztliche Kunst können ein gesundes Kind selbst durch das Verfahren der PID nicht garantieren.

(...) Auch ein behindertes Kind hat ein Recht auf Leben. Weder Ärzte noch Forscher noch Eltern dürfen in eine Situation gebracht werden, in der sie gezwungen sind, zwischen lebenswerten und nicht lebenswertem Leben unterscheiden zu müssen (...).
Stellungnahme der Deutschen Bischofskonferenz vom 17.03.2011 www.dbk.de

(...) Mir war es immer unverständlich, warum wir in Deutschland bei einer schweren genetischen Erkrankung — und nur um diese geht es ja — die pränatale Diagnostik erlauben, mit der möglichen Folge des Schwangerschaftsabbruchs, die Diagnostik vor einer Schwangerschaft aber untersagen. Hier sehe ich einen deutlichen Wertungswiderspruch. Für mich war es auch nicht akzeptabel, dass die PID in Deutschland, wie auf einer einsamen Insel, verboten, aber in den Ländern um uns herum — Frankreich, Italien, England, Holland — erlaubt war. ... Wir können keine Garantie geben, dass nach PID ein gesundes Kind geboren wird. Wir können nur garantieren, dass dieses Kind nicht an der genetischen Erkrankung leidet, die in der Familie mit großem Risiko auftreten kann. Aber dass dieses Kind keine Kiefer-, Lippen-, Gaumenspalte, keinen offen Rücken hat — all das, was „normalerweise" an Fehlbildungen auftreten kann —, das können wir nicht garantieren (...).
Prof. Dr. med. Klaus Diedrich, Gynäkologe aus: Dtsch. Arztebl. 2012; 109(17)

Eine Indikation zur Präimplantationsdiagnostik (PID) kommt in mehreren Situationen in Betracht: sogenannten Hochrisikopaaren beispielsweise, die wissen, dass sie ein hohes Risiko tragen, dass ihr Kind mit einer schwerwiegenden Erbkrankheit zur Welt kommt, bietet die PID die Chance auf gesunde Nachkommen. Diese Paare müssten anderenfalls auf ein eigenes Kind verzichten oder während der Schwangerschaft eine Pränataldiagnostik (PND) und gegebenenfalls einen Schwangerschaftsabbruch durchführen (...).

(...) Neben der Vermeidung unerwünschter Eigenschaften („screening out") lässt sich die PID aber auch zur Auswahl erwünschter Eigenschaften („choosing in") nutzen, etwa zur Auswahl immunkompatibler Embryonen als Zell- oder Gewebespender für erkrankte Geschwister. Die PID eröffnet damit neue Handlungsspielräume und neue Möglichkeiten reproduktiver Selbstbestimmung (...).
Johann S. Ach, Leiter des Zentrums für Bioethik und Privatdozent am Philosophischen Seminar der Universität Münster, 21.05.2013 aus: philosophie-indebate.de

(...) Ein Gentest an künstlich erzeugten Embryonen soll nach einem positiven Votum einer Ethikkommission an lizenzierten Zentren nur solchen Paaren erlaubt werden, die die Veranlagung für ein schwerwiegende Erbkrankheit in sich tragen oder bei denen mit einer Tot- oder Fehlgeburt zu rechnen ist (...). Es ist „ethisch nicht verantwortbar", der Frau ein Wissen vorzuenthalten, „das sie in die Lage versetzen würde, eine selbstbestimmte Entscheidung" über die Einsetzung eines Embryos in ihre Gebärmutter zu treffen. (...) Alles andere wäre eine Schwangerschaft auf Probe.
Ulrike Flach, gesundheitspolitische Sprecherin der FDP (Jahr 2010)

Es ist ein Gebot der Menschenwürde, erblich schwer vorbelasteten Frauen „das Ja zum Kind zu erleichtern".
Peter Hintze, parl. Staatssekretär im Bundeswirtschaftsministerium, April 2011 Aus: www.bundestag.de/dokumente/textarchiv/2011

A1 ○ Informieren Sie sich über die Krankheit Muskeldystrophie Typ Duchenne und beschreiben Sie den Konflikt des Ehepaares Susanne und Martin S.

A2 ○ Nennen Sie mögliche Handlungsoptionen des Ehepaares. Erörtern Sie diese in Gruppen- oder Partnerarbeit mithilfe der Stellungnahmen.

A3 ◐ Stellen Sie die Pro- und Contraargumente bzgl. der Zulassung der PID tabellarisch gegenüber.

A4 ◐ Diskutieren Sie in Partnerarbeit die vorliegenden Positionen zur PID und nehmen Sie Stellung zu dem Konflikt.

1.4 Entwicklung
Differenzierung und Entwicklung

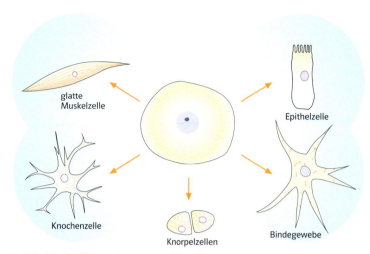

1 *Beispiele für Differenzierungen von Tierzellen*

Differenzierung
Spezialisierung von Zellen in Struktur und Funktion

Alle Tiere und Pflanzen entstehen aus einer befruchteten Eizelle. Der Zellkern dieser Zygote enthält in seiner DNA die gesamte Erbinformation des Lebewesens. Durch zahlreiche mitotische Teilungen entstehen aus dieser Zygote alle Zellen des sich entwickelnden Organismus. Da bei der Mitose alle Tochterzellen das gleiche Erbgut der Mutterzelle erhalten, sind alle diese Zellen genetisch identisch. Trotzdem findet man in einem Organismus zahlreiche verschiedene Organe, die aus vielen verschiedenen Gewebetypen aus unterschiedlich differenzierten Zellen aufgebaut sind (Abb. 1).

Differenzierte Zellen haben eine spezifische Struktur und können so eine spezielle Funktion ausüben. Mit der Differenzierung verlieren sie ihre Fähigkeit, sich zu teilen. Einige Zellen des Organismus bleiben undifferenziert und damit auch teilungsfähig. Sie können sich zu jedem Zelltyp weiterentwickeln.

Differentielle Genaktivität
Die Differenzierung von Zellen ist möglich, weil in verschiedenen Entwicklungsstadien und verschiedenen Geweben unterschiedliche Gene aktiv sind. Man spricht von *differentieller Genaktivität*. In hochspezialisierten Zellen wie z. B. Nerven- und Muskelzellen ist nur ein winziger Bruchteil der vorhandenen Gene aktiv.

Eukaryoten verfügen über komplexe Kontrollmechanismen in der Genexpression, um eine gezielte und präzise Funktion des Organismus und der verschiedenen Gewebe zu gewährleisten (s. Seite 42/43). Die Genaktivität wird durch innere Faktoren wie z. B. Hormone gesteuert, kann aber auch durch äußere Faktoren wie z. B. Temperatur, Strahlung oder bestimmte Chemikalien beeinflusst werden. Fehlsteuerungen der Genexpression führen zu Krankheiten bis hin zu Krebs.

Embryonalentwicklung
Seit langem beschäftigen sich Entwicklungsbiologen mit der Frage, wie aus genetisch identischen Zellen ein komplexer Organismus aus sehr unterschiedlich differenzierten Zellen, Geweben und Organen hervorgehen kann. Die befruchtete Eizelle enthält in ihrem Zellkern die genetische Information des Organismus, vergleichbar mit einem Bauplan. Wie aber wird dieser Bauplan realisiert? Im Verlauf der Embryonalentwicklung werden bestimmte Gene in genau festgelegter Reihenfolge aktiviert.

Steuergene tragen die genetische Information für regulatorische Proteine, die sich an die DNA anlagern und wiederum eine Reihe weiterer nachgeschalteter Gene aktivieren. Der Embryonalentwicklung liegt also eine Hierarchie von Genaktivierungen zugrunde. Durch die aufeinanderfolgende Aktivierung von Steuergenen, die schon vor der Befruchtung beginnt, werden immer feinere Details des Embryos festgelegt (s. Info-Box).

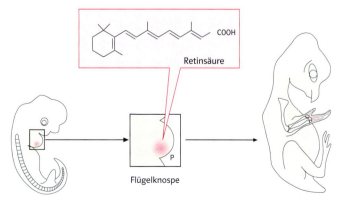

2 *Flügelentwicklung beim Hühnchen*

78 Genetik

Organentwicklung

Gut untersucht ist die Bildung des Flügels während der Embryonalentwicklung des Hühnchens (Abb. 2). Zellen der Polarisierungszone, eines Bereichs der Flügelknospe, produzieren Retinsäure. Diese Substanz diffundiert in die Flügelknospe, wobei sich ein Konzentrationsgradient ausbildet. Durch diesen Gradienten wird die Genexpression gesteuert. Eine relativ hohe Konzentration an Retinsäure bewirkt die Entwicklung der Finger 3 und 4.

A1 Erläutern Sie an den in Abbildung 1 dargestellten Zellen den Zusammenhang zwischen Struktur und Funktion.

A2 Beschreiben Sie ein Experiment, mit dem man überprüfen könnte, ob Retinsäure die Flügeldifferenzierung hervorruft (Abb. 2).

Info-Box: Vom Ei zur Fliege

Wesentliche Einsichten in die Steuerung von Entwicklungsprozessen verdanken wir Untersuchungen an der Taufliege *Drosophila melanogaster* (Abb. 3). CHRISTIANE NÜSSLEIN-VOLHARD vom Max-Planck-Institut für Entwicklungsbiologie in Tübingen erhielt für ihre grundlegende Arbeit 1995 den Nobelpreis.

Die Embryonalentwicklung des befruchteten Fliegeneies verläuft in drei aufeinanderfolgenden Schritten: Zunächst werden die Körperachsen des Tieres festgelegt (vorne und hinten, oben und unten). Im Larvenstadium werden die Segmente angelegt, die weiter differenziert werden. Nach der letzten Häutung entstehen daraus zum Beispiel Beine oder Flügel.

Festlegung der Körperachsen

Bereits vor der Befruchtung besitzen Eizellen eine Polarität. Das spätere Kopf- und das Hinterende des Embryos sind bereits festgelegt. Nährzellen, welche die Eizelle im Eierstock umgeben, schleusen die m-RNA für ein bestimmtes Protein, das *Bicoid* genannt wird, in die unbefruchtete Eizelle ein. Die Konzentration der Bicoid-m-RNA ist am vorderen Eipol, dem späteren Kopfende, besonders hoch. Dieser Konzentrationsgradient bleibt auch nach der Befruchtung erhalten.

Mit der Befruchtung beginnt die Translation des Bicoid-Proteins. Vom vorderen Eipol aus diffundiert das produzierte Protein zum hinteren Ende des Eies. Dabei entsteht ein Konzentrationsgefälle, vorne ist die Konzentration hoch, hinten sehr niedrig (Abb. 4). Dadurch wird am Vorderende der Kopf gebildet. Das Bicoid-Protein bindet an DNA und löst die Transkription nachgeschalteter Gene aus. Dort wo die Konzentration niedrig ist, sind die Gene für die Bildung des Hinterleibs der Larve aktiv. Fehlt das Bicoid-Protein oder ist es defekt, so entsteht eine Larve ohne Kopf und mit zwei Hinterteilen. Auf ähnliche Weise entstehen Konzentrationsgradienten, die Bauch- und Rückenseite des Embryos festlegen.

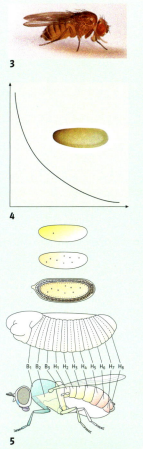

3

4

5

6

Segmentierung

Sind die Körperachsen festgelegt, bestimmen drei Gruppen von *Segmentierungsgenen*, die zeitlich nacheinander aktiviert werden, die Unterteilung in zunächst gleichartige Körperabschnitte, den Kopf, den Bauch und den späteren Hinterleibsabschnitt.

Zwei verschiedene Genprodukte der Segmentierungsgene wurden mithilfe von Antikörpern sichtbar gemacht. Der Embryo weist ein Streifenmuster auf. Die Segmentierung ist zu diesem Zeitpunkt also bereits angelegt.

Auch die Genprodukte der Segmentierungsgene sind DNA-bindende Proteine, die als Transkriptionsfaktoren einen nächsten Satz von Genen in der Musterbildungskaskade aktivieren.

Differenzierung der Segmente

Diese sogenannten *homöotischen Gene* bestimmen, ob ein Segment z. B. Flügel, Beine oder Antennen ausbildet (Abb. 5). Taufliegen, bei denen diese Gene mutiert sind, bilden z. B. ein zusätzliches Flügelpaar oder Beine statt Antennen am Kopf aus (Abb. 6).

Vergleichbare Entwicklungsgene hat man nicht nur bei Insekten und anderen Gliedertieren gefunden, sondern auch bei Wirbeltieren und ebenso beim Menschen.

A3 Erstellen Sie ein Flussdiagramm, das die Hierarchie der Genaktivierungen bei der Entwicklung einer Drosophilalarve veranschaulicht.

A4 Mutationen im Bicoid-Gen wirken sich erst in der Nachfolgegeneration aus. Begründen Sie.

Eigenschaften embryonaler und adulter Stammzellen

Determinierung
Einschränkung der Entwicklungsmöglichkeiten einer Zelle

Differenzierung
Erreichen der endgültigen Gestalt und Funktion

totipotente Stammzellen
(„zu allem fähig") können einen vollständigen Organismus hervorbringen

pluripotente Stammzellen
können alle Zelltypen, aber keinen vollständigen Organismus hervorbringen

multipotente Stammzellen
können den Zelltyp des umgebenden Gewebes hervorbringen

Stammzelltypen des Menschen
embryonale Stammzellen: pluripotent,
adulte Stammzellen: multipotent

1 *Keimbahn*

Wie einem Bauplan folgend entstehen aus den zunächst gleichartigen Zellen eines Mehrzellerkeims spezialisierte Zellen, z. B. Muskel-, Nerven-, Darmzellen. Entwicklung bedeutet eigentlich nichts anderes als die zeit- und ortsgerechte *Differenzierung* von Zellen. Die Entwicklungsmöglichkeiten der Zelle werden dabei schrittweise eingeschränkt *(Determination)*.

Embryonale Stammzellen
Aus der befruchteten Eizelle eines Mehrzellers kann ein vollständiger Organismus hervorgehen, die Zygote ist eine *totipotente Stammzelle*. Zu den totipotenten Stammzellen des Menschen zählen auch die Zellen der ersten Zellteilungen, denn aus ihnen können noch *eineiige Zwillinge* entstehen. Bei den ersten Zellteilungen erhalten die Tochterzellen zwar die gleiche genetische Information, übernehmen aber unterschiedliche Bereiche des mütterlichen Zellplasmas.

Konzentrationsunterschiede an m-RNA und Proteinen führen zu einer spezifischen Genexpression in den einzelnen Zellen. Beim Menschen können Zellen aus dem Inneren der frühen *Blastocyste* alle Zelltypen, aber keinen kompletten Organismus bilden. Diese *embryonalen Stammzellen* sind *pluripotent* und bringen vermutlich auch die *adulten Stammzellen* hervor.

Adulte Stammzellen
Das sind teilungsfähige Zellen, die im ausgewachsenen Organismus für die Gewebeerneuerung sorgen. Adulte Stammzellen sind *multipotent*, bei ihnen legt die zelluläre Umgebung fest, welche Zelltypen erzeugt werden: Adulte Stammzellen der Haut bilden nur Hautzellen, solche aus dem roten Knochenmark nur Blutzellen usw. Wenn sich eine adulte Stammzelle teilt, entstehen eine sich differenzierende Zelle (z. B. Hautzelle) und eine Stammzelle. Dadurch wird der Vorrat von bildefähigen Zellen nicht aufgebraucht. Bei der Determinierung geht die genetische Gesamtinformation der Zelle also nicht verloren, sie wird nur nicht mehr abgerufen.

Einen Sonderweg schlagen die Keimzellen ein. Sie entstehen meiotisch aus Urkeimzellen und bilden nach einer Befruchtung ein neues Individuum, in dem wiederum auf gleiche Weise Keimzellen entstehen. Zellen dieser *Keimbahn* werden von den Körperzellen *(somatischen Zellen)* unterschieden (Abb. 1).

Keimbahnzellen sind geschützt
Das *Embryonenschutzgesetz (ESchG)* vom 13.12.1990 verbietet künstliche Veränderungen der Keimbahnzellen:
§ 8: „Keimbahnzellen im Sinne dieses Gesetzes sind alle Zellen, die in einer Zell-Linie von der befruchteten Eizelle bis zu den Ei- und Samenzellen des aus ihr hervorgegangenen Menschen führen,

ferner die Eizelle vom Einbringen oder Eindringen der Samenzelle an bis zu der mit der Kernverschmelzung abgeschlossenen Befruchtung."

Stammzellen zur Therapie von Leukämie

Bei der Blutzellbildung aus Knochenmarkzellen können krebsartige Veränderungen auftreten, die *Leukämie* genannt werden. Bei einer bestimmten Art von Leukämie setzt man bereits heute erfolgreich eine *Stammzelltherapie* ein. Dabei werden die veränderten Blutstammzellen des Erkrankten durch gesunde Blutstammzellen aus dem Knochenmark eines Spenders ersetzt. Dies führt jedoch häufig zu Abstoßungsreaktionen beim Empfänger.

Besäße man gesunde Stammzellen eines an Leukämie Erkrankten, könnten diese für eine Therapie eingesetzt werden, ohne dass es zu Abstoßungsreaktionen kommt. Eine Möglichkeit solche Stammzellen zu bekommen, ist die Entnahme von stammzellreichem Nabelschnurblut bei Neugeborenen. Dieses kann zur Blutbildung dienen. Das Nabelschnurblut müsste von einem Neugeborenen entnommen und für den Fall einer späteren Leukämieerkrankung aufbewahrt werden. Dies ist zwar möglich, der Nutzen jedoch sehr umstritten. Die Stammzellen könnten nach 10 oder 20 Jahren unbrauchbar werden. Außerdem ist der Defekt bei vielen Betroffenen schon in den Stammzellen aus dem Nabelschnurblut, sodass diese zur Heilung nutzlos sind. Öffentliche Nabelschnurblutbanken könnten für alle Patienten Stammzellen zur Verfügung stellen.

Herkunft adulter Stammzellen

Knochenmarksstammzellen sind a*dulte Stammzellen*. Sie sind aus embryonalen Stammzellen der Blastocyste hervorgegangen. Die Zellen der Blastocyste sind *pluripotent*, d.h. sie können zu jedem Zelltyp differenzieren, also auch zu adulten Stammzellen wie den Blutstammzellen aus dem Knochenmark. Wissenschaftler versprechen sich aus der Erforschung embryonaler Stammzellen vielfältige therapeutische Möglichkeiten. Nicht nur die Heilung von Leukämie, sondern auch der Ersatz von Organen könnte so irgendwann möglich sein.

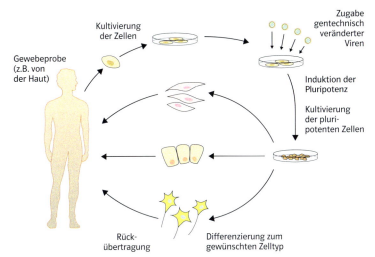

2 *Reprogrammierung von Zellen*

In Deutschland ist die Erforschung und therapeutische Verwendung von embryonalen Stammzellen nur unter strengen Auflagen erlaubt. Am 11. April 2008 wurde ein Gesetz verabschiedet, das es Wissenschaftlern erlaubt, embryonale Stammzellen nach Deutschland zu importieren, die vor dem 1. Mai 2007 erzeugt wurden. Dies soll verhindern, dass Embryonen nur für wissenschaftliche Zwecke erzeugt werden.

Reprogrammierung von Stammzellen

Somatische Zellen (z.B. Hautzellen) werden mit Viren infiziert, die Gene mit einem künstlichen Promotor enthalten. Die Viren übertragen Gene auf die Zellen (*Transfektion*), die diese dazu bringen, wieder ihr Spektrum pluripotenter Zellen abzulesen. Im Gegensatz zu natürlichen pluripotenten Stammzellen sind die durch *Reprogrammierung* entstandenen gentechnisch verändert. Man bezeichnet sie als *induzierte pluripotente Stammzellen*. Zurzeit werden diese Stammzellen noch nicht therapeutisch verwendet. Man hat jedoch die Hoffnung, dass sie z.B. zur Heilung von Leukämie verwendet werden können.

A1 ○ Fassen Sie die Vorteile der Verwendung von induzierten pluripotenten Stammzellen gegenüber der von embryonalen Stammzellen zusammen.

A2 ⊖ Recherchieren Sie im Internet zur Möglichkeit der Entnahme von Nabelschnurblut.

Krebs — Fehler in der Informationsübertragung

Nach den Herz-Kreislauf-Erkrankungen ist Krebs in den Industriestaaten eine der häufigsten Todesursachen. „Krebs" ist die umgangssprachliche Sammelbezeichnung für jede bösartige *(maligne)* Neubildung von Gewebe (Tumor, Wucherung oder Geschwulst), die durch unkontrolliertes Wachstum und zerstörendes Eindringen in umliegendes Gewebe gekennzeichnet ist.

Kennzeichen von Krebszellen

Krebszellen zeichnen sich dadurch aus, dass sie ihre ursprüngliche Form und Funktion verloren haben, in gesundes Gewebe hineinwachsen und dieses zerstören. Oft wandern Krebszellen über den Blut- oder Lymphweg in andere Organe ein und vermehren sich dort als Tochtergeschwülste *(Metastasen)*. Sie sind hauptverantwortlich für tödlich endende Krebserkrankungen, da sie gesundes Gewebe verdrängen sowie Gefäße und Organhohlräume verschließen.

Regulation des Zellzyklus

In gesunden Zellen wird der Zellzyklus über zwei Klassen von Genen gesteuert, die das normale Zellwachstum, die Zellteilung und die Zelldifferenzierung steuern. Man unterscheidet die *Proto-Onkogene* (Krebsgen-Vorläufer), deren Genprodukte die Zellteilung fördern und die *Tumorsuppressorgene*, deren Genprodukte einen hemmenden Einfluss auf die Zellteilung ausüben. Beide Gentypen unterliegen der Regulation durch spezifische Wachstumsfaktoren aus benachbarten Zellen. Werden solche Wachstumsfaktoren an Rezeptoren auf der Zelloberfläche gebunden, erfolgt eine kaskadenartige fördernde bzw. hemmende Signalweiterleitung zum Zellkern. Proto-Onkogene und Tumorsuppressorgene codieren auch spezifische Moleküle der Signalkette, an deren Ende ein Transkriptionsfaktor die Aktivität dieser Gene fördert oder hemmt. Nur bei der Synthese von Proteinen, die die Zellteilung fördern, wird eine Zellteilung ausgelöst.

Fehlgesteuerte Zellteilung

In gesunden Zellen erfolgt eine gegenseitige zelluläre Regulation der Zellteilung. Krebszellen entziehen sich dieser Kontrolle. Sie teilen sich unablässig, ohne sich zu differenzieren bzw. als Gewebe zu ordnen.

---

gr. *onkos* = Geschwulst,
gr. *genan* = erzeugen

Suppressor
Unterdrücker

karzinogen
Krebs erzeugend

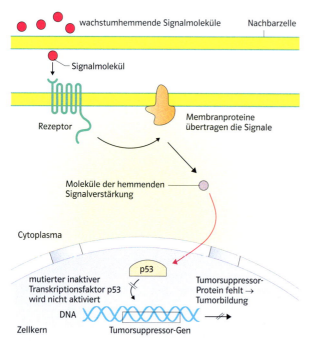

1 *Mutierter p53 hemmt die Tumorsuppressor-Produktion*

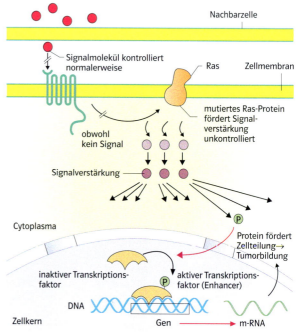

2 *Mutiertes Ras-Protein steigert Zellteilung unkontrolliert*

82 Genetik

Chemikalien, wie z. B. Teerstoffe aus Zigarettenrauch oder energiereiche Strahlung, wie Röntgen-, UV-oder radioaktive Strahlung, können als *karzinogene Einflüsse* Krebs verursachen, indem sie Mutationen in den wachstumsregulierenden Genen hervorrufen. So können diese Gene derart mutiert werden, dass auch in Abwesenheit von Wachstumsfaktoren Zellteilungen stattfinden. Dies ist beispielsweise bei dem *Ras-Protein (Rat sarcoma Protein)* der Fall, einem zentralen Glied des zellteilungsfördernden Signaltransduktionsweges (Abb. 2).

Ras-Onkogen aktiviert unkontrolliert die Zellteilung

Durch eine Mutation des Ras-Proto-Onkogens zu einem Onkogen entsteht ein verändertes Ras-Protein, das ohne Wachstumssignale von außen eine übermäßige Zellteilung verursacht. Des Weiteren kann auch ein Gen mutiert sein, das für einen Rezeptor des Wachstumsfaktors codiert. Auch hier kommt es zu einem unregulierten Zellwachstum. Es bilden sich gutartige Wucherungen. Eine weitere Mutation führt dann zum Krebs. Dies trifft beispielsweise auf die Entstehung von Dickdarmkrebs zu (Abb. 3).

Mutiertes p53 aktiviert keine Hemmung mehr

Krebs kann aber nicht nur entstehen, wenn zellwachtumsfördernde Gene mutieren, sondern auch, wenn Tumorsuppressorgene verändert werden, die die Entstehung eines Tumors im intakten Zustand verhindern. Viele Tumore entstehen durch eine Mutation des Tumorsuppressorgens p53, das beim Menschen auf dem kurzen Arm von Chromosom 17 lokalisiert ist. Das von ihm codierte Tumorsuppressorprotein, das p53-Protein, ist ein wichtiger Transkriptionsfaktor (Abb. 1). Dieser Faktor wiederum aktiviert ein Gen, dessen Genprodukt den Zellzyklus anhält, damit DNA-Schäden repariert werden können. Sind die Schäden zu gravierend, tritt der programmierte Zelltod (Apoptose, s. Seite 85) ein. Ein verändertes p53-Protein kann den Zellzyklus nicht mehr anhalten. Es kommt zu einem schnelleren Zellwachstum, ohne dass DNA-Schäden behoben werden können. Es entsteht ein Tumor.

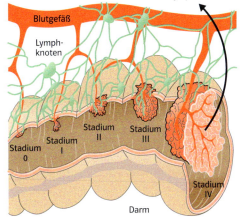

3 *Krebsentstehung im Dickdarm*

Two-Hit-Hypothese

Während bei Proto-Onkogenen die Mutation von einem der beiden Allele ausreicht, um es als Onkogen zu aktivieren, müssen bei Tumorsuppressorgenen beide Allele mutiert sein, damit das Tumorsuppressorprotein seine wachstumshemmende Eigenschaft verliert *(Two-Hit-Hypothese)*.

Letzteres kann auch als Grund herangezogen werden, weshalb Krebs eine Erkrankung der zweiten Lebenshälfte ist. Es werden etwa 10 % der Menschen mit einem mutierten Allel für Tumorsuppressorgene geboren; sie haben eine vererbte Prädisposition. Wenn eine krebsfördernde Mutation in einer Zelle auftritt, wird sie bei der Teilung an die Tochterzelle weitergegeben. Ein solcher genetischer Defekt kann also vererbt werden. In diesem Fall genügt dann eine weitere Mutation, um in Körperzellen Krebs auszulösen.

A1 ○ Erläutern Sie, inwiefern es sich bei Krebs um eine genetisch bedingte Erkrankung handelt.

A2 ◐ Erörtern Sie die Bedeutung der Proteine Ras und p53 für die Regulation des Zellwachstums und die Folgen einer Mutation der codierenden Gene.

A3 ● Stellen Sie in einem Schema einer Zelle übersichtlich dar, auf welchen Ebenen die Zellzykluskontrolle mutationsbedingt versagen kann.

Altern

Altern ist ein fortschreitender, nicht umkehrbarer biologischer Vorgang, der alle höheren Organismen ihr ganzes Leben begleitet und in letzter Konsequenz zu ihrem Tod führt. Dabei häufen sich Schäden in Molekülen, Zellen und Geweben des Körpers an mit schwerwiegenden Folgen: die Funktionsfähigkeit lässt nach und das Sterberisiko steigt. In den Industrieländern ist das Alter heute der Hauptrisikofaktor für Krebs, neurodegenerative Leiden und Herz-Kreislauf-Erkrankungen. Sie rangieren auf Spitzenplätzen auf der Liste der häufigsten Todesursachen. Welche Prozesse sich in alternden Zellen abspielen und welche Faktoren für das Altern verantwortlich sind, ist noch nicht in allen Details erforscht.

Telomere

Das Zählwerk für das Lebensalter eines Organismus befindet sich in den *Telomeren*, den Enden der Chromosomen, die bei jeder Replikation verkürzt werden. In den Telomeren liegen Wiederholungssequenzen, die für die vollständige DNA-Replikation als Erkennungssequenz dienen. Die jeweils äußere Telomersequenz wird nicht mit repliziert, sodass das Telomer mit jeder Teilung kürzer wird. Sind die Telomer-Einheiten verbraucht, stirbt die Zelle ab. Unbegrenzt teilungsfähige Zellen *(Stammzellen)* können mit dem Enzym Telomerase die Telomer-DNA nachsynthetisieren. Die Telomerase besteht neben Proteinkomponenten aus RNA, die als Matrize für die Telomer-DNA dient (Abb. 2).

Das Klon-Schaf Dolly, das bereits nach sechs Jahren typische Alterssymptome zeigte, obwohl Schafe eine Lebenserwartung von bis zu 12 Jahren haben, wurde aus einer Körperzelle eines sechsjährigen Spenderschafs geklont. Dolly gilt damit als Indiz für die Telomer-Hypothese des Alterns (s. Seite 95).

Freie Radikale

Freie Radikale sind ein wichtiger Bestandteil biologischer Prozesse, wie z. B. bei der Atmungskette. Sie entstehen aber auch durch UV-Strahlung, Tabakrauch, Umweltgifte und vieles mehr. Als sehr reaktionsfähige Moleküle, die mit benachbarten Molekülen reagieren, können sie Membranlipide und Enzyme schädigen. Auch die mitochondriale DNA (mt-DNA) wird geschädigt, da sie nicht durch Histone geschützt ist und keine DNA-Reparaturmechanismen besitzt. Häufen sich Fehler in der mt-DNA und Schäden an Membranen und Enzymen an, kommt es zum Ausfall der Mitochondrien; die Zellen altern und sterben ab.

Modellorganismen in der Altersforschung

Beim Fadenwurm *Caenorhabditis elegans* (S. 90) fand man Gene, deren Genprodukte seine mittlere Lebensdauer um 50 % erhöhten. Inzwischen sind über 50 verschiedene Mutanten bekannt, die ein verlangsamtes Altern aufweisen. Diese Genprodukte bieten einen erhöhten Schutz vor den freien Radikalen. Wissenschaftler beschäftigen sich auch mit dem Genom und den Lebensbedingungen verschiedener Tierarten, die vergleichsweise alt werden, wie z. B. dem *Nacktmull*, der keine altersbedingte Zunahme der Mortalität und über seine gesamte Lebensspanne nur geringe altersbedingte Veränderungen zeigt.

A1 ○ Beschreiben Sie anhand der Abb. 2 die Funktion der Telomerase.

A2 ◐ Erläutern Sie, inwiefern das Klonschaf Dolly die Telomer-Hypothese unterstützt.

A3 ◐ Beschreiben Sie den Einfluss freier Radikale auf den Prozess des Alterns.

Lebensdauer verschiedener Organismen (in Jahren)

Eichenfarn	7
Birnbaum	300
Mammutbaum	4000
Regenwurm	10
Gorilla	60
Stör	5

Lebensdauer menschlicher Zellen (in Tagen)

Leberzelle	10 – 20
Dünndarmzelle	1,3 – 1,6
Erythrocyt	120

Telomere
gr. *télos* = Ende
méros = Teil

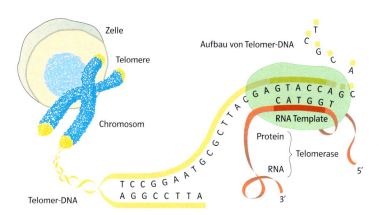

2 *Telomerase baut Telomer-DNA auf*

Material
Zelltod

Täglich sterben in unserem Körper tausende von Zellen, dies ist jedoch nicht besorgniserregend. Für einen Organismus ist es von entscheidender Bedeutung, ein Gleichgewicht zwischen neu gebildeten und absterbenden Zellen aufrechtzuerhalten. Dieses wird durch den programmierten Zelltod (*Apoptose*) erreicht. Gerät dieser Prozess in ein Ungleichgewicht, so kann das zu Erkrankungen führen. Zu viel Apoptose führt beispielsweise zu Alzheimer, zu wenig zu Tumorerkrankungen und Krebs.

Neben dem programmierten Zelltod können Zellen auch durch Verletzungen absterben. Diesen Prozess bezeichnet man als *Nekrose*.

Nekrose und Apoptose im Vergleich

Ob eine Zelle aufgrund einer äußeren Schädigung oder durch den programmierten Zelltod abstirbt, lässt sich durch ihr äußeres Erscheinungsbild während des Absterbens bestimmen.

A1 ○ Vergleichen Sie Apoptose und Nekrose in Form einer Tabelle (Abb. 1).

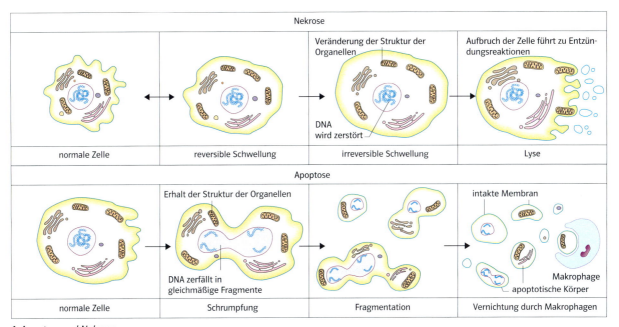

1 *Apoptose und Nekrose*

Ablauf der Apoptose

Bei der Apoptose unterscheidet man Typ-1-Apoptose (ausgelöst durch einen äußeren Todesfaktor) und Typ-2-Apoptose (ausgelöst durch ein von den Mitochondrien abgegebenes Signal). Beide Typen führen zur Aktivierung von Enzymen (Caspasen), die für die Zerstörung von Proteinen in der Zelle verantwortlich sind. Apoptose kann dabei gezielt von einem Organismus hervorgerufen werden. Die Proteine, die Apoptose auslösen, spielen auch bei der Reifung und Teilung von Immunzellen eine Rolle. Beim Fehlen dieser Proteine kommt es zu ungehinderter Zellteilung. Chemotherapeutika gegen Krebs wirken fast alle durch gezielte Auslösung einer Apoptose in Krebszellen. Viele Krebszellen sind dagegen jedoch immun, da sie eine Störung in der Apoptoseregulation aufweisen.

Der genaue Ablauf der Apoptose ist inzwischen gut untersucht. Er ist in Abb. 1 dargestellt. Die Auslöser für den Typ 1 können z.B. der Entzug von Wachstumsfaktoren, Schädigungen der DNA oder das Eindringen von Viren in die Zelle sein. Welche Faktoren den Typ 2 auslösen, ist dagegen noch weitgehend unbekannt.

A2 ○ Stellen Sie den Ablauf der Apoptose 1 + 2 in einem Flussdiagramm dar.

A3 ◐ Das Protein p53 sorgt in gesunden Zellen dafür, dass bei Schädigungen der DNA von den Zellen Cytochrom c ausgeschüttet wird. Bei vielen Krebszellen ist das Gen für p53 defekt. Beschreiben Sie die Auswirkungen.

2 *Ablauf der Apoptose*

1.5 Gentechnik
Gentechnische Verfahren im Überblick

GloFish

Die Gentechnik umfasst Verfahren, mit deren Hilfe das Genom einer Zelle gezielt verändert wird. Die so produzierten *transgenen Organismen* finden ihre Einsatzgebiete nicht nur in der gentechnischen Forschung sondern auch in der Medizin, in der Lebensmittelherstellung und sogar als Haustiere (s. Randspalte).

Erste gentechnische Erfolge

Die Zuckerkrankheit *(Diabetes mellitus)* ist eine der häufigsten Stoffwechselerkrankungen in Deutschland. Patienten müssen sich meist mehrmals am Tag Insulin spritzen. Dieses wurde früher aus Bauchspeicheldrüsen von Schweinen oder Rindern gewonnen. Die tierischen Insuline waren bei manchen Patienten nicht wirksam und einige Patienten entwickelten sogar immunologische Abwehrreaktionen. Schweineinsulin unterscheidet sich von Humaninsulin in einer Aminosäure, Rinderinsulin in drei Aminosäuren.

Der entscheidende Durchbruch gelang 1982 mit der gentechnischen Herstellung von Insulin. Dazu wurde das Gen für Humaninsulin in das Bakterium *Escherichia coli* eingebaut. Die so veränderten Bakterienzellen produzieren dann Humaninsulin. An diesem Beispiel wird das Grundprinzip der Gentechnik deutlich: Ein Gen für ein gewünschtes Protein wird isoliert und in eine Zelle einer anderen Art übertragen. Das Ergebnis ist eine sogenannte *transgene Zelle*, die das gewünschte Protein produziert. Für eine erfolgreiche Übertragung sind unter anderem folgende gentechnische Verfahren notwendig.

Isolierung

Soll der transgene Organismus ein bestimmtes Protein (z. B. Humaninsulin) produzieren, so muss als erster Schritt der entsprechende DNA-Abschnitt gewonnen werden, der für das gewünschte Protein codiert.

Dazu gibt es verschiedene Möglichkeiten:
– Der DNA-Abschnitt für das gewünschte Protein kann aus einem Fremd-Genom isoliert werden. Allerdings ist bei eukaryotischen Organismen zu erwarten, dass der DNA-Abschnitt dann sowohl Exons als auch Introns enthält.
– Ein DNA-Abschnitt ohne Introns lässt sich ausgehend von der reifen m-RNA gewinnen. Diese wird mit dem Enzym *Reverse Transkriptase* in DNA umgeschrieben.
– Ausgehend von der Aminosäure-Sequenz können heute DNA-Abschnitte künstlich im Labor synthetisiert werden.

Schneiden

Einen Meilenstein in der Entwicklung der Gentechnik stellte die Entdeckung von Enzymen dar, die die DNA gezielt an bestimmten Stellen schneiden können. Diese *Restriktionsendonukleasen* kommen natürlicherweise in Bakterien vor und zerschneiden dort nach einem Virusbefall die eingedrungene Viren-DNA. Mit diesen als „genetische Scheren" bezeichneten Enzymen ist es möglich, einen DNA-Abschnitt exakt an einer charakteristischen Basensequenz zu schneiden. DNA-Stücke, die mit demselben Enzym geschnitten wurden, lassen sich mit dem Enzym *Ligase* wieder zusammenfügen (s. Seite 88f).

Vektoren

Für die Übertragung eines DNA-Abschnittes in einen anderen Organismus ist ein sogenannter *Vektor* notwendig, der den gewünschten DNA-Abschnitt in die Zielzelle bringt. Wichtig ist, dass die Fremd-DNA in der Zielzelle auch tatsächlich abgelesen wird. Für das Einbringen von Fremd-DNA in eine Bakterienzelle werden häufig Plasmide verwendet. Das sind ringförmige DNA-Moleküle, die sich zusätzlich zum Bakterienchromosom in der Zelle befinden können und abgelesen werden. Sie können von Bakterien z. B. aus der Umgebung aufgenommen oder durch *Konjugation* von einer Bakterienzellen zur nächsten übertragen werden (s. Info-Box S. 87).

Baut man in ein solches Plasmid einen neuen DNA-Abschnitt ein, lässt sich durch Übertragung dieses neukombinierten Plasmids das Bakterium genetisch verändern (s. Seite 87f). Auch Viren lassen sich als Vektoren nutzen. Kombiniert man den gewünschten DNA-Abschnitt mit der Virus-DNA, kann man den natürlichen Mechanismus eines Virusbefalls nutzen, um die Fremd-DNA einzuschleusen *(Transduktion)*.

86 Genetik

Selektion

Die Übertragung von Fremd-DNA in Zielzellen ist nur selten erfolgreich. Um diese nachzuweisen, müssen die Zellen selektiert werden, bei denen die Fremd-DNA eingebaut wurde und abgelesen wird. Marker-Gene, die zusammen mit dem neuen DNA-Abschnitt übertragen wurden, erleichtern die Suche. Solche *Marker-Gene* sind z. B. Resistenzgene gegen bestimmte Antibiotika oder Farbgene, die eine Fluoreszenz verursachen wie beim GloFish (s. Randspalte Seite 86).

An- und Ausschalten von Genen

Genetisch veränderte Organismen lassen sich nicht nur durch das Einschleusung von Fremd-DNA herstellen *(transgene Organismen)*, sondern auch durch gezieltes An- und Ausschalten einzelner zelleigener Gene *(Knockout-Organismen, s. Seite 90)*.

A1 ○ Vergleichen Sie die „natürlichen" Methoden Mutation und Rekombination mit denen der Gentechnik.

A2 ○ Begründen Sie, unter welchen Voraussetzungen ein Gen nach der Übertragung in eine andere Zelle immer noch für dasselbe Produkt codiert.

A3 ⊖ Ein DNA-Abschnitt für Humaninsulin soll in Bakterienzellen eingebracht werden. Begründen Sie, welche der hier genannten Verfahren zur Isolierung der Fremd-DNA geeignet sind.

Info-Box: DNA-Übertragung auf natürlichem Weg

Eine direkte DNA-Übertragung zwischen Bakterienzellen über eine Plasmabrücke bezeichnet man als *Konjugation*. Ein gut untersuchtes Beispiel ist die Übertragung des Fertilitäts-Plasmids bei *E. coli* (Abb. 2). Zellen mit dem F-Plasmid heißen F$^+$, ohne F-Plasmid F$^-$.

Das F-Plasmid enthält ca. 25 Gene, darunter häufig auch Gene für Antibiotikaresistenzen. Vor der Übertragung wird das F-Plasmid vervielfältigt. Den Empfänger (F$^-$-Zellen) bezeichnet man als weiblich, den Spender (F$^+$-Zellen) als männlich. Das F-Plasmid baut sich zeitweise in das Bakterienchromosom ein, man bezeichnet die Zellen dann als Hfr-Zellen („high frequency of recombination" (Abb. 2b). Beim Ausbau aus dem Bakterienchromosom kann das F-Plasmid weitere Gene mit sich reißen, die zuvor nicht in dem Plasmid enthalten waren. Diese werden bei einer Konjugation dann ebenfalls übertragen. Es entstehen Zellen mit rekombinierter DNA (Abb. 2b). Schon leichte Erschütterungen zerstören manchmal die Plasmabrücke und unterbrechen dadurch die DNA-Übertragung. Dies lässt sich zur Genkartierung nutzen: Wird die Plasmabrücke früh zerstört, entstehen Zellen mit Merkmalen, deren Gene früh übertragen wurden. Durch zeitlich gestaffelte Unterbrechung der DNA-Übertragung und Analyse der entstehenden Zellen, kann man auf die Abfolge der Gene schließen.

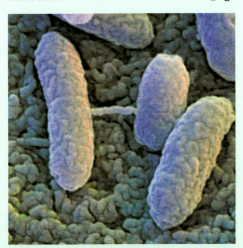

1 *Bakterien mit Plasmabrücke*

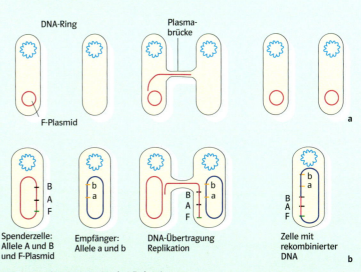

2 *Schema der Konjugation bei Bakterien*

Biotechnologie

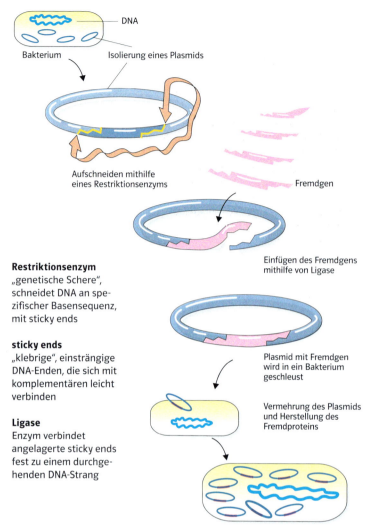

Restriktionsenzym
„genetische Schere", schneidet DNA an spezifischer Basensequenz, mit sticky ends

sticky ends
„klebrige", einsträngige DNA-Enden, die sich mit komplementären leicht verbinden

Ligase
Enzym verbindet angelagerte sticky ends fest zu einem durchgehenden DNA-Strang

1 Herstellung gentechnisch veränderter Bakterien

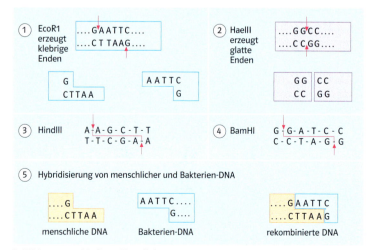

2 Wirkung verschiedener Restriktionsenzyme

Archäologen haben herausgefunden, dass im heutigen Großbritannien schon vor rund 4000 Jahren — also am Ende der Jungsteinzeit — Hefezellen zur Bierherstellung eingesetzt wurden. Die Nutzung von *Mikroorganismen* durch den Menschen ist also keine neue Errungenschaft moderner *Biotechnologie*. Wohl aber hat deren Nutzung im 20. Jahrhundert industrielle Maßstäbe angenommen. Anfangs konnte man lediglich Mikroorganismen zur Herstellung von *Antibiotika* (z.B. Penicillin) und anderen Wirkstoffen züchten, Verbindungen also, die natürlicherweise Bestandteil der Organismen sind. Arzneistoffe wie das Insulin werden aber eigentlich nicht von Mikroorganismen, sondern nur von höheren Lebewesen produziert. Der rasante Aufschwung der Biotechnologie in den vergangenen Jahrzehnten geht auf die Möglichkeit zurück, ein Gen für ein wichtiges Protein isolieren zu können und es dann in einen anderen Organismus einzubauen. Die Organismen mit einem auf diese Weise veränderten Erbgut bezeichnet man als *transgene Organismen*.

Genetische Scheren und Kleber

Restriktionsenzyme schneiden DNA nur innerhalb von bestimmten, meist 4 bis 5 Basen langen Sequenzen (Abb. 2). Eine solche Folge kommt in der DNA etwa alle 1000 bis 10 000 Nucleotide vor; entsprechend groß sind die Schnittstücke. Die meisten Restriktionsenzyme hinterlassen keinen „glatten" Schnitt. Das Restriktionsenzym EcoR1 aus *Escherichia coli* beispielsweise schneidet an seiner Erkennungssequenz jeden DNA-Doppelstrang zwischen den Basen G und A. Da sie im Doppelstrang versetzt liegen, entstehen beim Schnitt überhängende Enden, deren Basenfolge zueinander komplementär ist. Sie ziehen einander an, daher werden sie als „klebrige Enden" *(sticky ends)* bezeichnet. Wird die DNA aus verschiedenen Arten mit demselben Restriktionsenzym geschnitten und zusammengebracht, können sich die Bruchstücke aufgrund ihrer komplementären klebrigen Enden miteinander verbinden. Die Verbindung wird stabil, sobald das DNA-Gerüst zu einem durchgehenden Strang verknüpft ist. Diese Aufgabe übernimmt das Enzym *Ligase*.

88 Genetik

Übertragung eines Gens

Will man ein Gen, z. B. das Insulin-Gen des Menschen, in das Bakterium *E. coli* einschleusen und dort zur Funktion bringen, benötigt man eine Genfähre *(Vektor)*. Dazu werden häufig bakterielle *Plasmide* eingesetzt. Plasmide sind ringförmige DNA-Moleküle, die neben dem „Bakterien-Chromosom" im Cytoplasma in großer Zahl zu finden sind. Bakterien können Plasmide aus dem Kulturmedium aufnehmen *(Transformation)* oder durch *Konjugation* gewinnen (s. Seite 87).

Ein häufig genutztes Verfahren ist in Abb. 3 dargestellt. Man schneidet ein Plasmid, das neben einem Antibiotika-resistenzgen für Ampicillin (AmpR) noch das ß-Galactosidase-Gen (lacZ) trägt. Dieses Gen befähigt Bakterien dazu, den Zucker Lactose als Energiequelle zu nutzen. Die zu klonierende DNA wird mit dem gleichen Restriktionsenzym geschnitten. Beide Teilstücke werden zusammen mit einer Ligase in ein Reaktionsgefäß gebracht. Die Ligase soll die freien DNA-Enden miteinander verknüpfen *(Ligation)*. Danach schleust man die Konstrukte in einen geeigneten Bakterienstamm *(Transformation)* ein. Um die Bakterienstämme zu identifizieren, die das Plasmid und das zu klonierende Gen tragen, setzt man den Agarplatten Ampicillin und den Stoff X-Gal zu. X-Gal verfärbt sich blau, wenn die Bakterien das intakte ß-Galactosidase-Gen tragen. Durch ihre Stoffwechselaktivität kommt es zum Farbumschlag.

Bakterien, bei denen die Transformation nicht gelungen ist, wachsen gar nicht auf den Platten, da ihnen das Resistenzgen fehlt. Solche, die das Plasmid ohne das zu klonierende Gen tragen, bilden blaue Kolonien. Die gewünschten Bakterien, die das Plasmid mit der zu klonierenden DNA tragen, bilden weiße Kolonien, da durch das Einfügen der Fremd-DNA das ß-Galactosidase-Gen verändert wurde.

Gewinnung des Genprodukts

Um das von dem Fremdgen codierte Protein zu erhalten, züchtet man die transgenen Bakterien unter geeigneten Bedingungen. Zusammen mit dem Fremdgen wurde der zugehörige Promotor übertragen, sodass die Bakterien in der Lage sind, das Fremdprotein zu exprimieren. Das Fremdprotein kann dann aus dem Kulturmedium aufgereinigt werden.

A1 ○ Eukaryotische Gene unterscheiden sich von prokaryotischen Genen. Erläutern Sie mögliche Schwierigkeiten, die bei der Übertragung von eukaryotischer DNA in Bakterien auftreten können.

A2 ⊖ Das Enzym „Reverse Transkiptase" ist in der Lage, m-RNA direkt in DNA umzuschreiben. Erläutern Sie, wie die Reverse Transkriptase sich zur Lösung der in Aufgabe 1 beschriebenen Schwierigkeiten einsetzen lässt.

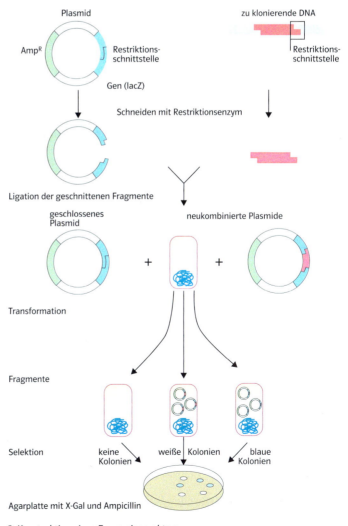

3 *Konstruktion eines Expressionsvektors*

Modellorganismen

1 *Laubmoos*

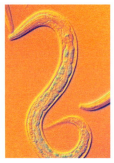

2 *Fadenwurm*

3 *Zebrabärbling*

4 *Fruchtfliegen*

Die Forschung an Organismen konzentriert sich auf wenige Vertreter der Bakterien, Pilze, Pflanzen und Tiere. Es wird versucht, anhand dieser als *Modellorganismen* bezeichneten Lebewesen allgemeingültige Erkenntnisse zu gewinnen, die letztendlich auch auf uns Menschen übertragen werden können. Modellorganismen haben einiges gemeinsam: Entscheidend ist, dass sie sich unter relativ geringem Aufwand im Labor halten und untersuchen lassen. So können sie aufgrund ihrer geringen Größe und Umweltansprüchen in großer Anzahl auf kleinem Raum gehalten werden. Modellorganismen sind zudem leicht gentechnisch zu verändern. In Abhängigkeit der Forschungsfrage werden so neue Varianten der Stammart kreiert und aufgrund ihrer kurzen Generationsdauer und einer hohen Nachkommenzahl schnell vervielfältigt.

Bakterien
Das Darmbakterium *Escherichia coli* wird wegen seiner einfachen Handhabung schon seit über 100 Jahren als Modellorganismus genutzt. *E. coli* ist bis 6 µm lang, besitzt ca. 4300 Gene und die meisten Stämme sind harmlos. Unter optimalen Bedingungen teilt es sich etwa alle 20 Minuten.

Pilze
Die einzellige Bäckerhefe *Saccharomyces cerevisiae* war der erste Eukaryot, dessen Genom vollständig entschlüsselt wurde. Als Einzeller lässt sie sich einfach kultivieren und dient u. a. als Modell der pflanzlichen und tierischen Zellen.

Pflanzen
Die Genomsequenz des Laubmooses *Physcomitrella patens* liegt seit 2007 vor. Es besitzt 34 835 Gene, deren Funktionen durch gezieltes Ausschalten einzelner Gene analysiert werden. Die Ackerschmalwand *Arabidopsis thaliana* gehört zu den Blütenpflanzen. Ihr recht kleines Genom (135 Mio BP) ist auf nur 5 Chromosomen verteilt und wurde bereits 2000 vollständig entschlüsselt. *Arabidopsis* hat eine kurze Generationsdauer von nur acht Wochen. Sie dient als Vertreter der höher entwickelten Pflanzen daher vor allem als Modellorganismus der entwicklungsphysiologischen Forschung.

Tiere
Der Fadenwurm *Caenorhabditis elegans* ist etwa einen Millimeter lang und lebt nur knapp 20 Tage. Aufgrund seiner Durchsichtigkeit lassen sich einzelne Zellen und Körperorgane am lebenden Tier unter dem Mikroskop beobachten. Da er zudem nur aus 959 Körperzellen besteht, gehört er inzwischen zu den am besten untersuchten Vielzellern.

Die nur 3 mm große Fruchtfliege *Drosophila melanogaster* entwickelt sich in 10 Tagen vom Ei zur Fliege und besitzt eine hohe Vermehrungsrate. Sie ist seit über 100 Jahren ein Objekt biologischer Forschung. Diente sie anfangs der Analyse von Vererbungsregeln, wurde sie schließlich zu dem wichtigsten Modellorganismus der Entwicklungsbiologie. Inzwischen weiß man, dass sehr ähnliche Gene die Entwicklung bei Drosophila und beim Menschen steuern.

Der Zebrabärbling *Danio rerio* ist schon seit langem ein beliebter Aquariumfisch. Seine großen und durchsichtigen Embryonen machen ihn aber auch zu einem wichtigen Modellorganismus der Entwicklungsbiologie. Zudem dient er als Vertreter der Wirbeltiere als Tiermodell für menschliche Erkrankungen. Seit 2003 gibt es transgene Varianten, denen Fluoreszenzgene aus Quallen oder Korallen eingebaut wurden. Ursprünglich als leicht erkennbare Marker für die Forschung erdacht, sind diese Varianten als GloFish zum leuchtenden Haustier geworden (s. Seite 86), das allerdings in der EU verboten ist.

Die weiße Labormaus lebt rund zwei Jahre und kann in dieser Zeit 150 Nachkommen haben. Als Säugetier weist sie viele Gemeinsamkeiten mit dem Menschen auf, was die Übertragung der Forschungsergebnisse auf den Menschen vereinfacht. Durch Züchtung und Gentechnik können Varianten kreiert werden, die die Erforschung menschlicher Krankheiten sowie die Entwicklung wirksamer Medikamente ermöglichen.

A1 ● Diskutieren Sie die Verwendung des GloFish als Haustier.

Knockout-Organismen

Die Möglichkeit, das Genom eines Organismus zu entschlüsseln, führte in der Forschung zu einem Richtungswechsel der genetischen Analyse. Ursprünglich begannen die Genetiker mit der Untersuchung eines veränderten Merkmals eines Organismus, um das betroffene Protein und schließlich das mutierte Gen zu identifizieren. Inzwischen bedient man sich der sogenannten reversen Genetik, um die Funktion eines Gens zu untersuchen: Ausgehend von der bekannten DNA-Sequenz eines Gens, schaltet man dieses durch eine gezielte Mutation dauerhaft aus und beobachtet die Auswirkungen dieses Gen-Knockouts auf den Organismus. Ein Beispiel ist die „Nacktmaus", welche in der Immunforschung verwendet wird. Dieses Vorgehen hat zudem den Vorteil, dass man Organismen vergleichen kann, die sich nur in einem Gen unterscheiden.

Homologe Rekombination

Das gezielte Ausschalten eines bestimmten Gens ermöglicht die homologe Rekombination durch Crossingover-Ereignisse. Dazu wird ein DNA-Molekül synthetisiert, das über große Bereiche identisch zum Ziel-Gen ist, darüber hinaus aber eine Mutation (z. B. Insertion) enthält.

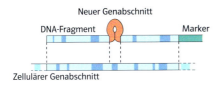
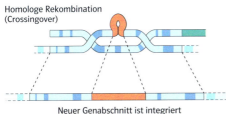

1 *Homologe Rekombination*

In die Zelle gebracht, kann dieses Knockout-Gen durch ein doppeltes Crossingover Ereignis das normale Ziel-Gen ersetzen und somit ausschalten (Abb. 1). Inzwischen gehört diese als *„Gene targeting"* bezeichnete Methode mit zu den wichtigsten Werkzeugen der Gentechnik.

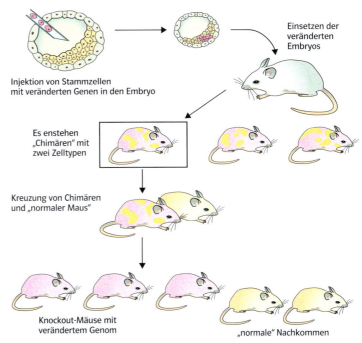

2 *Herstellung von Knockout-Mäusen*

Knockout-Organismen

Einzellige Modellorganismen wie *E. coli* oder *Saccharomyces cerevisiae* lassen sich auf diesem Weg direkt zu Knockout-Organismen verändern. Um mehrzellige Organismen, insbesondere die für die Erforschung menschlicher Erkrankungen wichtige Labormaus gezielt zu verändern, bedarf es mehrerer Schritte (Abb. 2). Zunächst wird ein Knockout-Gen in embryonale Stammzellen gebracht, wo es das Ziel-Gen ersetzt. Diese so gentechnisch veränderten Stammzellen werden dann in einen frühen Mausembryo injiziert, wo sie sich erfolgreich in den Entwicklungsprozess integrieren. Die von einer Leihmutter ausgetragenen Nachkommen besitzen dann in ihren Geweben neben den normalen Zellen auch gentechnisch veränderte Zellen. Aus diesen Tieren können erbgutreine Knockout-Mäuse gezüchtet werden, bei denen ein bestimmtes Gen dauerhaft ausgeschaltet ist.

A1 ○ Vergleichen Sie das Gene targeting mit der RNA-Interferenz (s. Seite 48f).

A2 ◐ Begründen Sie die Verwendung bestimmter Modellorganismen für die genetische Forschung.

Nacktmaus

Synthetische Organismen

Synthetisches Bakterium

Lebewesen lassen sich durch Hinzufügen von genetischem Material sowie durch An- oder Abschalten einzelner Gene gezielt in ihren Eigenschaften verändern. Noch weitergehend sind die Ansätze und Ziele der sogenannten *Synthetischen Biologie*.

Synthetische Biologie

In diesem recht jungen Forschungszweig der Biowissenschaften wird versucht, Organismen mit Ansätzen aus der Ingenieurstechnik synthetisch nachzubauen oder ganz neu zu konstruieren.

Bioingenieure verfolgen dazu drei unterschiedliche Konstruktionsansätze:
– *Bottom-up-Ansatz:* Ausgehend von einfachen biochemischen Bausteinen sollen ganze Organismen synthetisch erstellt werden.
– *Top-down-Ansatz:* Ausgehend vom Organismus wird versucht, Bestandteile zu entfernen oder zu vereinfachen, bis nur die minimale Ausstattung der notwendigsten Komponenten übrigbleibt.
– *Orthogonaler Ansatz:* Hier sollen natürliche Systemkomponenten durch neu kreierte Bauteile gezielt ersetzt werden.

Xeno-Nucleinsäure

Ein Beispiel für den orthogonalen Forschungsansatz ist die Konstruktion eines DNA-Ersatzes: Die *Xeno-DNA* (x-DNA) soll aus nicht-natürlichen Basen aufgebaut sein und die Funktion der natürlichen DNA übernehmen. Durch die Verwendung von Bausteinen, die in der Natur nicht vorkommen, will man sicherstellen, dass ein solcher Organismus außerhalb des Labors nicht überlebensfähig ist. Die Konstruktion einer x-DNA zieht aber weitere notwendige Änderungen nach sich — die Maschinerie der Genexpression (z. B. Transkription und Translation) muss auf die neuen Basen abgestimmt werden.

Minimal-Genome

Für die Konstruktion von synthetischen Organismen ist es leichter, auf ein funktionierendes Biosystem aufzubauen als von Null zu starten. Daher versucht man im Top-down-Ansatz bereits einfach gebaute Organismen noch weiter zu reduzieren. Das bekannteste Beispiel geht von Mycoplasma-Bakterien aus, deren Genom nur knapp 500 Gene enthält, um ein Minimal-Genom von weniger als 400 essentiellen Genen herzustellen. Für diesen Minimal-Organismus gibt es bereits einen Namen: *Mycoplasma laboratorium*. Es soll als Basis dienen, um im Bottom-up-Ansatz synthetische Organismen zu konstruieren.

Synthetische Organismen

Neue Verfahren ermöglichen nicht nur die Analyse *(Sequenzierung)* von ganzen Genomen in vertretbarer Zeit, sondern auch die künstliche Herstellung *(Synthese)* ganzer Genome. So konnten 2010 die Forscher um CLYDE HUTCHISON, HAMILTON SMITH und CRAIG VENTER das komplette Genom von *Mycoplasma mycoides* synthetisch herstellen und erfolgreich in Bakterienzellen einsetzen, denen ihre natürliche DNA entnommen wurde. Sie erklärten: „Das ist die erste synthetische Zelle, die jemals erzeugt worden ist."

Inzwischen versucht man auch, den ersten Eukaryoten synthetisch herzustellen. Im Projekt Sc 2.0 („*Saccharomyces cerevisiae* mit synthetischem Genom") bearbeiten Forscher ein vielfach größeres Genom und bauen zudem zahlreiche Veränderungen in die neue DNA-Sequenz ein, die die synthetische Hefe zu einem noch idealeren Modellorganismus werden lässt.

Für den Bottom-up-Ansatz wird beispielsweise ein ständig wachsendes Sortiment an sogenannten Bio-Bricks aufgebaut. Das sind DNA-Stücke, die für eine Struktur mit definierter Funktion codieren. Sie lassen sich nach dem Baukastenprinzip beliebig kombinieren, um synthetische Organismen zu erzeugen.

Kritik

Neben den schier unbegrenzten Einsatzmöglichkeiten synthetischer Organismen stehen die nicht abschätzbaren Gefahren ihres Einsatzes. Insbesondere der geplante Einsatz außerhalb der Forschungslabors ist umstritten. Daneben haben aber auch ethische Fragen hinsichtlich der Erschaffung künstlichen Lebens ihre Berechtigung.

A1 ○ Recherchieren Sie den iGEM-Wettbewerb.

A2 ● Diskutieren Sie das Zitat von HUTCHISON, SMITH und VENTER.

Material
Synthetische Organismen — Einsatzmöglichkeiten und Gefahren

Die denkbaren Einsatzmöglichkeiten von synthetischen Organismen scheinen unbegrenzt. Ihre ersten Erfolge feierte die synthetische Biologie vor allem bei der „Verbesserung" von Organismen, die bereits langjährig bei der Produktion von Substanzen eingesetzt werden. Die optimierten Organismen arbeiten effektiver: Sie sind schneller und genauer. Aber auch ganz neue synthetische Systeme wurden bereits erfolgreich getestet.

Synthi-Fuels

Biokraftstoffe der zweiten Generation werden sie genannt, die von synthetischen Organismen produzierten Synthi-Fuels. Schon seit 2009 setzen Ölkonzerne auf die Fortschritte der Synthetischen Biologie. Neben der effektiveren und damit wirtschaftlicheren Gewinnung von Erdöl und der Produktion von Biogas durch synthetische Organismen, hoffen sie auf Fortschritte bei der Herstellung der sogenannten Synthi-Fuels. Dabei sollen z. B. Mikroalgen mittels Synthetischer Biologie so „verbessert" werden, dass sie durch eine erhöhte Fotosyntheseleistung schneller mehr Biomasse und mehr Dieselkraftstoff herstellen. Zudem sollen sie schädlichen Umwelteinflüssen und den speziellen Produktionsbedingungen besser widerstehen können.

Kritiker warnen vor dem bei Algen besonders hohen Risiko einer unkontrollierten Ausbreitung der künstlichen Organismen: Die Produktion von Algen funktioniert zwar auch in geschlossenen Systemen. In offenen Tanks ist die Wirtschaftlichkeit der Verfahren aber wesentlich höher, weil hier u. a. die Sonneneinstrahlung genutzt werden kann. Die Gefahr einer ungewollten Freisetzung oder Verschleppung ist hier jedoch besonders hoch. Hinzu kommt, dass Mikroalgen sich rasch vermehren können.

A1 ○ Nennen Sie Gemeinsamkeiten und Unterschiede von Biokraftstoffen der ersten und zweiten Generation.
A2 ◐ Erklären Sie das besondere Risiko der Ausbreitung einer synthetischen Alge, die eine erhöhte Fotosyntheseleistung aufweist.
A3 ● Diskutieren Sie das Für und Wider der Synthi-Fuel-Herstellung.
A4 ● Bewerten Sie den Einsatz einer synthetischen Alge.

Implantierbare Schlankmacher

Biotechnologen der ETH Zürich konstruierten aus überwiegend menschlichen Genkomponenten einen synthetischen Regelkreis, den sie bereits 2013 erfolgreich in Mäusen testeten. Dieser Regelkreis überwacht die Blutfettwerte und produziert als Reaktion auf überhöhte Werte einen Botenstoff (SEAP), der dem Körper Sättigung signalisiert (Abb. 1).

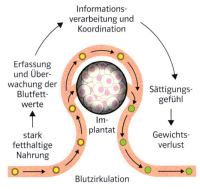

1 *Wirkungsschema des Regelkreises*

Die Forscher testeten ihr System an Mäusen, die mit fetthaltiger Nahrung gemästet wurden. Diese Mäuse zeigten ein deutliches Übergewicht und erhöhte Blutfettwerte. Nach Implantation des synthetischen Gen-Regelkreises beobachteten die Forscher, dass die adipösen Mäuse weniger fraßen, abnahmen und sich ihre Blutfettwerte normalisierten. Nichtübergewichtige Kontrolltiere veränderten ihr Fressverhalten und Gewicht hingegen nicht.

Ein großer Vorteil des künstlichen Systems ist es, dass es gleichzeitig mehrere gesättigte und ungesättigte, tierische wie pflanzliche Fette im Körper messen kann (Abb. 3) und das natürliche Sättigungssystem des Körpers nutzt. Zudem ist das System ohne schweren Eingriff implantierbar und enthält einen Sicherheitsschalter: Durch Zugabe einer Substanz wird der gesamte synthetische Regelkreis außer Kraft gesetzt.

	Gentechnik	**Synthetische Biologie**
Technologie	Lesen und Analysieren von DNA	Schreiben und Synthetisieren von DNA
	Versuch und Irrtum	Softwareprogrammierung
Anwendung	Adaption/Modifikation von existierenden biologischen Systemen	Design und Konstruktion/Modulation von neuen biologischen Systemen

2 *Paradigmenwechsel*

A5 ○ Beschreiben Sie das Wirkschema des Regelkreises.
A6 ● Prüfen Sie die Aussage: „Bei diesem synthetischen System handelt es sich um ein Frühwarnsystem und eine Therapie in einem."
A7 ○ Beschreiben Sie die in Abb. 3 dargestellten Ergebnisse.
A8 ○ Erläutern Sie, weshalb sich die Forscher ausgerechnet dem Thema „Schlankmacher" gewidmet haben.
A9 ◐ Bewerten Sie den Einbau des Sicherheitsschalters.

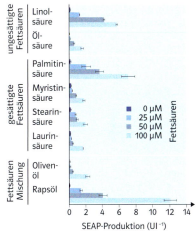

3 *Test verschiedener Fette*

Paradigmenwechsel

Kritiker beschreiben die Synthetische Biologie zwar als „extreme Form der Gentechnik", sehen aber auch einen Paradigmenwechsel (Abb. 2). Nicht mehr natürlich vorkommende Gene werden übertragen oder an- bzw. abgeschaltet, sondern Organismen mit völlig neuen Eigenschaften werden am Computer designt.

A10 ◐ Erläutern Sie den hier postulierten Paradigmenwechsel.
A11 ● Beurteilen Sie, ob man auch beim Vergleich von Züchtung und Gentechnik von einem Paradigmenwechsel sprechen kann.

Gentechnik in der Medizin

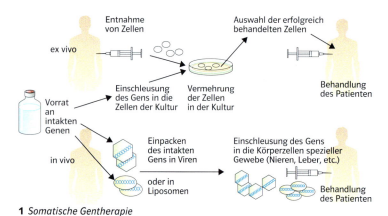

1 *Somatische Gentherapie*

Beispiele für gentechnisch hergestellte Arzneimittel
1982: Humaninsulin gegen Diabetes
1983: Faktor VIII gegen Bluterkrankheit
1985: Interferone gegen Leukämie
1986: Impfstoff gegen Hepatitis B
1987: Wachstumshormone

Der Einfluss der *Gentechnik*, inklusive der synthetischen Biologie, auf die diagnostischen und therapeutischen Möglichkeiten in der Medizin ist enorm. Bereits 1982 wurde das erste gentechnisch hergestellte Medikament auf den Markt gebracht: das gegen Diabetes eingesetzte synthetische Humaninsulin (s. Seite 86). Inzwischen werden einige Impfstoffe von Organismen produziert, die mittels der synthetischen Biologie „verbessert" wurden (s. Seite 92). Neben der Herstellung von Arzneimittel beeinflusst die Gentechnik aber auch die genetische Diagnostik und die Gentherapie.

Genetische Diagnostik

Bei der Diagnostik von Infektionskrankheiten, wie z. B. AIDS, konnten die Methoden durch gentechnische Verfahren schneller und sicherer gemacht werden. Früher wurden zur Diagnose von AIDS HI-Viren im Labor gezüchtet und das Patientenmaterial mithilfe der Viren auf Antikörper getestet. Heute können die Gene des Virus vervielfältigt oder synthetisch hergestellt werden, um sie als Gensonden für die Diagnose einzusetzen.

Gentests sind inzwischen für viele verschiedene genetisch bedingte Krankheiten entwickelt worden, z. B. für Chorea Huntington, Mukoviszidose, Phenylketonurie, Xeroderma pigmentosum, sowie verschiedene Arten von Brust- oder Darmkrebs. Mit den Fortschritten bei der Bestimmung der krankheitsrelevanten DNA-Sequenzen werden auch die Möglichkeiten der genetischen Diagnostik weiter steigen.

Somatische Gentherapie

Bei der somatischen Gentherapie wird versucht, Gene in Körperzellen mit defekten Genen einzubringen. Dies ist nur in den Geweben notwendig, in denen die entsprechenden Gene auch benötigt werden. Das Verfahren kann auf zwei Arten durchgeführt werden (Abb. 1). Bis heute stößt man bei der Durchführung jedoch auf Schwierigkeiten, weshalb bisher wirklich therapeutisch relevante Durchbrüche nur vereinzelt erzielt worden, so etwa bei den Immunschwächeerkrankungen X-Scid und ADA-Scid. Die größte Schwierigkeit liegt darin, das intakte Gen in die Zelle hineinzubringen. Dies wird entweder mit veränderten Viren oder mit Liposomen (kleinen Fetttröpfchen) versucht. Viren bergen auch dann ein Risiko, wenn sie so verändert wurden, dass ihnen die krankmachenden Gene fehlen, da unser Immunsystem auf diese Fremdkörper reagiert. Liposomen sind zwar ungefährlich, dringen jedoch nicht immer in die gewünschten Zellen ein.

Ein weiteres Problem ist, dass die eingeschleuste DNA nicht stabil in den Zellen bleibt und bei der Zellteilung häufig nicht an die Tochterzellen weitergegeben wird. Eine höhere Stabilität wird erreicht, wenn die Viren dafür sorgen, dass die DNA in das Genom eingebaut wird. Bei diesem Verfahren kann jedoch bisher die Einbaustelle im Genom nicht mit Sicherheit vorhergesagt werden, was natürlich zu Fehlern führt.

Keimbahntherapie

Um Erbkrankheiten dauerhaft zu heilen, müsste das defekte Gen bereits in den Keimzellen „repariert" werden. Dies ist jedoch mit einem extrem hohen Risiko verbunden. Keiner kann vorhersagen, welche Folgen ein falsch eingebautes Gen für einen sich entwickelnden Organismus haben würde. Aus diesem Grund sind solche Experimente am Menschen verboten.

A1 ⊖ Beschreiben Sie das Verfahren der somatischen Gentherapie mithilfe von Abb. 1.

A2 ⊖ Stellen Sie eine begründete Hypothese dazu auf, warum ein Großteil der gentherapeutischen Studien sich mit Krebserkrankungen beschäftigt.

Material
Reproduktionstechnik, Klonen

Ein *Klon* ist ein genetischer Doppelgänger eines Lebewesens. In der Natur gibt es Klone z. B. bei Ablegern von Pflanzen, die sich vegetativ vermehren, aber auch in Form von eineiigen Zwillingen. In reproduktionsbiologischen Labors versucht man seit Jahren, Klone von Nutztieren (z. B. Schaf, Schwein, Rind) zu erzeugen, um damit die „störende" Neukombination des genetischen Materials bei der sexuellen Fortpflanzung auszuschalten und Individuen mit genau definierten Eigenschaften zu erzeugen. Die Erfolgsaussichten beim Klonen sind allerdings gering, d. h. oftmals müssen Hunderte von Versuchen durchgeführt werden. Zudem leiden Klontiere häufiger an Krankheiten. Klonforscher untersuchen, warum es zu Organschäden, Immunschwäche und frühzeitigem Altern kommt.

Methode Dolly — Kerntransplantation

1997 gelang es erstmals nach mehreren Hundert erfolglosen Versuchen, ein erwachsenes Säugetier zu klonen. Eizellen eines Schafs wurden entkernt, um ihnen den Zellkern von Euterzellen eines anderen Schafs einzusetzen. Nachdem man das Produkt zur Teilung gebracht hatte, wurde es in die Gebärmutter eines dritten Schafs eingesetzt, das als Leihmutter fungierte. Die Tragzeit verlief erfolgreich. Das *Klonschaf Dolly* allerdings zeigte frühzeitige Alterserscheinungen (z. B. Arthritis). Am 14.02.2003 musste Dolly wegen einer Lungenentzündung eingeschläfert werden.

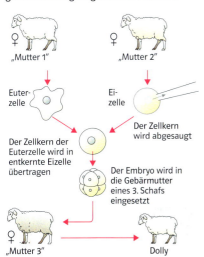

Schafe werden ca. 12 Jahre alt. Auffällig ist, dass das Kernspender-Schaf 5 Jahre alt war und Dolly ebenfalls 6 Jahre alt wurde. Ob die Erkrankungen mit dem Klonen zusammenhängen, ist nicht klar. Genetiker haben jedoch schon frühzeitig Dollys beschleunigtes Altern vorausgesagt. Die Telomere von Chromosomen gelten als zelluläre Lebensuhren, mit jedem Teilungsschritt werden sie etwas kürzer. Dollys Chromosomen stammten von einem älteren Spenderschaf, sie waren bereits verkürzt.

A1 „Klonen" bedeutet die Anfertigung genetischer Doppelgänger, „Klonieren" die Vervielfältigung eines Gens. Reproduktionsbiologie und Gentechnik werden oft nicht auseinandergehalten. Warum war das Klonen des Schafes Dolly kein gentechnisches Experiment?

A2 IAN WILMUT, der wissenschaftliche „Vater" des Klonschafs Dolly, warnt vor Klonversuchen am Menschen, es gäbe „reichlich Beweise, dass dies völlig unverantwortlich" wäre. Begründen Sie.

A3 In den meisten Ländern ist das Klonen von Menschen verboten. Nennen Sie Gründe, die das Verbot unterstützen.

Reproduktionsgeschichten

Der geklonte Mensch

AP-Nachricht. Washington. Dem amerikanischen Forscher JERRY HALL gelang es erstmalig, menschliche Embryonen zu klonen. Um ethische Probleme zu vermeiden, verwendete er abnorme Embryonen, die nicht lebensfähig gewesen wären. Insgesamt 17 Embryonen aus 2 bis 8 Zellen teilte er in 48 einzelne Zellen und umgab sie mit einer schützenden Hülle. Die so geschaffenen neuen Einzelzellen teilten sich im Durchschnitt dreimal. Kein Klonembryo lebte nach seinen Angaben länger als 6 Tage.

Typen der Mutterschaft

Nach geltendem Recht ist Mutter, wer ein Kind geboren hat. Seit es In-vitro-Fertilisation und Embryonentransfer gibt, kann man drei Typen der Mutterschaft unterscheiden: die genetische, die physiologische (Leihmutter) und die soziale.

Streit um eingefrorene Embryonen

AP-Nachricht.
In den USA muss ein Gericht bei einem Scheidungsprozess klären, was mit eingefrorenen Embryonen geschehen soll. Das Ehepaar hatte sich nach langjähriger Kinderlosigkeit aus medizinischen Gründen zu einer In-vitro-Fertilisation entschlossen. Von den zehn Embryonen, die auf diese Weise entstanden waren, wurden der Frau drei eingespült und sieben eingefroren. Die Frau wurde nicht schwanger. Das Paar war den psychischen Belastungen dieser Zeit nicht gewachsen und ließ sich scheiden. Die Frau möchte sich auch nach der Scheidung ihren Kinderwunsch erfüllen. Sie möchte sich die eingefrorenen Embryonen einpflanzen lassen. Der Mann möchte die Übertragung gerichtlich verhindern.

A4 Die Manipulation an menschlichen Keimen ist in Deutschland mit Einschränkungen verboten, Grundlagenforschung an importierten menschlichen embryonalen Stammzellen wird auf Antrag aber genehmigt. Informieren Sie sich über die rechtliche Auffassung in anderen Ländern.

A5 Spielen Sie eine Gerichtsverhandlung mit verteilten Rollen durch, in der die geschiedenen Eheleute sich um das Schicksal ihrer eingefrorenen Embryonen streiten.

A6 Mithilfe der Reproduktionsmedizin kann das Alter, in dem eine Schwangerschaft möglich ist, beträchtlich erhöht werden. In Österreich ging z. B. der Kinderwunsch einer 61-jährigen Frau in Erfüllung. Dazu wurden einer jungen Spenderin Eizellen entnommen und in vitro mit Spermien des Partners der älteren Frau befruchtet. Die Embryonen wurden in die Gebärmutter der 61-jährigen eingesetzt. Nennen Sie mögliche soziale Folgen, die derartige Praktiken für die Eltern, die erzeugten Kinder und für die Gesellschaft haben.

95

Gentechnik in der Lebensmittelherstellung

Golden Rice

Seitdem der Mensch Nutzpflanzen anbaut, versucht er diese durch Züchtung zu verbessern. Durch klassische Züchtungsmethoden lassen sich Merkmale innerhalb einer Art neu kombinieren. Mithilfe gentechnischer Methoden spielen Artgrenzen fast keine Rolle mehr. Gene aus Bakterien, Pilzen und anderen Lebewesen lassen sich in Pflanzen- oder Tierzellen übertragen. Dabei sollen erwünschte Gene in Nutzpflanzen oder Nutztiere eingeschleust werden, um gezielt deren Eigenschaften zu verändern.

Antisense-RNA
Einsträngige RNA, die komplementär zu einer normalen m-RNA ist

Antisense-Technik
Blockierung der Translation durch Hybridisierung von normaler m-RNA und Antisense-RNA

Anti-Matsch-Tomate
Die erste gentechnisch veränderte Pflanze, die für die Vermarktung zugelassen wurde, war die *Flavr-Savr-Tomate* oder „*Anti-Matsch-Tomate*". Tomaten werden oft unreif geerntet, damit sie besser transportiert werden können. Leider fehlt solchen nachgereiften Früchten das volle Aroma. Für die Reifung einer Tomate sind mehrere Gene verantwortlich, deren Genprodukte die Tomate rot und aromatisch, aber schließlich auch matschig werden lassen. Das vom „Matsch"-Gen codierte Enzym, die *Pektinase*, baut das Pektin zwischen benachbarten Zellwänden ab. Dadurch wird der Zellverband gelockert und das Gewebe matschig. Bei der Flavr-Savr-Tomate wurde dieses Gen durch die *Antisense-Technik* ausgeschaltet. Dazu wird das „Matsch"-Gen verkehrt herum hinter demselben Promotor nochmals eingebaut. Wird es transkribiert, entsteht eine zur normalen m-RNA (*sense*) komplementäre m-RNA (*antisense*). Die beiden RNA-Stränge lagern sich zum Doppelstrang zusammen. Dadurch ist die Translation nicht möglich und es wird keine Pektinase gebildet. Der Hersteller der transgenen „Anti-Matsch-Tomaten" erhoffte sich, dass die reifen Tomaten länger fest bleiben und im reifen, aromatischen Zustand geerntet und verschickt werden können. Die Tomaten lassen sich aber nicht maschinell ernten, da ihre Schale dünner ist als bei herkömmlichen Tomaten. Die „Anti-Matsch-Tomate" matscht bei der Ernte. Inzwischen sind die Tomaten überall vom Markt verschwunden.

Golden Rice
In Ländern, in denen Reis das Hauptnahrungsmittel darstellt, ist Vitamin-A-Mangel ein Problem, da Reis kaum Beta-Carotin, die Vorstufe von Vitamin A, enthält. Im Jahre 1999 wurde von Schweizer Forschern ein „Vitamin-A-Reis" vorgestellt, der durch die Übertragung von mehreren Fremdgenen auf das Reis-Genom entstand. Er besitzt einen höheren Gehalt an Beta-Carotin und ist daher gelblich (*Golden Rice*). Dieser Reis soll dazu beitragen, die Vitamin-A-Versorgung in Reisanbauländern zu verbessern.

A1 ○ Informieren Sie sich über das Für und Wider des Golden Rice.

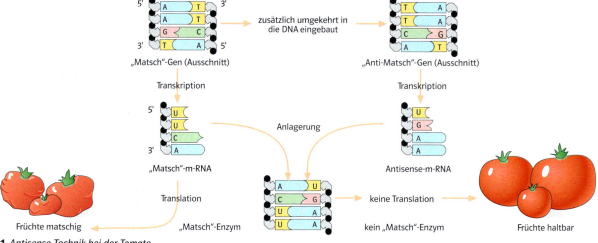

1 *Antisense-Technik bei der Tomate*

96 Genetik

Material
Gen-Ethik

Wissenschaftlicher Fortschritt hat im Bereich der Genetik / Gentechnik zu technischen Möglichkeiten geführt, die die Frage aufwerfen, ob das technisch Mögliche auch gemacht werden sollte. Antworten auf diese Fragen kann man sich aus dem Bereich der Ethik erhoffen.

Gentechnik und Lebensmittel

In Europa und besonders in Deutschland ist die sogenannte „Grüne Gentechnik" stark umstritten. Besonders die Frage nach gentechnisch veränderten Lebensmitteln wird heiß diskutiert. Dabei wird die Berichterstattung in den Medien oft unsachlich geführt. Begriffe wie Gen-Food, Gen-Mais oder Gen-Tomate werden dort verwendet. Dabei sollte eigentlich klar sein, dass es gar keine Tomaten- oder Maispflanzen ohne Gene gibt. Derzeit ist die Situation so, dass es in den Supermärkten keine Produkte gibt, die der Kennzeichnungspflicht unterliegen. Die Ablehnung der Verbraucher gegenüber der Gentechnik ist so groß, dass diese Produkte keine Chance auf dem deutschen Markt hätten. Produkte, die mithilfe gentechnischer Verfahren indirekt hergestellt wurden, aber nicht der Kennzeichnungspflicht unterliegen, findet man sehr wohl in den Geschäften.

A1 ○ Recherchieren Sie, welche Lebensmittel unter Beteiligung von Gentechnik hergestellt werden. Nennen Sie Beispiele.

Amflora

In Europa werden Kartoffeln nicht nur als Lebensmittel eingesetzt, sondern sie spielen auch in der Industrie eine bedeutende Rolle. Kartoffeln enthalten zwei Formen von Stärke, die Amylose und das Amylopektin. Dabei wird nur das Amylopektin zur industriellen Herstellung von Kleister, Textilien und Baustoffen verwendet. Die

1 *Amflora-Kartoffeln*

2 *Proteste gegen Amflora*

Trennung von Amylopektin und Amylose ist mit einem hohen Verbrauch von Wasser und Energie verbunden. Aus diesem Grund wurde mit Amflora eine Kartoffel entwickelt, die gentechnisch so verändert wurde, dass sie nur noch Amylopektin herstellt. Mithilfe der Antisense-Technik wurde das Gen für Amylose blockiert.

Bereits 1996 wurde ein Zulassungsantrag für die Anpflanzung von Amflora gestellt, der jedoch erst 2010 genehmigt wurde. Mehrfach haben Expertengremien der Europäischen Behörde für Lebensmittelsicherheit (EFSA) die Amflora-Kartoffel geprüft und sie als „sicher für Umwelt, Tiere und Menschen" eingestuft. Trotzdem gab es Bedenken der Mitgliedsstaaten der EU, die sich insbesondere auf ein Antibiotikaresistenz-Gen bezogen, das als Marker-Gen in der Kartoffel vorhanden ist. 2009 gab die EFSA jedoch in einer Stellungnahme bekannt, dass eine Gefährdung durch dieses Gen unwahrscheinlich sei. 2010 begann der Anbau von Amflora in Tschechien, Schweden und Deutschland.

Die Firmen mussten sich mit massiven Protesten von Gentechnikgegnern auseinandersetzen. 2012 gab die BASF bekannt, dass sie mit ihrer Pflanzenforschungsabteilung in die USA übersiedeln wird. Die Entwicklung und Vermarktung der Amflora-Kartoffel, die ausschließlich auf den europäischen Markt ausgerichtet war, wurde gestoppt. Damit werden derzeit in Deutschland und den meisten europäischen Ländern keine gentechnisch veränderten Pflanzen mehr angebaut. Nur in Portugal und Spanien wird Bt-Mais angebaut. Bt-Mais enthält ein Gen des Bakteriums *Bacillus thuringiensis*, was ihn gegen seinen Hauptschädling, den Maiszünsler, resistent macht.

A2 ● Führen Sie eine ethische Bewertung zum Thema „Anbau von Amflora in Europa" durch. Gehen Sie dabei nach folgenden Schritten vor:
1. Beschreiben Sie die Problemsituation.
2. Formulieren Sie Handlungsoptionen zur Lösung des Problems.
3. Informieren Sie sich über mögliche Chancen und Risiken des Anbaus von Amflora. Nutzen Sie unterschiedliche Quellen, um einen umfassenden Eindruck zu gewinnen.
4. Formulieren Sie mögliche Pro- und Contra-Argumente. Berücksichtigen Sie dabei alle Beteiligten (Gesellschaft, Umwelt, Unternehmer, Arbeitnehmer, ...)
5. Wählen Sie aus dem Wertepool unten die Werte aus, die bei dem Konflikt berührt werden.

Sicherheit	Naturschutz	Wohlstand
Verantwortung	Wahlfreiheit	Gerechtigkeit
Freiheit	Fortschritt	Würde der Natur
Solidarität	Artenschutz	Frieden

6. Ordnen Sie den in 4. genannten Argumenten die entsprechenden Werte zu.
7. Erstellen Sie für sich eine Rangfolge der Werte.
8. Fällen Sie für sich ein abschließendes Urteil.
9. Formulieren Sie die Konsequenzen, die Ihre Entscheidung für alle Beteiligten haben würde. Überdenken Sie gegebenenfalls Ihr Urteil.

Übungen
Genetik

Die Krankheit Chorea Huntington (HD = Huntington Disease oder Morbus Huntington) wurde nach ihrem Entdecker GEORGE HUNTINGTON benannt. Man schätzt, dass in Deutschland ca. 10 000 Menschen an Chorea Huntington erkrankt sind. Bei den meisten Patienten treten die Symptome zwischen dem 30. und 50. Lebensjahr (adulte Form) auf, in einigen Fällen kommt es bereits im Jugendalter (juvenile Form) zum Ausbruch der Krankheit. Durchschnittlich 15 bis 20 Jahre nach dem Auftreten der ersten Symptome führt die Erkrankung zum Tod.

Menschen mit Chorea Huntington leiden an einer zunehmenden Zerstörung der Nervenzellen. Die Ursache der Erkrankung ist eine Mutation des Huntington-Gens auf dem Chromosom 4. Das Gen codiert für das Huntingtin-Protein (HTT), das zum Absterben von Nervenzellen führt. Dabei besteht die Mutation darin, dass das Basentriplett CAG bis zu 35-mal hintereinander wiederholt wird. Dadurch wird die polare Aminosäure Glutamin viele Male hintereinander in das Protein eingebaut. Dies führt zu vermehrten Wechselwirkungen der Aminosäuren untereinander und damit zu einer starken Veränderung der Tertiärstruktur. Dabei entstehen Eiweißklumpen, die sich im Nervengewebe ablagern.

1 Vererbung

Chorea Huntington ist eine monogen vererbte Krankheit, deren Vererbung nach den Mendel'schen Regeln erfolgt.

A1 ○ Abb. 1 zeigt den Stammbaum einer Familie, in der Chorea Huntington aufgetreten ist. Analysieren Sie den Stammbaum und schließen Sie dabei nicht zutreffende Erbgänge begründet aus.

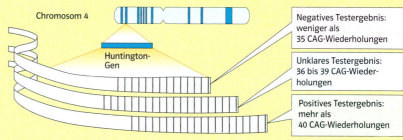

2 Gentest für die Chorea-Huntington-Veranlagung

2 Molekulare Diagnostik

Durch einen Gentest mittels einer Polymerasekettenreaktion (PCR) lässt sich Chorea Huntington diagnostizieren. Dabei wird das Erbmaterial der Testpersonen in einer PCR-Reaktion vervielfältigt. Die Länge des PCR-Produkts hängt von der Anzahl der CAG-Wiederholungen ab (Abb. 2).

Abbildung 3 zeigt das Ergebnis eines Gentests bei einer Familie, in der die Mutter an Chorea Huntington erkrankt ist. In der ersten Spur wurde ein Größenmarker für DNA-Fragmente mit 18 und 48 Wiederholungen aufgetragen.

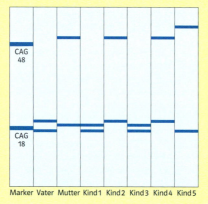

3 Ergebnis eines Gentests

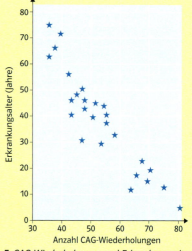

5 CAG-Wiederholungen und Erkrankungsalter

A2 ○ Erläutern Sie die Methode der PCR sowie weitere Schritte in der Gendiagnostik.

A3 ◐ Werten Sie das vorliegende Ergebnis des Gentests in Abb. 3 aus. Gehen Sie davon aus, dass die Elternschaft beider Elternteile unstrittig ist.

A4 ◐ Analysieren Sie die Abb. 4 und 5. Gehen Sie dabei auf die Konsequenzen für die in Abbildung 3 dargestellte Familie ein.

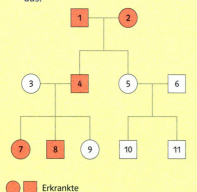

1 Stammbaum einer Huntington-Familie

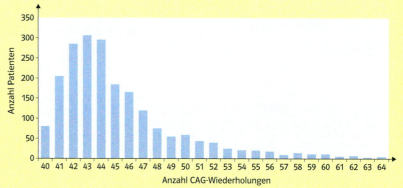

4 Häufigkeit der CAG-Wiederholungen

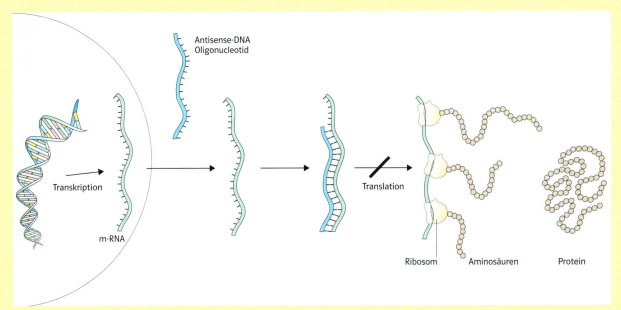

6 Antisense-Gentherapie

3 Gentherapie

Chorea Huntington wird durch ein einziges mutiertes Gen verursacht. Wenn dieses Gen alle Probleme der HD-Erkrankung verursacht, liegt es nahe, dieses Gen abzuschalten.

Gen-Silencing, das Stilllegen von Genen, ist heute ein Standardverfahren, um herauszufinden, wie Organismen arbeiten und auf welchem Weg Krankheiten Schäden verursachen.

Eine sehr vielversprechende Methode zur gentherapeutischen Behandlung von Chorea Huntington ist die *Antisense-Gentherapie*. Bei erkrankten Mäusen und Rhesusaffen konnten die Genetiker die Symptome von HD durch ein Medikament ausschalten. Die Arznei basiert auf Antisense-DNA-Oligonucleotiden, die selektiv an die m-RNA des defekten Gens Huntingtin binden. Sich ansammelndes Huntingtin führt zum Absterben der Nervenzellen, was sich beim Menschen durch unkontrollierte Bewegungen und sich stetig vergrößernde kognitive und psychiatrische Probleme äußert. Auch bei Mäusen ist die Symptomatik ähnlich. Bei behandelten Mäusen war die Motorik nach zwei Monaten komplett wiederhergestellt. Die Wirkung des Medikaments hielt bis neun Monate an.

Gerade in neuester Zeit wird vermehrt auch an der Transplantation fetaler Nervenzellen in das Gehirn von Chorea-Patienten bis hin zur Wirkstoffforschung zur Hemmung der Proteinverklumpung geforscht.

A5 ● In Abbildung 6 ist das Verfahren der Antisense-Gentherapie dargestellt. Erläutern Sie mithilfe der Abbildung, wie durch dieses Verfahren verhindert wird, dass das HD-Protein in der Zelle exprimiert wird.

4 Gentest

Seit 1993 besteht die Möglichkeit, Chorea Huntington durch einen Gentest nachzuweisen. Dies ist im Rahmen einer pränatalen Diagnostik oder aber auch im Erwachsenenalter möglich. Patienten erkranken an Chorea Huntington in der Regel erst, nachdem sie bereits im fortpflanzungsfähigen Alter sind oder bereits eine Familie gegründet haben. So stehen die Kinder dieser Patienten vor der Entscheidung, durch einen Gentest Gewissheit zu erlangen, ob sie von der Krankheit betroffen sind.

Die eineiigen Zwillinge Lena und Lisa G. sind 26 Jahre alt und pflegen gemeinsam seit drei Jahren ihre Mutter, die mit 40 Jahren an Chorea Huntington erkrankt ist.

Zunächst machte sich die Krankheit nur durch unkontrollierte Grimassen, gefolgt von Geistesabwesenheit und unwillkürlichen Zuckungen und Gesten bemerkbar. Die motorischen Symptome verstärkten sich mit der Zeit und führten zu den typischen tänzelnden und torkelnden Bewegungen, die der Krankheit den deutschen Namen Veitstanz einbrachte.

Mit der Zeit zeigten sich Wesensveränderungen. Frau G. war leicht reizbar und depressiv. Mittlerweile leidet sie unter Wahnvorstellungen und völliger Demenz.

Frau G. ist inzwischen 50 Jahre alt und zu einem völligen Pflegefall geworden. Sie ist bettlägerig, muss künstlich ernährt werden und reagiert kaum noch auf ihre Umwelt.

A6 ◐ Lisa und Lena wissen nicht, ob sie die Krankheit von ihrer Mutter geerbt haben. Lisa würde gerne einen Gentest durchführen lassen, Lena lehnt dies ab. Erörtern Sie die Folgen, die die Durchführung eines Gentests für Lena und Lisa haben könnten. Nutzen Sie bei Ihren Überlegungen die Informationen auf der Methodenseite 10.

A7 ◐ Begründen Sie, warum vor der Durchführung ein umfangreiches Aufklärungsgespräch mit dem Patienten erfolgen muss und eine nachfolgende Bedenkzeit von drei Monaten verpflichtend ist.

99

Neurobiologie

Reiz und Reaktion

Sinnesorgane und Sinneszellen nehmen Reize aus unserer Umgebung auf, die in Nervenerregungen umgewandelt werden.

Nervensystem

Nervenzellen bilden im Körper ein dichtes Netzwerk. Neuronale Impulse werden von den Sinneszellen zum Gehirn geleitet und vom Gehirn zu den Muskeln.

Lebewesen reagieren auf Signale ihrer Umwelt. Sie nehmen lebenswichtige Informationen auf und verarbeiten sie. Bei Tieren steuert das Nervensystem viele Lebensvorgänge und das Verhalten.

Steuerzentrale Gehirn

Das Gehirn verarbeitet viele Nervensignale, speichert Informationen und vergleicht neue mit alten Informationen. Beim Lernen verändert sich unser Gehirn.

Hormone

Hormone sind an der Regelung wichtiger Körperfunktionen beteiligt. In Verbindung mit dem Nervensystem wirken sie auch auf Stress und Entspannung ein.

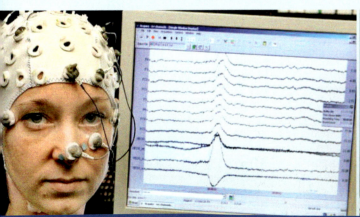

2.1 Nervenzellen — Bau und Funktion
Vom Reiz zur Reaktion

1 *Jagd nach Lachsen*

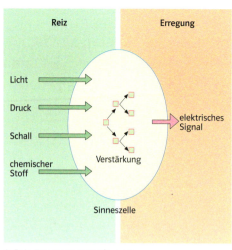

2 *Reiz-Erregungs-Transformation*

Ein Bär jagt Lachse. Der Geruch der Fische hat ihn angelockt. Er steht im seichten Wasser und wartet. Im richtigen Moment schlägt die Pranke des Bären zu. Er hat Erfolg. Erfahrungen im Lachsfang helfen ihm. Der Bär kann nur existieren, wenn er ständig Informationen aus seiner Umwelt erhält, diese verarbeitet und darauf reagiert. Reize aus der Umgebung wirken auf spezialisierte *Sinneszellen* in den Sinnesorganen ein.

Reiz-Erregungs-Transformation
Sinneszellen sind selektiv und reagieren nur auf adäquate Reize. Der Bär sieht und riecht die Lachse. Chemische Substanzen wirken auf die Sinneszellen in der Nase. Physikalische Signale wie das Licht wirken auf die Sinneszellen im Auge. Die chemischen oder physikalischen Reize bewirken in den spezialisierten Sinneszellen immer das Gleiche, sie lösen eine Erregung aus. Diese Umwandlung der Reizenergie in elektrische Energie *(Erregungen)*, nennt man *Reiz-Erregungs-Transformation*. Die Erregungen werden über fadenförmige Nerven von den Sinneszellen zum Gehirn geleitet. Die Erregungen in den Nervenzellen unterscheiden sich nicht voneinander, egal ob sie durch akustische, optische oder chemische Reize ausgelöst wurden. Das Gehirn kann von Sinneszellen produzierte Erregungen verarbeiten, speichern, Informationen daraus gewinnen und diese mit bereits gespeicherten Informationen vergleichen.

Die Reize führen in den Sinneszellen zur Bildung von Erregungen. Die Sinneseindrücke, wie Geruch oder Farbe des Lachses, entstehen erst durch diese Erregungen von Nervenzellen an verschiedenen Stellen im Gehirn.

Afferent — efferent
Gehirn und Rückenmark fasst man als *Zentralnervensystem* zusammen. Es nimmt nicht nur Signale auf und verarbeitet diese, sondern es löst auch Erregungen für das weitere Verhalten des Bären beim Fischfang aus. Dieses beobachtbare Verhalten setzt sich aus einer Vielzahl koordinierter Muskelbewegungen zusammen. Vom Zentralnervensystem werden hierfür Kommandos über die Nerven an die Muskeln der Bärenpranke weitergeleitet. Nicht nur Muskelzellen, sondern auch innere Organe oder Drüsen wie die Speicheldrüsen werden über die motorischen Nerven erregt. Diese Nervenzellen werden *motorisch* oder *efferent* genannt, weil sie Erregungen vom Gehirn weg zu den Muskeln leiten. Die Nervenzellen, die Erregungen von den Sinneszellen zum Gehirn hin leiten, werden *sensorisch* oder *afferent* genannt.

A1 Erklären Sie die Bedeutung der Reiz-Erregungs-Transformation und erläutern Sie, weshalb wir trotzdem Töne nicht als optische Reize wahrnehmen.

Das Neuron

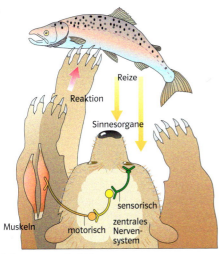

1 *Erregungsweiterleitung*

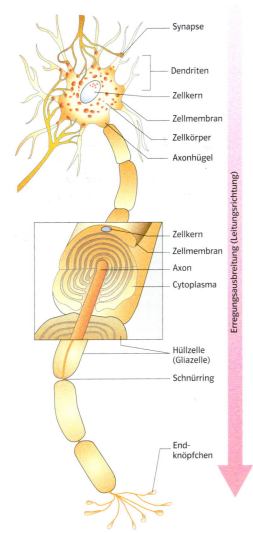

2 *Schema des Neurons*

Die wichtigsten Bauelemente des Nervensystems sind die Nervenzellen, die *Neurone*. Diese Zellen können Erregungen und elektrische Signale erzeugen, verarbeiten und weiterleiten (Abb. 1). Die Spezialisierung der verschiedenen Neurone zeigt sich in ihrer Form, ihrer Verzweigung und dem Grad der Ausdehnung. Ihre Länge reicht von wenigen Mikrometern bis zu über einem Meter. Dennoch kann die Vielfalt der Neurone auf einen einheitlichen typischen Bauplan zurückgeführt werden (Abb. 2).

Aufbau des Neurons

Das Neuron ist eine Zelle, die in einen *Zellkörper* und Zellfortsätze gegliedert ist. Der Zellkörper *(Soma)* enthält unter anderem den Zellkern. Bei den Zellfortsätzen werden *Dendrit* und *Axon* (auch *Neurit*) unterschieden. Dendriten bilden oft weit verzweigte Fortsätze („Bäumchen") von ca. 2 mm Länge. Sie sind in der Nähe des Zellkörpers meistens dicker als das Axon, verjüngen sich aber mit jeder Gabelung. Das Axon ist oft wesentlich länger als die Dendriten. Ein Neuron besitzt meist nur ein einziges Axon mit einem kegelförmigen Ursprungsbereich, dem *Axonhügel*. Dendriten leiten Erregungen zum Zellkörper hin, Axone leiten Erregungen von ihm weg. Viele Axone verzweigen sich am Ende. An jedem Axonende befindet sich eine Verdickung. Diese *Endknöpfchen* stellen funktionelle Verbindungen *(Synapsen)* entweder zu Muskelfasern, Drüsen oder zu anderen Neuronen her.

Nervenzellen sind ummantelt

Neurone sind von Hüllzellen umgeben, den *Gliazellen*. Es gibt schätzungsweise 10-mal so viele Gliazellen wie Neurone. Sie stützen und ernähren die Neurone und sorgen für die elektrische Isolation. Bei vielen Wirbeltieren sind die erregungsleitenden Axone der sensorischen und motorischen Nervenzellen durch mehrere Lagen von spezialisierten Gliazellen, die *Myelin* produzieren, umwickelt (Abb. 2). Sie bilden die sogenannte *Markscheide*. Das Axon und die umgebenden Hüllzellen werden *Nervenfaser* genannt. Viele dieser Fasern bilden gebündelt und von Bindegewebe umgeben einen *Nerv*.

Nerv
Bündel von Nervenfasern, umgeben von Bindegewebe

Nervenfaser
Axon mit umgebenden Hüllzellen

Neuron
meist verzweigte Zelle mit langen Fortsätzen, speziell für die Verarbeitung und Weiterleitung von Erregungen

103

Die Biomembran — Grundlage der Funktion von Neuronen

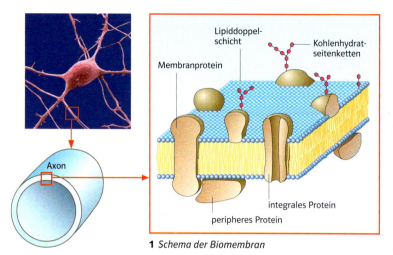

1 Schema der Biomembran

Proteine in und auf der Membran
Eingebettet in die Membran findet man verschiedene Proteine, die sehr spezifische Funktionen übernehmen. Einige dieser Proteine registrieren bestimmte Stoffe außerhalb der Zelle, wie z. B. Hormone, und übertragen die Information vom Vorhandensein dieser Stoffe in das Innere der Zelle. Weitere Proteine steuern den Austausch bestimmter Stoffe in die Zelle oder aus der Zelle heraus. Der Stoffaustausch kann hierbei passiv durch die Eigenbewegung der Stoffmoleküle erfolgen oder aktiv durch Proteine, die als „Transporter" agieren. Diese *integralen Membranproteine* durchspannen die Lipiddoppelschicht und verbinden so die Außenseite der Zelle mit der Innenseite. Die *peripheren Membranproteine* liegen auf der Membranoberfläche und sind durch Ionenbindungen und Wasserstoffbrücken mit dieser verbunden (Abb. 1). Sie spielen bei der Erregungsweiterleitung eine untergeordnete Rolle.

Zellen haben als Abgrenzung zur Umgebung eine Biomembran, die immer die gleiche Grundstruktur besitzt. Sie besteht aus einer doppelten Schicht von Phospholipidmolekülen. Diese bilden die Grundstruktur der Biomembran, die *Lipiddoppelschicht*. Die unpolaren Kohlenwasserstoffketten der Phospholipide sind zum Inneren der Membran ausgerichtet, die polaren Enden mit der Phosphatgruppe nach außen. Sie sind für die Stabilität und Fluidität der Membran verantwortlich (Abb. 1). Die Biomembran ermöglicht verschiedene Funktionsräume mit unterschiedlichen Konzentrationen verschiedener Stoffe. Dies ist beim Neuron eine wichtige Voraussetzung für die Erregungsweiterleitung.

Die Form der Neuronen wird durch das Cytoskelett stabilisiert, welches wie ein Netzwerk an der inneren Membran liegt. Auch für den Transport vom Zellkörper über das Axon und die Dendriten bis zu den Synapsen ist das Cytoskelett zuständig. Transportiert werden in besonderem Maße Proteine, welche für die Funktion der Synapsen und das Wachstum der Dendriten benötigt werden. Hier spielen die Motorproteine eine große Rolle (Abb. 3).

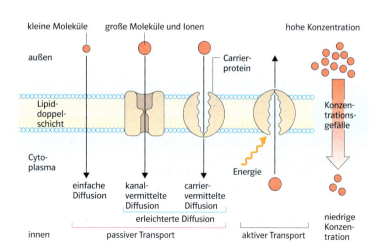

2 Schematische Darstellung der Transportmechanismen

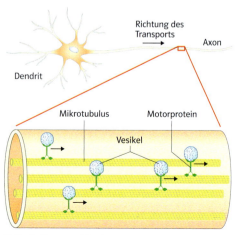

3 Vesikeltransport im Axon

104 Neurobiologie

Kanäle, Transporter und Pumpen

Der Durchtritt von Stoffen durch Biomembranen erfolgt unterschiedlich. Unpolare Moleküle wie Sauerstoff oder Kohlenstoffdioxid können die Biomembran leicht durchdringen. Wasser kann in geringen Mengen durch die Membran diffundieren. Der Austausch von größeren Molekülen oder Ionen, die von einer Hydrathülle umgeben sind, setzt jedoch die Hilfe von integralen Membranproteinen voraus, die als Ionenkanäle, Carrier (Transporter) oder Pumpen fungieren (Abb. 2). Der Transport in Richtung des Konzentrationsgefälles ist energieunabhängig, während beim Transport gegen das Konzentrationsgefälle Energie aufgewendet werden muss.

Passiver Transport

Ionenkanäle sind integrale Tunnelproteine. Sie können ständig geöffnet sein oder sie öffnen und schließen sich durch elektrische oder chemische Auslöser, spannungsabhängige oder ligandengesteuerte Ionenkanäle. Durch sie diffundieren große Mengen von Ionen, bis zu 100 Millionen pro Sekunde, von der hohen zur niedrigen Konzentration *(passiver Transport)*. Auch bei den Carriern gibt es eine Form, welche Substanzen nur in Richtung des Konzentrationsgefälles transportiert (Abb. 2). Diesen Mechanismus bezeichnet man als *Uniport*, da er nur in eine Richtung orientiert ist.

Aktiver Transport

Der aktive Transport ist direkt verbunden mit energetischen Vorgängen. Die Energie stammt z. B. aus dem energiereichen ATP. Ein Beispiel sind die *Natrium-Kalium-Ionenpumpen* in den Nervenzellen. Unter Verbrauch von ATP werden Natriumionen aus der Nervenzelle in die interzelluläre Flüssigkeit abgegeben, während gleichzeitig Kaliumionen aus der interzellulären Flüssigkeit, der Lymphe, ins Zellinnere gelangen (Abb. 2). Durch diesen Mechanismus wird eine ungleiche Verteilung von Ionen aufrechterhalten, die zur Funktion der Nervenzelle notwendig ist.

Modelle zur Funktion der Ionenkanäle

Die Vorgänge am Neuron lassen sich über die Funktion der Ionenkanäle erklären. Diese öffnen oder schließen sich durch

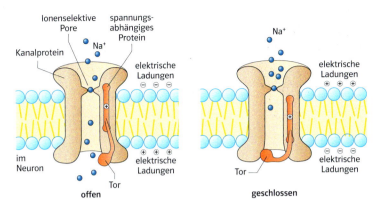

4 *Spannungsgesteuerter Ionenkanal (Modellvorstellung)*

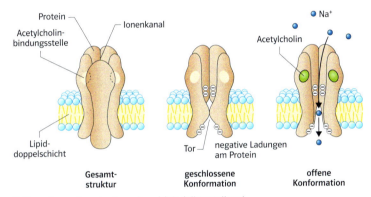

5 *Ligandengesteuerter Ionenkanal (Modellvorstellung)*

die Veränderung der Membranspannung oder durch spezifische chemische Substanzen *(Liganden)*. Einige Proteine in den spannungsgesteuerten Kanälen enthalten positiv geladene Aminosäuren. Eine Änderung des Membranpotentials verändert die Ladung und dadurch die Wirkung auf diese Proteine (Abb. 4). Dies führt zu einer räumlichen Veränderung des Ionenkanals. Die Kanalpore öffnet oder schließt sich und gibt den Weg für die Ionen frei. Bei ligandengesteuerten Ionenkanälen erfolgt die räumliche Veränderung durch spezifische Substanzen (Abb. 5).

A1 ○ Proteine werden in der Nervenzelle hauptsächlich im Zellkörper produziert. Erläutern Sie die Bedeutung des Cytoskeletts und der Motorproteine unter diesem Aspekt.

A2 ◐ Beschreiben Sie die Vorgänge in Abb. 4 und vergleichen Sie diese mit denen in Abb. 5. Erläutern Sie, weshalb es sich um Modellvorstellungen handelt.

Das Ruhepotential

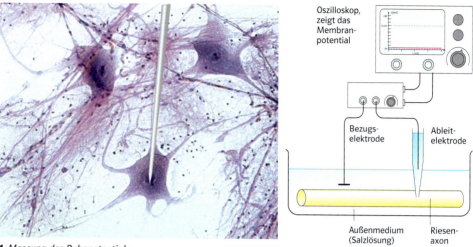

1 *Messung des Ruhepotentials*

Bereits im 18. Jahrhundert war bekannt, dass in Lebewesen elektrische Vorgänge ablaufen. Aber erst im Jahr 1939 gelang es, Spannungen an den Riesenaxonen des Tintenfisches zu messen. Mithilfe von Glaskapillaren und Messverstärkern konnten die Wissenschaftler die am Axon auftretenden Potentiale exakt bestimmen.

Membranpotential

Misst man an einem nicht erregten Axon, bei dem beide Elektroden außerhalb der Membran liegen, so tritt keine Spannung auf. Wird eine der beiden Elektroden durch die Axonmembran gestochen, so misst man eine Spannung, die auf dem Oszilloskop angezeigt wird.

Eine Spannung ist eine Potentialdifferenz. Bei den Messungen am Axon liegt dieser Ladungsunterschied zwischen der Außenseite und der Innenseite der Membran vor. Man nennt diese Spannung das *Membranpotential*. Das Potential der außen liegenden Bezugselektrode wird zur Vergleichbarkeit der verschiedenen Versuche willkürlich als Nullwert festgelegt. Für die Innenseite der Membran ergibt sich ein Potential im Bereich von –70 mV. Diese Spannung kann je nach Zelle zwischen –40 und –90 mV variieren. Die Innenseite der Axonmembran ist im nicht erregten Axon gegenüber der Außenseite negativ geladen.

Selektive Permeabilität der Membran

Membranpotentiale entstehen durch unterschiedliche Konzentrationen von positiv und negativ geladenen Ionen innerhalb und außerhalb des Axons. Der Konzentrationsunterschied kommt durch eine unterschiedliche Durchlässigkeit der Membran für bestimmte Ionen zustande.

Entstehung des Ruhepotentials

Die Axonmembran weist die Grundstruktur einer Biomembran auf. Außerhalb der Membran befindet sich die Körperflüssigkeit, die *Lymphe*, innerhalb der Membran das *Cytoplasma*. Die Membran ist selektiv permeabel, Wassermoleküle können passieren, gelöste Ionen nicht oder nur eingeschränkt (Abb. 3).

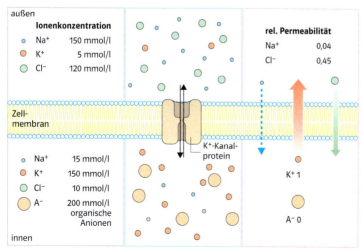

2 *Ionenverteilung und relative Permeabilität*

106 Neurobiologie

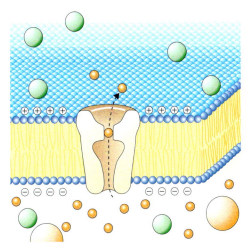

3 *Proteinkanal, in die Membran integriert*

Untersuchungen, bei denen radioaktiv markierte Ionen entweder in das Axon oder außerhalb des Axons zugeführt wurden, zeigten, dass ein Teil der Ionen anschließend auf der jeweils anderen Seite der Axonmembran zu finden war. Die Permeabilität für die einzelnen Ionen ist verschieden. Für die Natriumionen beträgt sie nur 4% der Permeabilität für Kaliumionen. Organische Anionen (A$^-$) wie Aminosäuren oder Eiweißmoleküle durchqueren die Membran überhaupt nicht.

Da die Konzentration der K$^+$-Ionen auf der Innenseite der Axonmembran etwa 30-fach größer ist als auf der Außenseite, ist die Wahrscheinlichkeit, dass ein K$^+$-Ion von innen nach außen den Kanal durchquert, ebenfalls etwa 30-mal höher als umgekehrt. Jedes K$^+$-Ion, das sich durch den Ionenkanal von innen nach außen bewegt, entfernt eine positive Ladung von der Membraninnenseite. Diese wird also relativ zur Außenseite der Membran negativ geladen. Es kommt zu einer Ladungstrennung, ein *Membranpotential* wird aufgebaut.

Dieses elektrische Potential wirkt durch den Ladungsunterschied dem Konzentrationsunterschied entgegen, weil positiv geladene K$^+$-Ionen von der negativen Ladung der Membraninnenseite angezogen werden. Dies führt letztlich zu einem Zustand, bei dem beide Vorgänge im Gleichgewicht stehen. Der Ausstrom, bedingt durch das Konzentrationsgefälle, entspricht dem Einstrom, der durch das elektrische Feld verursacht wird. Die hier durch die K$^+$-Ionen entstandene Spannung, das *„Kaliumgleichgewichtspotential"*, bildet die Grundlage für das Membranpotential, wie es am nicht erregten Axon, also im Ruhezustand, vorliegt. Man nennt diese Spannung *Ruhepotential*. Ihre Höhe wird durch die Ionenströme der Na$^+$- und Cl$^-$-Ionen nur in geringem Maße beeinflusst.

Natrium-Kalium-Ionenpumpe
Wird die Bildung von ATP durch Zellgifte behindert, zeigt sich, dass sich das Ruhepotential langsam abbaut. Der geringfügige, aber kontinuierliche Na$^+$-Ioneneinstrom erhöht auf Dauer die Na$^+$-Ionenkonzentration auf der Membraninnenseite. Die negative Ladung der Innenseite nimmt ab, was wiederum einen gesteigerten K$^+$-Ionenausstrom und damit eine Abnahme der internen K$^+$-Ionenkonzentration zur Folge hat.

Die *Ionenleckströme* durch die Axonmembran werden im intakten Neuron durch einen aktiven Transportmechanismus, die *Na$^+$-Ka$^+$-Pumpe* (s. Randspalte) ausgeglichen. Dieser Transportmechanismus benötigt Energie. Ohne die Pumpe würden sich die Ionenkonzentrationen langsam ausgleichen und das Membranpotential würde gegen null gehen. Die Pumpe ist ein Membranprotein, das Na$^+$-Ionen aus der Zelle und K$^+$-Ionen in die Zelle transportiert. Die dazu notwendige Energie liefert ATP. Es werden pro Pumpzyklus jeweils drei Na$^+$-Ionen gegen zwei K$^+$-Ionen ausgetauscht.

A1 🔵 Erklären Sie im Blick auf die Konzentrationsverhältnisse und den elektrischen Gradienten, weshalb die Chloridionen kaum Einfluss auf das Membranpotential haben.

A2 ⚫ An einem Axon wird dafür gesorgt, dass kein Sauerstoff mehr zur Verfügung steht. Geben Sie die eintretende Änderung des Membranpotentials an und begründen Sie die Änderung.

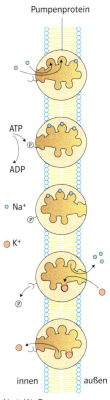

Na$^+$-K$^+$-Pumpe

Die Entstehung des Aktionspotentials

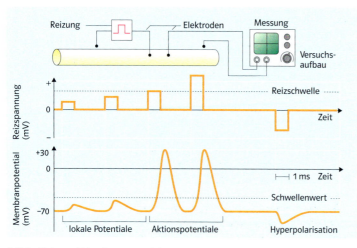

1 *Reizstärke und Membranpotential*

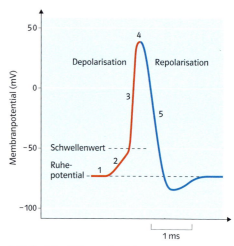

2 *Verlauf des Aktionspotentials*

Aktionspotentiale sind schnelle, kurzfristige Veränderungen des Membranpotentials an Nervenzellen. Sie dienen der Erregungsweiterleitung im Körper.

Messung des Aktionspotentials
Zur Messung des Aktionspotentials wird ein Axon an einer bestimmten Stelle mit unterschiedlichen Spannungen elektrisch gereizt. An einer etwas entfernt liegenden Stelle wird mithilfe von Elektroden und des Oszilloskops die Reaktion des Axons gemessen (Abb. 1).

Eine positive Reizspannung führt zu einer kurzfristigen lokalen Verringerung des Membranpotentials. Je höher die Reizspannung ist, desto schwächer wird das Membranpotential. Dies nennt man *Depolarisation*. Überschreitet dieses einen bestimmten Schwellenwert, ändert sich das Membranpotential schlagartig innerhalb einer Millisekunde bis zu einem Spitzenwert von ca. +30 mV. Das Axon bildet aktiv ein *Aktionspotential*, das sich über das Axon ausbreitet und fortpflanzt. Dabei misst man nach dem Überschreiten der Spannungsschwelle eine schnelle, starke Veränderung des Potentials, die *Depolarisationsphase* (Abb. 2).

Nach kurzer Zeit kehrt das Potential in der *Repolarisationsphase* wieder auf das Ruhepotential zurück. Aktionspotentiale zeigen immer den gleichen Verlauf. Sowohl die Dauer der einzelnen Phasen als auch ihr elektrisches Potential sind immer gleich; sie geschehen so oder gar nicht. Dies wird als *Alles-oder-Nichts-Gesetz* bezeichnet.

Wird durch die Reizelektrode kurzzeitig eine negativere Spannung erzeugt, sinkt an der Messstelle das Membranpotential unter die Ruhespannung (*Hyperpolarisation*, Abb. 1).

Molekulare Vorgänge
Eine Änderung des Membranpotentials lässt sich durch eine Veränderung der Ionenkonzentrationen an der Innen- und Außenseite der Axonmembran erklären. ALAN HODGKIN und BERNARD KATZ führten Experimente durch, bei denen sie die außerhalb des Axons vorhandenen Na^+-Ionen durch positiv geladene, aber wesentlich größere Ionen ersetzten, für die die Axonmembran nicht permeabel ist. In dieser Versuchsanordnung konnten keine Aktionspotentiale ausgelöst werden. Die Forscher vermuteten, dass das Aktionspotential durch das Öffnen von Na^+-Ionenkanälen und den schnellen Einstrom der Na^+-Ionen in das Axon entsteht.

Messungen ergaben, dass die Außenkonzentration der Na^+-Ionen gegenüber der Innenkonzentration 10-fach höher ist. Die Hypothese wurde durch Patch-Clamp-Messungen bestätigt: Während der Depolarisation sind viele Na^+-Ionenkanäle geöffnet, jedoch nur wenige K^+-Ionenkanäle.

Hyperpolarisation
hyper, gr. = über; Spannung ist negativer als das Ruhepotential

Depolarisation
de, lat. Vorsilbe = weg; Abnahme der Spannung an der Membran

Repolarisation
re, lat. Vorsilbe = zurück; Rückkehr zum Ruhepotential

Die Patch-Clamp-Technik

Mit dieser Technik kann man untersuchen, wann Ionenkanäle geöffnet oder geschlossen sind (s. Randspalte). Der Ionenstrom wird an einer sehr kleinen Membranfläche gemessen. Eine Mikropipette aus Glas wird durch leichtes Ansaugen auf der Zellmembran befestigt. Dieser abgegrenzte Teil am Axon ist so klein, dass einzelne Ionenkanäle analysiert werden können. Die Glaskapillare ist mit einer Salzlösung gefüllt, die den Strom leitet. Eine zweite Kapillare wird in die Zelle eingeführt. Bei der Messung des Stromflusses beobachtet man plötzliche, kurzfristige Sprünge. Der Kanal öffnet sich, Ionen diffundieren hindurch, danach schließt sich der Kanal wieder. Auf diesem Weg kann man die Anzahl der Ionen in einem bestimmten Zeitraum messen. Um zu untersuchen, welche Ionen sich durch die Ionenkanäle bewegen, können spezifisch Natriumionenkanäle oder Kaliumionenkanäle blockiert werden.

Ionenströme an den Ionenkanälen

In der Membran eines Axons sind spannungsgesteuerte Na^+- und K^+-Ionenkanäle in ausreichender Dichte vorhanden. Durch einen elektrischen Reiz wird das Axon depolarisiert (Abb. 3). Hierdurch werden wenige Na^+-Ionenkanäle geöffnet. Die Öffnung der ersten Kanäle führt zu einer verstärkten Depolarisation, die zu einem weiteren Öffnen von Na^+-Ionenkanälen führt. Bei dem Schwellenwert von ca. −50 mV öffnen sich schlagartig alle verfügbaren Na^+-Ionenkanäle in der Umgebung der depolarisierten Axonmembran. Na^+-Ionen strömen in großer Zahl in das Innere des Axons. Der Anteil der positiv geladenen Ionen wird dadurch außerhalb des Axons geringer, innerhalb größer. Hierdurch wird das Membranpotential innerhalb einer Millisekunde positiv (Abb. 2).

Die einzelnen Na^+-Ionenkanäle schließen sich spontan nach ca. 2 ms wieder. Hierdurch gelangen keine weiteren Na^+-Ionen in das Axon und das Potential steigt nicht weiter an. Die geschlossenen Na^+-Ionenkanäle sind anschließend für eine kurze Zeit inaktiviert und nicht zu öffnen *(Refraktärzeit)*. Erst nach einigen Millisekunden werden sie wieder aktivierbar. Die Refraktärzeit begrenzt die Anzahl der auslösbaren Aktionspotentiale (Frequenz) und legt die Ausbreitung von Aktionspotentialen in nur eine Richtung fest. Die Repolarisation der Axonmembran (Abb. 3) wird wesentlich durch den Auswärtsstrom von K^+-Ionen bedingt. Durch das verstärkte Ausströmen der K^+-Ionen aus dem Axon wird das Zellinnere negativer, bis das Ruhepotential erreicht ist. Erst dann schließen sich die K^+-Ionenkanäle wieder.

A1 ● Beschreiben Sie die Vorgänge an den Na^+-Ionenkanälen anhand des Textes und der Abb. 3 und erläutern Sie daran, wie es zu den Phasen des Aktionspotentials in Abb. 2 kommt.

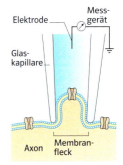

Patch-Clamp-Technik

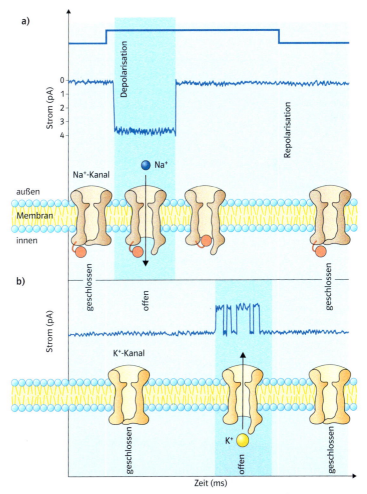

3 *Vorgänge an den Ionenkanälen während eines Aktionspotentials*

109

Weiterleitung des Aktionspotentials

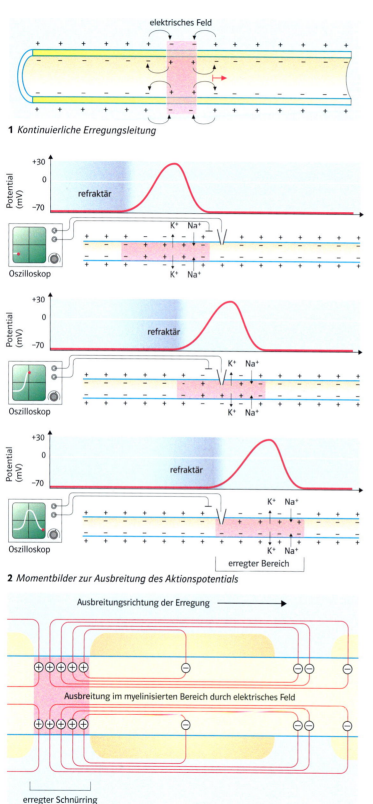

1 Kontinuierliche Erregungsleitung

2 Momentbilder zur Ausbreitung des Aktionspotentials

3 Saltatorische Erregungsleitung

Ein unterschwelliger elektrischer Reiz löst am Axon eine lokale Depolarisation aus. An der Reizstelle liegt an der Innenmembran eine stärker positive Ladung vor als in der Umgebung. Es bildet sich ein elektrisches Feld in beide Richtungen entlang des Axons aus (Abb. 1). Die Ausbreitung der Spannungsänderung am Axon nennt man *elektrotonische Fortleitung*.

Kontinuierliche Erregungsleitung
Aktionspotentiale werden am Axon weitergeleitet, ohne schwächer zu werden. Wird die Spannungsschwelle am Axon überschritten, bildet sich ein elektrisches Feld aus, das stark genug ist, um benachbarte spannungsgesteuerte Natriumionenkanäle zu öffnen. Die daraus resultierende Depolarisation löst dort wieder ein Aktionspotential aus, das seinerseits an den Nachbarstellen zu einer Öffnung der Natriumionenkanäle führt (Abb. 2). Da es an jeder Stelle der Membran nach dem *Alles-oder-Nichts-Gesetz* neu gebildet wird, schwächt es sich nicht ab. Das elektrische Feld kann sich in beide Richtungen am Axon ausbreiten. Trotzdem läuft das Aktionspotential nur in eine Richtung. Dort, wo gerade ein Aktionspotential gebildet wurde, befindet sich die Axonmembran in der *Refraktärzeit*, die Natriumionenkanäle sind inaktiv. Nur die vor dem Aktionspotential liegenden aktivierbaren Natriumionenkanäle können sich öffnen und ein Aktionspotential hervorrufen.

Saltatorische Erregungsleitung
Sehr hohe Fortleitungsgeschwindigkeiten findet man bei *myelinisierten Axonen*. Nur an den nicht myelinisierten Schnürringen bilden sich Aktionspotentiale aus, da sich nur hier spannungsgesteuerte Natrium-Ionenkanäle befinden (Abb. 3). Die myelinisierten Bereiche werden von den Aktionspotentialen fast ohne zeitliche Verzögerung übersprungen (*saltatorische Erregungsleitung*). Bei Axonen des Menschen beobachtet man Fortleitungsgeschwindigkeiten von 648 km/h.

A1 Im Experiment wird ein Axon in der Mitte gereizt. Erklären Sie, wie sich die Erregungsleitung im Versuch von der unter natürlichen Bedingungen unterscheidet.

Umwandlung von Reizen in elektrische Signale

Reize aus der Umwelt und aus dem Körper müssen in die Sprache des Nervensystems umgesetzt werden. Man bezeichnet dies als *Reiz-Erregungs-Transformation* (s. S. 102). Die verschiedenen Reize werden in den entsprechenden Sinneszellen in Rezeptorpotentiale umgewandelt *(codiert)*. Als *Rezeptorzellen* findet man bei Menschen und Tieren spezialisierte Neurone, die *primären Sinneszellen*. Dazu gehören auch die *Muskelspindeln* in den Muskeln, die parallel zu den Muskelfasern liegen (Abb. 1). Muskelspindeln reagieren auf die Kontraktion einzelner Muskelfasern und können so die Muskelkontraktionen bei Bewegungen regulieren.

Wird die Muskelfaser gedehnt, so werden die Muskelspindeln ebenfalls gedehnt. Im sensorischen Neuron werden daraufhin Na^+-Ionenkanäle geöffnet, Na^+-Ionen diffundieren in das Axon, die Membran wird depolarisiert. Diese Depolarisation wird *Rezeptorpotential* genannt. Das Rezeptorpotential ist ein lokales Potential, da in dieser spezialisierten Region keine spannungsabhängigen Na^+-Ionenkanäle liegen, die zur Auslösung eines Aktionspotentials führen.

Spannungsabhängige Natriumionenkanäle findet man nur im Bereich des Axons. Das elektrische Feld breitet sich über die Membran dorthin aus. Erst wenn ein Schwellenwert erreicht wird, öffnen sich die spannungsgesteuerten Natriumionenkanäle und ein Aktionspotential wird ausgelöst.

Bei einer hohen Reizstärke, einer starken Dehnung der Muskelfaser, ist die Amplitude des Rezeptorpotentials höher als bei einem schwachen Reiz, da durch mehr geöffnete Ionenkanäle mehr Na^+-Ionen diffundieren können. Die Amplitude des Rezeptorpotentials steigt im Anfangsbereich linear mit der Reizstärke (s. Randspalte). Amplitude und Dauer des Rezeptorpotentials bestimmen die Frequenz und den Zeitraum der ausgelösten Aktionspotentiale. Im einfachsten Fall führt ein stärkerer Reiz zu einer höheren Frequenz der Aktionspotentiale. Die Reizstärke wird also durch die Frequenz codiert (Abb. 1).

A1 ○ Erklären Sie anhand der Abbildungen den Zusammenhang zwischen Reizstärken und Rezeptor- bzw. Aktionspotentialen und beschreiben Sie den Einfluss der Reizdauer.

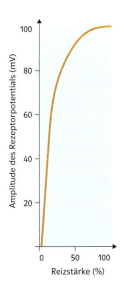

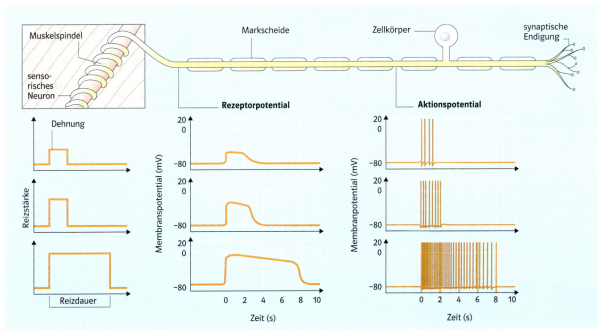

1 *Codierung*

Material
Erkenntnisgewinnung am Beispiel neurobiologischer Forschung

Naturwissenschaftliche Forschung geht von Phänomenen oder Beobachtungen aus. Führt das Phänomen zu einer Aussage, die aber nicht allgemein belegt ist, formulieren Forscher eine Hypothese. Hypothesen müssen durch viele verschiedene Experimente überprüft werden. Experimente müssen so geplant werden, dass die Ergebnisse die aufgestellten Hypothesen stützen oder widerlegen (Abb. 3). Oft ist durch ein Experiment eine Fragestellung nur teilweise gelöst. Die Summe der Experimente führt zu einer schrittweisen Erklärung der Phänomene oder Beobachtungen und damit zu einer Theorie.

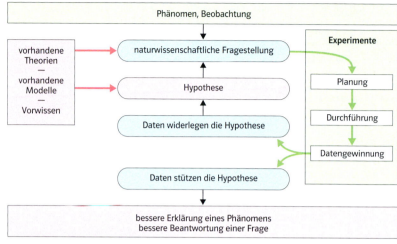

3 Der Weg der Erkenntnisgewinnung

Membranveränderung

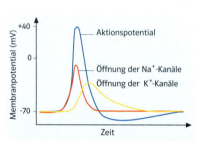

1 Membranpermeabilität

Die Fragestellung, welche Bedeutung die Natrium- und Kaliumionenkanäle bei der Entstehung des Aktionspotentials haben, konnte durch die Ergebnisse von Experimenten beantwortet werden. Hierzu wurden Messungen zur Öffnung der Natrium- und Kaliumionenkanäle am Axon parallel zur Messung des Aktionspotentials durchgeführt.

A1 ◐ Beschreiben Sie die Vorgänge zu den Messwerten der Kalium- und Natriumionenkanäle (Abb. 1) und bringen Sie diese mit der Entstehung des Aktionspotentials in Zusammenhang.

Ionenkanäle

Mithilfe von Patch-Clamp-Messungen lassen sich die Öffnungswahrscheinlichkeit und der Zeitpunkt der Öffnung einzelner Ionenkanäle am Axon ermitteln. Während der Messungen an den Natriumionenkanälen werden die vorhandenen Kaliumionenkanäle chemisch blockiert.

Die Membran wird in der Nähe der Messstelle elektrisch gereizt. Die Messungen werden kurz hintereinander wiederholt und die Messergebnisse summiert. Die Summe der Kanalströme ist ein Maß für die Öffnungswahrscheinlichkeit eines Ionenkanals.

A2 ◐ Stellen Sie die Patch-Clamp-Messung in eigenen Worten dar und erklären Sie Form und Amplitude der Messergebnisse (Abb. 4).

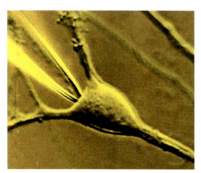

2 Patch-Champ-Elektrode auf Neuron

A3 ● *Tetrodotoxin*, das Gift von Kugelfischen, verschließt die Natriumionenkanäle im Axon.
Erläutern Sie, welche medizinische Bedeutung dieser Stoff bei der Zahnbehandlung hat, wenn er in die Umgebung der von den Zähnen kommenden Nerven gespritzt wird.

4 Kugelfisch

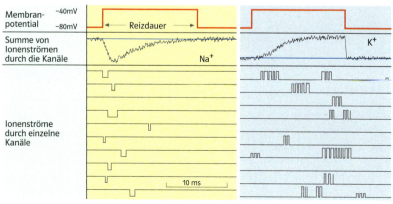

4 Patch-Clamp-Messungen an Ionenkanälen

112 Neurobiologie

K⁺-Konzentration und Ruhepotential

Experimentell kann die K⁺-Konzentration extrazellulär leicht verändert werden, indem das Axon in verschiedene Badelösungen mit unterschiedlichen K⁺-Konzentrationen getaucht wird. Danach wird jeweils das Ruhepotential gemessen.

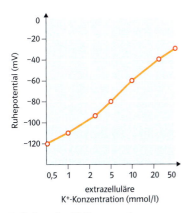

5 *Einfluss der K⁺-Konzentration*

A4 ○ Beschreiben Sie die Ergebnisse (Abb. 5) und erklären Sie sie auf molekularer Ebene.

Einfluss der Na⁺-Konzentration

Isolierte Axone werden in einem Glasgefäß elektrisch gereizt. Die Axone liegen dabei in einer Flüssigkeit, in der die Konzentration an gelösten Stoffen der der Umgebung im Körper (Lymphe) entspricht. Die Na⁺-Konzentration wird schrittweise verringert. Dies erreicht man, indem man die Na⁺-Ionen der Flüssigkeit schrittweise durch Glucosemoleküle ersetzt. Die Aktionspotentiale werden jeweils ausgelöst und registriert. In Abbildung 6 werden Veränderungen im Vergleich zur Amplitude des Aktionspotentials unter normalen Bedingungen aufgetragen.

A5 ○ Zeichnen Sie ein typisches Aktionspotential und tragen Sie die Veränderungen durch die Verringerung der extrazellulären Na⁺-Ionenkonzentration ein.
A6 ◐ Erklären Sie die Beobachtungen (Abb. 6) mithilfe der Ionentheorie des Aktionspotentials.
A7 ◐ Erläutern Sie was passieren würde, wenn die Na⁺-Ionen nicht durch Glucosemoleküle ersetzt würden.

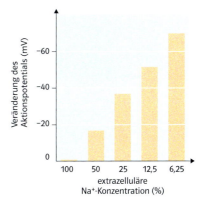

6 *Einfluss der Na⁺-Konzentration*

Vergiftung von Neuronen

Cyanide sind stark giftig, weil sie u. a. die Atmungskette blockieren, sodass kein ATP zur Verfügung gestellt werden kann. Gibt man Cyanide auf Neurone, sind zunächst noch Aktionspotentiale auslösbar. Schließlich können sie aber nicht mehr ausgelöst werden. Zugleich wird das Ruhepotential kleiner.

A8 ◐ Erklären Sie die Wirkung von Cyaniden auf Neurone.

Leitungsgeschwindigkeit

Die Leitungsgeschwindigkeit eines Nervs am Unterarm wird bestimmt, indem nacheinander je ein kleiner Stromstoß im Ellenbogen und am Handgelenk gesetzt wird. Die Stellen liegen 27 cm voneinander entfernt. Die Wirkung der ausgelösten Aktionspotentiale wird am Daumenmuskel extrazellulär als Muskelaktionspotential abgeleitet. Auch Muskelzellen zeigen ein Aktionspotential.

A9 ◐ Berechnen Sie aus den dargestellten Messergebnissen (Abb. 7) die Leitungsgeschwindigkeit.
A10 ● Leiten Sie aus den jeweiligen Daten in Abb. 8 die Faktoren ab, welche die Geschwindigkeit der Erregungsleitung beeinflussen und begründen Sie Ihre Angaben.

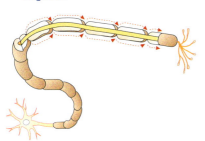

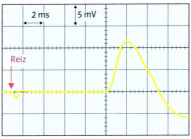
a) nach Reiz am Ellenbogen

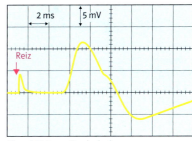
b) nach Reiz am Handgelenk

7 *Leitungsgeschwindigkeit*

Nervenfasertyp	Faserdurchmesser (μm)	mittlere Leitungsgeschwindigkeit (m/s)	Beispiele
nicht myelinisiert	1	1	langsame Schmerzfaser (Säugetier)
	700	25	Riesenfaser (Tintenfisch)
myelinisiert	3	15	sensorische Fasern von Mechanorezeptoren des Muskels (Säugetier)
	9	60	Berührungsempfindungen der Haut
	13	80	sensorische Fasern der Muskelspindeln (Säugetier)

8 *Mittlere Leitungsgeschwindigkeit unterschiedlicher Neurone*

113

2.2 Neuronale Schaltungen
Synapsen

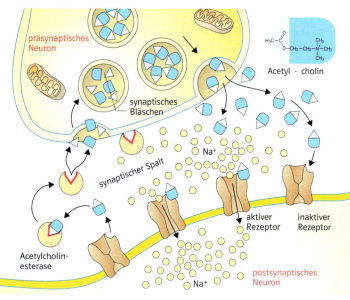

1 *Funktionsschema einer Synapse*

Die Verbindungsstelle eines Neurons mit einem anderen Neuron, einer Drüsen- oder Muskelzelle wird *Synapse* genannt. An diesen können Erregungen übertragen werden. Ein Neuron kann bis zu 15 000 (durchschnittlich 1000) synaptische Kontakte haben. Die Synapse besteht aus einem verdickten Axonende, dem *Endknöpfchen*, einem nur elektronenmikroskopisch sichtbaren Spalt, dem *synaptischen Spalt*, und dem gegenüberliegenden Membranbereich der folgenden Zelle (Abb. 1). Dementsprechend wird die Zelle vor dem synaptischen Spalt *präsynaptisch* genannt, die dahinter liegende *postsynaptisch*.

Überträgerstoffe

In den Endknöpfchen des Axons befinden sich membranumhüllte Bläschen, die vom Golgi-Apparat im Zellkörper gebildet werden, *synaptische Bläschen* (Abb. 2, blau eingefärbt). Die synaptischen Bläschen werden mithilfe von Motorproteinen auf den Mikrotubuli des Cytoskelett durch das Axon zu den Synapsen transportiert (s. Seite 104). Sie enthalten einen Überträgerstoff *(Transmitter)*, der durch ein Aktionspotential in den synaptischen Spalt freigesetzt werden kann. *Transmitter* sind chemische Substanzen, die zur Informationsübertragung an der Synapse genutzt werden. Man kennt ca. 50 verschiedene Transmitter, die in verschiedenen Bereichen des Nervensystems vorkommen, z. B. Dopamin, Adrenalin oder das Acetylcholin. Das *Acetylcholin* z. B. ist ein Transmitter, der beim Menschen zwischen Neuronen und Skelettmuskeln, Herz und Gehirn wirksam ist.

Transmitter werden frei

Erreicht ein Aktionspotential über das Axon ein Endknöpfchen, werden im Bereich des synaptischen Spaltes an der Membran Calciumionenkanäle geöffnet. Durch diese diffundieren Calciumionen in das Endknöpfchen und bewirken innerhalb von einer Millisekunde das Verschmelzen einiger synaptischen Bläschen mit der Endknöpfchenmembran. Die Bläschen öffnen sich und die darin enthaltenen Transmittermoleküle werden in den synaptischen Spalt abgegeben (Abb. 1). Dies sind 6000 bis 8000 Transmittermoleküle pro Bläschen. Das elektrische Signal wird in ein chemisches Signal umgewandelt. Die frei gewordenen Transmittermoleküle diffundieren durch den synaptischen Spalt zu der postsynaptischen Membran.

Erregende Synapsen

In der postsynaptischen Membran befinden sich Ionenkanäle mit einem spezifischen Rezeptor. Die Transmittermoleküle passen zum jeweiligen Rezeptor wie ein Schlüssel zum Schloss. Sie können daher nur eine Wirkung auf die postsynaptische Zelle haben, wenn sie auf die richtigen Rezeptormoleküle treffen. Beide gehen eine kurzfristige Bindung ein, die

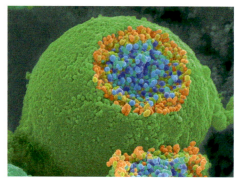

2 *Endknöpfchen (colorierte EM-Aufnahme)*

114 Neurobiologie

zu einer vorübergehenden Änderung des Rezeptorproteins führt. Hierdurch öffnet sich im Falle des Actylcholins ein Natriumionenkanal, der mit dem spezifischen Rezeptorprotein gekoppelt ist. Je mehr Transmittermoleküle in den synaptischen Spalt abgeben werden, desto größer ist die Wahrscheinlichkeit, dass sich die Ionenkanäle öffnen (Abb. 1). Je mehr Kanäle geöffnet sind, desto mehr positiv geladene Natriumionen diffundieren in die postsynaptische Zelle. Die Konzentration der Natriumionen nimmt in dieser Zelle zu, dadurch wird die negative Ladung des Zellkörpers geringer. Dies entspricht einer *Depolarisation* wie am Axon.

Transmitter werden abgebaut

Die Anzahl der Transmittermoleküle im synaptischen Spalt hängt auch davon ab, wie schnell sie wieder abgebaut werden. Die Transmittermoleküle werden enzymatisch in zwei Hälften gespalten, die dadurch am Rezeptor nicht mehr wirksam sind. In einer Millisekunde werden 50 Transmittermoleküle gespalten. Sie werden wieder in die Endknöpfchen aufgenommen und zur erneuten Synthese genutzt. Würden die Transmitter nicht aus dem synaptischen Spalt entfernt, käme es zu einer Dauererregung der postsynaptischen Nervenzelle.

Ionenkanäle sind unterschiedlich

Im Gegensatz zum Axon sind im Bereich des Zellkörpers jedoch nur *ligandengesteuerte Ionenkanäle* vorhanden. Im Unterschied zu den spannungsgesteuerten Ionenkanälen öffnen sie sich nicht durch eine Spannungsänderung, sondern durch die Anlagerung eines Transmittermoleküls (*Ligand*). Die *spannungsgesteuerten Ionenkanäle* befinden sich nur am Axonhügel und am Axon. Ein Aktionspotential kann bei den spannungsabhängigen Ionenkanälen erst ausgelöst werden, wenn durch die Depolarisation am Axonkörper ein Membranpotential entstanden ist, welches den Schwellenwert zur Weiterleitung des Aktionspotentials überschreitet. Da eine Weiterleitung des Aktionspotentials nach dem synaptischen Spalt ausgelöst wird, bezeichnet man das Membranpotential als *excitatorisches postsynaptisches Potential (EPSP)*.

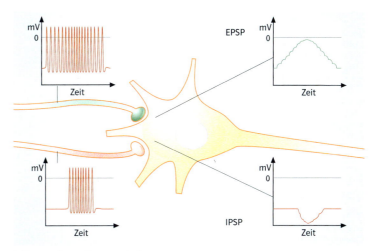

3 *Erregende und hemmende Synapse*

Hemmende Synapsen

Bei der Verschaltung von Nervenzellen gibt es zwei Typen von Synapsen, die sich in ihrer Funktion unterscheiden: *erregende* und *hemmende Synapsen*, Abb. 3). Beide Typen kommen etwa gleich häufig vor. Hemmende Synapsen bewirken an der postsynaptischen Membran keine *Depolarisation*, sondern eine *Hyperpolarisation*. Bei den hemmenden Synapsen werden andere Transmitter freigesetzt, die auf die Chloridionenkanäle einwirken. Negativ geladene Chloridionen diffundieren durch die geöffneten Kanäle und verstärken die negative Ladung. Dadurch sinkt das Potential von −70 mV auf −90 mV. Dies wirkt einer Depolarisation durch ein gleichzeitig entstandenes EPSP entgegen. Am Axonhügel wird dadurch die Auslösung des Aktionspotentials gehemmt. Man bezeichnet die durch die Transmitter erzeugte Hyperpolarisation als *inhibitorisches postsynaptisches Potential (IPSP)*.

A1 ● Vergleichen Sie die Unterschiede der Ionenkanäle eines Neurons am Axonhügel, am Axon sowie im synaptischen Spalt.

A2 ◐ Erklären Sie die Bedeutung der schnellen Spaltung der Transmittermoleküle im synaptischen Spalt.

A3 ◐ Erklären Sie die Bedeutung der Calcium-, Chlorid- und Natriumionen für die Erregungsweiterleitung.

inhibitorisch
lat. *inhibere* = hindern, zurückhalten

excitatorisch
lat. *exitare* = erregen, aufregen

Verrechnungsprozesse an Synapsen

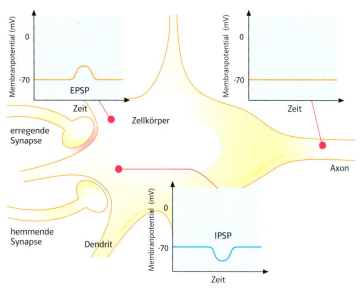

1 *Erregende und hemmende Synapse*

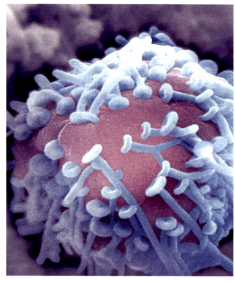

2 *Synapsen auf einer Nervenzelle*

EPSP
excitatorisches postsynaptisches Potential

IPSP
inhibitorisches postsynaptisches Potential

Ein Neuron im Zentralnervensystem empfängt und verarbeitet Informationen von bis zu 15 000 Synapsen. Dies können sowohl *erregende* als auch *hemmende Synapsen* sein (s. Seite 115). Das Neuron addiert die eingehenden Signale. Die Impulsstärke der Aktionspotentiale ist immer gleich hoch, es wird nur unterschieden zwischen „Impuls vorhanden" und „kein Impuls vorhanden".

Räumliche Summation
Über die Synapsen, die am Zellkörper einer weiterleitenden Nervenzelle liegen, können zur gleichen Zeit viele Erregungen die postsynaptische Nervenzelle erreichen. Werden gleichzeitig mehrere räumlich getrennte, erregende Synapsen aktiviert, so misst man am Zellkörper unterschiedlich hohe Amplituden des EPSP. Dies ist mit der größeren Anzahl gleichzeitig ausgeschütteter Transmittermoleküle erklärbar. Das einzelne präsynaptische Aktionspotential bewirkt über die Transmitter an der postsynaptischen Zelle ein EPSP. Häufig reicht das dadurch entstandene elektrische Feld nicht aus, um am Axonhügel ein Aktionspotential auszulösen. Einzelne Aktionspotentiale werden dann nicht weitergeleitet. Erst die Summation der über mehrere Synapsen ausgelösten Depolarisation an der Membran des Zellkörpers führt zu einem Überschreiten des Schwellenwertes und dadurch zu einem Aktionspotential am weiterleitenden Axon. Man spricht von einer *räumlichen Summation* (Abb. 3).

Zeitliche Summation
Gelangen über eine präsynaptische Nervenzelle an eine Synapse in einem Zeitraum von einigen Millisekunden nacheinander mehrere Aktionspotentiale, so lässt sich experimentell die Auslösung von Aktionspotentialen am weiterleitenden Axon messen (Abb. 3). Das postsynaptische Potential baut sich nur langsam ab. Erreicht eine Folge von Aktionspotentialen die Synapse, addiert sich das jeweils folgende postsynaptische Potential zu dem noch vorhandenen. Die Amplitude des entstehenden EPSP ist dadurch bei Übertragung einer schnellen Folge von Aktionspotentialen wesentlich größer als bei einzelnen Aktionspotentialen. Dadurch kann am Axonhügel das Aktionspotential ausgelöst werden. Ebenso wie bei der räumlichen Summation wird auch hier die Anzahl der Transmittermoleküle größer. Dies führt über die erhöhte Diffusion von Na^+-Ionen zu einem stärkeren EPSP. Die zeitliche und die räumliche Summation laufen ständig als Formen der Signalverarbeitung an Neuronen ab und beziehen auch die Wirkung von hemmenden Signalen (IPSP) ein.

116 Neurobiologie

Präsynaptische Hemmung

Ein wirkungsvoller Kontrollmechanismus bei der Weiterleitung von Erregungen ist die *präsynaptische Hemmung*. Hier wirkt die Hemmung nicht auf den Zellkörper des Neurons, sondern auf das Endknöpfchen einer erregenden Synapse. Sie ist bei der Regelung der Muskelbewegung sehr wichtig. Diese Hemmung wirkt gezielt an einzelnen Synapsen, z. B. auf die Motorischen Endplatten an den Muskelfasern von Insekten ein. Man findet die Beeinflussung über diese Hemmung häufig auch im Rückenmark von Wirbeltieren.

Die Wirkungsweise der Hemmung ist in Abbildung 1 dargestellt. Durch ein Aktionspotential werden an der Membran der erregenden Synapse die Na^+-Ionenkanäle geöffnet und führen zu einer Depolarisation. Die Transmitter der hemmenden Synapse öffnen bei der erregenden Synapse jedoch die Cl^--Ionenkanäle. Gleichzeitig strömen nun die positiv geladenen Na^+-Ionen und die negativ geladenen Cl^--Ionen in das Endknöpfchen ein. Durch das resultierende niedrigere Potential an der erregenden Synapse werden weniger Transmittermoleküle freigesetzt. Dadurch bleibt das EPSP der weiterleitenden Nervenzelle unterhalb des Schwellenwertes. Ein Aktionspotential wird nicht ausgelöst, bzw. die Kontraktion der Muskelfasern bleibt aus.

Postsynaptische Hemmung

Bei der postsynaptischen Hemmung liegen die erregenden und die hemmenden Synapsen an der gleichen postsynaptischen Membran des folgenden Neurons. Durch die gleichzeitige Abgabe von Transmittermolekülen, die die Na^+- und die Cl^--Ionenkanäle öffnen, kommt es zu einer Verringerung der Depolarisation. Hierdurch ist das entstehende elektrische Feld am Zellkörper geringer und die Öffnungswahrscheinlichkeit der spannungsabhängigen Ionenkanäle am Axonhügel ist ebenfalls geringer. Ein Aktionspotential kann dadurch verhindert oder die Frequenz verringert werden (s. Seite 115).

A1 Erläutern Sie den Einfluss von inhibitorischen postsynaptischen Potentialen auf die räumliche und die zeitliche Summation.

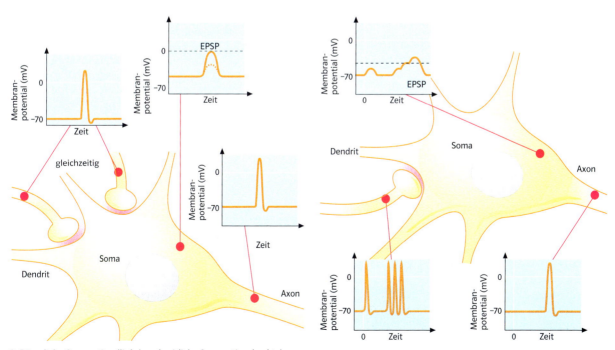

3 *Räumliche Summation (links) und zeitliche Summation (rechts)*

Synapsengifte — neuroaktive Stoffe

Gifte in Tieren oder Pflanzen wirken als Fraßschutz oder werden zum Beutefang genutzt. Häufig wirken Gifte auf die Erregungsübertragung zwischen Nerven- und Muskelzelle ein. Es gibt zwei Grundprinzipien: Die Übertragung an den Synapsen wird blockiert oder es entsteht eine Dauererregung.

Veränderte Acetylcholinfreisetzung
Das Bakterium *Clostridium botulinum* lebt anaerob, z. B. in verdorbenen Fisch-, Fleisch- oder Bohnenkonserven. *Botulinumtoxin* ist eines der stärksten bekannten Gifte. 0,01 mg in der Nahrung und schon 0,003 mg in der Blutbahn wirken beim Menschen tödlich. Der Tod erfolgt durch Atemlähmung. Kochen macht das Gift unwirksam. Botulinumtoxin zersetzt ein Protein in der Membran der synaptischen Bläschen, das ihnen die Verschmelzung mit der präsynaptischen Membran ermöglicht. Dadurch wird die Transmitterausschüttung gehemmt. Aktionspotentiale können nicht mehr vom Nerv auf die Muskeln übertragen werden. Eine Kontraktion der Muskulatur, wie z. B. der Atemmuskulatur, wird auf diese Weise gehemmt *(schlaffe Lähmung)*. Botulinumtoxin wird inzwischen auch medizinisch bei krankhaften Verkrampfungen oder in der kosmetischen Medizin angewendet. Hier wird das Synapsengift als Antifaltenmittel, bekannt als „Botox", in die Augenpartie, Stirn und Mundpartie gespritzt. Es blockiert die Übertragung von Nervenimpulsen an die Muskeln für etwa 3 bis 5 Monate. Im Gesicht lösen sich so Verspannungen, Falten glätten sich. Bei zu hoher Dosis können jedoch Hängelider oder eine starre Mimik auftreten.

Das Gift der Schwarzen Witwe, einer Spinne, bewirkt die gleichzeitige Entleerung aller synaptischen Bläschen in den synaptischen Spalt. Dies führt zu einer Übererregung der Muskulatur *(starre Lähmung)*. Schüttelfrost, Krämpfe und Atemnot sind die Folgen. Es kann der Tod durch Atemlähmung eintreten.

Blockade des Acetylcholinrezeptors
Coniin, das Gift des Gefleckten Schierlings, verursacht bei vollem Bewusstsein eine schlaffe Lähmung und schließlich den Tod durch Versagen der Atemmuskulatur. Der Wirkstoff bindet reversibel an Rezeptormoleküle für Acetylcholin, ohne die Natriumionenkanäle zu öffnen.

Suxamethonium, eine dem Acetylcholin ähnliche Substanz, bewirkt eine Verkrampfung durch Dauerdepolarisation. Sie öffnet die Natriumionenkanäle, wird aber langsamer durch die Acetylcholinesterase abgebaut als Acetylcholin.

Hemmung der Acetylcholinesterase
Alkylphosphate sind organische Phosphorsäureester und Bestandteil von Insektiziden (z. B. E 605), Weichmachern in Kunststoffen und chemischen Kampfstoffen (z. B. Tabun, Sarin). Sie hemmen die Acetylcholinesterase meist irreversibel. Es kommt durch Dauerdepolarisation zu einer Verkrampfung der Skelettmuskulatur und zum Tod durch Atemlähmung.

A1 ◐ Botulinumtoxin wird in der kosmetischen Medizin als Anti-Falten-Mittel eingesetzt. Dazu wird das Synapsengift „Botox" alle drei bis fünf Monate in die Augenpartie, Stirn oder Mundpartie gespritzt. Erklären Sie die Funktionsweise dieser Behandlung.

A2 ◐ Erklären Sie, wie sich der Natriumioneneinstrom in der postsynaptischen Membran und die Konzentration der Spaltprodukte des Acetylcholins nach einer E 605-Vergiftung verändern.

1 *Toxische Wirkungen auf den Acetylcholinrezeptor*

Material
Synapsengifte als Arzneimittel

Die Funktionsweise der sehr schnell wirkenden Gifte, die die Erregungsübertragung verändern, ist gut untersucht worden. Teilweise wird die Wirkung der Gifte auch zu medizinischen Zwecken eingesetzt.

Myasthenia gravis

Myasthenia gravis bedeutet schwere Muskelschwäche. Die Patienten leiden unter Ermüdungserscheinungen der Skelettmuskulatur, die sich im Laufe des Tages und vor allem unter körperlicher Belastung verstärken, sich aber bei Ruhe wieder bessern.

Den Patienten sinken die Augenlider herab oder ihre Mimik ist gestört, manche haben Probleme beim Sprechen. Bei schweren Formen weiten sich die Symptome auf Schultern, Arme und Beine aus. Selten auftretende myasthenische Krisen können durch Versagen der Schluck- und Atemmuskulatur tödlich enden.

Betroffen sind etwa 5 bis 7 von 100 000 Menschen. Bei ihnen ist die Erregungsübertragung zwischen Nervenzellen und Muskelzellen gestört. Ursache ist eine sogenannte *Autoimmunerkrankung*: Das Immunsystem bildet Antikörper gegen Acetylcholinrezeptoren, sodass diese blockiert werden. Auf Grundlage dieser Kenntnisse wurden Therapieverfahren entwickelt, die mehrere Vorteile haben. Die Behandlungsmöglichkeiten sind mit relativ geringen Kosten verbunden, viele Patienten sind annähernd symptomfrei und können einen Beruf ausüben.

A1 ◐ Erläutern Sie die Zusammenhänge zwischen der Bildung von Antikörpern, die sich gegen den Acetylcholinrezeptor richten, und dem Auftreten der oben beschriebenen Symptome.

A2 ◐ Entwickeln Sie auf dieser Grundlage mögliche medikamentöse Behandlungsmethoden.

A3 ○ Informieren Sie sich im Internet über gängige Therapieverfahren und erläutern Sie diese.

Wirkort von Curare

Curare ist ein Gemisch verschiedener Pflanzengifte, mit dem Indianer Südamerikas die Spitzen ihrer Jagdpfeile bestreichen. Gelangt das Gift in den Blutstrom des Beutetieres, kommt es zu einer Lähmung der Skelettmuskulatur. Eine Vergiftung beim Verzehr des Fleisches wird durch dessen Erhitzung vermieden. Das Gift zerfällt dabei.

Die Frage nach dem Wirkort von Curare klärt das im Folgenden dargestellte historische Experiment, das 1857 von Claude Bernard durchgeführt wurde.

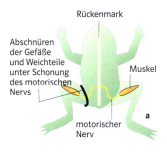
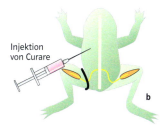
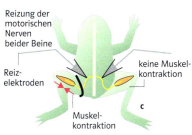
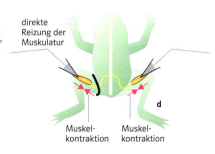

1 *Experimente zur Wirkungsweise von Curare*

A4 ○ Beschreiben Sie das Experiment und seine Ergebnisse.

A5 ◐ Erklären Sie die Wirkungsweise von Curare und ermitteln Sie seinen Wirkort.

Synapsengifte in der Medizin

Der isolierte Wirkstoff *Tubocurarin* wird bei chirurgischen Eingriffen zur Muskelerschlaffung eingesetzt. Er ermöglicht es beispielsweise, die Atembewegungen des Patienten bei Operationen am offenen Brustkorb auszuschalten.

Nach Beendigung der Operation kann die muskelerschlaffende Wirkung durch Injektion der Substanz *Neostigmin* wieder aufgehoben werden. Neostigmin ist ein Alkylphosphat, das reversibel an die Acetylcholinesterase bindet und deren Wirkung nur für kurze Zeit unterbricht.

A6 ◐ Nennen Sie Eigenschaften eines synaptischen Hemmstoffs, die Voraussetzung für einen therapeutischen Einsatz sind.

A7 ◐ Alkylphosphate sind nur begrenzt geeignet, die Wirkung von Tubocurarin aufzuheben. Erläutern Sie diesen Zusammenhang.

A8 ◐ Aufgrund der Wirkungsweise von Neostigmin kann man auf den Wirkort von Curare bzw. Tubocurarin rückschließen. Stellen Sie diesen Zusammenhang dar.

Atropin ist das Gift der Tollkirsche *(Atropa belladonna)* und anderer Nachtschattengewächse. Es besetzt und blockiert die Natriumionenkanäle in den Synapsen des Herzens und weiterer innerer Organe, aber auch in der Irismuskulatur des Auges, die die Iris zusammenzieht und damit die Pupille verkleinert.

A9 ○ Erläutern Sie die Bedeutung von Atropin bei Augenuntersuchungen.

A10 ○ Geweitete Pupillen signalisieren anderen Menschen Aufmerksamkeit und machen eine Person „sympathischer". Erklären Sie daraus die Bezeichnung „Belladonna" für das Gift der Tollkirsche.

A11 ◐ Atropin wird aber auch als Gegenmittel bei einer Vergiftung mit einem Acetylcholinesterase-Hemmstoff gegeben. Erläutern Sie.

119

Der neuronale Weg vom Reiz zur Reaktion

Reize aus der Umwelt oder aus dem Köper wirken auf die *Sinneszellen* ein und werden in die Sprache des Nervensystems übersetzt. Es gibt chemische und physikalische Reize. Chemische Reize sind Moleküle verschiedener Stoffe, die über die Luft oder im Wasser gelöst zu den Rezeptorzellen gelangen und dort Erregungen auslösen. Diese werden zum Gehirn weitergeleitet und bewirken dort die Duft- bzw. Geschmackswahrnehmung. Physikalische Reize sind z. B. Licht oder Druckänderungen, die auf das Auge oder den Tastsinn einwirken.

Rezeptorpotential

Sinneszellen sind selektiv, sie reagieren nur auf spezifische Reize. Eine Reizaufnahme führt an Sinneszellen zu einer Öffnung der Natriumionenkanäle. Hierdurch ändert sich die Konzentration der positiv geladenen Ionen innerhalb und außerhalb der Membran. Dieser Vorgang führt zur Veränderung des Ruhepotentials, es entsteht das *Rezeptorpotential*. Je stärker der Reiz ist und je länger er einwirkt, desto höher ist die Amplitude des Membranpotentials an der Membran. Das Rezeptorpotential ist ein lokales Potential, es erfolgt keine Fortleitung auf dem Axon wie beim Aktionspotential.

Das Rezeptorpotential breitet sich *elektrotonisch* auf dem Zellkörper aus. Dies bedeutet, es entsteht ein elektrische Feld. Erst wenn es stark genug ist, um auf die *spannungsgesteuerten Natriumionenkanäle* am Axon einzuwirken, entsteht das entsprechende Aktionspotential. Die jeweilige Reizstärke wird in eine entsprechende Höhe der Amplitude umgewandelt. Es handelt sich um eine *Amplitudencodierung*. Die Größe der Amplitude entspricht der Stärke des elektrischen Feldes. Wirkt dieses auf die spannungsgesteuerten Natriumionenkanäle des Axons, öffnen sie sich ab einem bestimmten Schwellenwert. Es entsteht das immer gleiche Aktionspotential mit der immer gleichen Amplitudenhöhe (*Alles-oder-Nichts-Gesetz*). Die Reizstärke wird durch die Anzahl der Aktionspotentiale pro Zeiteinheit (Frequenz) codiert. Es handelt sich um eine *Frequenzcodierung*. Dies ist bei allen Lebewesen und in allen Sinnesorganen das gleiche Prinzip, man spricht daher von der *Universalität der neuronalen Codierung*.

Ruhepotential

Am Axon liegt ohne Reizung das *Ruhepotential* vor, das durch die unterschiedliche Diffusion der Ionen, besonders der Kaliumionen, durch die Axonmembran

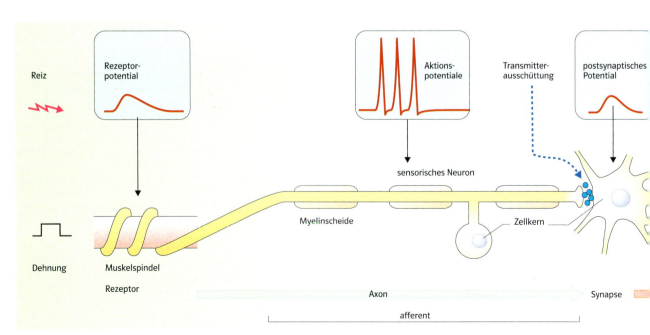

1 *Vom Reiz zur Reaktion*

zustande kommt. Das Aktionspotential ist demgegenüber von der Öffnung der spannungsteuerten Natriumionenkanäle geprägt, die zu der Depolarisation an der Axonmembran führt. Das Aktionspotential kann sich nur in eine Richtung fortpflanzen, da an den vorher erregten Abschnitten eine neue Auslösung infolge der kurzfristigen Inaktivierung der Natriumionenkanäle während der *Refraktärzeit* nicht möglich ist. Das Aktionspotential wird bei Säugetieren meist über myelinisierte Axone, die von Gliazellen umgeben sind, weitergegeben. Da nur an den Ranvier'schen Schnürringen die spannungsabhängigen Natriumionenkanäle geöffnet werden, löst das elektrische Feld erst an weiter entfernt liegenden Axonabschnitten ein Aktionspotential aus. Dies führt durch das Überspringen größerer Zwischenräume zu einer höheren Fortleitungsgeschwindigkeit (*saltatorische Fortleitung*).

Transmitterausschüttung
Am Ende des Axons werden die Aktionspotentiale über die Synapse auf das folgende Neuron weitergeleitet. In den Endknöpfchen werden je nach der Anzahl der Aktionspotentiale pro Zeiteinheit (*Frequenz*) unterschiedlich viele synaptische Bläschen geleert. Bei einer hohen Impulsrate werden viele Bläschen geöffnet und viele Transmittermoleküle in den synaptischen Spalt abgegeben. Hierdurch öffnen sich die *ligandengesteuerten Natriumionenkanäle* an der postsynaptischen Membran. Es kommt je nach Anzahl der Transmitter zu einer unterschiedlichen Höhe (*Amplitude*) des postsynaptischen Potentials.

Aktionspotentiale setzen an der neuromuskulären Synapse Transmittermoleküle frei. An der postsynaptischen Muskelzellmembran kommt es hierdurch zur Öffnung der ligandengesteuerten Natriumionenkanäle und zur Depolarisation. Aus dem Endoplasmatischen Retikulum in den betroffenen Muskelzellen werden durch die Depolarisation Calciumionen freigesetzt. Diese ermöglichen die Bindung der Aktin- und Myosinfilamente. Es kommt zur Kontraktion der Muskelfaser.

A1 ○ Erklären Sie die Unterschiede zwischen den Natriumionenkanälen am Axon, am Axonhügel und an der postsynaptischen Membran.

A2 ◐ Ordnen Sie Abb. 1 die Frequenz- und Amplitudencodierung zu und erklären Sie den Vorgang der Umcodierung.

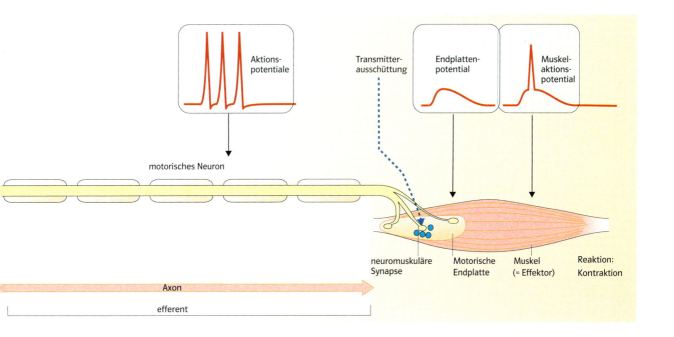

Reflexe

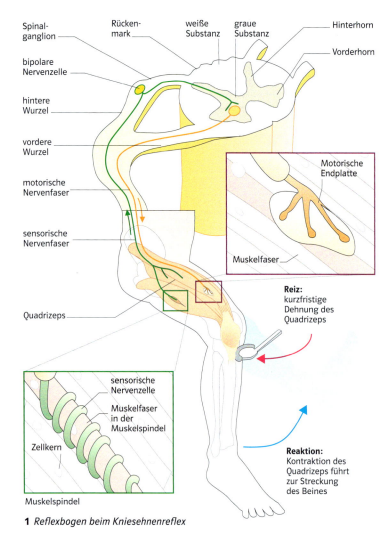

1 *Reflexbogen beim Kniesehnenreflex*

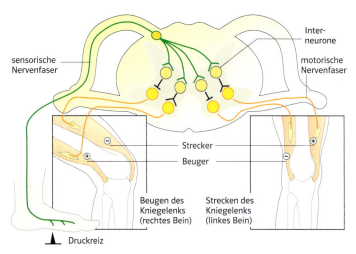

2 *Gekreuzter Beuger-Strecker-Reflex (vereinfacht dargestellt)*

Es gibt genetisch bedingte Verhaltenselemente, wie z. B. Atmen, Husten und das Schließen des Auges, beim Herannahen eines Gegenstandes. Diese Verhaltensweisen erfolgen auf einen Reiz hin, ohne dass eine bewusste Steuerung notwendig ist. Sie heißen *unbedingte Reflexe*. Ihre Grundlage ist eine einfache Nervenverschaltung, die eine kurze Reaktionszeit ermöglicht. Das ist wichtig bei der Abwehr einer Gefahr, wie z. B. beim Eindringen eines Fremdkörpers in die Luftröhre oder in das Auge.

Kniesehnenreflex

Ein leichter Schlag auf ein entspanntes, abgewinkeltes Bein unmittelbar unter der Kniescheibe löst ein unwillkürliches Hochschnellen des Unterschenkels aus (*Kniesehnenreflex*, s. Abb. 1). In den Skelettmuskeln des Menschen befinden sich Muskelspindeln. Diese sitzen im Inneren des Muskels und erzeugen bei Dehnung oder Stauchung des Muskels Rezeptorpotentiale. Über schnell leitende *sensorische Nerven* empfängt das *Rückenmark* die dadurch ausgelöste Erregung. Beim Kniesehnenreflex führt der Schlag über die Sehne zu einer Dehnung des Quadrizepsmuskels. Die sensorischen Neurone sind durch Synapsen direkt mit *motorischen Nerven* verbunden. Deren Aktionspotentiale werden über Motorische Endplatten auf den Quadrizepsmuskel übertragen und bewirken eine Kontraktion, die den Unterschenkel hochschnellen lässt. Da beim Kniesehnenreflex nur eine zentrale Synapse beteiligt ist, nennt man ihn *monosynaptisch*. Das Gehirn wird erst nachträglich informiert.

Der Reflexbogen als Modell

Das Reflexen zugrunde liegende Prinzip lässt sich anschaulich als *Reflexbogen* darstellen (Abb. 3). Er beginnt mit einem Rezeptor, an dem ein Reiz eine Erregung auslöst. Diese wird über sensorische *(afferente)* Nervenbahnen, also zum Zentralnervensystem führende Neurone, zum Reflexzentrum geleitet. Dort erfolgt die Umschaltung auf motorische *(efferente)* Bahnen, die zum reagierenden Organ *(Effektor)* führen. Die Reaktionszeiten variieren, da die Elemente unterschiedlich komplex verschaltet sein können. Reflexzentren befinden sich beim Menschen im Rückenmark und im Gehirn. Über diese können manche Reflexe durch das Bewusstsein beeinflusst werden.

Monosynaptische und polysynaptische Reflexe

Tritt man auf einen spitzen Gegenstand, so hebt man unwillkürlich den Fuß und streckt das andere Bein. Bei diesem gekreuzten Beuger-Strecker-Reflex sind die Muskeln beider Beine beteiligt (Abb. 2). Dazu ist eine Übertragung des sensorischen Signals auf mehrere Motoneurone notwendig; es handelt sich somit um einen *polysynaptischen Reflex*. Während bei *monosynaptischen Reflexen* eine weitgehend konstante Zeitspanne zwischen Reizung und Reaktion zu messen ist (Kniesehnenreflex ca. 30 ms), kann diese bei polysynaptischen Reflexen zwischen 60 und 200 ms variieren.

Man kann Reflexe danach einteilen, ob Reizaufnahme und Reaktion im selben Organ *(Eigenreflexe)* oder in verschiedenen Organen *(Fremdreflexe)* erfolgen. Während der Kniesehnenreflex ebenso wie der *Lidschlussreflex* zu den Eigenreflexen gehört, handelt es sich beim *Husten* um einen Fremdreflex, denn hier erfolgt die Reizaufnahme durch Sinneszellen in der Schleimhaut der Luftröhre, während als Reaktionen Kontraktionen von Zwerchfell und Zwischenrippenmuskulatur auftreten. Diese Muskelbewegungen führen zu einer plötzlichen Erhöhung des Druckes in der Lunge. Dadurch kann ein Fremdkörper aus der Luftröhre gepresst werden.

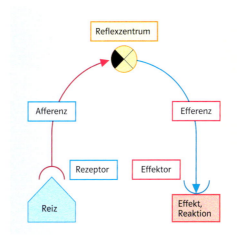

3 Reflexbogen

Reflex
Reiz-Reaktions-Zusammenhang, bei dem ein bestimmter Reiz bei allen Individuen einer Art dieselbe stereotype, nervös ausgelöste unwillkürliche Reaktion hervorruft.

A1 Ein barfüßiger Badegast tritt auf eine Muschelschale. Sofort zieht er den Fuß ruckartig hoch. Fertigen Sie für diesen Reflex ein Schema nach Abb. 3 an und benennen Sie die jeweiligen Organe.

A2 Der Herzschlag wird beim Menschen durch periodische elektrische Signale eines Muskelknotens (Sinusknoten) ausgelöst. Vergleichen Sie diesen Vorgang mit dem Ablauf eines Reflexes.

Info-Box: Bewegung birgt Risiko — Katalepsie

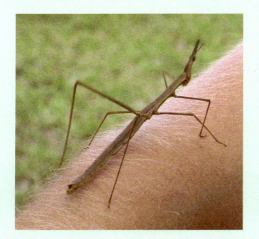

Reflexe laufen nicht immer sehr schnell und mit kurzer Reaktionszeit ab. Stabheuschrecken reagieren auf starke Reize wie kräftiges Schütteln mit einem speziellen Verhalten, der *Katalepsie*. Dies ist ein Starrezustand, in dem die Tiere bis zu 15 Minuten lang verharren. Hebt man in dieser Zeit eines der Beine an, so wird dies mit einer extrem langsamen, kaum wahrnehmbaren Bewegung in die Ursprungslage zurückgeführt.

Die biologische Bedeutung dieser langsamen Bewegung für die gut getarnten Stabheuschrecken liegt in der Funktion, Fressfeinden nicht durch schnelle Bewegungen aufzufallen. Eine reflextypische Verschaltung steuert diese langsame Bewegung für jedes Bein einzeln.

Die langsame Kontraktion des Beugers oder Streckers im Bein wird vom Gehirn durch die Motoneurone gesteuert. Die Erregbarkeit wird durch hemmende Synapsen deutlich vermindert. Ist die Gefahr vorüber, wird die Hemmung wieder aufgehoben und die Bewegung ist wieder schneller.

2.3 Sinne — Grundlagen der Wahrnehmung
Menschliches Auge und Netzhaut

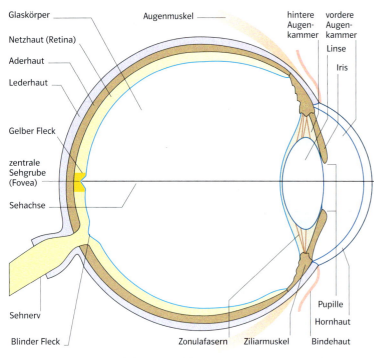

1 Horizontalschnitt durch das menschliche Auge

Der komplexe Aufbau des Auges hat eine wesentliche Funktion: die Fokussierung eines sichtbaren Bildes auf der Netzhaut.

Der optische Apparat
Das Licht gelangt durch die Pupille in unser Auge. Hornhaut, Linse, vordere Augenkammer und Glaskörper bilden den lichtbrechenden *(dioptrischen)* Apparat, sie beeinflussen den Strahlengang. Auf der Netzhaut entsteht dadurch ein reelles, verkleinertes und umgekehrtes Bild. Da der Abstand zwischen Linse und Netzhaut nicht verändert werden kann, ändert sich zum Scharfsehen die Brennweite der Linse *(Akkommodation)*. Die Linse ist an den *Zonulafasern* aufgehängt und bei entspannten Zonulafasern durch die Eigenelastizität kugelförmig *(Nahakkommodation)*.

Die Netzhaut
Die Sinneszellen der Netzhaut liegen auf der dem Licht abgewandten Seite. Man findet zwei mikroskopisch unterscheidbare Rezeptortypen: die schlanken *Stäbchen* für das Hell-Dunkel-Sehen und die kegelförmigen *Zapfen* für das Farbensehen. Die Sinneszellen haben synaptische Kontakte mit *Bipolarzellen* und diese mit den *Ganglienzellen*, deren Nervenfasern zum Sehnerv vereinigt werden. Quer dazu sind die *Horizontal-* und die *Amakrinzellen* verschaltet (Abb. 3). Dadurch kann die Erregung einer Sinneszelle mehr als eine Ganglienzelle beeinflussen. Andererseits gibt es wesentlich mehr Sinneszellen als Ganglienzellen. Stäbchen und Zapfen sind unterschiedlich dicht auf der Netzhaut verteilt. Im Zentrum, dort wo das Licht eines fixierten Punktes auf die Netzhaut fällt, gibt es nur Zapfen. Diese Stelle der Netzhaut heißt *zentrale Sehgrube (Fovea)* und ist leicht vertieft. Nur hier kommt auf jeden Zapfen eine Ganglienzelle und die Sehschärfe ist hier am höchsten. Wo der Sehnerv durch die Netzhaut tritt, liegen keine Lichtsinneszellen *(Blinder Fleck)*.

A1 ○ Die Elastizität der Linse nimmt im Alter ab. Erklären Sie, weshalb viele ältere Menschen eine Lesebrille benötigen.

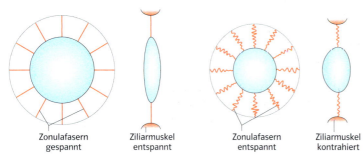

2 Linsenakkommodation

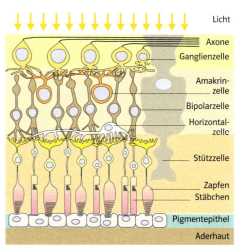

3 Netzhautquerschnitt

124 Neurobiologie

Adaptation — Anpassung der Lichtempfindlichkeit

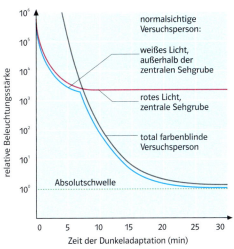

1 *Dunkeladaptationskurven*

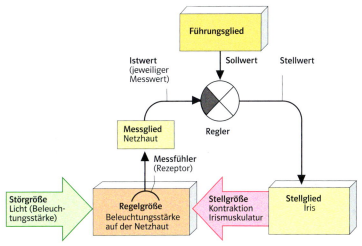

2 *Pupillenreflex als Regelkreis*

Geht man aus einem hell erleuchteten Raum in die Dunkelheit, so kann man zunächst fast nichts erkennen. Erst nach einer Weile werden schwach beleuchtete Gegenstände sichtbar. Das Auge *adaptiert*, es passt seine Lichtempfindlichkeit der Beleuchtungsstärke an. Zwei Vorgänge sind dafür verantwortlich.

Die Pupillenreaktion
Bei Dunkelheit ist die Pupille weit geöffnet. Trifft mehr Licht auf das Auge, so verengt sie sich. Die Pupille wird durch die Iris mit zwei antagonistisch arbeitenden Radial- bzw. Ringmuskeln geformt. Die Beleuchtungsstärke der Netzhaut wird damit im optimalen Bereich gehalten (s. Randspalte). Diesen Vorgang kann man mithilfe des Regelkreismodells erklären und veranschaulichen (Abb. 2).

Adaptation durch die Netzhaut
Allerdings kann die Pupillenweite nur in engen Grenzen verändert werden (s. Randspalte). Die Adaptationsleistungen des Auges können so nicht erklärt werden. Den größeren Beitrag dazu leisten Veränderungen der Netzhaut. Bei geringer Beleuchtungsstärke wird nur wenig von der lichtempfindlichen Substanz Rhodopsin verändert. Die Wahrscheinlichkeit, dass ein einfallendes Lichtquant auf ein intaktes Rhodopsin-Molekül trifft und sich deshalb das Potential der Sinneszelle verändert, ist hoch. Bereits wenige Lichtquanten können daher wahrgenommen werden. Beim Eintreten in einen dunklen Raum ist zunächst nur ein kleiner Anteil des Rhodopsins in seiner lichtempfindlichen Form verfügbar, der größte Teil in der schon von Licht veränderten Form. Nur langsam wird er zur vollen Menge der lichtempfindlichen Form regeneriert. Daher benötigt die Dunkeladaptation einige Zeit.

Umgekehrt laufen die Vorgänge schneller ab. Durch eine plötzlich einfallende hohe Lichtmenge ist man zwar zunächst geblendet, aber sie verändert auch schnell eine große Menge Sehfarbstoff. Damit wird die Wahrscheinlichkeit dafür, dass ein Lichtquant auf ein lichtempfindliches Rhodopsin-Molekül trifft und eine Potentialänderung auslöst, schnell kleiner. Das Auge passt sich rasch an die große Helligkeit an.

Die Zapfen in der zentralen Sehgrube des Auges passen sich recht schnell an Dunkelheit an (Abb. 1), haben aber einen relativ hohen Schwellenwert. Die Stäbchen adaptieren langsamer, reagieren aber viel empfindlicher auf kleine Lichtintensitäten.

A1 Beschreiben Sie die Vorgänge im Auge bei starkem und schwachem Lichteinfall mithilfe des Regelkreismodells in Abb. 2.

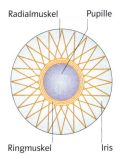

	Beleuchtungsstärken (lx)	Pupillenöffnung (mm²)
Mondlicht	0,01	64
Sonnenlicht	10 Mio.	4

Regelbereich der Pupille: 1:16

Adaptationsleistung der Iris

125

Funktion der Netzhaut

Die Netzhaut des menschlichen Auges enthält etwa 6 Millionen Zapfen zum Farbensehen und 120 Millionen Stäbchen zum Hell-Dunkel-Sehen (Abb. 1). Elektromagnetische Strahlung im Wellenlängenbereich von 400 nm (violett) bis 700 nm (rot) führt in diesen Sinneszellen zu einer Erregung, die wir im Gehirn als Licht verschiedener Farben empfinden. Der Aufbau der beiden Zelltypen ist sehr ähnlich. Das Innensegment enthält den Zellkern, Mitochondrien und die synaptische Endigung. Das Außensegment besteht aus vielen Lamellen (ca. 1000), die durch Einfaltungen der Zellmembran entstanden sind (Abb. 2). Diese Einfaltungen schnüren sich in Stäbchen zu sogenannten „Disks" ab, die innerhalb der Außensegmente frei schwimmend sind. In der Membran dieser Disks oder Lamellen liegen die Sehpurpurmoleküle, das *Rhodopsin*.

Licht verändert Moleküle

Die Rhodopsinmoleküle reichen durch die Membran hindurch (Abb. 2). Bestandteil des Rhodopsins ist neben einem Protein, dem *Opsin*, das *Retinal*, das aus dem Vitamin A aufgebaut wird, welches wir mit der Nahrung aufnehmen. Vitamin-A-Mangel kann zur Beeinträchtigung der Sehfähigkeit, wie z. B. zur Nachtblindheit, führen. Das Molekül des Retinals kommt in zwei Formen vor, der gewinkelten *cis*- und der gestreckten *trans*-Form (s. Randspalte). Bei Dunkelheit ist die Wahrscheinlichkeit 1 : 1000, dass sich aus der cis- die trans-Form bildet. Durch Lichteinfall steigt die Bildung der trans-Form stark an.

Misst man an den Lichtsinneszellen das Rezeptorpotential, findet man im Gegensatz zu anderen Sinneszellen, die bei Reizeinwirkung depolarisiert werden, eine erstaunliche Veränderung des Membranpotentials (Abb. 4): Bei Lichteinstrahlung entsteht eine *Hyperpolarisation* von –30 mV auf –70 mV. Die Zellmembran ist also ohne Reiz stärker depolarisiert. Dies lässt sich nur mit der Hypothese erklären, dass bei einer Erregung durch Licht die Na^+-Ionenkanäle nicht geöffnet, sondern geschlossen werden. Bei Dunkelheit sind demnach mehr Na^+-Ionenkanäle geöffnet als bei Lichteinwirkung.

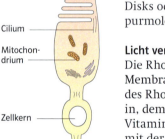

Zapfen

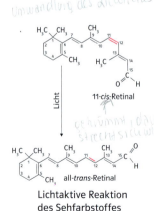

Lichtaktive Reaktion des Sehfarbstoffes

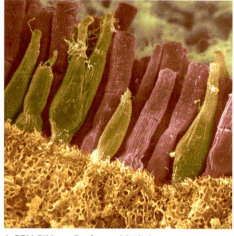

1 REM-Bild von Zapfen und Stäbchen

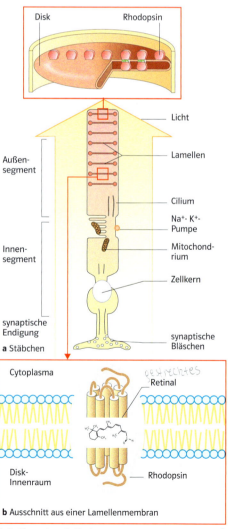

2 Aufbau eines Stäbchens

126 Neurobiologie

3 *Stäbchen (links) und Zapfen (rechts)*

Reiz-Erregungs-Transformation

Das Schließen von Na⁺-Ionenkanälen bei Lichteinstrahlung ist auf molekularer Ebene durch die Veränderung des Retinalmoleküls im Rhodopsin bedingt. Das aktivierte Rhodopsin spaltet sich und das Retinal wirkt auf ein Protein *(Transducin)* in der Lamellenmembran der Stäbchen ein und aktiviert es. Transducin bewirkt den Umbau von sekundären Botenstoffmolekülen. Diese Moleküle haben die Aufgabe, sich an die Na⁺-Ionenkanäle in der Membran der Sinneszelle zu binden und sie geöffnet zu halten. Je geringer also die Anzahl der sekundären Botenstoffmoleküle im Cytoplasma der Stäbchen ist, desto weniger Natrium-Ionenkanäle sind geöffnet (Abb. 4).

Bereits ein sehr kurzer Lichtblitz löst eine Hyperpolarisation der Membran aus. Die hohe Effektivität der Lichtsinneszellen kann nur über eine intrazelluläre Signalverstärkung der molekularen Vorgänge erreicht werden. Die Verstärkung erfolgt über das Rhodopsin. Durch ein Molekül Rhodopsin werden bei diesem Prozess etwa 10 000 Moleküle sekundärer Botenstoffmoleküle abgebaut. Bei diesem Vorgang werden über das Transducin und das Enzym Phosphodiesterase (PDE) die sekundären Botenstoffe verändert. PDE zerlegt pro Sekunde 4000 Moleküle des Botenstoffs. Auch eine geringe Reizung der Lichtsinneszellen führt über diesen Verstärkungseffekt dazu, dass zahlreiche Na⁺-Ionenkanäle geschlossen werden. Die Veränderung des Zellmembranpotentials führt jedoch nicht zu einem Aktionspotential an der Lichtsinneszelle, sondern zu einer Veränderung des elektrischen Feldes. Dieses breitet sich zur präsynaptischen Membran der Zelle aus. Die dort freigesetzten Transmitter wirken depolarisierend auf die nachfolgende Bipolarzelle und diese wirkt weiter auf die folgende Nervenzelle ein (s. Seite 132).

A1 ○ Menschen sind „Dunkelseher". Nehmen Sie Stellung zu dieser Aussage.

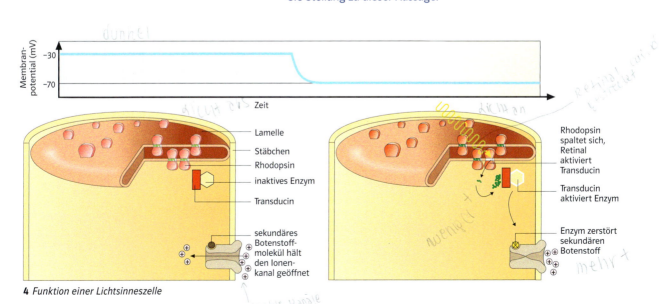

4 *Funktion einer Lichtsinneszelle*

Fototransduktion — Signaltransduktion

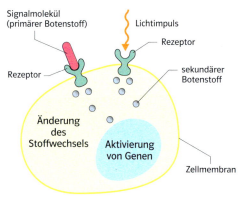

1 *Signalübertragung*

Zellen können auf äußere Reize reagieren und mit anderen Zellen kommunizieren. Hierzu werden von den Zellen Signale aufgenommen, die an der Zellmembran umgewandelt und ins Zellinnere weitergeleitet werden (Abb. 1). Dies hat für die Organismen eine große Bedeutung, um auf Veränderungen der Umwelt reagieren zu können und zwischen den Zellen eine Zell-Zell-Kommunikation zu ermöglichen. Physikalische Reize aus der Umwelt, wie einzelne Lichtimpulse, führen zu einer Veränderung des Membranpotentials in den Zapfen und Stäbchen, welches als Aktionspotential zum Gehirn geleitet wird. Einzelne Hormonmoleküle in der Zell-Zell-Kommunikation (*primäre Botenstoffe*), die am Rezeptor außerhalb der Zelle andocken, lösen in der Zelle Stoffwechselaktivitäten oder Veränderungen in der Genexpression aus. Diese Vorgänge spielen z. B. eine Rolle bei der Signalaufnahme und -weiterleitung bei den Nervenzellen, in der Immunbiologie, beim Zellwachstum oder der Zellteilung.

cGMP
zyklisches Guanosinmonophosphat

Sekundärer Botenstoff
engl. second messenger

Aus 1 wird 1 Million

Die verschiedenen Signale gelangen nicht direkt in die Zelle. Hierzu ist jeweils ein spezifischer Rezeptor notwendig, der in der Zellmembran verankert ist (Abb. 2). Dieser nimmt jeweils ein spezifisches Signal auf, wie z. B. Lichtimpulse oder Hormonmoleküle auf der Außenseite der Membran (1) und löst hierdurch eine Aktivierung von Molekülen in der Zelle aus. Diesen Vorgang der *Signalübertragung* bezeichnet man als *Signaltransduktion*. Hierzu sind die Rezeptoren mit einem G-Protein verbunden (2). Dieses regt einen Effektor an, z. B. das Enzym Adenylat-Cyclase. Die hierbei gebildeten cAMP-Moleküle wirken innerhalb der Zelle als Signalmoleküle, *sekundäre Botenstoffe*. Da das Enzym viele Moleküle umsetzt, führt dies zur Vervielfältigung der Reaktionen innerhalb der Zelle, *Signalverstärkung* (3). cAMP aktiviert wiederum ein Enzym, die *Protein-Kinase*. Die Verstärkung erfolgt dadurch, dass einzelne Signalmoleküle jeweils über mehrere Stufen weitere Proteine aktivieren. Dies löst die Synthese von vielen Produkten aus, welche die zelluläre Antwort auslösen (4). Die Zellantwort kann z. B. die Bildung von Proteinen sein, welche die Aktivität der Gene steuern, die Bewegung von Motorproteinen oder die Bildung von Stoffwechselenzymen in der Zelle.

Lichtimpulse als Signale

Auch bei der *Fototransduktion* findet eine Signaltransduktion und eine Signalverstärkung statt. Der Auslöser ist bei diesem Vorgang jedoch kein einzelnes Molekül, sondern ein Lichtimpuls. Die Rezeptoren in der Zellmembran benötigen daher keine Bindungsstelle, sondern eine Substanz, die das Licht absorbiert (Abb. 4). Bei dieser Substanz handelt es sich um das Retinal, das durch einen Lichtimpuls innerhalb

2 *Signaltransduktion und Signalverstärkung in der Zelle*

128 Neurobiologie

einer Billionstel Sekunde räumlich verändert wird (s. Seite 126). Retinal ist Bestandteil des Rezeptorproteins Rhodopsin in in den Lichtsinneszellen, welches durch diesen Vorgang aktiviert wird und ca. 500 Moleküle des G-Proteins Transducin aktiviert. Transducin aktiviert im nächsten Schritt den Effektor, das Enzym PDE *(Phosphodiesterase)*, welches ca. 10 000 Moleküle des sekundären Botenstoffs cGMP in GMP umwandelt. cGMP bindet an den Ionenkanal und hält diesen geöffnet. Die verminderte Anzahl von cGMP-Teilchen führt zur Schließung von ca. 250 Natriumionenkanälen.

Bei jedem dieser Schritte erfolgt eine Signalverstärkung, sodass eine große Anzahl von Ionenkanälen durch einen einzigen Lichtimpuls geschlossen werden. Die Zellantwort ist bei der Fototransduktion das Schließen der Ionenkanäle, was zu der Hyperpolarisation der Stäbchen in der Netzhaut führt.

Hormone als Signale

Hormone kommen im Körper nur in geringen Konzentrationen vor. Anders als im Nervensystem werden bei den Hormonen Signale in Form von Signalmolekülen langsam über das Blut im Körper verteilt. Ihr Vorteil liegt darin, dass sie lange im Blut vorhanden sein können und langfristige Vorgänge im Körper regeln. Adrenalin beispielsweise hat die Wirkung, den Reservestoff Glykogen in Glucose abzubauen (Abb. 3). Die Glucose wird in die Blutbahn abgegeben und steht zur Leistungssteigerung im ganzen Körper

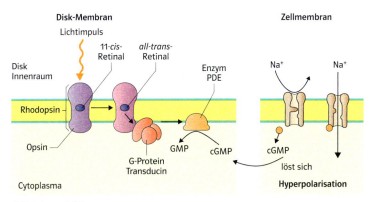

4 *Fototransduktion*

zur Verfügung. Glykogen ist als Reservestoff in den Leberzellen und Muskelzellen eingelagert. Adrenalin aktiviert über den Rezeptor und das G-Protein den Effektor, die Adenylat-Cyklase. Das gebildete cAMP aktiviert die Proteinkinase und über ein weiteres Enzym die Glykogenphosphorylase. Diese baut dadurch verstärkt den Reservestoff Glykogen in den Leberzellen zur Glucose ab. Gleichzeitig wird über denselben Weg ein zweites Enzym gehemmt. Die Glykogensynthase baut aus den einzelnen Glucosemolekülen das Glykogen auf. Die Zellantwort beim Adrenalin ist also die Veränderung der beiden Stoffwechselenzyme.

Der Aufbau von Glykogen aus Glucose ist in Ruhephasen sinnvoll, um einen großen Reservespeicher in den Leberzellen anzulegen. Bei hoher körperlicher Leistung würde dies jedoch den Glucosewert im Blut wieder senken und dem abbauenden Enzym entgegenwirken. Dies bedeutet, dass die sekundären Botenstoffe innerhalb der Zelle verschiedene Stoffwechselwege aktivieren oder hemmen können.

A1 Erklären Sie mithilfe eines Textes, wie es zur Signalverstärkung von einem Molekül auf 1 Million kommt.

A2 Die Signalverstärkung wird auch als Reaktionskaskade bezeichnet. Eine Kaskade ist ein mehrstufiger Wasserfall, der immer breiter wird. Erläutern Sie anhand von Abb. 2, wie es zu diesem Vergleich kam, jedoch der Begriff „Kaskade" zu einer falschen Vorstellung führt.

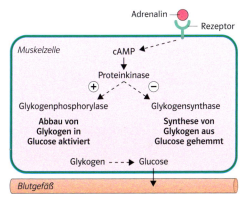

3 *Adrenalinwirkung in der Leberzelle*

Farben entstehen im Kopf

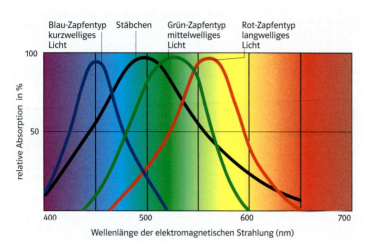

1 *Absorptionsspektren der menschlichen Lichtsinneszellen*

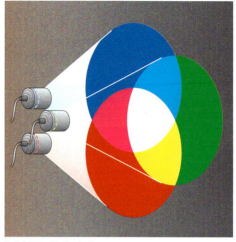

2 *Additive Farbmischung*

Elektromagnetische Wellen gelangen von der Sonne durch den Kosmos auf die Erde. Nur ein kleiner Teil wird von uns wahrgenommen. Die Lichtsinneszellen unserer Netzhaut werden durch den Wellenlängenbereich zwischen ca. 400 bis 700 nm angeregt. Neben den Stäbchen gibt es drei verschiedene Typen von *Zapfen*, die jeweils von verschiedenen Wellenlängen elektromagnetischer Strahlung angeregt werden. Diese Zapfen reagieren aufgrund von verschiedenen Formen ihrer Pigmente unterschiedlich empfindlich auf die im Auge eintreffenden Lichtwellen. Die Zapfen haben drei Sensibilitätsmaxima: 450 nm, 530 nm und 570 nm. Die, die von elektromagnetischer Strahlung mit der Wellenlänge 450 nm angeregt werden, sprechen auf Licht im Bereich der Farbe Blau an. Die beiden anderen Sinneszelltypen werden durch die Farben Grün und Rot angeregt (Abb. 1).

Die Absorptionsspektren der Zapfen überlappen sich. Werden sowohl die Rot- als auch die Grün-Zapfen stimuliert, sehen wir entweder Gelb oder Orange. Das Spektrum der verschiedenen Farben lässt sich durch die Verschaltung der drei Zapfentypen in den rezeptiven Feldern erklären. Die entsprechenden Aktionspotentiale werden zum Gehirn geleitet und führen zur Wahrnehmung der jeweiligen Farbe. Die farbige Welt, in der wir leben, existiert so, wie wir sie erleben, nur in unserem Gehirn. Die Farbe Weiß nehmen wir bei einem Gemisch aus allen Wellenlängen wahr oder wenn man Licht der Farben Rot, Grün und Blau auf eine Fläche projiziert. Die Summe der drei Lichtsorten entspricht dem weißen Licht *(additive Farbmischung)*. Verschiebungen der Wellenlängen bei der Mischung ergeben jede beliebige Farbe. Wir können Wellenlängenunterschiede von 1 bis 2 nm erkennen und daher tausende von Farbnuancen wahrnehmen.

A1 ○ Beschreiben Sie die Zusammenhänge in Abb. 3 und erklären Sie daran die Aussage „Farben entstehen im Kopf".

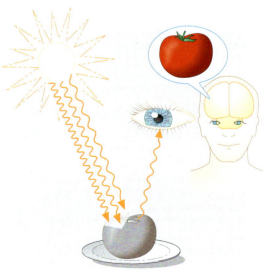

3 *Wahrnehmung eines farbigen Gegenstandes*

130 Neurobiologie

Wahrnehmung

Optische Täuschungen sind immer überraschend. Doch der Begriff „optische Täuschung" ist irreführend, da nicht das Auge getäuscht wird, sondern das Gehirn. Bei optischen Täuschungen handelt es sich um „Wahrnehmungsfehler". Im Gehirn werden verankerte Erfahrungen mit neuen Informationen verglichen und verarbeitet. So kann es zu Wahrnehmungsfehlern kommen, bei denen man Bilder völlig anders wahrnimmt, als die physikalischen Gegebenheiten vermuten lassen.

Wir sehen Bilder daher nicht wie mit einer Videokamera, sondern setzen die neu aufgenommenen Bilder mit verschiedenen Erfahrungen und Informationen zusammen, die in verschiedenen Gehirnabschnitten gespeichert sind.

Entfernungen

Wir erkennen Gegenstände oder Personen in unserer Umgebung nicht in der wirklichen Größe, sondern durch unterschiedliche Entfernungen in verschiedenen Größen. Im Gehirn werden diese Unterschiede bei der Verarbeitung ausgeglichen. Betrachtet man die Abbildung mit den Eisenbahnschienen (Abb. 1), scheinen die beiden blauen Balken ungleich lang. Tatsächlich haben sie jedoch die gleiche Länge. (Messen Sie nach!) Aus den gespeicherten Erfahrungen weiß das Gehirn, dass die Entfernung bei aufeinanderzulaufenden Linien größer wird und dass weiter entfernte Objekte kleiner erscheinen. Der hintere blaue Balken wird von uns trotz gleicher Länge aus diesem Grund als größerer Balken wahrgenommen. Wir machen Wahrnehmungen an bestimmten Punkten fest, die mit bereits gespeicherten Bildern oder Erfahrungen korrelieren.

Entfernungen können wir mit den Augen nicht direkt messen, sie werden nicht über optische Mess-Systeme in den Augen festgelegt, sondern im Gehirn. Hier werden aus dem bereits vorhandenen Erfahrungsbereich Eigenschaften zur Bewertung der Entfernung hinzugezogen. Wir orientieren uns durch Größenvergleiche mit anderen benachbarten Objekten und perspektivische Änderungen. Linien laufen aufeinander zu und verjüngen sich,

1 *Perspektivische Verkürzung*

der Blauanteil und der Dunst nehmen mit zunehmender Entfernung zu (Abb. 2). Sie sind für die Tiefenwirkung unseres Sehens notwendig. Hinzu kommt, dass weiter entfernte Linien unschärfer und verschwommener erscheinen. Dieser Eindruck wird unterstützt durch den Blauanteil. Je intensiver der Blauanteil, desto größer schätzen wir die Entfernung ein.

A1 ○ Erklären Sie, weshalb Wanderer in den Bergen bei Wetterlagen mit klarer Sicht Entfernungen nicht richtig einschätzen können.

2 *Blauanteil bei Fernsicht*

131

Kontraste verbessern die Wahrnehmung

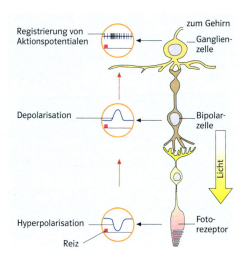

1 *Verschaltung der Netzhaut*

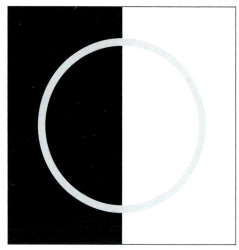

2 *Graukontraste*

Betrachtet man den Kreis in Abbildung 2, empfindet man die Kreislinie auf dem dunklen Untergrund heller als die auf dem weißen, obwohl die Grauintensität beider Hälften gleich ist. Wir erhalten also wenig Informationen über die absolute Helligkeit eines Gegenstandes, sondern heben vergleichend Kontraste hervor. Diese *Kontrastverstärkung* lässt sich über die rezeptiven Felder und den Verrechnungsvorgang bei der lateralen Inhibition (s. Abb. 3) erklären. Die biologische Bedeutung der Kontrastverstärkung liegt vermutlich darin, dass Feinde oder Nahrung vor einem Hintergrund mit ähnlicher Lichtintensität besser wahrgenommen werden, besonders in der Dämmerung, wenn das Farbensehen nachlässt.

Rezeptive Felder

Die Verbindung zwischen den Lichtsinneszellen und dem Gehirn ist nicht direkt. In der Netzhaut sind eine oder mehrere Lichtsinneszellen über Bipolarzellen mit einer Ganglienzelle verbunden. Insgesamt sind rund 126 Millionen Lichtsinneszellen auf 1 Million Ganglienzellen verschaltet. Durch die Wirkung des Lichtes erfährt die Lichtsinneszelle eine Hyperpolarisierung ihrer Membran (s. Seite 127). Diese führt zu einer verminderten Freisetzung von Transmittermolekülen. An der Bipolarzelle verursacht diese Verminderung von Transmittermolekülen eine Depolarisation. Die Depolarisation der Bipolarzelle wiederum führt zu deren höheren Ausschüttung von Transmittermolekülen und erhöht dadurch in der Ganglienzelle die Frequenz der Aktionspotentiale (Abb. 1). Es gibt in der Netzhaut jedoch auch hemmende Bipolarzellen, die die Frequenz der Aktionspotentiale in der Ganglienzelle senken. Diese Verschaltungseinheit, die die Frequenz der Aktionspotentiale einer Ganglienzelle zum Gehirn beeinflusst, ist das *rezeptive Feld*. Die rezeptiven Felder im Bereich der zentralen Sehgrube *(Fovea)* bestehen nur aus einer verschalteten Lichtsinneszelle, im peripheren Bereich dagegen aus mehreren.

Durch Messungen mit Mikroelektroden in der Netzhaut konnte die Aktivität der verschiedenen Zelltypen gemessen werden. Bei diesen Messungen wurden ON-Ganglienzellen und OFF-Ganglienzellen entdeckt. Bei Erregung der Lichtsinneszellen lösen ON-Ganglienzellen ein erregendes, OFF-Ganglienzellen ein *inhibitorisches Potential* aus. Die Verbindung zwischen Lichtsinneszellen und Ganglienzelle stellen wiederum ON- und OFF-Bipolarzellen her (s. Seite 124, Abb. 3). Das rezeptive Feld umfasst ein kreisförmiges Zentrum und einen umgebenden Ring. Wird das Zentrum einer ON-Ganglienzelle belichtet, so erhöht sich die Frequenz der Aktionspotentiale an der Ganglienzelle, wird das Umfeld belichtet, sinkt die Frequenz. Ein rezeptives Feld spricht optimal auf einen Reiz an, der nur das Zentrum erregt. Bei der OFF-Ganglienzelle liegen die Messwerte genau umgekehrt. Der Sinn dieser Verschaltungen liegt in der höheren Kontrastfähigkeit des Auges. Die Erregungsverarbeitung im Auge ist also auf das Erkennen von Kontrasten und Veränderungen ausgerichtet (Abb. 3).

Laterale Inhibition

Die Bipolarzellen leiten die Erregung der Lichtsinneszellen auf die Ganglienzellen weiter (s. Seite 124). Jede Lichtsinneszelle wirkt jedoch zusätzlich über die *Horizontalzellen*, die Querverbindungen zwischen Sehsinneszellen bilden, hemmend auf benachbarte Lichtsinneszellen ein *(laterale Inhibition)*. Wie dies zu einer Kontrastverstärkung führt, lässt sich an einem vereinfachten rechnerischen Modell mit folgenden Annahmen erklären (Abb. 3):
– Auf die Lichtsinneszellen an der hellen Fläche wirken doppelt so starke Reize wie auf die an der dunkleren Fläche.
– Über Horizontalzellen erfolgt eine Hemmwirkung von 20 % der Erregungsgröße.

Wird die Lichtsinneszelle mit einer angenommenen Reizintensität der Stärke 10 erregt, entspricht dieser Reizstärke einer Erregungsstärke. Durch die beiden Horizontalzellen erfolgt, der Annahme entsprechend, jeweils eine Hemmung von 20 %. So ergibt sich für die an die Nervenzellen des Sehnervs weitergeleitete

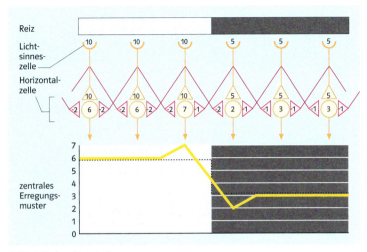

4 *Modell einer Verschaltung*

Erregungsstärke der Wert: 10−2−2 = 6 (bzw: 5−1−1 = 3). Im Bereich der Kontrastgrenze zeigt die Aktionspotentialfrequenz gegenüber den benachbarten Ganglienzellen eine erhöhte Differenz (7 zu 2). Diese führt zu der betonten Wahrnehmung von verschieden grauen Flächen und somit zu der verbesserten Möglichkeit, geringe Kontrastunterschiede wahrzunehmen.

A1 ⊖ Berechnen Sie die Werte der lateralen Inhibiton für einen höheren und einen geringeren Kontrast. Zeichnen Sie jeweils den Kurvenverlauf. Vergleichen Sie die jeweiligen Modellrechnungen.

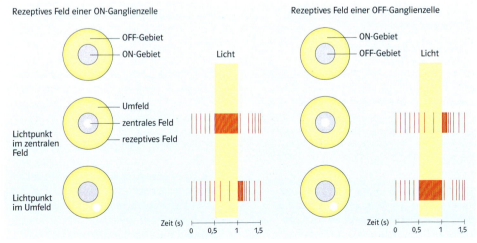

3 *Rezeptive Felder einer ON- und einer OFF-Ganglienzelle*

Vom Reiz zum Sinneseindruck

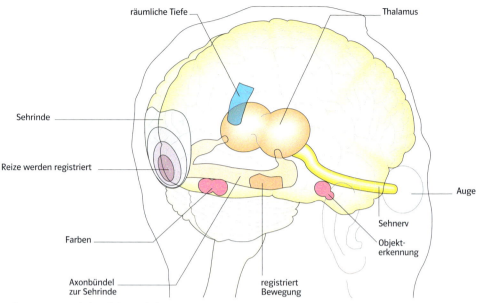

1 *Auswertung optischer Reize im Gehirn*

Ein rotes Auto fährt auf einer Straße, die wir überqueren wollen. Die verschiedenen optischen Reize bei einer solchen Situation lösen in den Lichtsinneszellen der Netzhaut elektrische Erregungen aus. Diese werden über den Sehnerv zum Gehirn geleitet. Etwa 1 Million Neurone bilden den Sehnerv, der vom Auge zum Gehirn führt. Die Sehnerven beider Augen treffen sich an der Sehnervenkreuzung. Dort kreuzen Teile der Nervenfasern zur gegenüberliegenden Seite des Gehirns. Die Verteilung ist so, dass alle Nervenfasern, deren Ursprung in den rechten Netzhauthälften beider Augen liegt, in der rechten Großhirnhälfte landen und umgekehrt. Dies bewirkt, dass die Bildinformationen aus jeder Hälfte des mit beiden Augen erfassten Gesichtsfeldes in nur eine Gehirnhälfte gelangen.

Signalverarbeitung

Die Nervenfasern der Sehnerven enden in einem Teil des Zwischenhirns, im Thalamus. Hier werden die eingehenden Signale verarbeitet und in die Sehregion der Großhirnrinde, die *Sehrinde*, geleitet. Die Neurone der Großhirnrinde weisen eine unterschiedliche Selektivität für verschiedene visuelle Reizmerkmale im Gesichtsfeld auf. Die Sehrinde teilt sich in verschiedenen Rindenbereichen in unterschiedliche Aspekte des Sehens auf, z. B. Registrierung von Erregungen aus den Augen, Farbe, Objekterkennung oder Bewegung (Abb. 1).

In einem bestimmten Bereich werden die vom Auge ankommenden Erregungen registriert (Abb. 1). Hier werden die verschiedenen Erregungen aus den Stäbchen und Zapfen an andere Bereiche der Rindenfelder verteilt. In diesen werden Form, Bewegung oder Farbe hinzugefügt, das Gesamtbild entsteht.

Info-Box: Störungen der Bewegungswahrnehmung

Bereits gegen Ende des 19. Jahrhunderts beobachtete SIGMUND FREUD das Unvermögen einiger Patienten, visuelle Merkmale zu erkennen. Er führte dies nicht auf Defekte im Auge, sondern im Gehirn zurück.

Eine Patientin konnte nach einem Schlaganfall Formen und Farben erkennen, jedoch keine Bewegungen. Die Patientin hatte Schwierigkeiten, Tee in eine Tasse zu gießen, da sie die Flüssigkeit nicht in Bewegung sah. Sie empfand sie als „gefrorene Flüssigkeit". Eine zusätzliche Schwierigkeit ergab sich dadurch, dass sie nicht erkennen konnte, wie die Flüssigkeit in der Tasse anstieg. Probleme traten auch auf der Straße auf. Sie konnte die Fahrzeuge zwar wahrnehmen, nicht jedoch deren Geschwindigkeit, da die Fahrzeuge plötzlich hier und dann auf einmal dort waren, ohne dass sie gesehen hatte, wie die Fahrzeuge sich bewegten. Dies führte zu Schwierigkeiten, eine Straße zu überqueren. Sie musste lernen, andere Faktoren, wie lauter werdende Fahrzeuggeräusche, zur Orientierung mit einzubeziehen.

- Ein Rindenbereich liefert verwaschene, kontrastarme Bilder ohne Farben. Besonders markant treten alle bewegten Teile hervor. Hier geht es um die Analyse der Position und Bewegung.
- Das zweite System liefert scharfe Formen von Teilen des Gesamtbildes. In einem anderen Teil des Gehirns wird gleichzeitig ermittelt, um welches Objekt es sich handelt.
- Der dritte Rindenbereich liefert Bilder von geringer Schärfe, die farbig sind.

Die *Tiefenwahrnehmung* (das räumliche Sehen) entsteht in einer weiteren Rindenregion. Bei der Ermittlung der räumlichen Tiefe nutzen wir aus, dass die beiden Augen etwas verschiedene Netzhautbilder registrieren, die durch den Augenabstand zustande kommen. Beim Fixieren eines Gegenstandes werden die Augen so zueinander gedreht, dass der fixierte Gegenstand in beiden Augen in der zentralen Sehgrube abgebildet wird. Gegenstände, die außerhalb der fixierten Ebene liegen, werden außerhalb der Sehgrube abgebildet.

Sehen mit Augen und Gehirn?
Die Wahrnehmung der Umgebung erfolgt über die Ergebnisverarbeitung der drei verschiedenen Systeme. Die Information, die die größte Aufmerksamkeit erzeugt, bestimmt die Wahrnehmung, andere Objekte werden ignoriert. Dies ist vergleichbar mit dem Ausleuchten der Umgebung mit einem Scheinwerfer: Nur einige Teile der Umgebung werden beleuchtet, die anderen bleiben im Dunkeln. Beim Überqueren der Straße wird es die Bewegung des Autos sein, die unsere Aufmerksamkeit erregt. Sie wird in der Großhirnrinde ausgewertet und lässt uns am Straßenrand warten (Abb. 2).

Bei der visuellen Wahrnehmung unserer Umgebung stammen jedoch nur 20 % der Erregungen bei der Verarbeitung in der Großhirnrinde aus den Lichtsinneszellen der Netzhaut. Der größte Anteil stammt aus anderen Hirnregionen. Das Reizmuster aus der Umgebung wird zum Erregungsmuster im Gehirn. Mit den gespeicherten Erfahrungen führt das Erregungsmuster zum Erkennen der Umgebung, zur *Kognition*.

A1 Erklären Sie den medizinischen Fall in der Info-Box mit Erkenntnissen der Hirnforschung.

A2 Fassen Sie anhand der Situation in Abb. 2 die Abläufe im Gehirn in Form eines Sachtextes zusammen.

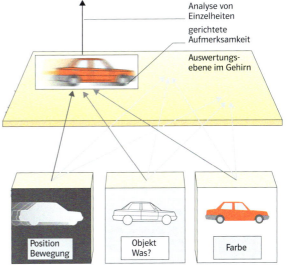

2 Drei Rindenbereiche bei der Wahrnehmung von Gegenständen

2.4 Bau und Funktion des Nervensystems
Nervensystem des Menschen

Anatomisch wird das *Nervensystem* in zwei Bereiche aufgeteilt, das Zentralnervensystem und das periphere Nervensystem.

Zentralnervensystem und periphere Nerven
Gehirn und Rückenmark zusammen bilden das *Zentralnervensystem (ZNS)*. Das *Rückenmark* erfüllt zwei Funktionen: Es ist zentrales Verbindungselement zwischen dem Gehirn und dem den Körper durchziehenden *peripheren Nervensystem* (s. Randspalte) sowie selbstständige Umschaltstelle sensorischer auf motorische Neurone (*Reflexbogen,* s. Seite 122). Häufig sind *Interneurone* zwischengeschaltet. Diese beiden Funktionen lassen sich anatomisch unterschiedlichen Bereichen des Rückenmarks zuordnen. Die Leitungsbahnen liegen in der äußeren weißen Substanz, die Verschaltungen befinden sich in der inneren grauen Substanz. Zwischen je zwei Wirbeln entspringt rechts und links ein Rückenmarksnerv *(Spinalnerv)* mit einer vorderen und einer hinteren Wurzel. Durch die hinteren Wurzeln leiten sensorische Neurone Erregungen, die von den Sinneszellen kommen, dem Rückenmark zu (in die Hinterhörner). Die Zellkörper dieser Neurone befinden sich außerhalb des Rückenmarks in den *Spinalganglien*. Die vorderen Wurzeln (aus den Vorderhörnern) senden motorische Nervenfasern zu den Muskeln des Rumpfes. Die motorischen Neurone haben ihre Zellkörper in der grauen Substanz des Rückenmarks. Darüber hinaus besteht die graue Substanz aus einem Geflecht von Dendriten und meist marklosen kurzen Axonen. Kurz hinter dem Spinalganglion vereinigen sich beide Wurzeln zu einem gemischten Nerv. Der Mensch hat insgesamt 31 Paare von Rückenmarksnerven (Abb. 1).

Das autonome Nervensystem
Das *autonome Nervensystem* liegt im Rückenmark. Dieses Nervensystem steuert Entspannung und Leistungssteigerung und ist daher auch für den Lernvorgang sehr entscheidend. Die Wirkungen dieses Teils des Nervensystems sind der willkürlichen Kontrolle weitgehend entzogen. Es stimmt die Funktionen der inneren Organe mit den jeweiligen Bedürfnissen des Körpers ab. Es hat einen sympathischen und einen parasympathischen Anteil. Eine Aktivierung des *Sympathicus* führt zur höchsten körperlichen Leistungsfähigkeit, eine Aktivierung des *Parasympathicus* zur körperlichen Ruhe.

Im Verlaufe der Evolution war es lebensnotwendig, komplexe Lebensweisen aufeinander abzustimmen. Leistung musste schnell verfügbar sein, z. B. bei Angriff oder Flucht. Auf der anderen Seite musste Energie gespart werden und der Stoffwechselumsatz gesenkt werden. In dieser Phase wird der Körper auf eine Energieaufnahme und Reservestoffspeicherung eingestellt.

Der Parasympathicus wirkt sehr häufig als Gegenspieler des Sympathicus. Beide innervieren oft dieselben Organe und regeln die lebenswichtigen Funktionen des Körpers, wie Kreislauf, Verdauung, Entleerung, Stoffwechsel, Sekretion, Körpertemperatur und Fortpflanzung. Die Vorgänge bei der Verdauung laufen vor allem bei körperlicher Ruhe ab. Sie werden durch Signale des Parasympathicus ausgelöst bzw. gefördert. Darüber hinaus beeinflussen der Sympathicus und der Parasympathicus in Zusammenarbeit mit dem Gehirn nachhaltig unsere emotionale Stimmung. Alarmiert durch eine bedrohliche Situation, veranlasst z. B. das *Limbische System* des Gehirns (s. Seite 141) die

Ganglien = Nervenknoten Ansammlung von Nervenzellkörpern

1 *Rückenmark*

(Bildbeschriftungen: Spinalganglion, bipolare Nervenzelle, hintere Wurzel, vordere Wurzel, Spinalnerv, Rückenmark, weiße Substanz, graue Substanz, Hinterhorn, Vorderhorn)

136 Neurobiologie

Nebennieren, die Hormone *Adrenalin* und *Noradrenalin* in höherer Konzentration in den Blutstrom freizusetzen. Gefühle wie Angst und Zorn, aber auch Glück werden von typischen Körperreaktionen begleitet, die vom autonomen Nervensystem angeregt werden. In welchem Ausmaß diese Gefühle vom Menschen Besitz ergreifen, hängt von übergeordneten Gehirnteilen ab. Noradrenalin wird auch in den Endknöpfchen von Neuronen des Sympathicus als Transmitter produziert. Dort scheint es unabhängig von Gefühlsschwankungen zu wirken. Der Transmitter der parasympathischen Nervenzellen ist *Acetylcholin*.

A1 ○ Begründen Sie anhand von Abb. 2, welche Körperreaktionen durch die Steuerung des Parasympathicus bzw. Sympathicus zu einer Leistungssteigerung bzw. Entspannung führen.

A2 ○ Zivilisationskrankheiten, wie z. B. erhöhtes Infarktrisiko, Vergrößerung der Nebennieren, Störung des Sexualverhaltens u. a., werden auch auf Dauerstress zurückgeführt. Erläutern Sie die Zusammenhänge.

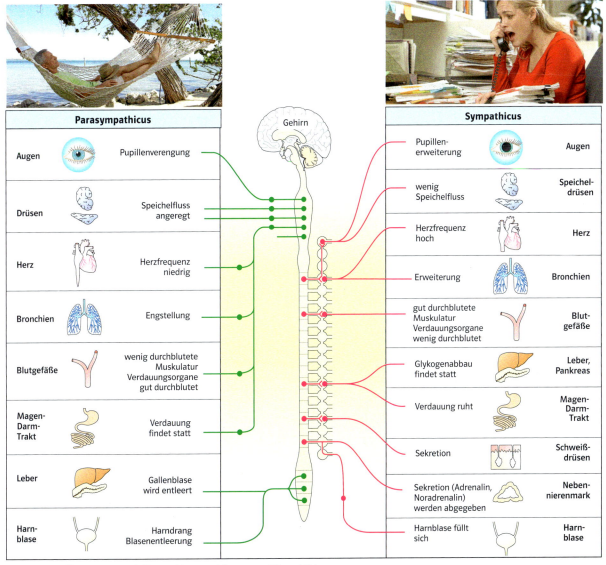

2 *Autonomes Nervensystem mit Sympathicus- und Parasympathicusaktivierung*

137

Nerven und Hormone regeln Körperfunktionen

1 *Adrenalinausschüttung*

Der Sprung aus dem Flugzeug, der freie Fall, dann öffnet sich der Fallschirm (Abb. 1). Fahrten auf Achterbahnen oder Wildwasserrafting sind Beispiele für Situationen, in denen Menschen bewusst einen Adrenalin-Kick suchen.

Adrenalin — das Stresshormon

Die biologische Bedeutung des *Adrenalins* ist darauf angelegt, in Notsituationen schnell gezielte leistungssteigernde Körperreaktionen auszulösen, um dadurch das Überleben zu sichern, z. B bei Angriff oder Flucht. Diese Anpassung des Körpers wird auch als *Fight-or-flight-Syndrom* bezeichnet. *Adrenalin* steigert die Herzschlagfrequenz, führt zur Erhöhung des Blutdrucks, zur Erweiterung der Bronchien und zur Mobilisierung von Glucose durch den Glykogenabbau in der Leber oder den Muskeln. Gebildet wird das Adrenalin im Nebennierenmark (Abb. 2), von dort wird es über den Blutkreislauf im Körper zu den verschiedenen Effektorgeweben verteilt, bei denen es Reaktionen auslöst. Das Nebennierenmark wird dabei über die Nerven des Sympathicus aktiviert. Gesteuert werden die verschiedenen Körperreaktionen über den Hypothalamus und die Hypophyse im Gehirn.

Regelung der Durchblutung

Nerven- und Hormonsystem reagieren auf Veränderungen, die von der Umgebung oder aus dem Körper kommen. Nerven und Hormone steuern im Körper die physiologischen Vorgänge und die dazu notwendigen organischen Voraussetzungen. Adrenalin z. B. löst als Hormon nicht nur punktuell, sondern im ganzen Organismus in den jeweiligen Zielgeweben eine Wirkung aus. Gleichzeitig können in einzelnen Geweben Veränderungen durch das autonome Nervensystem, wie den Sympathicus, erfolgen.

Die Weite der Blutgefäße wird über den Sympathicus reguliert (Abb. 3). Die glatte Muskulatur der Blutgefäße wird durch den Sympathicus zur Kontraktion angeregt. Der Transmitter *Noradrenalin* wird von den Nervenfasern abgegeben. Rezep-

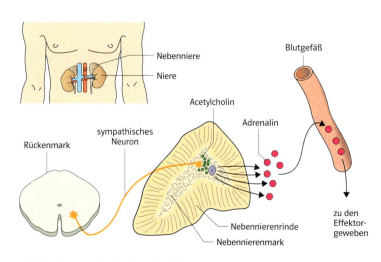

2 *Nebennierenmark gibt Adrenalin ab*

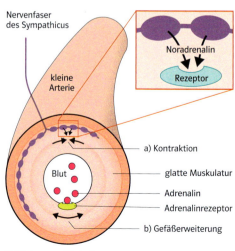

3 *Wirkung auf Arterien*

138 Neurobiologie

toren in den Blutgefäßen reagieren darauf und führen zu einer Verengung der Blutgefäße. Durch die Anzahl der Nervenimpulse vom Sympathicus wird über die unterschiedliche Noradrenalinabgabe an die Rezeptoren der glatten Muskulatur die Intensität der Kontraktion reguliert.

Durch die Ausschüttung von Adrenalin hingegen wird die schnelle Erschlaffung der glatten Gefäßmuskulatur bei den Skelettmuskeln ausgelöst, was zu einer besseren Durchblutung der jeweiligen Gewebe führt (Abb. 3). Hierdurch kann z.B. die Muskulatur mit mehr Nährstoffen und mehr Sauerstoff versorgt werden.

Regelung der Glucosekonzentration
Gleichzeitig steigert Adrenalin die Konzentration des sekundären Botenstoffes cAMP in den Zellen (S. 129). Hierdurch wird über die Aktivierung und Hemmung spezifischer Enzyme die Signalverstärkung zum Glykogenabbau in den Leber- oder Muskelzellen ausgelöst (Abb. 5). Die größere Glucosekonzentration im Blut und die erweiterten Blutgefäße führen zu einer Leistungssteigerung beim Angriff oder der Flucht.

Regelung der Luftmenge
Auch die Luftzufuhr wird für die Kampf- oder Fluchtreaktionen optimiert. Die Luftröhre und die Bronchien bilden die Atemwege, durch welche die Luft zu den Alveolen gelangt. Die Wände bestehen aus

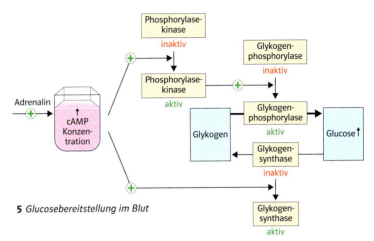

5 *Glucosebereitstellung im Blut*

Knorpelstangen sowie aus glatter Muskulatur und Gewebe mit Flimmerhärchen und zahlreichen Drüsen. Diese geben ein Sekret ab, das als dünner Film durch die Flimmerhärchen zum Rachen transportiert wird und Bakterien sowie Staubpartikel aus den Atemwegen entfernt. Der Durchmesser der Bronchien und die Schleimsekretion werden je nach Belastung dem Bedarf angepasst.

Dieser Vorgang erfolgt über den Sympathicus und Parasympathicus. Erregungen über den Parasympathicus führen zu einer Kontraktion der Bronchialmuskulatur und zu einer verstärkten Schleimsekretion. Der Sympathicus wirkt nicht direkt auf das Gewebe der Bronchien ein, sondern über die Blockade der Neuronen des Parasympathicus in den Ganglien. Das Hormon Adrenalin gelangt direkt über die Blutbahn zur glatten Muskulatur der Atemwege und erweitert schlagartig den Durchmesser der Bronchien. Dies ermöglicht eine rasche Sauerstoffversorgung der Alveolen in der Lunge.

A1 Beschreiben Sie die Abb. 3 und erläutern Sie die Zusammenhänge unter den Aspekten der Energiebereitstellung und der Signalverstärkung (S. 128).

A2 Beziehen Sie die Ergebnisse aus Aufgabe 1 auf die Vorgänge in den Bronchien und der Blutbahn unter dem Aspekt des Fight-or flight-Syndroms.

A3 Erläutern Sie die Bedeutung der neuronalen und hormonellen Regelung an den genannten Beispielen.

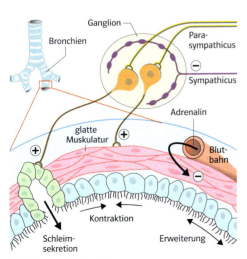

4 *Wirkung auf Bronchien*

Lexikon
Bau und Funktion des menschlichen Gehirns

Das Gehirn ist bei allen Wirbeltieren sehr ähnlich aufgebaut. Wie beim menschlichen Gehirn findet man bestimmte Hirnteile, die jeweils unterschiedliche Funktionen übernehmen. Es steht mit dem übrigen Körper über das Rückenmark und das periphere Nervensystem in Verbindung und gibt Informationen durch Hormonausschüttungen weiter.

Das End- oder Großhirn

Das *Großhirn* des Menschen nimmt 80 % des Hirnvolumens ein. Es besteht aus der Hirnrinde *(Cortex)*, deren Oberfläche beim Menschen durch Furchung enorm vergrößert ist. Sie besteht aus Milliarden von Neuronen und fünf- bis zehnmal so vielen Gliazellen. Darunter liegt die weiße Masse, ein Geflecht aus Neuronen, das die Kommunikation der einzelnen Hirnareale untereinander ermöglicht. Die Hirnrinde ist in zwei Hälften *(Hemisphären)* geteilt, die beim Menschen von der Funktion her unterschiedlich sind. Bei den meisten Menschen ist die rechte Hirnhälfte für den nichtsprachlichen Informationsinhalt, Kreativität und visuelles Bewusstsein verantwortlich, die linke für Sprache und Detailanalysen.

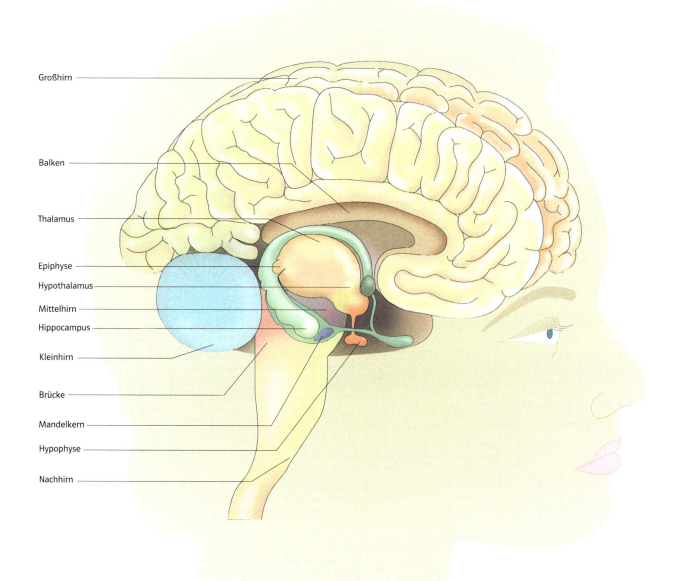

1 *Aufsicht auf die rechte Gehirnhälfte*

140 Neurobiologie

Die *Hirnrinde* lässt sich funktionell in verschiedene Areale aufteilen. In ihnen werden Informationen von den Sinnesorganen kombiniert und mit gespeicherten Informationen (Erfahrungen) verglichen. Im Stirnbereich liegen Bereiche für die Eigeninitiative, Handlungsplanung, Sozialverhalten und die Verarbeitung von Inhalten des Kurzzeitgedächtnisses. Hier liegen auch die Sprachregion und die Steuerung der Mundmuskulatur. Die Inhalte des episodischen Gedächtnisses und des Wissensgedächtnisses werden hier ebenfalls gespeichert. Im seitlichen Bereich werden Sprache und Töne wahrgenommen und verarbeitet. Dieser Bereich spielt eine entscheidende Rolle beim Speichern und Festigen von Informationen. Im hinteren Schädelbereich liegt die Verarbeitung der visuellen Reize.

Der Balken

Er besteht ausschließlich aus Nervenfasern, welche die beiden Hirnhemisphären miteinander verknüpfen. Bei operativer Durchtrennung des *Balkens* ist ein Informationsaustausch zwischen den Hirnhälften nicht mehr möglich (*Split Brain*). Wird solchen Patienten ein Gegenstand so in das linke Gesichtsfeld gebracht, dass die Informationen von der Netzhaut nur in die rechte Hirnhemisphäre gelangen, kann der Patient den Gegenstand nicht benennen, da das Sprachzentrum in der linken Hirnhälfte liegt.

Das Zwischenhirn

Es besteht aus dem *Thalamus* mit der *Epiphyse* (Zirbeldrüse) als Anhängsel und dem darunter liegenden Hypothalamus mit der Hypophyse. Der Thalamus ist die Schaltstation für Nervenerregungen aus den Sinnesorganen außer dem Riechorgan. (Die Geruchswahrnehmung erfolgt direkt im Großhirn.) Hier erfolgt eine Verschaltung der Erregungen, bevor sie dem Großhirn zugeleitet und damit bewusst werden.

Der Hippocampus

Der *Hippocampus* liegt als Teil der Hirnrinde am inneren Rand des Schläfenlappens und hat eine große Vielfalt von Funktionen. Hier werden Erinnerungen abgerufen und gebildet. Informationen aus der Umwelt werden selektiert (Kurzzeitgedächtnis) und an Gehirnareale des Langzeitgedächtnisses weitergeleitet.

Eine wichtige Rolle spielt der Hippocampus auch bei der Verarbeitung räumlicher Zusammenhänge.

Das Mittelhirn

Es leitet Impulse aus Auge, Ohr und Oberflächenrezeptoren an andere Hirnzentren weiter. Es ist zuständig für eine schnelle Orientierung im optischen Bereich. Hier geht es um das Bewegungssehen, das „Wo"-Sehen. Was man sieht, wird erst in der Großhirnrinde verarbeitet. Auch die auditive Wahrnehmung und die Schmerzwahrnehmung werden hier verschaltet.

Der Hypothalamus

Der *Hypothalamus* ist die Steuerzentrale für das autonome Nervensystem und das Hormonsystem. Seine zentrale Aufgabe ist die Regelung der Biorhythmik des Körpers (innere Uhr). So gibt der Hypothalamus Freisetzungshormone (*Releasing-Hormone*) an die untergeordnete Hypophyse ab. Auch motivationale und emotionale Verhaltensweisen werden hier geregelt.

Die Hypophyse

Über die *Hypophyse* verbindet der Hypothalamus das Nervensystem mit dem Hormonsystem. Die abgegebenen Hormone bezeichnet man als stimulierend, z. B. für Eireifung, Schwangerschaft, Wachstum, Wasserhaushalt und Grundumsatz. Im Falle der Eireifung nennt man das spezifische Hypophysenhormon beispielsweise *Follikel stimulierendes Hormon (FSH)*.

Die Epiphyse

Die Epiphyse, auch Zirbeldrüse genannt, ist bei einigen Wirbeltierklassen ein lichtempfindliches Organ, dessen Hormone am Farbwechsel der Haut beteiligt sind. Bei Säugern gibt sie das Hormon Melatonin ab. Melatonin steuert Funktionen, die mit dem Licht und dem jahreszeitlichen Wechsel zusammenhängen, z. B. auch den Schlafrhythmus.

Das Kleinhirn

Es koordiniert Motorik- und Gleichgewichtsfunktionen. Über das Kleinhirn laufen die Erregungen von und zu den motorischen Zentren der Großhirnrinde, die für Körperhaltung oder das Gleichgewicht notwendig sind. Das *Kleinhirn* gibt seine Erregungen entweder direkt an die motorischen Zentren der Großhirnrinde oder über Bahnen der weißen Substanz des Rückenmarks weiter. Hier sind auch erlernte Handlungsabläufe und Koordinationen, wie Autofahren und Fahrradfahren gespeichert. Ein Funktionsausfall des Kleinhirns führt nicht zum Ausfall konkreter Bewegungsabläufe, sondern zum Verlust der Bewegungskoordination.

Das Nachhirn

Das *Nachhirn (verlängertes Mark)* ist ein sehr ursprünglicher Gehirnteil. Es ist die Zentrale für lebenswichtige Reflexe, wie Speichelfluss, Schlucken, Erbrechen, Husten und Niesen sowie Automatiezentrum für Atmung, Herzschlag und Blutdruck. Werden diese lebenswichtigen Funktionen zum Beispiel bei einem Genickbruch gestört, tritt unmittelbar der Tod ein. Das Nachhirn wird zusammen mit der Brücke und dem Mittelhirn auch als *Stammhirn* bezeichnet.

Das Limbische System

Es ist eine Sammelbezeichnung für Teile des Großhirns sowie für Teile des Zwischenhirns. Zum *Limbischen System* gehören z. B. der *Hippocampus* und die *Amygdala* (der *Mandelkern*). Die Amygdala spielt die entscheidende Rolle bei der Übertragung von Informationen ins Langzeitgedächtnis. Sie liefert die emotionale Bewertung und persönliche Bedeutung der aufgenommenen Informationen und selektiert diese für die Übertragung ins Langzeitgedächtnis (Lernvorgang). Auch die emotionale Bewertung anderer Personen über Mimik und Körperhaltung erfolgt hier.

Die Brücke

Die *Brücke (Pons)* ist Umschaltstation für Verbindungen zwischen Kleinhirn und Großhirn. Sie ist mitverantwortlich für Schlaf und Aufwachen sowie Motorikfunktionen. Während des Träumens ist sie aktiv.

Methoden der Hirnforschung

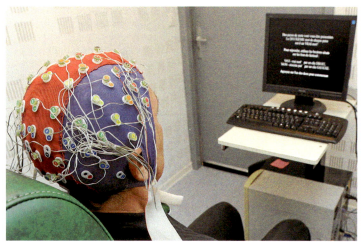

1 *EEG-Messung bei der Lernforschung*

2 *EEG-Messergebnisse*

Früher hat man einzelne Gehirnregionen des Menschen bestimmten Funktionen zugeordnet, indem man Ausfallerscheinungen nach Gehirnverletzungen den verletzten Stellen zugeordnet hat. Die modernen Methoden der Hirnforschung machen indirekte Untersuchungen am lebenden Gehirn möglich, ohne die Schädeldecke zu öffnen.

EEG

Die *Elektroenzephalographie (EEG)* beruht auf der Beobachtung, dass elektrische Potentiale nicht nur auf der Gehirnoberfläche, sondern auch auf der Schädeldecke gemessen werden können. Zur Messung bringt man knopfförmige Elektroden auf der Kopfhaut an. Die Vergleichselektrode wird im Bereich des Ohrläppchens befestigt. Die gemessenen Potentialänderungen liegen im Mikrovoltbereich und müssen erst verstärkt werden. Bei diesen Potentialen handelt es sich um *erregende postsynaptische Potentiale (EPSP)*. An Elektroden werden jedoch nicht einzelne Synapsen gemessen, sondern die EPSPs von ca. 1 Million Synapsen (Summenpotentiale). Die Kurvenverläufe haben unterschiedlich hohe Amplituden und unterschiedliche Frequenzen.

In der Lernforschung wird die Methode bei der Untersuchung von Lernvorgängen verwendet (Abb. 2). In dem Beispiel ging es um das Erkennen von richtigen und falschen Sätzen bei Kleinkindern im Alter von 18 Monaten. Ihnen wurden korrekte Sätze vorgesprochen. In den Testphasen wurden korrekte und unkorrekte Sätze gesprochen. Zwischen den Testphasen wurde korrekt gesprochen. Gehörte korrekte Muster werden wiedererkannt. Die Messergebnisse können durch den Vergleich der Kurven interpretiert werden. Durch die Kombination mit anderen Untersuchungsmethoden können den Funktionen die beteiligten Hirnareale zugeordnet werden.

Computertomographie

Die *Computertomographie (CT)* ist ein computergestütztes Röntgenverfahren, das Querschnittsbilder verschiedener Körperregionen liefert (Abb. 3). Die Schichtdicke der einzelnen Ebenen beträgt ca. 5 bis 10 mm. Im Untersuchungsgerät dringen die Röntgenstrahlen der rotierenden Röntgenkathode von allen Seiten in den Untersuchungsbereich, z. B. Rumpf oder Kopf, ein (Abb. 4). Detektoren empfangen die Röntgenstrahlen, die vom Gewebe durchgelassen wurden. Diese Signale werden elektronisch aufbereitet. Der Computer verrechnet die unterschiedlichen Differenzen zwischen gesendeter und empfangener Intensität des Röntgenstrahls jedes einzelnen Punktes aus verschiedenen Richtungen. Die riesige Datenmenge wird in Grautöne umgesetzt und als Bild auf dem Bildschirm dargestellt. Den Graustufen können dann Farben zugeordnet werden (Abb. 3).

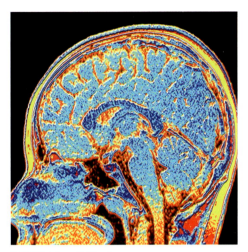

3 CT-Bild einer Gehirnebene

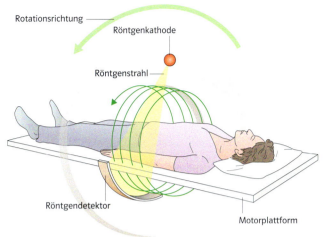

4 Schema der CT-Untersuchung

Der Vorteil der CT gegenüber der normalen Röntgenaufnahme liegt darin, dass alle homogenen Gewebe, wie das Gehirn, kontrastreich dargestellt werden. Mit dieser Methode konnte der Aufbau des lebenden Gehirns untersucht werden.

fMRT

Denk- oder Lernvorgänge im Gehirn benötigen Energie, die in Form von Glucose und Sauerstoff bereitgestellt wird. Je stärker das Gehirn arbeitet, desto größer ist sein Sauerstoffbedarf und desto mehr sauerstoffreiches Blut gelangt in die aktiven Gehirnteile. Sauerstoffreiches Blut hat andere magnetische Eigenschaften als sauerstoffarmes. Diese Tatsache nutzt man bei der *funktionellen Kernspinresonanztomographie (fMRT)*.

Die fMRT ist ein computergestütztes bildgebendes Verfahren, um die Aktivität des Gehirns auf der Basis der Kernspinresonanz zu untersuchen. Wasserstoffatomkerne verfügen über einen Kernspin, d. h. sie drehen sich um ihre eigene Achse (Abb. 6). Durch die Drehung des positiv geladenen Wasserstoffatomkerns wird ein sehr schwaches Magnetfeld erzeugt. Die Ausrichtung der Drehachsen der Wasserstoffatomkerne ist zufällig. Setzt man diese in einem Untersuchungsgerät kurzfristig einem starken Magnetfeld aus, richten sich alle Drehachsen der Wasserstoffatomkerne in die Richtung des starken Magnetfelds aus. Nach dem Abklingen des Magnetfelds wechseln sie in ihre alten Drehrichtungen. Diese Veränderungen werden gemessen und geben Auskunft über die Durchblutung des jeweiligen Gehirnteils (Abb. 5).

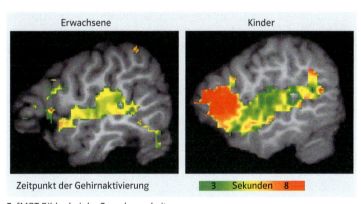

5 fMRT-Bilder bei der Sprachverarbeitung

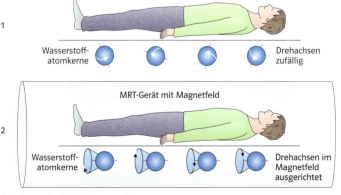

6 Schema der fMRT-Untersuchung

Modellvorstellungen zum Gedächtnis

1 *Gedächtnisleistung*

Als *Gedächtnis* bezeichnet man die Fähigkeit des Gehirns, Informationen aufzunehmen, zu speichern und wieder abzurufen. Informationen werden jedoch niemals so wiedergegeben wie sie aufgenommen wurden, da sie mit bereits vorhandenen Informationen verknüpft werden. Das Gedächtnis ist im Gehirn verortet. Durch bildgebende Verfahren können Vorgänge während des Lernvorgangs einzelnen Gehirnabschnitten zugeordnet werden.

Die komplexen Funktionen und Zusammenhänge dieser einzelnen Erkenntnisse werden mit Modellvorstellungen erklärt, welche die Daten zu einem sinnvollen vereinfachten Erklärungsmuster zusammenführen. Es gibt daher je nach Fragestellung zu verschiedenen Zusammenhängen unterschiedliche Modelle. Diese gehen von mehreren Speichern aus, denen unterschiedliche Funktionen zugeordnet werden. Je nach Forschungsansatz unterscheidet man z. B. *zeitbezogene* oder *inhaltsbezogene Modelle*.

Zeitbezogenes Gedächtnismodell

Die verschiedenen Speicher werden bei der Abspeicherung unterschiedlichen Zeitfaktoren zugeordnet (Abb. 2):

– Das *sensorische Gedächtnis* (Ultrakurzzeitgedächtnis) speichert die in Form von Reizen aufgenommenen Informationen nur innerhalb der verschiedenen Sinnesorgane (1). Die Reize führen zu Erregungen, die eine halbe bis mehrere Sekunden zur Verarbeitung bereitgestellt werden.

– Im *Arbeitsgedächtnis*, das aus zeitlicher Sicht auch dem Kurzzeitgedächtnis zugeordnet wird, bleiben die Informationen ca. 10 Sekunden bis einige Minuten. Je nach Interessenlage und Stimmung werden die Informationen bewertet und erhalten mit den bereits gespeicherten Informationen eine Bedeutung (2). Die Kapazität des Kurzzeitgedächtnisses bleibt jedoch nur auf wenige Informationseinheiten beschränkt. Lernuntersuchungen zu der Lernkapazität zeigten, dass nur sehr wenige Begriffe oder Zahlen gespeichert werden können, der Rest geht verloren. Die neuen Informationen werden mit bereits gespeicherten verknüpft. Neue Informationen werden besonders dann weitergeleitet, wenn Assoziationen dazu vorhanden sind. Werden diese Informationen im Arbeitsgedächtnis nicht mit Inhalten aus dem Langzeitgedächtnis verknüpft *(assoziiert)* oder wird man abgelenkt, sind sie für immer verloren.

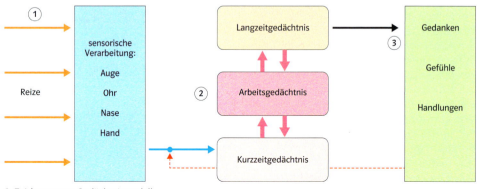

2 *Zeitbezogenes Gedächtnismodell*

144 Neurobiologie

Damit eine im Arbeitsgedächtnis abgespeicherte Information ins Langzeitgedächtnis vordringen kann, muss sie also gefestigt werden, d. h. mit Assoziationen verknüpft oder so lange wiederholt werden, bis eine kritische Schwelle zum Langzeitgedächtnis überschritten ist.

Die neue Information wird im *Langzeitgedächtnis* dauerhaft verankert. Erinnern wir uns nicht mehr an hier gespeicherte Informationen, kann dies daran liegen, dass sie von anderen Informationen überlagert werden oder der Vorgang des Abrufens gehemmt wird. Gleichzeitig werden sie mit Emotionen verbunden. Der Lernprozess und auch das Abrufen der gespeicherten Informationen ist immer an Emotionen gebunden. Diese spielen eine Rolle bei der Einschätzung der Bedeutung dieser aufgenommenen Reize (3).

Inhaltsbezogenes Gedächtnismodell

Die verschiedenen Speicher (Abb. 3) werden unterschiedlichen inhaltlichen Strukturen zugeordnet:

– Im *episodischen Gedächtnis* sind alle von uns bewusst erlebten Lebensepisoden gespeichert: der erste Kuss, der Tod eines Freundes, die Ferien oder ein schöner Kinoabend. Es ermöglicht uns den Blick in unsere Vergangenheit auf der Zeitebene und ordnet hierbei das Erlebte Räumen und Orten zu. Informationen werden in das episodische Gedächtnis erst dann eingespeichert, wenn sie im perzeptuellen und Wissensgedächtnis bereits verarbeitet wurden (Abb. 3).

– Das *Wissensgedächtnis* beinhaltet Fakten, wie das Schul- und Allgemeinwissen. Hier werden bewusst Informationen gespeichert. Diese haben im Gegensatz zu den Informationen im episodischen Gedächtnis keinen Bezug zu unserem Raum-Zeitgefühl. Sie werden ohne Kontextbezug als reine Wissensfakten abgelegt.

– Das *perzeptuelle Gedächtnis* ermöglicht uns das bewusste Erkennen von Gegenständen oder der Umgebung durch Einordnung in eine Familiarität, wie Fahrzeuge als Auto zu erkennen, weil man schon viele Autos gesehen hat. Veränderte Strukturen lassen sich mit diesem Gedächtnis gut und effizient zuordnen. Dadurch sind wir in der Orientierung flexibel. Ein Wiedererkennen und eine Orientierung wäre ohne perzeptuelles Gedächtnis nicht möglich. Diese Zusammenhänge wurden mit unvollständigen Darstellungen an Testpersonen untersucht (s. Randspalte).

– Im unbewussten Bereich ist das *prozedurale Gedächtnis* angesiedelt. Hier werden Fertigkeiten gespeichert. Diese können rein motorischer Natur sein wie das Radfahren oder aber komplexere Strukturen beinhalten, wie sie z. B. für die Tätigkeit des Schreibens und Autofahrens notwendig sind. Viele Handlungen und Tätigkeiten des täglichen Lebens sind hier eingespeichert, ohne dass sie uns noch bewusst werden.

– Beim *Priming* werden unbewusst bereits bekannte Strukturen anhand von ihren Teilen zusammengesetzt. Man hört das Geräusch eines Helikopters und ohne ihn zu sehen, haben wir sein Bild im Kopf. Man kennt nach den ersten Noten eines Liedes die ganze Melodie, ein herabgefallenes Laubblatt wird einem Baum zugeordnet. Im Gegensatz zum perzeptuellen Gedächtnis, liegen hier keine bewussten Vorgänge vor.

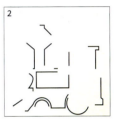
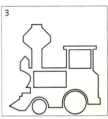

Bild einer Lokomotive

A1 Erstellen Sie eine Mind-Map, in der Sie die Teile des inhaltsbezogenen Gedächtnismodells bewusstem und unbewusstem Lernen zuordnen.

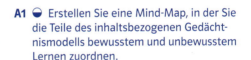
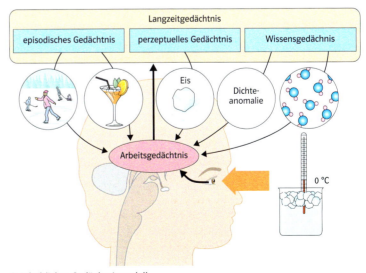

3 *Inhaltliches Gedächtnismodell*

145

Neuronale Plastizität — Dauerbaustelle Gehirn

Unser Gehirn ist nicht fest verdrahtet wie ein Computer, sondern unterliegt einem ständigen Umbau der Dendriten und Synapsen. Gehirnbereiche werden aufgrund von Erfahrungen und Lernvorgängen strukturell und funktionell verändert. Dieser Vorgang führt gleichzeitig zu Veränderungen bei unserer Wahrnehmung, unserem Denken und Fühlen. Die Fähigkeit von Synapsen, Nervenzellen oder Hirnarealen, sich in Abhängigkeit von ihrer Verwendung zu verändern, wird *neuronale Plastizität* genannt. Die Plastizität des Gehirns bleibt das ganze Leben erhalten, ist jedoch bei Kindern besonders groß. Die Veränderungen laufen auf verschiedenen Ebenen im Gehirn ab:
– auf der molekularen Ebene im Bereich der Synapsenmembran (Abb. 3)
– auf der zellulären Ebene der Synapsen und Dendriten (Abb. 2)
– in den verschiedenen Gehirnregionen bei der Zuordnung neuer Informationen (Abb. 1). Neue wissenschaftliche Ergebnisse lassen sich mithilfe der Fluoreszensmikroskopie auf zellulärer Ebene und bildgebender Verfahren im Bereich der Hirnregionen die Plastizität immer exakter nachvollziehen.

Lernen mit Gehirn

Informationen aus der Umgebung werden aufgenommen, in verschiedenen Schritten im Gehirn aufbereitet und ein Teil von ihnen abgespeichert (Abb. 1). Neues und Unbekanntes erzeugt im Gehirn Aufmerksamkeit. Diese ist eine Voraussetzung für den Lernvorgang, die durch den Thalamus geregelt wird. Er unterdrückt im Frontalbereich mögliche Ablenkungen. Gleichzeitig wird im Hippocampus entschieden, welche Lernsituationen, Erlebnisse und Erfahrungen positiv oder negativ belegt sind. Die gefilterten Informationen werden emotional zugeordnet. Das Erlernen von Informationen mit geringer emotionaler Zuordnung, wie beispielsweise Vokabeln, führt durch deren ständige Wiederholung oder Anwendung ebenfalls zu strukturellen Veränderungen im Gehirn und dadurch zum Lernerfolg. Beim Lernen ist die Zuordnung zu bereits vorhandenem Wissen oder Erfahrungen wesentlich. Wiederholen wir Inhalte oder wenden sie unter anderen Aspekten an, werden diese neu zugeordnet und abgespeichert. Hierbei geht man davon aus, dass visuelle und akustische Informationen getrennt verarbeitet werden. Durch Üben haben wir mehr Speicherorte, mehr Aspekte, die schneller an den verschiedenen Stellen im Gehirn abgerufen und dadurch besser genutzt werden können. Unser Wissen liegt demnach nicht starr in einer konkreten Region der Großhirnrinde *(Cortex)*, sondern wird mit jedem Gebrauch neuen Speicherorten zugeordnet.

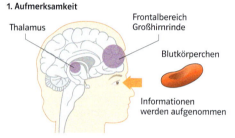
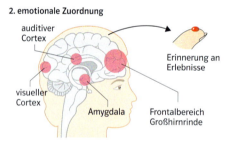

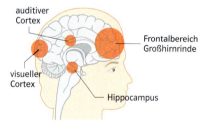

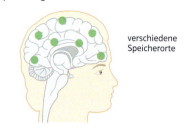

1 *Modellvorstellung zum Lernvorgang*

146 Neurobiologie

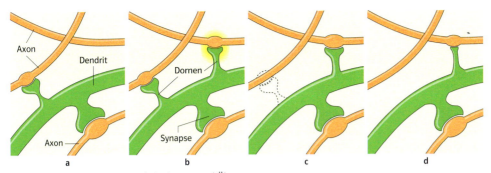

2 *Veränderungen an Neuronen beim Lernen und Üben*

Synapsen im Auf- und Abbau

Grundlage für alle Lernfunktionen ist die flexible Vernetzung der ca. 160 Milliarden Nervenzellen des Gehirns. Die Verschaltung der Neurone untereinander ist nicht endgültig, sondern wird ständig an die neuen Lernbedingungen und Aufgaben des Gehirns angepasst. Bis zu 10 000 synaptische Verbindungen kann jedes Neuron mit anderen Neuronen im Gehirn haben. Bei Lernvorgängen und der Speicherung im Gedächtnis werden je nach der Stärke der Reize Synapsen und „Dornen" am Axon aufgebaut oder entfernt (Abb. 2). Die Dornen sind kleine seitliche Auswüchse der Dendriten im Bereich einer Synapse. Treten bestimmte Erregungsmuster häufiger auf, so kommt es zur Verstärkung der Signalübermittlung zwischen den Synapsen und Dornen in den jeweiligen Gehirnregionen. Die Übertragung des Signals ist dann dauerhaft verstärkt. Diese langfristigen Veränderungen werden ermöglicht durch eine veränderte Regulation der entsprechenden Gene in den jeweiligen Neuronen, welche das Dornenwachstum auslösen. Häufiges Üben oder eine lang andauernde Auseinandersetzung mit neuen Inhalten unter verschiedenen Aspekten führen zu mehr Verknüpfungspunkten im Gehirn.

Synaptische Vorgänge ändern sich

Glutamat ist ein Transmitter im Gehirn. Er bindet an zwei Rezeptoren auf der postsynaptischen Membran. Ein Rezeptor öffnet Natriumionenkanäle, wenn Glutamat an ihm bindet, sodass Natriumionen auf der postsynaptischen Seite in der Kontaktstelle zum Dendriten einströmen, was zu einer Depolarisierung führt. Der zweite Rezeptor ist an Calciumionenkanäle gekoppelt. Diese sind jedoch jeweils durch ein Magnesiumion blockiert. Auch bei Glutamatanlagerung an den Rezeptor bleiben die Ionenkanäle blockiert. Die Blockade durch das Magnesiumion wird aufgehoben, wenn gleichzeitig Glutamat am Rezeptor angelagert ist und der Membranabschnitt durch die Na$^+$-Ionen depolarisiert ist, wodurch die blockierende Magnesiumionen entfernt werden (Abb. 3). Dies ist der Fall, wenn durch neue Informationen mehrere Aktionspotentiale in diesem Bereich ausgelöst werden. Durch die Erhöhung der Calciumionenkonzentration auf der postsynaptischen Seite werden Enzyme aktiviert, die Botenstoffe freisetzen oder die Anzahl der Natriumionenkanäle erhöhen. Die Botenstoffe bewirken auf der präsynaptischen Seite eine Steigerung der Vesikelanzahl mit Glutamat.

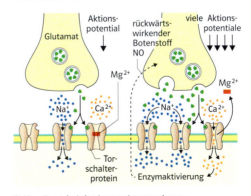

3 *Vorgänge bei der Langzeitpotenzierung*

A1 🗨 Erklären Sie die Bedeutung des Übens beim Lernvorgang unter dem Aspekt der Plastizität. Welche persönlichen Lernstrategien entwickeln Sie aus dieser Sicht?

Material
Erforschung der Plastizität

Moderne Forschungstechniken sollen helfen, den Vorgang des Lernens zu verstehen und aus diesen Erkenntnissen Optimierungsmöglichkeiten zu entwickeln. Experimentell kann jedoch nicht der gesamte Vorgang im Gehirn geklärt werden. Erst aus den vielen einzelnen Versuchen entsteht langsam wie bei einem Puzzle ein immer verständlicher werdendes Bild des Lernprozesses.

Dendriten beim Lernprozess

Die ersten Untersuchungen zur Plastizität wurden durch künstliche elektrische Reize an präparierten Nervenzellen durchgeführt. Diese Experimente hatten einen modellartigen Charakter, da sie nicht dem natürlichen Lernvorgang entsprechen. Um die Vorgänge direkt an den Synapsen und Dendriten beobachten zu können, benötigte man neue Techniken. Mithilfe der Fluoreszenzmikroskopie ist man in der Lage, in lebenden Zellen Veränderungen über längere Zeiträume zu beobachten. Hierzu wird die Großhirnrinde *(Cortex)* bei Mäusen untersucht. Man wählt den Cortexbereich der visuellen Verarbeitung zur Untersuchung aus, um direkt die Reaktion auf optische Reize untersuchen zu können. Diese Experimente entsprechen dem natürlichen Lernverhalten bei diesen Mäusen. Die Neuronen der Mäuse fluoreszieren, sodass man sie mit der speziellen Mikroskopietechnik gut nachweisen kann.

A1 ○ Beschreiben Sie die Bilder in Abb. 1. Erläutern Sie den Unterschied zwischen den beiden Stadien nach langzeitigen optischen Reizen.
A2 ◐ Erläutern Sie, weshalb die ersten Ansätze zur Untersuchung der Plastizität nicht die Realität des Lernvorgangs darstellten.
A3 ◐ Nehmen Sie zu der Aussage eines Neurowissenschaftlers Stellung: „Aus Trampelpfaden zwischen Nervenzellen werden Straßen."

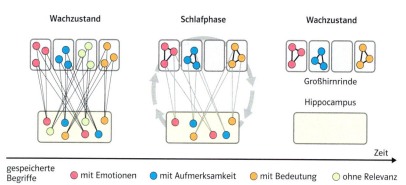

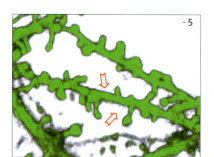

1 *Dendriten mit Dornen*

2 *Modellvorstellung zur Bedeutung des Schlafs*

Schlaf und Aufmerksamkeit

Übermüdete Menschen nehmen nicht so viel wahr, wie ausgeschlafene Menschen und erinnern sich ebenfalls an weniger Situationen und Erlebnisse. Wissenschaftliche Experimente sollten helfen, die Zusammenhänge zu konkretisieren. Vermutet wurde aus anderen Beobachtungen, dass hierbei der Hippocampus eine Rolle spielt.

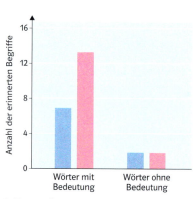

3 *Untersuchungen zur Erinnerung*

Untersuchungen wurden mithilfe der bildgebenden Verfahren durchgeführt, bei denen die Aktivität des Hippocampus gemessen wurde (Abb. 4). Gleichzeitig wurden mit diesen Versuchspersonen Lernversuche durchgeführt, bei denen sie verschiedene Begriffe erlernten. Diese Begriffe hatten eine hohe Relevanz durch Emotionen oder eine Bedeutung bzw. sie erzeugten Aufmerksamkeit. Andere Begriffe hatten für die Versuchspersonen keine Relevanz. Gemessen wurde die Anzahl der behaltenen Wörter nach einer Schlafphase und ohne Schlafphase (Abb. 3).

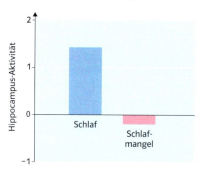

4 *Untersuchungen zur Erinnerung*

A4 ◐ Beschreiben Sie die Abb. 3 und 4 und erläutern Sie die Aussagen.
A5 ◐ Beschreiben Sie das Modell in Abb. 2 und erläutern Sie, wie die Ergebnisse aus den wissenschaftlichen Untersuchungen hier berücksichtigt sind.

Erkennen von Bildern

Bilder werden nicht als Ganzes wahrgenommen, sondern in Teilinformationen zerlegt (s. Seite 134). Wissenschaftler wollten die Frage klären, ob das Erkennen eines Gegenstandes und die räumliche Anordnung gemeinsam gespeichert werden oder an verschiedenen Orten. Hierzu führten sie Versuche durch, bei denen Versuchspersonen 28 verschiedene bildliche Darstellungen erhielten (Abb. 5b). Diese wurden betrachtet und gelernt.

148 Neurobiologie

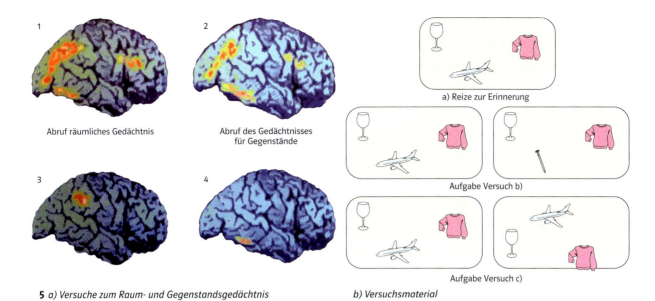

5 a) Versuche zum Raum- und Gegenstandsgedächtnis   b) Versuchsmaterial

Auf ihnen waren jeweils drei verschiedene Gegenstände in einer festgelegten Position. Nach einem längeren Zeitraum zeigte man im zweiten Versuchsdurchgang den gleichen Versuchspersonen jeweils zwei dieser Darstellungen.

Eine dieser Darstellungen war bereits erlernt, die andere neu. Die neuen Darstellungen unterschieden sich in zwei Punkten. Bei einigen Darstellungen waren Gegenstände durch andere ersetzt (Versuch b) bei anderen war die räumliche Anordnung der Gegenstände verändert worden (Versuch c). Mithilfe bildgebender Verfahren wurde im zweiten Teil des Versuchs die Durchblutung einzelner Bereiche der Großhirnrinde *(Cortex)* gemessen (s. Seite 143).

A6 ◒ Beschreiben Sie die Messergebnisse in Abb. 5a: 1 und 2. Ordnen Sie diese den Versuchsmaterialien 5b zu.
A7 ● Erläutern Sie, ob durch dieses Ergebnis die wissenschaftliche Fragestellung geklärt werden konnte. Stellen Sie diese Ergebnisse in einen Zusammenhang mit den Aussagen zur Auswertung von optischen Reizen im Gehirn (s. Seite 134).
A8 ● In den fMRT-Bildern 3 und 4 (Abbildung 5a) wurden mithilfe eines Computers die jeweiligen Werte des anderen Teilversuches abgezogen. Erklären Sie, welchen Vorteil diese zusätzliche Darstellungsform für die wissenschaftliche Auswertung hat.

Lernen mit Assoziationen

Beim Menschen werden Gegenstände in einem Gehirnbereich für visuelle Assoziationen wiedererkannt. Wissenschaftler führten Experimente durch, mit denen die Frage überprüft werden sollte, ob nur visuelle oder auch auditive Informationen mit Begriffen assoziiert werden. Hierzu wurden Versuchspersonen Begriffe in Form gedruckter Wörter zum Lernen dargeboten. Gekoppelt waren diese Lernbegriffe entweder mit einem passenden Bild oder einem Geräusch, beispielsweise bei dem Wort „Katze" das Bild einer Katze oder bei einem Hund das Hundegebell. Nach mehreren Übungen wurde die Hirnaktivität der Versuchspersonen mithilfe der funktionellen Kernspinresonanztomographie (fMRT) gemessen. Hierzu lasen sie die jeweiligen Begriffe, sahen jedoch weder ein Bild noch hörten sie Töne (Abb. 6).

A9 ○ Beschreiben Sie die Messergebnisse in Abb. 6. Informationen zur fMRT finden Sie auf Seite 143.
A10 ◒ Erläutern Sie anhand der Messergebnisse und des Versuchaufbaus, ob die Fragestellung der Wissenschaftler dadurch beantwortet werden konnte.
A11 ◒ Neue Informationen werden mit vorhandenen Informationen assoziiert (s. Seite 146). Erläutern Sie, welche Auswirkung das Ergebnis auf die Optimierung von Lernen hat.

6 *Versuche zur Assoziation*

Degenerative Erkrankungen — Demenz

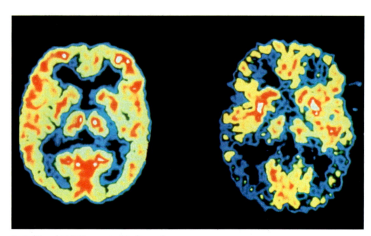

1 *Gehirnaktivitäten verschiedener Personen*

Auch mit zunehmendem Alter bleibt die neuronale Plastizität erhalten. Jedoch werden nicht nur neue Verbindungen aufgebaut, sondern auch bestehende abgebaut. Dies kann sich bei älteren Menschen in Form eines stärkeren Vergessens, eines schlechteren räumlichen Orientierungsvermögens oder sprachlicher Formulierungsprobleme zeigen.

Demenz

Ein fortschreitender Gedächtnisverlust, Verwirrung und Persönlichkeitsveränderungen mit einem atypischen Verhalten deuten auf eine Demenz hin. Diese führt zu Defiziten der emotionalen, sozialen und kognitiven Fähigkeiten. Der Verlust geistiger als auch körperlicher Fähigkeiten wird allgemein auch als *degenerative Erkrankung* bezeichnet.

Die Demenz wird durch Veränderungen im Gehirn ausgelöst. Die Erkenntnis, dass solche Veränderungen auf Gehirnkrankheiten und Gehirnveränderungen zurückzuführen sind, wurde ca. 1850 gewonnen. Im Mittelalter glaubte man, dass böse Geister in Menschen fahren und sie dadurch wahnsinnig oder verwirrt sind. Erst mit der Zuordnung zum Gehirn konnte man medizinische und biologische Untersuchungen sowie Therapien beginnen.

Veränderungen im Gehirn

Der prozentuale Anteil dementer Personen steigt mit zunehmendem Alter. Die ständige Zunahme des Lebensalters und der dadurch steigenden Anzahl dementer Menschen hat zu einer Zunahme wissenschaftlicher Untersuchungen der Phänomene geführt. Die Auswertung vieler Untersuchungen dementer Menschen ergab eine Veränderung des Gehirngewebes durch eine verringerte Durchblutung. Diese kann durch einen Schlaganfall, mehrere kleine Schlaganfälle oder Einlagerungen verschiedener Substanzen in Gehirnzellen erfolgen. Solche Veränderungen führen zu einer verminderten Kommunikation zwischen den Neuronen. Vergleicht man mithilfe bildgebender Verfahren die Gehirne gesunder Personen mit denen von Demenzerkrankten, wie z. B. Alzheimer Patienten, so sieht man deutliche Unterschiede in der Strukturierung und der Aktivität des Gehirns (Abb. 1). Eine hohe Gehirnaktivität wird durch die gelbe Farbe angezeigt, eine sehr geringe durch die blaue Farbe.

Alzheimer Krankheit

Die am häufigsten auftretende Form der Demenz ist die *Alzheimer Krankheit*. Die erste mikroskopische Untersuchung des Arztes ALOIS ALZHEIMER im Jahr 1906 zeigte Zellen mit Bündeln fasriger Strukturen innerhalb und Ablagerungen außerhalb der Zellen. Als Ursache werden nach heutigen Erkenntnissen zwei Veränderungen an den Neuronen als Hypothese diskutiert: die Veränderung der *Tau-Proteine* in den Neuronen und die Ablagerung von verklumpten *Amyloid-Peptiden* an der Außenseite der Neuronen. Diese Veränderungen werden ausgelöst durch Mutationen verschiedener Gene, die zu veränderten Enzymen im Stoffwechsel der Zellen führen.

Tau-Proteine

Tau-Proteine stabilisieren Bestandteile des Cytoskeletts, die *Mikrotubuli*. Die Mikrotubuli fungieren in den Zellen als Schienensystem für die Motorproteine, die den Transport von Mitochondrien und synaptischen Vesikeln im Neuron vom Zellkörper im Axon zu den Synapsen übernehmen (s. Abb. 104. 3). Durch diesen Transport wird die Versorgung der Synapsen mit Substanzen aus dem Zellkörper gesichert. Bei Alzheimer-Patienten werden die Tau-Proteine durch ein spezifisches

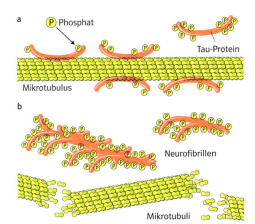

2 *Entstehung von Neurofibrillen*

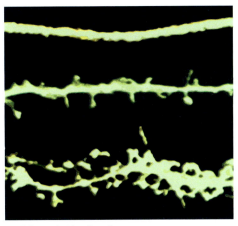

3 *Wirkung der Tau-Proteine*

Enzym stärker phosphoriliert, wodurch sie nicht mehr an die Mikrotubuli binden können (Abb. 2a). Bei Untersuchungen erkrankter Personen findet man phosphorilierte Tau-Proteine in Form von faserigen Strukturen, den *Neurofibrillen* (Abb. 2b). Die Mikrotubuli werden instabil, das Cytoskelett wird zerstört. Hierdurch ist der Transport über dieses Schienensystem nicht mehr möglich. Die Versorgung der Synapsen ist unterbrochen, sodass diese und somit das gesamte Neuron absterben, und es zu einem Schwund in den betroffenen Gehirnregionen kommt. Innerhalb von ca. 2 Tagen werden die Dornfortsätze abgebaut und die neuronale Signalübertragung ist damit für immer unterbrochen (Abb. 3). Im Gehirn konnten Wissenschaftler diese Prozesse im Hippocampus und im vorderen Bereich des Großhirns beobachten. Dieses sind Regionen, die für das Lernen und das Gedächtnis zuständig sind.

Amyloid-Peptide
Amyloid-Peptide sind Teile eines Proteins, das in der Membran liegt, ein Transmembranprotein. Dieses Protein, das *Amyloidvorläuferprotein*, wird im gesamten Körper von einem spezifischen Enzym, der α-Sekretase in seine Bausteine, zwei *Peptide*, zerlegt (Abb. 4). Zwei weitere spezifische Enzyme, die β- und die γ-Sekretase können ebenfalls das Protein in Peptide zerlegen, jedoch an anderen Abschnitten. Hierdurch entstehen bei dem Schneiden durch die zwei Enzyme verschiedene Bruchstücke, die aus unterschiedlichen Aminosäuren bestehen. Das dadurch entstehende β-Amyloidpeptid (rot) bildet wasserunlösliche Ablagerungen *(Plaques)*. Diese findet man bereits in frühen Entwicklungsphasen der Alzheimer Krankheit gehäuft im Gehirn. Man vermutet, dass durch die Ansammlungen der Amyloidablagerungen an die Calciumionenkanäle der Neuronen der Zellstoffwechsel verändert wird und damit zu deren Absterben führt. Die Enzymtätigkeit durch eine gezielte Hemmung zu unterbinden, ist schwierig, da diese Enzyme wichtige Rollen, z. B. auch beim Immunsystem, spielen.

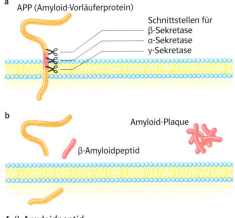

4 *β-Amyloidpeptid*

A1 Beschreiben Sie die Vorgänge bei den Tau-Proteinen und begründen Sie, weshalb es bei den Gedächtnis- und Denkleistungen zu Funktionsausfällen kommt.

Schlaf und Traum

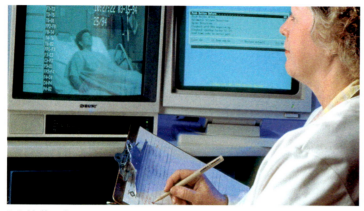

1 *Schlafforschung*

Man fällt von einem Hochhausdach, gleitet durch Straßenschluchten langsam nach unten und landet. Es ist nichts passiert. Es war zum Glück nur ein Traum. Wir können im Traum Situationen erleben, die im täglichen Leben völlig unrealistisch sind.

Traumforschung
Untersuchungen am Gehirn träumender Menschen mithilfe bildgebender Verfahren ermöglichten Rückschlüsse auf die Aktivität einzelner Gehirnregionen (Abb. 2). In der „Traumphase" ist der Stirnbereich der Hirnrinde gehemmt. Dadurch sind die Handlungsplanung, das *Wissensgedächtnis* und das *episodische Gedächtnis* nicht in Funktion. Eine kritische Auseinandersetzung mit den im Gehirn gespeicherten Erlebnissen während des Traums findet daher nicht statt. Gleichzeitig verhindert der *Thalamus*, dass neue Informationen von den Sinnesorganen während des Schlafes zum Stirnbereich der Hirnrinde gelangen. Im Traum werden also nur die Informationen verarbeitet, die schon im Gehirn vorhanden sind.

Die Sehfelder in der Hirnrinde erzeugen Bilder, die nicht von den Augen kommen, sondern aus den Erinnerungen zusammengesetzt werden. Die *Amygdala* ist für Emotionen während des Träumens verantwortlich. Im hinteren Bereich der Hirnrinde sind die Bewegungssteuerung und die räumliche Koordination blockiert. Während des Schlafs leitet der *Hippocampus* neu gespeicherte Erinnerungen des Tages an die Großhirnrinde weiter. Der Schlaf hat daher eine Bedeutung bei dem effektiven Abspeichern von Erlebtem und Erlerntem. Die innere Uhr im *Hypothalamus* löst den Wechsel vom Schlafmodus in den Wachmodus aus.

Analyse des Schlafs
Schlaf lässt sich durch messbare Veränderungen in der elektrischen Aktivität des Gehirns erkennen und eindeutig gegen den Wachzustand abgrenzen. Im *Elektroenzephalogramm (EEG)* lassen sich während des Schlafs Spannungsschwankungen ableiten, die ein charakteristisches Muster ergeben. Schlaf ist kein einheitlicher Prozess, sondern ein zyklisches Geschehen, bei dem fünf verschiedene Phasen durchlaufen werden. Abb. 3 fasst Untersuchungsergebnisse aus einem Schlaflabor zusammen.
1. Phase: Die Glieder werden schwer, die Muskeln entspannen sich und die Lider fallen immer öfter zu. Geräusche aus der Umwelt werden noch registriert. Die Augen rollen langsam unter den Lidern.
2. Phase: Die Augäpfel drehen sich schräg nach oben. Das Bewusstsein schwindet in dem Maße, wie die Frequenzen der Hirnstromwellen abnehmen (Leichtschlaf).
3. Phase: Diese Phase dauert 10 bis 20 Minuten. Die Augen stehen still. Der Schläfer reagiert kaum mehr auf Reize (erste Stufe des Tiefschlafs).
4. Phase: Diese Phase wird als stärkster *Tiefschlaf* gewertet. Die hierbei stattfindenden Stoffwechselvorgänge sind wahrscheinlich für die Erholungswirkung verantwortlich.

2 *Gehirnaktivitäten während der Traumphase*

152 Neurobiologie

5. Stufe (REM-Phase): Die Skelettmuskulatur ist völlig entspannt, sogar gelähmt. Die Augen bewegen sich phasenweise schnell und synchron hin und her (*rapid eye movement*, REM). Das Herz schlägt schnell, Atmung und Blutdruck schwanken. Der Energieumsatz des Gehirns ist hoch. Es wird lebhaft geträumt. Das EEG-Muster zeigt unregelmäßige Frequenzen bei geringer Amplitude und ähnelt erstaunlich dem einer wachen Person. Damit unterscheidet sich die REM-Phase deutlich von den übrigen Schlafphasen. Man schließt daraus, dass das Gehirn mit höchster Aktivität arbeitet. Weckt man einen Schlafenden aus der REM-Phase, kann er meist von seinen Träumen berichten. Die Augenbewegungen stellen somit ein äußerlich erkennbares Zeichen dafür dar, dass das schlafende Gehirn lebhaft träumt. In diesen kurzen Phasen ist der menschliche Körper wehrlos, da keine Informationen von der Außenwelt ins Gehirn gelangen. Längere REM-Phasen sind vor allem in der zweiten Nachthälfte zu finden.

Bedeutung des Schlafs

Die Ruhigstellung des Körpers während des Schlafs lässt zunächst eine allgemeine Erholung vermuten. Die erhöhte Ausschüttung von Wachstums- und Geschlechtshormonen während des Schlafs weist darauf hin, dass die Schlafphase zum inneren Auf- und Umbau genutzt wird.

Experimente mit Versuchspersonen zeigten, dass REM-Schlafentzug zu zunehmendem Unwohlsein, Ängstlichkeit und Apathie führt. Nach Beendigung des Experiments verblieben die Versuchspersonen deutlich länger als gewöhnlich in der REM-Phase.

Bei Tieren fand man, dass schwierige Lernaufgaben vor dem Einschlafen einen signifikant höheren REM-Anteil auslösen. REM-Schlafentzug führt bei Mensch und Tier zu einer höheren Fehlerquote bei Lernerfolgskontrollen. Daraus lässt sich hypothetisch ein Zusammenhang zwischen REM-Schlaf und Gedächtnisleistung des Gehirns ableiten. Der Traumarbeit könnte demzufolge die Sicherung und Aufarbeitung wichtiger Gedächtnisinhalte zukommen. Dies könnte darauf hinweisen, dass im Traum bedeutsame Erlebnisse der letzten Wachphase umstrukturiert und für den Langzeitspeicher bearbeitet werden.

A1 ◐ In der Randspalte ist die Gehirnaktivität eines Gehirns im Schlaf (1) und in der aktiven REM-Phase (2) dargestellt. Erklären Sie, welche Erkenntnisse aus diesen Messungen gezogen wurden. Die Region mit der sehr hohen Aktivität ist der Thalamus.

A2 ○ In der REM-Phase sind in der Hirnrinde manche Hirnareale inaktiv. Erläutern Sie, welche biologische Bedeutung dies hat.

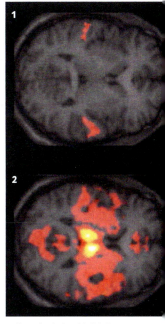

gelb: sehr hohe Aktivität
rot: hohe Aktivität
grau: geringe Aktivität

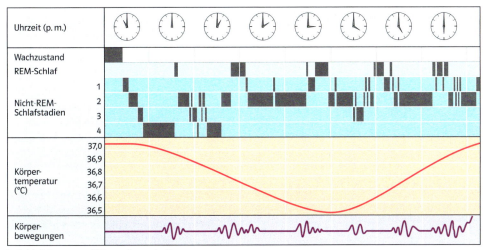

3 *Schlafphasen und Körpereigenschaften*

153

Sucht nach Belohnung

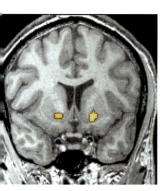

Nucleus accumbens — Belohnungssystem aktiv

Viele junge Menschen probieren *Drogen* und ihre Wirkung aus. Jedoch nicht bei allen bleibt es beim Probieren, die Drogeneinnahme wird zur Gewohnheit. Drogen sind chemische Substanzen, die über das *Zentralnervensystem* auf Stimmungen, Gefühle und Wahrnehmungen einwirken. Zu den Drogen zählen nicht nur die illegalen, wie Haschisch, Kokain oder Ecstasy, sondern auch die legalen, wie Alkohol oder Medikamente.

Alkohol wirkt auf das Belohnungssystem
Wer die Wirkung von Alkohol als angenehm kennengelernt hat, wird diese Erfahrung möglicherweise wiederholen. Alkohol besitzt ein Potenzial zur *psychischen Abhängigkeit*, zur *Sucht*.

Drogen, die im Gehirn eine Wirkung haben, greifen auf molekularer Ebene an den Synapsen ein. Hierbei haben die Drogen strukturelle Ähnlichkeiten mit den Transmittern der jeweiligen Synapsen. Je nach Droge sind unterschiedliche Transmittersysteme betroffen. Beim Alkohol sind es im Gegensatz zu anderen Drogen viele Rezeptoren, besonders die Transmitter *Glutamat* und *GABA* (Gamma-Amino-Buttersäure). Diese findet man im *Limbischen System* und im Belohnungssystem. Die zentrale Rolle beim Belohnungssystem spielt der *Nucleus accumbens* (s. Randspalte), funktionell ein Teil des Limbischen Systems. Hier entstehen euphorisierende Zustände wie bei einem schönen Essen, Verliebtsein, Erfolg in der Schule oder beim Sexualverhalten.

Alkohol erhöht die Aktivität der GABA-Rezeptoren, die inhibitorische Potentiale vermitteln (Abb. 1). Dies führt zu einer Verminderung der Erregungen im Limbischen System, auch im Bereich der *Amygdala*. Die beruhigende und angstlösende Wirkung des Alkohols ist darauf zurückzuführen. Die Hemmung im Limbischen System bedingt eine geringere Hemmung im Belohnungssystem. Dies führt zu geringerer Kontrolle beim Gedankenfluss, zu Redseligkeit oder zu euphorischen Verhaltensmustern bis hin zu Enthemmungserscheinungen.

Gleichzeitig wirkt Alkohol direkt auf die *Dopamin*- und *Endorphin*-Ausschüttung im Belohnungssystem ein. Endorphine sind körpereigene Substanzen, die eine ähnliche Wirkung wie Opiate haben. Diese Aktivierung des Opiatsystems durch Alkohol führt zu einem Wohlbefinden, das der Körper immer wieder auslösen möchte. Blockiert man die Opiatrezeptoren, stellt sich kein Wohlbefinden durch Alkohol ein.

Alkohol wirkt auf das ZNS
Alkohol wirkt auch auf die Acetylcholin-Freisetzung an der präsynaptischen Membran der Synapsen. Die Freisetzung wird hierbei gehemmt. Dadurch wird das Zentralnervensystem auf verschiedene Weise beeinflusst. Hier wird sowohl der neuromuskuläre Teil gehemmt, was zu einer Erschlaffung der Muskulatur führt, als auch die Aufnahme neuer Informationen in das Gedächtnis. Dies führt zu Erinnerungslücken. Auch im autonomen Nervensystem im Rückenmark erfolgt die Signalübertragung in den Synapsen mithilfe von Acetylcholin. Daher kommt es auch bei diesen grundlegenden Lebensfunktionen zu Störungen, z. B. zu einer Verringerung der Herzschlagfrequenz.

A1 Nennen Sie die physiologischen Änderungen im Körper und deren Auswirkungen nach Alkoholgenuss.

Alkohol

Limbisches System: Alkohol hemmt GABA-Rezeptoren

Autonomes Nervensystem: Alkohol hemmt Acetylcholin-Freisetzung

ZNS: Alkohol hemmt Acetylcholin-Freisetzung

Belohnungssystem: Hemmung wird vermindert, Dopamin-Ausschüttung wird angeregt

1 *Wirkmechanismen des Alkohols (schematisch)*

Material
Psychoaktive Stoffe

Glück ist ein Gefühl. Biologisch gesehen basiert es auf der Wirkung einiger chemischer Substanzen auf unser Gehirn.

Endorphine

Endorphine sind körpereigene Substanzen, die einen ähnlichen Effekt wie Opiate haben. Sie werden in unserem Gehirn in der Hypophyse und dem Hypothalamus gebildet und können Schmerzempfindungen unterdrücken. Sie binden an der postsynaptischen Membran der Neurone an dieselben Rezeptoren, an die auch Stoffe wie Morphin oder Opium binden.

Endorphine lösen euphorische Reaktionen des Wohlbefindens und Glücks aus. Dieser Zustand wird durch das Andocken der Endorphine an die Opiatrezeptoren im Mittelhirn ausgelöst.

Markierungsexperiment

Bei diesen Experimenten wird eine radioaktive Substanz eingesetzt, die von ihrem Aufbau her wie die Endorphine an die Opiatrezeptoren binden kann.

Eine sehr geringe Menge dieser Substanz, die in dieser Konzentration unschädlich ist, wird einer Person injiziert. Durch die Radioaktivität ist sie im zu untersuchenden Gewebe gut nachweisbar. Diese Substanz konkurriert mit den Endorphinen um die Opiatrezeptoren.

Je mehr Endorphine im Gehirn freigesetzt werden und an die Opiatrezeptoren andocken, umso geringer ist die Wahrscheinlichkeit, dass die Moleküle der Markierungssubstanz erneut andocken (Abb. 2).

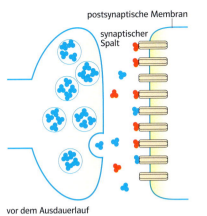
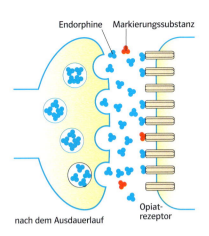

2 Schema der Messung von Endorphinen

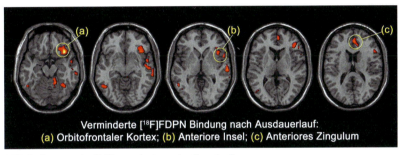

3 Veränderungen im Gehirn nach einem Ausdauerlauf

Bildgebendes Verfahren

Mithilfe eines bildgebenden Verfahrens können radioaktiv markierte Moleküle im Gewebe, z. B. im Gehirn, nachgewiesen und gemessen werden. Die Veränderungen der Radioaktivität werden mithilfe eines Computers verglichen und farbig hervorgehoben. Veränderungen sind rot, starke Veränderungen gelb markiert (Abb. 3). Die eingekreisten Hirnregionen haben eine Funktion bei der Emotionsverarbeitung und bei der Schmerzunterdrückung.

A1 Sportmediziner untersuchten verschiedene Personen vor und nach einem Ausdauerlauf. Die Fragestellung bei dieser Untersuchung war, den Grad der empfundenen Euphorie durch einen Ausdauerlauf zu ermitteln. Beschreiben Sie die Ergebnisse der zehn Läufer und erläutern Sie, ob die Fragestellung beantwortet werden konnte (Abb. 1).

A2 Erklären Sie, weshalb diese Ergebnisse mit anderen naturwissenschaftlichen Methoden unterstützt wurden, um eindeutige Aussagen zu ermöglichen.

A3 Beschreiben Sie kurz die Technik des Markierungsexperimentes und erläutern Sie, wie man das Experiment nutzen konnte, um die Fragestellung zu präzisieren.

A4 Nehmen Sie Stellung zu der Behauptung, Joggen mache schmerzfrei. Gehen Sie hierzu auch auf die Ergebnisse des ersten Versuchs ein.

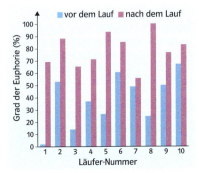

1 Euphorieempfindung bei zehn Läufern

4 Ausdauerlauf

Neuro-Enhancer — Doping für das Gehirn

1 Erschöpfung beim Lernen

In wenigen Tagen wird eine Klausur geschrieben. Jede Minute Vorbereitungszeit zählt. Chemische Substanzen sollen helfen, das Gedächtnis künstlich zu verbessern. *Doping* war bisher ein Begriff aus dem Leistungssport. Doping wird jedoch immer aktueller in Bezug auf die Steigerung von Gehirnleistungen eingesetzt. Schüler und Studenten greifen zu Medikamenten, die eine Leistungs- und Konzentrationssteigerung beim Lernen oder in Prüfungen versprechen. Unkonzentriertes Lernen oder ein kurzer Schlaf sind für viele Menschen verlorene Zeit, da sie die Anforderungen für gute Leistungen in der Schule, im Studium sowie für eine Karriere im Beruf erfüllen wollen.

Eine Pille zur Intelligenzsteigerung?

Neue Forschungsergebnisse und ein besseres Verständnis der Funktion des Gehirns, wie z.B. die Neuroplastizität, wecken die Hoffnung, in die Vorgänge des Gehirns eingreifen und sie optimieren zu können. Viele Medikamente, die für kranke oder demente Menschen entwickelt wurden, werden von Gesunden zur Steigerung der Gehirnleistung genutzt. Sie werden als *Neuro-Enhancer* bezeichnet, da sie die Gehirnleistung steigern sollen. Es sind also keine illegalen Drogen, sondern zulässige Mittel. Diese erhält man auf Rezept oder über das Internet. Ihre Wirkung wird gern verharmlost als Wachmacher oder Konzentrationsförderer. Studien an größeren Personengruppen mit einem Neuro-Enhancer oder einem Placebo zeigen, dass die Selbsteinschätzung der Testpersonen in den meisten Fällen höher liegt als durch Testaufgaben belegt werden konnte. Erinnerungsaufgaben aus dem Kurzzeitgedächtnis konnten verbessert werden, bei Aufgaben, bei denen es um Kreativität und geistige Geschwindigkeit ging, lagen die Testpersonen eher hinter den Teilnehmern mit Placebos. Gleichzeitig zeigte sich, dass eher Personen mit niedrigerem IQ von den Mitteln profitieren, da die Aufmerksamkeit beim Lernen gesteigert wird.

Wirkung der Neuro-Enhancer

Die Steigerung der Aufmerksamkeit wird auf verschiedenen Wegen erreicht: durch die zusätzliche Ausschüttung spezifischer Transmitter wie *Dopamin* an den Synapsen im Gehirn, durch den verlangsamten Abbau der Transmittersubstanzen im synaptischen Spalt oder durch eine geringere Aufnahme in den präsynaptischen Bereich (Abb. 2). In allen Fällen wird hierdurch die Konzentration der Transmitter, z.B. Dopamin, erhöht. Diese wirken verstärkt auf den Sympathicus (s. Seite 138), der den Körper für eine Stresssituation vorbereitet, indem er Kraftreserven mobilisiert und die Aufmerksamkeit auf ein Ereignis fokussiert.

2 a) Wirkung von Neuro-Enhancer auf Dopaminkanal   b) ohne Enhancer

Risiken der Neuro-Enhancer

Die Neuro-Enhancer verändern die Vorgänge an den Synapsen. Viele Nutzer sehen keine Risiken, da diese Substanzen auch als Medikamente genutzt werden. Bei Medikamenten spielt die Risikoabschätzung jedoch eine andere Rolle, da hierdurch Krankheiten gemindert oder geheilt werden können. Bei gesunden Menschen ist eine Risikoabschätzung unter anderen Aspekten bisher noch nicht wissenschaftlich möglich. Befürworter argumentieren auch, dass Wut oder Angst den gleichen Effekt auslösen können. Körperliche Anspannung ist in solchen kurzfristigen Situationen als *Fight-or-flight-Syndrom* eine lebenswichtige Funktion zum Überleben. Diese Phase dauert jedoch nur kurz an. Die ständige Einnahme dieser Substanzen führt jedoch zu langfristigen Veränderungen dieser Vorgänge.

Ob bei einigen dieser Substanzen daher eine Sucht entstehen kann lässt sich zur Zeit nicht ausschließen. In Testgruppen traten als Nebenwirkungen Kopfschmerzen, Übelkeit und Bluthochdruck auf, auch psychische Veränderungen wie Aggression oder Depression ließen sich nachweisen. Soziale Kontakte werden vernachlässigt, da durch die intensive Arbeit und das intensivere Lernen keine Zeit mehr für andere Aktivitäten übrig blieb. Ein Problem stellt auch das Absetzen dieser Substanzen dar. Der Wunsch, die Substanzen abzusetzen, sinkt immer mehr, je länger man diese nutzt, da der authentischen Leistung keine Bedeutung zugemessen wird. Bei einem Absetzen der Substanzen kommt es häufig zu einem psychischen Absturz.

Zukunftsträume der Forschung

Die heutigen Mittel können nur die Konzentration steigern oder das Abgleiten in andere Gedanken verhindern. Die Steigerung der Effizenz des Arbeitsgedächtnis durch eine höhere Neuroplastizität sind erste Überlegungen, die teilweise durch Ergebnisse aus Experimenten mit genetisch veränderten Mäusen stammen. An solchen Modellexperimenten kann man untersuchen, welche genetischen Veränderungen zu einer Steigerung der Gehirnleistung und Lernvorgänge führen. Hierzu wird die Beeinflussung der neuronalen Plastizität untersucht, z. B. durch eine verlängerte und intensivere Ausschüttung sekundärer Botenstoffe, wie cAMP, die zu einem schnelleren Dornenwachstum an den Dendriten führt. Dies wird erreicht durch die Aktivierung von spezifischen Genen in den Zellkernen der Neuronen im Gehirn. Über die Proteinbiosynthese werden Proteine synthetisiert, die zur Bildung der Dornen notwendig sind (s. Seite 147).

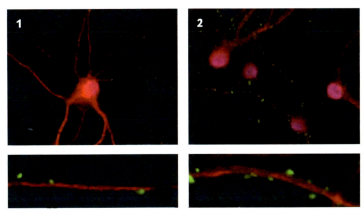

3 *Aktivität der Proteinbiosynthese (1 ohne, 2 mit Neuro-Enhancer)*

Die Aufnahmen in Abb. 3 wurden mit einem Fluoreszenzmikroskop erstellt. Es wurden zwei Sonden eingesetzt. Die rot- bis magentaleuchtende Sonde zeigt die Aktivität im Zellkern an. Die grüne Sonde zeigt ein Protein an, welches zum Bau der Dornen notwendig ist. In Abb. 3 zeigen die margentafarbenen Markierungen eine hohe Aktivität an der DNA, die grünen Proteinmarker die Bildung der Dornen an den Dendriten an. Psychologen und Kognitionswissenschaftler sehen durch diese neuen Methoden auch die zukünftige Möglichkeit einer Bewusstseinserweiterung der Menschen, da die schnellere und intensivere Aufnahme von Informationen und deren bessere Vernetzung die bisherigen Einschränkungen des Lernens überwindet. Wie dadurch unsere Persönlichkeit verändert wird und auch gesellschaftliche Strukturen sich ändern bleibt offen.

A1 Stellen Sie anhand der Fakten aus dem Text Ihre persönliche Einschätzung zu den Neuro-Enhancern dar.

Übungen
Neurobiologie

1 Pflanzen bewegen sich

Venusfliegenfallen wachsen auf stickstoff- und mineralstoffarmen Böden. Sie decken den Stickstoff- und Mineralstoffhaushalt über Insekten ab, die sie über Nektardrüsen anlocken, fangen und verdauen. Sie haben spezielle Blätter, die innerhalb von ca. 100 Millisekunden zusammenklappen und Insekten dadurch im Blatt festhalten. Das Zusammenklappen wird über Sinneshaare an der Innenseite des Blatts ausgelöst. Sie sind in der Lage, mechanische Reize aufzunehmen und die Veränderung der Blattstellung auszulösen. Die Zellen, die die Bewegung des Zusammenklappens bewirken, werden *Motorzellen* genannt. Die schnelle Bewegung des Blatts kommt dadurch zustande, dass sich durch den Ausstrom von Ionen der osmotische Druck ändert. Wasser strömt dadurch aus der Zelle. Sie verliert ihren hohen osmotischen Druck und ist verformbar. Die entstandenen Potentiale werden an die Nachbarzellen weitergegeben.

A1 ○ Fassen Sie anhand der Abb. 1 den Fangvorgang der Venusfliegenfalle zusammen.
A2 ◐ Beschreiben Sie Abb. 2 und erklären Sie das Zustandekommen des Membranpotentials mithilfe der Ionenpermeabilität.
A3 ◐ Erläutern Sie, wie es zur Schließbewegung kommt.
A4 ● Vergleichen Sie die Potentialbildung an der Membran bei der Venusfliegenfalle mit der einer tierischen Zelle.

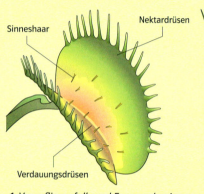

1 Venusfliegenfalle und Fangmechanismus

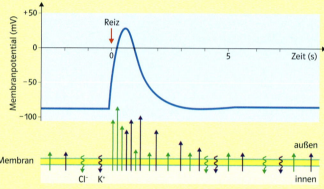

2 Potentialverlauf und Ionenpermeabilität

2 Erregungsleitung

Axone leiten Aktionspotentiale. Zur Art der Fortleitung der Aktionspotentiale am Axon gab es zu Beginn des 20. Jahrhunderts zwei Hypothesen. Vertreter der ersten Hypothese gingen davon aus, dass Ladungsträger *(Ionen)* am Axon entlang transportiert werden. Die zweite Hypothese besagt, dass das elektrische Feld der aktiven Axonregion die benachbarten Ionenkanäle öffnet. ALAN L. HODGKIN führte 1937 Experimente zur Prüfung der Hypothesen durch.

HODGKIN kühlte einen Abschnitt des Riesenaxons eines Tintenfischs *(Loligo)* und verminderte dadurch die Ionenbewegung sehr stark. Vor dem gekühlten Bereich wurde die Axonmembran durch einen Reiz depolarisiert. An mehreren Stellen hinter dem gekühlten Bereich wurden gleichzeitig Potentiale an der Membran gemessen.

A5 ○ Beschreiben Sie den Versuchsaufbau und die Messergebnisse in Abb. 3.
A6 ◐ Erklären Sie anhand der Messergebnisse die unterschiedlichen Prozesse am Riesenaxon vor und nach dem Kälteblock auf molekularer Ebene.
A7 ● Erläutern Sie anhand der Messergebnisse, welche der beiden Hypothesen durch die Versuche von HODGKIN bestätigt wurde.

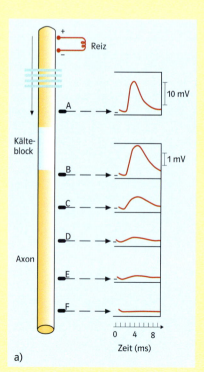
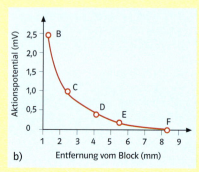

3 Blockade von Ionenkanälen

158 Neurobiologie

3 Lichtsinneszellen

Lichtreize lösen in den Lichtsinneszellen Rezeptorpotentiale aus. Die Veränderung des Potentials durch Belichtung zeigt gegenüber dem am Axon beim Durchlauf eines Aktionspotentials deutliche Unterschiede auf.

- **A8** ○ Stellen Sie mithilfe eines Textes die Vorgänge in den Lichtsinneszellen, z. B. den Stäbchen, dar.
- **A9** ◒ Beschreiben Sie den Verlauf des in Abb. 4 dargestellten Rezeptorpotentials und vergleichen Sie diesen mit dem Verlauf des Aktionspotentials.
- **A10** ● Nennen Sie Ursachen der unterschiedlichen Potentialverläufe.
- **A11** ● Deuten Sie die Messergebnisse.

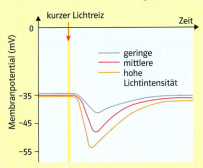

4 *Rezeptoren am Stäbchen*

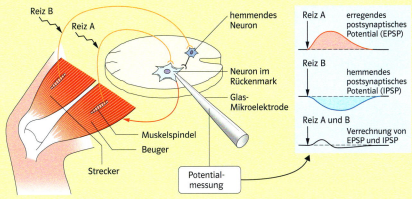

6 *Verschaltung im Rückenmark*

4 Synapsen

Synapsen sind ein wichtiges Element bei der neuronalen Erregungsleitung. Die Fortleitung der Aktionspotentiale im Nervensystem wäre jedoch ohne Synapsen deutlich schneller. Ebenfalls müssten keine Transmitter produziert, gespeichert und wieder abgebaut werden. Besonders viele Synapsen findet man im Gehirn und im Rückenmark. Hier erfolgt z. B. die Regelung von Bewegungsabläufen durch Reize aus den Muskeln. Die aus den Reizen resultierenden Aktionspotentiale werden im Rückenmark mit anderen verschaltet und dadurch verstärkt bzw. gehemmt.

- **A12** ○ Beschreiben Sie mithilfe einer Zeichnung und eines Textes die Teilschritte der Erregungsweiterleitung an einer Synapse.
- **A13** ◒ Beschreiben Sie den Aufbau der Messanordnung in Abb. 6. Erklären Sie die drei Messkurven und stellen Sie dar, auf welche Weise eine Bewegungskoordination durch die Verschaltung mehrerer Neurone erfolgen kann.
- **A14** ◒ Beurteilen Sie an diesem Beispiel die Vor- und Nachteile der Fortleitung über Synapsen.

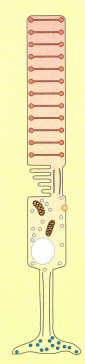

5 *Lichtsinneszelle*

5 Igelfische — Spiel mit dem Tod

In Japan werden Igelfische als Delikatesse betrachtet, obwohl diese in der Leber und den Hoden ein tödliches Gift enthalten, das Tetrodotoxin. Nur besondere Köche dürfen diesen Fisch zubereiten. Der Tod tritt durch die Lähmung der Muskulatur, besonders der Atemmuskulatur ein.

Untersuchungen an den verschiedenen Ionenkanälen des Axons zeigten, dass das Tetrodotoxin am Natriumionenkanal bindet und ihn verschließt.

- **A15** ○ Beschreiben Sie die Messergebnisse am Axon in Abb. 7.
- **A16** ◒ Erklären Sie, weshalb am Axon bei Zugabe von Tetrodotoxin kein Aktionspotential ausgelöst wird und welchen Bezug dies zur Atemlähmung hat.

7 *Tetrodotoxinwirkung*

8 *Igelfisch*

159

Ökologie

Angepasstheit

In der Antarktis liegt die Jahresdurchschnittstemperatur bei −55 °C. Pinguine sind ein Beispiel dafür, dass Lebewesen auch an extreme Bedingungen angepasst sein können.

Populationen

Das Zusammenleben vieler Lebewesen einer Art auf engem Raum kann Schutz vor Feinden bedeuten, aber auch zu Konkurrenz führen.

Lebewesen stehen in einer ständigen Wechselbeziehung mit ihrer Umwelt. Zum einen stehen alle Lebewesen in einem Lebensraum in einer mehr oder weniger engen Beziehung zueinander, zum anderen sind sie von den abiotischen Faktoren wie Licht oder Temperatur abhängig. Ökologen untersuchen bei diesen Wechselbeziehungen nicht nur einzelne Lebewesen, sondern auch Populationen und Ökosysteme.

Ökosysteme

Lebewesen und Lebensraum im Wald bilden ein Ökosystem. Die Energie des Sonnenlichts ist die Basis für den Energiehaushalt der Ökosysteme und ihrer Lebewesen.

Mensch und Natur

Der Mensch greift in das Gefüge von Ökosystemen ein. Er nutzt und verändert sie und schadet ihnen teilweise.

3.1 Lebewesen und Umwelt
Wechselbeziehungen in der Biosphäre

1 *Biosphäre 2*

Ökosystem
Dynamisches Beziehungsgefüge aus Biozönose (Lebensgemeinschaft) und Biotop (Lebensraum), das durch Stoffkreisläufe und Energiefluss gebildet wird.

Im Jahr 1991 startete ein groß angelegtes ökologisches Experiment. Auf einer Fläche von 1,3 Hektar wurde in Arizona (USA) ein Gebäudekomplex fertiggestellt, die *Biosphäre 2*. Ziel war es, ein von der Außenwelt unabhängiges Ökosystem zu erschaffen. Es gab keinen Stoffaustausch mit der Umwelt, lediglich Sonnenlicht konnte über große Glasflächen eindringen. In dem Gebäude wurden 3800 Tier- und Pflanzenarten in verschiedenen Lebensräumen angesiedelt. Acht Menschen sollten hier für einen Zeitraum von zwei Jahren leben. Das Experiment nahm einen unerwarteten Verlauf. Eine Ameisenart und Kakerlaken vermehrten sich in großem Maße, während Bienen und Kolibris stark dezimiert wurden. Der Sauerstoffgehalt in der Biosphäre 2 sank nach einiger Zeit so drastisch, dass zusätzlich Sauerstoff von außen zugeführt werden musste.

Komplexe Wechselbeziehungen
Die Ökologie befasst sich mit den Interaktionen der Lebewesen mit ihrer Umwelt. ERNST HAECKEL prägte den Begriff „Ökologie" als Lehre vom Haushalt der Natur. Lebewesen leben in einem bestimmten Lebensraum oder *Biotop*, entsprechend einem Haus. Die „Bewohner des Hauses" bilden eine Lebensgemeinschaft, die sogenannte *Biozönose*. Die Vorstellung von einem Haushalt beinhaltet den Aspekt der Versorgung mit Energie und Ressourcen. Innerhalb eines Ökosystems gibt es eine Vielzahl verschiedenster Beziehungen zwischen Lebewesen. Aufgrund der Komplexität dieser Wechselbeziehungen war es den Wissenschaftlern nicht möglich, die Entwicklung der Populationen in der Biosphäre 2 vorauszusagen.

Wechselbeziehungen können zwischen Lebewesen einer Art auftreten. Zu diesen gehören beispielsweise die Wahl des Sexualpartners und der Kampf um Brutgebiete. Nahrungskonkurrenz kann sowohl zwischen Lebewesen einer Art als auch zwischen verschiedenen Arten auftreten. Es gibt auch zwischenartliche Beziehungen, von denen beide Partner profitieren, z. B. übernehmen Bienen für viele Blütenpflanzen die Bestäubung. Der Nektar der Pflanzen dient den Bienen als Nahrung. Eine Störung dieser Wechselbeziehungen kann weitgehende Konsequenzen für ein Ökosystem haben. Nach der Dezimierung der Bienenpopulation in der Biosphäre 2 musste die Bestäubung der Blüten per Hand ausgeführt werden.

Verschiedenste Ökosysteme
Die Ökosysteme auf der Erde sind ungeheuer vielfältig. Es gibt Meeresökosysteme wie das Wattenmeer und die Ostsee, Süßwasserökosysteme wie Flüsse, Bäche und Seen. Zu den Landökosystemen gehören Wälder, Wiesen und Wüsten. Sogar die mit Eis bedeckten Regionen der Arktis und der Antarktis sind eigene Ökosysteme.

Die Gesamtheit der Ökosysteme der Erde bildet die *Biosphäre*. Viele Ökosysteme sind scheinbar deutlich voneinander abgegrenzt. Gewässer besitzen eine Uferlinie, Meere eine Küste. Diese Grenzen können aber von vielen Organismen überschritten werden. So verlassen Libellen und Eintagsfliegen als Erwachsene den Lebensraum der Larven. Für die Sonnenenergie und für Stoffe bilden diese Grenzen zwischen Ökosystemen ohnehin keine Beschränkung. Anders als die künstlich geschaffene Biosphäre 2 sind natürliche Ökosysteme deshalb offene Systeme.

Einfluss des Menschen
Der Mensch hat in den letzten Jahrhunderten immer massiver in Ökosysteme eingegriffen. Die Humanökologie ist eine

162 Ökologie

Teildisziplin der Ökologie, die sich nur mit den Beziehungen des Menschen mit seiner natürlichen Umwelt beschäftigt. Dabei greift der Mensch in Ökosysteme ein, um einen möglichst großen eigenen Nutzen daraus zu ziehen. Beispiele dafür sind die Landwirtschaft, die Forstwirtschaft und der Abbau von Ressourcen, wie z. B. Kohle und Öl. Auf der anderen Seite versucht der Mensch Ökosysteme zu bewahren, indem beispielsweise Naturschutzgebiete ausgewiesen oder Flüsse renaturiert werden.

Teildisziplinen der Ökologie

Das Wissensgebiet der Ökologie kann man in verschiedene Organisationsebenen einteilen. Die *Autökologie* befasst sich mit den einzelnen Arten und ihren Wechselwirkungen mit der Umwelt. Umweltfaktoren wie Temperatur, Licht, Sauerstoffgehalt, Salzgehalt und Feuchtigkeit haben Einfluss auf das Überleben der verschiedenen Arten. Durch Untersuchung der Einflüsse dieser Faktoren kann die Angepasstheit verschiedener Arten beschrieben werden.

Mit der Ebene der Population beschäftigt sich die *Populationsökologie*. Eine Population im ökologischen Sinn ist die Gesamtheit aller Lebewesen einer Art mit gleichem Lebensraum. Die Veränderungen in einer Population sind begründet durch die Wechselbeziehungen zwischen den Lebewesen einer Art und den Wechselwirkungen zu ihrer Umgebung. Die *Synökologie* untersucht die zwischenartlichen Wechselbeziehungen innerhalb von Biozönosen eines Ökosystems und deren Abhängigkeit vom Biotop.

A1 ○ Erläutern Sie die Einflüsse auf die Biosphäre 2, wenn sich über einen längeren Zeitraum viele Wolken am Himmel befinden.

A2 ○ Das Experiment mit der Biosphäre 2 kann man in einem kleinen Rahmen zu Hause durchführen, indem man einen Flaschengarten anlegt. In diesem befinden sich Moose, Farne und langsam wachsende Pflanzen sowie Tiere wie Hundertfüßer, Asseln und Springschwänze, die sich in der zugeführten Erde befinden. Beschreiben Sie die Wechselwirkungen innerhalb des Flaschengartens.

2 *Ökosystem Wattenmeer*

Ökologie
Lehre vom Haushalt der Natur

Ökologische Begriffe		Zugehörige Forschungsbereiche
Ökosystem Funktionelle Einheit aus Umwelt und Organismen		
Biotop	**Biozönose**	**Ökosystemforschung** = Synökologie
Lebensraum aus unbelebten Faktoren (abiotische Faktoren)	Lebewesen bilden Lebensgemeinschaft (biotische Faktoren)	befasst sich mit Ökosystemen
	Population	**Populationsökologie** befasst sich mit Fortpflanzungsgemeinschaften
		Autökologie befasst sich mit einzelnen Organismen
Umweltfaktor	Organismus	

3 *Wesentliche Begriffe der Ökologie*

163

Einfluss der Temperatur

Habitat
Charakteristischer Standort einer Art

RGT-Regel
Die Reaktionsgeschwindigkeit einer chemischen Reaktion steigt bei einer Temperaturerhöhung um 10 °C auf das Doppelte bis Dreifache.

Konformer
Lebewesen, bei denen das innere Milieu mit wechselnden Umweltbedingungen übereinstimmt.

Regulierer
Lebewesen, bei denen trotz wechselnder Umweltbedingungen das innere Milieu weitgehend konstant bleibt.

Lebewesen sind an ihren Lebensraum, das *Habitat*, angepasst. Ihr Überleben hängt von biotischen und abiotischen Faktoren ab. Organismen im gleichen Lebensraum, wie Räuber oder Beute, sind biotische Faktoren. Physikalisch-chemische Faktoren, wie Temperatur und Salzgehalt, wirken als abiotische Einflüsse.

Auf der Erde gibt es Lebensräume mit höchst unterschiedlichen Temperaturen. So können Pinguine in der Antarktis –60 °C ertragen, während Mikroorganismen heiße vulkanische Quellen bis zu 120 °C besiedeln (Halobakterien, Abb. 2). Bei niedrigen Temperaturen ist die Stoffwechselrate niedrig (RGT-Regel), während Hitze zu einer Denaturierung der Enzyme führen kann.

Homoiotherm und poikilotherm

Vögel und Säugetiere sind *homoiotherme* (gleichwarme) Organismen. Sie können trotz schwankender Umgebungstemperaturen ihre Körpertemperatur innerhalb eines physiologisch optimalen Bereichs von ca. 36 °C bis 40 °C konstant halten (*Regulierer*). Bei Abkühlung steigern die Tiere die Wärmebildung. Außerdem können sie die Wärmeabgabe an die Umgebung verringern. Sie wandeln dabei durch Erhöhung der Stoffwechselrate chemisch gebundene Energie in Wärmeenergie um. Isolationsstrukturen wie Federn, Fell oder Unterhautfettgewebe helfen dabei. Eine spezielle Anordnung der Blutgefäße im äußeren Gewebe ermöglicht es manchen Arten, die Durchblutung und damit die Wärmeabgabe an die Umgebung zu steuern. Pinguine können damit die Wärmeabgabe gering halten. Kleine Tiere haben im Verhältnis zu ihrem Körpervolumen eine relativ große Körperoberfläche. Die dadurch bedingte relativ hohe Wärmeabgabe verhindert die Verbreitung in kalten Lebensräumen.

Poikilotherme (wechselwarme) Lebewesen können ihre Körpertemperatur nicht selbst über die Stoffwechselrate und Isoliermechanismen regulieren; ihre Körpertemperatur ist mehr oder weniger der Umgebungstemperatur angepasst (*Konformer*). Die Stoffwechselrate eines ruhenden Poikilothermen beträgt höchstens ein Fünftel der eines Homoiothermen. Der Energiebedarf und damit die Nahrungsmenge ist dementsprechend geringer. Die Poikilothermen besitzen Proteine bzw. Enzyme, die schon bei niedrigen Temperaturen ihr Optimum erreichen, wie bei Fischen im Eismeer. Diese Enzyme ermöglichen es den Tieren, ohne den hohen Energieaufwand der Homoiothermen in kalten Regionen zu überleben. Eine Eisbildung im Blut und in der Gewebeflüssigkeit verhindern Poikilotherme durch Glykoproteine, die als Frostschutzmittel die Temperatur senken, bei der Eiskristalle wachsen.

A1 Erläutern Sie Überwinterungsstrategien homoiothermer Lebewesen.

1 *Kaiserpinguine in der Antarktis*

2 *Heiße Quellen mit Bakterien (rötlich)*

Material
Energie und Lebensweise

Tiere benötigen die chemisch gebundene Energie der Nährstoffmoleküle oder der gespeicherten Fettmoleküle für ihre Energie verbrauchenden Vorgänge im Körper. Je besser Tiere ihren Energiehaushalt optimieren, desto höher sind ihre Überlebenschancen.

Seehunde — ein kaltes Leben?

Ein Seehund kommt gerade aus dem kalten Wasser. Eine Thermofotografie des Seehundes zeigt dann eine Außentemperatur des Körpers von unter 10 °C, obwohl die Körperkerntemperatur bei ca. 37 °C liegt.

A1 ◐ Erklären Sie anhand der Abb. 1 und der Werte zur Wärmeleitfähigkeit, wie es zu der geringen Außentemperatur des Seehundkörpers kommt.

A2 ● Beurteilen Sie, ob ein Fell bei dem Seehund den gleichen Effekt zeigen würde.

Wärmeleitfähigkeit verschiedener Materialien (in kJ pro cm²)
Luft: 0,23
Wasser: 5,85
Neuschnee: 1,05
Federn: 0,24
Fell: 0,25
Fettgewebe: 1,67
Muskulatur: 4,60

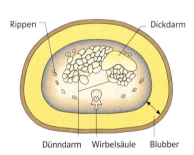

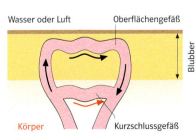

1 Blutgefäße im Seehundkörper

Kolibris — Torpor

Kolibris sind Vögel mit einem geringen Körpergewicht von 2—20 g. Sie leben im tropischen Regenwald und ernähren sich im ständigen Flug von Blütennektar sowie kleinen Insekten und Spinnen. Sie können in einen dem Winterschlaf ähnlichen Zustand, den *Torpor*, fallen. Hierbei sinkt nachts für wenige Stunden die Körpertemperatur von 39,5 °C auf die Umgebungstemperatur ab.

2 Kolibri bei der Nahrungsaufnahme

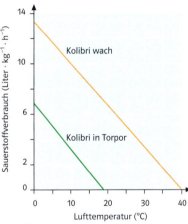

3 Stoffwechselraten des Kolibris

A3 ○ Beschreiben Sie die Materialien zum Energiehaushalt der Kolibris (Abb. 3 und 4).

A4 ● Erklären Sie anhand der Materialien die Bedeutung des Torpors für Kolibris.

Maus — Eidechse

Mäuse sind homoiotherm, Eidechsen poikilotherm. Eidechsen liegen an warmen Tagen in der Sonne, an kalten Tagen bleiben sie in Felsspalten oder Höhlen.

5 Zauneidechse auf warmem Stein

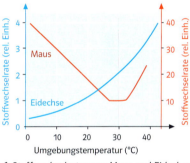

6 Stoffwechselraten von Maus und Eidechse

A5 ○ Beschreiben Sie Abb. 6 und vergleichen Sie die Daten zu Maus und Zauneidechse.

A6 ◐ Beurteilen Sie anhand der Daten die Vor- und Nachteile der Homoiothermen und Poikilothermen in verschiedenen Lebensräumen.

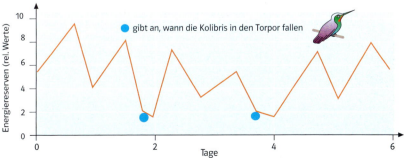

4 Ernährungszustand und Torpor-Phasen

165

Ökologische Potenz und Präferenz

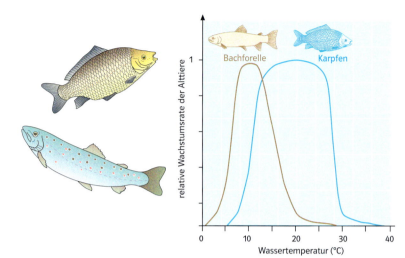

1 *Ökologische Potenz von Bachforelle und Karpfen*

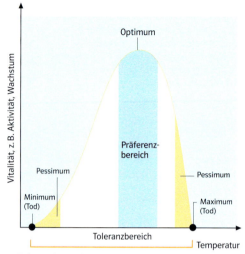

2 *Toleranzkurve (schematisch)*

Ökologische Potenz
Reaktionsbreite einer Art gegenüber einem Umweltfaktor (Eigenschaft des Lebewesens)

Toleranzbereich
Umweltbereich, in dem ein Lebewesen existieren kann

Stenopotenz
(gr. *sten* = schmal, lat. *potentia* = Vermögen) geringe Toleranz bezüglich eines Umweltfaktors

Eurypotenz
(gr. *eurus* = breit) hohe Toleranz bezüglich eines Umweltfaktors

Bachforellen besiedeln den Oberlauf kalter Gebirgsbäche. Sie laichen im November und Dezember. *Karpfen* dagegen bevorzugen warme stehende Gewässer. Die Laichzeit ist Mai bis Juni.

Präferenzversuche
Die Ansprüche, die eine Art an die Umwelt stellt, kann man experimentell ermitteln. Individuen einer Art bietet man z.B. ein Temperaturgefälle (s. Seite 167), in dem die Individuen ihren bevorzugten Platz — den *Präferenzbereich* — aufsuchen können (Abb. 2). Bei größeren Tieren ist das in der Praxis allerdings schwierig. Hier arbeitet man eher mit Toleranzversuchen. Die Lebewesen werden über längere Zeit einer bestimmten Temperatur ausgesetzt und ihre Lebensfähigkeit *(Vitalität)* wird bestimmt. Als Maß können Wachstumsraten oder Sterbe- bzw. Überlebensraten dienen.

Die so ermittelten Toleranzkurven sind typische Glockenkurven mit Minimum, Maximum und Optimum (Abb. 2). Der Bereich zwischen Minimum und Maximum wird *Toleranzbereich* genannt. Der Umweltfaktor kann in diesem Bereich schwanken, ohne dass die Tiere sterben. In den Grenzbereichen *(Pessimumbereich)* ist in der Regel keine Fortpflanzung mehr möglich. Eine Population kann dort langfristig nicht überleben.

Ökologische Potenz
Die *ökologische Potenz* beschreibt die Fähigkeit einer Art, einen Umweltfaktor zu ertragen und dabei zu gedeihen und sich auch fortzupflanzen. Unter realen Bedingungen wird die ökologische Potenz durch die Konkurrenz mit anderen Arten beeinflusst. Bestimmt man eine Toleranzkurve unter Laborbedingungen, wird der Einfluss der Konkurrenz nicht berücksichtigt. In diesem Fall bestimmt man die *physiologische Potenz*.

Aufgrund genetischer Unterschiede können die ökologischen Potenzen einzelner Individuen in einer Population variieren. Daher ist der Toleranzbereich einer ganzen Population größer als der eines einzelnen Individuums. Je größer diese Populationstoleranz ist, desto besser ist die Population an wechselnde Umweltbedingungen angepasst.

Die ökologische Potenz der Bachforelle bezüglich der Temperatur ist geringer als die des Karpfens. Die Bachforelle ist *stenopotent*. Der Karpfen zeigt dagegen eine vergleichsweise große ökologische Potenz, er ist bezüglich der Temperatur *eurypotent*.

A1 Vergleichen Sie das Vorkommen und die Laichzeiten von Bachforelle und Karpfen mit den Laborergebnissen (Abb. 1).

Material
Präferenz und Toleranz

Der Präferenzbereich einer Art lässt sich experimentell in einer Temperaturorgel bestimmen. Dabei wird eine längliche Metallplatte an einem Ende erwärmt und am anderen Ende gekühlt. Die Tiere suchen in dem Temperaturgefälle den bevorzugten Bereich auf.

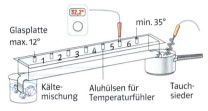

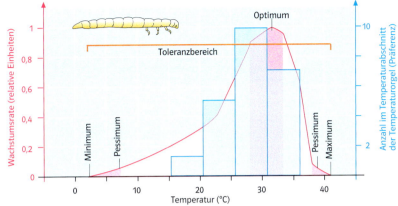

3 *Toleranz und Präferenz beim Mehlwurm*

Hochmoorameise

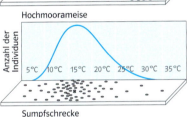
Sumpfschrecke

1 *Temperaturorgel*

Dieser Präferenzbereich ist meistens etwas schmaler als der Toleranzbereich. Unter dem Einfluss weiterer Umweltfaktoren können sich die Toleranzbereiche beträchtlich verschieben. Betrachtet man zwei Umweltfaktoren, werden diese in einem Diagramm auf zwei Achsen abgetragen (Abb. 2). Die Vitalität (z. B. Schlüpferfolg) erscheint als Isolinie, vergleichbar mit der Höhenlinie eines Berges. Entlang dieser Linie ist die Vitalität gleich groß.

A1 ⬤ Vergleichen Sie den Präferenzbereich von Hochmoorameise und Sumpfschrecke (Abb. 1). Inwieweit lassen sich diese Laborergebnisse auf das Freiland übertragen?

A2 ⬤ Wie lässt sich der Versuch abwandeln, um zu klären, ob es individuelle Unterschiede in der Präferenz gibt oder ob die Tiere nur einen bestimmten Abstand zueinander einhalten?

A3 ⬤ Die Larven des Mehlkäfers (umgangssprachlich: „Mehlwürmer") lassen sich in Zoohandlungen als Futtertiere beziehen, treten aber auch als Vorratsschädlinge auf. Stellen Sie ihre Toleranzkurve (Abb. 3) in Bezug zur temperaturabhängigen Enzymaktivität (Abb. 4).

A4 ⬤ Die weiblichen Falter des Kiefernspinners legen im August Eier ab, aus denen zwei bis drei Wochen später junge Raupen schlüpfen. Erläutern Sie den Schlüpferfolg bei einer Luftfeuchtigkeit von 20 % und einer Temperatur von 20 °C. Verwenden Sie Abb. 2.

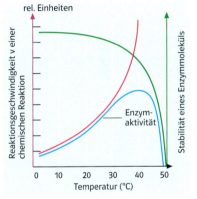

4 *RGT-Regel*

A5 ⬤ Zeichnen Sie unter Verwendung von Abb. 2 die Luftfeuchte-Toleranzkurve für eine Temperatur von 10 °C entsprechend der Vorlage in Abb. 5.

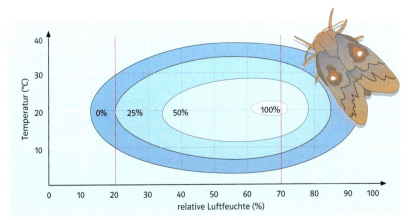

2 *Temperatur- und Luftfeuchtetoleranz des Kiefernspinners*

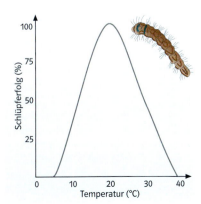

5 *Temperaturtoleranz des Kiefernspinners*

Tiergeografische Regeln

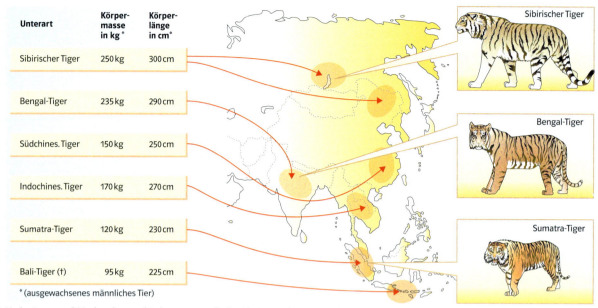

1 Verbreitung und Merkmale verschiedener geografischer Varianten (Unterarten) des Tigers

Eselhase

Feldhase

Schneehase

Fennek

„Jack rabbit" nennen die Amerikaner den *Eselhasen*, der wegen seiner selbst für Hasen großen Ohren auffällt. Eselhasen besiedeln die großen Ebenen und Wüsten im Südwesten der USA und in Mexiko. Der amerikanische Biologe J. A. ALLEN (1838—1921) konnte nachweisen, dass ihre langen, gut durchbluteten Ohren zur Wärmeregulation beitragen: Sobald die Umgebungstemperatur nur wenig geringer als die Körpertemperatur ist, stellen die Hasen ihre Ohren auf und können über erweiterte Blutgefäße in der Haut Wärme abgeben.

Umgekehrt haben nahe verwandte Arten in kalten Klimaten wie der Schneehase kleine Ohren und kürzere Beine. Durch die geringe relative Oberfläche werden Wärmeverluste minimiert. Diese tiergeografische Beobachtung wurde zur *Allen-Regel* erweitert: Abstehende Körperteile verwandter gleichwarmer Tiere sind bei den in kalten Gebieten lebenden Formen meist kleiner als in wärmeren Klimazonen. Regeln sind jedoch nicht immer gültig. Man findet auch Ausnahmen bei den jeweiligen beobachteten Zusammenhängen. Allerdings muss man sich vor zu vereinfachenden Erklärungsmustern hüten, denn große Ohren haben bei dämmerungsaktiven Wüstenbewohnern wie dem *Fennek* (Wüstenfuchs) auch den Vorteil, dass Feinde bzw. Beutetiere gut geortet werden können. Tagsüber leben viele Wüstenbewohner wie der Fennek in unterirdischen Bauten, sodass die Wärmeregulation häufig eine untergeordnete Rolle spielt.

Kleine gleichwarme Tiere haben im Vergleich zu großen Vertretern mit gleichem Körperbau eine größere relative Oberfläche und kühlen daher schneller aus. Sie sind in kalten Regionen benachteiligt. Dieses Phänomen beschreibt die *Bergmann'sche Regel*: Bei gleichwarmen Tieren nimmt die Größe nahe verwandter Arten oder Unterarten von den warmen Zonen zu den Polen zu. Ein Beispiel dafür sind die Unterarten des Tigers (Abb. 1). Hier bestimmen neben dem Wärmehaushalt weitere Faktoren die Körpergröße. Kleine Tiere können sich in den dichten Urwäldern des Südens besser fortbewegen. In nahrungsarmen, schneereichen Gebieten Nordasiens können große Tiere aufgrund größerer Fettreserven längere Zeit ohne Nahrung überdauern.

A1 ○ Erklären Sie unter Anwendung der Allen-Regel und der Bergmann´schen Regel das Aussehen von Rotfuchs und Polarfuchs.

Material
Leben mit wenig Wasser — die Kängururatte

1 Kängururatte

Wasser ist für alle Organismen lebensnotwendig. Alle physiologischen Prozesse wie Stofftransport und biochemische Reaktionen finden in wässriger Lösung statt. Deshalb erfordert gerade das Leben in Regionen mit niedrigem Wasserangebot besondere Angepasstheiten. Die Kängururatte *Dipodomys merriami* aus Arizona (USA) ist ein Beispiel dafür.

Lebensraum und Verhalten

Das 24 cm lange Tier ernährt sich von trockenen, aber fettreichen Samen. Wie viele Wüstenbewohner bewegt es sich springend vorwärts. Diese Fortbewegungsweise ist eine Angepasstheit an offene Lebensräume. Bei vergleichsweise niedrigem Energieaufwand kann es sich sehr schnell fortbewegen und große Strecken zurücklegen. Das ist auch vorteilhaft, da die Nahrung weit verstreut ist. In dichter Bodenvegetation wäre Springen ungünstig. Die durchschnittliche Feuchtigkeit der Luft im Verbreitungsgebiet der Kängururatte schwankt zwischen 3 % und 50 % (Durchschnitt: 25 %). Niederschläge sind selten, sodass den größten Teil des Jahres kein Wasser zum Trinken zur Verfügung steht. Tagsüber hält sich die Kängururatte in bis 1 m tiefen Erdhöhlen auf.

A1 ○ Interpretieren Sie Abb. 2 unter Verwendung des Textes.

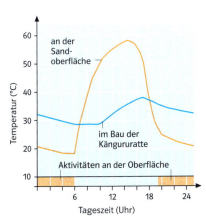

2 Bedeutung des Baus

Struktur der Nase

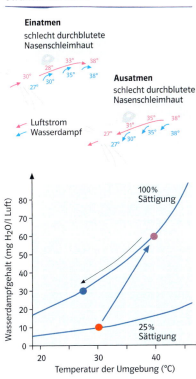

3 Daten zur Atmung

Im Vergleich zu anderen etwa gleich großen Säugetierarten ist die Temperatur in den Nasengängen der Kängururatte auffallend niedrig. Der Atemweg, vor allem die Nasenwand, ist sehr schlecht durchblutet. Die Schleimhaut kann im Gegensatz zu der anderer Tierarten sehr große Mengen Wasser aufnehmen; im trockenen Zustand ist sie *hygroskopisch* (Wasser anziehend).

A2 ◐ Beschreiben und erklären Sie die Veränderung der Luft beim Ein- und Ausatmen der Kängururatte (Abb. 3). Bedenken Sie dabei, dass Wasserverdunstung mit Abkühlung verbunden ist.

A3 ◐ Die Nasenschleimhaut der Wanderratte ist besser durchblutet. Ihre Abkühlung durch die eingeatmete Luft wird rasch durch Wärme aus dem Blut ausgeglichen.
Stellen Sie eine Hypothese über die Auswirkung dieser Unterschiede zur Kängururatte auf.

A4 ○ Erklären Sie die Konsequenzen dieser Unterschiede für den Wasserverlust beim Ausatmen.

Stoffwechsel und Exkretion

Den größten Teil des Jahres stehen der Kängururatte nur Samen als Nahrung zur Verfügung. Diese sind sehr fettreich, aber wasserarm. Allerdings liefert auch die Zellatmung Wasser (s. Seite 98).

Wassergewinn durch Zellatmung aus 100 g Nährstoff:
Kohlenhydrate: 60 g
Fett: 109 g
Protein: 44 g

A5 ◐ Vergleichen Sie die Wasserbilanz von Känguru- und Wanderratte (Abb. 4) und erklären Sie die Unterschiede mithilfe aller Materialien.

A6 ○ Fassen Sie alle aus den Materialien ersichtlichen Eigenschaften zusammen, durch die die Kängururatte an das Leben in der Trockenwüste angepasst ist.

		Kängururatte		Wanderratte	
Zusammensetzung der Nahrung		Protein	12 %	Protein	22 %
		verwertbare Kohlenhydrate	8 %	verwertbare Kohlenhydrate	50 %
		Fett	40 %	Fett	4 %
Wasserbilanz je 100 g Nahrung	Aufnahme	Nahrung	6 g	Trinken	25 g
		Oxidationswasser	54 g	Nahrung	12 g
				Oxidationswasser	46 g
			60 g		83 g
	Abgabe	Atmung und Verdunstung	44 g	Atmung und Verdunstung	50 g
		Harn	13,5 g	Harn	25 g
		Kot	2,5 g	Kot	8 g
			60 g		83 g

4 Vergleich Kängururatte – Wanderratte

169

Der Einfluss von Feuchtigkeit

Besenheide

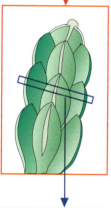

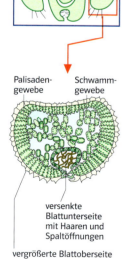
Palisaden-   Schwamm-
gewebe   gewebe

versenkte
Blattunterseite
mit Haaren und
Spaltöffnungen

vergrößerte Blattoberseite

Blattquerschnitt

1 Heidelandschaft

Heidestandorte zeichnen sich durch sandige Böden und geringe Luftfeuchte aus (Abb. 1). An diese Bedingungen ist der Wasserhaushalt der Heidepflanzen angepasst.

Die Wasserverdunstung senken

Eine häufige Heideart unserer Breiten ist die von Juli bis September blühende *Besenheide*. Sie hat besonders fein verzweigte Wurzeln, sodass sie auch geringe Wassermengen erschließen kann. Die saftarmen, stark verholzten Sprosse ermöglichen selbst bei starker Trockenheit eine aufrechte Haltung der 20 – 30 cm hohen, mehrjährigen Zwergsträucher. Die Blättchen sind klein und immergrün. Dadurch wird ihre verdunstende Oberfläche verringert und eine ganzjährige Fotosynthese möglich. Die spaltöffnungsfreie Blattoberseite ist so stark vergrößert, dass sie die Blattunterseite umwölbt und deren Spaltöffnungen in einen von Epidermishaaren durchwachsenen Hohlraum versenkt. In diesen Stillluftträumen erfolgt der Gasaustausch ohne große Transpirationsverluste (s. Randspalte).

Auch bei anderen Pflanzen bestimmt die Wasserversorgung auffallend Gestalt und Bau, denn Stoffwechselprozesse finden in wässriger Lösung statt. Bei Moosen und Flechten erfolgt der Wasserhaushalt konform zu den äußeren Feuchtigkeitsbedingungen, sie sind *poikilohydrisch* (wechselfeucht) und können nur an feuchten Standorten überleben.

Gefäßpflanzen sind dagegen *homoiohydrisch* (gleichfeucht), sie regulieren ihre Wasserbilanz über Wurzel, Spross und Blätter. Die Wurzel sorgt im Allgemeinen für die Wasseraufnahme und der Spross für die Weiterleitung. Durch die Wasserverdunstung an den Blättern wird der Wassertransport in Gang gehalten. Die wasserundurchlässige Kutikula der Blätter vermindert die unkontrollierte Transpiration, während Spaltöffnungen auf der Blattunterseite Wasserabgabe und Gasaustausch regulieren.

Wasser speichern

An trockenen Standorten muss sparsam mit Wasser umgegangen werden. Das kann geschehen, indem die Transpiration durch verdickte Kutikula, versenkte Spaltöffnungen oder verkleinerte Blätter eingeschränkt wird oder indem die Wasseraufnahme durch ein feines Wurzelnetz gesteigert wird. Die Besenheide ist eine hartblättrige *Trockenpflanze*, sie überlebt an trockenen Standorten, indem sie die Wasserverdunstung einschränkt und die Wasseraufnahme steigert. Eine andere Möglichkeit besteht darin, Wasser zu speichern. Dazu dienen große Zellen in Wurzel, Spross oder Blättern, die der Pflanze ein dickfleischiges Aussehen verleihen. Solche *Sukkulenten* gibt es in den Wüsten Amerikas (Kakteen, Abb. 2 links) und Afrikas (Wolfsmilchgewächse, Abb. 2 rechts). An trockenen, heißen Standorten können die Spaltöffnungen mittags vorübergehend geschlossen werden, um zu große Wasserverluste zu vermeiden.

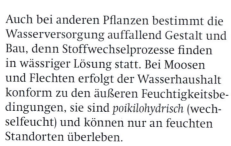

2 Sukkulenten

170 Ökologie

Die Wasserverdunstung steigern

Auf nassem Boden und in feuchter Luft wachsen *Feuchtpflanzen*. Ihre Festigkeit verdanken sie dem osmotischen Druck der Zellen, zahlreiche exponierte Spaltöffnungen steigern den Transpirationssog. Sie haben wenig Festigungsgewebe und schwach verzweigte Wurzeln.

Wasserpflanzen wie die Seerose besitzen große Schwimmblätter mit Spaltöffnungen an der Blattoberseite, also der Luft zugewandte Blattflächen. Wurzeln sind nur schwach ausgebildet oder fehlen, das Wasser kann direkt über Spross und Blätter aufgenommen werden.

A1 ○ Erklären Sie die Bedeutung der Pflanzengestalt der Besenheide für den Wasserhaushalt und ordnen Sie die Pflanzen einem Standorttyp zu.

A2 ○ Bei der Schwertlilie sind die Blätter so gefaltet, dass die Blattoberseiten verdeckt und die Blattunterseiten mit den Spaltöffnungen nach außen gekehrt sind. Begründen Sie, welchen Standort Sie der Schwertlilie zuordnen.

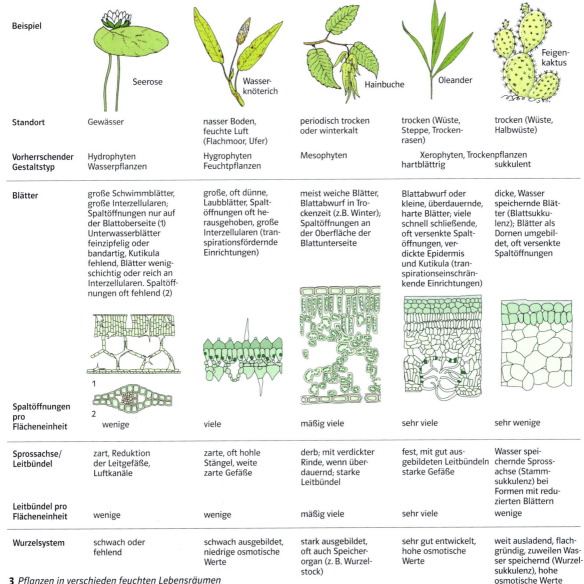

Beispiel	Seerose	Wasserknöterich	Hainbuche	Oleander	Feigenkaktus
Standort	Gewässer	nasser Boden, feuchte Luft (Flachmoor, Ufer)	periodisch trocken oder winterkalt	trocken (Wüste, Steppe, Trockenrasen)	trocken (Wüste, Halbwüste)
Vorherrschender Gestaltstyp	Hydrophyten Wasserpflanzen	Hygrophyten Feuchtpflanzen	Mesophyten	Xerophyten, Trockenpflanzen hartblättrig	sukkulent
Blätter	große Schwimmblätter, große Interzellularen; Spaltöffnungen nur auf der Blattoberseite (1) Unterwasserblätter feinzipfelig oder bandartig, Kutikula fehlend, Blätter wenigschichtig oder reich an Interzellularen. Spaltöffnungen oft fehlend (2)	große, oft dünne, Laubblätter, Spaltöffnungen oft herausgehoben, große Interzellularen (transpirationsfördernde Einrichtungen)	meist weiche Blätter, Blattabwurf in Trockenzeit (z.B. Winter); Spaltöffnungen an der Oberfläche der Blattunterseite	Blattabwurf oder kleine, überdauernde, harte Blätter; viele schnell schließende, oft versenkte Spaltöffnungen, verdickte Epidermis und Kutikula (transpirationseinschränkende Einrichtungen)	dicke, Wasser speichernde Blätter (Blattsukkulenz); Blätter als Dornen umgebildet, oft versenkte Spaltöffnungen
Spaltöffnungen pro Flächeneinheit	wenige	viele	mäßig viele	sehr viele	sehr wenige
Sprossachse/ Leitbündel	zart, Reduktion der Leitgefäße, Luftkanäle	zarte, oft hohle Stängel, weite zarte Gefäße	derb; mit verdickter Rinde, wenn überdauernd; starke Leitbündel	fest, mit gut ausgebildeten Leitbündeln starke Gefäße	Wasser speichernde Sprossachse (Stammsukkulenz) bei Formen mit reduzierten Blättern
Leitbündel pro Flächeneinheit	wenige	wenige	mäßig viele	sehr viele	wenige
Wurzelsystem	schwach oder fehlend	schwach ausgebildet, niedrige osmotische Werte	stark ausgebildet, oft auch Speicherorgan (z. B. Wurzelstock)	sehr gut entwickelt, hohe osmotische Werte	weit ausladend, flachgründig, zuweilen Wasser speichernd (Wurzelsukkulenz), hohe osmotische Werte

3 *Pflanzen in verschieden feuchten Lebensräumen*

Leben im Salzwasser

1 *Salzwiese*

Pflanzen können aus dem Boden nur dann Wasser aufnehmen, wenn die Salzkonzentration in den Pflanzenteilen höher ist als im Bodenwasser. Das ist auf die osmotischen Vorgänge an den Zellmembranen zurückzuführen.

Auf *Salzböden* ist die Wasseraufnahme über die Wurzel sehr schwierig. Bei hohen Salzkonzentrationen außerhalb der Zellen wird den Zellen osmotisch Wasser entzogen. Die Pflanzen „vertrocknen" im Salzwasser des Bodens. Zusätzlich wirkt sich die hohe Konzentration an Natrium- und Chloridionen auf die Enzymaktivität des Protoplasmas in den Zellen aus. Nur Pflanzen, die an solche Bedingungen angepasst sind, können hier überleben. Diese spezialisierten Pflanzen nennt man *Halophyten*. Die Halophyten sind durch unterschiedliche Mechanismen an den hohen Salzgehalt im Bodenwasser angepasst. Wichtig für alle Halophyten ist es, den Wasserverlust durch Verdunstung niedrig zu halten, um dadurch die benötigte Wassermenge zu verringern. Hier findet man Veränderungen der Blätter z. B. durch Einrollen oder starke Behaarung.

Es gibt die *Salzspeicherer* und die *Salzausschließer*. Die *Salzspeicherer* reichern Salz an und erhöhen dadurch den osmotischen Wert ihrer Zellen. Da die Salzkonzentration in den Zellen dadurch höher ist als im Bodenwasser, kann Wasser aufgenommen werden. Schädigende Salzkonzentrationen regulieren einige der Halophyten durch *Sukkulenz*. Diese *Salzsukkulenz* wird bedingt durch größere und wasserhaltige Zellen in fleischigen Blättern oder Sprossen. Der *Queller* ist hierfür ein typisches Beispiel. Durch die größeren Wassermengen in den Zellen kann der Queller mehr Salz aufnehmen. Die *Salzausscheider* speichern das Salz ebenfalls, sie können es jedoch durch spezielle Drüsen oder den Abwurf von salzhaltigen Pflanzenteilen wieder abgeben. Die *Strandgrasnelke* kann durch den Abwurf einzelner Blätter das gespeicherte Salz wieder entsorgen. Die *Salzmelde* hat auf ihren Blättern Haare ausgebildet. Diese bestehen aus einer großen Blasenzelle, die fast vollständig durch die Vakuole ausgefüllt ist, und einer stoffwechselphysiologisch sehr aktiven

Info-Box: Diffusion und Osmose

Die *Diffusion* kennt man aus dem täglichen Leben. Öffnet man eine Flasche mit einem Duftstoff, so riecht man ihn nach einer gewissen Zeit im ganzen Raum. Die Teilchen des Duftstoffs verteilen sich gleichmäßig im Raum. Moleküle in der Luft oder in einer Flüssigkeit sind in ständiger Bewegung. Die Bewegung der Teilchen ist von ihrer Größe, dem umgebenden Medium sowie der Temperatur abhängig. Sie kommen nur sehr langsam voran, weil sie bereits nach kurzer Zeit mit anderen Teilchen zusammenstoßen und dabei die Richtung ändern.

Durch viele zufällige Bewegungen und Zusammenstöße kommt es allmählich zu einer gleichmäßigen Verteilung der beteiligten Teilchensorten, also zu einem Konzentrationsausgleich.

Behindert wird die Diffusion, wenn zwei Lösungen durch eine Membran getrennt sind. Ist sie nicht für alle Teilchen durchlässig, nennt man sie *semipermeabel*. Sind Wasser und eine Salzlösung derart getrennt, so kann kein Konzentrationsausgleich stattfinden.

Von beiden Seiten der Zellmembran stoßen Teilchen gegen die Membran. Die Salzteilchen prallen an der Membran zurück, nur die Wasserteilchen können sie passieren. Diese Diffusion des Wassers durch die semipermeable Membran nennt man *Osmose*. Sie führt zu mehr Übertritten von Wasserteilchen in die Salzlösung als umgekehrt. Dadurch entsteht ein Druck, der *osmotische Druck*.

Queller (Salicornia europaea) — Andel (Puccinella maritima) — Schlickgras (Spartina X townsendii) — Strandflieder (Limonium vulgare) — Strandgrasnelke (Armeria maritima)

2 *Halophyten aus den Salzwiesen*

Stielzelle, die reichlich Plasma und Mitochondrien enthält. Die salzgefüllten Haare werden nach einer gewissen Zeit abgeworfen (s. Randspalte).

Der *Strandflieder* besitzt Salzdrüsen. Die Anzahl der Salzdrüsen liegt beim Strandflieder bei 500 je Quadratzentimeter Blattfläche. Die Ausscheidung des Salzes mithilfe spezialisierter Drüsen ist ein sehr effektiver Regulationsmechanismus. Er benötigt viel Energie, da das Salz in Form der Ionen gegen den osmotischen Gradienten nach außen transportiert werden muss. Salzdrüsen findet man nicht nur beim Strandflieder, sondern auch bei der *Strandgrasnelke*.

Die *Salzausschließer* verhindern bereits in der Wurzel die Salzaufnahme aus dem Bodenwasser. Die hohen osmotischen Werte des Bodenwassers gleichen diese Pflanzen durch eine höhere Zuckerkonzentration im Cytoplasma aus. Dadurch kann Wasser in die Wurzelzellen gelangen. Die Salzionen können die semipermeable Zellmembran kaum passieren und werden zusätzlich durch einen aktiven Ionentransport über aktive Ionenkanäle wieder ausgeschieden.

Auch Tiere, die im Salzwasser leben, sind an den höheren Salzgehalt angepasst. Sie nehmen mit der Nahrung ständig Salze auf, die sie teilweise mit dem Kot und Urin wieder abgeben. Bei vielen Hohltieren, Ringelwürmern, Stachelhäutern, Weichtieren und Krebsen folgt die Salzkonzentration im Körperinneren der Salzkonzentration in der Umgebung. Sie sind überwiegend *poikilosmotisch* und auf eine etwa gleichbleibende Salzkonzentration in der Umgebung angewiesen (*Konformer*).

Bei den *homoiosmotischen* Tieren bleibt die Salzkonzentration im Körper durch Osmoregulation gleich. Ist die Salzkonzentration im Körper niedriger als in der Umgebung, wird Wasser von den Tieren an die Umgebung abgegeben. Dieses fehlende Wasser muss ständig durch Trinken oder durch die Haut wieder aufgenommen werden. Überschüssige Salze müssen über die Exkretionsorgane (Niere, Salzdrüsen) abgegeben werden. Salzdrüsen findet man bei einigen Fischen, Reptilien und Vögeln (Abb. 3). Sie erlauben es, ein hochkonzentriertes Salzsekret auszuscheiden und so Wasser einzusparen.

Salzmelde

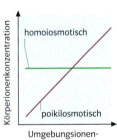

3 *Salzdrüse bzw. Salzausscheidung bei Möwen*

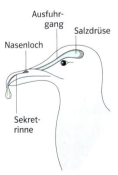

173

Zeigerarten — Bioindikatoren

Fingerhut — pH 3—5

Torfmoos — pH 3—5

Heidelbeere — pH 3,5—4,5

Heidekraut — pH 3,5—5

Bärlauch — pH 8

Leberblümchen — pH 7

Zeigerpflanzen für den Boden-pH-Wert

1 Fingerhut

Lebewesen sind an ganz bestimmte Umweltbedingungen angepasst. Die ökologische Potenz gibt Auskunft darüber, inwieweit Organismen einen bestimmten Umweltfaktor ertragen können. Man kann daher oft von ihrem natürlichen Vorkommen auf die Umweltbedingungen des betreffenden Standortes schließen. Das gilt ganz besonders, wenn Lebewesen eine geringe ökologische Potenz gegenüber einem bestimmten abiotischen Faktor aufweisen, also stenök sind. Solche Arten bezeichnet man als *Bioindikatoren* (*indicare* (lat.) = anzeigen) oder *Zeigerarten*.

Zeigerpflanzen

Manche Pflanzen wie das *Wiesenschaumkraut* kommen stets auf feuchtnassen Böden vor. *Thymian* wächst hingegen auf trockenen Böden. Andere Arten geben Aufschluss über den Stickstoffgehalt im Boden. So findet man den *Mauerpfeffer* nur auf stickstoffarmen Böden.

Es gibt nicht nur für den Feuchtigkeits- und Stickstoffgehalt des Bodens Bioindikatoren, sondern auch für den pH-Wert: *Purpurroter Fingerhut* und *Leberblümchen* sind zwei heimische Pflanzen, die im Wald und auf Lichtungen anzutreffen sind. Dass beide praktisch nie zusammen auftreten, liegt an ihren unterschiedlichen Umweltansprüchen. Der Purpurrote Fingerhut hat seinen Verbreitungsschwerpunkt auf sauren, das Leberblümchen auf neutralen Böden. Beide Arten können als Zeigerpflanzen dienen. Unter den realen Standortbedingungen decken sich die Optima der ökologischen Toleranzkurven beider Arten nicht. Der Verbreitungsschwerpunkt vieler Pflanzen bezogen auf die wichtigsten Umweltfaktoren wird in den *Ellenberg'schen Zeigerwerten* angegeben. So findet man für den Purpurroten Fingerhut den Eintrag: „Säurezeiger". Für das Leberblümchen liest man: „Schwachsäure- bis Schwachbasenzeiger".

Verwendung von Bioindikatoren

Bioindikatoren werden in der Land- und Forstwirtschaft zur Ermittlung von Umweltfaktoren genutzt, sie geben Aufschluss über Bodenfeuchtigkeit, Stickstoffgehalt, pH-Wert oder Salzgehalt des untersuchten Bodens, über Licht, Wärme oder Luftverschmutzung. Damit ergänzen sie aufwändige chemische und physikalische Analysemethoden. Zur Bestimmung der Gewässergüte werden das Vorkommen und die Häufigkeit wirbelloser Tiere untersucht. Bestimmte empfindliche Lebewesen zeigen an, ob das Gewässer wenig oder gar nicht mit chemischen Stoffen belastet ist (*Saprobiensystem*, s. Seite 249).

Man kann Bioindikatoren auch nutzen, indem man künstlich stenöke Arten aussetzt und ihre Reaktion auf bestimmte Umweltbedingungen testet. Dabei bleibt die Konkurrenz zu anderen Arten unberücksichtigt. So werden beispielsweise Tabakpflanzen in Reinkultur verwendet, um die Ozonbelastung der Luft anhand der Blattfärbung zu messen (Abb. 2).

A1 Erklären Sie, warum nur stenöke Arten als Zeigerarten infrage kommen.

2 Tabakblatt (links gesund, rechts geschädigt)

174 Ökologie

Der Einfluss von Sauerstoff auf Tiere

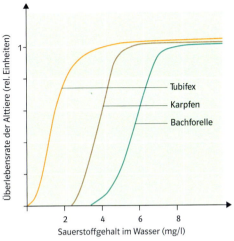

1 *Sauerstoffbedarf*

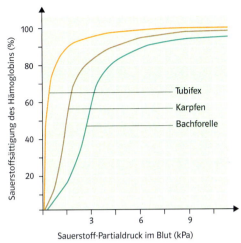

2 *Sauerstoffsättigung des Hämoglobins*

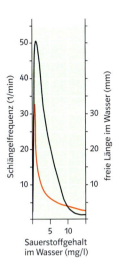

Während der Sauerstoffgehalt in der Luft außer in großen Höhen überall annähernd gleich ist, kann er in Gewässern sehr unterschiedlich sein. Deshalb spielt dieser Faktor gerade dort eine begrenzende Rolle. Im Gegensatz zur Temperatur schadet Lebewesen mit Ausnahme anaerober Mikroorganismen ein zu geringes Angebot an Sauerstoff, nicht aber ein hohes (Abb. 1).

Der Sauerstoffgehalt eines Gewässers ist von der Temperatur abhängig. Da der Sauerstoffbedarf bei wechselwarmen Tieren mit steigender Temperatur zunimmt (*RGT-Regel*), wirkt die Temperatur in diesem Fall doppelt begrenzend: Bei hohen Temperaturen sinkt das Sauerstoffangebot, gleichzeitig steigt der Bedarf.

In stehenden Gewässern kann sich der Sauerstoffgehalt des Wassers innerhalb kurzer Distanzen deutlich unterscheiden. So findet sich am Boden stark verschmutzter Gewässer kaum Sauerstoff, da die dort massenhaft lebenden Bakterien den Sauerstoff verbrauchen. Hier können nur Spezialisten wie zum Beispiel der Schlammröhrenwurm *Tubifex* existieren. Dieser Regenwurmverwandte ernährt sich dort von den reichlich vorkommenden organischen Stoffen und Bakterien. Wie bei manchen anderen wirbellosen Schmutzwasserbewohnern enthält sein Blut *Hämoglobin* in gelöster Form. Dieser *Hautatmer* zeigt ein auffälliges Verhalten: Je niedriger der Sauerstoffgehalt ist, desto weiter kriecht er aus dem Untergrund und desto mehr schlängelt er (Randspalte). Dadurch wird Wasser mit einem höheren Sauerstoffgehalt an die Haut geführt. Bei sehr niedrigem Sauerstoffgehalt schlängelt Tubifex nicht mehr, der Energiebedarf wird nun durch Gärung gedeckt. Damit ist Tubifex an sehr unterschiedliche Sauerstoffgehalte angepasst; er ist *eurypotent*.

Auch bei landlebenden homoiothermen Tieren gibt es entsprechende Angepasstheiten. So findet man im Blut von im Hochland der Anden lebenden *Lamas* einen höheren Hämoglobingehalt als bei verwandten Arten, die in geringerer Höhe leben. Die Sauerstoffaffinität ist ebenfalls erhöht. Vögel, die während des Fliegens sehr viel Energie benötigen, verfügen über ein sehr leistungsfähiges Organsystem zur Atmung. Luftsäcke, die mit der Lunge verbunden sind, ermöglichen eine höhere Sauerstoffaufnahme.

A1 Stellen Sie in einer Tabelle die Angepasstheit von Tubifex an unterschiedliche Sauerstoffgehalte des Wassers zusammen.

A2 Begründen Sie die hohe Überlebensrate von Tubifex bei geringem Sauerstoffgehalt (Abb. 1) mithilfe von Daten aus Abb. 2.

A3 Der Raubfisch Forelle hat einen größeren Sauerstoffbedarf als der Friedfisch Karpfen (0,39 bzw. 0,12 mg O_2/kg Körpermasse). Stellen Sie einen Bezug zu den Werten in Abb. 1 und 2 her.

Sauerstoffgehalt pro Liter bei 20 °C:

Luft (Meereshöhe)
273 mg/l

Luft (5000 m Höhe)
145 mg/l

Süßwasser
0 — 9 mg/l

Meereswasser
0 — 5 mg/l

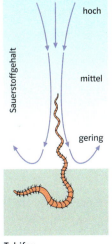

Tubifex

3.2 Ökologische Nische
Das Konzept der ökologischen Nische

Kieselalgen

Ökologische Nische
Gesamtheit der Ansprüche einer Art an ihre biotische und abiotische Umwelt

Realnische
Gesamtheit aller ökologischen Potenzen unter Freilandbedingungen

Fundamentalnische
Gesamtheit aller ökologischen Potenzen unter Laborbedingungen

Die ungefähr 1 cm große *Flussschwimmschnecke* war früher in den Fließgewässern Mitteleuropas weit verbreitet. Sie stellt eigentlich recht geringe Ansprüche an ihre Umwelt. Temperatur und pH-Wert können stark variieren. Sie ernährt sich von Kieselalgen, die mit der rauen Zunge, der *Radula*, vom Untergrund abgeschabt werden.

Viele Arten dieser Algengruppe mit ihrer harten Schale sind weit verbreitet, d. h. die Schnecken sollten eigentlich keinen Nahrungsmangel erleiden. So war lange unverständlich, weshalb sie dennoch aus immer mehr Gewässern verschwanden.

Experiment zur ökologischen Nische
Der Biologe DIETRICH NEUMANN ging dieser Frage nach. Dazu setzte er Flussschwimmschnecken in ein nur mit Wasser gefülltes Aquarium, in dem er Kieselalgen als Nahrung anbot. Die Algen besiedelten das freie Wasser und die Glaswände. Die Schnecken magerten innerhalb kurzer Zeit ab, obwohl sich in ihren Mägen Kieselalgen befanden, die jedoch unzerbrochen waren und so nicht verdaut werden konnten. Erst als NEUMANN raue Steine in das Aquarium gab, zerbrachen die Kieselalgenschalen beim Abschaben. Im Freiland hat in den letzten Jahrzehnten durch menschliche Einflüsse der Bewuchs mit Grünalgen auf den Steinen in den Flüssen zugenommen. Auf diesem glatten Untergrund sind Kieselalgen für die Schnecken als Nahrung wertlos.

Lebewesen können in einem Lebensraum nur überleben, wenn bestimmte Faktoren erfüllt sind. Die Gesamtheit der Ansprüche, die eine Art an die Umwelt stellt, bezeichnet man als *ökologische Nische*. Dieser Begriff umfasst sowohl die Bedürfnisse bezüglich abiotischer Faktoren, wie Sauerstoffgehalt, Temperatur und pH-Wert, als auch die Ansprüche an biotische Faktoren wie Nahrung.

Wirkungsgesetz der Umweltfaktoren
Die einzelnen Umweltfaktoren haben für die Existenz einer Art eine unterschiedliche Bedeutung. Für die Flussschwimmschnecke ist die Strömungsgeschwindigkeit weniger bedeutend, da sie fest auf Steinen haften kann und wenig Strömungswiderstand bietet. Bezüglich dieses Faktors ist die Schnecke also *eurypotent* (s. Seite 166). Ein einziger Anspruch dagegen, im Beispiel die rauen Steine, kann für das Vorkommen einer Art entscheidend sein. Das *Wirkungsgesetz* der *Umweltfaktoren* beschreibt diesen Zusammenhang. Für das Überleben und die Häufigkeit einer Art ist der Umweltfaktor maßgeblich, der am weitesten vom Optimum entfernt ist und deshalb begrenzend wirkt. In der Landwirtschaft ist dies als *Liebig'sches Minimumgesetz* bekannt. Fehlt nur ein wichtiger Mineralstoff, dann können die Pflanzen nicht optimal gedeihen.

Manche Ansprüche lassen sich nur qualitativ beschreiben. Viele andere Elemente wie Temperatur-, pH-Wert- und Feuchtig-

1 *Flussschwimmschnecke*

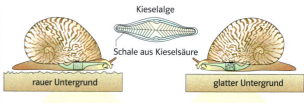

2 *Kieselalgen als Nahrung der Flussschwimmschnecke*

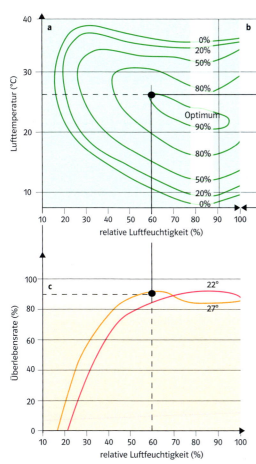

3 Kombination zweier Faktoren beim Apfelwickler

Apfelwickler

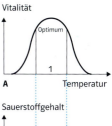

Fundamental- und Realnische

Unter der *Fundamentalnische* versteht man jene Nische, die sich ergibt, wenn man möglichst alle ökologischen Potenzen einer Art unter Laborbedingungen bestimmt. Die Realnische einer bestimmten Art ergibt sich hingegen, wenn man alle ökologischen Potenzen unter Freilandbedingungen mit anderen Lebewesen berücksichtigt. Die Realnische einer Art ist daher aufgrund der verschiedenen Wechselwirkungen (Konkurrenz, Räuber-Beute-Verhältnis, Parasit-Wirt-Beziehung etc.), die im Freiland herrschen, kleiner als die Fundamentalnische. Konkurrenzschwache Arten beispielsweise besitzen im Vergleich zu ihrer Fundamentalnische eine deutlich eingeschränkte Realnische.

Ökologische Planstelle

Teilbereiche der ökologischen Nische, z. B. die ökologische Nahrungsnische, können in unterschiedlichen Regionen der Erde sehr ähnlich sein. Man spricht von einer ähnlichen *ökologischen Planstelle (Stellenäquivalenz)*. So findet man auf mehreren Kontinenten kleine, in unterirdischen Gängen lebende Säugetiere, die sogenannten Bodenwühler (s. Randspalte).

A1 ● Leiten Sie die Punkte A, B und C in Abbildung 3b aus der Abbildung 3a ab.

A2 ○ Begründen Sie, weshalb die in der Randspalte dargestellten Säugetiere sich sehr ähneln, obwohl sie keinerlei nähere Verwandtschaft zeigen.

keitsansprüche sind aber auch quantitativ als ökologische Potenzen zu erfassen. Bis zu drei Potenzen lassen sich in einer Grafik darstellen (s. Abb. Randspalte). Die gemeinsame Schnittmenge beschreibt die Ansprüche einer Art bezüglich dieser drei Faktoren. Die Gesamtheit aller ökologischen Potenzen beschreibt die ökologische Nische quantitativ.

Die Umwelteinflüsse wirken nicht immer unabhängig auf die Vitalität. So haben Untersuchungen beim einheimischen *Apfelwickler* (Abb. Randspalte) gezeigt, dass das Temperaturoptimum der Puppen in feuchter Luft bei tieferen Temperaturen liegt als in trockener Luft (Abb. 3). Für den Naturschutz sind Kenntnisse zur ökologischen Nische von schützenswerten Arten von Interesse.

Maulwurf (Europa
Überfamilie Spitzmausartige)

Goldmull (Südafrika
Überfamilie Goldmullartige)

Beutelmull (Australien
Unterklasse Beuteltiere)

Nicht verwandte
Bodenwühler

177

Material
Die ökologische Nische von Strudelwürmern

te9ze6

Bei Strudelwürmern lässt sich ein Zusammenhang zwischen Umweltansprüchen und Verbreitung erkennen. Die hier betrachteten Arten sind bis 2 cm lang und bewohnen vor allem Fließgewässer, über deren steinigen Untergrund sie sich kriechend fortbewegen. Ihre Nahrung sind Aas und kleine Wirbellose. Die Tiere haben keinen Blutkreislauf. Die abgeplattete Form hält die Gasdiffusionswege im Körper kurz.

1 *Dugesia gonocephala* (Strudelwurm)

Bachsystem A

Im Bachsystem A fanden Biologen drei Arten von Strudelwürmern. Die Kartierung (Abb. 2) ergab, dass die drei Arten unterschiedliche Abschnitte des Bachsystems besiedelten.

In Laborexperimenten wurde der Sauerstoffverbrauch der Tiere in Ruhe (Abb. 3) sowie die maximale Kriechgeschwindigkeit bestimmt (Abb. 4).

A1 ○ Beschreiben Sie, in welchen Temperaturgrenzen die drei Arten jeweils im Bachsystem A vorkommen.
A2 ◐ Stellen Sie den Zusammenhang zwischen Sauerstoffverbrauch (Abb. 3), Kriechgeschwindigkeit (Abb. 4) und Temperatur in einem Pfeildiagramm dar (Symbolik wie Seite 180).
A3 ◐ Erläutern Sie die Konsequenzen bezüglich der *Temperaturtoleranz*, die Sie bei den drei Arten erwarten.
A4 ● Stellen Sie eine begründete Hypothese zur Verbreitung der drei Arten im Bachsystem A auf.

Bachsystem B

Untersuchungen in einem strukturell ähnlichen Bachsystem B brachten eine Überraschung: In diesem Gebiet fehlt *Polycelis felina* und doch ist der gesamte Bachverlauf von Strudelwürmern besiedelt. Ein Vergleich mit dem Gewässer A zeigte einen Unterschied im pH-Wert (Abb. 5).

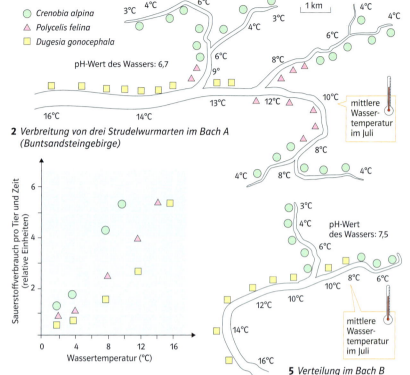

2 Verbreitung von drei Strudelwurmarten im Bach A (Buntsandsteingebirge)

5 Verteilung im Bach B (Kalksteingebirge)

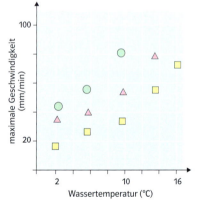

3 Sauerstoffverbrauch

4 Maximale Kriechgeschwindigkeit

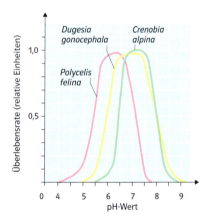

6 pH-Toleranz der drei Arten

A5 ○ Nennen Sie mögliche Gründe für das Fehlen von *Polycelis felina* in Bach B.
A6 ◐ Vergleichen Sie die Verbreitung der Arten in den beiden Bachsystemen und nennen Sie eine mögliche Erklärung für die Unterschiede.
A7 ● Entwickeln Sie Überprüfungsexperimente für Ihre Hypothesen (Aufgabe 6).
A8 ● „Bei konkurrenzstarken Arten gleicht die Fundamentalnische weitgehend der Realnische." Überprüfen Sie, inwieweit diese Regel im vorliegenden Fall zutrifft.

Praktikum
Untersuchungen zur ökologischen Nische

Licht- und Temperaturansprüche von Wirbellosen lassen sich im Freiland und im Labor untersuchen. Da nur vergleichende Untersuchungen aussagekräftig sind, sollten mindestens zwei verwandte Arten untersucht werden. Besonders geeignet sind *Schnecken*. Sinnvoll ist ein Vergleich der Ansprüche von *Nacktschnecken* und *Gehäuseschnecken*.

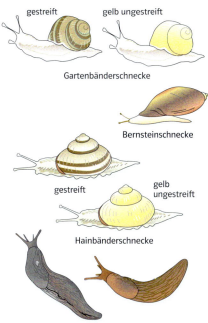

1 *Einheimische Landschnecken*

2 *Rote Wegschnecke*

Freilanduntersuchung

Untersuchungsobjekte
Wählen Sie zwei Arten aus, die im Untersuchungsgebiet häufig sind. (Sie brauchen mindestens 10—20 Individuen pro Art.)

Untersuchungsort
Zwei nahe gelegene offene Standorte, die sich bezüglich der Temperatur unterscheiden, etwa
- Hecke: Süd- und Nordseite mit Wildkrautbesatz oder
- Waldrand besonnt — unbesonnt.

Die Größe des Gebietes ist so zu wählen, dass dort genügend Individuen jeder Art zu finden sind.

Material
- Thermometer (möglichst digital)
- Luxmeter
- mindestens 30 kleine Sammelgefäße für Tiere (durchnummeriert, mit Schriftfeld)

Durchführung
a) Stellen Sie von beiden Untersuchungsgebieten eine maßstabsgetreue Skizze her. Zeichnen Sie herausgehobene Punkte wie Bäume und Büsche ein.
b) Suchen Sie in beiden Untersuchungsgebieten Individuen der gewählten Arten. Bestimmen Sie an jedem Standort
   • die Temperatur
   • die Beleuchtungsstärke.
c) Geben Sie die Tiere in das Sammelgefäß und beschriften Sie das Schriftfeld mit den Messdaten.
Tragen Sie die Nummer des Sammelgefäßes in die Kartenskizze ein.

A1 ○ Erstellen Sie jeweils für jedes Untersuchungsgebiet und für jede Art folgendes Raster bzw. Diagramm:
– senkrecht Beleuchtungsstärke, waagerecht Temperatur (Punkt pro Fund)
– Häufigkeitsverteilung der Arten in Abhängigkeit von der Beleuchtungsstärke.

A2 ○ Vergleichen Sie die Umweltansprüche beider Arten.

Laboruntersuchung

Die *Temperaturorgel* wird mindestens eine, besser drei Stunden vor Versuchsbeginn angesetzt (Kochsalz/Eis-Kältemischung, kochendes Wasser) und die Temperatur an mindestens 4 Punkten bestimmt. Optimal ist ein linearer Gradient zwischen 5 °C und 45 °C. Die Temperaturorgel wird mit einer Glasscheibe abgedeckt.

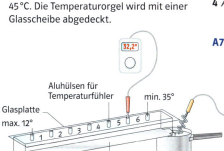

3 *Temperaturorgel*

Tiere beider Arten werden im Temperaturbereich von 20 bis 30 °C auf die Rinne gesetzt. Inaktive Tiere tauchen Sie ca. 30 s in lauwarmes Wasser.

A3 ○ Bestimmen Sie alle 15 Minuten die Verteilung der Individuen auf der Temperaturorgel. Verändert sich die Verteilung nicht mehr wesentlich, tragen Sie diese Ergebnisse als Häufigkeitsverteilung grafisch auf.

A4 ○ Berechnen Sie die Temperaturmittelwerte für beide Arten.

A5 ⬤ Vergleichen Sie diese Ergebnisse mit Ihren Freilandergebnissen.

A6 ⬤ Bevorzugen die Arten eher Licht oder Schatten? Entwickeln Sie dazu ein einfaches Experiment und führen Sie es durch.

Untersuchungen mit Asseln

Auch andere Wirbellose wie Asseln lassen sich vergleichend untersuchen. Man findet die Tiere leicht unter Steinen oder in äußeren Schichten eines Komposthaufens. Sie lassen sich einige Zeit halten, wenn man in ein Gefäß etwas Erde und darüber feuchte alte Laubstreu gibt.

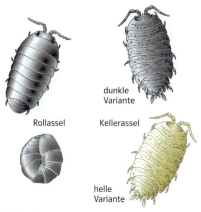

4 *Asseln*

A7 ⬤ Wandeln Sie die oben beschriebenen Untersuchungen so ab, dass Sie die ökologischen Ansprüche und Präferenzen verschiedener Asselarten bezüglich Temperatur und Luftfeuchtigkeit untersuchen können.

179

Konkurrenz um Ressourcen

Silbermöwe
Trottellumme
Dreizehenmöwe
Krähenscharbe
Gryllteiste

Meeresvögel

Mäusebussarde haben vielfältige Ansprüche an ihre Umwelt. Sie brauchen offenes Gelände mit einer hohen Mäusedichte und Ansitzwarten, von denen aus sie ihren kreisenden Jagdflug starten. Hohe Bäume benötigen sie als Horststandort. Aber auch Klimafaktoren sind für sie von Bedeutung: Im Frühjahr erhöht nasskaltes Wetter die Jungensterblichkeit, im Winter macht eine hohe Schneelage die Jagd auf Mäuse unmöglich. Solche einseitig auf den Bussard wirkenden Einflüsse wie Temperatur und Schneelage nennt man *Ökofaktoren*. Mäuse stehen dagegen als Nahrung in wechselseitiger Beziehung zum Bussard. Indem er sie fängt, dezimiert er ihre Zahl. Der Bussard beeinflusst also diesen Faktor, er verbraucht ihn. Solche Elemente der ökologischen Nische nennt man *Ressourcen*. Manche Einflüsse können eine Doppelfunktion haben. So ist für Wasserorganismen Wasser als Medium, in dem sie leben, ein Ökofaktor, andererseits ist es, wenn es aufgenommen wird, eine Ressource, die sie verbrauchen.

Für den Bussard ist die Nahrung die begrenzende Ressource. Steht Nahrung dagegen in großer Menge zur Verfügung, können andere Ressourcen begrenzend wirken, etwa die Schutzräume zur Aufzucht der Jungen. Ein Beispiel dafür sind die *Meeresvögel*, die an den Steilküsten brüten. Das Meer stellt in der Regel ausreichende Nahrungsressourcen zur Verfügung, zumal die Vögel mit relativ geringem Energieaufwand weit fliegen können. Dagegen ist die Zahl der möglichen Brutplätze an den Felsvorsprüngen sehr begrenzt (s. Abb. Randspalte).

Intraspezifische Konkurrenz

Wenn Ressourcen knapp sind, stehen die sie nutzenden Organismen in einer Konkurrenz zueinander. Das gilt insbesondere für Artgenossen. Diese *intraspezifische Konkurrenz* führt bei Tieren häufig zur *Revierbildung*. Dann verteidigen Artgenossen gegeneinander ein bestimmtes Areal, das ihnen den benötigten Anteil der begrenzenden Ressourcen sichert. Da Revierverteidigung viel Energie kostet, weisen Reviere (Territorien) nur die Größe auf, die den Ressourcenbedarf gerade sichert. So ist die Reviergröße von Bussarden bei hoher Beutetierdichte deutlich kleiner als bei geringerer. Häufig werden sie nur eine begrenzte Zeit im Jahr verteidigt. Nahrung stellt für Meeresvögel keine begrenzende Ressource dar. Sie verteidigen aber die für sie knappe Ressource Brutplatz.

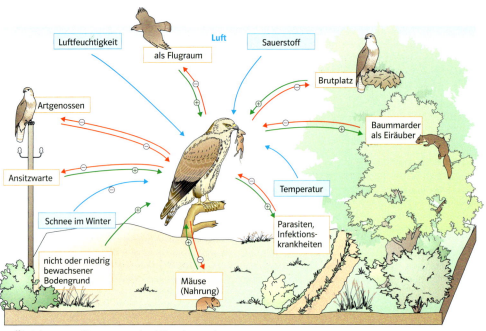

Wirkungspfeile

gleichsinnige Beeinflussung

A ⊕→ B

je mehr A, desto mehr B

je weniger A, desto weniger B

gegensinnige Beeinflussung

A ⊖→ B

je mehr A, desto weniger B

je weniger A, desto mehr B

1 Ökofaktoren und Ressourcen des Mäusebussards

2 Drüsiges Springkraut

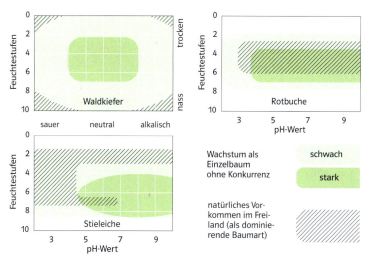

3 Waldbäume: Fundamental- und Realnische

Interspezifische Konkurrenz

Das *Drüsige Springkraut*, eine aus Asien stammende, bei uns eingeschleppte Art, ist sehr schnellwüchsig und überwuchert heimische Pflanzen. Neben der optimalen Nutzung der Ressourcen Licht und Wurzelraum ist es vor allem die starke Produktion von hochwertigem Nektar, die die *Konkurrenzstärke* dieser Pflanze ausmacht. Bienen und Hummeln lernen schnell, dass Springkrautblüten mehr Nektar bergen als die Blüten einheimischer Pflanzen. Die Bevorzugung bei der Bestäubung begünstigt dann eine schnelle Ausbreitung der Pflanzen. Die Pflanzen sterben im Herbst vollständig ab. Fehlendes Wurzelwerk begünstigt dann die Erosion im Uferbereich. Konkurrenzstarke Einwanderer wie das Springkraut belegen eine wichtige ökologische Regel, das *Konkurrenzausschlussprinzip*.

Verschiedene Arten eines Lebensraums können auf Dauer nicht nebeneinander koexistieren, wenn sich ihre ökologischen Nischen bezüglich der knappen Ressourcen zu ähnlich sind. Die positive Umkehrung der Regel *(Konkurrenzvermeidung)* zeigt das Beispiel der *Meeresvögel* (s. Randspalte Seite 180). Die verschiedenen Arten unterscheiden sich gerade bezüglich der begrenzenden Ressource *Brutnische*. Die unterschiedliche Ressourcennutzung erlaubt also *Koexistenz*.

A1 ○ Untersuchen Sie mithilfe der Abbildung 1, inwieweit alle Faktoren mit wechselseitiger Beeinflussung als Ressourcen bezeichnet werden können.

A2 ◕ Vergleichen Sie die Fundamental- und die Realnische der Waldbäume (Abb. 3 und 4) und erklären Sie die Unterschiede.

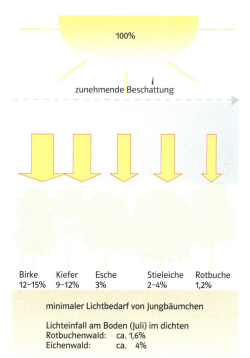

4 Lichtverhältnisse im Wald

Konkurrenzausschlussprinzip
Verschiedene Arten eines Lebensraums können nicht auf Dauer nebeneinander koexistieren, wenn sich ihre ökologischen Nischen bezüglich der knappen Ressourcen zu ähnlich sind.

Arten konkurrieren

1 a) Paramecium aurelia, b) Paramecium caudatum und c) Paramecium bursaria

interspezifische Konkurrenz
zwischenartliche Konkurrenz

Konkurrenzausschlussprinzip
Zwei Populationen mit gleichen Ansprüchen an die Umwelt können auf Dauer nicht koexistieren.

Der russische Biologe GEORGIJ F. GAUSE führte Laborexperimente mit den Paramecium-Arten *P. aurelia* und *P. caudatum* durch. Er fütterte die Paramecien mit Hefezellen und Bakterien. In isolierten Kulturen ließen sich von beiden Arten stabile Populationen züchten. Bei gemeinsamer Kultur verschwand dagegen nach einiger Zeit stets die Art *P. caudatum* (Abb. 2c).

Im Experiment standen beiden Paramecium-Arten dieselben Nahrungsressourcen zur Verfügung. Es herrschte eine *interspezifische Konkurrenz*. Die verfügbaren Ressourcen bestimmen aber die Kapazität einer Art (s. Seite 187). Konkurrierende Arten vermindern die Kapazität der jeweils anderen Art, und zwar gegenseitig. Für die stärker betroffene Art führt dies bereits zu einer Abnahme der Population, während die andere Population noch wachsen kann. Auf längere Sicht wird die stärker betroffene Population durch die Konkurrenten verdrängt. Diese Erscheinung wird auch *Konkurrenzausschlussprinzip* genannt: Zwei Populationen mit gleichen oder sehr ähnlichen Ansprüchen an die Umwelt können auf lange Sicht nicht koexistieren.

In einem weiteren Experiment züchtete GAUSE *P. aurelia* zusammen mit *P. bursaria*, die für sich allein im Labor ebenfalls eine stabile Population ergab. Dieses Mal lebten beide Populationen ohne Verdrängung in *Koexistenz* nebeneinander (Abb. 2d). *P. caudatum* sucht seine Nahrung an der Oberfläche des Mediums, *P. bursaria* dagegen im Medium. Beide Arten nutzten also etwas unterschiedliche Ressourcen. Die gegenseitige Konkurrenz ist deshalb schwach und die wechselseitige Beeinträchtigung gering.

Im Freiland ist es oft schwierig zu klären, ob der gegenwärtige konkurrenzarme Zustand zweier Arten die Folge einer ehemaligen stärkeren Konkurrenz ist oder nicht. Dies lässt sich oft nur durch Experimente klären. Bei *P. aurelia* und *P. bursaria* lagen z. B. die Dichten in Koexistenz niedriger als in alleiniger Kultur. Dies ist ein deutlicher Hinweis darauf, dass die Populationen ohne Anwesenheit von Konkurrenten auch weitere Ressourcen nutzen.

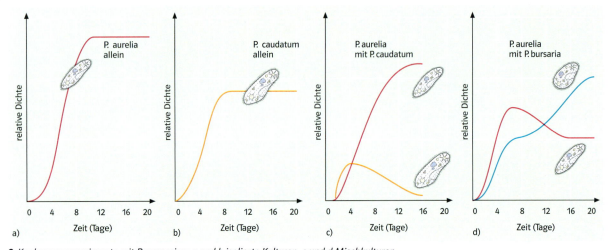

2 Konkurrenzexperimente mit Paramecien: a und b isolierte Kulturen, c und d Mischkulturen

182 Ökologie

Material
Eichhörnchen und Grauhörnchen

Die bekannten roten bis schwarzen Eichhörnchen *(Sciurus vulgaris)* sind in Europa und Asien heimische Tiere.

Grauhörnchen *(Sciurus carolinensis)* stammen aus Nordamerika. 1870 wurden in England 350 Exemplare ausgesetzt. Auch in Italien wurden vor etwa 60 Jahren in der Umgebung von Turin von einem italienischen Diplomaten Tiere ausgesetzt, die er aus den USA mitgebracht hatte.

In beiden Regionen beobachtet man seitdem, dass die einheimischen Eichhörnchen verschwinden und die Grauhörnchen sich vermehren und ausbreiten. In England schätzt man ihren Bestand auf etwa 2,5 Millionen Tiere. Daneben gibt es nur noch 160 000 Eichhörnchen, vorwiegend in Schottland.

Seitdem hat man vor allem in Großbritannien versucht, die Ursachen für das Verschwinden der einheimischen Eichhörnchen zu finden und die Bedeutung der Grauhörnchen dabei zu klären.

Viele Briten denken bei Eichhörnchen mittlerweile an die grauen Tiere. Diese werden fast nur noch in Parkanlagen und Gärten beobachtet. Fragen nach der Bekämpfung der Grauhörnchen zum Schutz und Erhalt der Eichhörnchen stoßen daher in der Bevölkerung auf wenig Verständnis. In Deutschland gibt es aktuell keine Hinweise auf frei lebende Grauhörnchen.

Eichhörnchen

Größe: 18 cm — 25 cm (ohne Schwanz)
Gewicht: 300 g — 400 g
Lebensraum: diverse Wälder vom Tiefland bis ins Gebirge, Gärten und Parks
Nahrung: Samen und Früchte, Knospen; zum Teil auch Kleintiere; unreife Samen können nicht gut verwertet werden; Anlegen von Wintervorräten, die aber zum Teil vom Grauhörnchen geplündert werden.

Grauhörnchen

Größe: 20 cm — 30 cm (ohne Schwanz)
Gewicht: 400 g — 500 g
Lebensraum: Wälder (vor allem Laubwald), aber nicht Gebirge; daneben Gärten und Parks
Nahrung: je nach Angebot Samen und Früchte, Knospen, zum Teil auch Kleintiere; im Winter auch Baumrinden; auch unreife Samen werden gut verdaut; Anlegen von Wintervorräten.

Anglesey

Als 1998 auf der Insel Anglesey nur noch etwa 40 Eichhörnchen neben mehr als 3000 Grauhörnchen vorkamen, hat man dort alle Grauhörnchen weggefangen. Seitdem ist der Bestand der Eichhörnchen wieder auf 120 Tiere angewachsen. Man rechnet auf Anglesey in den nächsten Jahren mit etwa 500 Eichhörnchen.

A1 ○ Erklären Sie, in welcher ökologischen Beziehung die beiden Hörnchen zueinander stehen und ob das Grauhörnchen Ursache für das Verschwinden der Eichhörnchen ist.

Parapox-Virus

In England werden immer wieder Eichhörnchen gefunden, die durch Infektionen mit dem *Parapox-Virus* verendet sind. Infizierte Tiere sterben innerhalb weniger Tage. Durch Parapox-Infektionen verendete Grauhörnchen wurden dagegen noch nicht gefunden. In Italien gibt es Parapox-Viren bisher nicht.

In einer Untersuchung wurden in England landesweit gesunde Eichhörnchen und Grauhörnchen eingefangen und auf Antikörper gegen Parapox-Viren getestet. Man erhielt folgende Ergebnisse:
– *Eichhörnchen:*
  untersuchte Tiere: 140
  mit Antikörpern: 4
– *Grauhörnchen:*
  untersuchte Tiere: 223
  mit Antikörpern: 135

A2 ● Erklären Sie, inwieweit das Parapox-Virus für das Verschwinden der Eichhörnchen verantwortlich ist und welche Bedeutung die Grauhörnchen dabei haben.

A3 ● Experten vermuten, dass sich die Situation zwischen Eichhörnchen und Grauhörnchen auf dem gegenwärtigen Stand stabilisieren könnte. Lässt sich diese Vermutung mit den vorliegenden Informationen stützen?

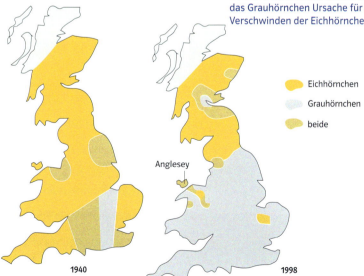

1 *Vorkommen von Eichhörnchen und Grauhörnchen*

Material
Intraspezifische und interspezifische Konkurrenz

Konkurrenz ist eine Wechselbeziehung, in der ein Organismus eine Ressource verbraucht die dadurch anderen Organismen nicht mehr zur Verfügung steht. Begrenzte Ressourcen spielen hierbei eine besondere Rolle. Konkurrenz kann sowohl intraspezifisch zwischen Individuen einer Art als auch interspezifisch zwischen Individuen verschiedener Arten auftreten. Die interspezifische Konkurrenz kann zur Reduktion der Abundanz, der Fruchtbarkeit und der Überlebenswahrscheinlichkeit einer Art führen.

Territorien bei Austernfischern

1 *Austernfischer*

Austernfischer sind Vögel, die an der Nordseeküste auch im Bereich des Wattenmeers leben. Ihre Lebenserwartung liegt bei ca. 35 Jahren. Ihre Nistplätze bauen sie im Bereich des Strands oder der dahinter liegenden Wiesen. Die Gelegegröße liegt bei 4 bis 7 Eiern. Austernfischer ernähren sich von kleinen Muscheln, Krebsen, Schnecken und Würmern, die sie im Gezeitenbereich finden (Abb. 3).

Die Nistplätze sind besonders umkämpfte Reviere (Territorien). Ab dem vierten Lebensjahr können Austernfischer mit dem Brüten beginnen. Die Bedeutung verschiedener Territorien für Austernfischer wurde an der niederländischen Küste über mehrere Jahre wissenschaftlich untersucht. Bei den Untersuchungen stellte man fest, dass bei den Austernfischern sowohl Nistterritorien als auch Nahrungsterritorien existieren. Diese Territorien verteidigen sie ihr Leben lang.

3 *Austernfischer mit Jungvögel*

Ein Teil der Austernfischerpärchen verteidigt sowohl ein Nistterritorium in den Salzwiesen weiter im Inland und ein Nahrungsterritorium im Watt. Diese wurden in der Untersuchung als Springer bezeichnet, da sie die Nahrung für die Jungvögel ständig zwischen den weiter auseinander liegenden Territorien transportieren müssen. Die Jungvögel können den Eltern erst ins Watt folgen, wenn sie flügge sind. Bei einem anderen Teil der Austernfischerpärchen liegen die beiden Territorien nebeneinander in der Nähe des Watts. Diese Pärchen wurden als Ansässige bezeichnet (Abb. 2). Das Gelege befindet sich in direkter Nähe zum Nahrungsterritorium. Die etwas größeren Küken können den Eltern die kurze Strecke zum Watt folgen. Hier werden sie direkt gefüttert oder erlernen Techniken, um das Futter zu suchen und Muscheln und Schnecken zu öffnen.

Gemessen wurde bei den Untersuchungen der Bruterfolg in den Monaten Mai und Juni in einem bestimmten Küstenbereich (Abb. 4). Gleichzeitig wurde die Zeit gemessen, welche die einzelnen Pärchen für den Flug zur Fütterung der Jungvögel benötigten und die Menge des Futters, welche den Jungvögeln gebracht wurde (Abb. 5).

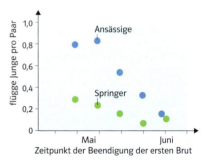

4 *Messungen zum Bruterfolg*

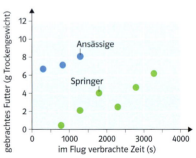

5 *Messungen zur Futtermenge*

A1 ○ Beschreiben Sie die Abb. 2 und erklären Sie mithilfe des Textes den Unterschied zwischen den Springern und den Ansässigen.

A2 ◐ Beschreiben Sie Abb. 4 und 5 und erklären Sie die Ergebnisse der Untersuchungen.

A3 ● Erläutern Sie anhand der Springer und der Ansässigen die biologische Bedeutung der Verteidigung von Territorien unter dem Aspekt der Konkurrenz.

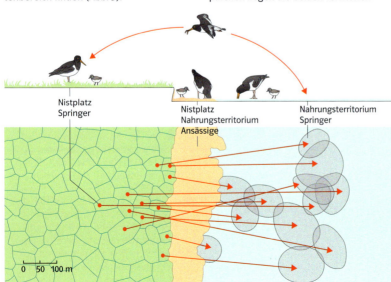

2 *Küstengebiet mit Nist- und Nahrungsterritorien*

184 Ökologie

Seepocken haben Territorien

6 Seepocke im Gehäuse

Seepocken gehören zu den Krebsen. Sie sind sessile Tiere, die mit dem Untergrund fest verwachsen sind. Sie können daher als adulte Tiere ihren Standort nicht mehr wechseln (Abb. 6). Die Ernährung erfolgt während der Flut, indem die mit feinen Borsten besetzten Beine eine Fangreuse bilden, mit denen sie Plankton aus dem Wasser filtern (Abb. 7).

7 Nahrungsaufnahme der Seepocke

Seepocken sind Zwitter, die nur einen Fortpflanzungserfolg aufweisen, wenn sie dicht nebeneinander auf dem Untergrund festsitzen. Der ausgestülpte Penis kann dann in die Mantelhöhle des benachbarten Tieres eindringen und die Eier befruchten. Die Larven schlüpfen aus den Eiern und verlassen die Gehäuse der Elterntiere. Sie schweben im Wasser und verbreiten sich in der Umgebung. Größere Individuen haben mehr Nachkommen als kleinere. Ab einem bestimmten Alter benötigen sie einen festen Untergrund, an dem die Strömung nicht zu groß ist. Die Larve wächst mit ihrem Kopf auf dem Untergrund fest und entwickelt sich zur adulten Seepocke. Hierzu scheidet sie Kalkplatten ab, die ein kegelförmiges Gehäuse bilden. Zwei Platten bilden einen Deckel, mit dem die Seepocken sich gegen Austrocknung schützen.

Wissenschaftliche Untersuchungen an der atlantischen Felsküste beschäftigten sich mit der Besiedlung von zwei Seepockenarten: der Sternseepocke *(Chthamalus stellatus)* und der gemeinen Seepocke *(Balanus balanoides)*. Beide Arten sind auf dem Untergrund aufzufinden. Man findet sie jedoch in verschiedenen Höhen der Gezeitenzone (Abb. 8).

Dies hängt mit unterschiedlichen Empfindlichkeiten gegen das Austrocknen zusammen.

Die Höhenlage wurde durch die mittleren Wasserstände der verschiedenen Gezeiten (Tide) festgelegt:
— MHWS: mittlerer Hochwasserstand bei Springtide
— MNWS: mittlerer Niedrigwasserstand bei Springtide
— MW: mittlerer Wasserstand

Tide sind die Gezeiten mit Ebbe und Flut. Bei der Springtide fallen durch eine besondere Stellung von Sonne, Erde und Mond die Unterschiede zwischen Ebbe und Flut intensiver aus.

Die Untersuchungen wurden durch Kartierungen der Larven von Sternseepocken ergänzt, die sich an den Felsen festsetzten. Diese wurden besonders in der Zone der gemeinen Seepocken ausgezählt. Hierbei wurde an mehreren Stellen unabhängig von der Höhe der Kontakt zu den gemeinen Seepocken künstlich unterbunden.

Die Ergebnisse zeigten, dass bei diesen Exemplaren die Höhenbeschränkung der Sternseepocken nicht vorhanden war. Die Überflutungsdauer kann daher keine Rolle spielen. Beobachtungen in diesen Bereichen zeigten, dass die gemeine Seepocke die jungen Sternseepocken überwuchert oder zerdrückt. Sternseepocken, die trotzdem überlebten, blieben kleiner als die übrigen Individuen, was sich auf die Fruchtbarkeit auswirkt.

8 Gezeitenzone an der Felsenküste

A4 ○ Beschreiben Sie die verschiedenen Messergebnisse in Abb. 8.
A5 ◐ Fassen Sie die Untersuchungen und deren Ergebnisse in einem zusammenfassenden Bericht zusammen.
A6 ● Erläutern Sie anhand der Untersuchungen, ob unterschiedliche Umweltbedingungen zu der Trennung der beiden Arten führen oder ob die interspezifische Konkurrenz die ausschlaggebende Rolle spielt.

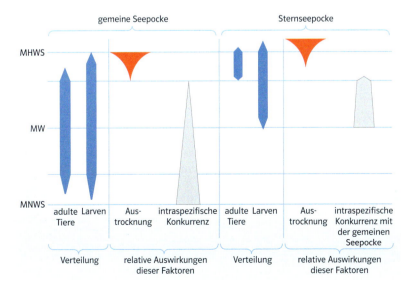

8 Seepockenverteilung in der Gezeitenzone der Felsküste

185

3.3 Dynamik von Populationen
Wachsende Populationen

 3s35ht

Land	2008	2009	2010
Indien			
Einwohnerzahl (Millionen)	1162	1178	1194
absolute Zunahme pro Jahr (Millionen)		16	16
Wachstumsrate pro Jahr		0,0138 (1,38%)	0,0136 (1,36%)
Kenia			
Einwohnerzahl (Millionen)	34	35	36
absolute Zunahme pro Jahr (Millionen)		1	2
Wachstumsrate pro Jahr		0,029 (2,9%)	0,028 (2,8%)

1 *Bevölkerungsentwicklung zweier Länder*

In jeder Population verändern sich die Individuenzahlen ständig durch Geburten und Sterbefälle sowie durch zuwandernde und abwandernde Individuen. Die Populationen wachsen dadurch oder werden kleiner. Ein unbegrenztes Wachstum ist aufgrund endlicher Ressourcen offensichtlich unmöglich. Dies gilt auch für Menschen. Für alle Länder ist es aber wichtig, die Bevölkerungsentwicklung einschätzen zu können, um Maßnahmen für die zukünftige Versorgung ihrer Einwohner treffen zu können.

Vergleicht man die Entwicklung zweier Populationen, so zeigt sich im Laufe mehrerer Jahre häufig ein unterschiedlicher Zuwachs. Die absoluten Veränderungen sind jedoch wenig aussagekräftig, denn sie beziehen sich auf verschiedene Ausgangswerte. Besser geeignet sind daher Werte der relativen Veränderungen. Sie werden *Wachstumsraten* genannt (Abb. 1). In vielen Ländern besitzt die menschliche Bevölkerung Wachstumsraten zwischen 0,01 (1%) und 0,03 (3%), in manchen Ländern, wie z. B. in Deutschland, ist die Wachstumsrate negativ, die Bevölkerung nimmt ab.

Exponentielles Wachstum

Um die zukünftige Bevölkerungsentwicklung berechenbar zu machen, konstruiert man aus derartigen Daten ein mathematisches Modell, das die dahinter stehenden Gesetzmäßigkeiten erfasst. Eine erste Näherung stellt das Modell des *exponentiellen Wachstums* dar. Zuwanderung und Abwanderung werden aus Gründen der Vereinfachung im Modell nicht berücksichtigt. Es nimmt weiterhin unbegrenztes Wachstum aufgrund unbegrenzter Ressourcen an. Es verwendet konstante Geburten- und Sterberaten und damit eine unveränderliche Wachstumsrate. Das exponentielle Wachstum stellt das einfachste Modell für Populationsentwicklungen dar.

Bei Mehlkäfern kann man beobachten, dass unter Laborbedingungen das Populationswachstum mit der Verknappung der Ressourcen zum Stillstand kommt, die Anzahl bzw. die *Dichte* (Anzahl Individuen pro Fläche) nimmt nicht weiter zu (Abb. 3). Dies entspricht nicht dem exponentiellen Wachstum, das sehr vereinfachend unbegrenztes Wachstum annimmt. Das Modell des exponentiellen Wachstums wird daher durch ein entsprechend weiterentwickeltes Modell ersetzt.

Info-Box: Modell zum exponentiellen Wachstum

Die mathematische Beschreibung des Wachstums von Populationen arbeitet mit folgenden Definitionen:

N_t = Populationsgröße (Individuenanzahl) nach t Zeitschritten
r = Wachstumsrate, anteiliger Zuwachs der Population pro Zeitschritt
Die Wachstumsrate ist die Differenz zwischen der Geburtenrate (b, „birth") und der Sterberate (d, „death"): $r = b - d$

Die neue Populationsgröße (N_1) ergibt sich aus alter Größe (N_0) und Zuwachs (bzw. Veränderung): $N_1 = N_0 + Zuwachs_0$

Der Zuwachs ist relativ zur bestehenden Anzahl: $Zuwachs_0 = N_0 \cdot r$

Aus beiden Gleichungen folgt damit: $N_1 = N_0 + N_0 \cdot r = N_0 \cdot (1 + r)$

Für die nächsten Zeitpunkte bedeutet dies:
$N_2 = N_1 \cdot (1 + r) = N_0 \cdot (1 + r) \cdot (1 + r) = N_0 \cdot (1 + r)^2$
$N_3 = N_2 \cdot (1 + r) = N_0 \cdot (1 + r)^2 \cdot (1 + r) = N_0 \cdot (1 + r)^3$

Allgemein gilt dann: $N_t = N_0 \cdot (1 + r)^t$

Dies ist eine Gleichung für das exponentielle Wachstum.

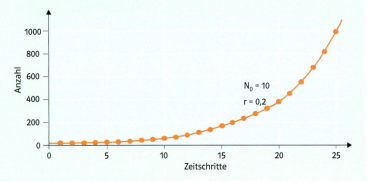

$N_0 = 10$
$r = 0,2$

2 Mehlkäfer mit Larven und Puppen

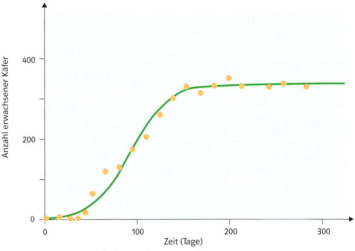

3 Wachstum einer Mehlkäferpopulation im Labor

Logistisches Wachstum

Die Wachstumsrate wird beim exponentiellen Wachstum als konstant angesehen. Sie ist aber veränderlich und nimmt mit zunehmender Populationsgröße ab (siehe Mehlkäfer-Versuch). Beobachtungen an realen Populationen zeigen, dass die Wachstumsrate im Wesentlichen von der Versorgung mit Ressourcen abhängt. Allgemein gilt, dass mit zunehmender Populationsgröße die Ressourcenmenge für jedes einzelne Individuum abnimmt. Das führt zu einer geringeren Fruchtbarkeit. Dadurch nimmt die Geburtenrate ab, während gleichzeitig die Sterberate zunimmt. Eine Population wächst, solange die Geburtenrate größer ist als die Sterberate.

Bei einer bestimmten Individuenanzahl jedoch werden beide gleich groß: Das Populationswachstum kommt zum Stillstand. Diese Anzahl wird *Kapazität* genannt; sie gibt an, wie viele Individuen in einem Lebensraum maximal leben können. Das Modell, das diese Annahmen enthält, stellt das *logistische Wachstum* dar (Abb. 5).

Der stabile Zustand lässt sich in einem Pfeildiagramm darstellen (s. Randspalte). Da es eine negative Rückkopplung enthält, tritt bei konstanten Bedingungen ein Schwanken um einen Mittelwert auf.

Bei den zu den Wühlmausartigen gehörenden Lemmingen (Abb. 4) kommt es bei hoher Populationsdichte zu Massenwanderungen. Dabei sterben viele Individuen. Dass es sich dabei um „kollektiven Selbstmord" handelt, ist eine Legende.

A1 Berechnen Sie die Größe der Bevölkerung der beiden Länder (Abb. 1) für die Jahre 2015 und 2020. Gehen Sie vom aktuellen Jahr aus und nehmen Sie vereinfachend exponentielles Wachstum an.

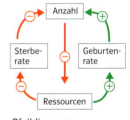

Pfeildiagramm Populationsentwicklung

4 Lemminge

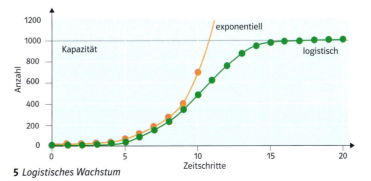

5 Logistisches Wachstum

Populationsgrößen verändern sich

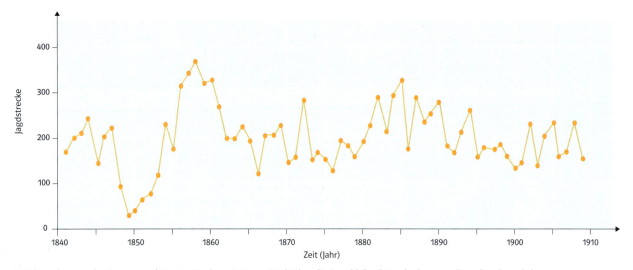

1 *Schwankungen der Hasenpopulation in Liechtenstein, ermittelt über die Anzahl durch Jagd erbeuteter Tiere (Jagdstrecke)*

Verfolgt man die Individuenzahlen in einer Population, wie z. B. bei Hasen (Abb. 1), über mehrere Jahre, so kann man deutliche Schwankungen feststellen. Populationsgrößen sind allgemein nicht konstant. Die ursächlichen Faktoren für diese Schwankungen können dichteunabhängig und dichteabhängig sein.

Dichteunabhängige Faktoren
Zum einen kann es sich dabei um Katastrophen oder ungünstige Bedingungen handeln, die viele Individuen nicht überleben. Kühle und feuchte Witterungsbedingungen im Frühjahr lassen zum Beispiel viele Jungtiere der Hasen erfrieren und bedingen zusätzlich ein schlechtes Wachstum ihrer Nahrungsressourcen, sodass die Versorgung aller Individuen abnimmt. Unter solchen Bedingungen wächst die Population nicht oder nimmt sogar ab. Andererseits können in feuchten und warmen Sommern besonders gute Bedingungen vorhanden sein, sodass viele Ressourcen vorhanden sind und eine gute Versorgung gegeben ist. Ein größerer Anteil der Nachkommen und erwachsenen Tiere überlebt dann und die Population nimmt stark zu. In derartigen Fällen hat die aktuelle Individuendichte keinen Einfluss auf die Populationsschwankungen, die Ursachen liegen außerhalb der Population. Diese dichteunabhängigen Schwankungen der Populationsgröße werden *Fluktuationen* genannt.

Dichteabhängige Faktoren
Bei anderen regelmäßigen Schwankungen besteht ein Zusammenhang zwischen der Größe der eigenen und anderer Populationen (Abb. 2). Solche regelmäßigen Schwankungen werden *Oszillationen* genannt. Verschiedene Ursachen können ihnen zugrunde liegen.

Die Individuen einer Population können beispielsweise ihre Ressourcen aufbrauchen. In der Zeit, die zu deren Regeneration erforderlich ist, bricht die Population zusammen. Nach Erneuerung der Ressourcen kann die nun kleine Population

Wühlmaus

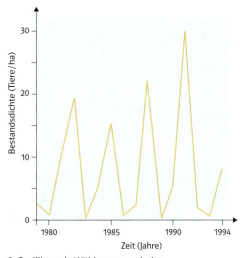

2 *Oszillierende Wühlmauspopulation*

188 Ökologie

erneut anwachsen und der Ablauf wiederholt sich regelmäßig. Die Regenerationsgeschwindigkeit der Ressource sowie die Fähigkeit der Population, Zeiten der Knappheit zu überstehen, bestimmen dabei die Zykluslängen. Eine Ressource kann Nahrung sein, Frischwasser ist ebenfalls die Ressource für viele Organismen. Belastungen durch Verschmutzungen wie durch Kot oder Urin können Vergiftungen bedeuten, Sauerstoff wird gezehrt, was diese Ressource aufbraucht.

Auch durch Infektionskrankheiten können Schwankungen verursacht werden. Mit zunehmender Populationsgröße nimmt die Ansteckungswahrscheinlichkeit zu, Infektions- und Sterberate erhöhen sich und die Population bricht daraufhin zusammen. Weiterhin verursachen die bei hoher Dichte auftretenden Knappheiten Stress, der zu erhöhter Aggression und zu Unfruchtbarkeit führen kann.

Analysiert man die Schwankungen natürlicher Populationen, so zeigt sich, dass in allen Fällen dichteunabhängige und dichteabhängige Faktoren gleichzeitig und in unterschiedlicher Stärke wirksam sind.

Dichteeinflüsse mit Zeitverzögerung

Bei manchen Arten können die Individuen Ressourcen speichern. Nachkommen werden auch dann noch geboren, wenn in der aktuellen Situation eigentlich nicht genügend Ressourcen vorhanden sind. Die Population reagiert quasi auf Bedingungen zu dem Zeitpunkt, an dem die Reserven gespeichert wurden, also mit einer Zeitverzögerung. Sie wächst über ihre Kapazität hinaus und bricht anschließend zusammen. Dies kann sich zyklisch wiederholen. Auch die Oszillationen der Wühlmauspopulation könnten so erklärt werden.

Großer Wasserfloh

Info-Box: Experimente mit dem Großen Wasserfloh zu Ursachen von Oszillationen

Populationen des Großen Wasserflohs (Daphnia magna) wurden in 50 ml Wasser gehalten und regelmäßig mit gleicher Futtermenge versorgt. Die täglichen Geburten und Sterbefälle wurden ausgewertet und jeweils die aktuelle Populationsgröße ermittelt. Zwei Populationen wurden im Experiment bei verschiedenen Temperaturen gehalten (18 °C und 25 °C).

Die bei niedrigen Temperaturen gehaltene Population erreichte nach einer Wachstumsphase eine etwa gleich bleibende Populationsgröße (ca. 120 Individuen). Der Wachstumsverlauf entsprach annähernd logistischem Wachstum. Bei höheren Temperaturen zeigten sich unter ansonsten gleichen Bedingungen deutliche Schwankungen. Im kühleren Gefäß verlaufen Stoffwechselprozesse langsamer (RGT-Regel, s. Seite 167).

Verbrauch und Verwertung der Ressourcen erstrecken sich über einen längeren Zeitraum und so verlaufen Geburten und Sterbefälle weitgehend gleichmäßig und parallel; die Population bleibt annähernd konstant.

Im wärmeren Gefäß verlaufen dagegen alle Prozesse schneller. Rasche Ressourcenaufnahme steigert kurzzeitig die Geburtenrate und senkt die Sterberate, die beide damit nicht mehr gleich verlaufen. Es kommt zu einer Wachstumsphase, die zu höherem Verbrauch führt und letztlich in einer Knappheit endet. Die Geburten nehmen daraufhin ab, die Sterbefälle nehmen zu und die Population wird wieder kleiner. Im Experiment scheint sich eine dritte Phase anzuschließen, in der der bakterielle Abbau der toten Daphnien zu einem erneuten Wachstum führt.

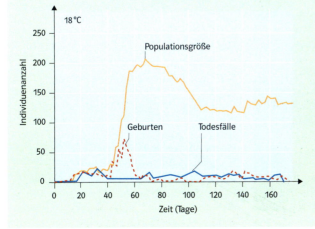
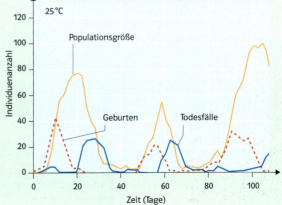

Räuber und Beute

1 *Bussard erbeutet Maus*

In ländlichen Gebieten kann man Bussarde am Himmel sehen, wie sie ihre Kreise ziehen. Plötzlich stürzen sie auf den Boden herab und fassen eine Maus mit ihren Greiffüßen. Die Maus ist für den Bussard eine Beute, der Bussard für die Maus ein Fressfeind oder Räuber. Bussard und Maus sind ein Beispiel für eine *Räuber-Beute-Beziehung*.

Während für Räuber die Beute eine notwendige Nahrungsressource ist, stellt der Räuber für die Beute eine Bedrohung dar, durch die die Beutepopulation reduziert wird. Die Populationen von Räuber und Beute beeinflussen sich daher gegenseitig.

Viele Gesetzmäßigkeiten von Räuber-Beute-Beziehungen treffen nicht nur auf bekannte Beispiele wie Bussard und Maus zu, sondern lassen sich auch bei Pflanzenfressern und ihren Nahrungspflanzen *(Pflanzen-Weidegänger-Beziehung)* wiederfinden. Entsprechendes gilt sogar für Parasiten und ihre Wirte *(Wirt-Parasit-Beziehung)*. Deshalb werden sie im weiteren Sinn ebenfalls zu den Räuber-Beute-Beziehungen gerechnet.

Raub- und Abwehrmethoden

Räuber haben verschiedene Vorgehensweisen beim Beuteerwerb. Beuteorganismen besitzen dagegen Mechanismen für ihren Schutz. Der Luchs gehört zu den Jägern, die aktiv einer Beute nachstellen. Als Einzelgänger jagt er überwiegend nachts und in der Dämmerung. Dabei schleicht sich der Luchs an die Beute an oder lauert ihr auf, bevor diese angesprungen wird. Nicht immer ist die Jagd von Erfolg gekrönt. Beutetiere wie Hasen können durch Geschwindigkeiten von 70 km/h dem Luchs entkommen. Zudem können sie bis zu 2 m hoch springen und sehr schnell die Richtung ändern (Haken schlagen).

Spinnen stellen durch Netze der Beute Fallen. Bartenwale filtern ihre Nahrung aus dem Wasser. Weidegänger wie Rinder wiederum suchen ihre Nahrung auf und fressen sie ab. Beutetiere bleiben durch Tarnung häufig unentdeckt. Pflanzen enthalten vielfach Bitterstoffe oder Gifte, die sie vor Fraß schützen. Harte Schalen und Stacheln, die Lebewesen schlecht angreifbar machen, kommen bei Tieren und Pflanzen vor.

Wechselwirkung der Populationen

Die gegenseitige Beziehung von Räuber und Beute verändert die beteiligten Populationen. Wenn viel Beute als Nahrungsressource vorhanden ist, können die Individuen der Räuberpopulation besser überleben, kräftiger wachsen und dann mehr Nachkommen zeugen sowie großziehen. Ist nur wenig Beute vorhanden, bewirkt das eine erhöhte Sterblichkeit und weniger bzw. keine Nachkommen. Die vorhandene Beutemenge bestimmt demnach, ob die Räuberpopulation wachsen kann oder abnimmt.

2 *Räuberstrategien*

Ökologie

Räuber entfernen Individuen aus der Beutepopulation. Diese wird dadurch vermindert, und zwar umso stärker, je mehr Räuber vorhanden sind. Das Ausmaß des Einflusses hängt von der Effektivität der Räuber ab. Versteckmöglichkeiten der Beute oder Abwehrmechanismen vermindern seine Effektivität. Eine höhere Effektivität begünstigt den Räuber, verbesserte Abwehr, schlechtere Erreichbarkeit oder Täuschung des Räubers (Beispiel Schwebfliege) dagegen die Beute.

Effektivität der Räuber

Der Einfluss der Räuber auf die Beutepopulation kann sehr unterschiedlich sein. Ineffektiv ist der Bussard auf der Mäusejagd. Nur ca. 5 % aller Fangversuche sind erfolgreich. Die Mäuse halten sich überwiegend versteckt unter der Erde auf und sind dann nicht für Bussarde erreichbar. Zusätzlich hat der Bussard nur eine Vermehrungsphase im Frühjahr, wohingegen Mäuse mehrere Generationen pro Jahr großziehen können. Aus diesen Gründen beeinflusst in diesem Beispiel die Beutepopulationsgröße die der Räuber, die Räuber die Beutedichte jedoch kaum.

Mäßig effektive Räuber führen zu einer Situation mit wechselseitigem Einfluss beider Populationen, die einem Regelkreis ähnelt. Diese Wechselbeziehungen können bei beiden Populationen Schwankungen verursachen. Die Schwankungen können aber auch abklingen und in einer Situation münden, die etwa gleichbleibende Größen der beiden Populationen aufweist und dann einem Gleichgewichtszustand ähnelt.

4 *Heuschreckenplage*

Sehr effektive Räuber können ihre Beutepopulation stark reduzieren. Dies gilt z. B. für einige Pflanzenfresser, deren Beute die Nahrungspflanzen sind. Weidende Herden oder wandernde Insektenschwärme können ganze Regionen kahlfressen. Für Beutepopulationen bedeutet dies immer einen dramatischen Zusammenbruch und Räuberpopulationen erzeugen so selbst eine nachfolgende Nahrungsknappheit. Sie weichen dann durch Wanderungen aus, wechseln auf andere Beutearten oder bilden besondere Stadien aus, wie die Dauereier von Daphnien.

Massenwanderungen, wie z. B. bei Heuschreckenplagen in Afrika, können zu lokalem Kahlfraß führen (Abb. 4). Deshalb wandern die Schwärme. Potenzielle Räuber können plötzliche Massenvermehrungen meist nicht stoppen.

Invasive Arten

Wenn Räuber in entfernte Gegenden verschleppt werden, erweisen sie sich oft als sehr effektiv. Nach 1945 wurde die *Nachtbaumnatter* (Abb. 3) auf die pazifische Insel Guam verschleppt und hat sich stark vermehrt. Sie ernährt sich von kleinen Säugetieren und Vögeln und hat inzwischen einige heimische Arten vernichtet.

A1 ○ Erläutern Sie am Beispiel der Schwebfliege das Prinzip ihrer Abwehrmethode.

A2 ○ Erläutern Sie die Schemata in der Randspalte.

Schwebfliege
(Ähnlichkeit mit Wespe)

3 *Nachtbaumnatter (Boiga irregularis)*

ineffektiver Räuber

mäßig effektiver Räuber

sehr effektiver Räuber

Modelle zur Räuber-Beute-Beziehung

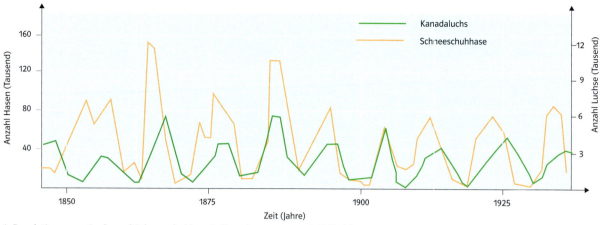

1 *Populationen von Luchs und Schneeschuhhase in Kanada, gemessen als Fellzählungen*

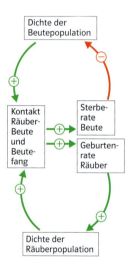

Viele Populationen von Räubern und ihrer Beute wachsen und nehmen wieder ab und es ist vielfach naheliegend, eine einfache Wechselbeziehung anzunehmen. Die Fellzählungen von Luchsen und Schneeschuhhasen der kanadischen Hudsonbay-Company repräsentieren wahrscheinlich die Veränderungen der Populationen und könnten einen solchen Fall darstellen (Abb. 1). Der wechselseitige Einfluss ist aber als Ursache der Populationsänderungen selten klar nachzuweisen und gilt dann nur für den jeweiligen Einzelfall. Genauere Überprüfungen haben zudem gezeigt, dass meist mehrere Populationen beteiligt sind und die Beschränkung auf die Beziehung zweier Populationen stark vereinfachend ist.

Ein mathematisches Modell

Es gibt viele Versuche, die dahinter stehenden allgemeinen Gesetzmäßigkeiten zu erfassen und verstehbar zu machen, auch wenn man dazu die natürlichen Verhältnisse erst einmal vereinfachen muss. Ein wichtiger Weg ist immer die Erstellung eines mathematischen Modells, das mithilfe der vermuteten Beziehungen konstruiert wird. Im Verhalten dieses Modells hofft man dann, Erklärungen für Beobachtungen in der Natur zu finden.

Bei Räuber-Beute-Beziehungen werden für beide Populationen eigene Wachstumsgleichungen aufgestellt, die wechselseitig den Einfluss der jeweiligen anderen Population mit berücksichtigen.

Das bekannteste Modell stammt von den Mathematikern ALFRED LOTKA und VITO VOLTERRA aus den Jahren nach 1920. Sie suchten nach allgemeinen Erklärungen für Populationsschwankungen, die sie bei Fischen in der Adria bzw. bei Parasiten beobachtet hatten. Das Modell wird häufig verwendet, um auch das System aus Luchs und Schneeschuhhase zu verstehen. Es ist ein Beispiel für das Basiskonzept Steuerung und Regelung.

LOTKA und VOLTERRA gingen vom exponentiellen Wachstum aus und variierten die Wachstumsrate (r), die sich aus der Differenz zwischen Geburtenrate (b) und Sterberate (d) ergibt (s. Seite 186).
$$N_{t+1} = N_t + r \cdot N_t = N_t + (b - d) \cdot N_t$$

2 *Luchs jagt Schneeschuhhase*

192 Ökologie

Für die Räuberpopulation gilt im Modell, dass die Geburtenrate nur von der Beutemenge abhängt. Die Sterberate wird als konstant angesehen. Entsprechend gilt für die Beutepopulation, dass die Sterberate von der Räuberpopulation abhängt. Die Geburtenrate wird als konstant angesehen.

Die Lotka-Volterra-Regeln

Die Untersuchung des Modellverhaltens zeigt ständige Schwankungen beider Modellpopulationen um jeweils einen eigenen Mittelwert, wie sie auch beim System aus Luchs und Schneeschuhhasen zu beobachten sind. Soweit scheint das Modell von LOTKA und VOLTERRA als Erklärung geeignet zu sein. Aus dem Modellverhalten ergeben sich wesentliche Aussagen, die nach ihren Erstellern *Lotka-Volterra-Regeln* genannt werden:
I   Die beiden Populationsgrößen schwanken periodisch. Die Maxima und Minima der Räuberpopulation folgen dabei denen der Beutepopulation.
II Die beiden Populationsgrößen schwanken jeweils um einen Mittelwert, der bei unveränderten Bedingungen langfristig konstant bleibt. Der Mittelwert für die Räuber ist in der Regel kleiner als der für die Beutetiere.
III Nach starker Dezimierung beider Populationen erholt sich zuerst die Beutepopulation. Die Erholung der Räuberpopulation folgt zeitversetzt.

Das Modell (Abb. 3) zeigt die zyklischen Eigenschaften, die man bei manchen natürlichen Räuber-Beute-Systemen beobachten kann. Dennoch ist es unzureichend. Es basiert beispielsweise auf exponentiellem Wachstum. Ohne Räuber würde die Beutepopulation unbegrenzt wachsen, da ihr eine obere Begrenzung fehlt. Weiterhin ist die Sterblichkeit der Beute allein durch Räuber bedingt. Ohne sie würde die Beute daher keine Sterblichkeit besitzen.

Darüber hinaus bedingt die Konstruktion dieses Modells, dass in ihm zwangsläufig zyklische Schwankungen auftreten, es gibt praktisch keine Modellsituation ohne sie. Dies legt die falsche Vorstellung nahe, Schwankungen wie bei Luchs und

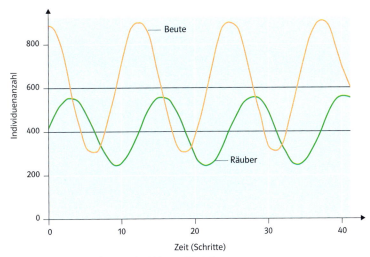

3 *Populationsverläufe im Lotka-Volterra-Modell*

Schneeschuhhase seien eine notwendige oder charakteristische Eigenschaft von Räuber-Beute-Systemen. In der Realität sind solche Schwankungen aber nur in seltenen Fällen zu beobachten.

Daher wurden viele andere Modelle entworfen, die auf dem logistischen Wachstum aufbauen. Als Grundüberlegung dient u. a. die Erkenntnis, dass die mögliche Anzahl Räuber von der vorhandenen Beutemenge abhängt. Damit ist z. B. die Kapazität der Räuberpopulation von der Beutemenge abhängig und kann entsprechend in das Modell eingebaut werden.

Bei der Beutepopulation lässt sich z. B. die vom Räuber gefressene Beutemenge einfach als zusätzlicher Verlust verstehen und in die logistische Gleichung der Beutepopulation einfügen. Derartige Modelle zeigen ebenfalls die Eigenschaften, die in den Lotka-Volterra-Regeln formuliert wurden.

A1 Untersuchungen an einem mit GPS-Sendehalsband markierten Luchs im Böhmerwald haben folgendes Beutespektrum aufgezeigt: Rehe 78 %, Damwild 11 %, Hasen 9 % Rotwild 2 %.
Erklären Sie anhand der Daten, wieso in der Realität selten periodische Schwankungen beobachtet werden können.

Mehrartensysteme — Beutewechsel des Luchses

Auf der 110 000 km² großen Insel Neufundland im Osten Kanadas leben nur wenige Säugetierarten. Der arktische *Schneehase* und das *Karibu*, eine kanadische Unterart des Rentiers, gehören zu den fünf heimischen Pflanzenfressern, Waldwolf und Luchs zu den neun räuberischen Arten.

Stadium I vor 1890: Bis in die Mitte des letzten Jahrhunderts war der Waldwolf Hauptfeind von Karibu und Schneehase. Die Wölfe hetzen die Karibus nur tagsüber und nur auf offenem Gelände. Mit der Größe der Karibuherde wächst ihre Wachsamkeit und Fluchtbereitschaft, sodass nur schwache oder kranke Tiere nicht fliehen können. Schneehasen haben schmale Pfoten und können ihren Verfolgern am besten auf festem Schnee, also in höheren Gebirgslagen, entkommen. Bis auf leichte Populationsschwankungen war die Dichte von Karibu, Schneehase und Wolf konstant.

Stadium II bis 1910: Im Jahre 1864 wurde der *Schneeschuhhase* auf der Insel eingeführt. Er ist dank seiner verbreiterten Pfoten auch auf Pulverschnee beweglich. Er vermehrte sich rasch und bot den Luchsen leichte Beute, der Luchsbestand wuchs. Zum gleichen Zeitpunkt wurde der Wolf ausgerottet. Um 1915 brach die überbevölkerte Schneeschuhhasenpopulation zusammen und die jetzt zahlreichen Luchse jagten vermehrt Schneehasen. Diese wichen in die Gebirgsregion aus. Sie sind inzwischen in der Region selten geworden, nur auf Inseln ohne Räuber und ohne Konkurrenten vermehren sie sich gut.

Stadium III ab 1925: Im Jahre 1925 beobachtete man vermehrt, dass Luchse auch Karibukälber jagten. Luchse können es nur mit einzelnen, kleinen Tieren aufnehmen und lauern ihrer Beute nachts auf. Die Wachsamkeit der Herde ist damit wirkungslos.

Die Schneeschuhhasenpopulation erholte sich wieder und zeigte von nun an Bestandsschwankungen im 10-Jahres-Rhythmus. Bei erhöhter Hasendichte jagt der Luchs vermehrt Schneeschuhhasen, die Karibudichte kann sich erholen. Sobald die Schneeschuhhasen knapper werden, weicht der Luchs wieder auf Karibukälber aus. So pendelt sich ein Rhythmus ein, dessen Takt von der Dichte der Schneeschuhhasenpopulation bestimmt wird.

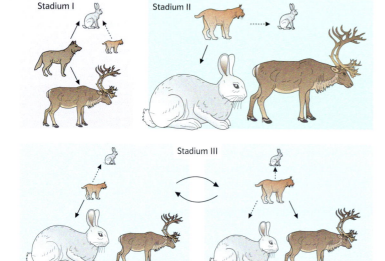

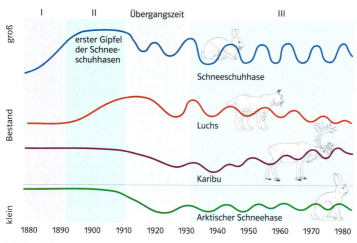

1 *Dichtefluktuationen in einem Vier-Arten-System*

A1 ⬤ Erörtern Sie, wie sich eine Zunahme der Populationsdichte der Schneeschuhhasen auf die Dichte der Karibus bzw. Luchse auswirkt.

A2 ⬤ Beschreiben Sie, welche Rolle der Beutewechsel des Luchses im Nahrungsnetz der Säuger Neufundlands spielt und vergleichen Sie diese mit der Rolle des Wolfes.

Material
Rebhuhn-Dichte

Der Bestand an Rebhühnern ist in den letzten Jahrzehnten deutlich zurückgegangen. Sollte man zum Schutz des Rebhuhns seine Feinde gezielt bejagen oder für vielfältige Nahrung und Unterschlupf im Lebensraum sorgen? Diese Frage wird zwischen Jagdverbänden und Naturschützern häufig kontrovers diskutiert.

Steckbrief Rebhuhn

1 Verbreitungsgebiet des Rebhuhns

– **Name**
  Rebhuhn (Perdix perdix)
– **Familie**
  Hühnervögel
– **Größe**
  bis 30 cm
– **Habitus**
  Schwanz kurz, Läufe kräftig, Kopf rostgelb, Flanken rostbraun gebändert, Brust hellgrau mit dunkler, hufeisenförmiger Zeichnung
– **Lebensraum**
  Feldflur und Brachflächen mit Büschen und Wildkräutern, Kulturfolger
– **Nahrung**
  grüne Pflanzenteile, Sämereien, Beeren, im Sommer für die Brut auch Insekten
– **Verhalten**
  schneller Läufer, fliegt erst bei höchster Gefahr auf, Sandbaden, Steine schlucken für Verdauung
– **Brut**
  Bodennest unter Gebüsch, 8 – 24 Eier, eine Brut pro Jahr (April bis Juli), evtl. Nachgelege
– **Feinde**
  Beutegreifer und Nesträuber: Fuchs, Dachs, Marder, Greifvögel, Rabenvögel, Igel, streunende Hunde und Katzen

Jagd
Vor dem 2. Weltkrieg stark bejagt ohne Bestandsverluste, gemäß EU-Recht keine Bejagung während der Brutzeit, laut Bundesrecht Jagdzeit vom 1. 9. bis 15. 12., Jagdstrecke ca. 10 000 pro Jahr. In bestimmten Bundesländern ganzjährig geschützt.
– **Bestand**
  stark abnehmend, Rote Liste der gefährdeten Arten

Top down

Gezielte Bejagung dient dem Artenschutz! Die europäische Landschaft ist keine Naturlandschaft, sondern eine seit Jahrzehntausenden vom Menschen gestaltete und veränderte Kulturlandschaft. . . . Es geht also nicht um das Wiederherstellen einer wie immer gearteten „Ur-Natur" in Mitteleuropa, sondern um den Erhalt der Identität einer gewachsenen Kulturlandschaft. . . . Viele Feldarten (Rebhuhn, Feldhase, Feldlerche, Feldhamster etc.) sind erst um die Jahrtausendwende . . . in der Kulturlandschaft heimisch geworden. Die Jagd auf Rabenkrähe und Elster ist in erster Linie als naturschützerische Maßnahme zu sehen, denn viele unserer Wiesenbrüter brauchen diesen Schutz noch viel notwendiger als das Niederwild.

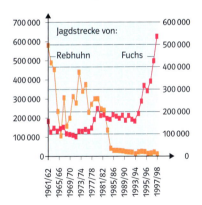

2 Erlegte Rebhühner und Füchse

. . . Als Beispiel für Haarraubwild mag der Fuchs dienen. Vergleicht man die Strecken von Fuchs und Rebhuhn in Deutschland seit 1939, so zeigt sich deutlich, wie sehr sich die Verhältnisse verschoben haben (siehe Abb. 2). Während die Rebhuhnstrecken kaum mehr 10 % der Vorkriegswerte erreichen, hat sich die Fuchsstrecke seit Mitte der 80er-Jahre verdreifacht!
. . . Das Rebhuhn steht hier als Leitart für andere Arten, welche die gleichen Biotope bevorzugen und wie das Rebhuhn ursprünglich im kontinentalen Osten beheimatet waren: Feldhase, Feldlerche, Feldhamster etc. . . .

All diese Arten stehen derzeit auf dem Tiefpunkt ihrer Populationsentwicklung. Gezielte Bejagung (Entnahme der territorialen Brutpaare von Rabenkrähe und Elster vor der Brutzeit, Welpenfang am Fuchsbau zum Abschöpfen des Zuwachses und konsequente Bejagung der Fuchspopulation) schafft Chancengleichheit für die Verlierer der Kulturlandschaft und dient damit direkt dem Artenschutz.

Bottum up

„Rebhuhnschutz heißt in erster Linie: Schutz des Lebensraumes durch:
– Neuanlage und Schutz von Hecken und Feldrainen,
– Nutzungsausgliederung von Ackerrandstreifen und Wegrändern,
– weitere Förderung von Brachflächen,
– Mahd von Wiesen nach Ende der Brutperiode (Schutz von Wiesenbrütern),
– Verzicht auf den Einsatz von Chemikalien,
– Jagdverbot bis zur Stabilisierung der Bestände und
– das Belassen von Stoppelfeldern über den Winter."
(Vogelschutz-online e. V. 2003)

„Um zu prüfen, wie stark sich Rabenvögel ohne Bejagung tatsächlich vermehren, wurde ihre Bestandsentwicklung in Gebieten, in denen sie verfolgt werden, und solchen, in denen sie geschützt sind, beobachtet. Dies ergab, dass eine übermäßige Bestandszunahme ohne Bejagung nicht eintritt. Rabenvögel regulieren sich selbst durch Revierkampf, Nahrungs- und Brutplatzkonkurrenz, die mit der Populationsdichte zunehmen."
(NABU)

A1 ◐ Stellen Sie die Positionen der beiden Parteien gegenüber und leiten Sie die Begriffe „Bottom up" und „Top down" ab.
A2 ○ Stellen Sie Argumente zusammen für eine Diskussionsrunde Pro und Contra „Jagd auf Fuchs und Krähe zum Schutz des Rebhuhns".
A3 ● Entwerfen Sie eine Versuchsanordnung, um in einem Feldversuch nachzuweisen, ob die Dichte des Rebhuhns von Nahrung und Lebensraum (Bottom up) oder von der Zahl der Beutegreifer abhängt (Top down).

Ernährungsstrategien — Spezialisten und Generalisten

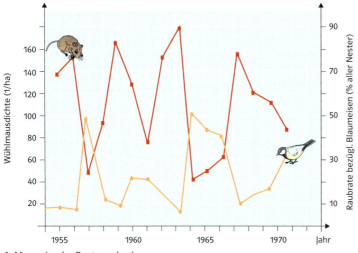

1 *Mauswiesel — Beutewechsel*

2 *Koala-Bär*

Mauswiesel

Verdauungstrakt des Koalas

Nahrungsspezialisten

In einigen Gebieten Australiens findet man große *Eukalyptuswälder*. Durch giftige Substanzen sind diese Pflanzen gut vor Fressfeinden geschützt. Trotzdem kann sich der *Koala* ausschließlich von Eukalyptusblättern ernähren. Durch eine Reihe von Angepasstheiten ist er als einziges Säugetier in der Lage, diese Nahrungsressource zu nutzen: Die Eukalyptusblätter werden im 2 Meter langen Blinddarm (Abb. Randspalte) von speziellen Darmbakterien zersetzt. Diese Mikroorganismen sind auch in der Lage, die enthaltenen Gifte in unschädliche Stoffe abzubauen. Junge Koalas nehmen diese mit einem speziellen Kot ihrer Mutter auf. Koalas fressen ein Fünftel der Tageszeit, fast den gesamten Rest verschlafen sie. Ihre Bewegungen sind sehr langsam. Alle diese energiesparenden Verhaltensweisen sind Angepasstheiten an den geringen Energiegehalt von Eukalyptusblättern.

Der Koala ist ein *Spezialist*, d. h. er kann eine bestimmte Ressource sehr gut nutzen, ist andererseits aber auch auf diese angewiesen, denn Eukalyptus ist als Nahrung für ihn nicht ersetzbar. Die Spezialisierung ist nur möglich, weil die Nahrung für ihn ganzjährig in großer Menge zur Verfügung steht. Auch in unserer heimischen Tierwelt finden sich ähnliche Beispiele. Besonders häufig sind Spezialisten bei Pflanzen fressenden Schmetterlingsraupen zu finden.

Spezialisierte Arten können auch die für andere Tierarten giftigen Pflanzen durch physiologische Angepasstheiten nutzen.

Breites Nahrungsspektrum

Das *Mauswiesel* dagegen ist ein *Generalist*: Sein breites Beutespektrum umfasst vor allem Wühlmäuse, aber auch andere Mäuse, Vögel und Vogeleier (vor allem der Blaumeise). Generalisten verhalten sich *opportunistisch*, d. h. sie wählen jeweils die Beute, die für sie mit geringstem *Kostenaufwand* erreichbar ist und gleichzeitig einen hohen *Energienutzen* erzielt; das ist meist die häufigste Beuteart. Nimmt die Wühlmausdichte ab, bevorzugt das Mauswiesel andere Beutearten (Abb. 1).

Der *Beutewechsel* hat Konsequenzen: Die Populationen von Räuber und Beute beeinflussen sich weniger als bei spezialisierten Räubern. Wenn nicht andere Faktoren wie das Klima begrenzend wirksam werden, sind konstantere Populationsgrößen zu erwarten.

A1 Interpretieren Sie die Angaben zur Beutewahl des Mauswiesels (Abb. 1).

A2 Beziehen Sie die Begriffe „stenopotent"/„eurypotent" auf Generalisten und Spezialisten.

A3 Spezialisten rotten ihre Beute praktisch nie völlig aus. Erklären Sie.

Parasitismus

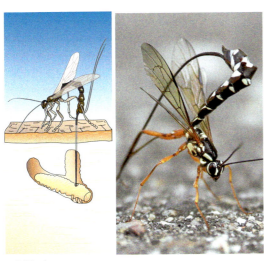

1 Schlupfwespe

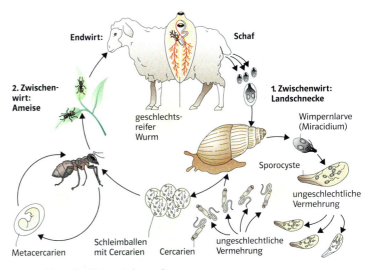

2 Entwicklung des Kleinen Leberegels

Räuber töten ihre Beute, bevor sie sie verzehren. *Parasiten* dagegen ernähren sich von anderen Lebewesen *(Wirten)*, ohne sie vorher zu töten. Das schädigt den Wirt durch verminderte Lebensdauer, verringertes Wachstum oder eine geringere Fortpflanzungsrate.

Varianten des Parasitismus
Parasitismus tritt in zahlreichen ökologischen Varianten auf. So können Parasiten wie *Flöhe* auf der Außenfläche ihres Wirtes leben *(Ektoparasiten)*. Typisch für diesen Parasitentyp sind spezielle Haftorgane und ein flacher Körperbau (s. Randspalte). Es gibt auch Übergänge zwischen Parasiten und Räubern *(Parasitoide)*. So besiedeln die Larven von Schlupfwespen als Spezialisten meist Schmetterlingsraupen (Abb. 1). Am Ende der Larvenentwicklung ist der Wirt tot, die Imago verlässt den Wirt.

Die geringe Größe der Parasiten erlaubt auch ein Leben im Inneren ihres Wirts *(Endoparasiten)*. Abwehrstrategien des befallenen Organismus erfordern gerade von Endoparasiten eine extreme Angepasstheit an ihren Wirt. Deshalb sind diese Parasitenformen hoch spezialisiert.

Wirtswechsel
Die Wahrscheinlichkeit für eine direkte Neubesiedlung eines Wirtes ist häufig sehr klein. Das Beispiel des *Kleinen Leberegels* (Abb. 2) zeigt überlebenssichernde Angepasstheiten: Dieser Parasit lebt in den Gallengängen der Endwirte. Die Eier werden durch den Gallensaft über den Darm ausgeschieden. Da viele Säugetiere den eigenen Kot meiden, wäre eine direkte Übertragung unwahrscheinlich.

Bestimmte *Schnecken* dagegen ernähren sich von Säugerkot. Die Wahrscheinlichkeit, dass Parasiteneier in diesen *Zwischenwirt* gelangen, ist deshalb relativ hoch. Die von der Schnecke ausgestoßenen Schleimballen mit dem nächsten Parasitenstadium enthalten energiereiche Kohlenhydrate. Sie werden deshalb gern von *Ameisen* als Nahrung aufgenommen. Diese klettern, vom Parasiten veranlasst, an die Spitze von Grashalmen, beißen sich dort fest und verharren so tagelang. Damit wird die Wahrscheinlichkeit gesteigert, dass wieder ein Schaf als *Endwirt* die Ameisen mit ihren Parasiten aufnimmt: Der Zyklus ist geschlossen. Der *Wirtswechsel* ist folglich eine Strategie des Parasiten zur Besiedlung neuer Endwirte. Mehrere *ungeschlechtliche Vermehrungszyklen* in dem Zwischenwirt erhöhen die Wahrscheinlichkeit, dass zumindest einige Parasiten wieder in einen neuen Endwirt gelangen.

A1 Informieren Sie sich über Krankheitserreger wie Pestbakterien und Salmonellen. Begründen Sie, ob hier typische Parasitenmerkmale vorliegen.

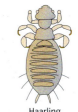

Haarling

Filzlaus

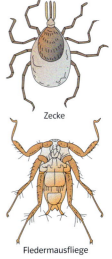

Zecke

Fledermausfliege

Ektoparasiten

Symbiose

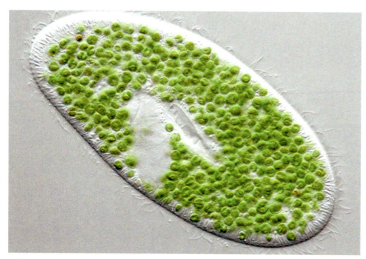

1 *Paramecium bursaria* mit *Chlorella*

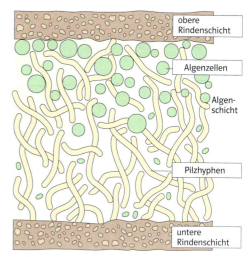

2 *Flechte*

	Wirkung von A auf B	Wirkung von B auf A
Parasitismus	⊕	⊖
Räuber/Beute	⊕	⊖
Symbiose	⊕	⊕
Parabiose	⊕	0

Eine Beziehung zweier Arten, von der beide profitieren, wird *Symbiose* oder Mutalismus genannt. Symbiosen sind in der Natur sehr verbreitet. In Vesikeln des Einzellers *Paramecium bursaria* leben zahlreiche Grünalgen der Gattung *Chlorella*. Die Algen vermehren sich innerhalb des Einzellers, der ihnen einen gewissen Schutz, etwas Mobilität, vor allem aber eine hohe Mineralstoff- und Kohlenstoffdioxidkonzentration bietet. Aber auch die Einzeller profitieren von den Algen: Ist organische Nahrung *(Detritus)* für sie knapp, beziehen sie Vitamine und Proteine aus den Algen.

Alle Arten der Gattung *Paramecium* strudeln kleine Nahrungspartikel über ihr Mundfeld ein. Dort werden sie in Nahrungsvakuolen übernommen und verdaut. Ähnlich kann auch heute noch *P. bursaria* Chlorella-Algen aufnehmen — nur werden sie nicht automatisch verdaut. Wenn allerdings die Nahrungsbedingungen für *P. bursaria* schlecht werden, verhält sich der Einzeller wie seine Verwandten auch: Er verdaut diese Algen und ernährt sich von ihnen. Offensichtlich hat also dieser Einzeller im Verlauf der Evolution die Fähigkeit erworben, die Abgabe von Verdauungsenzymen zu steuern. Das Beispiel zeigt, dass Symbiose keineswegs immer ein friedliches Miteinander darstellt, sondern oft eher als *Kampfgleichgewicht* betrachtet werden kann. So leben nur bestimmte Chlorella-Arten in *P. bursaria*, andere werden als Nahrung verdaut. Das deutet darauf hin, dass diese Algenart eine gewisse Resistenz gegen die Verdauung durch *P. bursaria* erworben hat.

Flechten

Ein zweites Beispiel sind *Flechten*. Hier ist die Beziehung zwischen Algen oder *Cyanobakterien* und dem sie umgebenden *Pilz* so eng, dass Flechten als eigenständige systematische Gruppe betrachtet werden. Flechten leben unter völlig anderen ökologischen Bedingungen als die einzelnen Symbiosepartner. So besiedeln Flechten häufig extrem nahrungsarme Untergründe wie Felsen oder Betonflächen, aber auch Extremlebensräume in Trockenheit und Kälte, in denen weder Pilze noch Algen allein existieren könnten: Das Pilzgerüst schützt die Algen vor Austrocknung und liefert den Pflanzen Kohlenstoffdioxid. Durch Säureabgabe kann es für die Alge wichtige Mineralstoffe aus dem steinigen Untergrund lösen. Der Pilz ist als heterotropher Organismus auf die organischen Fotosyntheseprodukte der Alge angewiesen. Dieses Zusammenleben erlaubt die Besiedlung unwirtlicher Lebensräume.

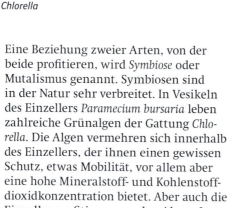

Hummelblüte

Kolibriblüte

A1 ◯ Die Beziehung zwischen Blütenpflanzen und Insekten wie Hummeln (s. Randspalte) kann als symbiotisch angesehen werden. Erklären Sie diese Aussage.

Material
Pilzsymbiosen

Pilze führen ein Schattendasein — und das nicht nur im ökologischen Sinne, sondern auch in unserem Bewusstsein. Ihre ökologische Bedeutung wird unterschätzt. Tatsächlich könnten die meisten Landpflanzen ohne Pilz-Symbiosen in und an ihren Wurzeln *(Mykorrhiza)* nicht gedeihen, ihnen blieben viele Lebensräume verschlossen.

Am häufigsten ist die unscheinbare *arbuskuläre Mykorrhiza*. Dabei versorgen Jochpilze Kräuter und Farne mit Phosphorverbindungen. Bekannter ist die Ektomykorrhiza, deren Fruchtkörper als Speisepilze dienen. Flechten sind ebenfalls Pilzsymbiosen.

Symbiose Ständerpilz — Waldbaum

1 Knollenblätterpilz

Die *Ektomykorrhiza* ist die Pilz-Symbiose unserer Wälder. Die Bodenstreu des Waldes enthält viele Mineralstoffe, die nicht von den Bäumen aufgeschlossen werden können. Sie leben in Symbiose mit Ständerpilzen, wie dem Knollenblätterpilz, die diese Aufgabe übernehmen. Die Fäden der Pilze umwickeln nur bestimmte Wurzelabschnitte und dringen nicht in die Zellen ein, sie ersetzen damit gewissermaßen die Wurzelhaare. Die Ständerpilze stellen den Bäumen vor allem Stickstoffverbindungen zur Verfügung. Dabei werden durch die Pilzfäden oft mehrere Bäume miteinander vernetzt und der Einzugsbereich ihrer Wurzeln deutlich vergrößert (s. Abb. 2).

Pilze reagieren besonders empfindlich auf sauren Regen, das Waldsterben wird auch mit der Rückbildung der Mykorrhiza in Verbindung gebracht. Bei einer ökologischen Wiederaufforstung werden Kenntnisse der Mykorrhiza daher eine wichtige Rolle spielen.

A1 Planen und begründen Sie ein Experiment mit markiertem Phosphat, um die Hypothese zu überprüfen, dass die Mykorrhiza Bäume mit Phosphat versorgt.

Mykorrhiza — Pilze

Der *Fichtenspargel* gehört wie das Heidekraut zu den Erikaceen. Er ist jedoch eine auffällige Pflanze, da er kein Chlorophyll besitzt. Die weißlich-graue Pflanze ist im Boden stark mit der Mykorrhiza eines Pilzes infiziert. Den Fichtenspargel findet man immer in der Nähe anderer grüner

4 Fichtenspargel

Pflanzen, die aktiv Fotosynthese betreiben. Der typische Lebensraum sind Laub-, Nadel- und Mischwälder. Ernähren kann sich der Fichtenspargel nicht selbstständig. Er bezieht die Nährstoffe aus den Zellfäden der Mykorrhizapilze der grünen Pflanzen aus der Umgebung.

A2 Erläutern Sie, ob es sich bei der Lebensweise des Fichtenspargels um eine Symbiose handelt. Begründen Sie Ihre Aussage im Vergleich zu den Pilzen und Waldbäumen.

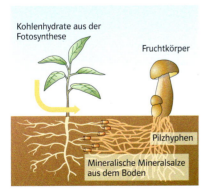

2 Mykorrhiza

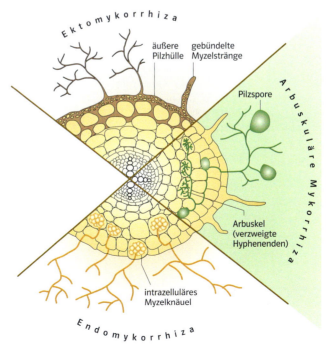

3 Formen der Mykorrhiza

199

K- und r-Lebenszyklusstrategie

1 *Wald nach Brand*

2 *Neubesiedelung 2 Jahre nach Waldbrand*

Jährlich gibt es in Deutschland mehrere Hundert Waldbrände. Der größte Teil ist auf menschliche Einflüsse zurückzuführen. Selten sind Blitzeinschläge verantwortlich. Bereits nach zwei Jahren sind die Flächen wieder stark besiedelt.

Neubesiedlung

Durch einen Waldbrand werden viele Samen des Bodens zerstört. Sameneintrag von außerhalb spielt bei der Sekundärbesiedlung eines Waldes häufig eine große Rolle. Aus diesem Grund unterscheidet sich die Pioniervegetation meist von der ursprünglichen Waldvegetation. Als eine der ersten Pflanzen nach einem Brand findet man das Waldweidenröschen. Wie alle Pionierarten kann sich das *Waldweidenröschen* schnell ausbreiten. Eine einzige Pflanze produziert in Kapseln mehrere 10 000 Samen, die aufgrund kleiner Härchen gut vom Wind verbreitet werden können. Zudem kann sich die Pflanze vegetativ über die Wurzeln ausbreiten.

Die starke Ausbreitung ist aber nur von kurzer Dauer. Im weiteren Verlauf dominieren konkurrenzstärkere, langsamer wachsende Sträucher und Bäume, die den Boden beschatten.

Nachkommenanzahl

Organismenarten, die ihre Biomasse überwiegend in Fortpflanzungsprodukte investieren, die deshalb viele Nachkommen haben, dafür aber weniger Energie in Dauerhaftigkeit investieren, bezeichnet man als *r-Strategen* (engl. r = *rate*). Sie sind durch Kurzlebigkeit gekennzeichnet. Die Sterblichkeit ist in jeder Altersphase hoch. Ihre Populationen weisen hohe Wachstumsraten auf und sie schwanken häufig. Dagegen gibt es Lebewesen, die ihre Biomasse in die Sicherung der eigenen Existenz investieren. Diese sind häufig konkurrenzstärker und langlebig. Die Populationsgröße solcher Arten bewegt sich nahe an der durch die Ressourcen begrenzten Kapazitätsgrenze K: sie werden deshalb *K-Strategen* genannt. Die einem Lebewesen zur Verfügung stehende Energie ist begrenzt. Sie wird artspezifisch unterschiedlich investiert. Die optimale *Strategie* zum Überleben von Populationen hängt wesentlich von der *Konstanz* der Lebensbedingungen ab. So beherbergt ein See mit seinen gleichbleibenden Lebensbedingungen überwiegend K-Strategen wie Fische. Eine Pfütze dagegen existiert nur kurze Zeit; sie wird von r-Strategen wie Einzellern und Wasserflöhen besiedelt.

Waldweidenröschen

	r-Strategie	K-Strategie
Lebensdauer	kurz	lang
Zeit bis zur ersten Reproduktion	kurz	lang
Zahl der Nachkommen	viele	wenige
Elterliche Fürsorge	keine	häufig sehr ausgeprägt
Entwicklung	schnell	langsam
Masse	gering	hoch
Sterblichkeitsrate	hoch	niedrig
Umweltbedingungen	wechselhaft	konstant
Populationsgröße	variabel < K	nahe bei K

3 *Merkmale von r- und K-Strategen*

200 Ökologie

Dispersion — Verteilungsmuster in Populationen

Individuen breiten sich aus und entfernen sich dadurch voneinander. Die Ausbreitung kann passiv, z. B. durch Windverteilung bei Samen oder aktiv z. B. durch Tierwanderungen erfolgen. Dies führt zu einer Verteilung der Individuen innerhalb einer Population. Die Anzahl der Individuen in einer Population und deren Verteilung spielen eine wichtige Rolle bei Freilanduntersuchungen, z. B. bei Lebenszyklusstrategien oder Sukzessionen. Die beobachteten räumlichen Verteilungsmuster der Individuen in ihrem Lebensraum bezeichnet man als *Dispersion*. Man unterscheidet drei Haupttypen, die jedoch ineinander übergehen können: die zufällige, die regelmäßige und die aggregative (geklumpte) Verteilung (Abb. 2).

Verschiedene Perspektiven
Die Verteilungsmuster sind durch die relative Lage der einzelnen Individuen zueinander definiert. Bei verschiedenen Beobachtungsmaßstäben kann es jedoch variieren. Betrachtet man Blattlauspopulationen großräumig, sind sie auf Bäume im Wald aggregiert. Betrachten wir die Population auf den Blättern eines Baumes, erscheint die Verteilung eher zufällig. Bei der Untersuchung der Populationsdichte in einer Population spielen diese Zusammenhänge eine große Rolle für die jeweiligen naturwissenschaftlichen Fragestellungen.

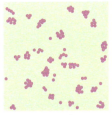
aggregativ

regelmäßig

zufällig

2 *Dispersion von Individuen*

Flächenraster zum Auszählen
Unter der Individuendichte einer Population wird die Zahl der Individuen pro Fläche angegeben. Man kann diese ermitteln, indem ein Flächenraster auf das zu untersuchende Gebiet aufgelegt wird. In dieses werden die gefundenen Individuen eingetragen (Abb. 1). Die roten Punkte stellen einzelne Individuen dar. Im Quadrat 1 sind es fünf Individuen, in Quadrat 2 sind es zwei und in Quadrat 3 ist kein Individuum vorhanden. Gründe für unterschiedliche Anzahlen können in vielen Faktoren liegen, wie z. B. in der Nachkommensrate, der Sterberate oder der Ein- und Auswanderung einzelner Individuen.

A1 Untersuchen Sie auf dem Schulhof während der Pause in einem festgelegten Raster die Anzahl der verschiedenen Individuen und ordnen Sie sie begründet einem Dispersionstypus zu.

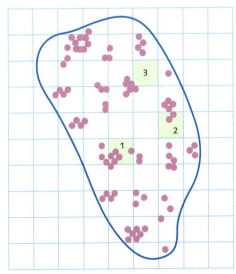

1 *Individuen auf einer bestimmten Fläche*

201

Populationsökologie und Pflanzenschutz

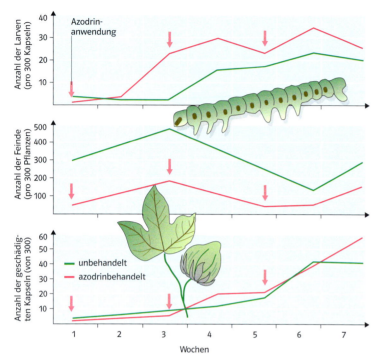

1 *Raupe des Eulenfalters auf Baumwollpflanzen*

Minierer
Pflanzenfresser, die im Inneren von Pflanzen leben und Gänge („Minen") in diese fressen

Die Populationen von Pflanzen wie Getreide und Gemüse, die für die Nahrungsmittelproduktion wichtig sind, werden durch Pflanzenfresser („Schädlinge") und konkurrierende Pflanzenarten („Unkräuter") stark begrenzt.

Insektizide gegen Pflanzenschädlinge
Monokulturen bieten den Pflanzenfressern mit hohen Vermehrungsraten ideale Lebensbedingungen. Insektenpopulationen wachsen schneller und sind häufig mobiler als etwa Mäusepopulationen; ihr Einfluss ist deshalb besonders gravierend. Der Einsatz von *Insektiziden* (chemischen Pflanzenschutzmitteln) ist wegen der möglichen Giftigkeit des Mittels oder seiner Abbauprodukte unter Umständen kritisch. Er zeigt zudem nicht immer den gewünschten Effekt des Pflanzenschutzes, denn diese Gifte greifen vielfältig in das Nahrungsnetz ein.

Da die meisten Hauptfeinde von *Schadinsekten* auch zu den Gliederfüßern gehören (*Raubinsekten, Spinnen*), werden ihre Populationen bei mangelnder *Spezifität* des Insektizids durch Gifteinsatz ebenso reduziert. Die geringere Wachstumsrate der Räuberpopulationen führt dazu, dass sie sich nach dem Insektizideinsatz langsamer erholen als die Schadinsektenpopulation (s. Lotka-Volterra-Regel III, Seite 193).

Manche Schädlinge sind durch Insektizide kaum erreichbar. So leben die Larven des *Eulenfalters* („Baumwollwurm") in den Stängeln und Kapseln der Baumwollpflanzen als *Minierer* und führen zu deutlicher Ernteminderung. Eine Bekämpfung ist mit äußerlich aufgesprühten Insektiziden schwierig, da diese kaum zu den Schädlingen gelangen. Raubinsekten und Spinnen halten sich dagegen an der Oberfläche der Pflanzen auf und sind dadurch direkt dem Gift ausgesetzt (Abb. 1).

Auch parasitisch lebende Pilze können die Nutzpflanzenpopulationen erheblich beeinträchtigen. Gegen sie werden *Fungizide* eingesetzt.

Herbizide gegen Konkurrenten
Ackerflächen bieten nicht nur den Nutzpflanzen günstige Lebensbedingungen. Schnellwüchsige Konkurrenten wie Hohlzahn und Knöterich nutzen dieselben begrenzten Ressourcen Platz, Licht und Mineralstoffe. Zur Vermeidung von Ertragseinbußen werden gegen sie *Herbizide* eingesetzt. Mit den konkurrierenden Pflanzen verschwinden aber auch Lebensmöglichkeiten von nützlichen Raubinsekten, deren Larven häufig auf diese unerwünschten Pflanzenarten als Nahrungsquelle angewiesen sind.

Parasiten und Räuber im Pflanzenschutz
Erst seit 1945 ist eine spezifische *chemische Schädlingsbekämpfung* möglich. Davor versuchten die Menschen, Ernteschädlinge mit einfachen Mitteln zu bekämpfen. Neben dem Absammeln spielte die Förderung der Räuberpopulationen dabei eine wesentliche Rolle. So boten *Hecken* neben Windschutz auch vielen Insekten fressenden Vögeln Nistmöglichkeiten. *Brachland* spielte eine wichtige Rolle als Rückzugs- und Entwicklungsraum für Raubinsekten und am Boden brütende Vögel. Auch die *Fruchtfolge* ist eine Möglichkeit des Pflanzenschutzes. Durch den

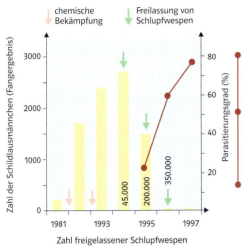

2 *Chemische und biologische Bekämpfung*

3 *Schlupfwespen im Pflanzenschutz*

Wechsel der angebauten Frucht auf einem Acker werden getreide-, kartoffel- oder rübenspezifische Schädlinge über Jahre dezimiert, bevor dieselbe Frucht wieder angebaut wird. Solche Maßnahmen sind heute vor allem im *ökologischen Landbau* wieder von großer Bedeutung.

Auch das Aussetzen von Räubern gegen Schädlinge hat eine lange Tradition. Es stellte sich allerdings schnell heraus, dass künstlich eingeführte Arten eine Reihe von Eigenschaften aufweisen müssen, damit sie wirkungsvoll sind und keine negativen Auswirkungen auf das Ökosystem haben. Neben einer hohen Wachstumsrate ist vor allem eine hohe *Fressrate* wichtig. Besonders bedeutsam ist ihre *Beutespezifität*: Generalisten entwickelten häufig eine verheerende Wirkung auf das Ökosystem. So verwilderten auf tropischen Inseln Katzen, die zur Bekämpfung von Mäusen gehalten wurden, und rotteten einheimische Tierarten aus.

Parasiten erfüllen die genannten Kriterien am besten. Vor allem ihre hohen Wachstumsraten und ihre *Wirtsspezifität* erweisen sich als günstig. Beispiele sind der Einsatz von Schlupfwespen gegen Schildläuse im Obstbau (Abb. 2, 3). Da Räuber und Parasiten ihre Beute bzw. Wirte nicht ausrotten, sondern deren Population lediglich begrenzen, ist mit gewissen Ernteeinbußen weiterhin zu rechnen.

Häufig müssen die Parasiten zudem in regelmäßigen Abständen neu ausgesetzt werden, da ihre Populationen bei geringer Wirtsdichte nicht beständig sind. Das ist recht teuer.

Gentechnische Verfahren
Gentechnische Verfahren können Pflanzen erzeugen, die Insektizide selbst produzieren. Ein Beispiel ist *Bt-Mais,* der Gene des Bakteriums *Bacillus thuringiensis* enthält. Diese Gene ermöglichen den Pflanzen die Bildung von Toxinen, die für Wirbeltiere, Raubinsekten und Spinnen harmlos, für Pflanzen fressende Insekten aber tödlich sind. Der Einsatz gentechnisch veränderter Pflanzen ist allerdings umstritten (s. Seite 97).

Häufiger Einsatz gleicher Wirkstoffe kann dazu führen, dass Individuen, die zufällig resistent gegen das Gift sind, überleben und sich ungehindert vermehren: Das Insektizid wird wirkungslos. Dies gilt besonders für gentechnisch veränderte Pflanzen, die das Insektizid permanent produzieren.

A1 Analysieren Sie die Folgen des Azodrineinsatzes gegen den „Baumwollwurm" (Abb. 1).

A2 Vergleichen Sie den Effekt chemischer und biologischer Bekämpfung bei der Schildlausbekämpfung in einem schweizer Obstanbaugebiet (Abb. 2).

Biologische Invasion — Neobiota

1 *Schmalblättriges Greiskraut*

In manchen Regionen entdeckt man an den Rändern der Autobahn über lange Strecken hinweg gelb blühende Pflanzen, das schmalblättrige Greiskraut (Abb. 1). Bei diesen Pflanzen handelt es sich um *Neophyten*. Vor ca. hundert Jahren wurden sie in Deutschland das erste Mal beschrieben. Das Herkunftsgebiet ist Südafrika, wo sie besonders häufig in steinigen und felsigen Landschaften zu finden sind. Sie können jedoch ein breites Spektrum an Standorten besiedeln, von trocken bis feucht und sonnig bis beschattet. Die Samen werden mit dem Wind verbreitet. Seit 1950 nimmt die Verbreitung in Deutschland rapide zu (Abb. 2 und Abb. 3).

Verbreitung an Verkehrswegen

Die Ausbreitung *(Dispersion)* erfolgt über Samen. Diese werden durch Luft Verwirbelungen von Fahrzeugen an den Autobahnen und Eisenbahnen verteilt. Da die Samen auch an den Reifen der Fahrzeuge haften, breitet sich das schmalblättrige Greiskraut über große Entfernungen, besonders an Straßen aus. Neue vereinzelte straßenferne Funde der Pflanzen lassen sich durch den Samentransport mit Vögeln erklären. Seit ca. 1950 schreitet die Verbreitung aus Belgien nach Deutschland voran. Nachdem sie zunächst nur im Westen Deutschlands verbreitet war, besiedelten die Pflanzen in den 90er Jahren auch die östlichen Bundesländer.

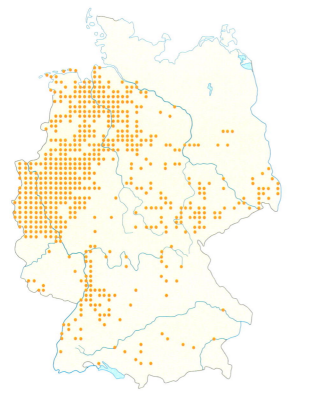

2 *Verbreitung von 1950 bis 2000*

2 *Verbreitung bis 2013*

Verbreitung über Schiffe

Der Kartoffelkäfer verbreitete sich im letzten Jahrhundert über Europa (Abb. 5). Im Jahre 1922 trat er in großen Mengen im Raum Bordeaux auf, wo große Flächen des Kartoffelanbaus vernichtet wurden. Die eigentliche Heimat des Kartoffelkäfers lag in den USA. Neben den Kartoffelblättern fressen die Larven und adulten Käfer auch die Blätter anderer Nachtschattengewächse wie Auberginen oder Tomaten. Ein Weibchen legt ca. 1200 Eier, aus denen rot gefärbte Laven schlüpfen. Nach der Verpuppung schlüpfen die erwachsenen Käfer. Die Ausbreitung des Kartoffelkäfers in Europa führte zu großen Verlusten bei der Kartoffelernte und nach dem Zweiten Weltkrieg zu Ernährungsengpässen in der Bevölkerung. Wirksame Bekämpfungsmittel haben die Verluste beim Kartoffelanbau stark reduziert. Manche einheimische Vogelarten nutzen mittlerweile die Kartoffelkäfer als Nahrungsquelle.

4 *Kartoffelkäfer*

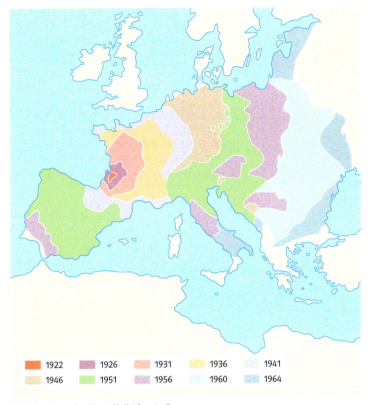

5 *Verbreitung des Kartoffelkäfers in Europa*

Festlegung des Zeitraums

Pflanzen und Tiere wurden ständig über Handelswege nach Nordeuropa gebracht. Als *Neophyten* bezeichnet man Pflanzen, die nach 1492 von Menschen absichtlich oder unabsichtlich aus ihren ursprünglichen Heimatgebieten in andere Länder eingeführt worden sind. Das Jahr 1492 wurde festgelegt, da durch die Entdeckung Amerikas sehr viele Lebewesen vom anderen Kontinent nach Europa gebracht wurden. Eingeschleppte Tiere werden als Neozoen bezeichnet. Neophyten und Neozoen werden als *Neobiota* bezeichnet.

Ausbreitungschancen und Gefahren

Ob sich Neobiota dauerhaft behaupten, hängt von der ökologischen Nische ab, die besetzt werden kann. Eine erfolgreiche Invasion hängt von vielen Faktoren ab, wie abiotischen Faktoren, Fressfeinden oder den Vermehrungsstrategien. Hierbei spielt die vorhandene einheimische Konkurrenz eine große Rolle. Eine Ausbreitung von Neobiota ist nicht immer harmlos, wie die Verbreitung des Kartoffelkäfers zeigte. Einheimische Pflanzen und Tiere können verdrängt werden, was zu einer Veränderung des Artenreichtums führen kann. Die Diskussion um die Neobiota und die Ängste um die Verringerung der Artenzahl einheimischer Pflanzen ist problematisch, da nicht nur Arten verdrängt werden, sondern sich dadurch die Artenzusammensetzung ändert, wobei evolutive Vorgänge über lange Zeiträume immer zu Veränderungen in der Artenzusammensetzung geführt haben. Die Frage, ob biologische Invasionen gut oder schlecht sind, kann nicht naturwissenschaftlich beantwortet werden. Wertvorstellungen und Wertsetzungen des Menschen können hier berücksichtigt werden und in Entscheidungen einbezogen werden.

3.4 Synökologie
Gestufte Systeme

Biozönose
Lebensgemeinschaft aller Organismen in einem Biotop

Biotop
Lebensraum, Gesamtheit aller abiotischen Umweltfaktoren

Ökosystem
Vernetzung von Biozönose und Biotop

Biomasse
gesamte lebende Masse aller Individuen

Produktion
in einer bestimmten Zeit neu gebildete Biomasse

autotroph
sich selbstständig ernährend, d.h. nicht auf organische Stoffe angewiesen

In einem Ökosystem leben viele Pflanzen- und Tierarten zusammen. Sie stellen eine Lebensgemeinschaft dar, die *Biozönose*, und diese lebt in einer gemeinsamen Umwelt, dem *Biotop*. Biozönose und Biotop bilden zusammen ein *Ökosystem*.

Zwischen den Populationen eines Ökosystems gibt es Wechselwirkungen, die seine Gesetzmäßigkeiten bestimmen. Einige lassen sich aus der Beziehung zweier Populationen erhalten. Man kann sich das gesamte System aus einzelnen Zwei-Arten-Systemen zusammengesetzt vorstellen. Die Beziehungen zwischen den Arten sind vielfältig und müssen als stark verflochtenes Netz aufgefasst werden.

Trophiestufen

Viele Populationen nutzen ähnliche Ressourcen. Man fasst sie daher zu *Trophiestufen* zusammen. Mit ihrer Hilfe lassen sich einfache Gesetzmäßigkeiten ermitteln. Die unterste Stufe bilden autotrophe Organismen, d.h. Pflanzen. Sie stellen aus anorganischen Stoffen energiereiche organische Stoffe her *(Primärproduktion)*. Dies ist die Trophiestufe der *Produzenten*. Die weiteren Trophiestufen bilden *Konsumenten*. Das sind heterotrophe Organismen, die eigene Biomasse aus der Biomasse anderer Organismen produzieren *(Sekundärproduktion)*. Die zweite Stufe bilden Pflanzenfresser. Sie sind *Konsumenten 1. Ordnung*. Fleischfresser bilden als *Konsumenten 2. Ordnung* die dritte Stufe. Weitere Konsumentenstufen können folgen. Mit jeder höheren Stufe wird aber die Nahrung seltener und ihre Schwankungen wirken sich gravierender aus. Die meisten Ökosysteme haben daher nicht mehr als 4 Trophiestufen.

Trophiestufen besitzen die kennzeichnenden Größen *Individuenanzahl* bzw. *-dichte*, *Biomasse* und *Produktion*. Die Individuenanzahl ist wegen der riesigen individuellen Unterschiede in Größe oder Masse jedoch wenig aussagekräftig, wie z.B. der Vergleich von Bäumen und Kräutern offensichtlich macht. Die Biomasse erfasst die gesamte Masse der Individuen. Die Produktion beschreibt, wie viel neue Biomasse in einer bestimmten Zeit gebildet wird. Die kennzeichnenden Größen können zu *ökologischen Pyramiden* wie z.B. zur Biomassenpyramide zusammengefasst werden (Abb. 1). Auch der Flächenbedarf der Individuen bildet eine Pyramide.

Die Größe einzelner Populationen bleibt nicht konstant, sondern schwankt ständig. In stabilen Lebensräumen scheinen aber über einen längeren Zeitraum gesehen die Biomassen der Trophiestufen etwa gleich groß zu sein. In diesem Fall verliert eine Trophiestufe so viel Biomasse durch Absterben oder an höhere Konsumenten, wie sie im gleichen Zeitraum produziert hat.

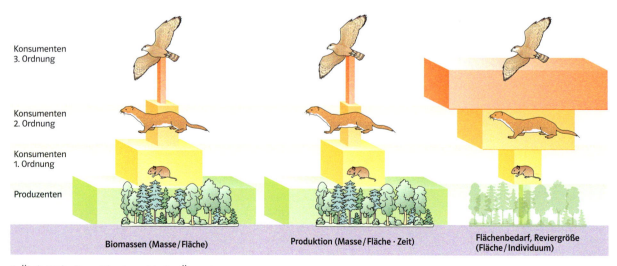

1 *Ökologische Pyramiden terrestrischer Ökosysteme*

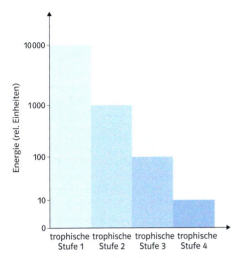

2 *Energieabgabe je Trophiestufe*

Art	Masse (kg)	Dichte (N/km²)	Masse/Fläche (kg/km²)
Feldmaus (P)	0,02	3300	66
Erdmaus (P)	0,032	2500	80
Wisent (P)	900	0,1	90
Wildschwein (G)	80	0,3	24
Dachs (G)	12	1,2	14,4
Mauswiesel (F)	0,12	10	1,2
Luchs (F)	25	0,03	0,75
Wolf (F)	40	0,02	0,8

P = Pflanzenfresser, F = Fleischfresser, G = Gemischtfresser

3 *Ökologische Daten verschiedener Säugetiere*

Energieumwandlungen

In einem Ökosystem werden von einer Trophiestufe zur nächsthöheren Stufe nur ca. 10 % der enthaltenen Gesamtenergie weitergegeben. Dies liegt daran, dass bei sämtlichen Stoffwechselvorgängen eines Lebewesens ein großer Anteil an Energie in Form von Wärme freigesetzt wird. Diese Wärme kann nicht wieder in andere Energieformen umgewandelt werden. Sie wird allerdings bei gleichwarmen Lebewesen zur Aufrechterhaltung der Körpertemperatur genutzt. Man bezeichnet diese Abgabe als *Energieentwertung*. Der restliche Anteil der durch Zellatmung bzw. Fotosynthese nutzbar gemachten Energie wird vor allem zur Aufrechterhaltung der täglichen Lebensprozesse benötigt (s. Randspalte). Ein relativ geringer Energieanteil fließt in den Aufbau körpereigener Substanzen. Nur dieser Anteil ist jedoch für die nächsthöhere Trophiestufe verfügbar. Hinzu kommt, dass die Konsumenten dieser höheren Stufe einen Teil der aufgenommenen Biomasse als unverdaulich wieder ausscheiden. Er ist damit ebenfalls nicht vollständig nutzbar.

Produktivität

In sämtlichen Ökosystemen ist daher die Produktion, d. h. die hergestellte Biomasse pro Zeit und Fläche, einer niedrigeren Trophiestufe deutlich höher als die der höheren Trophiestufe. Vergleicht man jedoch nur die produzierte Biomasse, so ergibt sich in größeren aquatischen Systemen ein umgekehrtes Bild (Abb. 4). Dies liegt daran, dass sich in diesem Ökosystem die hier lebenden Algen bei guter Versorgung mit Ressourcen mehrfach täglich teilen und ihre Biomasse vervielfachen. Daher sind in Ökosystemen weniger die aktuellen Biomassen von Bedeutung. Entscheidend sind die Biomassen-Produktionen in derartigen Systemen, da sie auch den Zeitfaktor berücksichtigen. Sie werden häufig auch vereinfachend als Energiepyramiden bezeichnet.

A1 Erläutern Sie die eigenartige Form der Pyramide für den Flächenbedarf (Abb. 1).

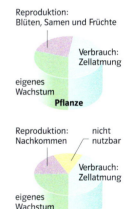

Verwendung von Biomasse

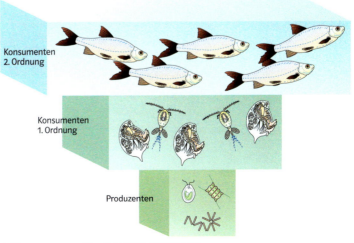

4 *Biomassenpyramide eines großen Gewässers*

Primärproduktion

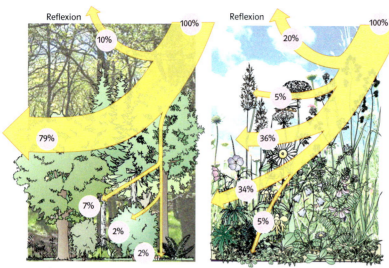

1 *Lichtausnutzung in Wald und Wiese*

Gesetz des Minimums von Liebig

Am Anfang vieler Nahrungsketten stehen die Pflanzen. Sie stellen mithilfe der Fotosynthese aus anorganischen Stoffen energiereiche Biomasse her. Die gesamte pflanzliche Produktion wird *Bruttoprimärproduktion* genannt. Ein großer Teil wird in der pflanzlichen Zellatmung verbraucht, den dann verbleibenden Teil bezeichnet man als *Nettoprimärproduktion*. Pflanzen produzieren Nährstoffe somit selbst, sie sind autotroph. Von der von ihnen gebildeten Biomasse zehren direkt oder indirekt alle anderen heterotrophen Organismen. Grüne Pflanzenteile absorbieren Licht für die Fotosynthese. Die Absorption erfolgt jedoch nicht vollständig, sodass Restlicht für weitere Blattschichten übrig bleibt. Nach Untersuchungen kommen in einem Pflanzenbestand so viele Blattschichten vor, dass das Licht praktisch vollständig genutzt wird (Abb. 1). Licht ist eine begrenzte Ressource.

Begrenzende Faktoren

Wird die Produktion nur durch die verfügbare Lichtmenge begrenzt, führt dies zu einer ähnlichen Fotosyntheseleistung und damit zu einer ähnlichen Nettoprimärproduktion in unterschiedlichen Ökosystemen. Die Primärproduktion wird außerdem durch die Verfügbarkeit von Wasser und Mineralstoffen sowie durch die Temperatur bestimmt. Fehlt ein Element, kann es durch vermehrte Zugabe anderer Elemente nicht ausgeglichen werden. Die knappste Ressource bestimmt das Wachstum der Pflanzen (*Gesetz des Minimums*, s. Randspalte). Dies führt zu sehr unterschiedlicher Primärproduktion in verschiedenen Lebensräumen der Erde (Abb. 2).

A1 ⊖ Die Primärproduktion ist in verschiedenen Ökosystemen der Erde sehr unterschiedlich (Abb. 2). Erklären Sie, welcher Faktor im Einzelfall begrenzend wirkt.

	Ozean	Küstenzone	Gezeitenzone, Mangroven	Regenwald tropischer Länder	Wald kühlfeuchter Gebiete	Fels, Eis	Trockenbusch, Savanne	Wüste, Tundra
Nettoprimärproduktion (kg/m² · Jahr)	< 0,4	0,2 – 0,6	1 – 6	1 – 3,5	0,5 – 2,5	< 0,001	0,2 – 2,5	< 0,04
Biomasse (kg/m²)	< 0,01	0,01 – 0,1	10 – 50	40 – 80	10 – 50	< 0,3	2 – 15	0 – 2
Globale Nettoproduktion (10⁹ Mt/Jahr)		7,30		46,30	29,20	0,09	14,80	2,40

2 *Biomasse und Nettoprimärproduktion*

Fotosynthese — Energieumwandlung

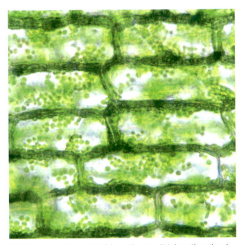

1 *Pflanzenzellen mit Chloroplasten (Lichtmikroskop)*

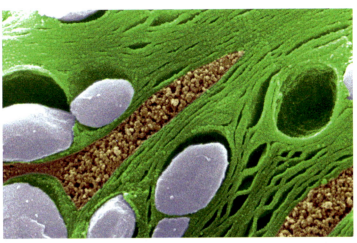

2 *REM-Aufnahme von Stärkekörnern zwischen Thylakoiden*

Mithilfe der Lichtenergie werden im Prozess der Fotosynthese die energiearmen Stoffe Kohlenstoffdioxid und Wasser zu energiereicher Glucose und zu Sauerstoff umgebaut (Abb. 3). Innerhalb der Zellen der grünen Pflanzenteile läuft dieser Prozess der Energieumwandlung in den Chloroplasten ab (Abb. 1). Glucose ist sowohl der Ausgangsstoff für den Baustoffwechsel der Pflanze als auch für die Energiebereitstellung lebensnotwendiger Prozesse wie z. B. Wachstum oder Fortpflanzung.

Die Glucose wird vorübergehend in den Chloroplasten in die langkettige Stärke umgewandelt. Diese liegt in Form von Stärkekörnern zwischen den Thylakoiden der Chloroplasten (Abb. 2). Dadurch wird verhindert, dass durch hohe Glucosekonzentrationen ein zu hoher osmotischer Druck entsteht, der die Chloroplasten zerstören könnte. Stärke ist schlecht wasserlöslich und daher im Gegensatz zur Glucose osmotisch wenig wirksam. In Zeiten mit geringer Fotosyntheseaktivität wird sie wieder in Glucose überführt und über Leitungsbahnen in der Pflanze verteilt und u. a. in Speicherorgane transportiert. Hier wird sie wieder in Stärke umgewandelt. Je nach Bedarf wird Stärke aus dem Vorratsspeicher in lösliche Glucose umgewandelt und an die verschiedenen Verbrauchsorte transportiert. Hier kann sie in den Mitochondrien über den Prozess der Zellatmung *(Dissimilation)* zu Kohlenstoffdioxid und Wasser abgebaut werden.

Die Reaktionsgleichung der Fotosynthese entspricht formal der Umkehrung der Reaktionsgleichung der Zellatmung:

$6\,CO_2 + 12\,H_2O \rightarrow C_6H_{12}O_6 + 6\,O_2 + 6\,H_2O$

Bei der Fotosynthese wird die Energiemenge in der Glucose gespeichert (2836 kJ/mol), die bei ihrem Abbau in der Dissimilation frei wird. Die Nutzung energiereicher organischer Substanz, wie bei der Dissimilation oder der Gärung, stellt einen Abbauprozess dar. In der Fotosynthese entsteht mithilfe der Lichtenergie Glucose, sie ist ein Aufbauprozess *(Assimilation)*. Unter Energiezufuhr wird aus energiearmen anorganischen Stoffen energiereiche organische Substanz aufgebaut.

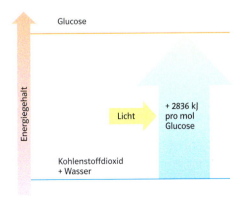

3 *Die Fotosynthese — ein Assimilationsprozess*

Bau und Funktion eines Blattes

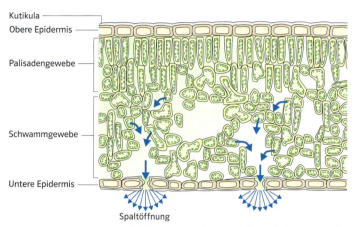
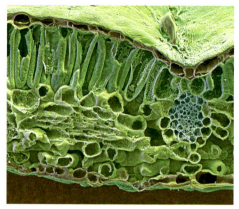

1 *Zeichnung und mikroskopische Aufnahme eines Blattquerschnitts*

Blätter sind meist grün, haben eine große Oberfläche, ihre Lage ist exponiert und sie stehen senkrecht zum Lichteinfall. Sie übernehmen vor allem zwei Funktionen: *Transpiration* und *Fotosynthese*.

Kutikula — äußere Schicht
Die Blätter werden von einer einlagigen Zellschicht, der *Epidermis*, nach außen abgegrenzt. Sie ist frei von *Chloroplasten* und enthält somit auch kein *Chlorophyll*. Die äußeren Zellwände der Epidermis sind verdickt und schließen lückenlos aneinander. Auf die Zellen aufgelagert ist die *Kutikula*, eine für Wasser und Gase schwer durchlässige wachsartige Schicht. In der Regel erkennt man auf der Blattunterseite die *Spaltöffnungen (Stomata).* Sind sie geöffnet, so können Gase wie Sauerstoff, Kohlenstoffdioxid und Wasserdampf durch sie diffundieren.

Palisadengewebe
Im mikroskopischen Bild eines Blattquerschnitts fallen besonders große, senkrecht zur Blattoberseite stehende, zylindrische Zellen auf. Sie stehen dicht gedrängt. Lediglich feine Spalten durchziehen dieses Gewebe. Diese Zellschicht wird als *Palisadengewebe* bezeichnet, da die Zellen wie Pfähle einer Palisadenwand aufgereiht sind. Das Palisadengewebe kann ein- oder mehrschichtig sein, es enthält etwa 80 % der Chloroplasten eines Blattes und erscheint im mikroskopischen Bild meist grün gefärbt. Hier liegt der Hauptort der Fotosynthese.

Schwammgewebe
Unter der Palisadenschicht liegt ein lockerer Gewebebereich, dessen Zellen sehr unterschiedliche und unregelmäßige Formen besitzen. Man erkennt zahlreiche Zwischenräume, die sogenannten *Interzellularen*, die untereinander in Verbindung stehen und mit den in der unteren Epidermis liegenden Spaltöffnungen und den feinen Spalten zwischen manchen Palisadenzellen Kontakt haben. Die Zellen dieser Gewebeschicht, die man als *Schwammgewebe* bezeichnet, besitzen deutlich weniger Chloroplasten als die Zellen des Palisadengewebes.

Leitbündel versorgen das Blatt
Eingebettet in Palisaden- und Schwammgewebe liegen die Blattleitbündel, die wie Adern das Blatt durchziehen. Über sie werden alle Teile des Blattes mit Wasser und Mineralsalzen versorgt. Fotosyntheseprodukte gelangen über die Blattleitbündel in Spross und Wurzel.

Aufgrund des weit verzweigten Interzellularsystems ist die innere Zelloberfläche 100-mal so groß wie die Blattoberfläche. Dadurch wird ein intensiver Stoffaustausch zwischen den Fotosynthese treibenden Zellen, den Leitbündeln und den Spaltöffnungen ermöglicht. Kohlenstoffdioxid kann ungehindert zu den Zellen diffundieren sowie Sauerstoff und Wasserdampf in umgekehrter Richtung zu den Spaltöffnungen, wo sie an die Umgebung abgegeben werden.

Spaltöffnungen — Regulation der Transpiration

Pflanzen können die Öffnungsweite ihrer Spaltöffnungen verändern. Dies geschieht in Abhängigkeit von Lichtintensität und Trockenheit.

Transpiration
Abhängig von der Spaltweite verändert sich die Transpirationsrate, weil der Wasserdampf zum größten Teil über die Spaltöffnungen entweicht und nicht durch die Kutikula. Die Summe aller Spaltöffnungen beträgt nur 0,5 bis 2 % der Blattfläche. Trotzdem verdunstet ein Blatt bis zu 60 % der Wasserdampfmenge, die eine gleich große Wasseroberfläche abgibt. Dies liegt daran, dass auf der Wasseroberfläche sich die Wassermoleküle gegenseitig behindern und nur senkrecht nach oben diffundieren. Über den Spaltöffnungen liegt eine halbkugelförmige Wasserdampfkuppe, sodass die Moleküle auch seitlich entweichen können.

Funktionsweise der Spaltöffnungen
Alle Poren sind umgeben von zwei bohnenförmigen *Schließzellen*, die in ihrer Mitte einen Spalt freilassen und sich an ihren Enden berühren. Ihre unmittelbaren Nachbarzellen werden als *Nebenzellen* bezeichnet. Sie gehören ebenfalls zum Spaltöffnungsapparat. Die Schließzellen enthalten als einzige Zellen der Epidermis Chloroplasten, sie können also Fotosynthese betreiben. Eine weitere Besonderheit ist die unterschiedliche Verdickung der Zellwände. Die Außen- und Innenwände sind besonders massiv gebaut. Damit sind sie relativ starr und formstabil.

Demgegenüber sind die an die Nebenzellen grenzenden Zellwände unverdickt und folglich elastisch. Auch die dem Spalt zugewandte Seite der Schließzellen besitzt einen dünnen, elastischen Bereich. Erhöht sich der Innendruck *(Turgor)* der Schließzellen, so dehnen sich die elastischen Rückenwände. Die Zellen wölben sich in die Nebenzellen hinein. Da die Außen- und Innenwände relativ starr sind, wird die etwas elastische Bauchseite durch die Bewegung der Rückenseite nachgezogen. Die Gestalt der Schließzellen wird stärker bohnenförmig, der Spalt öffnet sich (s. Randspalte). Die Öffnungsweite des Spaltes hängt ausschließlich vom Turgor der Schließzellen ab. Da bei Wassermangel der Turgor abnimmt, schließen sich die Spaltöffnungen. Die Transpiration sinkt.

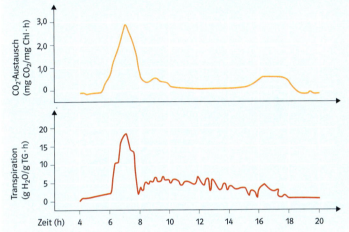

1 *Transpirationsrate und Gasaustausch im Tagesverlauf*

Regulation
Die unmittelbare Ursache der Spaltöffnungsbewegung ist die Differenz zwischen dem Turgor in den Schließzellen und dem in den angrenzenden Nebenzellen. Die Turgorschwankungen aber werden von mehreren Faktoren reguliert und kontrolliert, bei denen Lichtintensität, Kohlenstoffdioxidkonzentration und die Umverteilung von Kaliumionen zwischen den Zellen wichtige Größen sind.

A1 Die Messwerte in Abb. 1 entstanden an einem sehr heißen Tag im Mittelmeerraum. Beschreiben Sie die Messergebnisse in Abb. 1 und bringen Sie diese in einen Zusammenhang mit dem Standort der Pflanzen.

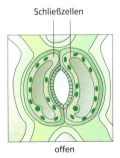

Schließzellen

offen

geschlossen

Spaltöffnung

Äußere Einflüsse auf die Fotosynthese

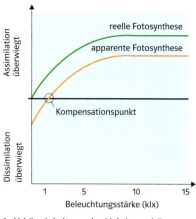

1 Abhängigkeit von der Lichtintensität

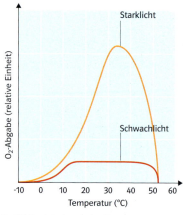

2 Abhängigkeit von der Temperatur

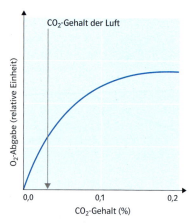

3 Abhängigkeit vom CO₂-Gehalt

Am *Kompensationspunkt* ist die Kohlenstoffdioxid-Aufnahme durch die Fotosynthese gleich groß wie die Kohlenstoffdioxid-Abgabe bei der Dissimilation.

Lianen keimen in den lichtarmen Regenwäldern. Im Kampf ums Überleben ist es entscheidend, schnell zum Licht in den Kronenbereich zu wachsen. Licht ist neben der Kohlenstoffdioxidkonzentration und der Temperatur ein wichtiger Überlebensfaktor.

Fotosyntheserate

Die *Fotosyntheserate* einer Pflanze kann anhand der Sauerstoffabgabe oder der Kohlenstoffdioxidaufnahme gemessen werden. Beide Vorgänge sind abhängig von der Lichtintensität (Beleuchtungsstärke). Untersucht man die Abhängigkeit der Fotosyntheserate von der Lichtintensität mit verschiedenen Beleuchtungsstärken, fällt auf, dass der Kurvenverlauf nicht beim Nullpunkt (Assimilationsrate = Dissimilationsrate), sondern bei überwiegender Dissimilation beginnt (Abb. 1). Dies bedeutet, dass bei niedriger Lichtintensität die Pflanze Kohlenstoffdioxid abgibt, die Dissimilation überwiegt. Die gemessenen Fotosyntheseraten *(apparente Fotosynthese)* werden jeweils um den Anteil verringert, der durch die Dissimilation verloren geht. Berücksichtigt man diesen Anteil *(Kompensation)*, erhält man die wirklichen (reellen) Werte der Fotosyntheserate. Der Schnittpunkt mit der x-Achse heißt daher *Kompensationspunkt*.

Faktor Licht

Die Fotosynthese ist abhängig von der Lichtintensität und der Zusammensetzung des Lichts. Die Kurve zeigt zwei Phasen: Im Bereich niedriger Beleuchtungsstärken nimmt die Fotosyntheserate mit der Lichtintensität zu (Abb. 1). Diese bestimmt die Rate der Fotosynthese. Bei sehr geringen Beleuchtungsstärken ist die Kohlenstoffdioxidabgabe durch die Dissimilation größer als die Kohlenstoffdioxidaufnahme durch die Fotosynthese. Der Kompensationspunkt entspricht der Lichtintensität, bei der die Fotosynthese gerade soviel Kohlenstoffdioxid für die Glucosesynthese verbraucht, wie die Dissimilation der Pflanze beim Abbau der Glucose erzeugt.

Erst bei noch höheren Lichtintensitäten ist die Fotosynthese in Form von Kohlenstoffdioxidaufnahme bzw. Sauerstoffabgabe messbar. Im weiteren Verlauf der Messung erreicht die Fotosyntheserate bei einer bestimmten Lichtintensität einen Sättigungswert, der auch mit steigender Lichtintensität nicht überschritten wird. In dieser Phase begrenzen andere Faktoren, wie die Kohlenstoffdioxidkonzentration, die Fotosyntheserate.

Faktor Temperatur

Ein weiterer limitierender Faktor ist die *Temperatur*. Bei Lichtsättigung zeigt sich eine Temperaturabhängigkeit, die für enzymatische Reaktionen typisch ist. Die Geschwindigkeit der Enzymreaktionen bestimmt dann die Geschwindigkeit der Fotosynthese. Das Optimum liegt meist bei etwa 37 °C (Abb. 2).

A1 ● In Gewächshäusern werden Pflanzen mit Kohlenstoffdioxid begast. Erläutern Sie die Wirkung dieser Maßnahme unter Einbeziehung von Abb. 3.

Sonnenblätter — Schattenblätter

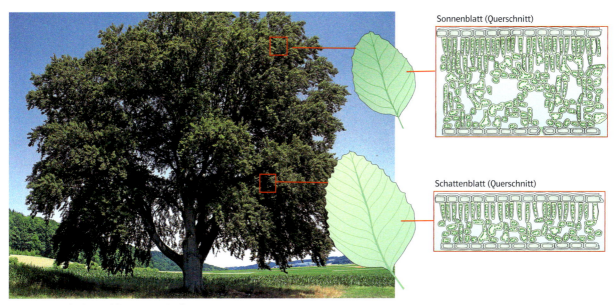

1 *Sonnen- und Schattenblätter einer Buche*

Die Rotbuche besitzt zwei verschiedene Blatttypen: *Sonnenblätter* und *Schattenblätter*. Diese unterscheiden sich in Fläche, Dicke und Fotosyntheserate sowie in ihrer Position in der Baumkrone (Abb. 1). Der Kompensationspunkt der Schattenblätter liegt bei geringen Beleuchtungsstärken, sodass sie auch bei geringem Licht eine positive Stoffbilanz für die Pflanze erbringen. Sonnenblätter dagegen nutzen höhere Beleuchtungsstärken besser aus.

Betrachtung am Einzelblatt
Das Sonnenblatt hat ein zwei- bis mehrschichtiges Palisadengewebe, das Schattenblatt jedoch nur ein einschichtiges. Im Schwachlicht haben die Schattenblätter Vorteile, da das Licht in dem dünnen Blatt alle Zellen erreicht und die Oberfläche in den Chloroplasten groß ist. Hierdurch können sie bei einer geringen Lichtintensität Kohlenstoffdioxid fixieren. Im Vergleich zu den Sonnenblättern ist ihre Fotosyntheserate jedoch gering (Abb. 2). Die Schattenblätter haben bezogen auf ihre Blattoberfläche eine geringere Atmungsaktivität als die Sonnenblätter. Bereits bei geringen Lichtintensitäten können sie den Glucoseabbau mithilfe der Fotosynthese kompensieren. Sie haben daher einen niedrigeren Kompensationspunkt als die Sonnenblätter.

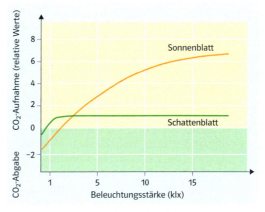

2 *Kohlenstoffdioxidaufnahme und Lichtintensität*

Beitrag der Blatttypen
Die vom gesamten bis zu 500 Quadratmeter großen Blätterdach einer ausgewachsenen Rotbuche produzierte Biomasse in einer bestimmten Zeit bezeichnet man als *Bruttoprimärproduktion*. Vom Bruttoprimärprodukt benötigt der Baum einen Teil zur Aufrechterhaltung seiner Lebensvorgänge. Übrig bleibt die *Nettoprimärproduktion* als echter Zugewinn in Form von Blättern, Holz und Wurzeln.

A1 Nur Pflanzen mit Sonnenblättern erzielen hohe landwirtschaftliche Erträge. Begründen Sie diese Aussage.

Licht und Schatten im Wald

1 Schmalblättriges Weidenröschen

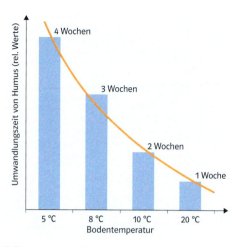

2 Zersetzung von Humus

Licht ist nicht nur als Energiequelle bei der Fotosynthese ein entscheidender Faktor, sondern z. B. auch als abiotischer Faktor bei der Erwärmung in Ökosystemen oder bei der Steuerung der Jahresrhythmik.

Waldlichtungen

Die meisten einheimischen Wälder sind in eine Baum-, Strauch- und Krautschicht unterteilt, die jeweils durch unterschiedliche Lichtverhältnisse charakterisiert ist. Zusätzlich findet man in einem Wald Lichtungen, die durch das Absterben von Bäumen oder Windbruch entstanden sind. Die erhöhte Lichtintensität in den Waldlichtungen führt zu einer Erwärmung des Bodens. Die Aktivität von Bodenorganismen ist abhängig von der Temperatur des Bodens. Bei dem Abbau der abgestorbenen organischen Substanz auf dem Waldboden, dem Humus werden Stickstoffverbindungen freigesetzt. Diese führen zu einem verstärkten Wachstum Stickstoff liebender Pflanzen. Häufig auftretende Pflanzen in den Lichtungen sind entsprechend Stickstoff liebender Kräuter wie z. B. das *Schmalblättrige Weidenröschen* (Abb. 1) oder der rote Fingerhut.

Frühblüher

Der jahreszeitliche Klimarhythmus bedingt in den Laubwäldern Mitteleuropas eine typische Abfolge unterschiedlicher Lichtverhältnisse. Im Frühjahr beginnt die Belaubung, die im Herbst endet. Diese Veränderung der Belaubung in den einzelnen Schichten des Waldes führt im Jahresverlauf zu unterschiedlichen Lichtwerten in den verschiedenen Schichten und am Waldboden (Abb. 5). Die Belichtungsintensitäten sind in Langley angegeben. 1 Ly entspricht 11,6 kWh/mm². Im Frühjahr ist mit 50 Ly ein Teil der Belichtung bis zum Waldboden messbar. Dieser Wert sinkt schnell mit der zunehmenden Laubentwicklung in den Baumkronen und ist nur noch in anderen Höhen messbar. Bereits im Vorfrühling vor der Blattentfaltung der Bäume blühen in der Krautschicht die Frühblüher. Im Sommer findet man hauptsächlich noch Schattenpflanzen, die oberirdischen Pflanzenteile der Frühblüher sterben ab. In den unterirdischen

3 Frühblüher (Buschwindröschen) im Wald

214 Ökologie

Pflanzenteilen speichern sie energiereiche Reservestoffe für das nächste Frühjahr. Zu den Frühblühern gehören z. B. das Buschwindröschen oder der Bärlauch.

Energiespeicher für Frühblüher
Buschwindröschen sind krautige Pflanzen die bis zu 25 cm groß werden und im Frühsommer bereits absterben. Sie besitzen ein unterirdische Speicher- und Überdauerungsorgan, das *Rhizom* (Abb. 4). An diesem sitzen Überdauerungsknospen die im Frühjahr zur neuen Pflanze auswachsen. Der Bärlauch ist eine Zwiebelpflanze. In der Zwiebel werden ähnlich wie im Rhizom die Reservestoffe für das nächste Jahr gespeichert. Auch beim Bärlauch sterben die oberirdischen Pflanzenteile bereits im Frühsommer ab. Während der lichtreichen Zeit im Wald betreiben die Frühblüher intensiv Fotosynthese. Ein Teil der Fotosyntheseprodukte wird als Speicherstoffe in den Rhizomen und Zwiebeln gespeichert.

Licht- und Schattenpflanzen
Laubblätter sind für die optimale Lichtabsorption gut angepasst. Die linsenförmigen Epidermiszellen fokussieren das Licht auf die darunterliegenden Palisaden- oder Schwammgewebezellen. Das nicht absorbierte Licht wird an den Zellen des Schwammgewebes gestreut und hat durch den verlängerten Lichtweg eine verbesserte Absorption. Schattenpflanzen können schon bei niedrigeren Belichtungsintensitäten einen höheren Kohlenstoffdioxid-Gewinn für die Glucosesynthese erzielen als Sonnenpflanzen. Dies wird durch den unterschiedlichen Blattaufbau ermöglicht: Blätter von Schattenpflanzen haben ein großes Schwammgewebe. Das Palisadengewebe der Schattenblätter ist einschichtig und besteht aus Zellen mit einer niedrigeren Chloroplastenanzahl. Die Sonnenblätter haben hingegen viele Palisadenzellen. Beinahe sämtliche Zellen im Blattgewebe sind als Palisadengewebe ausgebildet. Blätter von Sonnenpflanzen haben eine große Menge an Proteinen im Calvinzyklus für die Synthesereaktion. Sie haben jedoch kleinere Lichtsammelkomplexe pro Fotosynthesesystem. Die Anzahl der Granastapel in den Chloroplasten ist bei den Schattenpflanzen stärker ausgeprägt als bei den Sonnenpflanzen und der Lichtkompensationspunkt ist geringer, bei dem sie noch eine Kohlenstoffdioxid aufnehmen können.

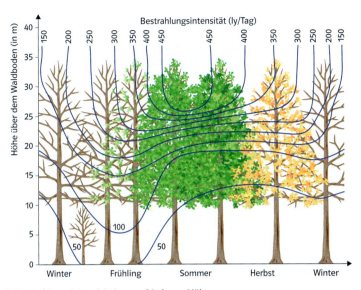

5 *Bestrahlungsintensität in verschiedenen Höhen*

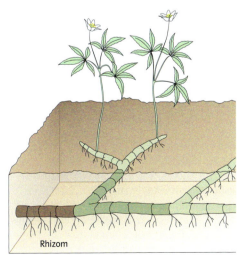

4 *Buschwindröschen — Rhizom*

Bärlauch

A1 Beschreiben Sie Abb. 2 und erläutern Sie, weshalb auf Waldlichtungen stickstoffliebende Pflanzen verstärkt auftreten.

A2 Beschreiben Sie Abb. 5 und erläutern Sie die Messwerte im Jahresverlauf.

A3 Erstellen Sie eine Tabelle und geben Sie die Unterschiede zwischen Sonnenpflanzen und Schattenpflanzen an.

215

Leben braucht Energie

Für alle Funktionen, die in einer lebenden Zelle oder einem Lebewesen ablaufen, ist Energie notwendig. Pflanzen nehmen Lichtenergie auf (Abb. 1), Tiere und Menschen chemisch gebundene Energie über die Nahrung.

Exergonisch — endergonisch

Chemische Reaktionen sind die Grundlage fast aller Funktionen in Pflanzen und Tieren. Sie finden statt, wenn Atome sich verbinden oder ihre Bindungspartner wechseln. Freiwillig ablaufende Reaktionen, bei denen Energie freigesetzt wird, nennt man *exergonisch*. Wird Energie in Form von Wärme abgegeben, nennt man diese Reaktionen auch *exotherm*. Die Reaktionsprodukte dieser Reaktionen sind energieärmer als die Ausgangsstoffe *(Edukte)*. Lebewesen müssen während ihres gesamten Lebens dem spontanen Zerfall der körpereigenen energiereichen Substanzen entgegenarbeiten, indem sie diese ständig wieder neu aufbauen. Der Aufbau erfolgt über Reaktionen, denen Energie zugeführt werden muss. Diese nennt man *endergonische* Reaktionen. Für den Aufbau körpereigener energiereicher Substanzen werden mit der Nahrung energiereiche Substanzen anderer pflanzlicher oder tierischer Lebewesen oder Teilen davon benötigt. Auf diese Weise gleicht der Organismus seinen ständigen Verlust wieder aus. Die Energie für den Aufbau körpereigener energiereicher Substanzen bei Pflanzen stammt primär aus dem Sonnenlicht.

ATP/ADP — Energietransportermoleküle

In den Zellen aller Lebewesen ist an den biochemischen Reaktionen, die Energie benötigen, der Stoff *Adenosintriphosphat* (ATP) beteiligt. ATP ist ein energiereiches Transportermolekül mit drei Phophatgruppen. Bei der Abspaltung einer Phosphatgruppe vom ATP entsteht das ADP (*Adenosindiphosphat*) und es wird Energie frei. ATP koppelt exergonische und endergonische Reaktionen (Abb. 2). Die Energie wird unmittelbar für notwendige endergonische Reaktionen in der Zelle verwendet (Abb. 2). Aus dem ADP und dem Phosphat wird ATP über eine endergonische Reaktion wieder zurückgewonnen. Durch die ständige Energieumwandlung in den Zellen sind die Energietransportermoleküle immer in Aktion. ATP wird ständig auf- und abgebaut. Auch bei der Fotosynthese wird ATP ständig für den Aufbau der Glucose in den Chloroplasten benötigt.

Energie in Elektronen

Redoxreaktionen können nur ablaufen, wenn Elektronen zwischen den Atomen übertragen werden. In Atomen sind Elektronen mehr oder weniger fest gebunden. Je lockerer sie gebunden sind, desto energiereicher, je fester sie gebunden sind, desto energieärmer sind sie. Werden Elektronen von einem Atom auf ein anderes Atom übertragen, in welchem sie dann fester gebunden sind, wird Energie frei. Die Moleküle der Nährstoffe geben bei chemischen Reaktionen leicht Elektronen ab. Diese können auf den Sauerstoff unter Energiefreisetzung übertragen werden. Die Energie in den Nährstoffmolekülen kann jedoch nicht direkt genutzt werden, da bei der direkten Reaktion mit Sauerstoff sehr viel Energie in Form von Wärme frei würde. Diese Wärme kann von den Zellen der Pflanzen nicht genutzt werden.

Die Energieumwandlung in den Zellen aller Lebewesen läuft daher in Teilschritten ab. Die Elektronen aus den Nährstoffmolekülen werden nicht direkt auf den Sauerstoff übertragen, sondern über Eletronentransportermoleküle in der Biomembran schrittweise weitergegeben (Abb. 4). Diese Teilschritte der Elektronenübertragung setzen die Energie frei, die verwendet

lichtdurchflutete Blätter

2 *Energietransporter (Modellvorstellung)*

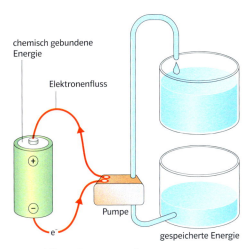

3 Modell zum Protonengradienten

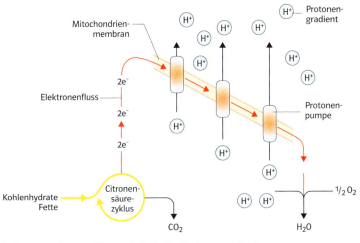

4 Elektronenfluss und Pumparbeit für den Protonengradienten

wird, um in den Mitochondrien oder Chloroplasten Protonen durch die Membran zu pumpen. Der entstandene Protonengradient ist gespeicherte Energie die für die Synthese des Energietransporters ATP genutzt wird (Abb. 5).

Protonengradient
Die Energie zur ATP-Synthese wird durch den Aufbau eines Protonen-Konzentrationsunterschiedes zwischen den beiden Seiten einer Membran in den Mitochondrien oder Chloroplasten zur Verfügung gestellt (Abb. 3).

Der Aufbau einer höheren Konzentration auf einer Seite der Membran ist endergonisch und muss daher durch exergonische Reaktionen angetrieben werden. Sind Teilchen stärker geordnet oder auf einer Seite der Membran konzentrierter, so ist dieser Zustand energiereicher als bei einer gleichmäßigen Verteilung der Teilchen. Alle Reaktionen laufen freiwillig und exergonisch ab, wenn sich der Konzentrationsunterschied ausgleicht.

Der Konzentrationsunterschied der Protonen ist in den Mitochondrien und Chloroplasten die Vorraussetzung zum Aufbau von ATP aus ADP. Die Protonen fließen von der Membranseite mit der höheren Konzentration durch die ATP-Synthase zurück auf die Seite mit der geringeren Konzentration. Die ATP-Synthase ist ein Proteinkomplex der wie eine Turbine (Abb. 5) arbeitet und dadurch die Synthese von ATP aus ADP und Phosphat ermöglicht. Die ATP-Synthase garantiert die schnelle ständige Bereitstellung von ATP für die vielen Funktionen innerhalb der Zellen.

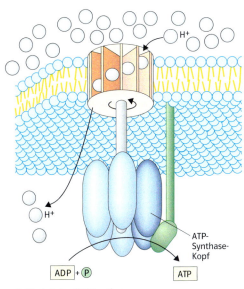

5 Modell der ATP-Synthase

A1 ● Beschreiben Sie das Modell in Abb. 3 und beziehen Sie dies auf die realen Vorgänge innerhalb der Mitochondrien und Chloroplasten.

A2 ◐ Erläutern Sie, weshalb in den Zellen nicht die direkte Reaktion von Glucose mit Sauerstoff zur Energiebereitstellung genutzt werden kann.

Zweigeteilte Fotosynthese

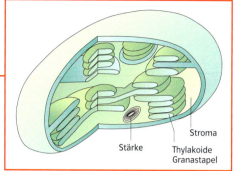

1 *Chloroplasten – Ort der Fotosynthese*

Das Palisadengewebe ist der Hauptort der Fotosynthese. Seine Zellen enthalten die meisten Chloroplasten mit dem für die Fotosynthese notwendigen Chlorophyll. Erst vor wenigen Jahrzehnten konnte DANIEL ARNON völlig intakte Chloroplasten isolieren und zeigen, dass sämtliche Reaktionen der Fotosynthese in den Chloroplasten ablaufen. Sie besitzen zwei Hüllmembranen. Im Inneren befindet sich das Plasma der Chloroplasten, das Stroma, in das die *Thylakoide* als inneres Membransystem eingebettet sind. In den Thylakoidmembranen befinden sich auch die Chlorophylle. An einigen Stellen bilden die Membranen Stapel, die *Granastapel*.

Wasser wird gespalten

ROBERT HILL entdeckte 1939 bei seinen Versuchen mit isolierten Thylakoidsystemen, dass diese bei Belichtung Sauerstoff entwickeln und dabei Eisen-III-Verbindungen reduzieren. Diese Reaktion, auch *Hill-Reaktion* genannt, benötigt aber kein Kohlenstoffdioxid und es wird kein Kohlenhydrat gebildet. Die Eisenverbindung stellt hier einen künstlichen Elektronenakzeptor dar, normalerweise ist dies in der Pflanzenzelle $NADP^+$. Die Hill-Reaktion zeigte: Der entstehende Sauerstoff stammt aus dem Wasser und nicht aus dem Kohlenstoffdioxid. Dies wurde später mithilfe eines Sauerstoffisotops (^{18}O) belegt. Bietet man zur Fotosynthese Wasser, das ^{18}O gebunden enthält, so besteht der entstehende Sauerstoff ausschließlich aus ^{18}O-Atomen. Die Reaktionsgleichung der Fotosynthese lautet:

$$12\ H_2{}^{18}O + 6\ CO_2 \rightarrow C_6H_{12}O_6 + 6\ {}^{18}O_2 + 6\ H_2O$$

Die Bildung von Sauerstoff stellt damit eine *lichtabhängige Reaktion* (Fotoreaktion) dar.

Kohlenstoffdioxid-Assimilation

Ein zweiter Prozess ist die Synthese von Kohlenhydraten unter Aufnahme und Einbau von Kohlenstoffdioxid *(Assimilation)*. Da bei dieser Reaktion die Synthese der Glucose abläuft, wird sie als *Synthesereaktion* bezeichnet. ARNON konnte nachweisen, dass sie keine Lichtenergie benötigt. Er konnte die beiden Teilreaktionen auch räumlich zuordnen: Die Fotoreaktion ist an die Thylakoidmembran gebunden, während die Synthesereaktion im Stroma stattfindet. Beide Prozesse sind im Gesamtablauf der Fotosynthese miteinander verbunden: Die Fotoreaktion produziert ATP und $NADPH + H^+$ die in der Synthesereaktion zum Aufbau von Kohlenhydraten verwendet werden.

2 *Teilschritte der Fotosynthese*

Material
Experimente zur zweigeteilten Fotosynthese

Die Wissenschaftler der Arbeitsgruppe um DANIEL ARNON wollten herausfinden, welche Substanzen in Chloroplasten mithilfe der Energie des Sonnenlichts gebildet werden und damit die Synthesereaktion ermöglichen. Weiterhin wollten sie klären, inwieweit der komplizierte Aufbau der Chloroplasten mit den zwei Hüllmembranen, den Thylakoiden und dem Stroma, für die ablaufende Reaktion von Bedeutung ist.

Um zu untersuchen, in welchen Teilen der Chloroplasten die beiden Prozesse der Fotosynthese, die Fotoreaktion und die Synthesereaktion, stattfinden, isolierten sie Thylakoide und Stroma aus den Chloroplasten.

In zwei Versuchsansätzen variierten sie die Beleuchtung der Proben bei gleicher Kohlenstoffdioxid-Zugabe. In zwei weiteren Ansätzen trennten sie nach der Licht- bzw. Dunkelphase die Thylakoide durch Zentrifugation vom Stroma ab und gaben anschließend Kohlenstoffdioxid zum Stroma hinzu.

Als Kohlenstoffdioxid-Quelle wurde eine Lösung von Natriumhydrogencarbonat ($NaHCO_3$) mit dem Isotop ^{14}C verwendet, dessen radioaktive Strahlung eine direkte Möglichkeit zur Messung bot. Das radioaktive Kohlenstoffatom wurde während des Versuchs in die Fotosyntheseprodukte, wie z. B. Glucose, eingebaut. Nach chemischer Abtrennung der Produkte konnte die eingebaute Menge an radioaktivem Kohlenstoff anhand der Strahlung bestimmt werden.

Im einzelnen wurden die Versuche 1—4 mit Stroma und Thylakoiden durchgeführt.

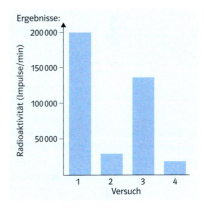

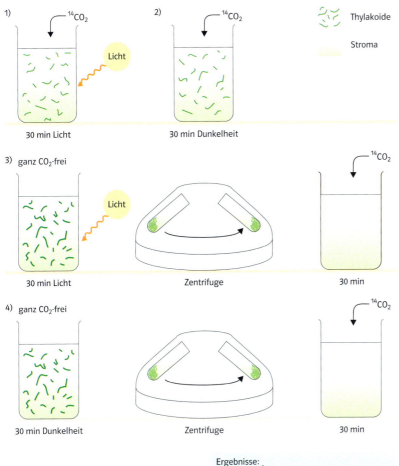

Um den Bedarf an energiereichen Verbindungen bei der Synthese von Glucose zu untersuchen, wurden drei weitere Versuche (A, B und C) mit isoliertem Stroma durchgeführt. (Die Versuchsergebnisse von A, B und C sind lichtunabhängig.)

A1 Erklären Sie die Ergebnisse der Experimente.

A2 Belegen Sie mithilfe der Daten aus den Experimenten, in welchen Teilen der Chloroplasten die Fotoreaktion und die Synthesereaktion ablaufen.

219

Fotoreaktion

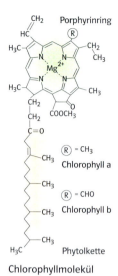

Chlorophyllmolekül

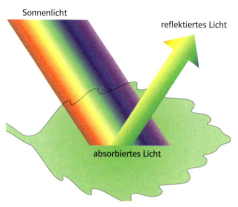

1 *Absorption und Reflexion am Blatt*

Licht wird absorbiert und reflektiert
Aus dem Spektrum des sichtbaren Lichts, das auf die Pflanzen einstrahlt, wird nur das rote und blaue Licht aufgenommen und die Energie für die Fotosynthese genutzt, *Absorption* (Abb. 1). Andere Farben, wie besonders das grüne Licht, werden nicht absorbiert sondern reflektiert und ergeben die sichtbare grüne Färbung der Pflanzen. Die Chlorophylle absorbieren im Wesentlichen rotes und blaues Licht (Abb. 2). Nur die Energie des absorbierten Lichtes kann von der Pflanze bei der Fotosynthese genutzt werden. Die unterschiedlichen Spektralfarben ergeben unterschiedliche Fotosyntheseraten, sogenannte *Wirkungsspektren*. Aus dem Vergleich der Absorptions- und Wirkungsspektren zeigt sich, dass vor allem die beiden Chlorophylle Licht nutzen, aber auch die Carotinoide. Diese dienen als *Hilfspigmente* (akzessorische Pigmente) und geben die aufgefangene Lichtenergie nahezu verlustfrei an die Chlorophyllmoleküle weiter (Abb. 3).

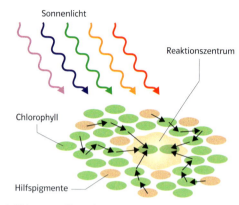

3 *Lichtsammelkomplex in der Thylakoidmembran*

Licht wird gesammelt
Chlorophyll besteht aus einem Ringsystem, welches das Licht absorbiert, und einer lipophilen Kette, die das Molekül in der Thylakoidmembran verankert (s. Randspalte). Einzelne Chlorophyllmoleküle sind nicht in der Lage, die von ihnen aufgenommene Energie in eine nutzbare Energie für die Pflanze umzuwandeln. Mehrere hundert Moleküle sind immer zu Lichtsammelkomplexen angeordnet. Diese Pigmentmoleküle sind über Proteine untereinander und mit der Thylakoidmembran verknüpft, sodass die absorbierte Lichtenergie der einzelnen Chlorophyllmoleküle von einem zum nächsten weitergegeben und gesammelt wird. Im Zentrum des Lichtsammelkomplexes absorbieren zwei Moleküle die gesammelte Energie und nutzen diese für den Vorgang der Fotosynthese. Diese Ansammlung von Proteinen und Fotosynthesepigmenten in der Thylakoidmembran bezeichnet man als *Fotosystem* (Abb. 3).

Licht spaltet Wasser
Die Lichtenergie wird zur Wasserspaltung *(Fotolyse)* genutzt. Hierbei werden die Wassermoleküle in Sauerstoff, Protonen und Elektronen getrennt. Der Sauerstoff spielt bei der Fotosynthese keine Rolle. Er diffundiert aus den Chloroplasten und

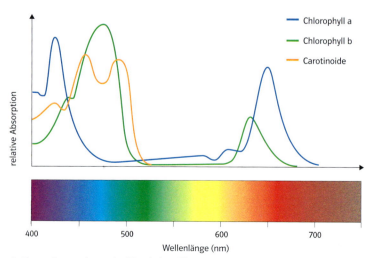

2 *Absorptionsspektren der Blattfarbstoffe*

entweicht über die Stomata aus den Blättern. Die beiden Protonen und Elektronen gelangen zum NADP⁺. Dieses wird zum NADPH + H⁺ (Abb. 4).

In den Elektronen steckt Energie

An der lichtabhängigen Reaktion sind zwei Fotosysteme beteiligt. Ein Fotosystem besitzt seine größte Wirksamkeit bei der Wellenlänge von 680 nm (P 680) das andere bei 700 nm (P 700). Durch die Lichtenergie wird dem angeregten Chlorophyllmolekül in Fotosystem 680 ein Elektron entzogen, Ladungstrennung (Abb. 4). Das fehlende Elektron wird sofort durch ein Elektron aus einem Wassermolekül ersetzt. Das Wassermolekül wird hierbei in Sauerstoff und Wasserstoffionen (Protonen) gespalten. Die Elektronen werden über große Proteinkomplexe, die in der Thylakoidmembran verankert sind, die *Elektronentransportkette*, zum Fotosystem 700 geleitet. Elektronenüberträger in dieser Kette nehmen Elektronen auf und geben sie an die jeweils folgenden Substanzen weiter. Mithilfe der Energie, die bei diesen Reaktionen frei wird, werden Protonen in den Thylakoidinnenraum transportiert. Zusammen mit den frei werdenden Protonen aus der Fotolyse bildet sich ein Protonengradient (Abb. 5).

ATP-Synthese

Die Umwandlung der Kraft des Protonengradienten für die ATP-Synthese erfolgt in Kanalproteinen, die als *ATP-Synthasen* bezeichnet werden. Der Protonenfluss aus dem Thylakoidinnenraum ins Stroma verursacht eine Drehung im Kopfteil der ATP-Synthase, wodurch sich die Bindungsstellen so präsentieren, dass sich ADP und Phosphat anlagern können. Durch die Drehbewegung erfolgt die ATP-Synthese in einer Abfolge von drei Schritten (Abb. 6). Nach jedem Schritt dreht sich der Kopf um 120° weiter:

1. Im ersten Schritt nimmt das ATP-Synthase-Köpfchen ADP und Phosphat auf.
2. Im zweiten Schritt verformt es sich und bringt ADP und Phosphat so nahe zusammen, dass die beiden Moleküle sich miteinander verbinden.
3. Im dritten Schritt wird ATP in das Stroma freigesetzt.

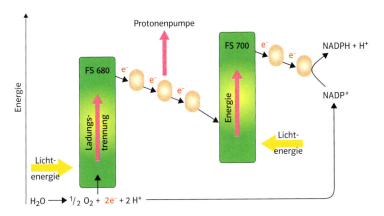

4 *Energieschema der Fotoreaktion*

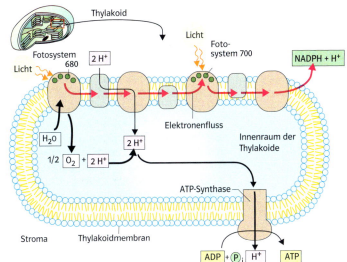

5 *Schema der ATP-Synthese in Chloroplasten*

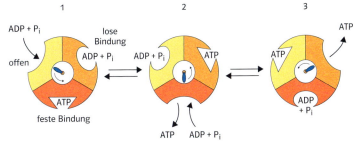

6 *Modell zum Mechanismus der ATP-Synthase*

A1 ○ Beschreiben und erklären Sie die Aussage in Abb. 1 mithilfe des Textes und Abb. 2.

A2 ● Beschreiben Sie den Energiefluss von der Sonnenenergie bis zum ATP.

Synthesereaktion — Glucosesynthese

RubP
Ribulose-1,5-bisphosphat
C₅-Zucker

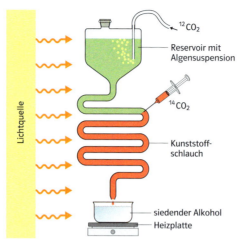

1 *Experiment zur Synthesereaktion*

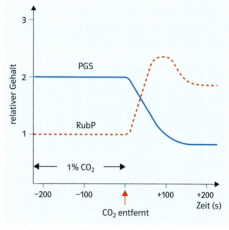

2 *Ermittlung des CO₂-Akzeptors*

Lichtenergie ist in der Fotoreaktion in chemisch gebundene Energie umgewandelt worden. ATP und NADP + H⁺ sind zwar energiereiche, jedoch instabile Substanzen, die nicht gespeichert werden können. Der eigentliche Energiespeicher ist die Glucose, die zur Stärke weiterverarbeitet wird. Glucose wird aus Kohlenstoffdioxid in der Synthesereaktion aufgebaut. Hierzu werden nicht einfach sechs Kohlenstoffdioxidmoleküle aneinandergekoppelt und der Wasserstoff aus den gespaltenen Wassermolekülen eingebaut. Das Kohlenstoffdioxidmolekül wird aus energetischen Gründen von einem Akzeptor aufgenommen. Dieser Akzeptor ist ein Zuckermolekül aus fünf Kohlenstoffen.

Forscher verfolgen das Kohlenstoffdioxid
Die Aufklärung der Teilschritte bei der Glucosesynthese leisteten vor allem MELVIN CALVIN und seine Mitarbeiter. Um den Weg der Kohlenstoffdioxidmoleküle beim Einbau in die Glucose verfolgen zu können, verwendeten sie Tracer. Hierzu wurde das radioaktive Isotop ^{14}C für die Glucosesynthese im Experiment zugesetzt und nicht das normale Isotop des Kohlenstoffs ^{12}C. Die hierbei entstandenen Stoffwechselprodukte waren radioaktiv markiert und konnten dadurch nachgewiesen werden. Einzellige Algen wurden in einem beleuchteten Glasbehälter mit Kohlenstoffdioxid begast. In verschiedenen Versuchen wurde für den Zeitraum von 3 bis 30 Sekunden radioaktives Kohlenstoffdioxid zugeführt und die einzelligen Algen danach sofort abgetötet. Die verschiedenen Zeiten wurden dadurch ermöglicht, dass der Tracer an verschiedenen Stellen des Kunststoffschlauchs zugegeben werden konnte (Abb. 1). Je näher die Zugabe am Ende des Kunststoffschlauchs lag, desto kürzer waren die Belichtungszeiten. Durch das Abtöten im siedenden Alkohol verhinderte man, dass die entstandenen Produkte weiterreagieren konnten.

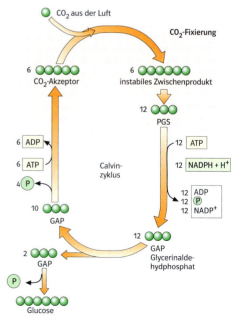

3 *Vereinfachtes Schema des Calvinzyklus*

222 Ökologie

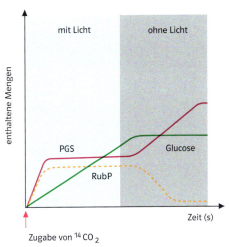

4 Bedeutung der Fotoreaktion

5 Stärke — gespeicherte Energie

Nachweis der Stoffwechselprodukte

Die in dem Experiment entstandenen radioaktiv markierten Stoffwechselprodukte der Synthesereaktion wurden untersucht. Hierzu wurden sie aus den Algen extrahiert und mithilfe der *Chromatographie* voneinander getrennt. Die getrennten Stoffwechselprodukte wurden anschließend mithilfe der *Autoradiographie* nachgewiesen. Bei diesem Verfahren wird radioaktive Strahlung durch Schwärzung von Röntgenfilmen nachgewiesen. Legt man im Dunkeln auf die Chromatogramme unbelichtete Filme, so färben sich die Stellen schwarz, an denen die jeweiligen radioaktiv markierten Substanzen der Glucosesynthese liegen (s. Randspalte). Nach 90 Sekunden fanden sie verschieden lange Kohlenstoffverbindungen und Glucose mit markiertem Kohlenstoff. Nach 5 Sekunden jedoch war nur eine Verbindung markiert. Diese Verbindung konnte als *Phosphoglycerinsäure* (PGS) identifiziert werden. Phosphoglycerinsäure ist ein C_3-Molekül. Es entsteht aus dem Akzeptor und Kohlenstoffdioxid (Abb. 3).

Die Suche nach dem CO₂-Akzeptor

Dieser Versuch klärte jedoch nicht die Frage nach dem Akzeptormolekül. Hierzu wurde den Algen über einen längeren Zeitraum Kohlenstoffdioxid angeboten. Danach wurde dieses vollständig entfernt. Man überprüfte nun, welche Substanz zugenommen hatte. Es war ein C_5-Zucker (*Ribulosebisphosphat*), dessen Konzentration stieg, während die vom C_3-Molekül, der PGS sank (Abb. 2). Der C_5-Zucker muss der CO_2-Akzeptor sein, da er durch das Fehlen des Kohlenstoffdioxids nicht mehr verbraucht wurde. Später konnte man auch das Enzym nachweisen, das für die Reaktion zwischen Ribulosebisphosphat und dem Kohlenstoffdioxid verantwortlich ist, Rubisco (Ribulose-1,5-bisphosphatcarboxylase). Es macht 50 % des Chloroplastenproteins aus. Aus dem CO_2-Akzeptor und dem Kohlenstoffdioxid entstehen 2 C_3-Moleküle PGS. Aus 12 Molekülen der PGS werden 1 Molekül Glucose und über Zwischenschritte 6 Ribulosebisphosphat als neue CO_2-Akzeptor-Moleküle.

Synthesereaktion und Fotoreaktion

Zur Klärung der Reaktionen wurden weitere Experimente mit den Algen durchgeführt. Zuerst wurden die Algen belichtet, dann wurde die Belichtung ausgestellt. PGS reicherte sich noch eine Zeitlang an (Abb. 4). Der CO_2-Akzeptor RubP wurde verbraucht, jedoch nicht neu gebildet, daher sank die Konzentration. Auch Glucose wurde nicht weiter gebildet. Für diese Reaktionen werden aus der Fotoreaktion sowohl das ATP als auch NADPH + H$^+$ benötigt (Abb. 3). Alle Teilschritte der Synthesereaktion ergeben einen Kreislauf, der nach seinem Entdecker auch Calvinzyklus genannt wird.

5 Sekunden

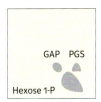

90 Sekunden

Autoradiogramme

A1 ● Beschreiben Sie die Graphen in Abb. 4 und erläutern Sie diese.

223

Fotosynthese in trockenen Regionen — CAM

1 *Kakteen in der Wüste*

Die Verdunstung einschränken

Pflanzen in sehr warmen und trockenen Regionen, wie z. B. die Kakteen (Abb. 1), besitzen meist eine dicke Kutikula, die Wasser und Gase kaum durchlässt. Nur über die *Stomata* (Spaltöffnungen) können daher Wasserdampf und Kohlenstoffdioxid abgegeben oder aufgenommen werden. Sind bei hohen Umgebungstemperaturen die Stomata geöffnet, geht viel Wasser verloren. Werden sie geschlossen, kann trotz der hohen Sonneneinstrahlung nicht ausreichend Glucose gebildet werden, da für die Synthesereaktion nicht genügend Kohlenstoffdioxid aufgenommen werden kann. In vielen Sukkulenten laufen Stoffwechselprozesse ab, durch die sie dem Dilemma Verdursten oder Verhungern entgehen können.

Ohne Licht können Pflanzen keine Fotosynthese betreiben. Viel Sonnenlicht bringt jedoch nicht nur Vorteile, da mit einer hohen Lichteinstrahlung häufig Trockenheit, Hitze und eine starke Verdunstungsrate verbunden sind. Wasser wird zum begrenzenden Faktor. Die Pflanzen sind daher darauf angewiesen, möglichst viel Wasser während der kurzen Feuchtigkeitsperioden aufzunehmen, zu speichern und die Wasserabgabe in den Dürreperioden gering zu halten. Die meisten dieser Pflanzen besitzen ein großes Wurzelsystem mit hoher Saugkraft und die Möglichkeit Wasser zu speichern (*Sukkulenz*). Dieses kann in den Blättern oder dem Stamm eingelagert werden. Bei Stammsukkulenten wie den Kakteen macht dies ca. 91 % des Frischgewichts aus.

Kohlenstoffdioxidspeicher

Vergleichende Messungen bei Sukkulenten und Nichtsukkulenten zeigen, dass die Sukkulenten in der Nacht die Stomata öffnen und den größten Teil des Kohlenstoffdioxids aufnehmen (Abb. 3). Kohlenstoffdioxid kann im gasförmigen Zustand nicht gespeichert werden, da es wieder aus der Pflanze heraus diffundieren würde. Die Speicherung erfolgt durch eine Bindung an ein Stoffwechselprodukt beim Glucoseabbau, die *Brenztraubensäure* (C_3). Um große Mengen an Brenztraubensäure zu erhalten, wird Stärke abgebaut und die frei werdende Glucose zu Brenztraubensäure gespalten. Die nächtliche Stärkeabnahme lässt sich hierdurch erklären (Abb. 2).

Das nachts aufgenommene Kohlenstoffdioxid wird an die Brenztraubensäure angelagert. Es entsteht Äpfelsäure (C_4) (Abb. 2), die in der Zellvakuole gespeichert wird. Hierdurch säuern die Sukkulenten nachts in den Vakuolen an. Tagsüber gelangt die Äpfelsäure wieder aus der Zellvakuole zurück ins Cytoplasma. Hier wird sie wieder in Brenztraubensäure und Kohlenstoffdioxid gespalten. Diesen tagesrhythmischen Wechsel der Säurekonzentration bezeichnet man als *diurnalen Säurerhythmus*. Da dieser Stoffwechselweg das erste Mal bei Dickblattgewächsen (Crassulaceae) entdeckt wurde, wird er auch als *Crassulacean Acid Metabolism (CAM)* bezeichnet.

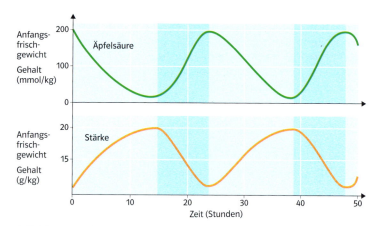

2 *Äpfelsäure- und Stärkegehalt einer Sukkulenten*

224 Ökologie

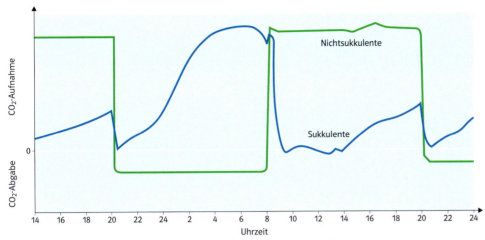

3 Verlauf der CO$_2$-Aufnahme einer sukkulenten und einer nicht sukkulenten Pflanze

Optimierte Synthesereaktion

Das im Cytoplasma frei werdende Kohlenstoffdioxid diffundiert innerhalb der Zelle in die Chloroplasten. Hier wird es in der Synthesereaktion, dem Calvinzyklus, an das Akzeptormolekül gebunden und zur Bildung von Glucose und Stärke genutzt. Die speziellen Stoffwechselschritte ermöglichen es den Sukkulenten, nachts Kohlenstoffdioxid aufzunehmen und zu speichern. Mit dem nächtlichen Rückgang der Temperatur steigt die relative Luftfeuchtigkeit, sodass die Pflanzen bei geöffneten Stomata weniger Wasser an die Umgebung verlieren als während der intensiven Sonneneinstrahlung. Von diesen zusätzlichen Stoffwechselprozessen zeitlich getrennt wird tagsüber das Licht von den Fotosynthesepigmenten absorbiert und die Energie wie bei allen Nicht-CAM-Pflanzen in Form von Stärke gespeichert.

A1 ○ Stellen Sie alle Faktoren zusammen, durch die Kakteen an das Leben in trockenen Regionen angepasst sind, und erläutern Sie jeweils kurz deren Bedeutung.

A2 ◐ Beschreiben Sie Abb. 2 und 3. Stellen Sie die Aussagen in einen gemeinsamen Zusammenhang. Erläutern Sie, wie anhand dieser experimentell gefundenen Zusammenhänge das Schema in Abb. 4 entwickelt werden konnte.

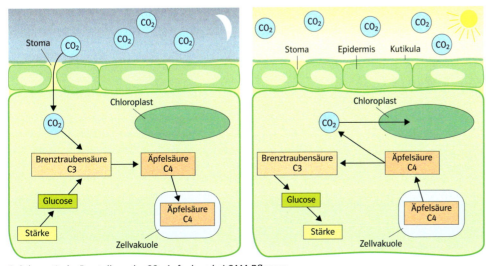

4 Schematische Darstellung der CO$_2$-Aufnahme bei CAM-Pflanzen

Material
Fotosynthese

Die Vorgänge der Fotosynthese wurden an verschiedenen Organismen erforscht. Bakterien oder Pflanzen in verschiedenen Ökosystemen spielten eine Rolle. Exaktere Experimente zu den Vorgängen der Fotosynthese wurden direkt an Chloroplasten oder Thylakoiden durchgeführt.

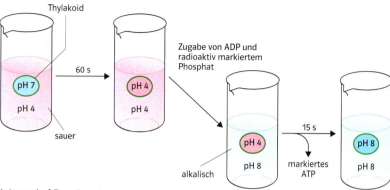

4 Jagendorf-Experiment

1 Salzgewinnungsbecken mit Halobakterien

Halobakterien

Halobakterium halobium lebt in Gewässern mit hohen Salzkonzentrationen, wie im Toten Meer oder den Salzgewinnungsbecken im Mittelmeer (Abb. 1). Untersuchungen an diesen Halobakterien zeigen, dass sie ATP produzieren, solange Sauerstoff und Glucose zur Verfügung stehen. Ist keine Glucose vorhanden, stoppt in der Dunkelheit der Stoffwechsel dieser Organismen. Bei Belichtung steigt der ATP-Gehalt auch in sauerstofffreier Umgebung (Abb. 2).

Untersuchungen zeigten purpurrote Zonen in der Zellmembran. Diese absorbieren gelbes Licht. In diesen Zonen fand man Proteinkomplexe, das sogenannte *Bakteriorhodopsin*, mit einem Pigment, das gelbes Licht absorbiert und zu einer räumlichen Veränderung des Proteinkomplexes führt.

A1 ⬤ Beschreiben Sie Abb. 2 und deuten Sie die Messergebnisse.
A2 ⬤ Erklären Sie anhand der Deutung und des Modells in Abb. 3 den Vorgang der ATP-Bildung in Halobakterien.
A3 ⬤ Vergleichen Sie diesen Vorgang mit der Fotosynthese der grünen Pflanzen.

Protonengradient

In den 1960er-Jahren wurde von mehreren Wissenschaftlern die Fragestellung untersucht, wie sowohl in den Mitochondrien als auch in den Chloroplasten der energiereiche Stoff ATP gebildet wird. Es gab verschiedene Hypothesen: Eine chemische, die davon ausging, dass über chemische Reaktionen im flüssigen Lumen der Chloroplasten das ATP gebildet wird und eine chemiosmotische, die davon ausging, dass an Membranen ein Protonengradient entsteht, dessen Kraft zur ATP-Bildung führt. Der Wissenschaftler A. T. Jagendorf untersuchte unter diesen Aspekten isolierte Thylakoide (Abb. 4).
Diese wurden ohne Licht für eine gewisse Zeit in eine saure oder leicht alkalische Flüssigkeit gegeben. Gleichzeitig wurde ADP und radioaktiv markiertes Phosphat zugeführt. Danach wurde die neu gebildete ATP-Menge gemessen. Sie war dadurch zu erkennen, dass diese ATP-Moleküle radioaktiv markiert waren. Diese Ergebnisse ließen sich jedoch nur erzielen, wenn die Thylakoidmembranen intakt waren.

Weitere Forschungsgruppen untersuchten die verschiedenen pH-Werte in den Thylakoidlumen und im umgebenden Stroma. Hierzu wurden die Thylakoide belichtet und die pH-Werte gemessen. Der pH-Wert im Thylakoidlumen sank auf 4 bis 4,5. Der pH-Wert in der umgebenden Flüssigkeit stieg auf 7,5 bis 8.

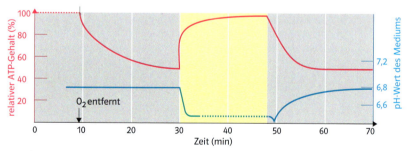

2 Licht-Dunkel-Wechsel im Experiment mit Halobakterien

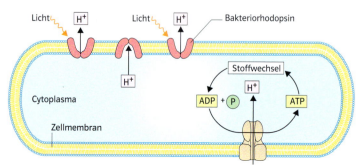

3 Schema des lichtinduzierten Protonentransports

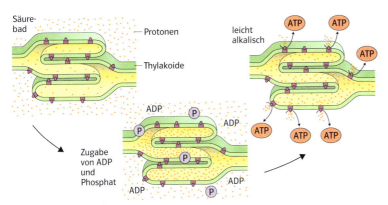

5 Schema des Jagendorf-Experiments

7 Rotalge

A4 ⊝ Fassen Sie das Experiment von Jagendorf anhand des Textes und Abb. 4 zusammen und vergleichen Sie dies mit den Ergebnissen der pH-Untersuchungen.

A5 ● Erläutern Sie das Ergebnis mithilfe der Abb. 5 und begründen Sie, weshalb die chemische Hypothese nicht bestätigt werden konnte.

Rotalgen und Braunalgen

Die Lichtverteilung im Wasser ist nicht vergleichbar mit der in der Luft. 5 bis 35 % des auftreffenden Lichts werden je nach Wasserbeschaffenheit bereits an der Wasseroberfläche reflektiert. Auch das Lichtspektrum ändert sich mit zunehmender Wassertiefe. In den tieferen Schichten von trüben Gewässern, wie sie im Küstenbereich vorliegen, aber auch im offenen Meer, werden verschiedene Farbbereiche des Spektrums absorbiert (Abb. 6). Rotalgen und Braunalgen sind autotrophe Pflanzen, die an das Leben in Gewässern bis etwa 150 Meter Tiefe angepasst sind (Abb. 7). Sie besitzen im Lichtsammelkomplex des Fotosystems neben dem Chlorophyll und den Carotinoiden auch Phycobiline. Hier unterscheidet man Phycocyanin und Phycoerythrin (Abb. 8). Phycocyanin ist ein blau-grüner Farbstoff, Phycoerythrin ein roter. Hier sind die Farbstoffe in Proteinkomplexen angeordnet, die ca. 40 % des Proteinhaushalts einer Rotalge ausmachen. Im Lichtsammelkomplex der Braunalgen findet man den Farbstoff Fucoxanthin.

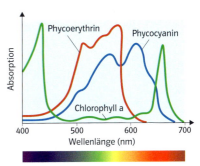

8 Absorptionsspektrum Rotalge

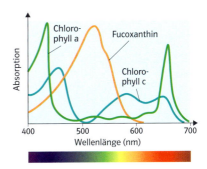

9 Absorptionsspektrum Braunalge

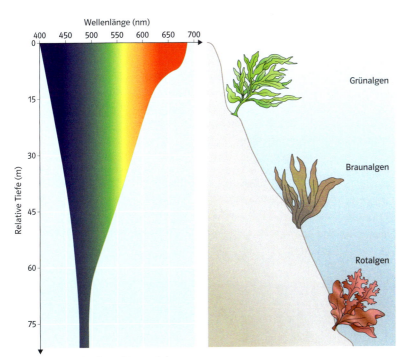

6 Algen in verschiedenen Meerestiefen

A6 ○ Vergleichen Sie die Absorptionsspektren der Rot- und Braunalgen in Abb. 8 und 9 mit dem einer Landpflanze (s. Seite 220).

A7 ⊝ Beschreiben Sie in Abb. 6 die Veränderung des Lichtspektrums mit zunehmender Tiefe und erklären Sie die Bedeutung der Farbstoffe der Rot- und Braunalgen in Bezug auf die Gewässertiefe und die Vorgänge bei der Fotosynthese.

Chemosynthese in der Tiefsee

Proben aus dem völlig dunklen Meeresboden zeigen bei oberflächlicher Betrachtung nur wenige lebende Organismen. Daher überraschten die Funde, die Geologen 1977 auf einer Exkursion mit einem Forschungs-U-Boot in 2 600 m Tiefe machten. Sie fanden eine Oase überquellenden Lebens. Röhrenwürmer mit mehr als 1 m Länge, 30 cm große Muscheln, Trauben von Miesmuscheln, Garnelen, Krabben und Fischen. Die Organismen dieses Lebensraumes konnten in der völligen Dunkelheit nicht auf fotosynthetisch hergestellte Nährstoffe angewiesen sein. In der Umgebung der großen Muscheln oder der Röhrenwürmer konnten auch keine Nahrungspartikel entdeckt werden.

Das Besondere dieser Tiefseestandorte sind Lavaspalten mit heißen Tiefseequellen oder „Black Smokern" (Abb. 1). Durch diese Spalten dringt Wasser in den Meeresboden ein und wird in der Erdkruste stark erhitzt. Das kochend heiße, von Schwefelverbindungen pechschwarze Wasser wird mit Druck herausgepresst. Diese Thermalquellen enthalten viel Schwefelwasserstoff aus der Erdkruste.

Die hier lebenden Röhrenwürmer sind Tiere, die weder einen Mund noch andere Teile eines Verdauungssystems besitzen (Abb. 2). Der größte Teil der Körperhöhle ist ein Organ, in dem das Gewebe mit Schwefel oxidierenden Bakterien vollgepackt ist *(Trophosom)*. Diese Bakterienkultur wird von einem effektiven Blutsystem mit Sauerstoff und Schwefelwasserstoff aus dem Seewasser versorgt. Die Bakterien gewinnen durch die Oxidation von Schwefelwasserstoff Energie. Mithilfe dieser Energie und dem aufgenommenen Kohlenstoffdioxid wird über den Calvinzyklus Glucose gewonnen (Abb. 1). Diese energiereichen Verbindungen gelangen in den Blutkreislauf der Röhrenwürmer und dient als Energiequelle.

Auffallend sind die leuchtend roten Kiemenbüschel, über die Röhrenwürmer nicht nur Sauerstoff und Kohlenstoffdioxid austauschen, sondern auch Schwefelwasserstoff aufnehmen. Transportiert werden Sauerstoff und Schwefelwasserstoff durch dieselben Hämoglobinmoleküle.

Schwefelwasserstoff ist zwar energiereich, aber für die meisten Lebewesen auch äußerst giftig. Bei uns Menschen verdrängt er z. B. den Sauerstoff vom Hämoglobin. Das Hämoglobinmolekül der Röhrenwürmer ist nicht nur größer als das des menschlichen Blutfarbstoffs, sondern besitzt auch eine andere Struktur und veränderte biochemische Eigenschaften. So befinden sich an diesem Hämoglobin eine Bindungsstelle für ein Sauerstoffmolekül und eine zweite für ein Schwefelwasserstoffmolekül. Die Sauerstoffversorgung des Gewebes wird somit durch den Schwefelwasserstoff nicht beeinträchtigt.

A1 Beschreiben Sie die gegenseitige Abhängigkeit von Röhrenwürmern und Schwefel oxidierenden Bakterien.

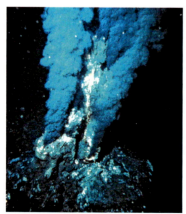

1 Black Smoker

2 Röhrenwürmer

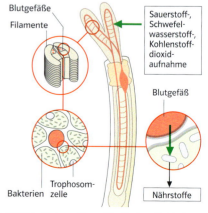

3 Röhrenwürmer mit symbiontischen Bakterien

Stoffabbau durch Destruenten

In Ökosystemen fällt viel totes organisches Material an. Dies sind z. B. Kot und tote Organismen, aber auch abgeworfene Teile, wie Blätter und Blüten bei Pflanzen oder Federn, Haare und Hautschuppen bei Tieren. Dieses organische Material ist energiereich. Daher gibt es viele Organismen, die es als Ressource nutzen. Solche Organismen werden *Destruenten* genannt. Im Gegensatz zu Räubern, die ihre Beute töten und deren Wachstum und Vermehrung beeinträchtigen, sind Destruenten auf Ressourcen angewiesen, die sie als bereits totes organisches Material vorfinden.

Am Abbau sind viele Organismen beteiligt. Dazu gehören insbesondere Bakterien und Pilze. Totes organisches Material in Gewässern *(Detritus)* nutzen u. a. Filtrierer. Im Wald werden gröbere Partikel von Milben, Kleinstinsekten, Asseln, Würmern, Schnecken und anderen Tieren gefressen.

Die Abbaugeschwindigkeit

Auch die chemische Zusammensetzung bestimmt die Nutzbarkeit toter organischer Substanz. Flüssige und gelöste Bestandteile werden direkt genutzt, der Abbau von Stoffen wie Kohlenhydraten (außer Cellulose) oder Proteinen erfolgt daher schnell. Mit jeder erneuten Nutzung durch nachfolgende Arten besteht der Rest jedoch aus schwerer abbaubaren Stoffen wie Cellulose oder Lignin (Holzstoff). Diese werden nur langsam durch Spezialisten wie Bakterien und Pilzarten verwertet (Abb. 2).

Der Abbau ist auf das Vorhandensein von Wasser angewiesen. Fehlt dieses, so trocknen z. B. Kadaver aus und mumifizieren. Hohe Temperaturen und ein neutraler pH-Wert begünstigen den Abbau. In Mitteleuropa kann z. B. Laubstreu auf saurem Waldboden mehrere Jahre bis zur endgültigen Mineralisierung benötigen, bei günstigeren Verhältnissen dauert dies nur ein Jahr.

Totes organisches Material wird so lange erneut genutzt, bis es keine verwertbare Energie mehr enthält. Dies ist der Fall, wenn nur noch Kohlenstoffdioxid und Mineralstoffe übrig sind. Diese anorganischen Stoffe wurden ehemals von den

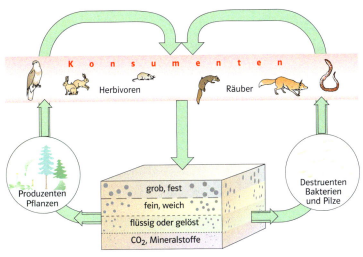

1 *Abbau von totem organischen Material*

Primärproduzenten in Biomasse fixiert. Sie werden durch den Abbauvorgang freigesetzt und stehen den Produzenten wieder zur Verfügung (Abb. 1). Kohlenstoffdioxid und Mineralstoffe werden also nicht verbraucht, sondern durchlaufen einen Kreislauf. Durch Destruenten wird die restliche Biomasse remineralisiert. Hierin liegt ihre große Bedeutung für ein intaktes Ökosystem.

A1 ○ Ein Gramm Erde im Boden enthält bis zu 40 Mio. Bakterien. Diese halten sich fast alle in Wurzelnähe auf. Erklären Sie, weshalb abbauende Prozesse in tieferen Bodenschichten relativ langsam ablaufen.

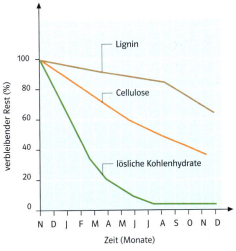

2 *Abbau von Eichenlaub*

Kohlenstoffkreislauf

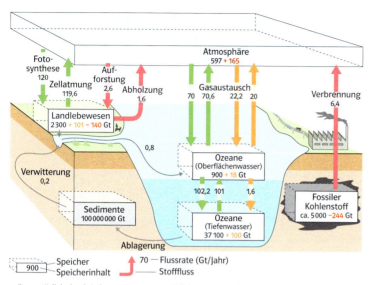

1 Kreislauf des Kohlenstoffs

Jedes Jahr fließen gigantische Mengen Kohlenstoff von einem Speicher in einen anderen. Man spricht von *Flussraten* (Einheit: Gigatonnen/Jahr). Sie lassen sich abschätzen (Abb. 1). Dennoch ändern sich die Inhalte der Speicher langfristig kaum, da die Speicher Zu- und Abflüsse in ähnlicher Größenordnung aufweisen. Diesen Zustand bezeichnet man als *dynamisches Gleichgewicht*. Die Atmosphäre umspannt die gesamte Erde. Dadurch stehen weit voneinander entfernte Speicher in Verbindung. So kann sich ein CO_2-Molekül, das ein Tier ausatmet, nach Monaten bis Millionen von Jahren weit entfernt im Meerwasser lösen und dort von einer Alge aufgenommen werden. Aus diesem C-Atom kann dann z. B. durch Fotosynthese ein Teil eines Glucosemoleküls werden.

Der Einfluss des Menschen

Für die Flussrate ist nicht die Größe eines Kohlenstoffspeichers entscheidend, sondern die Geschwindigkeit der Umsetzung in diesem Speicher. Die heutigen Vorkommen von Kohle, Erdöl und Erdgas sind vor Jahrmillionen entstanden. Erst durch die Förderung dieses fossilen Kohlenstoffs und dessen Verbrennung entsteht ein zusätzlicher Kohlenstofffluss in Richtung Atmosphäre. Der Anstieg des CO_2-Gehalts in der Atmosphäre kann zu zusätzlichen Flüssen in die anderen Speicher führen. In der aktuellen Diskussion zu möglichen Klimaveränderungen durch den steigenden Kohlenstoffdioxidgehalt der Atmosphäre sind diese Flussraten von entscheidender Bedeutung.

Alle Lebewesen betreiben Stoffwechsel. Sie nehmen Stoffe auf, wandeln sie in chemischen Reaktionen um und geben andere Stoffe ab. Diese Vorgänge kann man für Lebewesen betrachten, aber auch global. Ein für alle Lebewesen wichtiges Element ist der Kohlenstoff. Er kommt auch in der unbelebten Natur vor, z. B. als CO_2 in der Atmosphäre, als Calciumcarbonat ($CaCO_3$) im Kalkstein oder in vielen Verbindungen in Kohle und Erdöl.

Der natürliche Kohlenstoffkreislauf

Um sich einen Überblick zu verschaffen, kann man allen Kohlenstoff auf der Erde Speichern zuordnen (Abb. 1). Kohlenstoffatome können durch Lebewesen von einem Speicher in einen anderen gelangen, z. B. dadurch, dass Pflanzen Kohlenstoff als Bestandteil von Kohlenstoffdioxid aufnehmen und die Kohlenstoffatome dann bei der Fotosynthese zum Aufbau von Glucose nutzen. Dadurch gelangen die C-Atome vom Speicher Atmosphäre in den Speicher Landlebewesen. Auch innerhalb von Speichern kann Kohlenstoff weitergegeben werden, z. B. von der Pflanze zu einem pflanzenfressenden Tier. Pflanzen und Tiere bauen in ihrem Stoffwechsel Kohlenstoffverbindungen ab und geben einen Teil des Kohlenstoffs wieder als CO_2 in die Atmosphäre frei.

In Braunkohle erkennbares Pflanzenstück

A1 Kohlenstoffatome werden auch weitergegeben, wenn Pflanzenteile einem Pflanzenfresser als Nahrung dienen und dieser später von einem Raubtier gefressen wird. Ordnen Sie die Weitergabe in der Nahrungskette in das in Abb. 1 dargestellte System aus Speichern und Stoffflüssen ein.

A2 Der Begriff „Kohlenstoffkreislauf" legt nahe, dass ein Kohlenstoffatom nach unterschiedlichen Stationen wieder in seinen ursprünglichen Speicher gelangen kann. Zeigen Sie unter Verwendung der Abb. 1 zwei möglichst unterschiedliche Wege eines Kohlenstoffatoms auf und vergleichen Sie diese.

230 Ökologie

Stickstoffkreislauf und Energiefluss

Kreislauf des Stickstoffs

Stickstoffatome können ebenfalls von einem Speicher in einen anderen gelangen. Auch zwischen diesen Speichern gibt es bestimmte Flussraten pro Jahr.

Den größten Stickstoffspeicher bildet die Atmosphäre, gefolgt vom Bodenspeicher. Pflanzen bauen jährlich 175 Millionen Tonnen Stickstoff aus ihm ein, indem sie Nitrat (NO_3^-) oder Ammonium (NH_4^+) aus dem Boden aufnehmen. Bestimmte Bakterien können den atmosphärischen Stickstoff (N_2) direkt einbauen und nutzen. Konsumenten nehmen über Pflanzen Stickstoff auf und bauen ihn in ihren Stoffwechsel ein. Sie scheiden nicht mehr verwertbaren Stickstoff in Form von Ammoniak oder Harnsäure bzw. Harnstoff wieder aus. Diese Stoffe werden im Boden durch bestimmte Bakterien zu Ammonium umgewandelt. Weitere Bakterien wandeln dann Ammonium zu Nitrit (NO_2^-) und weiter zu Nitrat um (*Nitrifikation*). Andere Bakterien wandeln Nitrat wieder in molekularen Stickstoff (N_2) um (*Denitrifikation*). Der Kreislauf ist geschlossen.

Energiefluss

Die Kreisläufe von Kohlenstoff, Stickstoff und anderen Elementen werden durch die Strahlungsenergie der Sonne angetrieben. Die Energie wird als chemische Energie

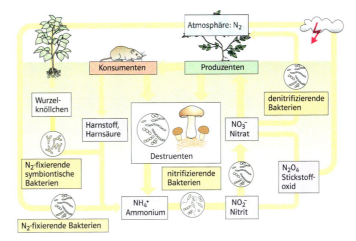

1 *Kreislauf des Stickstoffs*

von den Produzenten in organischen Verbindungen gespeichert. Diese gelangen als Nahrung zu den Konsumenten und Destruenten. Es besteht damit eine enge Kopplung zwischen der Übertragung von Energie und Biomasse. Dabei nutzen alle Organismen einen Teil der aufgenommenen Energie für den Betriebsstoffwechsel.

A1 Eine Wassermühle soll als Modellvorstellung für die enge Verbindung zwischen Stoffkreislauf und Energiefluss dienen. Erläutern Sie die Vorzüge und Grenzen der Modellvorstellung.

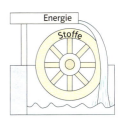

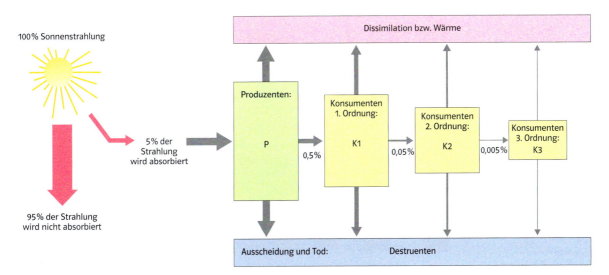

2 *Energiefluss und Verluste bei Weitergabe*

Biodiversität

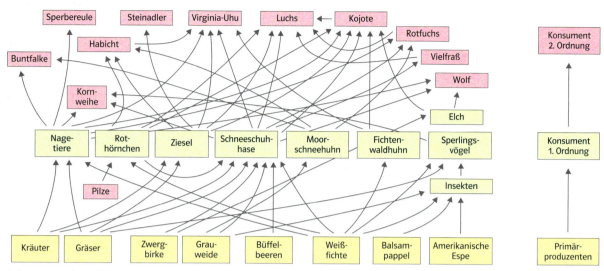

1 Auszug aus einem Nahrungsnetz in einem kanadischen Wald (kalt-gemäßigtes Klima)

Die Bestimmung der *Biodiversität* dient dazu, Ökosysteme vergleichbar und Veränderungen messbar zu machen. Dabei versteht man unter Biodiversität nicht nur das Vorhandensein von Arten, die *Abundanz*, sondern deren genetische Vielfalt sowie die Vielfalt der Lebensräume. Vereinfachend wird hier nur die Artendiversität betrachtet.

Biodiversität
(Vielfältigkeit)
– Artenvielfalt
– genetische Vielfalt
– Vielfalt der Lebensräume

Diversitätsindex
Durch eine mathematische Formel, den *Diversitätsindex*, kann man die Diversität in einem Lebensraum als Zahlenwert angeben. Kommen viele Arten vor, ist der Diversitätsindex relativ hoch, bei wenigen Arten niedrig. Allerdings wirkt eine Lebensgemeinschaft auch dann eintönig, wenn eine bestimmte Art sehr häufig und alle anderen Arten nur sehr selten vorkommen. Ein Diversitätsindex berücksichtigt daher auch die Häufigkeitsverteilung der Arten. Die Diversität ist relativ niedrig, wenn eine einzelne Art stark dominiert. Dagegen ist die Diversität trotz gleicher Artenzahl (S) höher, wenn alle vorkommenden Arten etwa gleich häufig sind (Abb. 2).

Querverbindungen
Bei den meisten Lebensräumen weiß man nicht genau, wie viele Arten sie bewohnen und wie häufig diese sind. Das gilt umso mehr, je kleiner die Arten sind. Die Diversität der Nahrungsnetze, die in einem zu untersuchenden Ökosystem herrscht, wird mithilfe der Querverbindungen von Arten untereinander quantitativ beschrieben. Eine solche Querverbindung bezeichnen die Biologen in der Ökologie als Link (Abb. 3). Ökosysteme sind nicht abgeschlossen. Man muss einen Ausschnitt abgrenzen und Stichproben entnehmen, um die Diversität zu berechnen.

Ursachen für Diversitätsunterschiede
Es ist schwer zu sagen, warum ein Lebensraum eine hochdiverse Lebensgemeinschaft beherbergt und ein anderer nicht. Es gibt eine Reihe Vermutungen:

Die Diversität steigt mit der Anzahl der Arten und ihrer Gleichverteilung.

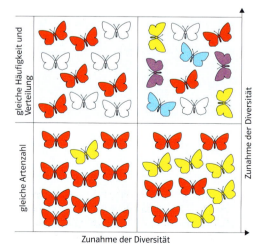

2 Aspekte der Diversität

232 Ökologie

- *verfügbare Nahrungsressourcen:* Mit den Nahrungsressourcen steigt auch die Produktivität in einem Ökosystem. Damit hängen wiederum die Anzahl möglicher Trophiestufen und die Nischenanzahl zusammen. Bei größerem Ressourcenangebot findet man daher oft mehr Arten.
- *strukturelle Vielfalt:* Abwechslungsreiche Lebensräume bieten mehr Lebensmöglichkeiten und lassen damit eine größere Artenvielfalt zu.
- *Klima:* In den Tropen leben mehr Arten als in Regionen mit ausgeprägten Jahreszeiten oder an den Polen. Das gleichmäßige Tropenklima lässt offenbar mehr Spezialisierungen zu; daher können hier mehr Arten koexistieren. Dies gilt entsprechend für alle Ökosysteme, die keinen oder sehr geringen Umweltschwankungen ausgesetzt sind.
- *Alter des Lebensraumes:* Die Entstehung einer großen Artenvielfalt und auch der genetischen Vielfalt nimmt eine bestimmte evolutive Zeit in Anspruch, alte Lebensräume sind oft diverser.

Störungen des Ökosystems

Nach der *Diversitäts-Stabilitäts-Hypothese* steigt mit der Diversität auch die Stabilität eines Ökosystems. Unter *Stabilität* wird dabei meist verstanden, dass sich Artenanzahl und Biomasse in einem ungestörten Ökosystem nicht wesentlich ändern *(Konstanz)*, bzw. dass ein Ökosystem unempfindlich gegenüber Störungen ist *(Resistenz)*. Die Hypothese geht davon aus, dass mit zunehmender Diversität mehr Vernetzungen zwischen den Arten möglich sind und verändernde Einflüsse besser abgepuffert werden können. Neben Konstanz und Resistenz gibt es noch einen weiteren Aspekt der Stabilität, die *Elastizität*. Darunter versteht man die Fähigkeit, nach Störungen wieder zum ursprünglichen Zustand zurückkehren zu können, zu *regenerieren*. Die Elastizität wird auf Generalisten im Ökosystem zurückgeführt. Sie nutzen ein breites Ressourcenspektrum und tragen daher mehr zur Vernetzung der Nahrungsketten im Ökosystem bei als Spezialisten.

Wenn eine Störung allerdings ein bestimmtes Ausmaß übersteigt, zu lange andauert oder ständig in dieselbe Richtung weist, dann kann die Elastizität überfordert sein und das gesamte System wird instabil. Dies gilt beispielsweise für einen See, der ständigem Mineralstoffeintrag ausgesetzt ist und dadurch hypertrophiert wird (s. Seite 243).

4 *Artenvielfalt im tropischen Regenwald*

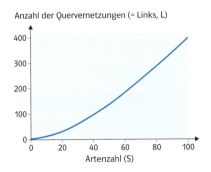

3 *Diversität in natürlichen Nahrungsnetzen*

A1 ● Erläutern Sie mögliche Probleme, wenn der Diversitätsindex in einem Lebensraum (z. B. ufernahe Wildwuchsfläche) vor und nach einer Umgestaltungsmaßnahme erhoben werden soll.

3.5 Land- und Gewässerökosysteme
Der Wald

1 Nadel- und Laubwälder prägen die mitteleuropäische Landschaft

Über 90 % Mitteleuropas waren früher mit Wald bedeckt. Auch wenn diese Fläche auf ca. 2—3 % geschrumpft ist, hat der Wald heute immer noch wichtige Funktionen für uns: Holz ist ein nachwachsender Rohstoff. Erholungssuchende lieben die angenehme Kühle im Sommer, im Winter dagegen ist die Kälte im Vergleich zur offenen Landschaft abgemildert. Das gilt im Jahres- wie im Tagesverlauf. Auch andere abiotische Faktoren wie Kohlenstoffdioxid-Gehalt der Luft und Luftfeuchtigkeit schwanken weniger (Abb. 2). Die Pufferwirkung schafft für Tier- und Pflanzenarten günstige Lebensbedingungen, denn extreme Klimaeinflüsse sind für die meisten Arten schädlich.

Bäume sind typische *K-Strategen* (s. Seite 220). Sie investieren in langlebige Pflanzenteile (Abb. 3) und kennzeichnen den Wald damit als stabiles *Ökosystem*. Konkurrenzstärke und Langlebigkeit von Bäumen bewirken, dass der Wald in allen Regionen der Erde mit genügend Feuchtigkeit und nicht allzu extremen Temperaturen dominiert.

Die meisten Wälder Mitteleuropas sind *Forste (Kulturwälder)*: Je nach Wirtschaftlichkeit und Bodenbeschaffenheit wurden bevorzugt bestimmte Baumarten angepflanzt, die im naturnahen Wald des entsprechenden Standortes nicht unbedingt dominieren würden. Ein naturnaher Wald in Mitteleuropa wäre ein von Laubbäumen geprägter *sommergrüner, winterkahler Wald*. Ohne Eingriff des Menschen wären *Nadelwälder* bei uns nur im Hochgebirge anzutreffen.

Gliederung des Waldes
Naturnahe Laubwälder zeigen eine räumliche und eine zeitliche Gliederung: Ein *Stockwerkbau* mit Kraut-, Strauch- und

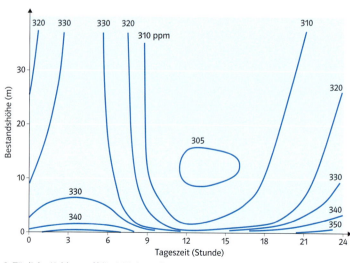

2 Tägliche Kohlenstoffdioxid-Schwankungen in einem Wald

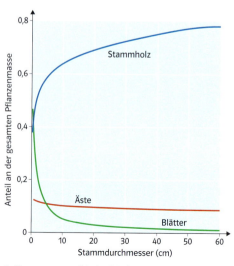

3 Biomassenanteil beim Wachstum von Bäumen

234 Ökologie

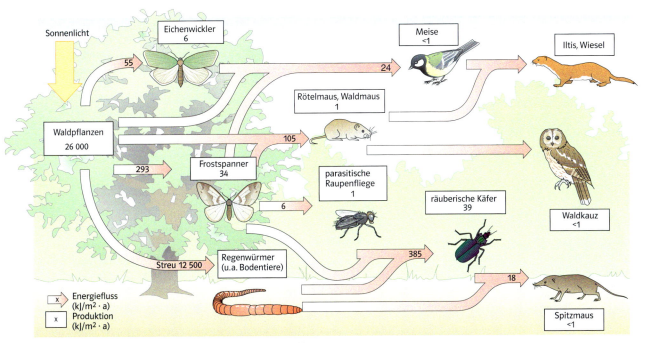

4 *Energiefluss im vereinfachten Nahrungsnetz eines Eichenwaldes*

Baumschicht gliedert den Wald vertikal. Die unteren Schichten, vor allem die *Krautschicht*, enthalten Pflanzen, die entweder nur im Frühjahr fotosynthetisch aktiv sind und blühen *(Frühblüher)* oder an sehr geringe Lichtstärken angepasst sind. Später im Jahr ergrünt die Strauch-, noch später die Baumschicht. Diese *jahreszeitliche Gliederung* vermindert die Konkurrenz um die knappe Ressource Licht. Ein früher Austrieb der Blätter erhöht das Schadensrisiko bei Spätfrösten.

Altersstruktur eines Waldes

Windbruch, Feuer und lokaler Massenbefall mit Insekten verursachen eine mosaikartige Verteilung von Baumgruppen unterschiedlichen Alters (s. Seite 236) und damit eine horizontale räumliche Gliederung. Die *Altersstruktur* als weitere zeitliche Gliederungskomponente bestimmt die dominierenden Begleitpflanzen und die Fauna. Eine wichtige Rolle spielt das *Totholz*. Zersetzende *Pilze* schaffen die Voraussetzungen für zahlreiche wirbellose Tierarten auf diesem Substrat. Die *Misch-Mosaikstruktur* führt besonders in naturnahen Laubwäldern zu einer auffällig großen Artenfülle: In einem *Buchenwald* kommen allein etwa 7000 Tierarten vor.

Daher ist die Diversität groß. Letztendlich tragen damit auch *Naturkatastrophen* zur Artenvielfalt der Wälder bei.

A1 ○ Prüfen Sie, inwiefern das Basiskonzept Struktur und Funktion im Ökosystem Wald zutrifft.

A2 ○ Der Massenbefall durch Laub fressende Schadinsekten stellt nur sehr selten eine wirkliche Bedrohung der Wälder dar. Begründen Sie diese Aussage.

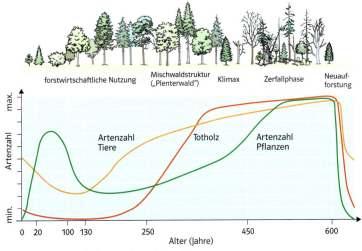

5 *Artenvielfalt und Altersstruktur des Waldes*

Sukzession

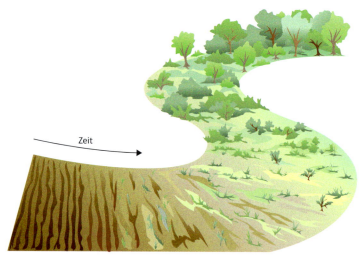

1 Acker nach einigen Jahren der Nichtbewirtschaftung

An manchen Orten, wie neuen Vulkaninseln oder Brachflächen, entstehen neue, noch unbesiedelte Lebensräume. Sie werden von einwandernden Organismen rasch besiedelt. Verschiedene Organismen erscheinen dabei in oft typischer Abfolge nacheinander und bilden Lebensgemeinschaften. Dies bezeichnet man als *Sukzession*.

Sukzessionsphasen im Wald

Auf einer Kahlschlagfläche kann man beispielsweise eine charakteristische Abfolge von Pflanzengemeinschaften beobachten. Sie wird im Wesentlichen durch die Konkurrenz der Pflanzenarten um Licht verursacht *(autotrophe Sukzession)*. Kennzeichnend für diesen Sukzessionstyp ist, dass die Primärproduktion der anfänglichen Biozönose zu Beginn größer ist als deren Verbrauch. Damit wird insgesamt mehr Biomasse aufgebaut als abgebaut. In späteren Sukzessionsphasen findet in der Biozönose hingegen ein Ausgleich dieser beiden Teilprozesse statt. Bei heterotrophen Sukzessionen, beispielsweise bei Besiedlungen von Kadavern oder Dunghaufen, aber auch bei verunreinigten Flüssen, überwiegt hingegen der Verbrauch an Biomasse *(Gesamtrespiration)* gegenüber der Primärproduktion.

Dabei lassen sich drei Phasen abgrenzen: In der *Initialphase* treffen Pionierarten ein, oft nur wenige Arten, und besiedeln das neue Gebiet in großer Dichte. Es handelt sich um einjährige Pflanzen wie Gräser, die als typische r-Strategen (s. Seite 200) klein und wenig konkurrenzstark sind. Sie werden von mehrjährigen, höherwüchsigen und damit schon konkurrenzstärkeren Arten wie kleineren Sträuchern verdrängt. In der *Folgephase* werden diese wiederum von größeren Arten verdrängt, die die kleineren Arten beschatten. In dieser Phase wird sehr viel pflanzliche Biomasse aufgebaut. Initial- und Folgephase sind besonders produktive Sukzessionsphasen (Abb. 3). Für die Ausprägung der *Klimaxphase* sind lange Zeitspannen von vielen Jahrzehnten nötig.

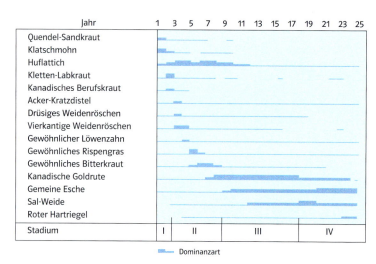

2 Sukzession auf einer Ackerbrache in Deutschland

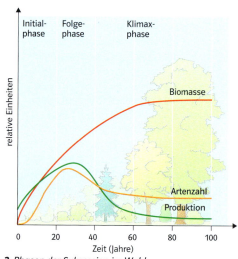

3 Phasen der Sukzession im Wald

236 Ökologie

Auch bei Tieren beobachtet man eine Abfolge während einer Sukzession. Sie siedeln sich jeweils entsprechend den verfügbaren Ressourcen an. So können sich Räuber nur ansiedeln, wenn genügend Beutetiere vorhanden sind.

Mosaikzyklen

Störungen im Klimaxwald, wie z. B. Windbruch oder das Umfallen alter abgestorbener Bäume, schaffen kleine Lichtungen. Tierische Organismen bilden oft Ansammlungen, sodass eine gleichmäßige Verteilung nicht vorliegt. Sie verursachen z. B. Fraß- oder Trittschäden. Solche lokalen Störungen werfen diese Orte auf frühere Stadien zurück und eine neue lokale Sukzession beginnt. Auf lange Sicht entstehen viele solcher Neusukzessionen nebeneinander, die sich alle in verschiedenen Stadien befinden. Großräumig zeigt sich dann ein Mosaik aus kleineren Sukzessionsinseln.

Ständig gestörte Lebensräume

Einige Lebensräume können als ständig gestört angesehen werden. Dazu gehören z. B. Äcker, die immer wieder umgepflügt werden. Ähnliches gilt auch für Bereiche in Wattengebieten, die durch Strömungen und Sturmfluten ständig umgelagert werden. Solche Lebensräume werden von typischen r-Strategen besiedelt. Sie bleiben auf den Anfangsstadien einer Sukzession stehen.

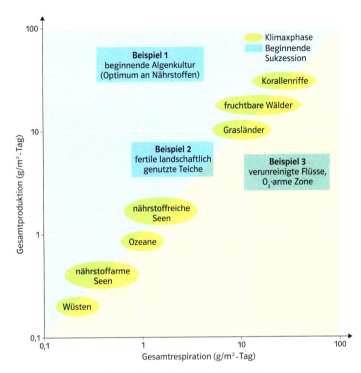

4 *Sukzession in der Klimaxphase und zu Beginn (Auswahl)*

A1 Erläutern Sie die Angepasstheit von Pionierpflanzen im Hinblick auf deren Zuordnung zu den K- bzw. r-Strategen.

Info-Box: Variabilität und Angepasstheit

Wird eine nicht mehr benutzte Ackerfläche neu besiedelt, so sind diejenigen Pflanzen und Tiere zunächst im Vorteil, die mit den aktuellen abiotischen und biotischen Faktoren die größte reproduktive Fitness erzielen. Sie besitzen also entsprechende Strukturen, die durch die damit verbundenen Funktionen am günstigsten für die momentane Erstbesiedlung sind.

Nach der ersten Neubesiedlung ändern sich Lichtverhältnisse, Temperaturbedingungen am Boden usw. Durch die Änderung dieser abiotischen, aber auch der biotischen Faktoren (Fressfeinde, Konkurrenzarten etc.) sind nun andere Organismen gegenüber den Primärorganismen im Vorteil. Sie sind an die Veränderungen besser als die ersten Organismen angepasst. Konkurrenzstärkere Arten besiedeln nun die vorhandene Fläche und verdrängen die Primärarten.

In jedem Sukzessionsstadium entscheidet damit die im Laufe der Evolution entwickelte Angepasstheit einer Art über ihre Anwesenheit und Häufigkeit bzw. über ihre spätere Abwesenheit. Voraussetzung für eine solche entwickelte Angepasstheit ist dabei immer die genetische Variabilität innerhalb einer Art. Ohne eine entsprechend vorhandene genetische Variabilität können Arten relativ schnell aussterben.

Praktikum
Wald

Der Wald als Ökosystem eignet sich für vielfältige Untersuchungen. Die Messung abiotischer Faktoren und die Gewinnung von Bodenproben sind, wie die Untersuchung von Kleintieren oder eine Vegetationsaufnahme, nur einzelne Aspekte für eine detaillierte Kenntnis der komplexen Zusammenhänge.

Deshalb sollte vor Beginn der Untersuchungen geklärt werden, welcher Fragestellung nachgegangen werden soll. Bei der Planung sollte auch die Jahreszeit berücksichtigt werden.

Flächenauswahl

Sinnvoll ist ein Vergleich von Untersuchungsflächen, die sich in einem wichtigen Faktor unterscheiden, zum Beispiel:
a) Laubwald — Nadelwald
b) naturnaher Wald — Forst mit weitgehender Baum-Monokultur
c) trockener und feuchter Standort im Wald
d) junger Wald — Wald mit altem Baumbestand

Die Untersuchungsflächen sollten einen Minimalabstand von 50 m haben (siehe Abbildung unten), da nur dann sichergestellt ist, dass die in sich möglichst homogenen Untersuchungsgebiete deutliche Unterschiede in einem Merkmal zeigen.

Als zusätzliche Untersuchung bietet sich die Erfassung abiotischer Faktoren wie Beleuchtungsstärke (gleiche Tageszeiten), pH-Wert, Humusgehalt und Feuchtegrad des *Bodens* an.

Abiotische Faktoren

Zur Entnahme der Bodenproben heben Sie den Boden zwei Spaten tief aus und füllen die verschiedenen Schichten jeweils in eine verschließbare Plastiktüte. Protokollieren Sie Schichtdicke, -färbung und -geruch. Der Waldboden lässt sich grob in drei Schichten unterteilen:
a) *Streuschicht*
b) *Oberboden* mit Humus
c) *Unterboden* ohne Humus.

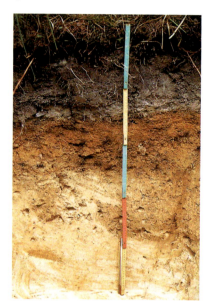

Messen Sie bei der Entnahme an verschiedenen Messstellen die *Lichtverhältnisse* mit einem Luxmeter in Busch-, Kraut- und Bodennähe (Vergleichswert außerhalb des Waldes).

Zur Bodenanalyse wird jeweils ein Teil der Bodenprobe gleicher Menge mit der Hand auf Körnigkeit und Formbarkeit untersucht, danach in einen Messzylinder geschüttet, mit Wasser aufgefüllt und geschüttelt. Tauchen Sie einen Streifen Indikatorpapier in das Wasser mit den jeweiligen Bodenproben und vergleichen Sie die Farbe mit der Farbskala. Mit zunehmendem Mineralstoffgehalt verschiebt sich der pH-Wert vom schwach sauren in den alkalischen Bereich.

Der Rest der jeweiligen Bodenproben wird zur Bestimmung der *Frischmasse (FM)* gewogen. Der Wassergehalt wird ermittelt, indem die ausgewogenen Proben für mindestens 4 Stunden bei 100 °C getrocknet und nach dem Abkühlen noch einmal gewogen werden (Trockenmasse, TM). Der Wassergehalt in % wird über die folgende Formel ermittelt:

$$\frac{FM - TM}{FM} \cdot 100 = \text{Wassergehalt (\%)}$$

Mikroorganismen im Boden

Material:
Plastikbeutel, kleine Schaufel, Hohlschliff-Objektträger, Deckgläser, Nährmedium (Saccharose-Agar oder Zuckerlösung), Plastilin (oder Knetmasse), Wärmeschrank, Mikroskop und Stereolupe.

Durchführung:
Geben Sie in jedem Untersuchungsgebiet ca. $1/2$ Liter Boden aus den obersten Schichten mithilfe einer Schaufel in einen Plastikbeutel. Durchmischen Sie jede Bodenprobe.

Stellen Sie für jede Bodenprobe einen doppelten Ansatz nach der folgenden Vorschrift her:
- Legen Sie um die Vertiefung des Objektträgers einen sehr dünnen geschlossenen Ring von Plastilin.
- Geben Sie einen Tropfen Nährmedium in die Vertiefung; dazu kommt ein kleiner Krümel Bodenprobe aus den obersten Schichten.
- Legen Sie ein Deckgläschen auf und drücken Sie es vorsichtig mit einem zweiten Objektträger so auf das Plastilin, dass ein abgeschlossener Raum entsteht.
- Bebrüten Sie jeweils eine Probe jedes Bodens bei Zimmertemperatur und bei 30 °C.

Beachten Sie: In der Probe können sich gesundheitsschädliche Keime vermehren. Lassen Sie deshalb die Mikro-Feuchtekammer unbedingt geschlossen! Auch bei der späteren Entsorgung muss man vorsichtig vorgehen.

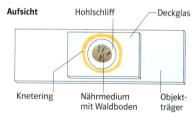

A1 Mikroskopieren Sie die Probe in Tagesabständen (Mikroskop, Stereolupe) und protokollieren Sie die Veränderungen. Vergleichen Sie die Beobachtungen in den verschiedenen Bodenproben.

Pflanzenerfassung

Innerhalb des ausgewählten Beobachtungsraumes muss zur Erfassung der wichtigsten Pflanzenarten eine quadratische Probefläche von mindestens 10 x 10 Metern ausgemessen und mit einer Schnur gekennzeichnet werden. Innerhalb dieser Fläche werden alle vorherrschenden Bäume, Sträucher, Kräuter, Farne, Moose und Pilze bestimmt und der Schichtung des Waldes zugeordnet. Messen und protokollieren Sie auch die Wuchshöhe. Kräuter und Sträucher werden dann mit dem Meterstab vermessen, bei Bäumen schätzen Sie die Höhe. Um die Schichtung des Waldes besser auswerten zu können, schätzen Sie vor Ort den jeweiligen prozentualen Anteil der Bedeckung. Beziehen Sie auch den Bereich der Baumkronen mit ein.

A2 ● Ordnen Sie das Vorkommen der gefundenen Pflanzen im Wald den gemessenen abiotischen Faktoren zu und vergleichen Sie Ihre Befunde mit der Abbildung unten rechts. Erläutern Sie die Vorteile der Zeigerarten gegenüber den physikalischen Messungen (s. Seite 238).

A3 ◐ Stellen Sie mithilfe der gesammelten, abgestorbenen Substrate des Waldbodens die fortschreitende Zersetzung auf einem Plakat dar. Ordnen Sie den jeweiligen Zersetzungsstufen die gefundenen Kleintiere zu und notieren Sie diese auf dem Plakat. Erläutern Sie die Bedeutung dieser Kleinlebewesen bei der Mineralisierung. Gehen Sie hierbei auch auf die Präferenzen der gefundenen Bodenbewohner ein.

Tierfassung

Der Tierbestand an der Messstelle kann mit unterschiedlichen Methoden erfasst werden. Beide Methoden können auch so abgewandelt werden, dass die Tiere überleben.

a) Erfassung mit dem Berlese-Apparat
– Entnehmen Sie an jedem Standort je ca. 0,5 Liter Oberflächenboden und geben Sie ihn jeweils in einen Plastikbeutel.
– Geben Sie die Proben in kleineren Portionen in einen Berlese-Apparat (Abb. oben) und bestrahlen Sie sie dort jeweils ca. 30 min.
– Bestimmen Sie wie oben Arten und Individuenzahlen.

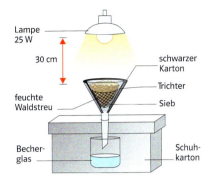

b) Erfassung mit Barberfallen
Eine einfache Methode, bewegungsaktive Wirbellose zu erfassen, ist die Verwendung von in den Boden eingelassenen Bechern, mit denen die Tiere gefangen werden.
– Vergraben Sie pro Untersuchungsfläche an zwei diagonal gegenüberliegenden Eckpunkten zwei Jogurtbecher so im Boden, dass sich die Öffnung etwas unter dem Bodenniveau befindet.
– Vollständigere Fangergebnisse erhalten Sie, wenn Sie den Becher ca. 2 cm hoch mit Wasser, mit Spülmittel oder Brennspiritus füllen.
– Bei Regen sollte man die Falle mit einem kleinen Plastikdach abdecken, ohne den Zugang zu blockieren.
– Markieren Sie den Standort Ihrer Fallen exakt in der Geländekarte.
– Kontrollieren Sie an den drei folgenden Tagen alle Fallen und bestimmen Sie die Arten- und Individuenzahl.

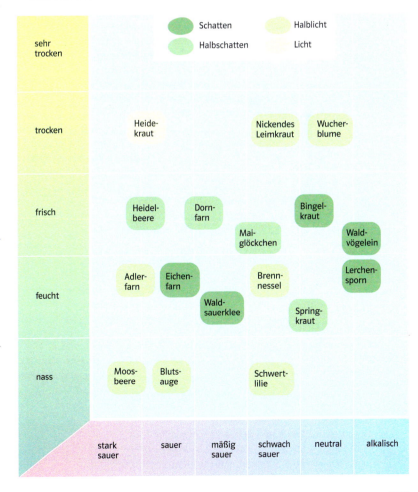

239

Der See im Jahresverlauf

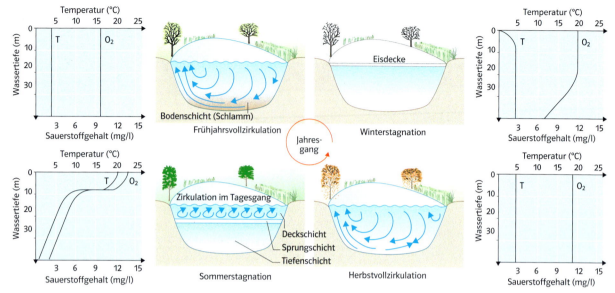

1 *Jahresgang von Temperatur und Sauerstoffgehalt im See*

Einfallendes Licht wird von Wasser absorbiert, mit zunehmender Tiefe wird die Lichtintensität daher geringer. Bis zu einer bestimmten Tiefe ist die Produktion von Biomasse durch die Fotosynthese größer als der Verbrauch durch die Zellatmung. Unter dieser *Kompensationstiefe* ist keine Nettoproduktion mehr möglich. Sie trennt damit einen oberen hellen Bereich mit Nettoproduktion und einen unteren Bereich, in dem ausschließlich verbrauchende Prozesse ablaufen können. Die Lage der Kompensationstiefe hängt von der aktuellen Lichtsituation ab sowie von der Menge vorhandener Pflanzen und der Planktondichte im Wasser (*Eigenbeschattung*).

Daneben gibt es noch eine zweite Tiefeneinteilung im See. Hierfür ist die Dichte des Wassers entscheidend (siehe Info-Box). Diese verursacht im Jahresverlauf Temperaturschichtungen und deren Auflösung in Zirkulationen.

In Mitteleuropa bildet sich im Sommer eine warme Wasserschicht mit geringerer Dichte an der Oberfläche (Deckschicht = *Epilimnion*) und damit eine Schichtung im See (Abb. 1). Das Epilimnion lässt zwar feste Partikel in das kalte und dichtere Wasser der Tiefenschicht (*Hypolimnion*) absinken, aber die Durchmischung der beiden Wasserkörper unterbleibt (*Sommerstagnation*) und damit findet auch kein Ausgleich der Stoffkonzentrationen zwischen den Schichten statt. Zwischen den beiden Schichten befindet sich die sogenannte Sprungschicht (*Metalimnion*).

Im Frühjahr und im Herbst hat das Wasser eine nahezu einheitliche Temperatur. Es kann durch Winde zu einer vollständigen Zirkulation gebracht werden (*Frühjahrszirkulation* und *Herbstzirkulation*), wenn die Wassertemperatur nahe 4 °C liegt und die Temperaturdifferenzen im Wasser gering sind (siehe Info-Box). Die Zirkulation durchmischt den gesamten Wasserkörper, sodass in allen Tiefen gleiche Sauerstoff- und Mineralstoffkonzentrationen vorliegen.

Im Winter kann durch Eisbildung eine weitere Stagnationsphase entstehen (*Winterstagnation*). Bei südlicher gelegenen Seen unterbleibt die Winterstagnation und der See zirkuliert von Herbst bis Frühjahr. Dagegen bleiben z. B. hochgelegene alpine Seen auch im Sommer kalt und zirkulieren den ganzen Sommer lang.

Nahrungsbeziehungen im See
Die Stagnations- und Zirkulationsphasen sowie die physikalischen und chemischen Eigenschaften von Wasser bestimmen

wesentlich die Lebensmöglichkeiten von Organismen im See. Im Jahresverlauf eines Sees beginnt das intensivere Leben im Frühjahr. Mit zunehmender Lichtintensität und Wärme wachsen die Populationen der pflanzlichen Kleinstlebewesen (*Phytoplankton*). Als Folge nehmen auch die Populationen der tierischen Kleinstlebewesen (*Zooplankton*) zu und zehren bis zum späten Frühjahr das Phytoplankton weitgehend auf. Das kann zu einem *Klarwasserstadium* führen (minimale Grünfärbung des Wassers). Der weitere Verlauf der Populationsdichten ist vorwiegend von der verbliebenen Mineralstoffkonzentration im Epilimnion abhängig (s. Seite 242/243).

Die Produktivität des Gewässers ist durch die vorhandenen Mineralstoffe begrenzt (*Liebig'sches Minimumgesetz*, s. Seite 208). Die Algen des Phytoplanktons und die ufernahen Pflanzen bauen die Mineralstoffe in die Biomasse ein. Sie bilden im See die trophische Stufe der Produzenten. Darüber kommen die Konsumenten, wie z. B. filtrierende Kleinkrebse, und als dritte Stufe Plankton fressende und räuberische Fische.

Fast alle Organismen hinterlassen Exkremente und sterben irgendwann. Wasserlösliche Stoffe von Exkrementen oder aus abgestorbenen Zellen können von Bakterien direkt aufgenommen und verwertet werden. Aus festen Stoffen bildet sich u. a. feinflockiger *Detritus*. Detritus wird letzten Endes durch bakterielle Destruenten unter Sauerstoffverbrauch remineralisiert. Dies geschieht zum großen Teil bereits im Epilimnion, doch sinkt ein merklicher Anteil als totes organisches Material weiter ab ins Hypolimnion und nimmt die in ihm gebundenen Mineralstoffe mit. Das Epilimnion verarmt daher an Mineralstoffen. Wenn dort hohe Konzentrationen verblieben sind, kann eine neue Algenblüte folgen. In anderen Fällen ist dies erst im Herbst wieder möglich, wenn die Konzentrationen durch die Zirkulation erneut ansteigen.

Im Hypolimnion wird das absinkende tote organische Material weiter remineralisiert. Vor allem in der Nähe des Bodens steigt daher die Mineralstoffkonzentration an. Während im Epilimnion der dazu verbrauchte Sauerstoff durch Diffusion aus der Luft und durch die Fotosynthese stets ergänzt werden kann, ist dies im Hypolimnion nicht möglich: Wegen der sommerlichen Schichtung kann hierher kein neuer Sauerstoff gelangen, er wird hier ausschließlich verbraucht und sein Gehalt sinkt deswegen. Bei hohem Verbrauch durch große Detritusmengen kann er gänzlich aufgebraucht werden (s. Seite 245). Erst mit der nächsten Zirkulation gelangt neuer Sauerstoff in die Tiefe und die Mineralstoffe aus der Tiefe kommen an die Oberfläche.

A1 🗨 Erklären Sie die Temperaturschichtung im See im Sommer und in einem eiskalten Winter.

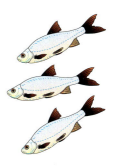

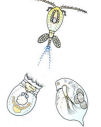

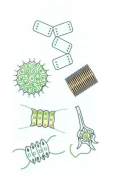

typische Nahrungskette

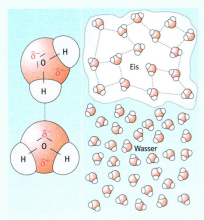

2 *Wassermoleküle als Dipole, Dichteanomalie*

Reines Wasser besitzt (anders als die meisten Stoffe) seine höchste Dichte nicht am Schmelzpunkt (0 °C), sondern bei +4 °C. Diese *Dichteanomalie* genannte Eigenschaft lässt Seen in der Tiefe nicht kälter als +4 °C werden, während noch kälteres Wasser an der Oberfläche schwimmt.

Eine ungewöhnliche Eigenschaft ist die Dichte des festen Zustands. Eis besitzt eine geringere Dichte als flüssiges Wasser, es schwimmt auf und sinkt nicht (wie feste Zustände anderer Stoffe) auf den Boden (Abb. 2).

°C	mg O_2/l
0	14,2
5	12,4
10	10,9
15	9,8
20	8,8
25	8,1
30	7,5
35	7,0
40	6,6

Sauerstoffsättigung

241

Der oligotrophe See

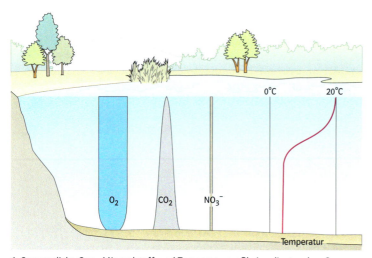

1 *Sommerliche Gas-, Mineralstoff- und Temperaturprofile im oligotrophen See*

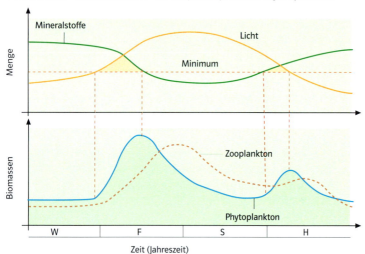

Das klare Wasser blauer Voralpenseen lockt im Sommer viele Urlauber. Schmale, kaum bewachsene Seeufer und tiefe Seebecken laden zum Wassersport ein. Je kleiner das Wassereinzugsgebiet und je größer das Wasservolumen im See, desto geringer sind die Gefahren der Eutrophierung durch Mineralstoffeintrag. Dies begrenzt in starkem Maße das Wachstum der Wasserpflanzen. Die Algenproduktion wird weiterhin durch filtrierende Planktonkrebse wirksam kontrolliert, sodass auch im Sommer das Wasser klar bleibt. Da sich nur wenig Plankton im Wasser befindet, ist auch nur wenig absterbendes Plankton vorhanden. Seine organische Substanz wird bereits auf dem weiten Weg zum Grund zum großen Teil abgebaut und remineralisiert.

Ganzjährig ist bis in die tiefsten Wasserschichten Sauerstoff vorhanden (Abb. 1). Die Sedimentoberfläche ist oxidiert. Im aeroben Sediment ernähren sich weiße Zuckmückenlarven der Gattung *Tanytarsus* vom Detritus. Sie sind die Zeigerorganismen für solche mineralstoffarmen oder *oligotrophen* Seen.

Die Seen der gemäßigten Zone unterscheiden sich untereinander in der Höhe ihrer Primärproduktion. Die Produktion wird immer durch den Mineralstoff begrenzt, an dem es den Pflanzen im Vergleich zum Bedarf mangelt. In stehenden Gewässern sind das im Allgemeinen Phosphate, seltener sind es auch Stickstoffverbindungen wie Nitrat (NO_3^-) und Ammonium (NH_4^+).

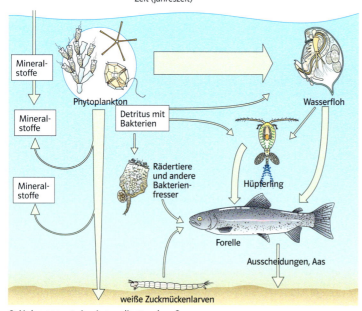

2 *Nahrungsnetz in einem oligotrophen See*

3 *Oligotropher See*

242 Ökologie

Der eutrophe See

Viele Seen im mitteleuropäischen Flachland haben eine braungrüne Farbe, ihre Uferzone ist weit ausgedehnt und dicht bewachsen. Eutrophe Seen sind vergleichsweise flach, sodass im Vergleich zum Wasservolumen das Einzugsgebiet oft ausgedehnt ist. Daher werden relativ große Mineralstoffmengen eingetragen, die das pflanzliche Wachstum anregen. Im Sommer kommen massive Algenblüten von Grünalgen oder Cyanobakterien vor. Das Zooplankton schafft es nicht, die Algenproduktion zu verzehren; daher sinkt absterbendes Plankton in einem dichten Detritusregen abwärts. Für eine vollständige Zersetzung reicht die Tiefe nicht aus. Der größte Teil des Detritusregens bildet am Grund eine schlammige, faulende Sedimentschicht. Hier lebt als *Zeigerart* die rote Zuckmückenlarve *Chironomus*.

Die hohe Produktion eines solchen mineralstoffreichen oder *eutrophen* Sees bietet vielen Konsumenten Nahrung. Viele Produzenten und Konsumenten verbrauchen jedoch viel Sauerstoff. Zwar kann es in den oberen Schichten durch starke Fotosynthese sogar zu einer Übersättigung mit Sauerstoff kommen, in den unteren Wasserschichten und am Bodengrund wird der Sauerstoff jedoch stark verbraucht und kann während der Stagnationsphasen nicht aus den oberen Schichten ersetzt werden. Zusätzlich gelangt Phosphat aus dem Sediment in das freie Wasser zu den dort schon vorhandenen Mineralstoffen.

A1 Erklären Sie die in Abb. 2 unten dargestellten Messwerte.

1 *Eutropher See*

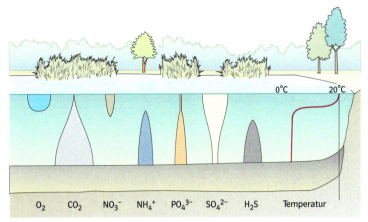

2 *Sommerliche Gas-, Mineralstoff- und Temperaturprofile im eutrophen See*

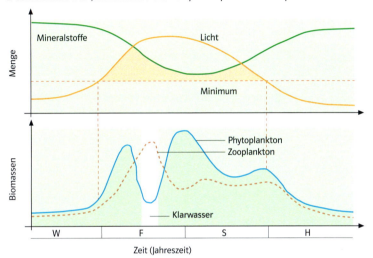

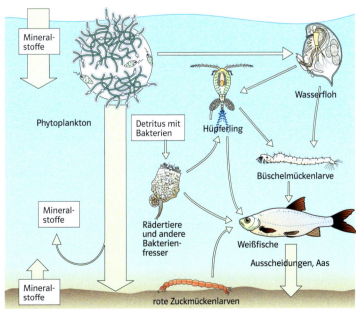

3 *Nahrungsnetz in einem eutrophen See*

243

Mineralstoffe im See

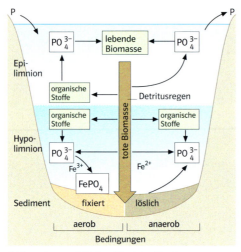 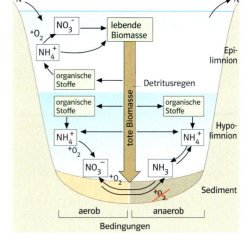

1 *Phosphat- und Stickstoffkreislauf im See*

Ob ein See oligotroph oder eutroph ist, hängt von den vorhandenen Mineralstoffen ab. Deren Menge bestimmt das Wachstum von Algen und Pflanzen. Von deren Produktion hängt wiederum die Menge an Konsumenten bzw. die Biomasse im See ab.

Wichtige chemische Elemente sind der *Phosphor* und der *Stickstoff*, die in vielen biochemischen Stoffen vorkommen und für deren Neuaufbau benötigt werden. Phosphor kommt ausschließlich als freie oder gebundene Phosphatgruppe vor, Stickstoff ist dagegen in vielen Varianten zu finden. Bei beiden Elementen unterscheidet man drei Fraktionen:
– gebunden in lebenden Organismen oder in toter Biomasse (z. B. *Detritus*);
– in löslichen organischen Verbindungen im Wasser;
– als freie Mineralstoffe (Abb. 1).

Von beiden Elementen werden aus absterbenden Organismen bereits im Epilimnion lösliche Verbindungen freigesetzt, während feste Bestandteile als Detritusregen in tiefere Schichten absinken. Davon wird ein Teil schon während des Absinkens von Bakterien verwertet und steht den Pflanzen für den erneuten Einbau zur Verfügung. Der Rest gelangt auf den Seegrund. Phosphor und Stickstoff durchlaufen im See ansonsten eigene Kreisläufe, die stark vom Sauerstoffgehalt abhängen.

Phosphatkreislauf

Phosphat wird von Algen oder autotrophen Bakterien in neu gebildete Biomasse eingebaut und gelangt so in die Nahrungskette. Nach der Remineralisierung der Biomasse durch Destruenten hängt sein weiteres Schicksal vom Sauerstoffgehalt ab. Sauerstoff reagiert nicht direkt mit Phosphat. Ist aber Sauerstoff vorhanden, werden Eisenionen zu Fe^{3+} oxidiert, andernfalls zu Fe^{2+} reduziert. Das Fe^{3+}-Ion bildet aber ein unlösliches Eisenphosphat, das sich am Seegrund ablagert und damit das Phosphat dem Kreislauf entzieht, während das Eisenphosphat mit Fe^{2+}-Ionen wasserlöslich ist.

Stickstoffkreislauf

Stickstoff wird von Algen oder autotrophen Bakterien als *Ammonium* (NH_4^+) oder *Nitrat* (NO_3^-) aufgenommen und in neu gebildete Biomasse eingebaut. Nach der Remineralisierung der Biomasse durch Destruenten gelangt Stickstoff meist als Ammonium wieder in den See. Daneben geben viele Tiere *Ammoniak* (NH_3) als Exkremente ins Wasser ab oder Stickstoffverbindungen wie Harnsäure oder Harnstoff. Letztere werden von Bakterien verwertet und dabei ebenfalls zu Ammoniak bzw. Ammonium umgebaut.

Ammoniak ist für viele Organismen giftig, wird aber normalerweise rasch umgesetzt und ist höchstens in Spuren vorhanden.

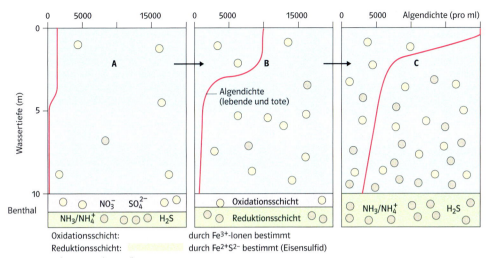

2 Vorgänge beim „Umkippen"

Die Umsetzung von Ammonium ist — anders als bei den Reaktionen des Stickstoffkreislaufs an Land (s. Seite 231) — vom Sauerstoffgehalt abhängig. Ammonium wird von verschiedenen Bakterien verwertet. Zum einen entsteht elementarer Stickstoff *(Denitrifikation)*, der dann dem Kreislauf weitgehend entzogen ist. Zum anderen wird Ammoniak über *Nitrit* (NO_2^-) zu *Nitrat* (NO_3^-) oxidiert *(Nitrifikation)*.

An der Grenze zur sauerstofffreien Schicht treten aerob und anaerob lebende Bakterien in Wechselbeziehung: Während die einen Ammonium zu Nitrat oxidieren *(aerob)*, reduzieren andere dieses wieder zu Ammonium *(anaerob, Nitratatmung, Nitratammonifikation)*. Unter ihren jeweiligen Bedingungen gewinnen die Bakterien aus beiden Prozessen Energie (Abb. 3).

Ein See kippt um

Die meisten tieferen Gewässer wären ohne menschlichen Einfluss *oligotroph* (mineralstoffarm). Durch menschliche *(anthropogene)* Einflüsse können aber große Mengen an Stickstoffverbindungen und Phosphaten in die Gewässer gelangen. Quellen sind heute vor allem Gülle und Dünger aus der Landwirtschaft. Die Folge der Mineralstoffzufuhr ist eine *Eutrophierung* der Gewässer. Die erhöhte Verfügbarkeit von Nitrat und vor allem Phosphat steigert die Produktivität und damit die gesamte Biomasse erheblich.

Letzten Endes steigt auch die Masse abgestorbener Organismen stark an. Deren Abbau durch Mikroorganismen zehrt große Sauerstoffmengen, sodass es zu Sauerstoffmangel kommt, vor allem in den tieferen Schichten. Dort erfolgt dann ein anaerober Abbau, bei dem giftige Produkte wie *Ammoniak* (NH_3) und *Schwefelwasserstoff* (H_2S) nicht weiter umgesetzt werden und sich anreichern. Das führt bei empfindlichen Organismen zum Tod. Man spricht dann vom „Umkippen" eines Gewässers.

A1 Begründen Sie, weshalb das „Umkippen" eines Sees vor allem im Sommer gegen Ende der Nacht erfolgt.

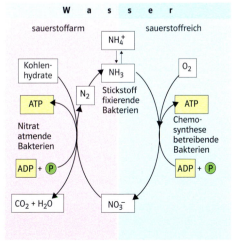

3 Stickstoff-Stoffwechsel an der Grenzschicht

245

Material
Daphnien im See

Daphnien sind mikroskopisch kleine Krebstiere, die bis 5 mm groß werden können. Daphnien gehören zu den Blattfußkrebsen *(Cladoceren)*. Sie kommen weltweit im Freiwasser von kleinen Tümpeln bis zu großen Seen vor und bilden einen wesentlichen Bestandteil des Zooplanktons. Ausgewachsene Tiere sind nur wenige Millimeter groß und wegen ihrer hüpfenden Bewegung werden sie auch „Wasserflöhe" genannt. Daphnien werden je nach Temperatur nur wenige Tage bis Wochen alt.

1 *Daphnie (vergrößert)*

Fortpflanzung und Ernährung

Daphnien vermehren sich auf zwei verschiedene Weisen: Zum einen tragen geschlechtsreife Weibchen in einem Brutraum ihres Panzers unbefruchtete, diploide Eier, die spätestens mit der nächsten Häutung ins Wasser entlassen werden. Die Jungtiere wachsen je nach Ernährung rasch und häuten sich ca. alle zwei Tage. Mit Eintritt der Geschlechtsreife nach wenigen Häutungen tragen sie selbst Eier im Brutraum. Die Vermehrung geschieht also rein asexuell *(Parthenogenese)* und die Population besteht nur aus Weibchen.

Zum anderen schlüpfen aus den Eiern männliche Tiere sowie weibliche Tiere, die haploide Eier produzieren. Werden diese Eier befruchtet, entwickeln sie sich zu Dauereiern *(Ephippien)*. Sie können zu Boden sinken, schwimmen aber auch teilweise an der Oberfläche und können z. B. durch Vögel über Wasser im Gefieder in andere Gewässer verschleppt werden.

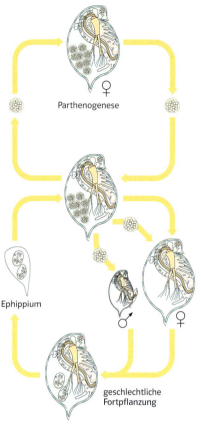

2 *Fortpflanzung bei Daphnien*

Die Nahrung von Daphnien besteht aus kleinen Organismen wie Algen oder Bakterien sowie aus Detritusflocken, die sie mithilfe ihrer Beinkämme aus dem Wasser filtrieren. Hierzu erzeugen sie mit den Mundgliedmaßen selbst eine Wasserströmung. Je nach Körpergröße sind sie dabei unterschiedlich effektiv (Abb. 3).

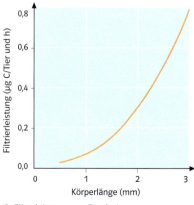

3 *Filterleistung von Daphnien*

Daphnien sind Konsumenten 1. Ordnung und daher selbst eine wichtige Nahrung für planktivore Fische oder räuberische Insektenlarven wie *Chaoborus*. An Barschen wurde die Entfernung ermittelt, ab der sie auf Daphnien als potenzielle Beute reagierten *(Reaktionsdistanz)*:

Lichtintensität (Lux)	Reaktionsdistanz (cm)
0,7	2
1	11
3	22
10	26
100	27

4 *Daphnien als Beute*

Vertikalwanderungen

Bei einigen Daphnia-Arten und anderen Organismen des Zooplanktons beobachtet man tagesperiodische Wanderungen: morgens in die Tiefe und abends wieder an die Oberfläche (Abb. 5). Als Auslöser scheint u. a. Licht wichtig zu sein, daneben sind aber auch andere Faktoren von Bedeutung. Untersuchungen dazu wurden mithilfe einer mehrere Meter hohen Wassersäule im Labor durchgeführt, in der eine Population von *Daphnia hyalina* lebte. In einem Experiment wurde Wasser aus einem Fischaquarium in die Säule gegeben und beobachtet, wo sich die Tiere tagsüber aufhielten (Abb. 6).

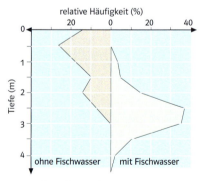

5 *Verteilung der Daphnien*

A1 ⬤ Klären Sie weitere Auslöser der Vertikalwanderung anhand der Abb. 5 und der Tabelle 4.

A2 ⬤ Erklären Sie, welchen Vorteil die Vertikalwanderung für die Daphnien darstellt.

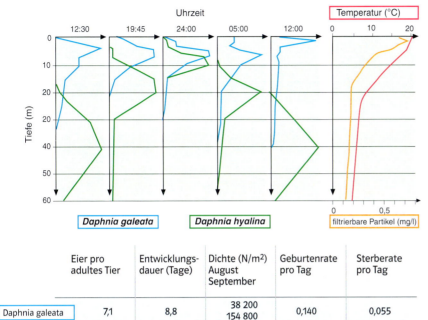

	Eier pro adultes Tier	Entwicklungs-dauer (Tage)	Dichte (N/m²) August September	Geburtenrate pro Tag	Sterberate pro Tag
Daphnia galeata	7,1	8,8	38 200 154 800	0,140	0,055
Daphnia hyalina	3,7	14,5	91 500 272 000	0,100	0,019

6 *Vergleich verschiedener Daphnienpopulationen*

Im Bodensee wurde eine vergleichende Untersuchung mit zwei Daphnia-Arten durchgeführt. Die Abbildungen 6 enthalten Werte aus dem August.

A3 ◐ Erläutern Sie anhand der Daten in Abb. 6 die Vor- und Nachteile der Vertikalwanderung.

A4 ◐ Stellen Sie die Unterschiede zwischen *D. hyalina* und *D. galeata* zusammen. Begründen Sie das Zustandekommen der einzelnen Unterschiede. Informieren Sie sich gegebenenfalls noch einmal über die Bedeutung der RGT-Regel.

A5 ◐ Erklären Sie den Einfluss des Zooplanktons auf das Phytoplankton des Bodensees. Was würde sich mit einer größeren Population von *D. galeata* bzw. *D. hyalina* ändern?

Biomanipulation einer Talsperre

Bei der Trinkwassergewinnung aus Talsperren müssen alle organischen Substanzen aus dem Wasser gefiltert werden. Daher ist es das Ziel, eine gute Wasserqualität (d. h. relativ klares Wasser) bereits in der Talsperre selbst zu erreichen. Als Maßnahme gegen Verschmutzungen durch Detritus, gegen eine zu hohe Algendichte u. Ä. wird die biologische Zusammensetzung gezielt beeinflusst *(Biomanipulation)*. In der Talsperre von Bautzen wurden dazu vermehrt Raubfische wie Hecht und Zander ausgesetzt. Die Abbildung unten zeigt die biologische Situation der verschiedenen Trophiestufen vor und nach Einsetzen der Raubfische (Abb. 7).

A6 ◐ Erklären Sie, wie die unten dargestellten Unterschiede in der Talsperre vor und nach der Biomanipulation zustande kommen.

A7 ◐ Die künstlich geschaffene Situation ist auf längere Sicht nicht stabil, vor allem wenn Nachwuchs von Hechten und Barschen vorhanden ist. Die Populationen müssen daher gegebenenfalls neu eingestellt werden. Erklären Sie diese Zusammenhänge.

A8 ◐ Erklären Sie, welche Form der Kontrolle vor und nach der Biomanipulation in der Talsperre vorliegt.

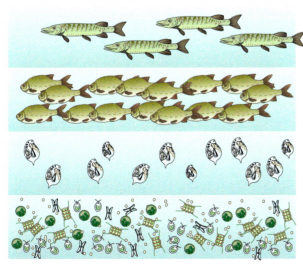

7 *Vor der Biomanipulation*

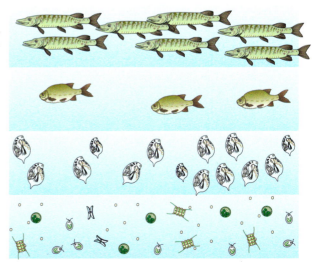

8 *Nach der Biomanipulation*

247

Fließgewässer

442tr9

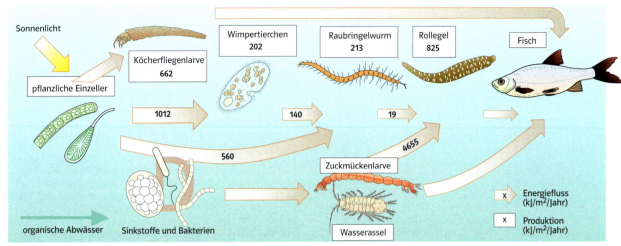

1 Energiefluss im Nahrungsnetz des Unterlaufs eines Flusses

BSB₅
Biochemischer Sauerstoffbedarf
Er zeigt an, wie viel Sauerstoff innerhalb von 5 Tagen unter festgelegten Bedingungen verbraucht wird.

Fließgewässer sind durch strömungsbedingte Verwirbelungen des Wassers gekennzeichnet. Diese verhindern eine Schichtung des Wassers, sodass der Sauerstoffaustausch groß ist.

Fließgeschwindigkeit
Besonders der Oberlauf von Fließgewässern führt häufig durch gebirgige Zonen mit starkem Gefälle. Die *Fließgeschwindigkeit* nimmt deshalb in der Regel von der Quelle bis zur Mündung ab. Als Folge finden sich im Unterlauf viele Organismen wie Wasserflöhe und Algen, die auch in Seen leben können (Abb. 1). Der Oberlauf dagegen wird vorwiegend von Organismen besiedelt, die an stärkere *Strömung* angepasst sind.

Eine wesentliche Rolle für die Artenvielfalt eines Fließgewässers spielt die Gewässerstruktur: Begradigte Abschnitte mit einheitlicher Strömung sind artenarm, während mäandrierende Abschnitte (Schlängelverlauf) unterschiedliche Strömungsverhältnisse und starke Unterschiede im Untergrund aufweisen. Dies führt zu unterschiedlichen ökologischen Nischen.

Selbstreinigung und Saprobiensystem
Die größte Gefährdung von Fließgewässern geht auf zugeführte organische Substanzen zurück, etwa Abwässer, die organisches Material enthalten *(Eutrophierung)*. Der mikrobielle Abbau dieser Substanzen führt zu einer starken *Sauerstoffzehrung*.

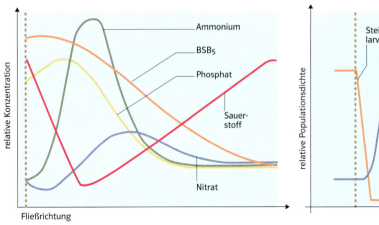

2 Chemische Selbstreinigungsvorgänge in einem Fließgewässer

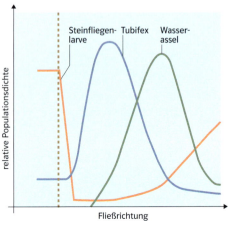

3 Biologische Folgen der Selbstreinigung

248 Ökologie

Unter ungünstigen Bedingungen kann das wie in einem stehenden Gewässer zum „Umkippen" führen (s. Seite 245). Unter starkem Sauerstoffverbrauch entsteht u. a. mithilfe von Mikroorganismen Nitrat (Abb. 2). Diese *Selbstreinigung* der Fließgewässer kann durch eine Optimierung der Sauerstoffzufuhr verbessert werden. Problematisch sind dagegen Belastungen mit Wärme (Kraftwerke) und Schwermetallen (industrielle Abwässer).

Da das Wasser sich während des Selbstreinigungsprozesses fortbewegt, spiegelt die *räumliche Zonierung* eines Fließgewässers den zeitlichen Verlauf der Abbauprozesse wider (Abb. 2). Verschmutzte Gewässer sind aufgrund der guten Nahrungsbasis individuenreich, aber auch artenarm, da nur wenige Organismenarten einen geringen Sauerstoff- bzw. einen hohen Ammoniumgehalt tolerieren können (Abb. 3).

Ein wichtiges Maß bei Kontrollen der Gewässerbelastung stellt der BSB_5-*Wert* dar: Er bezeichnet den Sauerstoffverbrauch einer künstlich bis zur Sauerstoffsättigung angereicherten Wasserprobe durch mikrobielle Atmungsprozesse innerhalb von 5 Tagen bei 20 °C in Dunkelheit. Zur biologischen Wasserbeurteilung dient seit über 100 Jahren ein *Saprobiensystem* (Abb. 4). Es charakterisiert den *Verschmutzungsgrad* mithilfe ausgewählter Indikatororganismen. Der Verschmutzungsgrad der Gewässer bestimmt die *Gewässergüteklasse* eines Fließgewässerabschnitts.

A1 ● Stellen Sie die Parameter BSB_5, Ammonium- und Sauerstoffgehalt (Abb. 2) in eine kausale Beziehung.

A2 ◐ Stellen Sie begründete Hypothesen zur Wirkung von Wärme und Schwermetalleintrag in Fließgewässer auf.

sapros
(gr.) = faul, verdorben

bios
(gr.) = Leben

Saprobien
Fäulnis- und Schmutzwasserorganismen

Güteklasse	Grad der organischen Belastung	Chemische Parameter BSB₅ (mg/l)	N in NH₄⁺ (mg/l)	O₂⁻ Minima (mg/l)	wichtige Indikatorarten	Verschiedene Fischarten haben unterschiedliche Ansprüche an die Gewässergüte
I	unbelastet bis sehr gering belastet	1	höchstens Spuren	> 8	Steinfliegenlarven, Flussperlmuschel	Bachforelle
I - II	gering belastet	1–2	um 0,1	> 8	Köcherfliegenlarven, Steinfliegenlarven, Strudelwürmer, Erbsenmuschel	Äsche, Bachforelle
II	mäßig belastet	2–6	< 0,3	> 6	Flussnapfschnecken, Eintagsfliegenlarven, Köcherfliegenlarven, Bachflohkrebse	Barbe, Äsche, Hecht, Nase, Flussbarsch
II - III	kritisch belastet	5–10	< 1	> 4	Egel, Schnecken, Moostierchen, Kleinkrebse, Grünalgenkolonien	Aal, Karpfen, Schleie, Brachsen
III	stark verschmutzt	7–13	0,5 bis mehrere mg/l	> 2	Wasserasseln, Rollegel, Wimpertierchenkolonien, Schwämme	Schleie, Plötze
III - IV	sehr stark verschmutzt	10–20	mehrere mg/l	< 2	rote Zuckmückenlarven, Schlammröhrenwürmer, Wimpertierchen	
IV	übermäßig verschmutzt		mehrere mg/l	< 2	Schmutzpantoffeltierchen, Schwefelbakterien, Geißeltierchen, Wimpertierchen	

4 *Saprobiensystem*

Flussauen als Rückzugsraum

Auen
natürliche Begleitlandschaften des Flusses

Typische Auenlandschaften in Deutschland:
Rheinauen
Elbauen
Donauauen

Rheinwasser in Kölner Kellern und Elbwasser in Hamburger Straßen — Hochwasser hinterlässt Millionenschäden und ratlose Stadtplaner. Zu allen Zeiten schwankte der Wasserstand in den Flüssen. Schneeschmelze, starke Regenfälle, Aufstauungen durch Eis oder Astwerk lassen das Flusswasser über die Ufer treten. Es durchspült die Seitenarme, formt neue Abbruchkanten, schwemmt Holz- und Laubreste auf und hinterlässt Kies, Sand und mineralstoffhaltige Tone. Hochwasser führt zu Erosion und Sedimentation. Im gesamten Überschwemmungsgebiet folgt das Grundwasser den Wasserstandsschwankungen, wobei es durch die Ufersedimente gefiltert und mit Sauerstoff angereichert wird.

Überflutungen behindern die Wurzelatmung, deshalb fehlen Bäume in unmittelbarer Ufernähe. Erst bei weniger als 200 Überschwemmungstagen jährlich können Grauerlen und Weiden wachsen, die den flussnahen Wald, die *Weichholzaue*, formen. In flussferneren Gebieten, die nur bei Spitzenhochwasser erreicht werden, bilden Esche, Ulme und Stieleiche die *Hartholzaue*. Unter ihrem schütteren Laubdach wachsen lichtbedürftige Kräuter, wie Geißfuß, Schlüsselblume oder Springkraut. Hopfen und Waldrebe erklettern die Bäume. Die Pflanzen profitieren vom hohen Mineralstoffgehalt und der Feuchte des Bodens. Auwälder sind ein Rückzugsraum für bedrohte Amphibien, Greifvögel und Fledermäuse. Hier leben Storch, Kranich, Laubfrosch und Biber.

Flussauen sind außerdem Ausgleichsräume bei erhöhtem Wasseraufkommen: Das Wasser verteilt sich, versickert im Boden und verdunstet über das Laub. Die fruchtbare Auenlandschaft zog menschliche Siedlungen an, welche bei Hochwasser oft bedroht waren. Durch den Bau von Dämmen, die Abtrennung von Seitenarmen und die Begradigung der Oberläufe versuchte man, sich zu schützen und die Flüsse schiffbar zu machen. Dadurch erhöhte sich die Fließgeschwindigkeit so sehr, dass die Tiefenerosion zunahm und der Grundwasserspiegel sank. Die Auwälder vertrockneten, Trinkwasserbrunnen versiegten, Ernteerträge gingen zurück. Die Regulierung der Flüsse bannte zwar die Hochwassergefahr in den Oberläufen, verlagerte sie aber stromab in die dicht besiedelten Gebiete, wo die Böden durch Häuser und Straßen versiegelt sind.

Heute wird die Bedeutung der Auen als Rückzugsgebiet für Wasser und Natur anerkannt. Der Schutz der Auen liegt daher im ökologischen und ökonomischen Interesse.

A1 ○ Bei Flussauen spricht man von Anlandung, bei Seen von Verlandung. Nennen Sie Unterschiede und berücksichtigen Sie dabei besonders die Sedimente.

A2 ○ Wie wirkt sich ein erhöhtes Wasseraufkommen auf den Wasserstand in städtischen Gebieten aus?

A3 ◐ In der Weichholzaue fehlt der Frühjahrsaspekt. Erklären Sie.

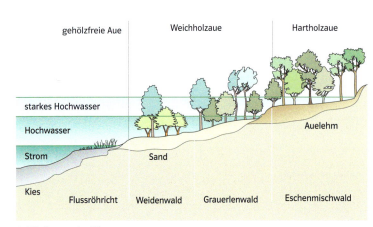

1 *Gliederung der Flussauen*

2 *Auenlandschaft*

Renaturierung von Fließgewässern

1 *Naturfernes Fließgewässer*

2 *Naturnahes Fließgewässer*

Fließgewässer sind natürliche Entwässerungssysteme mit Transportfunktion und Selbstreinigungskraft. Schon seit frühgeschichtlicher Zeit hat der Mensch die Fließgewässer entsprechend genutzt und oft für seine Zwecke umgestaltet. Dabei wurde in erster Linie die Fließgeschwindigkeit des Wassers verändert. Begradigung und Vertiefung des Flussbettes erhöhen die Fließgeschwindigkeit. Dadurch werden die Flüsse schiffbar und die umgebende Landschaft entwässert. Der erhoffte Hochwasserschutz erwies sich jedoch als trügerisch. Bei hohem Wasseraufkommen fehlen die Überschwemmungslandschaften, sodass die Städte von Hochwasser betroffen sind. Anstauungen und Wehre verringern dagegen die Fließgeschwindigkeit und ermöglichen Wasserentnahme, Fischzucht und die Nutzung der Strömungsenergie.

Solche Maßnahmen zur Flussregulierung stellen jedoch einen erheblichen Eingriff in das Ökosystem dar. Im Sauerland reduzierte allein die Begradigung der Bäche die Fischdichte auf 14 % des Ausgangsbestandes. Die Selbstreinigungskraft regulierter Flüsse ist stark verringert, sodass aus einem natürlichen Fließgewässer oft eine *naturferne* Schmutzwasserrinne geworden ist (Abb. 1). Renaturierungsmaßnahmen können den ursprünglichen Zustand zwar nicht zurückbringen, dem Fließgewässer aber einen naturnahen Charakter geben (Abb. 2). Ziel ist die Wiederherstellung der Güteklasse I mit 80 % Sauerstoffsättigung oder zumindest Güteklasse II. Neben der Einrichtung von Kläranlagen sind dafür oft bauliche und gärtnerische Eingriffe notwendig. Ackernutzung muss vom Uferbereich ferngehalten werden, Altarme und Hochwasserbecken (Auen) müssen wieder an den Fluss angeschlossen werden. Mäander mit Prall- und Gleithängen müssen erhalten oder gestaltet sowie die Böschungswinkel verkleinert werden. Als bester Untergrund erwies sich die Steinschüttung mit Schilf sowie die Uferbepflanzung mit Schwarzerlen. Diese Bäume festigen das Ufer durch ihr Wurzelwerk, verhindern mit ihrem Schatten eine übermäßige Verkrautung und bieten außerdem Lebensraum für Vögel und Insekten.

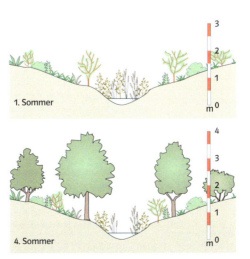

3 *Erlenpflanzung am Bach (1. und 4. Jahr)*

Praktikum
Freilandökologie an Gewässern

Freilanduntersuchungen an stehenden Gewässern umfassen eine Vegetationsaufnahme der Pflanzen am Ufer und im Gewässer, die Messung der abiotischen Faktoren und die Entnahme von Gewässerproben für anschließende chemische Untersuchungen. Zusätzlich können Kleinlebewesen im Gewässer untersucht werden.

Alle aufgenommenen Daten müssen nachvollziehbar direkt protokolliert werden. Hierbei sollten neben Orts- und Zeitdaten auch Informationen zur Witterung mit angegeben werden. Die Namen der Gruppenmitglieder und des Protokollanten erleichtern die Auswertung in der Schule.

Linien-Vegetationsaufnahme

1 Naturnaher Bach

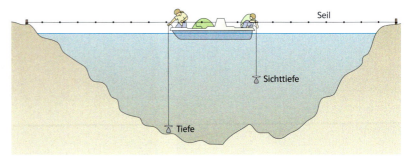

2 Ermittlung der Gewässerbreite und -tiefe

Sichttiefe

Die Sichttiefe eines Gewässers wird mit einer *Secchi-Scheibe* gemessen. Eine solche Messscheibe kann man selbst herstellen: Man benötigt eine 10 bis 25 m lange Schnur, eine runde Plastikscheibe mit 20 bis 25 cm Durchmesser, wasserfeste Permanentmarker, ein Gewicht von ca. 1 kg und farbige Klebestreifen.

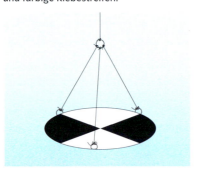

3 Secchi-Scheibe

In die Scheibe werden einige Löcher gebohrt und mit dem wasserfesten Markierstift wird ein Muster (s. Abb. 3) aufgezeichnet. Dieses Muster erleichtert durch die Kontrastunterschiede das Messen im Wasser. An der Schnur werden von der Scheibe aus in Abständen von 50 cm dünne farbige Klebestreifen angebracht. Die verschiedenen Farben erleichtern beim Herablassen der Scheibe ins Wasser die Messung der jeweils erreichten Tiefe.

Die Secchi-Scheibe wird langsam so weit ins Wasser gelassen, bis sie kaum noch zu erkennen ist. Bei Fließgewässern muss je nach Strömungsgeschwindigkeit das Gewicht verändert werden. Man kann an verschiedenen Stellen und zu verschiedenen Jahreszeiten Daten aufnehmen und diese als Balkendiagramm auswerten.

Achtung! Wird vom Boot aus gemessen, müssen auch gute Schwimmer eine Schwimmweste tragen.

Abiotische Faktoren

Viele abiotische Faktoren ändern sich mit der Tiefe des Gewässers. Um nicht nur Oberflächenmessungen durchzuführen, sondern auch ein Tiefenprofil zu erstellen, gewinnt man mit einer Schöpfflasche (s. Abb. 4) die Wasserproben aus verschiedenen Tiefen.

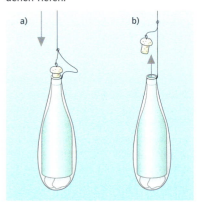

4 Wasserprobenentnahme

Man verwendet Flaschen mit einem nicht zu engen Hals und einem Verschluss, der unter Wasser an der gemessenen Tiefe durch ein zweites Band mit einem kurzen, ruckartigen Ziehen geöffnet werden kann. Zur Tiefenbestimmung werden in 1-m-Abständen Knoten in das Band geschlagen. Warten Sie 30 Sekunden, bevor Sie die geöffnete Flasche wieder heraufziehen.
– Temperatur:
  Messen und protokollieren Sie die Temperatur.
– pH-Wert:
  pH-Teststreifen eignen sich gut, möglich sind jedoch auch Küvetten, in die Probenwasser und der Indikator gefüllt werden.
– Nitrat-, Nitrit-, Ammonium-, Phosphatgehalt:
  Verwenden Sie zur Messung die speziellen Messkits für die Gewässeranalytik. Folgen Sie bei der Handhabung genau

A1 ○ Fertigen Sie mithilfe einer Landkarte eine Skizze des Gewässers an. Tragen Sie auffallende Merkmale, wie Bäume oder Bauwerke, ein.
A2 ◒ Erstellen Sie ein Höhen- und Tiefenprofil entlang einer geeigneten Linie. Beginnen Sie einige Meter vom Ufer entfernt im Trockenen.
A3 ○ Kartieren Sie entlang dieser Linie die Vegetation. Für eine dauerhafte Dokumentation kann auch ein Herbar angelegt werden.
A4 ○ Anhand dieser Linie kann auch die Sichttiefe eines Gewässers aufgenommen werden.

252 Ökologie

den Vorgaben der Herstellers. Führen Sie mehrere Vergleichsmessungen durch, um Messfehler zu verringern. Die gefundenen Werte können Sie zur besseren Einschätzung auch mit den gesetzlichen Maximalwerten für Trinkwasser und Fischzuchtgewässer vergleichen.
- Sauerstoffgehalt:
Füllen Sie eine Glasflasche mit Schliffverschluss (100 ml) luftblasenfrei mit Probenwasser. Pipettieren Sie zu der Wasserprobe nacheinander 1 ml Manganchloridlösung (40 mg MnCl$_2 \cdot$ 4 H$_2$O auf 100 ml dest. Wasser) und 2 ml Natronlauge (44 g NaOH auf 100 ml dest. Wasser). Verschließen Sie die Flasche mit dem Stopfen luftblasenfrei. Danach wird das Gemisch kräftig geschüttelt. Bei hohem Sauerstoffgehalt bildet sich ein brauner, bei fehlendem Sauerstoff ein weißer Niederschlag. Anhand der Farbskala (Abb. 6) lässt sich der Sauerstoffgehalt den verschiedenen Braunabstufungen zuordnen.

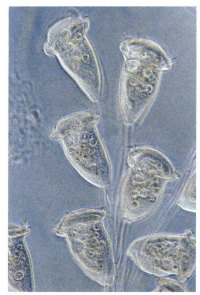

5 *Glockentierchen*

Aufwuchsorganismen

Pflanzen und Steine im Wasser bilden eine geeignete Unterlage für Bakterien, Algen und Pilze. Diese werden von Wimpertierchen, Ringelwürmern, Schnecken und anderen Konsumenten abgeweidet. Man kann Steine und Pflanzen entnehmen, in ein Wassergefäß geben und in der Schule die vorhandenen Lebewesen untersuchen. Die Wassertiefe der Entnahmestelle muss ins Protokoll aufgenommen werden.

6 *Farbvergleich für die Sauerstoffbestimmung*

Um bei unterschiedlichen Wassertiefen oder Lichtverhältnissen die Kleinorganismen zu untersuchen, werden Objektträger (zwei Objektträger gegeneinander liegend) für mindestens zwei Wochen mit einer selbst gebauten Konstruktion ins Wasser gehängt (s. Abb. 7). Günstig ist es, zwei oder mehr Ansätze an der jeweiligen Stelle in das Wasser zu bringen, um diese im Zweiwochenrhythmus weiter zu untersuchen.

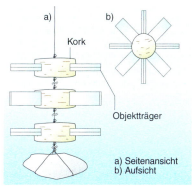

7 *Konstruktion mit Objektträgern*

A5 ○ Trennen Sie die beiden Objektträger, trocknen Sie die nicht bewachsene Seite ab und legen Sie auf die bewachsene Seite zwei oder drei Deckgläschen (evtl. etwas Wasser zugeben und die Deckgläser mit Knetefüßchen versehen).

A6 ◐ Mikroskopieren Sie die Organismen, die sich auf dem Objektträger angesammelt haben und ordnen Sie diese anhand eines Bestimmungsbuches bestimmten Formen oder Gruppen zu. Vergleichen Sie die verschiedenen Standorte und Zeiträume.

Untersuchungen im Tagesverlauf

A7 ◐ Bestimmen Sie an vegetationsreichen und -armen Standorten (Wassertiefe ca. 20 cm) im Tagesverlauf alle drei Stunden den pH-Wert und den Sauerstoffgehalt. Tragen Sie die Werte grafisch auf und vergleichen Sie diese unter den Aspekten Tagesverlauf und verschiedener Standorte.

BSB-Untersuchung

Wasserbewegungen und die Fotosynthese der Wasserpflanzen reichern Gewässer mit Sauerstoff an. Je mehr organische Substanzen im Wasser vorhanden sind, desto mehr reduzierende Bakterien sind vorhanden. Der *biochemische Sauerstoffbedarf (BSB)* ist ein Maß für die Belastung einer Gewässerprobe mit organisch abbaubaren Substanzen. Der BSB kann nach 2 (BSB$_2$) oder 5 Tagen (BSB$_5$) bestimmt werden.

A8 ○ Füllen Sie eine Wasserflasche voll mit Probenwasser. Bestimmen Sie den aktuellen Sauerstoffgehalt und verschließen Sie diese Flasche luftblasenfrei. Bringen Sie diese Probe an einen dunklen Ort bei Zimmertemperatur.

A9 ○ Kochen Sie eine weitere Probe ca. 10 min, kühlen Sie diese auf Zimmertemperatur ab und reichern Sie die Probe mit Sauerstoff (Aquarienpumpe) an. Bestimmen Sie danach den Sauerstoffgehalt und stellen Sie diese Probe zu den übrigen verdunkelten Proben.

A10 ○ Öffnen Sie nach zwei Tagen die Flaschen und bestimmen Sie sofort den Sauerstoffgehalt.

A11 ◐ Überprüfen Sie die Veränderungen und vergleichen Sie die Proben untereinander.

A12 ● Stellen Sie eine Hypothese zur Klärung der Differenzunterschiede der verschiedenen Proben auf.

A13 ● Erläutern Sie, wie Sie die Hypothese experimentell überprüfen könnten.

253

Meer als Lebensraum

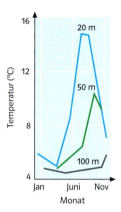

Jahresgang der Temperatur in verschiedenen Wassertiefen

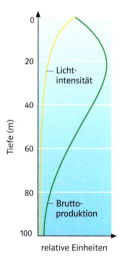

Produktion, Tiefe und Lichtintensität

„Das Meer ist alles. Es bedeckt sieben Zehntel der Erdoberfläche. Der Seewind ist gesund und rein. Es ist eine unermessliche Einöde, in der der Mensch doch niemals allein ist, denn er fühlt, wie das Leben um ihn herum pulst… Die Meere sind eine ungeheure Wohnstätte der Natur. Am Anfang des Lebens war das Meer und wer weiß, ob es nicht auch am Ende wieder über dem Leben zusammenschlägt." So lässt Jules Verne den Kapitän Nemo vom Unterwasserschiff Nautilus über das Meer schwärmen.

Besonderheiten des Lebensraums Meer

Was unterscheidet Meere von anderen Lebensräumen? Sicher ist an erster Stelle die überwältigende Größe der *Ozeane* zu nennen. Bei einer mittleren Tiefe von 3800 m beträgt das Volumen der Meere etwa das 200fache der belebten Bereiche auf dem Land. Im Gegensatz zu den voneinander getrennten Kontinenten stehen die Wassermassen der Ozeane untereinander in Verbindung. *Meeresströmungen* werden durch Wind, Dichteunterschiede, durch die Form der Kontinente, Meeresschwellen, Erdumdrehung und Gezeiten verursacht. Durch vertikale Strömungen kann vor allem in Küstennähe mineralstoffreiches Tiefenwasser an die Oberfläche gelangen und hier die Primärproduktion fördern. Das Meer hat durch seine Wärmekapazität und die ungeheure Wasserverdunstung eine entscheidende Bedeutung für den Wärmehaushalt der Erde und das Klima.

Meerestemperatur und Sauerstoff

Die Oberflächentemperatur liegt am Äquator im Jahresmittel bei 25 °C und sinkt zu den Polen hin auf unter 5 °C. Dabei schwankt sie in den gemäßigten Breiten um 10 °C, in den Polargebieten und in weiten Teilen der Tropen um weniger als 2 °C jährlich, also deutlich weniger als an Land. Mit der Wassertiefe sinken Temperatur und Schwankungsbreite (s. Randspalte). Ganzjährig hohe Oberflächentemperaturen bewirken am Äquator oft eine stabile *Wasserschichtung*.

Der niedrige *Sauerstoffgehalt* des warmen Wassers und die fehlende Durchmischung mit mineralstoffreichem Tiefenwasser senken die Produktivität äquatorialer Gewässer, obwohl sie durch den günstigeren Einfallswinkel besser mit Licht versorgt sind als Gewässer der gemäßigten Zonen.

Lichtintensität in den Meerestiefen

Das Licht kann Tiefen von etwa 200 m erreichen, welches die Tange am Boden *(Benthal)* und das Phytoplankton im freien Wasser *(Pelagial)* für die Primärproduktion nutzen (Abb. 1 und Randspalte). Das Dämmerlicht zwischen 200 und 1000 m Tiefe reicht für die Orientierung *(Bathyal)*. Unter 1000 m ist es absolut dunkel. Da viele Planktonorganismen vertikal wandern, können die Grenzen im Pelagial im Vergleich zum Benthal nach unten verschoben sein. Die Tiefsee *(Abyssal)* und die Tiefseegräben *(Hadal)* nehmen durch den hohen Druck eine Sonderstellung ein.

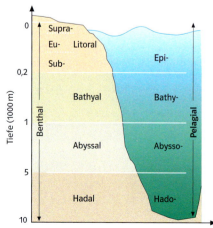

1 *Gliederung der Meerestiefen*

2 *Meeresbrandung*

254 Ökologie

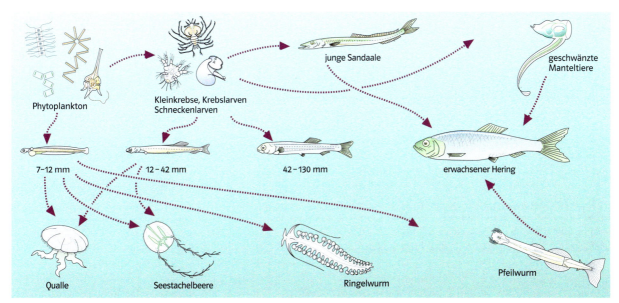

3 Der Hering im Nahrungsnetz des Meeres

Der Salzgehalt variiert

Der *Salzgehalt* der Meere beträgt durchschnittlich 35‰. Die biologische Bedeutung des Salzgehaltes besteht in der osmotischen Wirkung. Bei vielen Meeresorganismen stimmt die Körperionenkonzentration mit der des Meeres überein *(Konformer)*. Abweichende Salzgehalte werden nur bedingt und nicht bei jeder Temperatur vertragen, zumal der osmotische Druck mit der Temperatur steigt. Die physikalische Bedeutung des Salzgehaltes liegt in der Dichteerhöhung des Wassers: Salzwasser erreicht erst bei unter 0 °C seine größte Dichte, salzarmes Wasser schwimmt auf salzreichem Wasser und gefriert früher. Durch unterschiedliche Temperatur- und Salzgehalte entstehen horizontale Wassergrenzen, die als *Sprungschichten* auch eine Passage der Lebewesen verhindern.

Gezeiten beeinflussen die Tierwelt

An den Küsten des Atlantiks und der Nordsee schwankt der Meeresspiegel etwa im 12,5 Stundentakt zwischen Hoch- und Niedrigwasser. Das Steigen des Wassers wird Flut, das Sinken Ebbe genannt. Die *Gezeiten (Tiden)* entstehen durch die Anziehung der Sonne und des Mondes auf die Wassermassen der Erde, es gibt also Sonnen- und Mondgezeiten. Je nach der Stellung der beiden Gestirne zueinander, verstärken sich diese Kräfte halbmonatlich zur *Springflut* (bei Vollmond und Neumond) oder schwächen einander zur *Nippflut* ab. Das Litoral lässt sich daher weiter unterteilen in das regelmäßig überflutete *Eulitoral*, das bei Springfluten erreichte *Supralitoral* und das nur bei extremem Niedrigwasser wasserfreie *Sublitoral*. Aus dem Meer stammende Litoraltiere, wie Miesmuscheln und Seepocken, entfalten ihre Hauptaktivität bei Hochwasser. Bei Niedrigwasser werden dagegen die vom Land aus eindringenden Tiere aktiv, z. B. Watvögel und Insekten.

Das *Nahrungsnetz* im Meer ist durch die vielfältige Verknüpfung der Teillebensräume sehr komplex. Man betrachtet daher im Allgemeinen Einzelaspekte, z. B. eine bestimmte geografische Region oder die Rolle einer einzelnen Art (Abb. 3).

A1 Nennen Sie Gemeinsamkeiten und Unterschiede der Gliederung und der Umweltfaktoren von Meer und See.

A2 Erläutern Sie, wie sich die Rolle des Herings im Nahrungsnetz in Abhängigkeit von seinem Alter ändert (Abb. 3).

Salzgehalt
Meerwasser: 30—50‰
Brackwasser: 0,5—30‰
Süßwasser: <0,5‰

relativer Ionengehalt (%) von Meerwasser (M) und Süßwasser (S)	M	S
Cl⁻	55,0	5,7
Na⁺	30,6	5,8
SO₄²⁻	7,7	12,1
Ca²⁺	1,2	20,4
CO₃²⁻/HCO₃⁻	0,4	35,1
sonstiges	5,1	20,9

255

3.6 Mensch und Umwelt
Weltbevölkerung

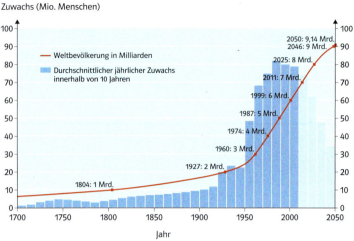

1 *Historische und prognostizierte Entwicklung der Weltbevölkerung*

2 *„Bevölkerungsexplosion"*

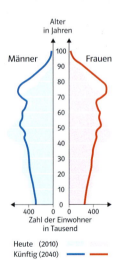

Bevölkerungspyramide Deutschland

Jeden Tag wächst die Weltbevölkerung um ca. 227 000 Menschen. Das bedeutet, dass Tag für Tag fast so viele Menschen zusätzliche Ressourcen beanspruchen, wie die Stadt Kiel Einwohner hat.

Die Ressourcen sind begrenzt
Für die Ernährung von ca. 7 Mrd. Menschen stehen 9 Mrd. ha kultivierbaren Bodens weltweit zur Verfügung. Daraus lässt sich die Frage ableiten, wie lange die natürlichen Ressourcen noch reichen. Entscheidend für den Bedarf an Ackerland ist unsere Lebensweise. In Europa besteht ein Flächenbedarf von 3 bis 4 ha, in vielen Entwicklungsländern liegt dieser unter 1 ha pro Person. Verantwortlich für diese Unterschiede sind neben der Menge verzehrter Nahrungsmittel der Anteil der fleischlichen Kost und die Produktivität der Landwirtschaft.

Bevölkerungswachstum im Vergleich
Afrika ist besonders stark von der Zunahme der Bevölkerung betroffen. Modellrechnungen für das Jahr 2050 zeigen, dass der Anteil der Afrikaner an der Weltbevölkerung von heute 15 % auf dann 21 % ansteigt. Europas Weltbevölkerungsanteil sinkt dagegen von 11 % auf dann nur noch 7 %. Die Bevölkerungspyramiden verschieben sich damit (s. Randspalte).

In Entwicklungsländern besteht ein Zusammenhang zwischen Armut und Bevölkerungswachstum: Für ärmere Paare besteht ein wirtschaftlicher Anreiz, mehr Nachkommen zu haben, weil dadurch die eigene Versorgung im Alter gesichert ist. Darüber hinaus kommt es zu einer erheblichen Anzahl ungewollter Schwangerschaften. Beide Faktoren können dazu führen, dass bei begrenztem Nahrungsangebot die Lebenserwartung sinkt.

Nachhaltigkeit
Der erhöhte Platzbedarf wird auch zu Eingriffen in natürliche und naturnahe Ökosysteme führen. Damit werden Lebensräume zerstört, die die Grundlage für Pflanzen und Tiere darstellen. So könnte es langfristig zu einem verstärkten Artensterben kommen. Entwicklung ohne Berücksichtigung natürlicher Ressourcen verschiebt die Folgen der Armutsbekämpfung auf die zukünftigen Generationen. In diesem Fall spricht man von einer zeitlichen Falle. *Nachhaltigkeit* besteht darin, dass ein System in seinen wesentlichen Eigenschaften erhalten bleibt und der Bestand auf natürliche Weise nachwachsen kann. Eine Bekämpfung der Armut bei gleichzeitiger Schonung der natürlichen Ressourcen kann einen Beitrag zu einer nachhaltigen Eindämmung des Bevölkerungswachstums darstellen.

A1 Informieren Sie sich über den möglichen Zusammenhang von Säuglingssterblichkeit und Bevölkerungswachstum. Erläutern Sie.

256 Ökologie

Regenerative Energiequellen

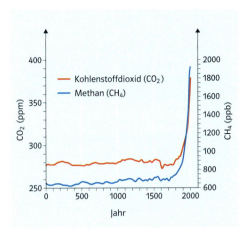

1 Anteil an CO_2 und an Methan in der Atmosphäre

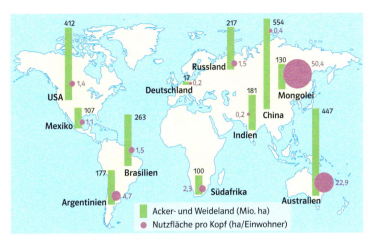

2 Verfügbare Nutzflächen auf der Erde

Kohlenstoffdioxid und Methan gelten als die klimaschädlichsten Gase. Sie sind z.B. durch die Nutzung fossiler Brennstoffe an der Erderwärmung beteiligt. Ihr Anstieg ist beachtlich (Abb. 1). Ferner sind diese fossile Energiequellen endlich. Daher ist die Suche nach regenerativen Energiequellen wichtig, zumal der weltweite Energieverbrauch ansteigt.

Energie aus nachwachsenden Rohstoffen

Unter anaeroben Bedingungen entstehen aus Maispflanzen bakteriell Wasserstoff und Kohlenstoffdioxid. Methanbildende Bakterien erzeugen daraus Methan.

$$CO_2 + 4 H_2 \rightarrow CH_4 + 2 H_2O$$

Das *Biogas* wird getrocknet und in einem Motor verbrannt. Der damit angetriebene Generator erzeugt Strom. Letztlich wird also die durch die Maispflanzen fixierte Sonnenenergie in elektrische Energie überführt. Mais liefert pro Hektar Anbaufläche etwa 2 kW Strom. Wird eine Biogasanlage mit Gülle betrieben, erzeugt sie pro Rind etwa 0,15 kW Strom.

Algenöl

Mikroskopische Grünalgen der Gattung *Botryococcus* kommen natürlicherweise in tropischen und subtropischen oligotrophen Süßwasserseen vor. Sie lagern energiereiche Kohlenwasserstoffe ein. Diese als *Algenöl (Algoil)* bezeichneten Fette verhindern bei frei lebenden Algen das Absinken in unbelichtete Gewässerschichten. Die in diesen Fetten gespeicherte Energie kann als Rohstoff für die Erzeugung von *Biodiesel* verwendet werden.

Keine Konkurrenz zu Nahrungspflanzen

Da diese Algen keine Anbauflächen wie Mais oder Zuckerrohr benötigen, erscheint ihre Kultivierung als Energiepflanze lohnend. Die Algen werden in speziellen Tanks gehalten und mit Sonnenlicht bestrahlt. Besondere Herausforderungen für die Erforschung des Verfahrens bestehen darin,
– besonders ölreiche Individuen zu finden und zu vermehren,
– die Algenernte und die Ölextraktion zu optimieren und
– gekoppelte Verfahren zu entwickeln, bei denen die Abgase eines Heizkraftwerks zur CO_2-Düngung für die Fotobioreaktoren verwendet werden.

Biogaserzeugung

A1 Bewerten Sie den Einsatz von Mais unter dem Aspekt der Nachhaltigkeit. Berücksichtigen Sie mögliche räumliche und soziale Fallen.

A2 Wissenschaftler gehen derzeit davon aus, dass „Brennstofffernten" jährlich im Idealfall ca. 10 000 Liter Heizölersatz pro Hektar liefern. Der derzeitige weltweite Erdölverbrauch pro Jahr beträgt ca. 4,4 Billionen Liter. Berechnen Sie, welche Fläche hierfür für den Idealfall gebraucht wird und wie hoch dieser Anteil bezüglich des zur Verfügung stehenden Acker- und Weidelandes ist (s. Abb. 2).

Umweltschutz — unsere Verantwortung

Werde ich nicht mehr glücklich leben, wenn der Pandabär ausstirbt? Wird die Antarktis hinwegschmelzen, wenn ich Autos mit einem hohen Benzinverbrauch fahre? Schreckensszenarien und Einzelfälle werden hochgespielt und die Frage nach dem Ausmaß unserer persönlichen Handlungsweisen stellt sich immer deutlicher. Sollen wir nicht lieber die Beurteilung dieser Probleme den Experten überlassen?

Die persönliche Verantwortung für uns, unsere Freunde und Familie können wir nicht anderen überlassen, da erst die Vielfalt und Summe aller wohlüberlegten Handlungen zu einer lebenswerten globalen Zukunft führen kann. Gehen wir von dem Rat der Expertenausschüsse aus, implizieren wir eine neutrale wissenschaftliche Haltung. Jedoch gibt es auch bei den Experten kulturelle Unterschiede und verschiedene Fachansätze, die zu einem unterschiedlichen Verständnis der Natur führen. Dies bedeutet, dass auch scheinbar neutrale Beurteilungen immer Bewertungen beinhalten.

anthropos (gr.) = Mensch

Der *Anthropozentrismus* sieht den Menschen im Zentrum ist und sich daher die ganze Natur nur auf den Menschen bezieht. Mensch und Natur stehen sich gegenüber. Alle Lebewesen haben sich in diesem Weltbild dem Menschen unterzuordnen. Aber auch beim Anthropozentrismus gibt es neben der Sichtweise von Herrschafts- und Verfügbarkeitsansprüchen den Aspekt der Achtung der Natur. Andere Lebewesen können daher nicht nur als bloße Sachen betrachtet werden, das Recht auf den willkürlichen Umgang mit anderen Lebewesen wird eingeschränkt. Der Mensch verwaltet die Ökosysteme auf nachhaltige Weise. Der Panda darf aus „wissenschaftlichen Gründen" überleben, um den Genpool und die Diversität zu erhalten.

Der *Biozentrismus* besagt, dass alle Lebewesen in der Natur einen eigenen Wert haben. Bei dieser Vorstellung steht der Mensch gleichwertig in der Natur. Immer mehr Menschen erkennen die Wechselwirkungen im Ökosystem und akzeptieren den Menschen als Teil dieses Systems. Hierbei geht es nicht darum, dass die Natur wunderbar und unberührbar ist, was jedes menschliche Handeln und Eingreifen in die Natur unmöglich machen würde.

Für viele Entscheidungen wird es Kompromisse zwischen diesen beiden Sichtweisen geben müssen. Die Eingriffe des Menschen in die Natur werden durch die hohe Technisierung und die extreme Zunahme der Weltbevölkerung immer intensiver. Die *Umweltethik* versucht Fragen nach dem moralisch vertretbaren und verantwortungsvollen Umgang mit der Natur zu finden.

A1 Reflektieren Sie Ihren Standpunkt zu einem aktuellen Umweltschutzthema und überlegen Sie, inwiefern persönliche Sichtweisen hierdurch beeinflusst werden.

1 *Wohin geht unsere Zukunft?*

2 *Der Mensch hat Anspruch auf Wohnraum*

Arten- und Biotopenschutz

Zu allen Zeiten sind Arten auf der Erde ausgestorben, doch wohl nie verursachte eine Art diesen Prozess so schnell wie heute der Mensch. In den Tropen sterben vermutlich jeden Tag Arten aus, bevor sie überhaupt entdeckt worden sind. In früheren Jahrhunderten war zumeist die Jagd Ursache der *Ausrottung*. Heute sind die meisten Tier- und Pflanzenarten durch die Zerstörung ihrer Lebensräume bedroht. Der Schutz von Ökosystemen und ihrer Artenvielfalt steht deshalb im Zentrum der Naturschutzbemühungen.

Unter-Schutz-Stellen allein reicht sehr häufig aber nicht, wie das Beispiel der mitteleuropäischen *Moore* zeigt. Diese Lebensräume zeichnen sich durch das Fehlen von Bäumen, hohe Feuchtigkeit, niedrigen pH-Wert und Mineralstoffarmut aus. Um das Umland landwirtschaftlich nutzen zu können, sind dort Entwässerungsmaßnahmen üblich. Damit sinkt aber auch der Grundwasserspiegel im Moor. Als Folge können sich erste Birken und Weiden ansiedeln. Empfindliche Arten wie *Birkhuhn* oder *Goldregenpfeifer* meiden solche Flächen, da sie nun Deckung für Räuber bieten. Die großen Verdunstungsflächen der erstbesiedelnden Bäume führen zu weiterem Wasserverlust, sodass der Wasserspiegel weiter sinkt und noch mehr Bäume wachsen können. Der entstehende Wald ist für die typischen Moorbewohner als Habitat ungeeignet, sie sterben aus.

1 *Goldregenpfeifer-Bestand*

2 *Moor und Moorbewohner*

Eine besondere Gefährdung mineralstoffarmer Standorte geht von der *Eutrophierung* (Mineralstoffanreicherung) aus der Luft und über das Grundwasser aus: Konkurrenzstärkere Pflanzen wie Gräser und Löwenzahn verdrängen schwachwüchsige, aber an Mineralstoffmangel angepasste Arten, wie den *Sonnentau* oder den *Lungenenzian*. Als Folge können auch Insekten wie der auf den Lungenenzian als Futterpflanze angewiesene Kleine *Moorbläuling* nicht mehr existieren. Nur die Aufklärung über die ökologischen Zusammenhänge und die verborgene Artenvielfalt gefährdeter Ökosysteme können auch in der Öffentlichkeit und bei Politikern Verständnis für Naturschutzprobleme wecken.

Viele der Habitate und Lebensräume, die wir heute schützen wollen, sind allerdings erst durch Inkulturnahme entstanden. So konnte die *Feldlerche* erst aus Asien einwandern, als für den Ackerbau große Flächen gerodet wurden. *Kiesgruben* und Steinbrüche beherbergen als *sekundäre Lebensräume* eine Vielzahl bedrohter Arten. Viele dieser Ökosysteme sind instabil und nur durch intensive *Pflegemaßnahmen* zu bewahren. Ein Beispiel dafür sind *Orchideenwiesen*, die nur durch extensive landwirtschaftliche Nutzung vor dem unerwünschten Bewuchs mit Sträuchern bewahrt werden können. So ist der Naturschutz auf die Zusammenarbeit mit der *Landwirtschaft* angewiesen.

Moorbläuling

Moorhuhn

Rundblättriger Sonnentau

Der ökologische Fußabdruck

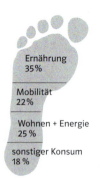

Der *ökologische Fußabdruck* wurde 1994 von WILLIAM REES und MATHIS WACKERNAGEL entwickelt. Sie gingen der Frage nach: Wie viel Fläche beanspruchen wir und wie viel steht uns eigentlich unter heutigen Produktionsbedingungen zur Verfügung? Zur Veranschaulichung entwickelte man eine Modellvorstellung. Der ökologische Fußabdruck schafft ein Bild vom Ressourcen-Verbrauch eines Menschen auf der Erde und macht so die ökologischen Grenzen beim Verbrauch deutlich.

Berechnung
Die Berechnung des Fußabdrucks erfolgt, indem der Ressourcen-Verbrauch, den ein Mensch verursacht, in eine dafür benötigte Fläche umgerechnet wird. Diese Fläche ergibt sich aus dem Anbau der verzehrten Lebensmittel und der dazu benötigten Futtermittel, aus der Entnahme von Rohstoffen, aus dem Energieverbrauch zur Produktion, aus dem Verbrauch von Flächen für Wohnraum und Industrie sowie Straßenverkehr und weiteren Faktoren. In Deutschland setzt sich der ökologische Fußabdruck aus den folgenden Komponenten zusammen: 35 % Ernährung, 25 % Wohnen und Energie, 22 % Verkehr und 18 % sonstiger Konsum (s. Randspalte).

Die Biokapazität der Erde
Unserem Umweltverbrauch steht die begrenzte Fähigkeit unseres Planeten gegenüber, dauerhaft fruchtbare Böden, nachwachsende Wälder, Fische und bestimmte Rohstoffe bereithalten zu können. Diese Fähigkeit bezeichnet man als *Biokapazität*. Sie kann sich auf eine bestimmte Region, ein ganzes Land, auf ein größeres, länderüberschreitendes Gebiet oder auf die gesamte Erde beziehen (Abb. 2). Wird die Biokapazität überschritten, so geht dies zu Lasten der Schwächsten und zu Lasten zukünftiger Generationen. Der globale Durchschnittsverbrauch liegt derzeit bei 2,2 Hektar pro Person und Jahr, es stehen jedoch nur 1,8 Hektar zur Verfügung. Seit ca. 30 Jahren wird die biologisch produktive Fläche nun schon stärker genutzt als sie ertragen kann. Für die Befriedigung der menschlichen Bedürfnisse wären 1,2 Erden notwendig.

Globaler Wasserfußabdruck
Auch der globale Wasserfußabdruck lässt sich berechnen. Er ergibt sich laut der UNESCO aus der Wassermenge, die man braucht, um landwirtschaftliche oder industrielle Produkte herzustellen.

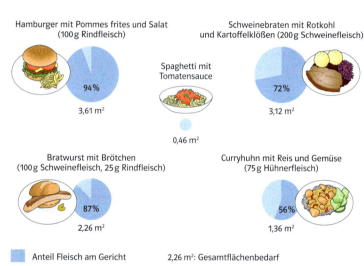

1 *Flächenbedarf typischer Gerichte*

Land	Bevölkerung (in Mio. Einw.)	Fußabdruck (ha/Pers. · Jahr)	Biokapazität (ha/Pers. · Jahr)	Ökologisches Defizit oder Reserve (ha/Pers. · Jahr)
Amerika				
Brasilien	190,1	2,9	9,0	−6,1
Kanada	32,9	7,0	14,9	−7,9
USA	308,7	8,0	3,9	+4,1
Asien				
VR China	1336,6	2,2	1,0	+1,2
Indien	1164,7	0,9	0,5	+0,4
Katar	1,1	10,5	2,5	+8,0
Europa				
Belgien	10,5	8,0	1,3	+6,3
Deutschland	82,3	5,1	1,9	+3,2
Finnland	5,3	6,2	12,5	−6,3
Frankreich	61,7	5,0	3,0	+2,0
Norwegen	4,7	5,6	5,5	+0,1

2 *Biokapazität verschiedener Länder*

A1 ⬤ Ermitteln Sie mithilfe des Internets, welche Unterschiede sich im ökologischen Fußabdruck für das tägliche Verkehrsmittel zur Schule ergeben, wenn das Fahrrad, der Bus, der Zug oder ein Privat-Pkw benutzt werden.

Schutz der globalen Vielfalt

Der Schutz der globalen Vielfalt bedeutet nicht nur Arten- und Biotopschutz. Er umfasst ferner Lärmschutz, Strahlenschutz, Boden- und Erosionsschutz, Luftreinhaltung, Wasserreinhaltung, Abfallentsorgung und vieles mehr. Es gilt zu beachten, dass menschliche ökologische Belange nur dann zu wahren sind, wenn zugleich auch die Belange der Pflanzen- und Tierwelt gewahrt werden. Umweltschutz kann unterschiedliche Dimensionen einbeziehen. In der horizontal gedachten Ebene meint dies lokal, grenzüberschreitend, kontinental oder global, in der vertikalen Ebene meint dies in Richtung Atmosphäre bzw. in Richtung Bodentiefe bzw. Meerestiefen.

Ziele des Naturschutzes

Die Ziele des *Naturschutzes* liegen im Erhalt der biologischen Vielfalt, in der nachhaltigen Nutzung ihrer Elemente sowie in der ausgewogenen und gerechten Verteilung der Vorteile, die sich aus der Nutzung der genetischen Ressourcen ergeben. Schutz der Vielfalt bewahrt damit ökologische, genetische, soziale, wirtschaftliche, wissenschaftliche, erzieherische und kulturelle Elemente eines entsprechenden naturbelassenen Gebietes. Ferner dient dieser Schutz der Sicherstellung der Erholungsfunktion.

Globaler Naturschutz

Der weltweite Naturschutz wird zunehmend bedeutender, weil die wirtschaftliche Vernetzung in den letzten Jahrzehnten deutlich zugenommen hat und weiter voranschreiten wird. Daher ist auch das Abkommen von Rio (Rio-Konvention) zum Schutz der „globalen Biodiver-

2 Abgeholzter Regenwald

siät" im Jahre 1992 ein wichtiger Schritt gewesen, 2011 folgte die Klimakonferenz in Durban (Südafrika).

Die Natur erhielt auf der Konferenz in Rio neben den Kulturgütern und Bodenschätzen den Rang eines Welterbes. Der Schutz der Biodiversität ist auch heute noch das Leitbild im Naturschutz.

Die globale Biodiversität wird zunehmend durch die Zerstörung und Zerstückelung von Lebensräumen sowie durch die Verschlechterung der Umweltbedingungen bedroht. Ein Beispiel ist die Austrocknung des Amazonas-Regenwaldes, der 2005 und 2010 jeweils eine schreckliche Dürreperiode durchlebte. Brandrodungen tragen zum Rückgang des tropischen Regenwalds bei. Die Flächen werden auch benötigt, um mehr Rinder zu züchten und Futtermittel zu produzieren (s. Seite 257). Manche Arten sind gefährdet; sie werden in Roten Listen geführt, die vom IUCN (International Union for Conservation of Nature and Natural Resources) bzw. den einzelnen Ländern herausgegeben werden.

A1 2011 wurde von den Vereinten Nationen zum Jahr der Wälder erklärt. Recherchieren Sie im Internet, zu welchen entsprechenden Themengebieten bekannte Umweltverbände wie NABU oder WWF Informationen bereithalten, und halten Sie über ein selbst gewähltes Thema aus diesem Bereich ein Kurzreferat.

A2 Nehmen Sie, unter Bezug auf den oberen Text, Stellung zu der Aussage: „Natur- und Umweltschutz sind immer Ländersache".

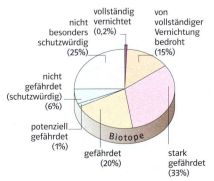

1 Bedrohte Lebensräume in Deutschland

Orang-Utan

Übungen
Ökologie

1 Wechselbeziehungen

Der Wissenschaftler TIMOTHY WOOTTON führte Experimente in der Gezeitenzone an der Nordwestküste der USA durch. Mithilfe von 10 m² großen Drahtnetzen hielt er Beringsmöwen und Braunmantel-Austernfischer aus den Gebieten fern, in denen er Veränderungen in der Zusammensetzung der Schneckenarten im Felsenwatt untersuchen wollte. In den untersuchten Gebieten findet man auf dem felsigen Untergrund verschiedene Napfschneckenarten, *wie Lottia pelta, Lottia strigatella, Lottia digitalis* sowie große Flächen mit Entenmuscheln und Miesmuscheln. Auf dem Untergrund wachsen zudem verschiedene festsitzende Algenarten.

1 *Entenmuscheln*

2 *Austernfischer*

Viele Untersuchungen zur Veränderung der Individuenzahl in diesen Gebieten zeigten folgende Zusammenhänge:
1. Die beiden oben genannten Vogelarten ernähren sich hauptsächlich von *Entenmuscheln* und *Lottia pelta*.
2. Miesmuscheln bilden auf freien Flächen große zusammenhängende Muschelbänke.
3. Lottia digitalis hält sich hauptsächlich auf Entenmuscheln auf.
4. Napfschnecken weiden Algen.
5. Lottia pelta lebt auf Miesmuscheln.
6. Lottia strigatella lebt in einer starken Konkurrenzsituation zu den beiden anderen Arten.
7. Muscheln filtrieren kleine Algen und frei schwimmende Nährstoffe.

3 *Napfschnecken*

4 *Festsitzende Alge*

5 *Miesmuschel*

A1 Erklären Sie anhand der Daten in der Abbildung 6 die Veränderungen, die durch das Fernhalten der Beringsmöwen und Braunmantel-Austernfischer zustande kommen.

A2 Erörtern Sie, weshalb während des Experimentes die Anzahl von Lottia pelta nicht zunimmt, obwohl sie von den Seevögeln als Beute bevorzugt werden. Benutzen Sie hierzu auch die untersuchten Zusammenhänge (1—7) zwischen den einzelnen Lebewesen.

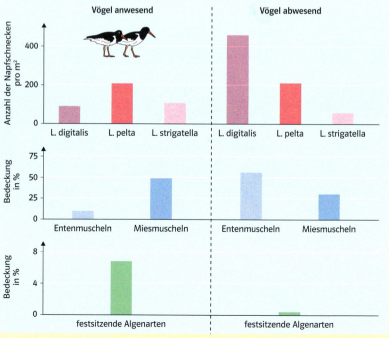

6 *Felswattbiozönose*

262 Ökologie

2 Nadelwald

Die Waldkiefer wächst an vielen Standorten und ist eine der meist verbreiteten Baumarten Deutschlands. Der Grund liegt darin, dass sie tolerant gegenüber vielen Böden und Klimaten ist. Mit ihrer Pfahlwurzel dringt sie zu tiefer liegenden Wasserschichten vor.

7 *Waldkiefer*

A3 ◐ Beschreiben Sie vergleichend die Häufigkeitsverteilung der Waldkiefer in Abhängigkeit vom Faktor Bodenfeuchte in Versuchsbeeten und an natürlichen Standorten nach Abb. 8 und Abb. 9.

A4 ◐ Erklären Sie mit Bezug auf die Abbildungen die Begriffe „ökologische Toleranz" und „ökologische Potenz" und deuten Sie die Befunde unter diesen Aspekten.

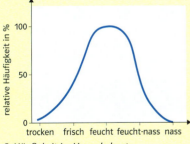

8 *Häufigkeit im Versuchsbeet*

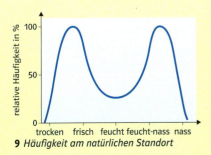

9 *Häufigkeit am natürlichen Standort*

3 Laubwald

In unseren Breiten hat der Laubwald zu jeder Jahreszeit ein anderes Gesicht. Der Ökologe bezeichnet das jeweilige Erscheinungsbild der Biozönose als deren Aspekt.

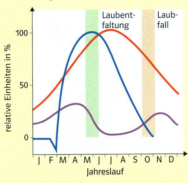

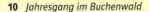

10 *Jahresgang im Buchenwald*

11 *Waldmeister*

A5 ○ Beschreiben Sie den Frühjahrs-, Sommer- und Herbstaspekt im Buchenwald.

A6 ◐ Erläutern Sie mögliche Zusammenhänge der dargestellten abiotischen und biotischen Faktoren im Jahreslauf.

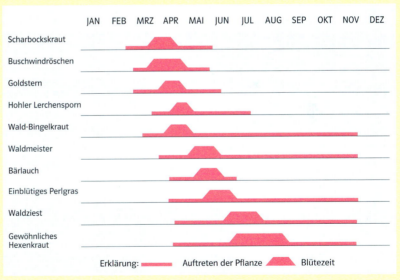

12 *Blütenzeitdiagramm im krautreichen Rotbuchenwald*

263

Evolution

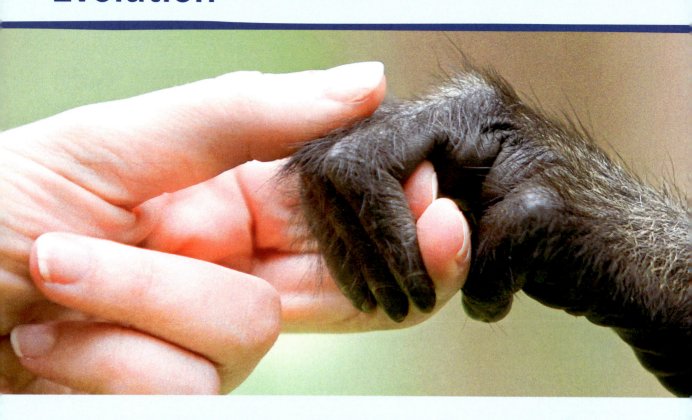

Variabilität

Selbst innerhalb einer Population sind nicht alle Lebewesen gleich. Genetische Unterschiede führen dazu, dass alle Individuen unterschiedlich gut an die Umwelt angepasst sind.

Fortpflanzungserfolg

Evolutionäre Fitness beschreibt das Potential eines Lebewesens, in seiner Umwelt zu überleben, um sich möglichst erfolgreich fortzupflanzen. Sie beruht auf den individuellen genetischen Eigenschaften.

Was unterscheidet den Menschen vom Affen? Wie ist das Leben auf der Erde entstanden? Sind Hühner mit Dinosauriern verwandt? Warum helfen manche Antibiotika nicht? Wozu trägt der Hirsch ein Geweih? Warum sterben Arten aus? Das sind einige der Fragen, denen Evolutionsbiologen nachforschen. Dabei stützen sie sich auf mehrere Jahrhunderte alte Theorien und verwenden neueste biotechnologische Verfahren.

Natürliche Selektion

Eine gute Tarnung kann helfen, den Fortflanzungserfolg gegenüber den Artgenossen zu steigern. Dennoch fallen manche Männchen durch ein besonders auffälliges Äußeres auf.

Evolution des Menschen

Versteinerte Knochen im afrikanischen Wüstensand, Fossilfunde, Steinwerkzeuge, 17 000 Jahre alte Wandmalereien, die Sequenzierung des Neandertaler-Genoms — dies alles sind Fenster zu unserer eigenen Vergangenheit.

4.1 Evolution — Veränderung und Vielfalt
Veränderungen in großen und kleinen Schritten

Evolutionäre Fitness
Verhältnis der individuellen Nachkommenzahl zur maximalen Nachkommenzahl, die in einer Population auftritt

Phänotyp
Gesamtheit aller Merkmale eines Organismus

Genotyp
Gesamtheit aller Gene eines Organismus

Die *Evolutionstheorie* ist die bedeutendste Theorie in der Biologie. Für alle biologischen Disziplinen ist sie sehr wichtig. Zu ihrer Erforschung nutzen Evolutionsbiologen die Methoden junger Wissenschaften, wie der Molekulargenetik, aber auch Methoden klassischer Wissenschaftszweige, wie der vergleichenden *Morphologie* (Lehre von der Struktur und Form der Organismen). *Evolutionsbiologie* dreht sich im wesentlichen um die Entstehung neuer Arten und die stammesgeschichtliche Entwicklung der Organismen. Um Antworten zu erhalten, untersuchen Evolutionsbiologen chemische Reaktionen, das Verhalten von Tieren oder Fossilien.

Evolution durch vererbbare Veränderungen
Evolution bedeutet Entwicklung und erfolgt durch die Veränderung in Gestalt und Verhalten des *Phänotyps* von Organismen im Laufe der Generationen. Damit eine Veränderung von einer Generation auf die nächste übertragen werden kann, muss ihre Ausprägung vererbbar, d. h. im *Genotyp* verankert sein. Die Veränderung eines Individuums innerhalb seines Lebens ist also nicht als Evolution zu verstehen. Erbliche Unterschiede zwischen Individuen bezeichnet man als *Variabilität*. Sie bildet den „Baukasten" für Evolution.

Konkurrenz als treibende Kraft der Evolution
Ein Individuum, das eine „positive" Neuerung trägt, hat im Vergleich zu seinen Artgenossen, die diese Eigenschaft (*Merkmal*) nicht tragen, einen Vorteil. Vorteilhafte Änderungen bewirken, dass die Träger besser um begrenzte Ressourcen konkurrieren können. Dies kann dazu führen, dass sich diese Individuen im Vergleich zu denen, die das Merkmal nicht tragen, besonders gut fortpflanzen. Die „positive" Erbgutänderung wird dann überproportional oft in die nächste Generation weitergegeben, d. h. in der Folgegeneration hat sich der Anteil von Trägern der vorteilhaften Veränderung erhöht. Von einer zur nächsten Generation macht das meistens nur eine sehr kleine Abweichung aus. Wenn das Merkmal seine positive Eigenschaft aber über viele Generationen hinweg beibehält, werden immer mehr Individuen der Folgegenerationen Träger dieses Merkmals, der *Phänotyp* der Organismen hat sich im Laufe der Generationen verändert.

Variabilität ermöglicht Anpassung
Da ein Merkmal nur dann zu einer dauerhaften Veränderung in einer Art führen kann, wenn es sich in den Folgegenerationen ausbreitet, müssen sich nicht nur seine Träger besonders gut vermehren, sondern auch deren Nachkommen usw. Das Merkmal muss dem Träger also einen Vorteil erbringen, der es ihm ermöglicht, verhältnismäßig viele Nachkommen zu erzeugen, die dann auch wiederum viele Nachkommen produzieren (Abb. 1). In der Biologie spricht man von einer Steigerung der *evolutionären Fitness*.

Erbliche Veränderungen wirken sich immer dann positiv auf ihre Träger aus, wenn sie Eigenschaften verleihen, die es ihnen ermöglichen, besser mit den spezifischen Lebensansprüchen zurechtzukommen, also zu einer *Angepasstheit* führen. Dazu gibt es eine Vielzahl an Möglichkeiten, denn Organismen stehen in komplexen Wechselbeziehungen zu ihrer belebten (*biotischen*) und unbelebten (*abiotischen*) Umwelt. Organismen der gleichen Art, die gemeinsam einen einheitlichen Lebensraum bewohnen, bilden eine *Population*. Individuen einer Populationen interagieren sowohl mit Mitgliedern ihrer eigenen Art, als auch mit Individuen anderer Arten. Die sich daraus ergebenden Interaktionen reichen von der Konkurrenz um Ressourcen bis hin zu symbiotischen Beziehungen.

1 *Fitness ist relativ und zeigt sich in der Nachkommenzahl*

266 Evolution

Anpassung als passiver Prozess

Ungeachtet dessen, in welchem Bereich ein Individuum durch eine Neuerung einen Vorteil erhält (sei es, dass es durch eine Stoffwechseländerung die Nahrung besser aufschließen kann, oder ihm eine veränderte Fellfarbe eine bessere Tarnung vor Räubern verschafft), hat es sich an seine Umwelt angepasst. Bei dieser Formulierung gilt es zu beachten, dass erbliche Veränderungen zufällig entstehen. Organismen können also aktiv keine vererbbare Anpassung an ihre Umwelt herbeiführen, sondern beim Prozess der Anpassung setzen sich die positiven Änderungen durch, indem sie sich über Generationen in einer Organismengruppe ausbreiten.

Angepasstheit als Momentaufnahme

Da sich aber sowohl die biotischen als auch die abiotischen Umweltbedingungen ständig ändern, ist die „Angepasstheit" von Organismen immer nur eine Momentaufnahme. Streng genommen spiegelt die Merkmalszusammensetzung einer gegenwärtigen Generation die Angepasstheit der vorherigen Generation wieder. In den meisten Fällen ändern sich die Umweltbedingungen nur langsam, sodass diese Verzögerung im Anpassungsprozess keine bedeutsame Rolle spielt.

Anpassungen führen zu neuen Arten

Umweltveränderung und Variabilität bieten auch die Grundlage zur Entstehung neuer Arten. Hat sich ein neues Merkmal innerhalb einer Gruppe von Individuen durchgesetzt, kann es passieren, dass sich diese Individuen seltener mit ihren Artgenossen anderer Gruppen paaren. Nach und nach können Subpopulationen entstehen, in denen sich wichtige genetische Unterschiede ausprägen, bis man schließlich von zwei getrennten Arten sprechen kann.

Große und kleine Schritte

Die Zeitskala, auf der sich die Evolutionsforschung bewegt, ist unterschiedlich groß, je nachdem, ob man die Veränderungen innerhalb von Populationen binnen Generationen oder die stammesgeschichtliche Entwicklung über Jahrmillionen hinweg betrachtet. Die *Makro-*

2 *Karikatur zur Säugetierentstehung*

evolution befasst sich mit Fragen, die über Artgrenzen hinaus gehen, wie z. B. zur Entstehung des Lebens, der Kolonisierung des Landes durch Pflanzen und Tiere und der Evolution des Menschen. Eine klassische Methode, um diese großen Sprünge der Evolution zu untersuchen, ist das Studium fossiler Funde.

Auch Fragestellungen, die sich mit kurzfristig wirkenden Prozessen befassen, werden unter dem Begriff der *Mikroevolution* zusammengefasst. Diese Prozesse sind zum Teil überprüfbar und können im Labor oder Freiland beobachtet werden. Hier sind molekulargenetische Methoden besonders wichtig.

Die moderne Biologie durchbricht jedoch die Grenzen zwischen diesen beiden Disziplinen, da genetische Methoden heute auch für die Entschlüsselung großer evolutionärer Ereignisse genutzt werden können. Viele Wissenschaftler gehen davon aus, dass sich ein makroevolutionäres Ereignis aus zahlreichen mikroevolutionären Schritten zusammensetzt.

A1 ◐ Erläutern Sie die Aussage des Textes, dass die Merkmalszusammensetzung einer gegenwärtigen Generation die Angepasstheit der vorigen Generation widerspiegelt.

A2 ● Beziehen Sie die Karikatur (Abb. 2) auf die Aussagen im Text.

Variabilität und Artenvielfalt

Fische in einem Schwarm (Abb. 1) sehen für unser Auge alle gleich aus — und doch unterscheiden sich die einzelnen Individuen in den Ausprägungen ihrer Merkmale, also in ihren *Phänotypen*. Solche Merkmale betreffen nicht nur die Gestalt der Organismen, sondern zum Beispiel auch ihr Verhalten, ihre körperliche Kondition oder ihre Stoffwechselfähigkeiten. Diese phänotypischen Unterschiede entstehen zu einem Teil durch umweltbedingte Einflüsse. Zu einem anderen Teil sind die Unterschiede genetisch bedingt — also im *Genotyp* eines Organismus begründet. Alle Individuen aller Arten, sind bis auf Klone, sowohl genotypisch als auch phänotypisch verschieden. Auch Populationen einer Art unterscheiden sich voneinander — so gibt es z. B. Populationen mit kleineren und mit größeren Heringen, und auch diese *Variabilität* ist zum Teil genetisch begründet.

Auffälliger als die Variabilität von Individuen oder Populationen innerhalb einer Art ist die große Vielfalt verschiedener Arten. Dies gilt nicht nur weltweit, sondern auch in einzelnen Ökosystemen wie einem Korallenriff (Abb. 2) oder auf engem Raum wie in der Baumkrone eines Urwaldriesen, in der man tausende Insektenarten finden kann. Wie viele Arten heute leben ist unklar. Bisher sind etwa 300 000 Pflanzenarten und 1,5 Millionen Tierarten bekannt — und täglich werden neue entdeckt.

Vielfalt im Fokus der Evolutionsforschung

Vielfalt existiert also auf unterschiedlichen Ebenen, und zwar sowohl zwischen Individuen und Populationen einer Art als auch zwischen Individuen unterschiedlicher Arten. Sie ist wichtige Grundlage für die Veränderung, und somit die Evolution, allen Lebens. Evolutionsforschung beschäftigt sich mit der Untersuchung dieser Vielfalt. Zum einen möchte man klären, welche Ursachen die Vielfalt bedingen und durch welche Mechanismen sie erhalten oder verändert wird. Dabei ist es z. B. interessant zu beobachten, dass unter gleichen Bedingungen Individuen verschiedener Phänotypen nebeneinander scheinbar gleichwertig existieren. Besonders spannend ist die Frage, welche Prozesse Arten verändern und neue Arten entstehen lassen — auch hier ist die Variabilität ein Schlüsselphänomen.

Was ist eine Art?

Wie man eine Art am besten definiert, hängt sehr von den betreffenden Organismengruppen bzw. von den Kriterien des Betrachters ab und ist ein umstrittenes Thema.

Der morphologische Artbegriff

Viele Pflanzen- und Tierarten unserer heimischen Natur kann jeder eindeutig identifizieren, indem wir uns an ihrem Aussehen orientieren, z. B. an Gestalt und Färbung, an Stimme, Aktivitätszeiten und anderen Merkmalen. Auf diese Kriterien stützt sich der *morphologische Artbegriff*.

1 *Schwarm von Heringen*

2 *Fische im Korallenriff*

Der morphologische Artbegriff definiert Arten auf Grundlage ihrer phänotypischen Merkmale. Demnach ist eine Art eine Gruppe von Lebewesen, die in allen wesentlichen Merkmalen untereinander und mit ihren Nachkommen übereinstimmen. Für die Bestimmung von Organismen im Gelände ist dieser morphologische Artbegriff unverzichtbar.

Bei vielen Arten trifft die Bedingung „gleiche Merkmale" aber nicht auf alle Individuen zu. Betrachtet man zum Beispiel Männchen und Weibchen des Vogelfalters (s. Randspalte), können auf den ersten Blick nicht alle Individuen der gleichen Art zugeordnet werden. Andere Arten lassen sich nicht auseinanderhalten, weil sie sehr ähnlich sind — ein Beispiel sind die Zwerg- und die Mückenfledermaus, die zu zwei getrennten Arten gehören, aber lange Zeit als eine Art gehandelt wurden, da sie sich auch bei genauem Hinsehen nicht unterscheiden (s. Randspalte).

Der biologische Artbegriff
Dass Zwergfledermaus und Mückenfledermaus zu zwei verschiedenen Arten gezählt werden müssen, wurde erst in den 1990er-Jahren klar, als man feststellte, dass sich die Individuen beider Arten nicht miteinander verpaaren. Auf dieser Beobachtung beruht der *biologische Artbegriff*, nach dem alle Individuen einer Art derselben Fortpflanzungsgemeinschaft angehören, das heißt, fruchtbare Nachkommen zeugen können. Die Gesamtheit der Gene einer solchen Fortpflanzungsgemeinschaft bezeichnet man als *Genpool*. Die beiden Fledermausarten unterscheiden sich in ihren Echolotrufen und damit in einem wichtigen Merkmal, das sie für die Partnerfindung benötigen — und durch das sie sich voneinander unterscheiden können.

Variabilität sichtbar gemacht
Ein Gegenbeispiel zu den Fledermausarten sind Hunderassen (Abb. 4). Heute gibt es ca. 400 Rassen, die sich in Körpergröße, Gestalt, Form der Ohren, ihrem Verhalten und zahlreichen anderen Merkmalen unterscheiden. Alle diese Rassen stammen von einer Art, dem Wolf ab. Durch Züchtungen wurden sie in wenigen Generationen künstlich geschaffen. Sie gehören aber immer noch zum gleichen Genpool und können sich untereinander verpaaren. Der biologische Artbegriff findet hier seine Gültigkeit.

Zwergfledermaus und Mückenfledermaus

Vogelfalter (männlich oben weiblich unten)

A1 ○ Erläutern Sie den Unterschied zwischen morphologischem und biologischem Artbegriff.

A2 ◐ Beschreiben Sie die Eigenschaften, die zur Abgrenzung einer Art beachtet werden. Erläutern Sie anhand des Fledermausbeispiels, ob es wichtigere und weniger wichtige gibt und ob das für alle Organismen gleich ist.

A3 ● Begründen Sie, wozu es nützlich ist, eine Art von der anderen zu unterscheiden.

3 *Wölfe*

4 *Hunderassen*

Variabilität und ihre Ursachen

1 *Verschiedene Kartoffelsorten*

Die Individuen einer Art lassen sich meist unterscheiden, denn sie besitzen unterschiedliche Kombinationen verschiedener Merkmale. Die Merkmale können übergangslos *(diskontinuierlich)* sein wie rote und weiße Blüten einer Pflanzenart (s. Randspalte). Bei vielen Merkmalen gibt es aber gleitende Übergänge, wie z. B. bei der Körpergröße. Die Häufigkeitsverteilung ergibt in diesen Fällen meistens eine typische Glockenkurve (Abb. 2). Sie erfasst die Häufigkeit unterschiedlicher Varianten eines Merkmals und wird *Variabilitätskurve* oder *Variationskurve* genannt.

Modifikatorische und genetische Variabilität

Variabilität hat verschiedene Ursachen. Dies lässt sich an Kartoffeln deutlich machen. Von Kartoffeln hat man verschiedene Sorten gezüchtet, deren Knollen sich in Geschmack und Kocheigenschaften unterscheiden. Die Pflanzen einer Sorte werden vegetativ aus Knollen gezogen. Sie sind deswegen genetisch identisch und stellen einen Klon dar. Dennoch sehen Pflanzen und Knollen einer Sorte nicht gleich aus. Man findet Unterschiede in Größe, Form, Färbung und anderen Merkmalen. Durch Unterschiede der Umweltfaktoren, wie Bodenfeuchte und Licht während des Wachsens, variieren die Ausprägungen der Merkmale. Es handelt sich um *Modifikationen*. Die darauf beruhende Variabilität nennt man *modifikatorische Variabilität*.

Vergleicht man verschiedene Kartoffelsorten fallen aber deutliche Unterschiede auf (Abb. 1). Die Sorten sind Ergebnis unterschiedlicher Züchtungen und sind genetisch nicht gleich, auch wenn sie derselben Art „Kartoffel" angehören. Die Unterschiede zwischen den Sorten sind daher genetisch bedingt und die dadurch bedingte Variabilität wird *genetische Variabilität* genannt.

Mutationen erweitern den Genpool

Hinter dem äußeren Erscheinungsbild, dem *Phänotyp*, stecken Gene, von denen es verschiedene Varianten, die *Allele*, gibt. Die genetische Variabilität einer Population wird durch die Gesamtheit aller Gene, den *Genpool*, bestimmt. Neue Allele entstehen durch Mutationen.

Mutationen sind häufig, wirken sich aber nur selten auf den Phänotyp aus, denn ein Großteil der Mutationen tritt in einem Bereich auf, der keine bekannte Funktion besitzt. So nimmt beim Menschen die codierende DNA, die auf etwa 25 000 Genen verteilt ist, nur ca. 1,5 % des gesamten Genoms ein. Die restliche DNA hat zum Teil genregulatorische Funktion, d. h. sie beeinflusst das Ablesen von Genen *(Genexpression)* und die nachfolgende Proteinbiosynthese. In diesen Bereichen können sich Mutationen auswirken. Andere Teile der DNA haben vermutlich keine Funktion, d. h. phänotypische Auswirkungen

Blütenfarbe als diskontinuierliches Merkmal beim Lärchensporn

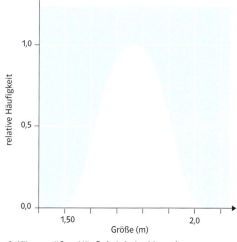

2 *Körpergrößen-Häufigkeit beim Menschen*

von Mutationen in diesen Bereichen sind unbekannt. Von Generation zu Generation vererbbare Änderungen des Phänotyps können auch durch epigenetische Modifikationen der DNA entstehen, d. h. Änderungen, die nicht die Basenabfolge betreffen und in diesem Sinne keine Mutationen sind (s. Seite 44).

Reparaturenzyme reduzieren Variabilität
Durch Reparaturenzyme wird die Auswirkung von Mutationen stark vermindert. Diese Enzyme erkennen während der Neusynthese der DNA-Doppelstränge viele Mutationen und können sie beseitigen, sodass schließlich nur wenige phänotypische Änderungen die Folge von Mutationen sind.

Rekombination erhöht Variabilität
Eine weitere Ursache der genetischen Variabilität einer Population liegt bei diploiden Organismen in der Neukombination aller existierenden Allele während der sexuellen Fortpflanzung. Meiosevorgänge dienen der Bildung unterschiedlicher haploider Keimzellen. Mit der Anzahl der Chromosomenpaare steigt exponentiell die Anzahl der möglichen Keimzellen. Der Mensch z. B. kann mit seinen 23 Chromosomenpaaren 2^{23} unterschiedliche Keimzellen bilden, das sind mehr als 8 Millionen. Bei der Bildung einer Zygote sind dann 2^{46} Kombinationen möglich, das sind über 70 Billionen. Weiterhin können durch Crossingover einzelne Genabschnitte homologer Chromosomen ausgetauscht und dann nach dem Zufallsprinzip auf die vier Keimzellen verteilt werden. Damit liegt die Anzahl möglicher Keimzellen noch weit höher. Dementsprechend erhält jede aus einer Ei- und einer Spermienzelle hervorgehende Zygote eine einzigartige Ausstattung. Alle Menschen sind Individuen einer Population mit großer Variationsbreite. Sexuelle Fortpflanzung führt zu enormer Variabilität der Nachkommen.

Migration und Genfluss
Zwischen Populationen kommt es häufig zum Austausch von Individuen und damit zum Austausch von Allelen. Ein Beispiel ist der Austausch von Individuen einer Inselpopulation mit einer Festlandpopulation über passive Transportwege, zum Beispiel im Fall von Nagern über den Schiffsverkehr.

Migration findet aber auch in aktiver Form statt: So wandern Jungtiere vieler territorialer Vogelarten zwischen Populationen hin und her. Gelingt es ihnen, Nachkommen mit Partnern der fremden Population zu zeugen, findet Genfluss statt. Migration verringert also die Unterschiede zwischen Populationen, erhöht aber in der Empfängerpopulation die genetische Vielfalt durch das Einbringen anderer Allele.

Modifikationen, Mutationen, Rekombination und Genfluss durch Migration beeinflussen die aktuelle Variabilität einer Population. Modifikationen gehen aber stets mit dem Tod des Individuums verloren. Darum können nur Mutationen, Rekombination und Genfluss die Variabilität einer Population dauerhaft verändern.

A1 ○ Erläutern Sie den Unterschied zwischen modifikatorischer und genetischer Variabilität.

A2 ◐ Nennen Sie die Faktoren, die zutreffen müssen, damit sich eine Mutation phänotypisch auswirkt.

A3 ◐ Erläutern Sie, warum die genetische Vielfalt deutlich höher ist als Abbildung 3 vorgibt.

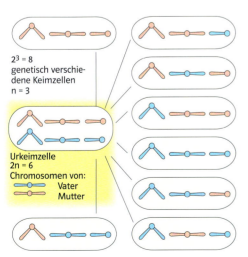

3 *Genetische Vielfalt bei der Keimzellenbildung*

Natürliche Selektion

1 *Prädation*

Prädation
Die Wechselwirkung zwischen Räubern und Beutetieren ist ein wichtiger Selektionsfaktor, der die Evolution von Räuber und Beute vorantreibt.

In einer Population steuern manche Individuen mehr Nachkommen zur nächsten Generation bei als andere. Sie bringen also mehr eigene Gene in den Genpool der Folgegeneration ein und haben daher eine höhere *evolutionäre Fitness*. Jedes Merkmal, das zu dem erhöhten Fortpflanzungserfolg beiträgt, steigt in seiner relativen Häufigkeit. Als Folge verändern sich nach einigen Generationen die relativen Allelhäufigkeiten im Genpool einer Population.

Selektionsfaktoren
Populationen sind an ihre Umwelt angepasst. Ursache dieser Angepasstheit sind Evolutionsprozesse, bei denen Umweltfaktoren als auslesende Faktoren *(Selektionsfaktoren)* wirken. Die sich kontinuierlich ändernden Umweltbedingungen begünstigen die jeweils besser angepassten Individuen und steigern damit deren *reproduktive Fitness*. Die Faktoren der unbelebten Umwelt werden als *abiotische Selektionsfaktoren* bezeichnet.

Darüber hinaus unterliegen Organismen aber auch einer Selektion durch andere Organismen. So wirken Konkurrenten, Räuber und Parasiten als *biotische Selektionsfaktoren*:
– Konkurrenten machen sich Ressourcen streitig. Individuen, die neue Ressourcen erschließen, sind im Vorteil.
– Räuber schließen durch ihren Nahrungserwerb Beuteindividuen von der Reproduktion aus. Beutetiere, die sich dem Räuber entziehen können, sind im Vorteil. Umgekehrt erhalten Räuber mit effektiven Fangmethoden mehr Nahrung.
– Parasiten befallen erfolgreicher empfindliche Individuen, während Individuen mit besserer Immunabwehr Vorteile haben.

Gerichtete Selektion
Anhaltende Selektion auf ein vererbbares Merkmal, wie die Fellfarbe bei Mäusen, kann eine Änderung des Merkmals in eine bestimmte Richtung bewirken (Abb. 3a). In einer Mäusepopulation ist es wahrscheinlich, dass Eulen die Mäuse besser erkennen und fangen, deren Fellfarbe sich stärker von ihrem Untergrund abhebt. Die *Prädation* wirkt in diesem Fall als treibender Selektionsfaktor. Die Zahl der Mäuse, die das Merkmal für die Ausprägung der besser angepassten (adaptiven) Fellfarbe tragen, wird sich über die Zeit verhältnismäßig erhöhen. In der Population findet eine *gerichtete Selektion* zu einer Fellfarbe, die der Umgebung entspricht, statt.

Stabilisierende Selektion
Nachdem sich das Merkmal für die tarnende Fellfarbe in einer Population durchgesetzt hat, wirkt eine weitere Form der natürlichen Selektion auf die Individuen der Population — der *adaptierte Phänotyp* bleibt erhalten.

2 *Lachse bei der Paarung*

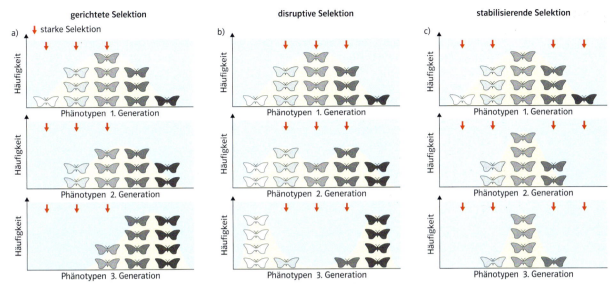

3 Selektion a) gerichtet b) distriputiv c) stabilisierend

Mäuse, die das Merkmal für die umgebungsangepasste Farbe tragen, werden im positiven Sinne selektiert. Individuen, deren Fellfarbe stark abweicht, werden weiterhin von den Eulen gefangen. Von einer zur nächsten Generation stabilisiert sich der Phänotyp der getarnten Fellfarbe und wird sich wenig ändern (Abb. 3c).

Disruptive Selektion

Bei pazifischen Lachsen gibt es Männchen, die ins Meer wandern und als große, kampfstarke Exemplare in ihren Geburtsfluss zurückkehren. Dort kämpfen sie um Weibchen und legen Laichgruben an (Abb. 2). Neben diesen großen Männchen gibt es andere, die nicht ins Meer wandern und klein bleiben. Zur Laichzeit verstecken sie sich zwischen Steinen. Sie schwimmen dann blitzschnell zu einem laichenden Paar in die Laichgrube, geben Spermien ab und verschwinden wieder. Mittelgroße Männchen können sich nicht verstecken, sind aber nicht groß genug, um den Platz für eine Laichgrube zu erkämpfen. Diese Form der Selektion fördert zwei extreme Phänotypen (sehr groß und sehr klein) und wird *disruptiv* genannt (Abb. 3b).

Starke und schwache Selektion

Selektion wirkt selten auf nur ein Merkmal. Es ist immer der Organismus als Ganzes mit der Gesamtheit seiner Merkmale, der sich in seiner Umwelt behaupten muss. Bei einer Maus ist das Merkmal „Fellfarbe" nur eines von vielen Merkmalen, die unter Selektionsdruck stehen. Da die Fellfarbe jedoch ein entscheidendes Überlebenskriterium darstellt, nützt es farblich unangepassten Mäusen nichts, wenn sie dafür andere positiv selektierte Merkmale tragen — die auffällige Fellfarbe schließt sie von der Reproduktion weitestgehend aus.

In diesem Fall lässt sich sagen, dass der Selektionsdruck bezüglich des Merkmals „Fellfarbe" hoch ist. Wenn sich Individuen unterschiedlicher Merkmalsausprägungen nur sehr gering in ihrer biologischen Fitness unterscheiden, spricht man von einer *schwachen Selektion*. Je stärker der Selektionsdruck, desto schneller verändert sich die Population.

A1 ○ Beschreiben Sie den Zusammenhang zwischen Selektionsdruck und der Geschwindigkeit evolutionärer Prozesse.

A2 ◐ Erläutern Sie die Bedingungen für natürliche Selektion.

A3 ● Bei dem Beispiel in Abb. 3 können alle drei Typen der Selektion beobachtet werden. Stellen Sie eine begründete Hypothese auf, wie es bei Schmetterlingsarten zu a) gerichteter, b) disruptiver und c) stabilisierender Selektion kommen kann.

Der Weg zur Angepasstheit

Velociraptor mit Federn

In kaum einem Lebensraum sind die Umweltbedingungen über längere Zeit konstant. Eiszeiten und Vulkanausbrüche sind nur zwei Extreme vieler Gründe, die die Lebensbedingungen stetig verändern. Andere Gründe sind z. B. eine veränderte Struktur oder Artenzusammensetzung im Habitat, die die Konkurrenz um Nahrung verändert, den Feinddruck erhöht oder den Bewegungsradius einschränkt.

Durch das Wirken der natürlichen Selektion über Generationen, erlangen die Populationen eine Angepasstheit an ihre Umweltbedingungen. Wie aber manifestieren sich diese Anpassungen in Populationen? Was bildet die Grundlage der natürlichen Selektion?

Anpassung durch vorhandene Variabilität

Den Prozess der Anpassung kann man experimentell untersuchen. Dazu ändert man die Lebensbedingungen von Populationen, deren Individuen eine kurze Generationsdauer haben:
Unter optimalen Bedingungen teilen sich manche *Bakterien* alle 20 Minuten. Streicht man sie auf einem Nähragar aus, der ein Antibiotikum wie *Penicillin* enthält, wachsen im Regelfall keine Kolonien heran, da das Penicillin sie abtötet. In wenigen Fällen erhält man dennoch Kolonien, bei denen das Antibiotikum offenbar unwirksam ist. Diese Bakterien sind gegen Penicillin resistent. Für die Entstehung der Resistenz gibt es zwei mögliche Erklärungen. Entweder sind einige der ausplattierten Bakterien unter dem Einfluss des Penicillins, also durch den Umweltfaktor selbst, resistent geworden oder die resistenten Kolonien sind aus Zellen hervorgegangen, die bereits vor dem Ausplattieren das Merkmal trugen, das sie gegen Penicillin unempfindlich macht.

Der folgende Versuch gibt über die Entstehung der Resistenz Aufschluss (Abb. 1): Auf Normalagar werden Bakterien „gestempelt" und bebrütet, bis aus den einzelnen Zellen einzelne Kolonien entstehen. Überträgt man Bakterien dieser Kolonien auf eine penicillinhaltige Agarplatte, so entwickeln sich wenige Kolonien *resistenter Bakterien*. Vom Normalagar werden nun Bakterien aus einem Bereich abgenommen, in dem auf dem Penicillinagar resistente Organismen wachsen. Plattiert man diese Bakterien vom Normalagar auf einem neuen Penicillinagar aus, sieht man, dass auch sie weiter wachsen. Sie sind resistent. Verwendet man dagegen Bakterien aus anderen Bereichen, geschieht dies nicht. Die Resistenz war also bereits vor dem Einwirken des Penicillins vorhanden. Penicillin erzeugt keine resistenten Individuen, sondern begünstigt diejenigen, die bereits vorher resistent waren. Das Beispiel zeigt, dass vorhandene Variabilität, die zunächst keinen Einfluss auf die Fitness der Träger hatte, unter veränderten Umweltbedingungen einen starken Selektionsvorteil haben kann.

Präadaptationen

Neue Angepasstheiten können sich aus Vorstufen von Strukturen entwickeln oder daraus, dass eine bereits vorhandene Struktur eine zusätzliche oder andere Funktion erfüllt. Ein solches Phänomen wird als Angepasstheit durch „*Präadaptation*" bezeichnet.

Ein klassisches Beispiel sind die Vogelfedern: Man geht davon aus, dass die Federn den Dinosauriern zunächst der Thermoregulation und vielleicht auch der Paarungsbalz dienten, im Lauf der Zeit aber die Funktion des Fliegens dazugewannen, und dementsprechend weiter verändert wurden (s. Randspalte).

1 *Stempelversuch*

2 *Lachmöwe*

3 *Silbermöwe nimmt Anlauf zum Flug*

Angepasstheiten sind Kompromisse

Die Gruppe der Möwen kann bei ähnlicher Körperform verschiedene Größen erreichen. Größere Möwen wie die *Silbermöwe* erreichen höhere Fluggeschwindigkeiten. Sie können daher entferntere Nahrungsgründe in kürzerer Zeit erreichen und diese ökonomischer nutzen. Die höhere Fluggeschwindigkeit geht mit einer höheren Start- und Landegeschwindigkeit einher (Abb. 3). Kleinere Möwen wie die *Lachmöwe* können aus dem Stand hochfliegen, größere Möwen müssen Anlauf nehmen. Da das Starten für den großen Vogel länger dauert, muss er es vorausschauender planen und bei Annäherung eines Feindes früher flüchten. Nur kleine Möwenarten können daher in Steilwänden nisten, weil sie keine Anlaufstrecke zum Starten benötigen.

Merkmale sind nicht immer Angepasstheiten

Nicht alle Merkmale sind aus Anpassungen hervorgegangen sind. So haben höhlenlebende Tiere reduzierte Augen und sind meist farblos (s. Randspalte). Diese Merkmale stellen aber keine Angepasstheiten dar, sondern sind durch Zurückbildung von Strukturen entstanden, durch die die Vorfahren der Höhlenbewohner an ihren Lebensraum angepasst waren.

Evolution kann nicht alles erreichen

Die natürliche Selektion führt zu Angepasstheiten von Organismen an ihre Lebensräume und neue Bedingungen. Variation in jeder vorstellbaren Weise ist jedoch nicht möglich, da Angepasstheiten, also jedes Merkmal eines Organismus, an chemische und physikalische Gesetzmäßigkeiten gebunden sind. So muss das Verhältnis von Beinlängen und Körpergewicht bei jeder Tierart so geartet sein, dass die Beine das Gewicht der Tiere auch tragen können. Das gleiche trifft auf Pflanzen zu: Ein Baum kann nur die Höhe erreichen, die sein Wurzelwerk tragen kann. Insekten können nur bis zu einer bestimmten Größe heranwachsen. Ein Grund ist, dass größere Körper durch das Tracheensystem nicht mit ausreichend Sauerstoff versorgt werden können.

A1 ○ Erläutern Sie Vor- und Nachteile verschiedener Körpergrößen bei Möwen.

A2 ◐ Stellen Sie die Begriffe „Angepasstheit" und „Anpassung" gegenüber.

A3 ◐ Viele Biologen kritisieren den Begriff „Präadaptation", da dieser eine gezielte Vorbereitung der Populationen auf Veränderungen suggeriert. Nehmen Sie Stellung zu dieser Kritik.

A4 ● Nennen Sie Merkmalskombinationen bei Pflanzen, die Anpassungskompromisse darstellen.

A5 ● Erläutern Sie, warum die Ergebnisse aus dem Penicillinversuch im Naturschutz relevant sein können.

A6 ● Entwerfen Sie ein Experiment, mit dem Sie die Begrenztheit der Evolution (evolutionary constraints) des Verhältnisses Körpermasse und Extremitätenlänge zeigen können.

Grottenolm — ein farbloser Höhlenbewohner

Material
Selektion

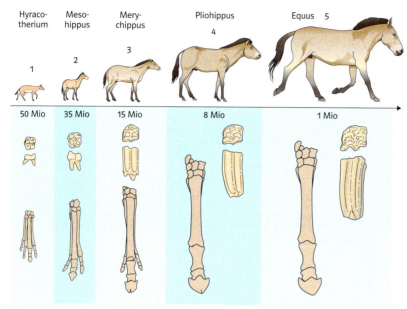

1 Evolution des Pferdes (Habitus, Zahnstruktur und Vorderextremitäten)

Selektion auf Körpergröße

Die Vorfahren unserer heutigen Pferde waren mit einer Schulterhöhe von etwa 0,4 m nicht größer als ein Fuchs. Ihren Lebensraum bildeten die feuchtheißen Sumpfmoorwälder des Eozäns. Auf ihren „Pfoten" schlüpften sie auf dem sumpfig weichen Untergrund durch das Dickicht und ernährten sich von Beeren und weichen Blättern. Allmählich veränderte sich das Klima. Es wurde trockener und die feuchtwarmen Wälder wichen offenen Graslandschaften mit hartem Boden. Die modernen Wildpferde sind Steppentiere, erreichen Schulterhöhen von 1,60 m und fressen hauptsächlich Gräser.

A1 ◐ Gräser haben im Gegensatz zu Laubblättern einen hohen Kieselsäuregehalt und nutzen die Zähne schneller ab. Erläutern Sie den Zusammenhang zwischen Lebensraum, Zahnstruktur und Knochenbau in der Evolution des Pferdes.

Oberfläche und Volumen

Welche physiologischen Konsequenzen eine derartige Körpergrößenveränderung hat, soll im Folgenden verdeutlicht werden. Wird ein Körper maßstabsgerecht größer, dann wächst sein Volumen und damit normalerweise auch seine Masse mit der 3. Potenz ($V = \pi r^3$; Kugel), seine Oberfläche mit der 2. Potenz ($O = 4\pi r^2$; Kugel).

Daraus folgt, dass sich das Verhältnis von Fläche zu Volumen mit zunehmender Körpergröße verändert.

A2 ○ Berechnen Sie das Oberflächen-/Volumen-Verhältnis für Würfel von 1, 2, 3, 4 und 5 cm Kantenlänge und stellen Sie dies in einem Schaubild dar.

Selektion und Stoffwechsel

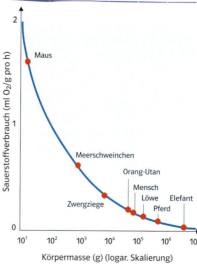

2 Stoffwechselintensität und Körpermasse

Bei gleichwarmen Tieren nimmt mit Abnahme der Körpergröße die Stoffwechselintensität pro Einheit Körpermasse zu (Abb. 2). Mit einer Körpermasse von 2 bis 20 g sind Kolibris echte Leichtgewichte unter den gleichwarmen Arten. Ihr Schwirrflug steigert ihren Energieverbrauch zudem enorm. Daher müssen sie ständig Nahrung aufnehmen — täglich das Zweifache ihres Körpergewichts.

3 Kolibri

A3 ◐ Nachts ändert sich der Stoffwechsel von Kolibris. Recherchieren Sie die Anpassungsstrategien des Kolibris an diesen Zustand.

A4 ◐ Beschreiben Sie die Abbildung 2 mit eigenen Worten.

Körpergröße und Verbreitungsgebiet

Kleine gleichwarme Tiere sind durch ihren relativ hohen Stoffwechselverbrauch auf kontinuierlich verfügbare Nahrung angewiesen. In den gemäßigten Breiten ist das Angebot in der kalten Jahreszeit sehr gering. Trotzdem besiedeln auch kleine Arten diesen Lebensraum.

A5 ○ Nennen Sie die Angepasstheit von gleichwarmen Tieren an die kalte Jahreszeit.

4 Rotkehlchen im Winter

276 Evolution

Die Körpertemperatur wechselwarmer Tiere hängt von der Umgebungstemperatur ab. Durch Wärmeaustausch an der Oberfläche können sie sich erwärmen oder abkühlen. Alle großen Schlangenarten, wie z. B. die bis zu 4 m lang werdenden Boa constrictors, leben in den Tropen.

A6 ● Erläutern Sie, warum die dicksten Schlangenarten in den Tropen leben, während in nördlichen Ländern nur dünne Arten vorkommen. Begründen Sie, warum die größten Schlangenarten nicht in der Wüste vorkommen.

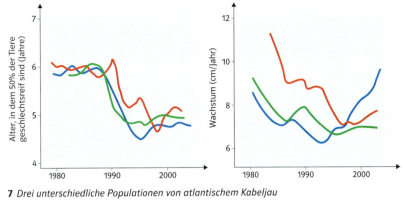

7 Drei unterschiedliche Populationen von atlantischem Kabeljau

5 Boa constrictor

Fangmethoden mit Folgen

Die Bestände des atlantischen Kabeljaus vor der kanadischen Küste sind im 20. Jahrhundert über viele Jahrzehnte hinweg intensiv befischt worden. In den späten 1980er und 1990er-Jahren erlebte er einen so dramatischen Rückgang, dass die kanadische Regierung 1990 ein Fangverbot vor Neufundland verhängte, um den Kabeljau vor der Ausrottung zu schützen.

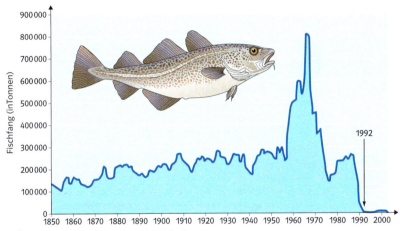

8 Änderung der Fischfangquote des Kabeljaus

Biologen beobachteten allerdings noch ein weiteres beunruhigendes Phänomen, nämlich eine Abnahme der durchschnittlichen Körpergröße. Außerdem wurden die Fische eher geschlechtsreif und legten weniger Eier (Abb. 6).

Wissenschaftler wie Esben M. Olsen versuchten eine Erklärung für diese Veränderung zu finden. Sie vermuteten, dass der intensive Fischfang eine starke selektive Auswirkung hatte. Damit kleine Fische durch die Netzmaschen schlüpfen können, wählte man sehr großmaschige Netze für die Befischung. Die ursprünglich zum Schutz der Fischzucht gedachte Fangmethode hatte zur Folge, dass die größten Individuen selektiv gefangen wurden und die kleineren laichen und damit einen verhältnismäßig höheren Beitrag für die nächste Generation leisten konnten.

A7 ● Beschreiben Sie die Trendkurven in Abbildung 7 unter der Berücksichtigung von Abbildung 8.
A8 ● Erläutern Sie die von Olsen aufgestellte Hypothese zur Evolution des atlantischen Kabeljaus.
A9 ● Erklären Sie, warum durch die künstliche Selektion beim Kabeljau eine frühe Geschlechtsreife begünstigt wird.

1930
Geschlechtsreife
9 Jahre
Länge 85 cm
Gewicht 5,1 kg

1970
Geschlechtsreife
7,7 Jahre
Länge 82 cm
Gewicht 4,6 kg

2000
Geschlechtsreife
7 Jahre
Länge 73 cm
Gewicht 3,2 kg

6 Kabeljau: Änderung von Größe, Gewicht und Geschlechtsreife

277

Selektion ändert Populationen

Um den in der Milch enthaltenen Milchzucker *(Lactose)* aufzuspalten, ist das Enzym *Lactase* notwendig. Dieses Enzym wird jedoch nicht bei allen Menschen in der gleichen Menge synthetisiert. Man kann eine erstaunliche Unterscheidung der Menschheit in zwei Gruppen beobachten.

Die eine Gruppe kann die in der Milch enthaltene Lactose nur als Säugling verarbeiten, spätestens nach dem 5. Lebensjahr jedoch nimmt die Genexpression des codierenden Gens für das dafür notwendigen Enzyms *Lactase* immer mehr ab und es kommt zu einer Unverträglichkeit. Die aufgenommene Lactose kann im Dünndarm nicht mehr in ausreichender Menge enzymatisch in Galactose und Glucose zerlegt werden, da zu wenig Lactase produziert wird. Somit gelangt Lactose in den Dickdarm. Dort zieht sie Wasser an und wird zusätzlich von Darmbakterien aufgenommen. Durchfall und Blähungen sind die Folge. Andauernde schwere Durchfälle können weitere Komplikationen nach sich ziehen.

Die zweite Gruppe produziert Lactase ihr Leben lang in ausreichender Menge. Damit kann sie den Milchzucker auch in höherem Alter noch gut verdauen. Man spricht in diesem Fall von Lactoseverträglichkeit, im anderen Fall von Lactoseunverträglichkeit *(Lactoseintoleranz)*.

Milchverträglichkeit in Europa

Die „Erfindung" der Landwirtschaft in der Jungsteinzeit fand im Gebiet des fruchtbaren Halbmondes zwischen Euphrat und Tigris sowie im Jordantal statt. Vor ca. 7500 Jahren begann sich der Ackerbau und die Viehwirtschaft auch in Europa auszubreiten. Dieser Umbruch vom Jäger- und Sammlerleben zu Landwirtschaft und Sesshaftigkeit wird auch als *neolithische Revolution* bezeichnet. Über die gesamte Phase der Jäger- und Sammlerkulturen konnten erwachsene Menschen keine Lactose verdauen, da mit dem Ende der Säuglingszeit die Produktion der für die Lactoseverdauung notwendigen Lactase eingestellt wurde. Inzwischen ließ sich nachweisen, dass mit der Ausbreitung der Viehzucht auch Erwachsene Lactose verdauen konnten. Ursache war eine Mutation, die für eine lebenslange Expression des Lactase-codierenden Gens sorgte. Damit konnten Träger der Mutation auch noch als Erwachsene den Milchzucker aufspalten.

Betrachtung der reproduktiven Fitness

Die kostbare Energiequelle „Milch" wird für diese Gruppe bis ins Greisenalter nutzbar. Damit verfügten die oft von Hunger heimgesuchten Menschen auch über eine Energiequelle, die sonst nur Säuglingen zuteil wird. Milch enthält zahlreiche Eiweiße, Fette und Vitamine, Wasser und

1 *Lactosetoleranz in der Bevölkerung*

Lactose. Die Milchverwertung führte bei der Bevölkerung mit *Lactosetoleranz* zu einer geringeren Sterblichkeitsrate und zu einer deutlich höheren Geburtenrate. Folglich gelangten auch ihre Allele vermehrt in den Genpool der Folgegeneration, ihr Anteil an der Gesamtbevölkerung stieg. Sie besaßen eine höhere *evolutionäre Fitness* als die Personen aus der Unverträglichkeitsgruppe. Heute besitzt die Bevölkerungsgruppe mit Lactosetoleranz beispielsweise in Zentral- und Nordeuropa einen Anteil von 80 bis 100 % (Abb. 1).

Angepasstheiten bei Lactoseintoleranz

In vielen südlichen europäischen und nicht-europäischen Ländern mit deutlich geringerer Lactosetoleranz sind die Ernährungsweisen der verminderten Lactaseproduktion angepasst. So wird beispielsweise Feta durch Fermentationsprozesse weitgehend lactosefrei. Gleiches gilt für Parmesan, Mozzarella, Kefir oder türkischen Jogurt, während ähnliche Nahrungsmittel, wenn sie in unseren Breiten hergestellt werden, deutlich lactosehaltiger sind.

Milchverträglichkeit in Afrika

Die unterschiedliche Milchverträglichkeit ist nicht nur bei Europäern bekannt. Auch in Afrika gibt es Menschen mit Lactosetoleranz und Lactoseintoleranz (s. Abb. 1). Eine Phänotyp-Genotyp-Studie in Tansania, Kenia und Sudan mit Zugehörigen von 43 Volksstämmen zeigte unterschiedliche Prozentzahlen von Lactosetoleranz. Gentechnische Untersuchungen zeigten, dass die Lactosetoleranz mit drei unterschiedlichen und unabhängigen Mutationen im Lactase-Gen verbunden ist. Auch der Vergleich dieser Allele mit dem entsprechendem europäischen Allel für Lactosetoleranz zeigte Unterschiede.

Lactosetoleranz ist mehrmals entstanden

Lactosetoleranz wurde vor allem bei Menschen aus Kulturen mit einer zentralen Bedeutung der Viehzucht gefunden (Abb. 2). Die Mutationen, die hier zur Lactosetoleranz führten, entstanden unabhängig von der Mutation in Europa. Da das Ergebnis (Lactosetoleranz) das gleiche, der Weg (Mutation) aber unterschiedlich ist, spricht man von *konvergenter Evolution*.

2 *Massai mit Viehherde*

Ein solches Beispiel von konvergenter Evolution ist erst außerordentlich selten gezeigt worden.

A1 ⬤ Auf der Suche nach dem Vorteil der Lactosetoleranz fanden Stoffwechselbiologen eine Verbindung zum Calciumhaushalt: Außer den Nährstoffen liefert Milch auch Vitamin D, das die Vorstufe des Hormons Calcitriol ist. Es steuert die Aufnahme von Calcium im Darm und den Auf- und Abbau der Knochensubstanz. Muss unser Organismus Vitamin D selbst bilden, benötigt er dazu die UV-Strahlen der Sonne in ausreichendem Maß. Erläutern Sie die Vorteile derjenigen Menschen in nördlichen Gebieten, die lebenslang Lactose verwerten können.

A2 ⬤ Beschreiben Sie die Situation der Menschen in den untersuchten Regionen in Afrika und erläutern Sie, welche Selektionsfaktoren die Lactosetoleranz begünstigt haben könnten.

A3 ⬤ Fassen Sie zusammen, was die konvergente Evolution der Lactosetoleranz begünstigt hat.

A4 ⬤ Stellen Sie eine Vermutung an, für welche Merkmale man sich konvergente Evolution vorstellen könnte.

A5 ⬤ Die Menschen des Hazda-Volkes in Tansania zeigen eine sehr hohe Lactasebildung im Erwachsenenalter. Dieses Volk hat aber so gut wie nichts mit Kühen zu tun. Stellen Sie eine Hypothese auf, wie es dazu gekommen sein könnte.

Das Hardy-Weinberg-Gesetz

1 *Erdbeerfrosch*

Allelfrequenz
relative Häufigkeit, mit der ein bestimmtes Allel in einer Population vorkommt.

Evolution bewirkt die Veränderung von Allelfrequenzen innerhalb von Populationen. Die zentrale Frage der Populationsgenetik lautet daher: Wie wird sich die Verteilung der Häufigkeiten *(Frequenzen)* von Genotypen über die Generationen verändern? Schauen wir uns beispielsweise eine Population von Erdbeerfröschchen an. Diese sind bekannt für ihre vielfältigen Farbvariationen. Auf der panamesischen Insel Bastimentos beobachten Forscher Frösche zweier Farbvariationen: gelbe und rote, die in der gleichen Population vorkommen. Wie kommt es dazu, dass diese zwei Varianten in einer Population erhalten bleiben?

Verändert sich die Häufigkeit der gelben Frösche im Verhältnis zu den roten? Und wenn ja, ist Selektion die treibende Kraft dieser Veränderung?

Um zu zeigen, dass in einer Population Selektionsfaktoren wirken, muss eine Abweichung vom Zustand ohne Selektion nachgewiesen werden. Das heißt, dass sich die Häufigkeiten der Genotypen in der untersuchten Population von den Häufigkeiten unterscheiden müssen, die ohne Selektion erwartet würden. Woher wissen wir aber, wie die Verteilungen der Genotypen ohne Selektion aussähen?

Die ideale Population

Zu der Frage, wie sich die Allelfrequenzen in Abwesenheit von Selektion verändern, haben die Wissenschaftler Godfrey Harold Hardy und Wilhelm Weinberg ein mathematisches Modell aufgestellt. Sie konnten damit zeigen, dass Allelhäufigkeiten in „idealen Populationen" — unter bestimmten Voraussetzungen — in einem stabilen Gleichgewicht zueinander stehen (Abb. 3). Zu den Voraussetzungen einer idealen Population gehört in ihrem Modell nicht nur die Abwesenheit von Selektion, sondern jeglicher evolutiver Prozesse.

Kennzeichen einer idealen Population sind:
– Eine sehr große Anzahl an Individuen, sodass zufällige Ereignisse vernachlässigt werden können.
– Zufällige Verpaarung der Individuen oder Panmixie, d. h. alle Paarungen, auch von Trägern verschiedener Genotypen, sind gleich wahrscheinlich und gleich erfolgreich.
– Keine Selektion bestimmter Allele.
– Die Allelfrequenzen verändern sich nicht durch Migration.
– Es finden keine Mutationen statt.

In der Realität wird man eine solche Population nicht finden. Im Umkehrschluss bedeutet das, dass alle Populationen evolutiven Veränderungen unterliegen. Diese können zwar durch unterschiedliche evolutive Faktoren hervorgerufen werden, eine Abweichung des Hardy-Weinberg-Gleichgewichts ist aber ein wichtiges Indiz für Selektion. Im Anschluss können dann unterschiedliche Selektionsmodelle

2 *Wie wird sich die Population verändern?*

untersucht werden. Für die Population der Erdbeerfröschchen konnte beispielsweise gezeigt werden, dass die Verteilung der Genotypen von roten und gelben Fröschen nicht dem Hardy-Weinberg-Gesetz entspricht, und diese Abweichung auf unterschiedliche Paarungspräferenzen zurückzuführen ist. Bei Partnerwahl-Versuchen, in denen weibliche Frösche zwischen zwei verschiedenfarbigen Männchen wählen konnten, zeigte sich, dass die Weibchen gleichfarbige Männchen als Paarungspartner bevorzugen. Das bedeutet, dass sich Weibchen mit einer roten Rückenfarbe bevorzugt mit rotrückigen Männchen paaren und umgekehrt.

Das Hardy-Weinberg-Gesetz

Um das *Hardy-Weinberg-Gesetz* zu berechnen, brauchen wir die Genotypfrequenzen, also die prozentuale Verteilung der unterschiedlichen Genotypen an einem bestimmten Genort. Bei der Berechnung gilt: Die Summe der Genotyp- und Allelfrequenzen entspricht nicht 100%, sondern 1. Es gilt: $p^2 + 2pq + q^2 = 1$ und $p + q = 1$

Abb. 4 zeigt am Beispiel einer Schmetterlingspopulation die Verteilung von Genotypen für ein bestimmtes Merkmal:
AA = 0,45; Aa = 0,20; aa = 0,35
Daraus lassen sich folgende Allelfrequenzen ableiten:

$p = AA + \frac{1}{2}Aa = 0,55$; $q = aa + \frac{1}{2}Aa = 0,45$

Für die Berechnung der Genotypen in der zweiten Generation gilt:
$p^2 + 2pq + q^2 = 0,55^2 + 2 \cdot 0,55 \cdot 0,45 + 0,45^2$

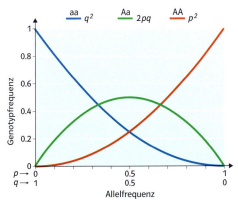

3 *Hardy-Weinberg-Gleichgewicht*

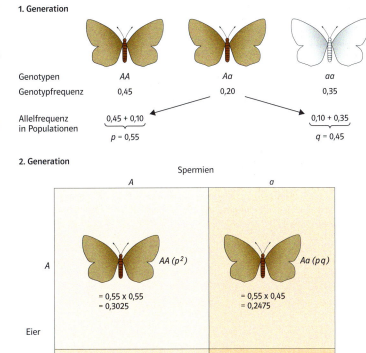

4 *Häufigkeit der Genotypen*

A1 ○ Nennen Sie die Bedingungen, die für eine ideale Population erfüllt sein müssen.

A2 ◐ In der untersuchten Erdbeerfröschchen-Population wurden folgende Allelfrequenzen ermittelt: 0,4 R (rotes Allel), 0,6 g (gelbes Allel). Berechnen Sie die unter Hardy-Weinberg-Bedingungen zu erwarteten Genotypfrequenzen.

A3 ◐ Die Verteilung in der untersuchten Population sieht wie folgt aus: RR = 0,55; Rg = 0,1 und gg = 0,35. Erläutern Sie, inwiefern die Anzahl heterozygoter Individuen vom Hardy-Weinberg-Gesetz abweicht.

A4 ● Stellen Sie eine Hypothese auf, wie sich die Genotypfrequenzen der gelben Frösche verändern werden, wenn das Allel für „rot" dominant gegenüber dem gelben Allel ist.

Material
Selektion bei der Felsen-Taschenmaus

Helle und dunkle Mäuse

Die Felsen-Taschenmaus (*Chaetodipus intermedius*) bewohnt die felsigen Wüstenbereiche im Südwesten der USA. Sie ist eine der 19 Arten der Taschenmäuse, einer Nagetiergruppe aus Nord- und Südamerika. Die Felsen-Taschenmaus ist 18 cm lang und nachtaktiv. Sie lebt hauptsächlich von Samen, ihr Hauptfeind sind Eulen. Der ursprüngliche Phänotyp dieser Mäuse ist auf dem Rücken graubraun gefärbt, mit blass orange-braunen Streifen an den Seiten und weißem Fell an der Unterseite (Abb. 1 links). Auf dem sandig-felsigen Untergrund ihres Lebensraumes tragen die Mäuse mit dieser Farbkombination ein erfolgreiches Tarnkleid, das sie vor Räubern schützt. Eine Reihe von Vulkanausbrüchen führte dazu, dass einige Bereiche ihres Verbreitungsgebietes mit schwarzem Lavagestein bedeckt sind. An diesen Orten findet man auch Felsen-Taschenmäuse mit dunklem Fell (Abb. 1 rechts).

Die Hypothese

Wissenschaftler wie der Evolutionsbiologe MICHAEL NACHMANN haben diese Beobachtung näher untersucht. Als Hypothese nahmen sie an, dass der schwarze Farbtyp eine Angepasstheit an den veränderten dunklen Untergrund darstellt. Mäuse mit dunklem Fell haben auf dem schwarzen Lavagestein einen Selektionsvorteil, da sie von Räubern seltener entdeckt werden als die Individuen des hellen Phänotyps. Um diese Annahme zu bestätigen, muss allerdings gezeigt werden, dass es sich um „echte Selektion" handelt und der Effekt nicht etwa durch zufällige Ereignisse entstanden ist.

1 Felsen-Taschenmaus (ursprünglicher Phänotyp und Phänotyp mit dunklem Fell)

Populationsstudien

Die Wissenschaftler haben in Arizona und New Mexico an vier verschiedenen Standorten Exemplare der Felsen-Taschenmaus gefangen. Abbildung 2 zeigt die Anzahl und den Farbtyp der Mäuse, die an den verschiedenen Stellen gefangen wurden. Es lässt sich deutlich erkennen, dass helle Mäuse bevorzugt auf dem hellen Untergrund und dunkle Mäuse bevorzugt auf dunklem Untergrund vorkommen.

Sehen wir uns den Standort Pinacate einmal genauer an: Hier findet man beide Untergrundtypen: und zwar helles, sandiges Gestein und dunkles Lavagestein. Insgesamt wurden in Pinacate 29 Mäuse gefangen, 18 auf dunklem und 11 auf hellem Untergrund. Von den 18 Mäusen auf dunklem Gestein waren 2 hell gefärbt, auf dem hellen Untergrund wurde eine dunkle Maus gefangen. Ein ähnliches Untersuchungsergebnis zeigt sich für den Standort Armendaris in New Mexico.

Die genetische Grundlage

Der Melanocortinrezeptor 1 (MC1R) ist eines der Schlüsselproteine für die Regulation von Haut und Haarfarbe bei Säugetieren. Es ist bekannt, dass genetische Variationen (*Polymorphismen*) im *mc1r-Gen* mit unterschiedlichen Haut- und Haarfarben assoziiert sind.

1a hell	CTCTGGCCCGCTTATCCC
1b hell	CTCTGGCCCGCTTATCCC
2a hell	CTCTGGCCCGCTTATCCC
2b hell	CTCTGGCCCGCTTATCTC
3a hell	CTCTGGCCCGCTTATCTC
3b hell	CTCTGGCCCGCTTATCTC
1a dunkel	TTCTGGCTTGCCTCTCCC
1b dunkel	TTCTGGCTTGCCTCTCCC
2a dunkel	TTCTGGCTTGCCTCTCCC
2b dunkel	TTCTGGCTTGCCTCTCCC
3a dunkel	TTCTGTCTTGCCTCTCCC
3b dunkel	TTCTGGCTTGCCTCTCCC
5a dunkel	TTCTGTCTTGCCTCTCCC
5b dunkel	CTCTGGCCCGCTTATCCC
C. penicillatus a	CCCTGGCCCGCCTATCCC
C. penicillatus b	CCCTGGCCCGCCTATCCC
C. baileyi a	CTCTGGCCCGTCTATCCC
C. baileyi b	CTCTGGCCCGTCTATCCC
	* ** ** *

3 DNA-Sequenz am Genort mc1r

Um der genetischen Grundlage der dunklen Färbung auf den Grund zu gehen, war die Sequenzierung dieses Gens für die Wissenschaftler daher von besonderem Interesse. Der Vergleich der Sequenzen der hellen Mäuse mit den dunklen Mäusen zeigt, dass die Schwarzfärbung tatsächlich durch eine Veränderung der genetischen Sequenz (*Mutation*) für das Gen *mc1r* hervorgerufen wird (Abb. 3).

Abbildung 3 zeigt die unterschiedlichen Basensequenzen für drei helle und vier dunkle Mäuse der Art *Chaetodipus intermedius* in der Gensequenz mc1r.

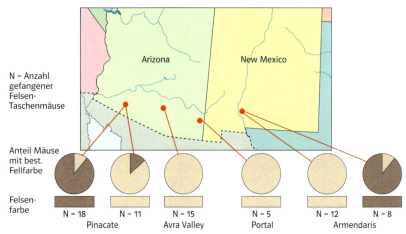

2 Anzahl gefangener Felsen-Taschenmäuse auf verschiedenen Untergründen

Außerdem enthält die Grafik Sequenzen von zwei nah verwandten Arten: *Chaetodipus penicillatus* und *Chaetodipus baileyi*. Für jedes Individuum werden beide Allele einer Maus aufgeführt (Sequenz a und b). Mutationen, die eine Änderung der Aminosäure zur Folge haben und damit eine Änderung des Melanocortinrezeptors *(misssense Mutationen)*, werden am Ende der Tabelle mit einem Sternchen gekennzeichnet.

Bei den dunklen Mäusen haben die Wissenschaftler vier misssense Mutationen entdeckt. Alle dunklen Mäuse tragen diese Mutationen in mindestens einer Sequenz. Man geht davon aus, dass diese vier Mutationen in ihrer Kombination die dunkle Fellfarbe erzeugen. In ihrer Gesamtheit bilden sie also das Allel für dunkle Fellfarbe. Einige der dunklen Mäuse sind heterozygot. Das heißt, sie besitzen einmal das Allel für die dunkle Farbe, aber auch das Allel für die helle Fellfarbe (wie zum Beispiel die dunkle Maus 5 in der Abb. 3). Die Tatsache, dass diese heterozygoten Mäuse dunkel gefärbt sind, lässt den Rückschluss zu, dass das dunkle Allel dominant gegenüber dem hellen ist.

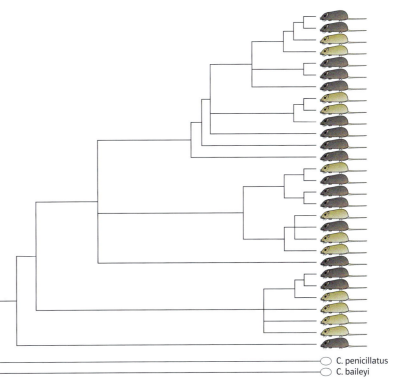

5 *Stammbaum der Taschenmäuse*

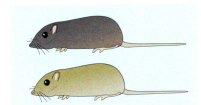

Die Phänotypen und sequenzierten Genotypen der insgesamt 29 gefangenen Mäuse am Standort Pinacate.

Genotyp	Hell	Dunkel
DD		11
Dh		06
hh	12	

4 Genotypen (Pinacate)

Der Stammbaum

Im Anschluss sequenzierten die Evolutionsbiologen von den 29 Mäusen aus Pinacate und den zwei nah verwandten Arten, den sogenannten Außengruppen, Sequenzen eines Genabschnitts der Mitodochondrien (mt-DNA). Diese eignen sich besonders gut, um auch junge Ereignisse, das heißt solche, bei denen sich noch keine neuen Arten gebildet haben, in einem phylogenetischen Stammbaum abzubilden.

Auf der Grundlage von mt-DNA wurde ein Stammbaum aller Exemplare, die am Standort Pinacate gefangen wurden, erstellt (Abb. 5).

In diesem Fall zeigt das Ergebnis, dass sich die hellen und dunklen Exemplare in ihrer mt-DNA nicht unterscheiden. Damit konnten die Wissenschaftler belegen, dass die Schwarzfärbung tatsächlich auf einer Mutation im *mc1r-Gen* beruht und nicht durch eine zufällige Aufspaltung der Population hervorgerufen wurde. Die Annahme, dass die schwarzen Mäuse durch Selektion entstanden sind, ist damit bestätigt.

Anhand der Körperfarbe der Felsen-Taschenmaus wird die Auswirkung der natürlichen Selektion deutlich. Die dunklen Mäuse sind auf dem schwarzen Lavagestein besser getarnt als die hellen. Damit sind sie an die veränderten Umweltbedingungen besser angepasst und bekommen im Vergleich zu den hellen Mäusen mehr Nachkommen. Dunkle Mäuse besitzen daher in Territorien mit Lavagestein eine höhere reproduktive Fitness als helle. Anders herum sind helle Mäuse auf dem sandigen Untergrund besser getarnt und haben in diesen Bereichen eine höhere reproduktive Fitness als dunkle Mäuse.

A1 ○ Erklären Sie, warum in der Studie gerade der Melanocortinrezeptor 1 (MC1R) näher untersucht wurde.

A2 ◐ Beschreiben Sie anhand der Abb. 3, wie viele Änderungen in der Gensequenz zum dunklen Phänotyp führen. Erläutern Sie in diesem Zusammenhang die Bedeutung des Polymorphismus (A/C) an Position 14.

A3 ◐ Erklären Sie den evolutionären Prozess der Entstehung des dunklen Phänotyps bei der Felsen-Taschenmaus.

A4 ◐ Berechnen Sie die nach dem Hardy-Weinberg-Gesetz zu erwartende Anzahl an Heterozygoten. Beginnen Sie dazu mit der Berechnung der Genotypfrequenzen (Abb. 4).

A5 ◐ Die Abweichung vom Hardy-Weinberg-Gleichgewicht ist ein wichtiges Kennzeichen für Selektion. Untersuchen Sie das Ergebnis aus Aufgabe 4 im Hinblick darauf, welche Form von Selektion auf die Felsen-Taschenmaus wirkt.

A6 ● Stellen Sie eine Vermutung auf, warum sich anhand des Stammbaums (Abb. 5) noch keine Aufspaltung der Populationen erkennen lässt.

283

Gendrift

1 Kröten überqueren bei der Wanderung die Straße

50 rote Kugeln — 50 weiße Kugeln

Durchführung:
Nach jeder Ziehung wird die Kugel wieder zurückgelegt und die Urne geschüttelt.

Versuch A:
1000 Ziehungen
Versuch B:
10 Ziehungen

Urnenexperiment

Damit sich der Genpool einer Population verändert, bedarf es nicht unbedingt Selektion oder Mutationen: Der Zufall hat unter Umständen eine große Wirkung auf ihre Evolution.

Dazu ein Gedankenexperiment: Eine Population von 100 Kröten überquert eine Straße. Passierende Autos erfassen 20 Kröten und töten 9 der 10 Kröten der Population, die ein bestimmtes Allel eines Gens tragen. Somit hat sich durch ein zufälliges Ereignis die betreffende Allelfrequenz von 0,1 auf 0,0125 reduziert — die Wahrscheinlichkeit, dass dieses Allel in der Population weiter existiert, hängt nun vom Fortpflanzungserfolg der einzig verbleibenden Trägerin ab.

Zufall ist ein wichtiger Evolutionsfaktor

Solche zufälligen Ereignisse führen zu zufälligem, unterschiedlichem Reproduktionserfolg von Trägern unterschiedlicher Allele. Diesen Prozess bezeichnet man als *Gendrift*. Sie stellt eine wirkungsvolle evolutive Kraft dar, durch die sich die Allelfrequenzen einer Population ändern. Führen wir unser Gedankenexperiment mit einer Krötenpopulation von 1000 Tieren und der gleichen Allelfrequenz von 0,1 durch, so hat das gleiche zufällige Ereignis nur zu einer Reduktion von 9 von 100 Tieren eines Allels geführt und somit zu einer weit geringeren Veränderung des Genpools der Krötenpopulation. Das bedeutet, dass kleine Populationen von Gendrift weitaus stärker betroffen sind als große.

Modellhaft kann man die Auswirkungen des Zufalls in der Natur durch ein Urnenexperiment veranschaulichen (siehe Randspalte). Zieht man 1000-mal eine Kugel, würde ein Ergebnis von 700-mal rot zu 300-mal weiß erstaunen. Zieht man nur 10-mal, ist ein Ergebnis von 7:3 aufgrund der wenigen Versuche durchaus denkbar. Je kleiner die Anzahl der Ziehungen, desto stärker die Wirkung des Zufalls.

Gendrift verringert Variabilität

Das Beispiel der Krötenpopulation lässt sich bezüglich seiner Ausgangssituation noch leicht variieren — mit eventuell drastischen Auswirkungen auf die Population: Angenommen, das betreffende Allel wäre zum Zeitpunkt des zufälligen Ereignisses „Auto passiert Straße, über die Kröten wandern" nur einmal in der Population vorgekommen und die einzige Trägerin wird überfahren. Dann würde das Allel mit ihr aus der Population verschwinden — ganz gleich, ob es der Trägerin möglicherweise einen hohen Selektionsvorteil gegenüber anderen Kröten verschafft hätte. So wie vorteilhafte Allele aus der Population durch Zufall verloren gehen können, können schädliche Allele in der Population fixiert werden, indem die anderen Allele verloren gehen.

Spezielle Fälle von Gendrift

Regelmäßig kommt es zum passiven Transport (v. a. durch Wind oder auf dem Wasser) von Individuen einer Population zu bislang nicht von der Art bewohnten Gebieten. Können diese „verdrifteten" Individuen hier überleben und sich fortpflanzen, kommt es zur Neubesiedlung. Die neue Population bildet einen zufälligen Genpool, der sich vom Genpool der Ausgangspopulation in den Allelfrequenzen unterscheidet. Damit haben beide Populationen unterschiedliche genetische Voraussetzungen und entwickeln sich unterschiedlich. Dies kann zu unterschiedlichen Phänotypen führen (s. Seite 290).

Der Flaschenhalseffekt

Kleine Populationen kommen nicht nur auf Inseln, in Bergtälern und Oasen vor, sie entstehen auch nach Katastrophen, Seuchen oder durch die Zunahme der Feinde. Bei einer drastischen Reduktion der Populationsgröße kann sich die Zusammensetzung des Genpools durch Zufall verändern. Diese Form der Gendrift bezeichnet man als *Flaschenhalseffekt* (Abb. 2). Die Verringerung einer Populationsgröße führt in der Regel zu einer Abnahme der Variabilität, da einzelne Allele nicht mehr oder nur noch sehr selten vertreten sind.

Migration

Wandern Tiere aktiv aus einem Gebiet ab, so tragen sie, wie beim Verdriften, einen Teil des Genpools fort. Gelangen die abgewanderten Tiere zu einer fremden Population ihrer Art und kommt es zur Fortpflanzung der Einwanderer mit Individuen der lokalen Population, findet *Genfluss* statt. Es verändern sich dann sowohl der Genpool der Ausgangspopulation als auch der Genpool der Empfängerpopulation.

Genfluss verringert Unterschiede

Migrationsereignisse sind sehr häufig und spielen eine wichtige Rolle in der Evolution. Durch den Austausch genetischer Informationen können sie die Variabilität innerhalb einer lokalen Population erhöhen, sorgen aber auch für eine Vereinheitlichung der Variabilität beider Populationen.

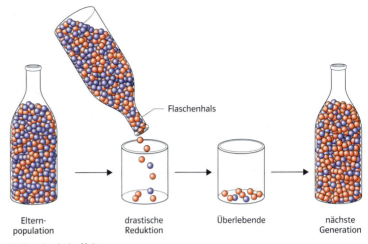

2 *Flaschenhalseffekt*

A1 ○ Beschreiben Sie Ereignisse, die zu Gendrift führen.

A2 ◐ Erläutern Sie, warum man bei „Gendrift" auch von „neutraler Selektion" spricht. Stellen Sie den Unterschied zur natürlichen Selektion dar.

A3 ◐ Aus ökologischer Sicht sind nicht nur von Wasser umgebene Landteile Inseln. Begründen Sie die Aussage.

A4 ● Begründen Sie, inwiefern die genetische Verarmung einer Population nach einem „Flaschenhalsereignis" häufig durch Inzucht und dem Zufall bei der Rekombination verstärkt wird.

Info-Box: Artenschutz und Gendrift

Für den Artschutz spielt Gendrift dann eine Rolle, wenn es durch die Reduktion von Populationen zu einem starken Flaschenhalseffekt — also einer genetischen Verarmung der Population gekommen ist. Ein bekanntes Beispiel ist der Gepard. Periodische Dürren während der letzten Eiszeit, Krankheiten, aber auch die Bejagung durch den Menschen haben den Geparden fast ausgerottet. Die Populationen sind extrem gefährdet, da ihre genetische Variabilität so gering ist, dass sie sich bei Veränderungen der Umwelt gegebenenfalls kaum noch anpassen können.

Andere Tierarten, wie zum Beispiel der Kalifornische Kondor *(Gymnogyps californianus)* oder der Alpensteinbock *(Capra ibex)*, galten in einigen Regionen als fast ausgestorben. Nach einer Wiedereinführung dieser Gebiete mit einigen Individuen kommt die Art zwar wieder dort vor, durch die geringe genetische Variabilität sind die Populationen jedoch in ihrem Fortbestand gefährdet.

3 *Kalifornischer Kondor*

Material
Populationsgenetik

Das Buri-Experiment

Ein Experiment von Buri mit Populationen der Fruchtfliege Drosophila demonstriert die Wirkung von Gendrift: Buri experimentierte mit 106 Populationen von jeweils 16 Individuen, von denen jeweils 8 das Allel „A" trugen, und die anderen das Allel „B". Beide Allele hatten unter den Experimentbedingungen keinen Einfluss auf die Fitness der Tiere. Buri ließ die Populationen sich über 19 Generationen entwickeln und bestimmte für jede Generation die relative Häufigkeit der beiden Allele für jede Population. Abbildung 2 zeigt seine Ergebnisse.

A1 ◉ Beschreiben Sie, was nach der 1., der 10. und der 19. Generation zu sehen ist und wie die Grafik nach weiteren 10 Generationen wohl aussieht. Erläutern Sie, inwieweit sich das Experiment geändert hätte, wäre Buri mit Populationen von 100 Tieren gestartet.

A2 ◉ Nennen Sie die Faktoren, von denen das Schicksal eines Allels abhängt, wenn als einzige evolutionäre Kraft Gendrift wirkt.

Genetische Drift und Migration

A3 ◉ Abbildung 1a und 1b stellt schematisch genetische Drift und Migration dar. Vergleichen Sie die Auswirkungen beider Ereignisse auf die Variabilität von Populationen.

A4 ◉ Abbildung 1c und 1d stellt die beiden Extreme „Gründereffekt" (links) und „Flaschenhalseffekt" (rechts) dar. Vergleichen Sie beide Ereignisse hinsichtlich der ursprünglichen und neuen Genpools.

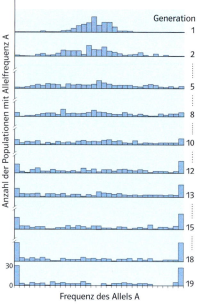

2 Ergebnisse des Buri-Experiments

Blutgruppen

Das MN-Blutgruppensystem ist eines von verschiedenen Blutgruppensystemen beim Menschen. Es basiert auf dem Glycoprotein-Gen GYPA mit den zwei bekannten Allelen M und N. Der Bluttyp ist abhängig von dem Glycoprotein, das auf der Oberfläche der roten Blutkörperchen vorhanden ist und verhält sich wie ein natürliches Antigen.

4 Inuit

		Genotypfrequenzen			Allelfrequenzen	
Population		MM	MN	NN	M	N
Inuit	beobachtete Frequenz				0,913	0,087
	erwartete Frequenz	0,834	0,159	0,008		
Chinesen	beobachtete Frequenz				0,575	0,425
	erwartete Frequenz	0,331	0,489	0,181		
Deutsche	beobachtete Frequenz				0,550	0,450
	erwartete Frequenz	0,303	0,495	0,203		
Nigerianer	beobachtete Frequenz				0,548	0,452
	erwartete Frequenz	0,300	0,495	0,204		

3 Genotypen und Allelfrequenzen verschiedener Populationen

Der Phänotyp ist kodominant, da ein Individuum eines oder beide Antigene besitzen kann. Bei den Allelfrequenzen zeigen sich große Unterschiede zwischen menschlichen Populationen. Zum Beispiel tragen die meisten Inuit den Genotyp MM, bei den Deutschen dominiert dagegen der Genotyp MN.

A5 ◉ Berechnen Sie anhand der Tabelle 3:
 a) die Allelfrequenzen und
 b) die nach dem Hardy-Weinberg-Gesetz erwarteten Genfrequenzen in Generation n + 1.
Erläutern Sie, welche Rückschlüsse Sie auf die evolutionären Prozesse an diesem Genort ziehen.

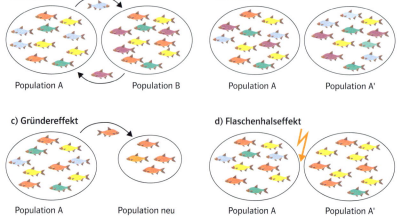

1 Schemata zu Migration, Gendrift, Gründereffekt und Flaschenhalseffekt

286 Evolution

Simulation zur Gendrift

Material
100 Spielmarken: Sie symbolisieren die Genotypen der einzelnen Individuen in den verschiedenen Populationen.

Urnen, Würfel und folgende Spielmarken

Farbe	Genotyp	Anzahl der Steine
weiß	MM	25
grau	MN	50
schwarz	NN	25

Durchführung der Simulation
1. Spielabschnitt
Bildung der Gründerpopulation in der Gesamtgruppe:
Legen Sie die 100 Spielmarken in die Urne (Ausgangspopulation). Ziehen Sie mit geschlossenen Augen 16 Spielmarken (Gründerpopulation).

2. Spielabschnitt
Bildung der Folgegenerationen:
Legen Sie 16 Marken entsprechend der oben gebildeten Gründerpopulation in die Urne. Ziehen Sie 4-mal 2 Marken (4 Elternpaare); geben Sie die restlichen 8 Marken zum Vorrat. Ermitteln Sie für jedes „Elternpaar" nach folgender Regel 4 Nachkommen:
– MM x MM → 4-mal MM
– NN x NN → 4-mal NN
– MM x MN und NN x MN →
  Die Genotypen der Nachkommen sind wegen des 2. Elternteils nicht bestimmbar, das zweite Allel (M oder N) muss für alle 4 Nachkommen ausgewürfelt werden (Vorschlag: ungerade Augenzahl des Würfels: M; gerade Augenzahl des Würfels: N).
– MN x MN → Für alle vier Nachkommen muss ausgewürfelt werden, welches Allel er vom „Vater" und welches er von der „Mutter" bekommt.
Alle „Nachkommen" werden in die Urne gelegt, sie bilden die Folgegeneration.

A6 ◐ Bestimmen Sie die Allelhäufigkeiten der Ausgangs-, der Gründer- und der 1. Folgegeneration.

A7 ● Wiederholen Sie den 2. Spielabschnitt 7-mal und bestimmen Sie die Allelhäufigkeiten aller Folgegenerationen. Stellen Sie Ihr Ergebnis grafisch dar.

A8 ● Vergleichen Sie Ihr Ergebnis mit den Ergebnissen der anderen Gruppen. Deuten Sie die Kurvenverläufe.

Mehlkäferexperiment

Amerikanische Wissenschaftler experimentierten mit Mehlkäfern, deren Körperfarbe durch die Allele A und B eines Gens bestimmt wird. Für den Versuch verwendeten sie heterozygote Individuen. Die Ausgangspopulationen unterschieden sich lediglich in der Anzahl der Individuen (10, 20, 100). Alle Populationen wurden unter gleichen Bedingungen gehalten. Da der Erbgang intermediär ist, konnten die Allelhäufigkeiten direkt bestimmt werden.

Aus jeder neu gezeugten Generation wurden zufällig Larven ausgewählt, die die Elterntiere der Folgegeneration darstellten. Die Anzahl der ausgewählten Larven war so bemessen, dass die Populationsgrößen während der 20 Generationen unverändert blieben.

A9 ◐ Vergleichen Sie die drei Grafiken. Erklären Sie die Unterschiede und Gemeinsamkeiten.

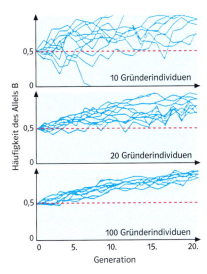

5 *Veränderung der Häufigkeit von Allel B*

Helle und dunkle Birkenspanner

Vor ca. 160 Jahren gab es in England, abgesehen von seltenen Einzelfunden, ausschließlich die helle Form des Birkenspanners.

Im Jahr 1848 wurden erstmals einige wenige dunkle Exemplare entdeckt. Bestandsaufnahmen aus den 60er-Jahren des 20. Jahrhunderts belegen, dass sich die Zusammensetzung der Birkenspanner-

6 *Birkenspanner (helle und dunkle Form)*

population gravierend verändert hatte. In manchen Teilen Großbritanniens herrschte die dunkle Form vor, in anderen war nach wie vor die helle Form häufiger zu finden.

In einer Population mit Birkenspannern, die an helle Baumrinden angepasst sind, findet man 1% dunkle Individuen.

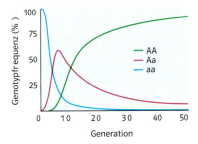

7 *Genotypenfrequenzänderung*

A10 ◐ Berechnen Sie mit der Hardy-Weinberg-Regel, wie viele homozygot und heterozygot dunkle Tiere in einer Population mit 10 000 Individuen vorhanden sind.

A11 ● Abb. 7 zeigt den zeitlichen Verlauf der Genotyphäufigkeiten für den Fall, dass infolge von Luftverunreinigungen die Baumrinden dunkel gefärbt werden. Erklären Sie den Verlauf der Genotyphäufigkeiten, insbesondere Anstieg und Abnahme beim Genotyp Aa.

A12 ● Erklären Sie, ob es möglich ist, dass die Genotypen Aa und aa bei sehr großen Populationen unter den Selektionsbedingungen von Aufgabe 11 verschwinden, wenn man Neumutationen ausschließt.

4.2 Artbildung
Isolation und Artbildung

1 *Grünspecht und Grauspecht*

Grünspecht

Grauspecht

Heutiges Vorkommen

Divergenz
Auseinanderentwicklung von Population einer Art, sodass getrennte Arten entstehen.

Es ist bis heute eine der größten Fragen in der Evolutionsbiologie, wie es zur Aufspaltung *(Divergenz)* einer Ursprungsart in zwei getrennte Arten kommt. Die Beobachtung von nah verwandten Arten, wie zum Beispiel Grün- und Grauspecht, kann zur Beantwortung der Frage teilweise beitragen:

Grünspechte und Grauspechte leben in ähnlichen Habitaten, Paarungen zwischen Individuen beider Arten sind sehr selten, die Genpools sind getrennt.

Die Entwicklung der Spechtarten
Für die Entstehung beider Arten nimmt man folgenden Ablauf an: Zuerst existierte eine Ursprungsart, die in den Wäldern Mitteleuropas verbreitet war. Mit Beginn der Eiszeit vor ca. 100 000 Jahren breiteten sich Eismassen über Mitteleuropa aus. Damit verschwanden die Wälder, und die Spechte wichen in die verbliebenen Waldbestände im Südwesten und Südosten Europas aus. Während die Spechte ursprünglich ein zusammenhängendes Verbreitungsgebiet und einen gemeinsamen Genpool besaßen, existierten nun zwei getrennte Teilpopulationen. Diese waren eigenen, unabhängigen evolutionären Kräften wie Selektion (durch unterschiedliche Umweltbedingungen) und Zufall (Drift) ausgesetzt. Die Genpools der Teilpopulationen veränderten sich, indem jeweils neue Allele durch Mutationen hinzukamen und andere durch Drift oder natürliche Selektion verschwanden. Durch die geografische Isolation der beiden Populationen voneinander wurde der sexuelle Kontakt verhindert und es fand kein Genfluss, d. h. Austausch von Allelen, statt. So entwickelten sich die Genpools beider Teilpopulationen stetig auseinander und mit zunehmender Dauer der Trennung wurden sie genetisch immer unähnlicher.

Mit dem Rückzug der Gletscher am Ende der Eiszeit, also vor ca. 10 000 Jahren, breiteten sich die Wälder in Mitteleuropa wieder aus und mit ihnen die Spechte beider Teilpopulationen, wodurch sich Individuen beider Spechtpopulationen wieder begegneten.

Zwei Szenarien sind nach der Wiederbegegnung einst getrennter Teilpopulationen möglich: die Vermischung beider Genpools durch Fortpflanzung zwischen Individuen beider Teilpopulationen oder eine Aufrechterhaltung der Trennung durch Isolationsmechanismen. Im Fall der Spechte mischten sich beiden Genpools nicht mehr, sondern blieben eigenständig. Sie kommen heute zum großen Teil *sympatrisch*, d. h. im gleichen Gebiet, vor. Ihre jeweilige Lebensweise unterscheidet sich jedoch: Während sich Grünspechte fast ausschließlich am Boden aufhalten und Ameisen fressen, ernähren sich Grauspechte von Insekten und deren Larven aus morschen Bäumen.

Populationsdivergenz und Isolation
Das Beispiel der Spechte veranschaulicht wichtige Prozesse während der Artaufspaltung: Die Unterbrechung des Genflusses zwischen Teilpopulationen, ihre Auseinanderentwicklung *(Divergenz)* durch unabhängig wirkende *evolutionäre Kräfte* (Selektion und Drift) und die Aufrechterhaltung der genetischen Trennung durch reproduktive Isolation. Letztere kann auf unterschiedliche Weise erfolgen, und man unterscheidet hier bestimmte Isolationsmechanismen, die zu verschiedenen Stadien der Fortpflanzung wirken. Oft wirken mehrere solcher Isolationsmechanismen gemeinsam an der Aufrechterhaltung der Trennung der Genpools.

Präzygote Isolationsmechanismen

Am effektivisten sind Isolationsmechanismen, die die Verpaarung verhindern. Kommt es gar nicht erst zur Verschmelzung von Eizelle und Spermium zur Zygote, spricht man von *präzygotischen Isolationsmechanismen*. Bestimmte Bedingungen verhindern, dass sich die Individuen der divergierenden Populationen treffen, wodurch es nicht zur Verpaarung kommen kann, selbst wenn dies unter künstlichen Bedingungen noch möglich wäre. Gründe hierfür sind z. B. geografische Trennungen. So entstehen Liger (Löwe x Tigerin, s. Randspalte) nicht unter natürlichen Bedingungen, sondern nur in Gefangenschaft.

Bei der *zeitlichen Isolation* stimmen die Fortpflanzungsperioden der Teilpopulationen nicht überein. Dies kann z. B. bei Blütezeiten der Pflanzen der Fall sein. Bei der *ökologischen Isolation* verhindert die Nutzung unterschiedlicher Habitate ein Zusammentreffen der Geschlechtspartner. Bei Insekten gibt es oft artspezifisch geformte Begattungsorgane, die die Übertragung der Spermien auf ein artfremdes Weibchen verhindern. In einem solchen Fall spricht man von *mechanischer Isolation*.

Bei der *gametischen Isolation* können Spermien und Eizellen z. B. wegen unpassender molekularer Signale (Rezeptoren oder Botenstoffe) nicht miteinander verschmelzen. Bei Pflanzen gibt es z. B. chemische Unverträglichkeiten, die das Austreiben des Pollenschlauches auf der Narbe einer artfremden Blüte verhindern.

Weitere Isolationsformen beobachtet man bei Pflanzen, die von Insekten bestäubt werden: Viele Insekten zeigen Blütentreue, sie fliegen nur Blüten derselben Art und sogar derselben Farbe an. Pflanzen werden dann innerhalb derselben Variante bestäubt. Speziell geformte Blütenblätter bewirken, dass die Bestäubung nur von einer oder wenigen Tierarten vorgenommen werden kann. Beispielsweise besitzen Akelei-Arten verschiedene, mit Nektar gefüllte Blütensporne (s. Randspalte). Nur Hummeln mit passender Rüssellänge gelangen an den Nektar und bestäuben die Blüten.

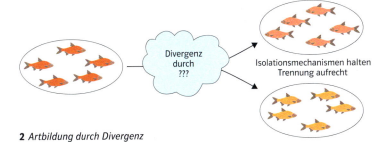

2 *Artbildung durch Divergenz*

Ein weiterer wichtiger präzygotischer Isolationsmechanismus ist die *ethologische Isolation*: Verhaltensweisen, die zur Partnerfindung und Partnerwahl führen, stimmen nicht überein, sodass Signale untereinander nicht verstanden werden und es dadurch nicht zur Paarung kommt. Beispiele finden sich bei Vögeln oder bei Fröschen, die unterschiedliche Balzgesänge und Lockrufe haben.

Postzygote Isolationsmechanismen

Postzygote Isolationsmechanismen sind oft weniger wirksam als präzygote Isolationsmechanismen. Hier kommt es zwar zur Verpaarung und Bildung der Zygote, die Nachkommen sind jedoch entweder steril oder nicht lebensfähig *(Hybridensterilität* bzw. *Hybridenlethalität)* oder haben gegenüber reinerbigen Nachkommen Fitnessnachteile. So können z. B. Maultier und Maulesel, die aus Kreuzungen von Pferd und Esel hervorgehen, keine Nachkommen hervorbringen.

Liger

A1 ◔ Erläutern Sie, inwiefern die Betrachtung nah verwandter Arten bei der Betrachtung einer Artaufspaltung dienlich sind.

A2 ○ Nennen Sie prä- und postzygote Isolationsmechanismen, die bei der Trennung der Spechte wirken könnten.

A3 ● Grünspecht und Grauspecht haben unterschiedliche ökologische Nischen. Stellen Sie eine Hypothese auf, wie man diese Auseinanderentwicklung erklären kann.

A4 ● Bestehen zwischen divergierenden Populationen bereits postzygote Isolationsmechanismen, kommt es in der weiteren Entwicklung häufig zur Evolution von präzygoten Isolationsmechanismen. Erläutern Sie unter Verwendung des Fitnessbegriffs, wie dies zu erklären ist.

Hummel und Akelei

Artbildungsmodelle

allos = anders
para = neben
sym = gemeinsam
patria = Vaterland

Wichtig für eine Aufspaltung von Arten ist die *reproduktive Isolation* zwischen den Teilpopulationen, die durch Isolationsmechanismen aufrecht erhalten wird. Dies ist ein gradueller Prozess, wobei die Bedingung einer geschlossenen Fortpflanzungsgemeinschaft, wie im biologischen Artbegriff gefordert, nicht zu jedem Zeitpunkt gegeben ist.

Divergenz und reproduktive Isolation

Artbildung kann ebenso als gradueller Prozess betrachtet werden, der zum Teil über viele Generationen stattfindet. Es ist nur selten ein direkt beobachtbarer Prozess, sodass Modelle entworfen werden müssen, die für historische Artbildungsereignisse diskutiert werden können. Eine Einteilung von Artbildungsmodellen kann nach der relativen geografischen Beschaffenheit der Populationstrennung und dem Ausmaß an möglichem Genfluss während der Aufspaltung in drei Kategorien erfolgen: allopatrische, parapatrische, und sympatrische Artbildung, wobei das Modell der parapatrischen Artbildung häufig auch mit dem der sympatrischen Artbildung gleichgesetzt wird (Abb. 1).

Allopatrische Artbildung

Die Aufspaltung in Grünspecht und Grauspecht hatte seinen Ursprung in der geografischen Isolation der Teilpopulationen während der Eiszeit. Das Modell, das diesem Prozess zugrunde liegt, ist das der *allopatrischen Artbildung*, bei der Teilpopulationen geografisch voneinander isoliert sind und ohne Genfluss divergieren. Dabei kann die Isolation durch Entstehung einer geografischen Barriere (z. B. Gletscher, Flüsse, Berge) erfolgen oder durch Besiedlung eines neuen Habitats (wie einer Insel) durch wenige „Gründerindividuen". Hinweise auf die Anwendbarkeit des Modells liefern zum Beispiel die zahlreichen Geschwisterarten, die vermutlich während der letzten Eiszeit entstanden sind. Dieses Artbildungsmodell, bei dem die reproduktive Isolation sich mit der Zeit zufällig entwickelt, findet breite Akzeptanz. Allerdings kann es nach Meinung vieler Biologen nicht die gesamte Artenvielfalt der Erde erklären.

Parapatrische Artbildung

Eine vollständige Unterbrechung des Genflusses während der Populationsdivergenz wie bei Grau- und Grünspecht ist nicht nötig. Darauf weisen z. B. Studien an Salamandern nordamerikanischer Höhlengewässer hin. Diese haben sich von den an den Quellen der Höhlengewässer lebenden Porphyritsalamandern (Abb. 3) abgespalten, in dem sie in den Höhlen ein neues Habitat besiedelten. Die Salamanderarten unterscheiden sich stark in ihrer Lebensweise und Morphologie: Während der Porphyritsalamander nach der Metamorphose als vorwiegend erwachsenes Tier an Land lebt, verbringt der Höhlensalamander sein Leben in Höhlengewässern mit z. B. unterschiedlichen Nahrungsbedingungen. Das Beispiel zeigt, dass Artaufspaltung auch unter der Möglichkeit des genetischen Austauschs zwischen Populationen benachbarter Habitate stattfinden kann. Wichtig für die Artbildung sind die ökologischen Unterschiede der Habitate.

Sympatrische Artbildung

Das Modell der parapatrischen Artbildung zeichnet sich durch Artbildung trotz Genfluss zwischen benachbarten, divergierenden Populationen in ökolo-

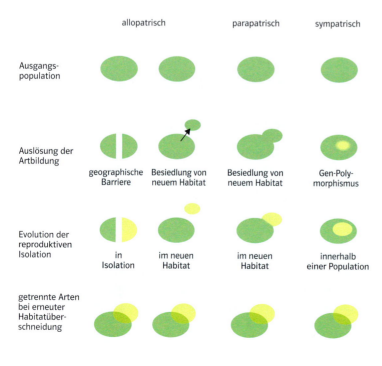

1 *Artbildungsmodelle*

2 *Höhlensalamander*

3 *Porphyritsalamander*

gisch unterschiedlichen Habitaten aus. Das Modell der *sympatrischen Artbildung* geht von Artaufspaltung durch Divergenz zwischen Individuengruppen des gleichen Habitats aus. So kommt es zu spontanen Ausbildungen von Reproduktionsbarrieren, und zwar durch ökologische Spezialisierung und/oder durch divergierende Partnerwahl. Zahlreiche Beispiele weisen auf die Gültigkeit des Modells hin. Ein Beispiel hierfür betrifft die Buntbarsche der ostafrikanischen Seen (s. Seite 362). Wichtig für die sympatrische Artbildung ist die Wahl von Fortpflanzungspartnern nach bestimmten Kriterien, z. B. wenn Weibchen mit einer bestimmten Männchenpräferenz sich nur mit einer Gruppe Männchen verpaaren, während Weibchen mit anderer Präferenz sich nur mit einer anderen Gruppe Männchen verpaaren.

Polyploidisierung

Bei Pflanzen unterbleibt während der Meiose zum Teil die Trennung der Chromatiden und es entstehen diploide Keimzellen (Abb. 4). Die Befruchtung eines diploiden Gameten mit einem haploiden Gameten der Ausgangspflanzen führt zu triploiden Zygoten. Diese sind eventuell nicht existenzfähig oder steril, denn sie können selbst keine Gameten bilden, da die Meiose mit einem ungeraden Chromosomensatz nicht möglich ist. Pflanzen mit verdoppeltem Chromosomensatz können sich daher nur untereinander befruchten. Sie sind dadurch von anderen Pflanzen reproduktiv isoliert und bilden spontan eine neue Art.

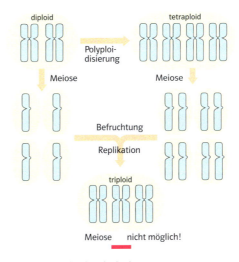
4 *Artbildung durch Polyploidisierung*

A1 Ordnen Sie die verschiedenen Artbildungsmodelle nach dem Ausmaß möglichen Genflusses zwischen den Teilpopulationen.

A2 Erläutern Sie, warum man bei der Erforschung der Artbildung von Modellen spricht.

A3 Begründen Sie folgendes Statement: Der Prozess der Artbildung verläuft je nach Organismengruppe unterschiedlich.

A4 Vergleichen Sie die allopatrische Artbildung durch die Teilung einer Gesamtpopulation, z. B. durch eine neu entstandene geografische Barriere, mit der Besiedlung eines neuen Habitats.

Hybride und Hybridzonen

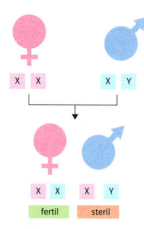

Schematische Darstellung von Haldanes Regel

Verpaaren sich Individuen zweier Arten oder getrennter bzw. divergierende Populationen, spricht man von *Hybridisierung*. Dies ist kein seltenes Ereignis in der Natur und kann unterschiedliche Folgen haben. Im Fall von Verpaarungen zwischen Rotauge und Ukelei zum Beispiel führt dies zu „Zwischenformen", d.h. Hybride tragen Merkmale von beiden Elternarten (Abb. 1). Während die Körperform des Hybriden einem Rotauge ähnelt, erinnert die Färbung an die Ukelei.

Eine häufig beobachtbare Folge von Hybridisierung ist die Hybridsterilität. Diese und andere Abstufungen von Hybridunterlegenheit (Sterblichkeit der Nachkommen oder Konkurrenzunfähigkeit) werden zum Teil auf *genetische Inkompatibilitäten* zurückgeführt. Dabei haben sich im Laufe der Evolution die Genome beider Populationen so verändert, dass sie zwar noch Nachkommen zeugen können, aber nicht mehr in allen Bereichen des Genoms miteinander harmonieren. Fitnessnachteile für die Hybriden sind die Folge.

Haldanes Regel
Welche Gene betroffen sind, ist in vielen Fällen unbekannt und Gegenstand vieler Forschungsprojekte. Bei vielen Artenpaaren, die hybridisieren, zeigt sich jedoch eine wichtige Regel, die sogenannte Haldanes Regel, welche besagt, dass das Geschlecht mit zwei unterschiedlichen Geschlechtschromosomen (heterogametisches Geschlecht, bei Säugetieren z.B. das Männchen mit einem x- und einem y- Chromosom), meist von Sterilität betroffen ist. Grund für die Sterilität sind offensichtlich genetische Inkompatibilitäten zwischen den beiden Chromosomen unterschiedlichen Ursprungs (s. Randspalte). Hybridunterlegenheit entsteht auch durch eine schlechtere Angepasstheit der Zwischenformen in Konkurrenz zu reinerbigen Individuen, die sich auch bei der Partnerwahl als nachteilig erweisen kann.

Hybridzonen
Die geografische Trennung von Populationen, z.B. durch eiszeitliche Separation, führt zur *Populationsdivergenz*. Löst sich die Barriere im Laufe der Zeit wieder auf, kommt es zu einem „sekundären Kontakt" zwischen den Individuen zweier bereits divergierter Populationen. Führt Hybridisierung zwischen den Populationen zu Fitnessreduktion, z.B. durch Hybridsterilität eines Geschlechts, bildet sich in den Gebieten solcher sekundären Kontakte eine *Hybridzone*: Die Individuen beider Populationen paaren sich zwar, eine Vereinigung des Genpools kommt aber nicht zustande, da die Hybriden keine Nachkommen zeugen, oder anderweitig unterlegen sind. Jenseits dieser Hybridzonen findet man nur jeweils Individuen einer Population, während in der Hybridzone Zwischenformen auftreten.

Kontrastverstärkung bei Sympatrie
An den Grenzen der Areale zweier eng verwandter, benachbarter oder sich überlappender Arten kann man häufig Artcharakteristika beobachten, die eine Kontrastverstärkung der Abgrenzung

Rotauge

Hybrid

Ukelei

1 *Rotauge, Ukelei und ihr Hybrid*

zwischen den Arten bewirkt. Diese kann sich zum Beispiel durch eine verstärkte Spezialisierung auf Brutplätze oder Nahrungsquellen, aber auch durch verstärktes spezifisches Paarungsverhalten ausdrücken. Solche Abgrenzungsverstärkungen sind meist kostspielig. Sie bringen dem Träger aber dann einen Fitnessvorteil, wenn die reinerbigen Nachkommen Vorteile gegenüber Hybriden haben. Sie haben sich durch die Mechanismen der natürlichen Selektion entwickelt.

Genetische Inkompatibilität

Die Suche nach den Ursachen von genetischen Inkompatibilitäten gleicht aufgrund der Menge der genetischen Information und Interaktionen zwischen Genen, Proteinen und epigenetischen Faktoren einer „Suche nach der Nadel im Heuhaufen". Es ist von daher wichtig, vor dem Vergleich ganzer Genome „Kandidaten" für Inkompatibilitäten zu identifizieren. Wegen der großen Rolle der Fortpflanzung sind z. B. Gene, die die Partnerwahl oder die Zygotenbildung beeinflussen, gute Kandidaten. So konnte nachgewiesen werden, dass Mutationen einzelner Gene eine große Rolle spielen.

Das Dobzhansky-Muller-Modell

Allerdings ist es wichtig zu bedenken, dass es fast unmöglich ist, dass nur ein Gen für die Inkompatibilität sorgt, da verschiedene Allele dann auch in reinerbigen, aber heterozygoten Individuen nachteilig wären. Eine Lösung bietet das Dobzhansky-Muller-Modell, in dem zwei Gene bei der Entstehung von Inkompatibilität involviert sind (s. Abb. 3): Das rote A und das gelbe B kommen in den Ursprungsarten nicht zusammen vor, bei einem sekundären Zusammentreffen im Hybrid sind sie nicht kompatibel und bewirken Fitnessnachteile.

1 + 1 = 3

Es scheint bewiesen, dass durch Hybridisierung Arten entstehen können. Dies lässt sich unter anderem so erklären, dass Hybride bei einer Verpaarung mit anderen Hybriden einen höheren Fortpflanzungserfolg haben können als bei der Verpaarung mit reinerbigen Individuen, also dass sich wieder gleich mit gleichem besser

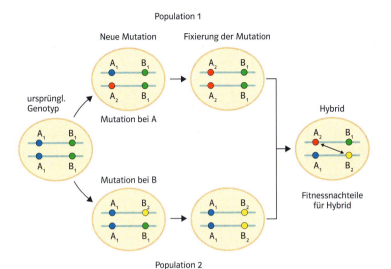

3 *Dobzhansky-Muller-Modell*

verpaart. Als Beispiel wird der nordamerikanische Rotwolf gehandelt, der vermutlich aus Hybridisierungen zwischen Grauwolf und Kojote entstanden ist.

A1 ○ Nennen Sie Fitnessnachteile, die durch Hybridisierungen entstehen können.

A2 ◐ Erläutern Sie, warum nach Hybridisierungen unter Vogelarten meist die Weibchen steril sind.

A3 ● Diskutieren Sie, warum zum Teil die Breite einer Hybridzone als Maß für die zeitliche Trennung zwischen Populationen bzw. Arten genutzt werden kann.

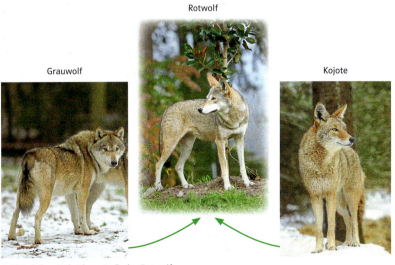

4 *Mögliche „Hybridspezies": der Rotwolf*

Hybridzonen der Hausmaus in Deutschland

1 Die Hausmaus

Die Hausmaus (*Mus musculus*) hat ihren Ursprung im heutigen Indien. Vor ca. 1 Million Jahre ist sie aus ihrem ursprünglichen Verbreitungsgebiet ausgewandert. Heute kennen wir drei Hauptlinien der Hausmaus, die als Unterarten beschrieben sind. Die Unterart *M. musculus musculus* ist im nördlichen Asien und Osteuropa verbreitet. Die Unterart *M. musculus castaneus* finden wir in Südostasien und die Unterart *M. musculus domesticus* ist im Mittleren und Nahen Osten sowie im Mittelmeerraum und Westeuropa verbreitet. Der wahrscheinlich wichtigste Schritt in der Evolution der Hausmaus war die Anpassung an eine Lebensweise als Kulturfolger. Heute leben fast alle Hausmäuse *kommensal* mit dem Menschen, d. h. sie sind für ihre Ernährung direkt auf den Menschen und seine Vorräte angewiesen.

Geografische Trennung

Nach der Auswanderung aus Indien haben sich die Hausmäuse geografisch getrennt voneinander weiterentwickelt. Innerhalb der langen Zeit, die ihre Genpools keinen Kontakt zueinander hatten, kam es zu zahlreichen Veränderungen. Diese beruhen zum einen auf zufälligen Ereignissen, also Drifteffekten, aber auch auf Selektion durch unterschiedliche Umweltbedingungen. Heute treffen sich alle drei Unterarten in sogenannten natürlichen Hybridzonen (s. Abb. 1).

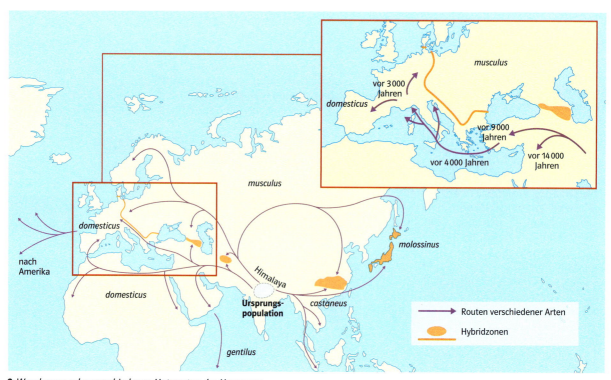

2 Wanderwege der verschiedenen Unterarten der Hausmaus

Die Hybridzonen der Hausmaus

Die Hybridzone zwischen *M. m. musculus* und *M. m. domesticus* verläuft quer durch Europa und unter anderem auch durch Deutschland. Es ist ein wenige Kilometer breiter Streifen, in dem sich *M. m. domesticus* von Westen kommend und *M. m. musculus* von Osten kommend in jüngerer Zeit getroffen haben.

In der Hybridzone können Kreuzungen zwischen den Unterarten unter natürlichen Bedingungen beobachtet werden. Die hybriden Nachkommen weisen große Nachteile auf. Beispielsweise sind die Männchen häufig steril. Diese Hybrid-Sterilität, oder *Inkompatibilität*, reduziert den Austausch genetischer Varianten zwischen den Unterarten. Das bedeutet, die Unterarten sind zu einem gewissen Grad reproduktiv isoliert. Diese isolierende Reproduktionsbarriere spielt eine wichtige Rolle bei der Entstehung neuer Arten, da sie die Vermischung der Unterarten verhindert.

Parasitenbefall in der Hybridzone

Die Untersuchung von reinerbigen und mischerbigen (Hybriden) Tieren innerhalb der Hybridzone zeigte einen höheren Parasitenbefall von Hybriden im Vergleich mit reinerbigen Tieren. Ergänzende Laborexperimente an Männchen, die aus reinen oder gemischten Kreuzungen hervorgegangen sind, zeigen Ergebnisse wie in der Tabelle (Abb. 3).

A1 ⬤ Deuten Sie die Ergebnisse, die in der Tabelle dargestellt sind, hinsichtlich der Fitness der Männchen.

A2 ⬤ Stellen Sie dar, ob und inwiefern Hybridisierungsereignisse Vor- bzw. Nachteile für eine Art haben können.

Info-Box: Die Hausmaus als Modellorganismus für Evolutionsbiologen

Die Hausmaus ist ein wichtiger Modellorganismus in der Evolutionsforschung. Die Gründe hierfür sind vielfach: So ist die Labormaus, einer der wichtigsten Modellorganismen in der Biomedizin (vgl. Seite 90), eine Züchtung zwischen westlicher und östlicher Hausmaus. Wir verfügen daher über viele speziell für diese Art entwickelte molekularbiologische Labormethoden und Analyseverfahren. So ist viel über Genetik und Physiologie der kleinen Nager bekannt.

Wichtig für die Verwendung der Hausmaus als Modell der Evolutionsforschung ist zudem die Tatsache, dass Hausmäuse leicht in Gefangenschaft zu halten sind und sich ihre natürlichen Lebensbedingungen – das kommensale Leben mit dem Menschen, z. B. in Ställen und Kellern – relativ leicht nachstellen lassen.

Die Zucht der Tiere ist ebenfalls verhältnismäßig einfach: Mit einer Tragzeit von 21 Tagen und einer Geschlechtsreife im Alter von 6 Wochen können in kurzen Zeiträumen mehrere Generationen entstehen und beobachtet werden.

Auch die Ökologie der Hausmaus ist gut erforscht und weist viele Merkmale auf, die beispielhaft für andere Arten stehen. Zu nennen ist hier z. B. die komplexe Sozialstruktur der Tiere, die in Familienverbänden mit einigen dominanten Männchen und Weibchen leben. Die Tiere sind polygam – sowohl Männchen als auch Weibchen verpaaren sich in einem Reproduktionszyklus mit mehreren Geschlechtspartnern. Weibchen eines Familienverbands gehen häufig Gemeinschaften zur Aufzucht ihrer Jungtiere ein. Die durch Fossilfunde gesicherten Daten über die historische Verbreitung der Hausmaus helfen bei der Analyse der zeitlichen Einordnung evolutionärer Kräfte wie Selektion und Drift.

Dank dieser Tatsachen ist die Maus Vorreitermodell bei der Frage nach den genetischen Grundlagen der Artaufspaltung (häufig studiert am Beispiel der westlichen- und östlichen Hausmaus), dem Prozess der Anpassung an neue Lebensbedingungen (studiert an neuen Populationen auf abgelegenen, z. T. antarktischen Inseln) oder den molekularbiologischen Folgen von Populationsdivergenzen jüngster Zeit.

Elterntiere der Männchen	Anzahl untersuchter Männchen	Mittleres Körpergewicht (g)	Mittleres Hodengewicht (mg)	Durchschnittliche Anzahl der Spermien (1 x 10^6)
M. m. musculus x *M. m. musculus*	10	13,2	67,6	14,3
M. m. domesticus x *M. m. domesticus*	10	14,7	81,1	17,3
M. m. musculus x *M. m. domesticus*	9	14,0	39,6	2,1

3 *Versuchsergebnisse aus Kreuzungsexperimenten*

Adaptive Radiation

yv8j3k

Als CHARLES DARWIN 1835 auf die Galapagos-Inseln kam, beobachtete er die ungewöhnliche Vielzahl von finkenähnlichen Kleinvögeln, die sich trotz einiger Unterschiede in Bezug auf Körper- und Flügelform sehr ähnelten. Er stellte die Theorie auf, dass ein gemeinsamer Finkenvorfahr auf einer der Galapagos-Inseln gelandet war und sich die Stammart in neue Finkenarten aufgespalten hatte; er nannte diesen Vorgang *Radiation*.

Die Erstbesiedlung

Die Galapagos-Inseln liegen etwa 1000 Kilometer vor der Westküste Ecuadors und damit relativ weit entfernt vom Festland. Sie sind vulkanischen Ursprungs und waren zunächst wüst und leer. Die Besiedlung der Inseln mit Fauna und Flora geschah nach und nach vom Festland aus. Da die Entfernung allerdings sehr groß ist, konnte die Besiedelung nur durch Arten erfolgen, die es zufällig durch Wind oder Meeresströmungen hierher verschlagen hatte. Die erste Besiedlung war entsprechend artenarm.

Der Radiationsvorgang

Nach den ersten erfolgreichen Besiedlungsereignissen standen den Pionierarten große Mengen von Ressourcen ohne Konkurrenten zur Verfügung. Dieser Umstand begünstigt die Entstehung neuer Arten mit spezialisierten, ökologischen Anpassungen: Durch die erfolgreiche Vermehrung der ersten Siedler kommt es nach und nach zu *intraspezifischer Konkurrenz*. Dadurch gewinnen Individuen einen Vorteil, die bestimmte Ressourcen ergiebiger ausnutzen. Schritt für Schritt besetzen sich so die freien ökologischen Nischen mit neuen, besser angepassten Arten.

Kleine Unterschiede im Schnabelbau können beispielsweise dazu führen, dass Träger des Merkmals in ökologisch etwas unterschiedlichen Bereichen einer Insel erfolgreicher Futter fanden, sich bevorzugt hier aufhielten und sich daher mit ähnlichen Artgenossen fortpflanzten. Es bestand zwischen den benachbarten Teilpopulationen zwar noch ein Genfluss, der jedoch im Laufe der Generationen immer kleiner werden konnte.

Allopatrische Artbildung

Nachdem sich die ersten Siedler vermehrt hatten, kam es wiederum dazu, dass es einige Vögel auf eine Nachbarinsel verschlug, wo sie eine eigene evolutive Entwicklung durchmachten. Mit der Zeit konnten sich die Populationen so weit auseinanderentwickeln, dass neue Arten entstanden. Veränderten sich dabei auch ihre ökologischen Ansprüche, konnten sie bei Rückmigration gemeinsam mit ihren Verwandten koexistieren.

DNA-Analysen haben DARWINS Theorie der Radiation bestätigt, die nach heutigen Erkenntnissen mit dem Landen einer kleinen Gruppe von Finken vor mehr als einer Million Jahren begann. Die Aufspaltung einer Stammart in zahlreiche neue Arten unter Anpassung an verschiedene ökologische Bedingungen bezeichnet man als *adaptive Radiation*. Voraussetzung ist die konkurrenzlose Verfügbarkeit von Ressourcen. Bei der Kolonisation bisher unbesiedelter, isolierter Lebensräume ergeben sich besonders eindrucksvolle Beispiele. Aber auch das Aussterben von Konkurrenten oder die Entstehung bedeutender adaptiver Neuerungen kann zu Radiationsprozessen führen.

A1 ● Evolutionsbiologen sprechen auch von der „Radiation der Säugetiere". Erläutern Sie, was damit gemeint ist.

1 *Adaptive Radiation der Finken auf Galapagos*

296 Evolution

Material
Artbildung

Feuersalamanderlarven

Feuersalamander sind territoriale Waldbewohner. Die Weibchen legen ihre Larven normalerweise in kleine Bachläufe, wo sie aquatisch bis zum Ende der Metamorphose leben und dann an Land gehen.

1 Feuersalamanderlarve

In einem Wald bei Bonn wurden Larven zusätzlich in seichten Tümpeln gefunden, die ein sehr unterschiedliches Habitat zu den Bächen darstellen (z. T. trocknen sie im Laufe des Sommers aus, es herrscht keine Strömung und auch die Nahrung unterscheidet sich). Um zu untersuchen, ob das unterschiedliche Habitat der Larven auf eine Differenzierung zwischen den Populationen hinweist, wurden frisch abgelegte Larven beider Habitate gefangen und unter Standartbedingungen im Labor aufgezogen. Gemessen wurden die Gewichtsentwicklung der Larven sowie die Dauer des Larvenstadiums bis zur Metamorphose. Die Ergebnisse zeigt Abb. 2.

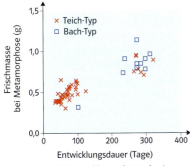

2 Masse und Entwicklungsdauer der Larven

A1 ○ Beschreiben Sie die Abbildung 2. Analysieren Sie, was die Daten hinsichtlich einer eventuellen Populationsaufspaltung zeigen.
A2 ◐ Diskutieren Sie, inwiefern dieses Beispiel die verschiedenen Artbildungsmodelle unterstützt.
A3 ● Entwickeln Sie weitere Versuche, um eine eventuelle Populationsdivergenz zu überprüfen.

Verbreitung und Kehlsackfärbung

Arten der Gattung *Anolis* sind baumbewohnende Echsen des amerikanischen Kontinents. Viele Arten sind durch einen farbigen Kehlsack gekennzeichnet, den die Tiere zur Kommunikation innerhalb ihrer Art nutzen.

Abbildung 3 zeigt die Verbreitung dreier *Anolis*-Arten auf Haiti. Genetische Daten zeigen, dass sie eng miteinander verwandt sind.

A websteri kommt vor allem im Norden Haitis vor, *A. brevirostris* im Süden und *A. caudalis* zwischen den beiden erstgenannten Arten.

A4 ○ Beschreiben Sie die Färbung der Kehlsäcke der drei Arten anhand von Abbildung 3.
A5 ● Erklären Sie die Vielfalt der Kehlsackfärbung von A. caudalis in Abbildung 3.

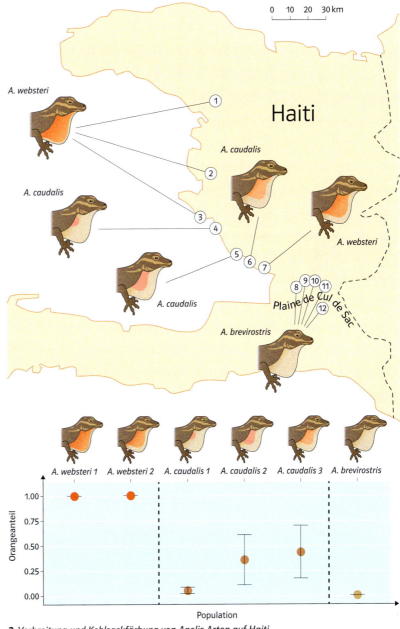

3 Verbreitung und Kehlsackfärbung von Anolis Arten auf Haiti

Coevolution — Anpassung und Gegenanpassung

1 *Sternorchidee mit langem Sporn und Schwärmer*

Nachts locken die weißen Blüten der Sternorchidee mit ihrem Duft den langrüsseligen Schwärmer *Xanthopan morganii praedicta* an (Abb. 1).

lat. *praedictus* = der Vorausgesagte

Das Erstaunliche an dieser Beziehung ist das passgenaue Zusammenspiel zwischen Pflanze und Insekt: Der Saugrüssel des Schmetterlings ist so lang, dass er den Nektar aus dem 40 cm langen Sporn heraus zu saugen vermag. Allein anhand der speziellen Blütenbeschaffenheit stellte CHARLES DARWIN 1860 die Hypothese auf, dass es einen nachtaktiven Schwärmer mit extrem langem Saugrüssel geben müsse, der diese Pflanze bestäubt. Etwa 40 Jahre später, bereits nach seinem Tod, wurde das Insekt tatsächlich gefunden.

Gegenseitige Anpassung

Dieses eindrucksvolle Beispiel einer Wechselbeziehung zwischen verschiedenen Organismen ist das Ergebnis fortwährender gegenseitiger Anpassung *(Coevoultion)*. Oder anders ausgedrückt, die Genome der beiden Arten verändern sich stetig durch den gegenseitigen Selektionsdruck. Erwirbt ein Individuum — durch *Mutation* oder *Rekombination* seines Genoms — eine Eigenschaft, die für die Beziehung der beiden interagierenden Arten vorteilhaft ist, steigert dies seine biologische Fitness. *Coevolution* ist also die Interaktion verschiedener Arten mit gegenseitiger Selektion, wobei die Veränderung des Genoms der einen Art eine Veränderung des Genoms der anderen Art nach sich zieht. Dabei muss sich die Interaktion nicht notwendigerweise auf zwei Arten beschränken.

Als Inbegriff von Coevolution gelten die Blütenpflanzen und ihre Bestäuber, bei denen die gegenseitige Anpassung *(Coadaptation)* oft schon mit bloßem Auge erkennbar ist. In den meisten Fällen ist diese Beziehung für beide Seiten vorteilhaft.

„Wettrüsten" konkurrierender Organismen

Es gibt allerdings auch die Form von Coevolution, bei der beide Partner in ständiger Konkurrenz zueinander stehen. So findet zwischen Pflanzen und Pflanzen fressenden Insekten ein ständiges coevolutionäres Wettrüsten statt. Zum Schutz gegen Fraßfeinde produzieren Pflanzen chemische Substanzen, die Insekten abschrecken oder vergiften. Im Gegenzug hat sich bei den Insekten die Fähigkeit entwickelt, die pflanzliche Abwehr zu überwinden, indem sie diese Gifte abbauen. Man geht davon aus, dass dieses Jahrmillionen andauernde Wettrüsten die Entstehung der zahlreichen Insekten- und Pflanzenarten vorangetrieben hat.

Aber auch in Räuber-Beute-Beziehungen anderer Arten lassen sich coevolutionäre Phänomene beobachten. Wird die Tigermotte *(Cycnia tenera)* von einer Fledermaus angegriffen, stößt der Schmetterling eigene Ultraschallwellen aus, um den Räuber zu irritieren bzw. vor seinem üblen Geschmack zu warnen (Abb. 2).

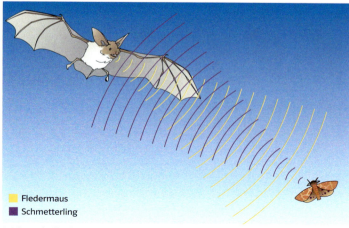

2 *Ultraschallwellen von Räuber und Beute*

298 Evolution

Die Coevolution zwischen Parasit und Wirt

Ein weiteres Paradebeispiel konkurrenzbasierter Coevolution ist die Parasit-Wirt-Interaktion. Parasiten passen sich ständig an ihre Wirte an, die dann unter dem Selektionsdruck stehen, die schädlichen Nutznießer zurückzuschlagen. Dieser Prozess hat beispielsweise beim Menschen verschiedene Abwehrstrategien gegen Parasiten entstehen lassen. Um das Eindringen von Endoparasiten zu verhindern, verfügt der Mensch über verschiedene physikalische und chemische Barrieren. Schafft es der Parasit diese Hürde zu durchbrechen, setzt die Arbeit des Immunsystems ein, um den Parasiten zu bekämpfen.

Eine erfolgreiche Immunabwehr selektiert wiederum Parasiten, die gegen die Immunantwort gewappnet sind, beispielsweise durch eine erhöhte Infektionskraft (*Virulenz*). Als Folge werden Wirte mit einer besseren Abwehr selektiert. Die Entwicklung eines komplexen Immunsystems, wie wir es beim Menschen vorfinden, ist unter anderem das Ergebnis dieser andauernden Parasit-Wirt-Coevolution.

Ein Tümpel voller Wasserflöhe

In der Natur lässt sich immer nur der gegenwärtige Zustand beobachten. Beweise für die coevolutionären Anpassungsprozesse zu finden ist daher schwierig. Einigen Forschern ist es jedoch gelungen, den Wettkampf zwischen Wirt und Parasit „live" zu beobachten.

Schauplatz des Wettrüstens ist ein kleiner See nahe Brüssel. Der Wasserfloh *Daphnia magna* (s. Randspalte) kämpft hier mithilfe seines Immunsystems gegen das Bakterium *Pasteuria ramosa* an. Der wechselseitige Selektionsdruck ließ im Laufe der Generationen auf Seiten des Bakteriums immer höhere Infektionsraten entstehen, was eine stetige Anpassung des Immunsystems auf Seiten der Wirtspopulation nach sich zog.

Eine Zeitreise durch die Evolution

Im Wasser findet man natürlich immer nur die heutige Generation, also wieder nur den „Ist Zustand". Doch sowohl die Wasserflöhe als auch die Bakterien bilden sogenannte *Dauerstadien*, durch die sie Jahrzehnte im Schlick des Sees fortbestehen können. So lagern hunderte Generationen von Wasserflöhen und Bakterien übereinandergeschichtet im Sediment des belgischen Sees.

Diese Generationen können im Labor wieder zum Leben erweckt werden. Die Wissenschaftler können also einen Blick in die Vergangenheit werfen. Sie erhalten lebendige Zeitzeugen der Evolution, sowohl für die Wasserflöhe als auch für die des Bakteriums. Diese Zeitserien erlauben es, Experimente im Labor durchzuführen, die in der Natur nicht möglich wären: Wirte und Parasiten unterschiedlicher Jahrgänge zusammenzubringen. Die Forscher können damit zeigen, dass Wasserflöhe gegen Bakterien jüngerer Jahrgänge besser gewappnet sind, als gegenüber denen gleichen Jahrgangs und bestätigen damit die Theorie des ständigen Wettkampfes zwischen Wirt und Parasit.

Wasserfloh

A1 ○ Beschreiben Sie den Prozess der Coevolution.

A2 ● Wir sehen in einer Beziehung von Organismen nur den Ist-Zustand. Dabei können die aktuellen Beziehungen so unauffällig sein, dass man nicht an Coevolution denkt. Erläutern Sie in diesem Zusammenhang die Bedeutung des Wasserfloh-Experiments.

Info-Box: Red-Queen-Hypothese

„Hierzulande musst du so schnell rennen, wie du kannst, wenn du am gleichen Fleck bleiben willst."
Die rote Königin in LEWIS CARROLLS „Alice hinter den Spiegeln"

Die 1973 von LEIGH VAN VALEN vorgeschlagene Red-Queen-Hypothese soll zwei Phänomene erklären: das ständige „Wettrüsten" konkurrierender Organismen und den daraus entstehenden Vorteil geschlechtlicher Fortpflanzung. Letztere wäre für die Vermehrung an sich nicht notwendig. Durch die Mischung der elterlichen Gene kommt es jedoch zu ständig neuen Merkmalskombinationen (*Rekombination*), die eine schnelle Anpassung im coevolutiven Wettstreit ermöglichen.

Material
Malaria und Sichelzellanämie

In vielen tropischen und subtropischen Gebieten ist Malaria eine der häufigsten Erkrankungs- und Todesursachen. Laut Angaben der Weltgesundheitsorganisation (WHO) stirbt allein in den afrikanischen Ländern ein Kind pro Minute an der Infektionskrankheit. Der Erreger gilt als extrem anpassungsfähig und ist inzwischen gegen viele Medikamente resistent. Daher suchen Forscher rund um den Globus nach neuen Strategien, wie sie die Parasiten besiegen können. Man unterscheidet vier Malariaerreger, wobei einige weltweit, andere nur auf bestimmten Kontinenten auftreten. Im Folgenden soll die weit verbreitete und gefährlichste Art, Malaria tropica, näher betrachtet werden.

Malaria tropica

Verursacht wird die Malaria von Einzellern der Gattung *Plasmodium*. Durch den Stich infizierter Anophelesmücken werden die Erreger auf den Menschen übertragen. Bei dieser Infektion dringen zunächst nur wenige Krankheitserreger *(Sporozoiten)* in die Leber ein. Die nun als Leberschizont bezeichnete Parasitenform wächst schnell heran, bis schließlich mehrere tausend neue Erreger, die *Merozoiten*, in die Blutbahn entlassen werden, wo sie die Roten Blutzellen *(Erythrocyten)* befallen. Alle infizierten Erythrocyten zerfallen etwa

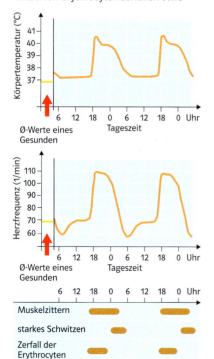

1 *Krankheitsverlauf*

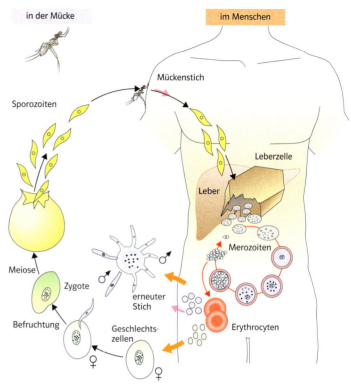

2 *Entwicklungszyklus des Malaria-Erregers Plasmodium*

zur gleichen Zeit und geben die Parasiten sowie massenweise Abbauprodukte der Erythrocyten frei — unter anderem den Blutfarbstoff Häm. Frei im Blut zirkulierendes Häm wirkt giftig auf den Organismus und löst die malariatypischen Fieberschübe und Entzündungsprozesse aus. Der Vermehrungszyklus im Blut wiederholt sich. In einigen Blutzellen des infizierten Menschen wachsen Merozoiten zu geschlechtlichen Formen heran. Werden sie von Stechmücken beim Saugen aufgenommen, können sie im Insekt zur Zygote verschmelzen.

A1 ○ Beschreiben Sie die Entwicklung des Malaria-Erregers anhand von Abb. 2.

Sichelzellanämie

Auffallend ist, dass in Malariagebieten das Auftreten einer erblich bedingten Erkrankung der Erythrocyten relativ häufig ist: Der *Sichelzellanämie*. Das *Sichelzell-Hämoglobin* (HbS) neigt unter Sauerstoffmangel zur Auskristallisation, wodurch die Erythrocyten eine sichelartige Form annehmen. Bei homozygoten Trägern der Krankheit kommt es zu einer Vielzahl von Symptomen: Blutarmut, Thrombosen, Nierenversagen und Komazustände. Ohne Behandlung starben sie früher, häufig vor Erreichen der Geschlechtsreife. Heterozygote Träger des Sichelzellallels zeigen nur unter starkem Sauerstoffmangel Symptome der Krankheit, normalerweise sind sie gesund.

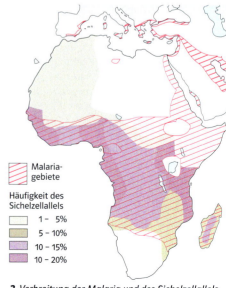

3 *Verbreitung der Malaria und des Sichelzellallels*

Heterozygotenvorteil

Verursacht wird die Sichelzellanämie durch eine Mutation auf Chromosom 11 im Gen *hbb* (Hämoglobin β). Der Austausch einer einzigen Base (von Adenin zu Thymin) in der genetischen Sequenz (SNP) bewirkt die Änderung einer Aminosäure in den β-Ketten des Hämoglobin A. Die gesundheitlich sehr beeinträchtigten homozygoten Träger des Sichelzell-Allels (HbSS) haben aus evolutionsbiologischer Sicht eine reduzierte Fitness. Heterozygoten Trägern (HbAS) bringt die Mutation allerdings einen entscheidenden Vorteil: Sie schützt ihre Träger vor Malaria und ihren schwerwiegenden Folgen.

Triplett Nr.	5	6	7	8
Hb A	GGA	CTC	CTC	TTT
HB S	GGA	CAC	CTC	TTT

Unter dem Mikroskop lassen sich die Erythrocyten des Genotyps HbAA nicht von denen dess Genotyps HbAS unterscheiden. Erst eine elektrophoretische Trennung der Hämoglobine in einem Gel macht die Genotypen eindeutig sichtbar.

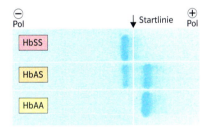

4 Elektrophoreseergebnis

A2 ⊖ Beschreiben Sie den Krankheitsverlauf der Malaria und erläutern Sie die Bedeutung des Häm.
A3 ● Erklären Sie die genetischen Ursachen der Sichelzellanämie und stellen Sie den Erbgang mithilfe eines Stammbaums bildlich dar.

Malaria-Resistenz

Warum die Träger des Sichelzellallels einen Malariaschutz genießen, ist noch immer nicht abschließend geklärt.
Wissenschaftler diskutieren eine Reihe von biochemischen und immunologischen Mechanismen als Ursache. Wahrscheinlich ist, dass der Schutz durch ein komplexes Zusammenwirken verschiedener Faktoren hervorgerufen wird.

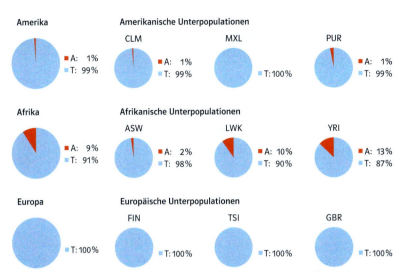

5 Heutiger Anteil des Sichelzellallels in verschiedenen Populationen (rot)

CLM = Kolumbien
MXL = Mexikanische Abstammung aus Los Angeles, USA
PUR = Puerto Rico
ASW = Afrikanische Abstammung aus Süd-West-Amerika
LKW = Kenia
YRI = Nigeria
FIN = Finnland
TSI = Italien
GBR = Großbritannien

Populationsgenetische Daten

Die Verbreitung des Sichelzellallels variiert weltweit sehr stark. Selbst innerhalb afrikanischer Staaten unterscheiden sich die Allelfrequenzen deutlich voneinander (Abb. 5 und Abb. 3).

A4 ⊖ Sichelzellanämie wirkt sich negativ aus. Erklären Sie, warum sich die Erbkrankheit dennoch in einigen Populationen hält.
A5 ○ Noch im 19. Jahrhundert war die Sichelzellanämie in Süditalien ziemlich weit verbreitet. Begründen Sie ihr Verschwinden, nachdem alle größeren Sümpfe trocken gelegt worden sind.
A6 ● Diskutieren Sie mögliche Ursachen für die unterschiedlichen Frequenzen des A-Allels in den verschiedenen Unterpopulationen (Abb. 3 und Abb. 5).

Antibiotika

Über die Zeit haben sich bei den Parasiten gegen einen großen Teil der Malaria Medikamente Resistenzen entwickelt. Resistenzen stellen ein ernstes Problem bei der erfolgreichen Behandlung von Infektionskrankheiten dar. Die pharmazeutische Industrie versucht daher neue Mittel zu entwickeln, die wirksam werden, sobald Pathogene gegen die existierenden Medikamente resistent geworden sind.

A7 ● Beschreiben Sie Abb. 6 unter Verwendung des Begriffs „Coevolution".
A8 ● Diskutieren Sie folgende Aussage: „Eine alternative Option gegenüber der Entwicklung neuer Medikamente im Kampf gegen Resistenzen ist es, die Evolutionsrate von Pathogenen zu senken".

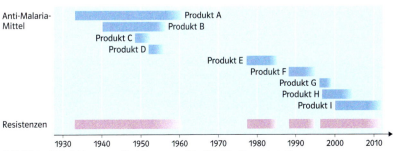

6 Zeitliche Entwicklung von Resistenzen und Antibiotika-Neuentwicklungen

4.3 Reproduktion und Fitness
Evolution und Verhalten

1 *Alpensalamander*

2 *Teichmolch*

Verhalten ist ein wichtiger Mechanismus bei der Anpassung eines Organismus an seinen Lebensraum und ist für Überleben und Fortpflanzung außerordentlich wichtig. Verhalten bringt immer sowohl Nutzen als auch Kosten für das Individuum.

Verhalten beeinflusst die Evolution
Für die Evolutionsforschung sind verschiedene Aspekte von Verhalten wichtig: Verhalten ist variabel. Wie alle anderen phänotypischen Merkmale unterliegt es der Selektion. Erhöht eine bestimmte Verhaltensweise die Fitness eines Individuums, wird sie sich innerhalb einer Population durchsetzen — vorausgesetzt, sie ist genetisch vererbbar.

Folgende Verhaltensmerkmale sind in ihrer Kombination charakteristisch für eine Art: *Lebenslaufstrategie*, *Habitatwahl*, *Partnerwahl* und die *Investition* in Nachkommen.

Strategie und Taktik
Genetisch festgelegte Verhaltensmuster werden als *Strategien* bezeichnet. Bei einer Strategie handelt es sich also um kein bewusstes, sondern ein genetisch „vorprogrammiertes" Handeln. Wird eine Strategie von der Mehrzahl der Individuen einer Population verfolgt und besitzen Individuen mit abweichenden Strategien eine geringere Fitness, spricht man von einer *evolutionär stabilen Strategie*. Doch auch bei einer evolutionsstabilen Strategie verhalten sich nicht unbedingt alle Individuen gleich. Denn eine Strategie kann verschiedene *Taktiken* beinhalten. In diesem Fall verteilen sich die verschiedenen Taktiken auf die Individuen der Population, oder ein Individuum wendet die unterschiedlichen Taktiken situationsbedingt an.

Unterschiedliche Lebenslaufstrategien
Zu den Lebenslaufstrategien gehören viele unterschiedliche Komponenten. Individuen können in gewissem Rahmen über ihre Lebenslaufstrategie „entscheiden" und damit ihre Gesamtfitness maximieren. Wichtig ist hierbei, dass eine optimale Strategie stark von den jeweils gegebenen Bedingungen und den damit verbundenen Kosten *(Trade-offs)* abhängt.

Der Teichmolch (*Lissotriton vulgaris*) kommt in tieferen Lagen vor. Er lebt die meiste Zeit des Jahres *terrestrisch*, ab dem Frühjahr jedoch einige Wochen *aquatisch*. Nach der Verpaarung legen Weibchen Hunderte von Eiern an Wasserpflanzen ab. Die Larven entwickeln sich im Wasser innerhalb weniger Wochen. Sie gehen im Herbst als juvenile Tiere an Land und werden innerhalb von 2—3 Jahren geschlechtsreif. Der Alpensalamander (*Salamandra atra*) ist bevorzugt in mittleren bis hohen Gebirgslagen anzutreffen. Er lebt das Jahr über terrestrisch, und Weibchen bringen erst nach einer zweijährigen Tragzeit 1—2 voll entwickelte Jungtiere zur Welt.

A1 ○ Vergleichen Sie die Lebenslaufstrategien der beiden Schwanzlurche. Berücksichtigen Sie dabei die Trade-offs im Zusammenhang zum natürlichen Lebensraum der beiden Arten.

A2 ◐ Entwickeln Sie eine Hypothese, warum der Fortpflanzungserfolg im Freiland schwierig zu messen ist.

Strategie
genetisch festgelegtes Verhaltensmuster

Taktik
planvolles Handeln zum eigenen Vorteil

Habitatwahl

Das Verbreitungsgebiet amerikanischer Pfeifhasen *(Ochotona princeps)* erstreckt sich vom Südwesten Kanadas über weite Teile der westlichen USA. In den Rocky Mountains besiedeln sie an der Schneegrenze zwei unterschiedliche alpine Lebensräume: tiefer gelegene Wiesenhabitate und höher gelegene Schneewiesen. Die tiefer gelegenen Habitate sind denen höherer Lagen in ihrer Qualität überlegen. Das heißt, die Populationen finden dort günstigere Lebensbedingungen und haben daher höhere Geburts- und niedrigere Sterberaten, als die Populationen der Schneewiesen. Dort findet kaum Populationswachstum statt, aber Konkurrenzdruck bewirkt die Abwanderung einiger Individuen aus den Wiesenhabitaten in die qualitativ schlechteren Höhenlagen.

Habitate unterscheiden sich in ihrer Qualität

Zwei grundlegende Voraussetzungen sind für die Besiedlung eines neuen Lebensraumes von zentraler Bedeutung: Das Habitat muss für Individuen einer Art zugänglich sein und es muss ihren wesentlichen Lebenlaufstrategieansprüchen genügen. Das bedeutet, die Individuen müssen die habitatspezifischen biotischen und abiotischen Faktoren tolerieren können. Außerdem müssen alle Ressourcen vorhanden sein, die zum erfolgreichen Fortbestehen notwendig sind: Futter, Schutz und Brutstätten sowie Paarungspartner. Sind diese Kriterien nicht erfüllt, ist es unwahrscheinlich, dass sich ein Individuum im Habitat niederlässt. Bietet das Habitat hingegen eine hinreichend gute Qualität, wird es für gewöhnlich bereits von anderen Individuen der gleichen Art genutzt. Dies kann zu dichteabhängiger, sogenannter *intraspezifischer Konkurrenz* führen. Aber auch die *interspezifische Konkurrenz*, also die Konkurrenz zwischen zwei Arten, kann bei der Habitatwahl eine entscheidende Rolle spielen, denn unterschiedliche Arten können nicht mit identischen Habitatansprüchen koexistieren.

Die Auswirkungen der Habitatwahl

Das Beispiel der amerikanischen Pfeifhasen zeigt, dass die Wahl eines bestimmten Habitats direkte Auswirkungen auf den Überlebens- und Fortpflanzungserfolg der betreffenden Individuen hat. Besiedeln Individuen einer Art innerhalb des Verbreitungsgebietes ein qualitativ höherwertiges Habitat, kann dies ihre evolutionäre Fitness steigern und dadurch eine relative Zunahme bestimmter Allele bewirken. Über evolutionäre Zeiträume gesehen, kann dies zu einer Veränderung der Allelhäufigkeiten innerhalb einer Population führen. Zudem kann die Heterogenität der Habitate aber auch zu einer Angepasstheit an die lokalen Umweltbedingungen führen.

Habitatwahl ist zum Teil erlernt

Grundsätzlich wählt ein Individuum den Lebensraum, in dem seine Fitness maximal groß ist. Aber wie trifft ein Individuum diese Wahl? In einem Verhaltensexperiment an Schwirrammern *(Spizella passerina)* konnte gezeigt werden, dass es eine angeborene und eine erfahrungsbedingte Komponente der Habitatwahl gibt. In der freien Wildbahn haben Schwirrammern eine klare Präferenz für Kiefernzweige. In leeren Volieren aufgezogene Tiere zeigen ebenfalls eine spontane Präferenz für Kiefernzweige. Durch eine Aufzucht in einer reinen „Eichen-Umwelt" lässt sich diese angeborene Präferenz aber teilweise aufheben.

Schwirrammer

A1 ○ Nennen Sie Faktoren, die die Habitatqualität beeinflussen.

A2 ● Erläutern Sie folgende Aussage: „Unterschiedliche Arten mit identischen Habitatansprüchen können nicht koexistieren".

A3 ● Beschreiben Sie mögliche Auswirkungen von Habitat-Heterogenität auf die Anpassung von Populationen an ihre Lebensbedingungen.

1 *Pfeifhase im Schnee und auf der Wiese*

Fortpflanzung und Investition in die Nachkommen

1 *Paarungsakt beim Rotfuchs*

Indirekte Fitness
Anzahl und Qualität der eigenen Nachkommen und der Nachkommen von Verwandten.

Gesamtfitness
= direkte und indirekte Fitness

Zur Fortpflanzung gehören verschiedene Komponenten, wie z. B. die Wahl des Partners, das Paarungsverhalten, die Investition in Nachkommen durch die Produktion von Keimzellen und die Aufzucht der Jungen. Je nach Fortpflanzungsstrategie und Lebensbedingungen ist Fortpflanzung mit verschiedenen Kosten und Nutzen verbunden, die auf eine Maximierung der evolutionären Fitness der Individuen ausgerichtet sind.

Partnerwahl und Paarungsverhalten
Rotfüchse leben in Familienverbänden mit dominanten Männchen und Weibchen und einigen untergeordneten Tieren. Pro Fuchsterritorium findet man häufig nur jeweils ein dominantes Männchen und Weibchen, diese verpaaren sich fast ausschließlich. Ihre „direkte Fitness" ist die Anzahl ihrer Nachkommen. Die untergeordneten Tiere helfen bei der Aufzucht der Jungen und steigern so ihre *indirekte Fitness* — ihre Gene verbreiten sich in der Gesamtpopulation durch den gesteigerten Pflanzungserfolg ihrer Verwandten, die Träger der gleichen Gene sind.

Die Männchen sind von Dezember bis März paarungsbereit, während die Weibchen nur wenige Tage fruchtbar sind. Das Männchen verfolgt das Weibchen zum Teil über Wochen, um ihre fruchtbaren Tage abzupassen und investiert so schon vor der Verpaarung in Zeit und Energie. Auch die lange Dauer des Paarungsaktes (das „Hängen", s. Abb. 1) von bis zu 30 Minuten ist eine Investition, denn sie bietet Zugriffsmöglichkeiten für Feinde, nutzt dem Männchen aber, da sich in dieser Zeit kein anderes Männchen mit dem Weibchen verpaaren kann.

Investition in Nachkommen
Nach der Geburt der Jungen übernimmt die Füchsin den größten Anteil der Aufzucht, während das Männchen oft nach weiteren Paarungsgelegenheiten suchen. Die Investition des Weibchens in die Jungtiere ist eine Strategie zur Erhöhung des eigenen Erfolgs, da nicht nur die Anzahl der Jungen sich auf die individuelle Gesamtfitness auswirkt, sondern auch deren Fähigkeit, selbst Nachkommen zu zeugen.

Ungleiche Investition
Der Energieaufwand für Männchen und Weibchen muss sich lohnen, d. h. das Verhalten ist auf eine Maximierung der *Gesamtfitness* der Tiere ausgerichtet. Bei vielen Tierarten ist das Verhältnis der *Elterninvestition* stark verschoben, und in den meisten Fällen hat das Weibchen einen höheren Aufwand. Schon in die Zygote hat das Weibchen mehr investiert als das Männchen: Eizellen sind wesentlich größer und energiereicher als Spermien. Dieses als *Anisogamie* bezeichnete Phänomen hat wichtige Konsequenzen für die Fitnessmaximierung der Individuen.

Das Bateman-Prinzip
Die Ursachen und Konsequenzen der geschlechtsspezifischen Investition auf den Reproduktionserfolg der Individuen beschreibt das *Bateman-Prinzip*. In einem Laborversuch mit Taufliegen zeigte BATEMAN 1948, dass Männchen eine höhere Variation im *individuellen Fortpflanzungserfolg* zeigen als Weibchen. Da die Variation im individuellen Fortpflanzungserfolg mit der Anzahl der Verpaarungen ansteigt, können die Männchen ihren Fortpflanzungserfolg maximieren, indem sie viele Verpaarungen suchen. Weibchen hingegen investieren in die Qualität der Nachkommen durch die begrenzte Anzahl energiereicher Gameten. BATEMAN folgerte daraus, dass mit jedem zusätzlichen Paarungspartner der Fortpflanzungserfolg der Männchen steigt, nicht aber derjenige der Weibchen.

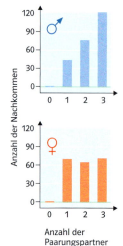

Nachkommenzahlen bei Drosophila

Paarungssysteme

Konkurrenz um Paarungspartner

Die Entstehung unterschiedlicher Fortpflanzungstaktiken beruht auf dem Wettstreit um die Maximierung der *individuellen Fitness*. Voraussetzung für ihre Entstehung ist, dass gleichgeschlechtliche Kontrahenten der reproduktiven Konkurrenz auf unterschiedliche Weise begegnen und diese Unterschiede genetisch verankert sind. In vielen Fällen handelt es sich um unterschiedliche Merkmale im Verhalten. Bei Männchen können typischerweise zwei alternative Charaktere unterschieden werden: *Territoriale Männchen*, die sich den Zugang zu Weibchen erkämpfen, etwa durch das Bauen aufwändiger Nester oder die Revierverteidigung und sogenannte „*Satellitenmännchen*", die vom Erfolg der territorialen Männchen Vorteile ziehen und sich Paarungen erschleichen.

Paarungssysteme

Neben diesen alternativen Reproduktionstaktiken haben sich aber noch verschiedene andere Verhaltensmuster entwickelt, um den eigenen Fortpflanzungserfolg zu erhöhen. Auch die Entstehung unterschiedlicher sexueller Beziehungen und Partnerbindungen beruht auf dem Prinzip der individuellen Fitnesssteigerung. Die Art und Dauer des partnerschaftlichen Zusammenlebens unterscheidet sich nicht nur zwischen den Arten, sondern kann je nach Ressourcenangebot auch innerhalb derselben Art variieren. Man unterscheidet zwischen *Monogamie (Einehe)* und *Polygamie (Vielehe)*.

In monogamen Beziehungen bauen Paare eine lebenslange *(Dauerehe)* oder aber zumindest für eine Fortpflanzungsperiode *(Saisonehe)* dauernde sexuelle Bindung auf.

Gibt es mehrere Paarungspartner pro Fortpflanzungsperiode, spricht man von *Polygamie*. Unterschieden wird zwischen *Polyandrie* (ein Weibchen hat während der Fortpflanzungsperiode sexuellen Kontakt zu mehreren Männchen) und *Polygynie* (mehrere Weibchen werden von einem Männchen versorgt, beschützt und begattet). Bei der *Promiskuität* finden sexuelle Kontakte zu verschiedenen Partnern statt, ohne dass eine Bindung an den Paarungspartner entsteht.

Erfolgreiche Aufzucht der Jungen

Auch der Aufwand der Jugenaufzucht bestimmt die Form der Paarungssysteme. Da der Reproduktionserfolg nur dann die Fitness eines Individuums steigert, wenn der Nachwuchs das paarungsfähige Alter erreicht, haben beide Elternteile ein Interesse an der erfolgreichen Jungenaufzucht. Das Maß an elterlicher Fürsorge bestimmt daher, ob sich beispielsweise das Männchen mehrere Frauen in einer Saison „leisten" kann, ohne die Aufzucht seiner Jungen zu gefährden.

Geschlechterkonflikte

Die Kosten der Fortpflanzung bewirken, dass es bei vielen Tierarten zwischen Partnern häufig zu Konflikten kommt, z. B. wenn das Verhalten eines Partners seine eigene Fitness steigert, die des anderen jedoch senkt (s. Seite 306).

Formen elterlicher Brutpflege

Auch bei der elterlichen Brutpflege haben sich verschiedene Systeme im Tierreich etabliert. Einige Primaten zeigen z. B. eine „*kooperative Jungenaufzucht*", d. h., dass die Mütter bei der Jungenaufzucht von anderen Gruppenmitgliedern unterstützt werden. Ein solcher *überfamiliärer Verband* ermöglicht es, weitergehende soziale Fähigkeiten zu entwickeln (z. B. Sprache oder das Teilen ohne Gegenleistung).

A1 ○ Erläutern Sie den Zusammenhang zwischen Paarungssystemen und der Investition von Ressourcen in die Nachkommen.

A2 ○ Erklären Sie die Vorteile biparentaler Brutpflege am Beispiel des Kaiserpinguins.

A3 ● Stellen Sie eine begründete Hypothese auf, warum die Verteilung der Brutpflegeform (Abb. 1) je nach Wirbeltiergruppe variiert.

Brutpflege bei Pinguinen

Brutpflege	keine	biparental	paternal	maternal
Säugetiere	—	X (10%)	—	X (90%)
Vögel	—	X (90%)	X	X
Reptilien	X	—	—	X
Amphibien	X	—	X	—
Fische	X	X	X	(X)

1 *Verteilung der Brutpflege bei Wirbeltieren*

Material
Sexualstrategien

Das Bateman-Prinzip

Schwertträger sind beliebte Aquarienfische aus Mittelamerika. Sie gehören zu den lebendgebärenden Zahnkarpfen. Die Männchen haben am unteren Teil der Schwanzflosse einen langen, geraden Fortsatz, das Schwert (Abb. 1).

1 *Schwertträger (Männchen)*

Männchen und Weibchen dieser Fischart unterscheiden sich in ihrer Investition in die Nachkommen. Während die Männchen nach der Begattung keine weitere Investition zeigen, tragen die Weibchen die Jungtiere bis zu 6 Wochen aus. Die Investition des Männchens in die Nachkommenschaft ist somit weitestgehend auf die Begattung und Spermienabgabe beschränkt. Das Weibchen liefert, nach der Investition in energiereiche Eizellen, auch die Ressourcen für das Heranwachsen der Embryonen in ihrer Leibeshöhle.

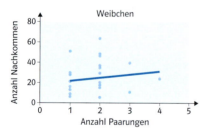

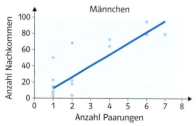

2 *Anzahl Nachkommen je Paarung*

Für eine Untersuchung zur Nachkommenzahl freilebender Schwertträger wurden Männchen eines Seenverbunds in Belize eine Gewebeprobe entnommen. Die Weibchen wurden gefangen und bis zur Geburt der Jungtiere in Aquarien gehalten. Nach Gewebeentnahme wurden alle Tiere wieder freigelassen. Aus den Proben aller Tiere wurden individuelle genetische Fingerabdrücke erstellt und die Elternschaften berechnet. Die Ergebnisse zeigt Abbildung 2.

A1 ○ Erläutern Sie anhand der Abbildung 2, inwiefern die Studie das Bateman-Prinzip in freier Wildbahn nachweisen konnte.

A2 ● Der individuelle Fortpflanzungserfolg der Schwertträger wurde mit genetischen Markern bestimmt. Erläutern Sie, inwieweit die genetische Variabilität einer Population für solche Versuche eine Rolle spielt.

Geschlechterkonflikt bei Blaumeisen

Die Gesangslänge von Blaumeisenmännchen nimmt mit dem Alter und der Erfahrung zu (Abb. 3), was sich auf die Partnerwahl der Weibchen auswirkt. Blaumeisen brüten in monogamen Paaren, wobei beide Partner die Jungen füttern. Mithilfe des Männchens zieht das Weibchen durchschnittlich 7,5 Jungtiere groß, hilft kein Männchen mit, sind es nur 5,4. Weibchen sind also auf männliche Unterstützung angewiesen.

Brüten Weibchen im Frühjahr mit einem weniger attraktiven Männchen, besitzen andere Männchen in der Nachbarschaft gegebenenfalls „bessere Gene". Weibchen können durch Verpaarung mit anderen attraktiveren Männchen die Qualität des eigenen Nachwuchses erhöhen, indem sie Gene vom attraktiveren Nachbarn bekommen. Dies steigert die eigene Fitness, senkt jedoch die des Partners. Blaumeisenmännchen — besonders die weniger attraktiven — bewachen daher ihre Partnerin in der fruchtbaren Zeit kurz vor der Eiablage intensiv. Wie DNA-Untersuchungen (*genetische Fingerabdrücke*) belegten, stammen bei manchen Blaumeisenweibchen trotzdem rund 10 bis 15 % der Nachkommen nicht vom eigenen Partner, sondern von Männchen aus Nachbarrevieren.

Je „schlechter" das eigene Männchen singt, desto wahrscheinlicher paart sich das Weibchen mit Nachbarmännchen, die durch längeren Gesang belegen, dass sie gut überlebensfähig sind. So kommt es, dass benachbarte untreue Weibchen fast alle dasselbe besonders attraktive Männchen bevorzugen.

4 *Blaumeise*

A3 ○ Fassen Sie die Aussagen der Abb. 3 zusammen und interpretieren Sie die Versuchsergebnisse.

A4 ● Stellen Sie dar, inwiefern es sich hier um einen Geschlechterkonflikt handelt und erläutern Sie, welche männlichen Anpassungen entstanden sind oder entstehen können.

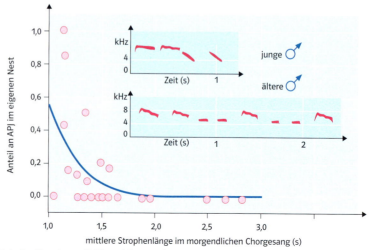

3 *Außer-Paar-Junge (APJ) und Gesangslänge*

306 Evolution

Sexualstrategie der Orang-Utans

Das Wort Orang-Utan bedeutet in Indonesien „Waldmensch". Durch die zunehmende Zerstörung ihres Lebensraums, den Regenwäldern, kommen die größten heute noch lebenden Baumsäugetiere nur noch im Norden Sumatras und auf Borneo vor. Die einzigen großen Menschenaffen Asiens werden von Wissenschaftlern in zwei Arten unterschieden: Sumatra-Orang-Utan und Borneo-Orang-Utan.

Auffällig bei den Orang-Utans ist, dass sich nicht nur Männchen und Weibchen in ihrem Körperbau unterscheiden. Auch zwischen den Männchen innerhalb einer Art gibt es große Unterschiede im Erscheinungsbild: Bei den großen, dominanten Tieren, den sogenannten „Residenten" haben sich die charakteristischen Wangenwülste und Kehlsäcke bereits ausgebildet (s. Abb. 5).

5 *Großes Orang-Utan-Männchen*   6 *Kleines Orang-Utan-Männchen*

Mithilfe dieser sekundären Geschlechtsmerkmale vokalisieren sie den sogenannten „Long Call". Dieser eindrucksvolle Ruf dient den Männchen, um Weibchen zu werben und Konkurrenten fern zu halten. Die kleinen, meist jüngeren Orang-Utan-Männchen gleichen äußerlich den Weibchen (Abb. 6). Bei diesen sogenannten „Wanderern" ist die Entwicklung der sekundären Geschlechtsmerkmale verzögert, oder bleibt sogar ganz aus. Wanderer sind voll zeugungsfähig, besitzen aber kein eigenes Territorium.

Heute weiß man, dass die Ausbildung der sekundären Geschlechtsmerkmale stark von der Anwesenheit anderer dominanter Männchen und der Etablierung eines eigenen Reviers abhängt. Gelingt es einem Wanderer, ein eigenes Territorium zu besetzen, kann sich sein Erscheinungsbild binnen weniger Monate zu dem eines dominanten Männchens wandeln.

Unauffällige Paarungskonkurrenten

Feldforschungen haben gezeigt, dass der „Entwicklungsstillstand" bei Männchen auf Sumatra öfter vorkommt, als auf Borneo (Abb. 7). So wurden auf Sumatra doppelt so viele Wanderer wie Residenten beobachtet. Da das Nahrungsangebot auf Sumatra besser ist, müssen die dominanten Männchen weniger Ressourcen für die Futtersuche aufbringen. Ihnen bleibt mehr Zeit, ihre sexuellen Beziehungen zu den Weibchen zu monopolisieren und Konkurrenten zu vertreiben.

Durch die Abwesenheit der sekundären Geschlechtsmerkmale haben die Wanderer den Vorteil, dass sie unauffälliger sind und sich daher relativ unbehelligt im Territorium des Alpha-Männchens aufhalten können. Auch wenn sich die Weibchen in der Mehrzahl der Fälle gegen die Paarung zur Wehr setzen, gelingt den Wanderern die erzwungene Kopulation mit Weibchen.

Auf Borneo, wo das Nahrungsangebot kleiner ist, wurden dagegen mehr Residenten als Wanderer beobachtet. Vermutlich aufgrund der Nahrungsknappheit gelingt es den dominanten Männchen auf Borneo nicht, größere Gruppen von Weibchen zu monopolisieren und andere dominante Männchen zu vertreiben. Im ständigen Kampf um die fortpflanzungsfähigen Weibchen sind die kleineren Männchen den Residenten stark unterlegen und der Vorteil ihrer Unauffälligkeit entfällt.

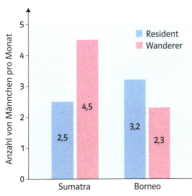

7 *Gesichtete Männchen*

Nahrungsangebot und Phänotyp

In Anwesenheit eines größeren Männchens folgen die jüngeren Männchen anscheinend der Taktik, klein zu bleiben, den Stress mit den Großen zu vermeiden und den eigenen Fortpflanzungserfolg durch erzwungene Paarungen zu erreichen. Der Erfolg der beiden Phänotypen ist abhängig von deren Häufigkeit und wird maßgeblich vom Nahrungsangebot mitbestimmt.

Erzwungene Kopulation

Auf Sumatra gelingt es den kleineren Männchen ohne sekundäre Geschlechtsmerkmalen eher, mit einem Weibchen zu kopulieren. In 60 % der beobachteten Fälle setzten sich die Weibchen gegen die Paarungen zur Wehr. Ansässige Männchen hingegen überwachen bei ihren Streifzügen die in ihrem Revier lebenden Weibchen, um sie vor erzwungenen Kopulationen zu schützen. Der Paarung mit Männchen höheren Ranges stimmen die Weibchen in der Regel zu.

A5 ○ Beschreiben Sie die Vor- und Nachteile bezüglich der Fortpflanzung bei Orang-Utans für kleine und große Männchen.

A6 ● Begründen Sie, warum beide Fortpflanzungstaktiken erfolgreich nebeneinander bestehen können.

A7 ● Begründen Sie, warum die Weibchen der Kopulation mit dominanten Männchen zustimmen. Nehmen Sie dabei auf das Prinzip von BATEMAN Bezug.

307

Material
Fortpflanzungstaktiken der Heckenbraunelle

Heckenbraunellen (kleine Singvögel) leben im dichten Unterwuchs von Wäldern, Gärten und Parkanlagen. Die Weibchen bauen napfförmige Nester in Hecken oder immergrünen Sträuchern.

Geschlechterverhalten und Paarung

1 *Brütende Heckenbraunelle*

Die Weibchen besetzen und verteidigen im Frühjahr Reviere, deren Größe vom Nahrungsangebot abhängt. Legt man eine Futterstelle an, so wird ein kleineres Revier verteidigt. Den Weibchenrevieren sind diejenigen der Männchen überlagert. Männchen erkämpfen sich Reviere, die sie bis zu einer Größe von 3000 m² verteidigen können. Die Größe ist bei ihnen nicht vom Nahrungsangebot abhängig.

Stirbt bei einem monogamen Paar das Weibchen, wandert das Männchen meist aus. Stirbt das Männchen, bleibt das Weibchen in der Regel im Revier. Benachbarte Männchen, deren Reviere in ein Weibchenrevier hineinreichen, versuchen ihren Bereich auf das gesamte Weibchenrevier auszudehnen. Können sie ihren Bereich bei zunehmender Größe nicht mehr verteidigen, nutzen die Männchen den gleichen Raum und bilden eine Rangordnung aus. Das ranghöchste ist das α-Männchen.

Aus den unterschiedlichen Überlappungen von Männchen- und Weibchenrevieren ergeben sich vier verschiedene Kombinationen: *Monogamie, Polygynie, Polyandrie* und *Polygynandrie*. Bei Polygynandrie überlappen die Reviere von zwei zusammenlebenden Männchen mehrere Weibchenreviere.

2 *Mögliche Paarungssysteme*

A1 ○ Fassen Sie anhand der Informationen aus Text und Grafiken (Abb. 2 und Abb. 3) zusammen, unter welchen Bedingungen die verschiedenen Paarungssysteme entstehen.

Abbildung 4 zeigt die Abhängigkeit der Sterblichkeit von der Anzahl der Schneetage im Winter.

Abbildung 5 stellt den Zusammenhang zwischen der Anzahl der Männchen und der polyandrischen Weibchen dar.

A2 ○ Beschreiben Sie anhand der Informationen, wie die Häufigkeit der Paarungssysteme von Jahr zu Jahr wechseln kann.

Konkurrenz zwischen Männchen

Männchen versuchen durch Revierbesitz oder eine Rangordnung alleinigen Zugang zu Weibchen zu erreichen.

Monogame Männchen führen pro Stunde durchschnittlich 0,47 Paarungen aus, Männchen in polyandrischen Systemen mit dennoch alleinigem Zugang zum Weibchen 0,87. In Systemen, in denen beide Männchen mit dem Weibchen kopulieren, erreichen beide Männchen ungefähr 2,4 Paarungen pro Stunde.

Die Hoden von Heckenbraunellen sind ungefähr 64 % größer, als man es von weitgehend monogamen Vögeln gleicher Größe kennt.

6 *Heckenbraunelle*

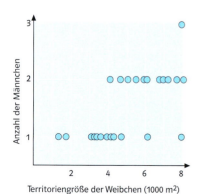

3 *Territoriengröße*

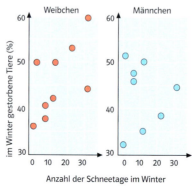

4 *Wintersterblichkeit*

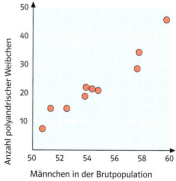

5 *Brutdichte*

Bei Vögeln mündet der Eileiter in den Enddarm, sodass die Kloake auch den Transportweg für die Geschlechtszellen darstellt. Schon 1902 hat der Ornithologe SCHONS ein seltsames Verhalten der Heckenbraunelle beschrieben: „Während das Weibchen flügelzitternd mit angehobenem Schwanz dasteht und die Kloake präsentiert, pickt das Männchen mehrfach dagegen. Das Weibchen vollführt daraufhin pumpende Bewegungen mit der Kloake und gibt einen Tropfen ab" (Abb. 7). Kurz danach findet die Kopulation statt. Mikroskopische Analysen zeigten, dass dieser Tropfen Spermien einer vorherigen Kopulation enthält.

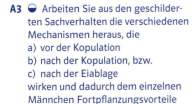

7 *Kloakenpicken*

Nur in polyandrischen und polygynandrischen Systemen, in denen die β-Männchen nicht kopulieren konnten, passierte es mehrfach, dass frisch geschlüpfte Junge verschwanden oder Eier so angepickt wurden, dass keine Jungen mehr schlüpfen konnten.

Es wird vermutet, dass hierfür die β-Männchen verantwortlich waren. Diese versuchten auch wiederholt, das brütende Weibchen vom Nest zu vertreiben, wenn sie sich nicht mit ihm paaren durften. In den meisten Fällen wurden sie jedoch erfolgreich vom ranghöheren α-Tier daran gehindert.

Interessanterweise traten derartige Fälle nur zum Beginn der Brutsaison auf, wenn das Weibchen noch weitere Bruten durchführen konnte und nicht, wenn Folgebruten unsicher waren. Bei einem Verlust des Geleges fangen die Weibchen nach spätestens 1 bis 2 Wochen an, neue Eier zu legen. Ziehen sie eine Brut groß, folgt das nächste Gelege erst nach rund 6 Wochen.

A3 ⬤ Arbeiten Sie aus den geschilderten Sachverhalten die verschiedenen Mechanismen heraus, die
 a) vor der Kopulation
 b) nach der Kopulation, bzw.
 c) nach der Eiablage
wirken und dadurch dem einzelnen Männchen Fortpflanzungsvorteile sichern.

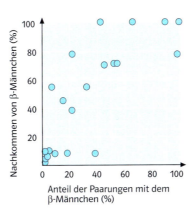

8 *Bruterfolg von β-Männchen*

Väterliches Investment

Männchen der Heckenbraunelle können ihren Weibchen entweder dadurch helfen, dass sie es übernehmen, die Eier zu bebrüten oder dass sie für die Aufzucht der Nestlinge Futter herbeischaffen. Dabei zeigte sich, dass sich durch Hilfe beim Brüten die Anzahl der aus den Eiern geschlüpften Jungen nicht änderte, durch Hilfe bei der Fütterung die Anzahl der das Nest erfolgreich verlassenden Jungen jedoch signifikant anstieg. Dieser Effekt war eine Folge davon, dass weniger Nestlinge im Nest verhungerten. Die Mithilfe von Männchen wurde umso wirksamer, je größer die Anzahl der Jungen war.

Während der Paarungszeit bewachen die Männchen ihre Weibchen. Bei monogamen Paaren (*Bewachungsmonogamie*) beschränkt sich das Männchen darauf, Eindringlinge, die eine zusätzliche Paarungsmöglichkeit suchen, zu vertreiben. Am intensivsten ist die Bewachung in polyandrischen Systemen. In diesen folgt das α-Männchen dem Weibchen auf Schritt und Tritt. Es verliert sein Weibchen aber häufig aus den Augen, während es das β-Männchen vertreibt. Dann versteckt sich das Weibchen sofort in dichter Vegetation,

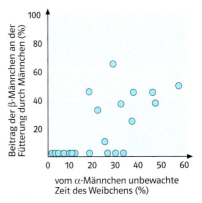

9 *Brutpflegebeitrag von β-Männchen*

frisst hier in aller Ruhe und paart sich wiederholt mit dem β-Männchen, wenn es von diesem zuerst gefunden wird. Ist es vom α-Männchen entdeckt, kann das ganze Spiel von vorn beginnen.

Für soziobiologische Überlegungen war es wichtig zu wissen, wie erfolgreich die Paarungen des β-Männchens sind. Um dies zu erfassen, stellte man von allen beteiligten Partnern und den Jungtieren im Nest einen „genetischen Fingerabdruck" her und konnte so die Jungtiere den Vätern zuordnen. Das Ergebnis zeigt Abbildung 8. In Abbildung 9 ist der Zusammenhang zwischen der Fähigkeit des Weibchens, sich dem α-Männchen zu entziehen, und dem Beitrag des β-Männchens an der Brutpflege dargestellt.

A4 ⬤ Stellen Sie einen Sachzusammenhang zwischen den Aussagen beider Abbildungen (Abb. 8 und 9) her.

A5 ⬤ Werten Sie in diesem Zusammenhang auch die Daten von Abb. 10 aus.

A6 ⬤ Erläutern Sie, wodurch es zwischen verschiedenen Partnern zu Konflikten kommen muss, indem Sie aufzeigen, wie Fitnessgewinn beim einen zu Fitnessverlust beim anderen führt.

Paarungssystem	Jungenanzahl pro Jahr pro Weibchen	pro Männchen
Polygynie	4,4	8,8
Monogamie	5,9	5,9
Polyandrie (nur α-Männchen paart sich)	4,9	α: 4,9
Polyandrie (α- und β-Männchen paaren sich und füttern beide)	8,9	α: 4,9; β: 4,0
Polygynandrie	4,0	α: 5,6; β: 2,4

10 *Fortpflanzungserfolg in unterschiedlichen Paarungssystemen*

309

Sexuelle Selektion und Partnerwahl

Der gefärbte Kehlsack des Anolis, das Geweih des Hirschkäfers oder die blaue Gesichtsfarbe des Mandrill sind nur beim Männchen vorhanden, den Weibchen fehlen diese auffälligen Merkmale. Dieses Phänomen wird als *Geschlechtsdimorphismus* bezeichnet und ist häufig in der Tierwelt zu beobachten.

Auffällige Ornamente sind kostspielig

Die oben genannten Körpermerkmale nennt man in der Biologie auch *Ornamente*. Das Auftreten auffälliger Ornamente ist im Hinblick auf die Grundsätze natürlicher Selektion zunächst erstaunlich, bedenkt man, dass eine gute Tarnung die Überlebenschance und damit die potentielle *reproduktive Fitness* erhöht. Es ist also mit Kosten für den Träger verbunden und kann auf verschiedenen Ebenen mit Nachteilen verbunden sein. So ist der bis zu 50 cm lange Schwanz des Hahnschweifwidas beim Flug eher hinderlich, ein kürzerer Schwanz wäre aus flugtechnischen Gründen deutlich günstiger. Wodurch lässt sich das Auftreten solch extremer Merkmale erklären?

Dass nur das Männchen des Hahnschweifwidas den langen Schwanz trägt, deutet darauf hin, dass dieses Merkmal nur für die Fitness des Männchens von Bedeutung ist. Solche geschlechtsspezifischen Merkmale unterliegen der sogenannten *sexuellen Selektion,* einem Spezialfall der natürlichen Selektion.

Geschlechtsspezifische Auffälligkeiten beschränken sich nicht auf das Aussehen alleine, sie können sich auch akustisch (Rufe bei Vögeln und Amphibien) oder olfaktorisch (über den Geruch, bei vielen Nagern und Primaten) bemerkbar machen. Allen Merkmalen ist gemeinsam, dass sie dazu dienen, den Partner von seinen genetischen Qualitäten zu überzeugen. Bei der sexuellen Selektion entscheiden die Auswahlkriterien des potentiellen Paarungspartners über den Reproduktionserfolg: Ähnlich wie Angepasstheiten eines möglichen Beutetieres an den Untergrund einen Selektionsvorteil bringen, können begehrte Ornamente den Fortpflanzungserfolg von Individuen steigern.

Hahnschweifwida

Hirschkäfer

1 *Mandrill*

Erfolg macht alles möglich

Entscheidend ist, dass der Nutzen, den der Träger durch erhöhten Fortpflanzungserfolg gewinnt, die Kosten des Merkmals übersteigt. Unter dieser Voraussetzung ist die Ausbildung der erstaunlichsten Merkmale erklärbar.

Auch Männchen sind wählerisch

Auch wenn vor allem Beispiele bekannt sind, bei denen das Männchen Träger des Ornaments ist, können auch Merkmale der Weibchen sexueller Selektion unterworfen sein. Da auch für die Männchen der Akt der Fortpflanzung und bei vielen Arten die Aufzucht der Jungen mit Energieaufwand verbunden ist, steigt ihre Fitness mit der bestmöglichen Investition ihrer Ressourcen, also mit der Wahl des passenden Weibchens. Für beide Geschlechter gilt, je aufwändiger die elterliche Investition in die Nachkommen ist, desto wichtiger wird die Wahl des richtigen Paarungspartners.

Warum wählerisch sein?

Die Auswahl eines Paarungspartners kann mit Energie und Zeitaufwand verbunden sein. Ist man zu wählerisch, besteht die Gefahr, nicht zur Fortpflanzung zu kommen. Auf die Frage, welchen Nutzen *Partnerwahl* bringt, gibt es unterschiedliche Erklärungsansätze, bei denen in der Praxis vermutlich eine Kombination von Gründen das Wahlverhalten begünstigt.

310 Evolution

Direkte Vorteile, wie zum Beispiel die gute Versorgung der Nachkommen oder „Hochzeitsgeschenke", werden von indirekten Vorteilen, die meist genetischer Art sind, unterschieden.

Als Erklärung indirekter Vorteile wird häufig die *Gute-Gene-Hypothese* angenommen. Diese geht davon aus, dass nach Körpermerkmalen gewählt wird, die auf eine gute genetische Ausstattung des Partners schließen lassen. So könnte es z.B. sein, dass die Körpergröße beim Männchen genetisch festgelegt ist. Ist sie von Vorteil, sorgt das Weibchen durch ihre Wahl von großen Paarungspartnern dafür, dass auch ihre Nachkommen die genetischen Eigenschaften für eine bestimmte Körpergröße tragen. Eine weitere Erklärung für die indirekten Vorteile der Partnerwahl ist die *Kompatible-Gene-Hypothese*. Hiernach wird nach der Kompatibilität der eigenen Gene mit denen des Partners gewählt.

Die *Sexy-Sohn-Hypothese* hingegen vertritt die Idee, dass Weibchen sich einen Paarungspartner wählen, der besonders attraktiv ist, und so dafür sorgen, dass ihre Söhne ebenfalls attraktiv sind und von den Weibchen bevorzugt gewählt werden. Somit sorgt das Weibchen für viele Enkelkinder und steigert ihre evolutionäre Fitness.

Problematisch bei der Klärung der tatsächlichen Vorteile ist, dass häufig unbekannt ist, wie sich Merkmale in Individuen manifestieren, d.h. inwieweit Wechselwirkungen zwischen Erbanlagen und Umweltbedingungen zu einer bestimmten Ausprägung führen. Denn meist sind viele untereinander in Wechselwirkung stehende Gene für die Ausprägung von Merkmalen verantwortlich.

Fitnessvorteile durch Partnerwahl
Fitnessvorteile durch Verpaarung mit dem bevorzugten Partner konnten z.B. in Studien mit Hausmäusen nachgewiesen werden: Mäuse, die mit den von ihnen bevorzugten Partnern verpaart wurden, brachten konkurrenzfähigere Junge zur Welt als solche, die mit dem nicht bevorzugten Partner verpaart wurden.

2 *Intrasexuelle Selektion bei Hirschen*

Inter- und Intrasexuelle Selektion
Im Wettstreit um Paarungspartner kommt es zu *inter-* und *intrasexueller Selektion*. Die intersexuelle Selektion findet zwischen den Geschlechtern statt. Schwertträger Männchen (s. Seite 306) setzen ihr Schwert nicht direkt im Konkurrenzkampf mit Artgenossen ein, sondern führen es den Weibchen während der Balz vor. Weibchen bevorzugen das Männchen mit dem längeren Schwert. Das Merkmal „langes Schwert" ist bei den Männchen also einer intersexueller Selektion unterworfen: Die Fitness des Männchens steigt durch die Bevorzugung des Weibchens. Bei der intrasexuellen Selektion unterliegen diejenigen Merkmale der Selektion, die im Konkurrenzkampf zwischen gleichgeschlechtlichen Individuen um Paarungspartner von Vorteil sind. Dazu zählen z.B. das Geweih der Hirsche oder Körperstärke allgemein, wie z.B. bei den Seeelefantenmännchen im Kampf um eine Rangordnung (s. Seite 313).

A1 ⬤ Von „kryptischer Weibchenwahl" spricht man im Fall von Spermienkonkurrenz. Erläutern Sie, was gemeint ist.

A2 ⬤ Als Hypothese zur Ausbildung übertriebener Ornamente wird die „Handicap-Hypothese" aufgeführt. Diese besagt, dass Männchen mit einem extremen Merkmal zur Schau stellen, dass sie sich dieses „leisten können". Erläutern Sie anhand des Pfaus, welche Argumente für eine solche Hypothese angeführt werden könnten.

A3 ⬤ Wählen Sie eine der dargestellten Hypothesen zur Entstehung von Partnerwahl und entwerfen Sie eine Studie, mit der man sie überprüfen könnte.

Intersexuelle Selektion beim Pfau

Material
Reproduktion und Fitness

Paarungsverhalten des Bergmolchs

Die Paarungszeit unserer heimischen Molcharten beläuft sich auf Wochen bis wenige Monate im Frühjahr. Nachdem die Tiere im Winter ruhen, beginnt sehr bald nach der Schneeschmelze die Paarungszeit. Über den Winter haben sich bei den Weibchen die Eier ausgebildet, die sie in den nächsten Wochen ablegen werden.

1 *Bergmolchmännchen*

Die Verpaarung der Molche findet im Wasser statt. Nach einem aufwändigen Balztanz (Abb. 2) setzen die Männchen am Boden des Paarungsgewässers Spermien in Form eines Spermienpakets ab, das von den Weibchen aufgenommen wird. Männchen können bis zu 10 Spermienpakete am Tag abgeben, von denen im Mittel nur etwa die Hälfte von einem Weibchen aufgenommen wird. In Laborexperimenten hat sich gezeigt, dass die Männchen größere Weibchen bevorzugen.

A1 ⬤ Nennen Sie die Kosten, die bei der Fortpflanzung für Männchen bzw. Weibchen entstehen.
A2 ⬤ Diskutieren Sie, welchen potenziellen Gewinn die Männchen bei der Bevorzugung von großen Weibchen haben könnten.
A3 ⬤ Entwerfen Sie einen Versuchsaufbau, um das Vorhandensein einer Präferenz der Männchen für größere Weibchen zu überprüfen.
A4 ⬤ Beschreiben Sie die Besonderheiten des Paarungsverhaltens des Bergmolchs (Abb. 2). Recherchieren Sie dazu auch geeignete Dokumentationen im Internet, die diese Abläufe in Echtzeit zeigen. Erörtern Sie, welche Merkmale des Weibchens und welche des Männchens unter sexueller Selektion stehen könnten.

Rot als „ehrliches Merkmal"

Als „ehrliches Merkmal" in der sexuellen Selektion werden Merkmale bezeichnet, die tatsächlich Auskunft über den physischen Zustand eines Individuums geben. Die Rotfärbung bei vielen Vögeln, Amphibien und Reptilien beruht auf der Einlagerung von Karotinoiden in Körperzellen. Diese natürlichen Farbstoffe können von Wirbeltieren nicht synthetisiert werden, sondern müssen mit der Nahrung aufgenommen werden. Der Rotgehalt der Körperfärbung steigt mit dem Gehalt an eingelagerten Karotinoiden. Karotinoide spielen aber auch eine sehr wichtige Rolle in der Immunabwehr.

3 *Zebrafink (Männchen)*

Bei Zebrafinkenmännchen spielt die Rotfärbung des Schnabels eine wichtige Rolle bei der Weibchenwahl. In einem Laborversuch wurde eine Gruppe von Zebrafinkenmännchen mit einer mit Karotinoiden angereicherte Nahrung gefüttert. Die Kontrollgruppe erhielt normales Futter.

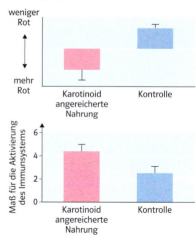

4 *Bedeutung karotinoidreicher Nahrung*

A5 ◯ Interpretieren Sie Abbildung 4.
A6 ⬤ Erläutern Sie, was ein Individuum mit besonders hoher Rotfärbung signalisiert.

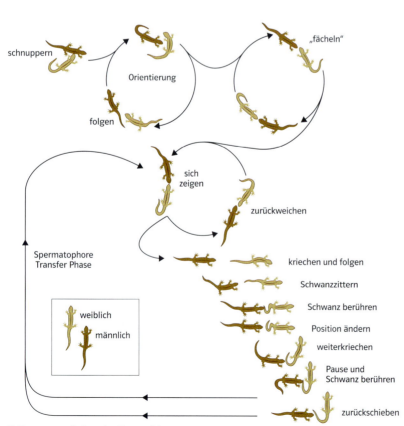

2 *Paarungsverhalten des Bergmolchs*

312 Evolution

Material
Investment

Strategien des Seeelefanten

Seeelefanten gehören zu den Robben. Die beiden rezenten Arten leben in Kolonien an den Küsten Nordamerikas und auf subarktischen Inseln. Als Raubtiere ernähren sie sich vor allem von Fischen. Zwischen Männchen (Bullen) und Weibchen (Kühen) bestehen extreme Größenunterschiede, zwischen maximal 6,5 und 3,5 Metern bzw. 3 Tonnen und 900 Kilogramm.

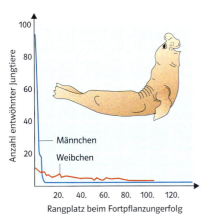

1 *Fortpflanzungserfolg bei Seeelefanten*

Die Weibchen gebären ihre Jungen innerhalb der ersten sechs Tage nach der Ankunft am Wurfstrand an Küsten oder Inseln. Danach säugen sie ihren Nachwuchs 28 Tage mit sehr fettreicher Milch. In den letzten vier Tagen am Strand sind die Weibchen wieder paarungsbereit. Weibchen können mit drei Jahren ihr erstes Junges gebären, tun dies aber oft erst mit 4 oder 5 Jahren. Danach bekommen sie jedes Jahr ein Junges, wenn sie alt genug werden, maximal 10.

Vor den Weibchen kommen die viel schwereren Bullen an die Wurfplätze und kämpfen eine Rangordnung aus. Männchen sind mit 8 Jahren geschlechtsreif, aber erst mit 10 bis 11 Jahren wirklich erfolgreich. Mit 13 gewinnen sie kaum noch einen Kampf. Die maximale Lebenserwartung liegt bei 14 Jahren. Jüngere geschlechtsreife Männchen gehen gefährlichen Kämpfen aus dem Weg. Ein Männchen von 10 bis 11 Jahren dagegen hat vielleicht die letzte Chance zur Fortpflanzung. Solche Gegner fügen sich gegenseitig in Kämpfen oft schwere Wunden mit den Eckzähnen zu.

Manchmal kann man beobachten, wie sich ein bereits entwöhntes Jungtier, dessen Mutter schon wieder in das Meer zurückgekehrt ist, an ein fremdes Weibchen heranschleicht, dessen meist kleineres Jungtier beiseiteschiebt und beim fremden Weibchen Milch trinkt. Diese „Milchdiebe" sind meist junge Männchen, die durch dieses zusätzliche Futter einen weiteren Wachstumsschub erlangen. Bemerken die Weibchen den Fremden, beißen sie ihn.

A1 ○ Beschreiben Sie die Fitnesskonsequenzen des „Milchklaus" für die fremden Jungen bzw. die noch säugenden Muttertiere.

A2 ◐ Erläutern Sie Abbildung 1 in Bezug zum Fortpflanzungserfolg der Individuen. Nennen Sie Möglichkeiten eines Männchens bzw. Weibchens, seine reproduktive Fitness zu erhöhen.

A3 ◐ Nehmen Sie an, in aufeinander folgenden Jahren steht besonders wenig Nahrung für die Seeelefanten zur Verfügung. Stellen Sie eine Vermutung auf, in welche Nachkommen ein Weibchen bevorzugt investieren sollte: in männliche oder in weibliche Jungtiere.

Kunstvolle Lauben erobern Weibchen

Die in Australien und Neuguinea lebenden Laubenvogelarten *(Ptilonorhynchidae)* sind meist polygyn, d.h. die Männchen verpaaren sich mit mehreren Weibchen.

Zur Brautwerbung errichten die Männchen des Seidenlaubenvogels *(Ptilonorhynchus violaceus)* kunstvolle Lauben am Waldboden und verzieren sie mit allen möglichen Gegenständen. Bevorzugt werden die Farben blau, grün und gelb und es werden Blätter, Insekten, Federn, Samen und Früchte, aber auch Plastikgegenstände verwendet.

3 *Laubenvogelmännchen mit „Laube"*

Mit dem Bau einer solchen Laube sind die Männchen zum Teil wochenlang beschäftigt und fügen dem Bauwerk ständig neue Verzierungen hinzu. Die Weibchen wählen ihren Paarungspartner nach der Qualität der Laube aus, wobei die Verzierungen eine große Rolle spielen. Hat ein Weibchen ein Männchen erwählt, findet die kurze Verpaarung in der Laube statt. Nach der Verpaarung kümmert sich das Weibchen allein um Nestbau und Aufzucht der Jungen, während sich das Männchen durch den Ausbau und die Verschönerung der Laube um weitere Weibchen bemüht.

A4 ○ Beschreiben Sie die Fortpflanzungsstrategien der beiden Geschlechter.

A5 ◐ Erläutern Sie, welche der Hypothesen (s. Seite 311: Sexy-Sohn-Hypothese, Kompatible-Gene-Hypothese, Gute-Gene-Hypothese, etc.) bezüglich Vorteile durch Partnerwahl hier für das Weibchen zutreffen könnte.

A6 ◐ Vergleicht man mehrere Arten, kann beobachtet werden, dass je unscheinbarer ein Männchen gefärbt ist, desto prachtvoller die Laube ausfällt. Erläutern Sie mögliche Zusammenhänge.

2 *Seeelefanten*

313

Altruismus und Selektion

1 Buschblauhäher

Unter *Altruismus* versteht man ein Verhalten, bei dem ein Individuum auf Kosten des eigenen Überlebens oder der eigenen Fortpflanzung einem anderen hilft, dessen Fortpflanzungserfolg zu erhöhen.

Die Beobachtung, dass manche Tiere anscheinend selbstlos handeln, indem sie anderen helfen oder auf Fortpflanzung verzichten, erscheint aus evolutionsbiologischer Sicht auf den ersten Blick widersprüchlich: Die bisherigen Beispiele zeigten alle, dass die Steigerung der individuellen Fitness der treibende Faktor natürlicher Selektion ist — eine grundlegende Voraussetzung für die Verbreitung und den Erhalt erfolgreicher Merkmale in einer Population. Verglichen mit Tieren, die sich selbst fortpflanzen, müssten „selbstlos" handelnde Tiere selektionsbenachteiligt sein, da sie ihre Ressourcen nicht nur in die Weitergabe ihrer eigenen Gene investieren. Wie also können sich Merkmale, die beim Träger einen teilweisen oder gänzlichen Verzicht auf eigene Fortpflanzung bewirken, in einer Population ausbreiten?

Bruthilfe beim Buschblauhäher

Bei den Buschblauhähern, die in Florida im Gestrüpp von Eichen brüten, sind aufgrund der dichten Bevölkerung Reviere und Brutplätze, die von den Männchen gehalten werden, knapp. Bei dieser Vogelart hat man beobachtet, dass bis zu sechs erwachsene Vögel brütende Paare (in der Regel ihre Eltern), bei der Aufzucht der Jungen im Nest unterstützten. Diese sogenannten *Bruthelfer* sind meist junge Tiere. Sie bringen bis zu 30 % des Futters für die Jungen. Durch dieses Verhalten werden die Eltern bei der Futtersuche entlastet, sodass deren Sterblichkeit sinkt. Durch Warnrufe und Verteidigung der Nesthocker steigern die Helfer außerdem die Überlebensrate der Jungen. Stirbt der Revierinhaber, wird das frei gewordene Revier sofort von einem männlichen Helfer besetzt und die weiblichen Helfer wandern ab.

Der Biologe HAMILTON fand 1963 eine Erklärung für den „Verzicht auf eigene Fortpflanzung" mit der *Theorie der Verwandtenselektion*. Fortpflanzung bewirkt die Weitergabe eigener Gene in die nächste Generation. Der relative Fortpflanzungserfolg eines Individuums bestimmt dessen *evolutionäre Fitness*. Individuen, die einen hohen Fortpflanzungserfolg im Vergleich zu ihren Artgenossen haben, steuern also verhältnismäßig mehr Kopien ihrer Erbinformation in den Genpool der nächsten Generation bei. Durch die Förderung des Fortpflanzungserfolges von Verwandten kann ein Individuum aber auch seine Fitness steigern, nämlich indirekt. Da Verwandte die Kopien eigener Allele tragen, können Individuen auch zur Verbreitung eigener Erbinformationen beitragen, indem sie helfen, die Anzahl des verwandten Nachwuchs zu steigern. Der Verlust des eigenen Fortpflanzungserfolgs kann also durch die Förderung des Fortpflanzungserfolgs verwandter Individuen kompensiert werden. Merkmale, die Helferverhalten verursachen, können sich umso schneller in einer Population ausbreiten, je größer die Wahrscheinlichkeit ist, dass der Unterstützte Kopien dieser Merkmale trägt. Dies ist umso wahrscheinlicher, je näher der Unterstützte mit dem Helfer verwandt ist.

Beim Buschblauhäher hören die Tiere auf zu helfen, sobald sie ein eigenes Revier besetzen können. Daran wird erkennbar, dass sie nicht auf eigenes Brüten „verzichtet" haben, sondern durch Reviermangel daran gehindert wurden. Die Bruthilfe war also keine Alternative zum Brüten, sondern zum Nichtbrüten. Aus dieser Sicht haben Helfer im Vergleich zu Nichthelfern einen Selektionsvorteil, da sie letztendlich die höhere *Gesamtfitness* erreichen.

Altruismus im Bienenstaat

Im Bienenstaat herrscht eine außergewöhnliche Situation. Arbeiterinnen verzichten gänzlich auf eigenen Nachwuchs und widmen sich stattdessen der Aufzucht ihrer Geschwister. Auch das genetische System des Bienenvolkes ist sehr ungewöhnlich *(Haplodiploidie)*. Bienenköniginnen können Spermienzellen speichern und besamte oder unbesamte Eizellen ablegen. Aus unbesamten, haploiden Eizellen entstehen haploide Männchen, die *Drohnen*. Besamte Eizellen führen zu diploiden Töchtern, die durch das Futter entweder zu sterilen *Arbeiterinnen* oder zur fruchtbaren *Königin* werden (Abb. 2).

Drohnen haben also nur weibliche Nachkommen, denn männliche Bienen entstehen aus unbefruchteten Eiern. Da Drohnen *haploid* sind, enthalten alle Spermien eines Männchens diesen Chromosomensatz, d.h. alle Töchter erhalten vom Vater die gleichen Erbanlagen. Väterlicherseits sind Drohne und Tochter also zu 100% verwandt. Mit ihrer Mutter, der Bienenkönigin, sind die *diploiden* weiblichen Bienen zu 50% verwandt. Durch die Verteilung der Allele während der Meiose stimmen die Chromosomensätze der Eizellen bei Schwestern zur Hälfte überein. Durch den identischen väterlichen Chromosomensatz beträgt der Verwandtschaftsgrad bei Vollschwestern im Mittel 0,75. Man spricht hier auch von „Superschwestern".

Machen wir nun ein kleines Gedankenexperiment: Wie würde der Verwandtschaftsgrad zwischen einer Arbeiterin und ihrem Nachwuchs aussehen? Weil sie diploid ist würde eine Arbeiterin an eigene Nachkommen einen ihrer beiden Chromosomensätze abgeben. Sie wäre mit ihrem Nachwuchs also zu 50% verwandt, weniger eng als mit ihren Vollschwestern! Arbeiterinnen tragen durch ihr *Helferverhalten* also mehr zur Verbreitung ihrer Gene in der Population bei, als durch die Produktion eigener Nachkommen.

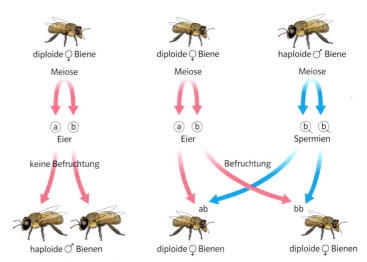

2 *Haplodiploidie fördert Helferverhalten*

A1 ○ Tiere zeigen immer das Verhalten, welches ihnen den höchsten Fortpflanzungserfolg bietet.
Belegen Sie diese Aussage und begründen Sie sie mit dem Begriff der Gesamtfitness.

A2 ◐ Erfahrene Buschblauhäher ziehen ohne Hilfe im Jahr durchschnittlich 1,62 Junge groß, mit Unterstützung eines Helfers sind es 1,94. Die Anzahl der von einem erstmalig allein brütenden Paar aufgezogenen Jungen liegt dagegen bei durchschnittlich 1,36. Belegen Sie anhand des Zahlenmaterials, dass sich Bruthelfer als Alternative zum Nichthelfen ohne Revierbesitz evolutiv durchsetzen konnte.

A3 ◐ Um den Erhalt altruistischer Verhaltensweisen in einer Population zu verstehen, reicht es nicht aus zu begründen, dass dieses Verhalten der Arterhaltung dient. Da Selektion am Individuum angreift, muss das Individuum einen Selektionsvorteil haben, wenn es eine altruistische Verhaltensweise zeigt. Erklären Sie, worin dieser Selektionsvorteil besteht und wie das Verhalten an die nächste Generation weitergegeben wird.

A4 ● Obwohl die Königin ebenso viele männliche wie weibliche Eier legt, beträgt das Geschlechterverhältnis in einem Bienenstock etwa 3 : 1 (Weibchen : Männchen). Diskutieren Sie diese Gegebenheit und beziehen Sie in Ihre Überlegungen die Verwandtschaftsgrade mit ein.

315

Altruismus und Kooperation

1 *Fellpflege bei Schimpansen*

Der Begriff *Altruismus* beschreibt ein fremddienliches Verhalten eines Individuums zum Wohl anderer, wobei sich die Fortpflanzungschancen des Empfängers auf Kosten des Gebers erhöhen. Das Verhalten wird allgemein als uneigennützig beschrieben. Dabei wird allerdings außer Acht gelassen, dass auch der Geber Vorteile aus seinem altruistischen Verhalten gewinnt.

Durch die Unterstützung von Verwandten werden gemeinsame Genkomplexe eher an nachkommende Generationen weitergegeben, als über eigenen Nachwuchs. Bei der Verwandtenselektion steigert altruistisches Verhalten also die Gesamtfitness der Geber. Das Maß an altruistischem Verhalten richtet sich daher auch nach dem Grad der Verwandtschaft.

Kooperation dient dem Erhalt der Gruppe
Bei einigen sozial lebenden Arten wurde altruistisches Verhalten aber auch zwischen nicht verwandten Individuen beobachtet. Dieses Verhalten dient dem Erhalt der Gruppe. In diesem Fall kann der Selektionsvorteil nicht auf individueller Ebene erklärt werden. Man geht aber davon aus, dass die Selektion auf der Gruppenebene auf die Selektion der individuellen Ebene wirkt.

Der *reziproke Altruismus* ist an drei Merkmalen erkennbar: Er bringt dem Empfänger einen Vorteil, verursacht dem Helfer Kosten und die Hilfe wird zeitverzögert erwidert. Die Geber erzielen also durch die zeitversetzte gegenseitige Unterstützung einen Vorteil.

Ein solches System ist aber anfällig für Betrüger, die sich helfen lassen, sich aber nicht revanchieren. Daher ist ein System mit reziprokem Altruismus nur in Gruppen möglich, die lange zusammenleben, sich gegenseitig persönlich kennen und aus Tieren bestehen, die genug Intelligenz und Erinnerungsvermögen besitzen, um sich soziale Interaktionen zu merken. Deshalb sind entsprechende Verhaltensweisen besonders bei Menschenaffen zu erwarten. Beobachtungen an Schimpansen zeigten, dass die Häufigkeiten der gegenseitigen Futterabgabe zwischen zwei Tieren verschiedenen Ranges ungefähr gleich, also unabhängig vom Rang sind. Dabei muss nicht unbedingt in der „gleichen Münze zurückgezahlt" werden, das heißt, die Futterabgabe kann z. B. auch mit Fellpflege „bezahlt" werden.

Betrüger erkennen
Die Bereitschaft, anderen zu helfen, konnte nicht ohne zwei ergänzende Fähigkeiten evolutiv entstehen — die Fähigkeit, Betrüger zu erkennen und diese zu bestrafen. Forscher fanden heraus, dass Menschen nicht nur ein ganz sensibles Hirnmodul zum Aufspüren von sozialen Betrügern besitzen, sondern sich deren Gesichter auch besser und langfristiger einprägen als diejenigen von Nicht-Betrügern. Die Reaktion auf Betrüger ist bei Schimpansen und Menschen entweder die soziale Distanzierung, d. h. man bricht Sozialkontakte ab, oder Aggression. Reziproker Altruismus wird heutzutage den kooperativen Verhaltensweisen zugeordnet, denn Altruismus gegenüber Nicht-Verwandten, der nicht auf Kooperation beruht, ist nach heutigem Erkenntnisstand nur für den Menschen belegt. Man geht davon aus, dass die Bereitschaft zu altruistischem Verhalten durch Erziehungsstil und Vorbildverhalten der Bezugspersonen beeinflusst wird.

A1 Biologen sehen im reziproken Altruismus die Grundlagen menschlicher Moral. Bewerten Sie diese Aussage.

Material
Kooperation

Vampir-Fledermäuse

Gemeine Vampire *(Desmodus rotundus)* leben von Blut, das sie bei nächtlichen Nahrungsflügen von Großtieren erbeuten. Dazu verlassen sie bei möglichst großer Dunkelheit ihre Quartiere, um ihren Feinden, den Eulen, zu entgehen. Sie fügen ihren Beutetieren mit den oberen Schneidezähnen stark blutende Wunden zu und lecken das austretende Blut auf. Pro Nacht kann eine Vampirfledermaus 50—100% des Eigengewichtes an Blutnahrung aufnehmen. Weibchen bilden feste Verbände, die z. B. in hohlen Bäumen ihre Tagesquartiere haben. 30% der Jungtiere, aber nur 7% der Alttiere kehren in der Morgendämmerung erfolglos von der Jagd zurück. Dabei ist nicht vorhersagbar, wer keine Nahrung findet; es kann jeden treffen. Bekommen Vampire länger als zwei Nächte kein Futter, verhungern sie. Hungrige Tiere betteln am Schlafplatz ihre Nachbarn an. Diese sind in vielen Fällen, aber nicht immer, Verwandte.

In Versuchen ließ man einzelne Tiere hungern und setzte sie anschließend zu unterschiedlich eng Verwandten. Die Ausgehungerten begannen sofort um Nahrung zu betteln. Abbildung 1 zeigt die Anzahl Paare mit „Nahrungsteilen" abhängig vom Verwandtschaftsgrad. Im letzten Versuch setzte man ausgehungerte Tiere zu nichtverwandten Tieren, die unterschiedlich vertraut miteinander waren. Diesen Vertrautheitsgrad hatte man daran gemessen, wie häufig die nahrungsteilenden Vampire einen Schlafplatz nutzten. Das Ergebnis zeigt Abbildung 2 und 3.

A1 ● Vergleichen Sie Gewichtszunahme und -verlust sowie Zeitgewinn und -verlust für die beteiligten Partner und erläutern Sie, welche Vor- bzw. Nachteile für sie entstehen.

A2 ○ Erläutern Sie die Vor- und Nachteile für verwandte und nicht verwandte Individuen mit den Begriffen von Fitnessgewinn bzw. -verlust.

A3 ● Begründen Sie, warum es biologisch sinnvoll ist, dass „Vampire" nur an sehr vertraute Nichtverwandte Futter spenden.

Kapuzineraffen

Im Experiment trainierte man Kapuzineraffen darauf, sich gemeinsam ein Brett mit Futterschalen ans Gitter zu ziehen. Blieb eine Futterschale leer, so arbeitete dieses Tier nur mit, wenn es vom Partner Futter abbekam.

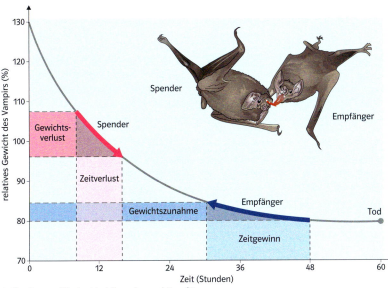

1 *Gewinn und Verlust bei Spender und Empfänger*

4 *Kapuzineraffe*

Affen entwickelten in diesem Zusammenhang auch einen „Sinn für Gerechtigkeit". Im Experiment brachte man Kapuzineraffen bei, kleine Steine gegen Gurkenstücke zu tauschen. Musste ein Tier zusehen, wie ein anderes für die gleichen Steinchen Weintrauben bekam, wurde es aggressiv und warf mit den Steinen um sich.

A4 ○ Benennen Sie die Fähigkeiten, die für die Entstehung kooperativen Verhaltens wichtig sind.

A5 ● Erörtern Sie, wie die Experimente mit den trainierten Kapuzineraffen das kooperative Verhalten belegen.

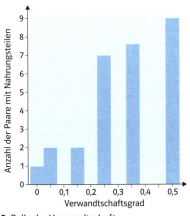

2 *Rolle der Verwandtschaft*

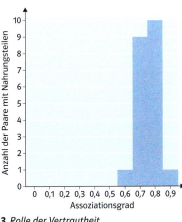

3 *Rolle der Vertrautheit*

Material
Verhalten und Evolution

Organismen sind darauf selektiert, sich in ihrem Leben möglichst erfolgreich fortzupflanzen, d.h. möglichst viele überlebende Nachkommen zu produzieren. Um dies zu erreichen, müssen Individuen ein Leben lang „Entscheidungen treffen". Da die durch Nahrungsaufnahme gewonnene Energie bzw. Materie beschränkt ist, müssen Lebewesen „entscheiden", wann und wofür investiert werden soll.

Wachstum oder Fortpflanzung

1 *Einsiedlerkrebs*

Einsiedlerkrebse verbergen ihren empfindlichen Hinterleib in einem Schneckenhaus. Wird der Krebs größer, muss er eine neue Behausung finden, die etwas größer, aber nicht zu groß ist. Passende Schneckenhäuser sind selten. Ohne passendes Haus könnten die Krebse nicht weiterwachsen. Forscher hielten Einsiedlerkrebse mit einem begrenzten Angebot an Schneckenhäusern und in einem 2. Versuch mit einem unbegrenzten Angebot. Sie untersuchten die Größe der Krebse bei der Fortpflanzung und die entsprechende Gelegegröße. Sie stellten u.a. fest, dass Krebse mit unbegrenztem Angebot sich erst in höherem Alter fortpflanzten (Abb. 2).

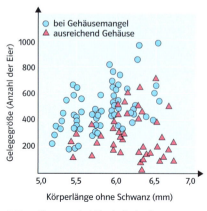

2 *Fortpflanzung bei Einsiedlerkrebsen*

A1 Werten Sie Abbildung 2 aus und deuten Sie das Ergebnis im Sinne einer Lebenslaufstrategie.

Fortpflanzung und Überlebensrate

Die durchschnittliche Gelegegröße bei Kohlmeisen beträgt 8 Eier. Um den Einfluss der Gelegegröße auf die Überlebensrate zu untersuchen, haben Forscher in Experimenten die Gelegegröße künstlich erhöht und anschließend verschiedene Parameter untersucht. Abbildung 3a zeigt den Zusammenhang zwischen der Anzahl von Jungen im Nest und dem Gewicht der Jungtiere.

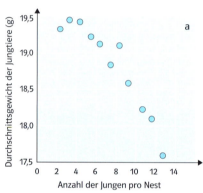

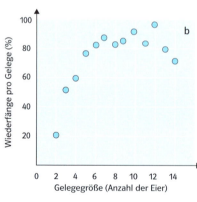

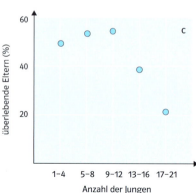

3 *Fortpflanzung bei der Kohlmeise*

4 *Kohlmeise mit Jungen*

Später fing man die aus dem Nest ausgeflogenen Jungtiere wieder ein (Abb. 3b). Abb. 3c zeigt den Zusammenhang zwischen der Anzahl aufgezogener Jungtiere und der Überlebensrate der Eltern.

A2 Fassen Sie die Ergebnisse zusammen und stellen Sie Zusammenhänge zwischen den Einzelergebnissen her.
A3 Nennen Sie Faktoren, die die optimale Gelegegröße bestimmen.
A4 Stellen Sie eine Hypothese auf, welchen Einfluss ein gutes Futterangebot auf die Fortpflanzungsrate hat.

„Zug um Zug"

5 *Hamletbarsch*

Hamletbarsche sind simultane Hermaphroditen, d.h. sie haben gleichzeitig weibliche und männliche Keimdrüsen. Sie befruchten sich wechselseitig, wobei ein Tier zuerst das Sperma des anderen empfängt und ein paar Eier ablegt und im Anschluss daran mit seinem Sperma Eier des Partners befruchtet. Die Tiere legen dabei jeweils abwechselnd wenige Eier. Ein einzelnes Tier setzt niemals alle Eier auf einmal ab und wartet, bis der andere Partner ebenfalls Eier abgelegt hat.

A5 Erklären Sie, warum Hamletbarsche nicht alle Eier auf einmal ablegen.

Fortpflanzung und Räuberdruck

Guppys (kleine lebendgebärende Süßwasserfische) bewohnen ganz unterschiedliche Gewässer, in denen sie von verschiedenen Raubfischen verfolgt werden.

6 *Guppys*

Im Gewässertyp (A) macht der Buntbarsch gezielt Jagd auf kleine Fischarten. Der Zahnkarpfen im Gewässertyp (B) ist dagegen ein Allesfresser und erbeutet eher zufällig die kleinen Jungfische. Je nach Gewässertyp unterliegen die Guppys also unterschiedlichen Selektionsdrücken. Untersuchungen in beiden Gewässern zeigten, dass weibliche Guppys im Gewässertyp (A) früher geschlechtsreif werden als im Gewässertyp (B). Zudem pflanzen sich Guppys im Gewässertyp (A) häufiger fort. Guppys des Gewässertyps (B) hingegen produzieren weniger Jungtiere pro Wurf. Dafür sind ihre Jungen etwas größer und können so der Prädation durch den Zahnkarpfen besser entgehen.

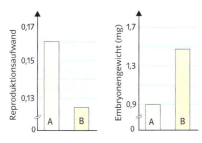

7 *Verhalten in unterschiedlichen Gewässern*

A6 ◐ Beschreiben Sie die unterschiedlichen Fortpflanzungsstrategien der Guppys in den beiden Gewässertypen.

A7 ◐ In anderen Versuchen konnte gezeigt werden, dass die Fortpflanzungsstrategien der Guppys erblich bedingt sind. Erklären Sie die Entstehung der unterschiedlichen Lebenslaufstrategien.

Simulationsbeispiel: Guppys und Räuber

Junge Guppyweibchen können überschüssig aufgenommene Nahrung in Körperwachstum oder in die Produktion von Eizellen stecken. Bleiben sie klein, weil sie sich früh reproduzieren, können sie nicht so viel Nahrung umsetzen, nur wenige Eizellen produzieren und werden leichter von Räubern gefressen. Zögern sie die Geschlechtsreife heraus und wachsen zunächst, dann werden sie schneller größer, können später mehr Eier legen und sind vor Räubern sicherer.

Womöglich werden sie aber auch gefressen, bevor sie sich fortpflanzen. Mit dem unten dargestellten Schema lässt sich der durchschnittliche Lebensfortpflanzungserfolg von jeweils fünf Tieren berechnen, die dieselbe Strategie verfolgen.

Dabei gelten folgende Regeln:
1. Im ersten Jahr fängt jeder Jungfisch mit 1 g Gewicht an.
2. Jedes Jahr bekommt der Fisch 5 g Nahrungseinheiten, die er für Wachstum oder Fortpflanzung verwenden kann.
3. Das Gewicht des Fisches im nächsten Jahr ist die Summe vom vorherigen Gewicht und den zusätzlichen Wachstumseinheiten.
4. Die Anzahl der gelegten Eier berechnet sich als Produkt aus dem Gewicht und den im selben Jahr verwendeten Fortpflanzungseinheiten, d.h. ein 5 g schwerer Fisch, der alle fünf Nahrungseinheiten in die Fortpflanzung steckt, legt 25 Eier.
5. Nach jeder Fortpflanzung wird ausgewürfelt, ob die nächste Fortpflanzungsperiode erreicht wird.
6. Alle fünf Tiere eines Durchganges verfolgen die gleiche Lebenslaufstrategie.

Die einzelnen Schülergruppen berechnen den durchschnittlichen Fortpflanzungserfolg für verschiedene Lebenslaufstrategien bei einer Sterblichkeit von $1/6$ (nur wenn die 1 gewürfelt wird, stirbt das Individuum). Dabei sollten folgende Strategien im Modell dargestellt werden:
1. Alle Nahrungseinheiten für die Fortpflanzung, keine für das Wachstum.
2. Immer 1, 2 oder 3 Einheiten in Wachstum, den Rest in Fortpflanzung.
3. Zwei oder drei Jahre alle Einheiten in Wachstum, danach alles in Fortpflanzung usw.

A8 ○ Protokollieren und vergleichen Sie die Ergebnisse der verschiedenen Gruppen.

	Jahr 1	Jahr 2	Jahr 3	Jahr 4	Jahr 5	Jahr 6	Jahr 7	Summe Eier
Masse (g)	1	4	7					
Einheiten in Fortpflanzung	2	2	2					
Anzahl Eier — Tier 1	2	8	14					
Anzahl Eier — Tier 2								
Anzahl Eier — Tier 3								
Anzahl Eier — Tier 4								
Anzahl Eier — Tier 5								
Summe prod. Eier (alle Fische)								
mittl. Anzahl Eier (pro Individuum)								

4.4 Evolutionstheorien
Synthetische Evolutionstheorie

 z57uq8

Darwinismus
Theoriesystem von CHARLES DARWIN zur Erklärung der Entstehung von Arten auf der Basis natürlicher Selektion

Mendelismus
Hebt die Rolle der Mutationen gegenüber der Selektion hervor, basierend auf den Mendel'schen Regeln

Mit den Fortschritten der Populationsgenetik in den 1930er- und 1940er-Jahren wurden vor allem der *Darwinismus* und der *Mendelismus* in Einklang gebracht. Dieser Einklang bestand darin, dass man die genetische Basis für die Variabilität und für die natürliche Selektion erkannte und mit weiteren Wissenschaftsdisziplinen wie beispielsweise der Mathematik, der Verhaltensbiologie, der Biogeografie und der Paläontologie verknüpfte. Das Ergebnis dieser Verknüpfungen ist die sogenannte *Synthetische Evolutionstheorie*. Grundlage der Evolution sind Veränderungen im Genpool einer Population. Sie besteht aus Individuen einer Art, die aufgrund von unterschiedlichen Selektionsfaktoren eine genetische Vielfalt aufweisen (s. Abb., mittlerer Ring). Ein Teil der Faktoren, die diese Vielfalt einschränken und die zur Anpassung von Populationen an ihre Umwelt führen, ist die *natürliche Selektion*. Dieses Denken in Populationen gehört zum Kern der Synthetischen Evolutionstheorie und unterscheidet sich vom Denken in Arten von CHARLES DARWIN. Dabei ruht das Gebäude der Synthetischen Evolutionstheorie auf den folgenden fünf Säulen:

Variabilität
Oft erscheinen uns die Individuen einer Art weitgehend ähnlich oder nahezu gleich. Aber bei näherer Betrachtung gibt es keine zwei Individuen, die sich völlig gleichen. Selbst bei eineiigen Zwillingen oder Klonen lassen sich Unterschiede finden. Diese Unterschiedlichkeit von Angehörigen einer Population oder Art wird *Variabilität* genannt. Arten bestehen also aus Populationen, die sich jeweils aus einzigartigen Individuen zusammensetzen. Diese phänotypische Vielfalt ist zu einem großen Teil Ausdruck der genetischen Vielfalt einer Population, deren *Genpool* die Allele sämtlicher Genorte aller Individuen umfasst.

Die genetische Variabilität einer Population entsteht durch *Mutation* und *Rekombination*. Dabei verändern Mutationen die Gene und erzeugen neue Allele. Rekombination dagegen greift auf die im Genpool vorhandene Vielfalt der Allele zurück. Die Nachkommen in einer sich sexuell fortpflanzenden Population tragen neue Kombinationen von Allelen *(Genotypen)*, die zu neuen *Phänotypen* führen können.

Natürliche Selektion
Individuen sind in der Regel so fruchtbar, dass sie mehr Nachkommen hinterlassen als für den Ersatz der Elterntiere ausreichend wäre. Würden alle Individuen überleben, würden die Populationen exponentiell wachsen. Dem steht allerdings die allgemeine Beobachtung entgegen, dass die Populationsgröße über längere Zeit mehr oder minder gleich bleibt. Ressourcen stehen nicht unbegrenzt zur Verfügung, sondern sind knapp. Die Individuen einer Population konkurrieren entsprechend um die knappen Güter, und das Überleben sowie die Fähigkeit, sich fortzupflanzen. Diese hängen von den individuellen Merkmalen ab.

Vorteilhaft sind jene Merkmale, die zu den jeweiligen Umweltbedingungen besser passen als andere. Individuen mit solchen Merkmalen sind für diese Umwelt geeigneter als andere Individuen und überleben bevorzugt *(survival of the fittest)*. Handelt es sich um erbliche Merkmale, hinterlassen sie Nachkommen mit den gleichen Merkmalen, ihr Fortpflanzungserfolg ist größer als der von Artgenossen mit weniger geeigneten Merkmalen. Durch Umweltfaktoren werden also Individuen ausgewählt. Dieser Prozess der natürlichen Selektion führt zu Organismen, deren Merkmale zu bestimmten Umweltverhältnissen passen. Bei der *sexuellen Selektion* sorgen dagegen Geschlechtspartner für die Auswahl von Individuen, die zur Fortpflanzung kommen. In jedem Fall setzt die Selektion an den individuellen Unterschieden an.

Zufallseffekte
Größere Katastrophen und andere Ereignisse mit zufälliger Auswahl der sterbenden Individuen können die Allelhäufigkeiten verändern *(Gendrift)*, auch ohne dass eine Selektion stattfindet. Dies gilt besonders für kleinere Populationen. So untermauern beispielsweise neue mathematische Klimamodellrechnungen die Hypothese, wonach der gewaltige Vulkanausbruch des Toba auf Sumatra vor ca.

74 000 Jahren viele Individuen von Homo sapiens, vor allem in Europa und Asien, vernichtete. Einzige Ausnahme bildete der Kontinent Afrika.

Isolation und Artbildung

Zwischen isolierten Teilpopulationen einer Art findet kein genetischer Austausch mehr statt. Die Genpools der getrennten Populationen verändern sich dann unabhängig voneinander und werden sich nach einiger Zeit unterscheiden. Auf diese Weise können sich Arten aufspalten. Oft ist dafür zunächst eine räumliche Isolation entscheidend, anschließend wird die genetische Isolation durch ökologische, ethologische, morphologische und andere Mechanismen aufrechterhalten.

Gemeinsame Abstammung

Alle heutigen Lebewesen stammen von gemeinsamen Vorfahren ab. Neue Arten entstehen im Wesentlichen durch Verzweigungs- und Umwandlungsprozesse. Durch das Anhäufen vieler kleiner Veränderungen können große Unterschiede entstehen. Dies kann je nach den Umweltbedingungen allmählich über längere Zeiträume geschehen *(graduell)* oder in relativ kurzer Zeit *(punktuell)*.

A1 ⊖ Ein einzelnes Individuum besitzt immer nur einen Teil der Allele, die in einer Population insgesamt vorkommen. Bestätigen Sie diese Aussage mithilfe der Blutgruppenallele (Informationen aus dem Internet sammeln) und anhand der Sichelzellallele (s. Seite 50/51).

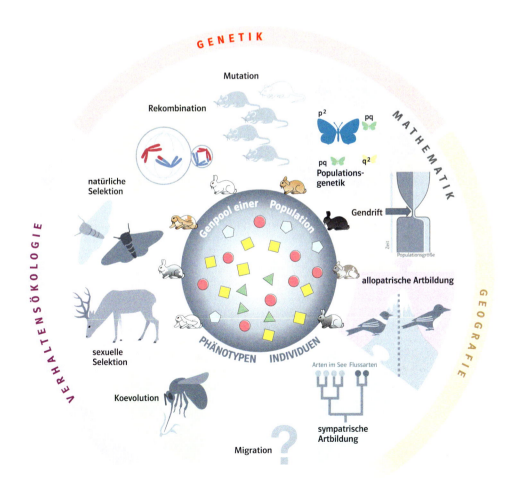

Pioniere der Evolutionsforschung

1 *Charles Darwin und Jean Baptiste Lamarck*

ALFRED RUSSEL WALLACE

Entstehung und Veränderung der Arten

Als erster veröffentlichte JEAN BAPTISTE LAMARCK (1744—1828) eine Theorie, nach der Arten nicht erschaffen wurden, sondern sich über einen langen Zeitraum aus Urformen entwickelt haben. LAMARCK war beeindruckt von der Unterschiedlichkeit der Individuen einer Art und den abgestuften Übergängen zu anderen Arten. Er nahm an, dass alle Lebewesen auf natürliche Weise entstanden seien. Aus wenigen Urformen habe sich so im Verlauf langer Zeiträume die Vielfalt der heutigen Lebewesen entwickelt.

LAMARCKS Meinung nach erfolgt die Veränderung von Arten über die Zeit durch eine gezielte Anpassung von Individuen an veränderte Lebensbedingungen.

Darwin — Sammler und Denker

Der britische Naturforscher CHARLES DARWIN kannte LAMARCKS Ideen zur Veränderlichkeit von Arten. Neben anderen Theorien prägte sie seine Vorstellungen von der Entwicklung der Arten. Aus eigenen Forschungsergebnissen seiner mehrjährigen Weltumsegelung und bestehenden Theorien entwickelte er die Theorie der natürlichen Selektion. Eine große Rolle spielte hierbei die von THOMAS MALTUS entwickelte Theorie zur Überproduktion von Individuen und einem daraus entstehenden Konkurrenzdruck um natürliche Ressourcen (dem „struggle for life"). Einen Teil der Ergebnisse seiner jahrelangen Überlegungen veröffentlichte DARWIN 1859 in dem Werk „On the Origin of species". Zu dieser Zeit war es noch ungeklärt, wie Variabilitäten unter Individuen von einer Generation zur nächsten übertragen wurden.

Darwin war nicht allein

Zeitgleich mit DARWIN kam ALFRED RUSSEL WALLACE während seiner Forschungsaufenthalte in Südamerika und Südostasien zu dem gleichen Ergebnis der Wirkung natürlicher Selektion. WALLACE veröffentlichte seine Ideen vor DARWIN. Nicht nur deswegen gilt WALLACE im Vergleich zu DARWIN unter vielen Evolutionsbiologen als der originellere Denker. So hat er, im Gegensatz zu DARWIN, eine Vererbung erworbener Körpereigenschaften abgelehnt, was später mit der Wiederbelebung der Mendel'schen Regeln und den Erkenntnissen aus der Genetik bestätigt wurde. Damit könnte man seine Evolutionsforschung gegenüber DARWINS als fortgeschrittener bezeichnen. Dass er trotzdem hinter DARWIN so zurückstehen musste, lässt sich vielleicht damit erklären, dass er sich im Alter spirituellen Überlegungen hingab und somit weniger glaubwürdig erschien. Außerdem genoss er im Gegensatz zu DARWIN keine finanzielle Unterstützung, was zumindest zu seinen Lebzeiten eine Rolle gespielt haben könnte.

Nach Darwin und Wallace

Nach DARWIN und WALLACE haben andere große Forscher verschiedener Fachrichtungen zur Weiterentwicklung der Evolutionstheorie zur „Synthetischen Evolutionstheorie" beigetragen. So hat der deutsche Biologe AUGUST WEISMANN als erster festgehalten, dass Vererbung von Merkmalen von einer Generation auf die andere nur über die Keimzellen verläuft.

A1 ○ Erläutern Sie, inwiefern heute LAMARCKS Theorien widerlegt sind.

A2 ● Versetzen Sie sich in die Lage von WALLACE und DARWIN und stellen Sie Vermutungen an, warum beide zur Theorie der natürlichen Selektion kamen.

Nicht naturwissenschaftliche Theorien

In allen Kulturen existieren Mythen über die Entstehung der Erde, der Pflanzen und der Tiere. Die jüdischen und christlichen Mythen finden sich im Alten Testament, die mohammedanischen im Koran, der sich in großen Teilen auf das Alte Testament beruft.

Das Alte Testament diente auch dazu, den Zeitpunkt der Entstehung der Erde zu bestimmen. Alte jüdische Berechnungen setzten die Entstehung der Erde (ihre Schöpfung) auf den 7. Oktober 3761 vor Christus fest. Der anglikanisch irische Erzbischof USSHER war noch genauer. Er berechnete den Schöpfungszeitpunkt auf den 23. Oktobers 4004 vor Christus um 9 Uhr morgens.

Es wäre unangebracht, sich über diese Berechnungen lustig zu machen. Bevor nachvollziehbare wissenschaftliche Theorien der Physik, der Astronomie, der Geologie, der Paläontologie und der Biologie entwickelt wurden, hatten die Darstellungen der Bibel absolute Gültigkeit.

Heute versucht die *Evolutionsbiologie*, die Entwicklung der Lebewesen allein durch natürliche Vorgänge zu erklären. Dieser *Naturalismus* schließt alle übernatürlichen und übersinnlichen Begründungen für natürliche Ereignisse aus, da sonst alle Erklärungen beliebig und nicht mehr überprüfbar wären. Nach den Gesetzen der Logik können die Ursachen für aktuelle natürliche Phänomene nur in der Vergangenheit liegen und nicht in einem zukünftigen Ziel. Das bedeutet, dass auch der Mensch nicht das Ziel der Evolution gewesen sein kann. Dies wird von vielen als Verletzung menschlicher Würde gesehen und widerspricht dem gewohnten Selbstverständnis, denn in einer Entwicklung auf ein Ziel hin wird vielfach ein Sinn gesehen und der Weg dorthin kann dann nicht auf Zufall gegründet sein. Heute wird die Evolutionstheorie von den christlichen Kirchen anerkannt.

Kreationismus und Intelligent Design
Zu den Anhängern der *Kreationismus* genannten Richtung gehören an einem Ende Vertreter, die an einer wörtlichen Bibelauslegung festhalten und in der Evolutionslehre eine Bedrohung ihres Glaubens sehen. Es gibt aber auch die Vertreter des *Intelligent Design*, die die Evolution zum Teil akzeptieren, aber dennoch in Teilbereichen übernatürliche Ursachen annehmen. Sie versuchen, Ergebnisse der Evolutionsforschung zu widerlegen oder zumindest abzuschwächen.

Die Theorie
Ein häufiger Vorwurf lautet, dass die Evolution nicht sicher bewiesen sei. Dies zielt eigentlich auf den Hypothesencharakter aller naturwissenschaftlichen Theorien. *Theorien* sind prinzipiell nicht positiv beweisbar, d. h. nicht verifizierbar. Die Forderung nach völliger Sicherheit ignoriert also den Hypothesencharakter und kann generell nicht eingelöst werden. Theorien sollten aber widerspruchsfrei und überprüfbar sein und die Prüfung sollte auch negativ ausfallen können. Ein positives Ergebnis ist aber kein Beweis, sondern „nur" eine bestandene Bewährungsprobe. Die Evolutionstheorie ist neben der Relativitätstheorie eines der am besten belegten Gedankengebäude der Naturwissenschaften. Die „Schöpfungslehre" dagegen ist prinzipiell nicht überprüfbar.

Ein Ansporn zu forschen
Auch heute ist noch nicht bis ins letzte Detail bekannt, wie das Leben auf der Erde entstanden ist. Nicht oder nicht genau wissen kann daher ein Forschungsansporn sein, sich immer weiter der Wahrheit zu nähern.

A1 Grenzen Sie die Synthetische Theorie der Evolution von den nicht naturwissenschaftlichen Positionen ab und nehmen Sie zu diesen begründet Stellung.

1 *„Die Erschaffung Adams" von Michelangelo*

4.5 Ähnlichkeit und Verwandtschaft
Homologie und Analogie

1 „Flügel" bei Kohlmeise und Flughund

Divergenz und Konvergenz

Die Wirkung der Evolutionsfaktoren lässt sich an vielen Beispielen zeigen und die Bildung neuer Arten kann man mit ihrer Hilfe gut verstehen. Es gibt also Wege und *Prinzipien*, die die Entstehung der heutigen Organismenvielfalt erklärbar machen. Dies beantwortet die Frage nach den Mechanismen der Evolution, der *Mikroevolution*. Bleibt nun die Frage nach der *Makroevolution* zu klären, d. h. wie die Evolution historisch abgelaufen ist.

Ähnlichkeit und Unterschiede

Egal ob Evolutionsbiologin, Postbote oder Pfarrer, als Menschen interessiert uns die Frage: Woher kommen wir? Wir möchten wissen, ob und wie wir und die anderen heute lebenden Organismen von gemeinsamen Vorfahren abstammen und somit untereinander verwandt sind. Dies erfordert weitere Methoden. Vergleicht man zwei Organismen, so stellt man anfangs lediglich mehr oder weniger große Ähnlichkeiten fest. Das heißt, dass es z. B. Merkmale gibt, die bei beiden Organismen übereinstimmen, und andere, in denen sie sich unterscheiden. Das Vorhandensein von Ähnlichkeiten und Unterschieden kann sich unterschiedlich entwickelt haben. Allgemein gilt, dass ältere Merkmale als „ursprünglich", neuere Merkmale als „abgeleitet" bezeichnet werden.

Homologien

Gleiche und unterschiedliche Merkmale von zwei getrennten Organismengruppen können einen gemeinsamen Ursprung haben. Sie beruhen dann auf ähnlicher genetischer Information, die von der gemeinsamen Abstammung herrührt. Unterschiede im Merkmal sind im Laufe der Evolution neu entstanden. Die Entwicklung verläuft *divergent*, das heißt auseinander, hin zu größeren Unterschieden bzw. zu geringerer Ähnlichkeit. Merkmale, die einen gemeinsamen Ursprung haben, nennt man homolog bzw. bezeichnet sie als *Homologien*.

Analogien

Ähnliche Merkmale bei unterschiedlichen Organismengruppen müssen aber nicht zwangsläufig einen gemeinsamen Ursprung haben. Dies ist z. B. zu beobachten, wenn eine bestimmte Merkmalsausprägung für eine bestimmte Funktion besonders gut geeignet ist. Ein Beispiel hierfür ist eine stromlinienförmige Körperform, die in Luft und Wasser vorteilhaft ist. Im Verlauf der Entwicklung hatten in verschieden Organismengruppen mit getrennten Genpools die Individuen eine höhere evolutionäre Fitness, die dieser Form ähnlicher waren. Eine Entwicklung hin zu stromlinienförmigem Körperbau hat sich also mehrfach unabhängig voneinander entwickelt. Läuft die Entwicklung des Merkmals bei den getrennten Organismengruppen aufeinander zu, spricht man von *Konvergenz* (Abb. 2). Solche Merkmalsübereinstimmungen, die nicht auf einem gleichen Ursprung beruhen, bezeichnet man als analog bzw. als *Analogien*.

2 Divergente und konvergente Entwicklung

324 Evolution

Homologiekriterien

Bei homologen Strukturen wird vorausgesetzt, dass ihre Ähnlichkeit durch einen gemeinsamen Ursprung bedingt ist. Zur Entscheidung, ob Verwandtschaft bzw. Homologie vorliegt, werden drei Homologiekriterien herangezogen:

Kriterium der Lage

Findet man einzelne Strukturen stets in gleicher Lage im komplexen Gefüge aller anderen Strukturen, so geht man von deren gemeinsamen Abstammung aus. Dies ist das *Kriterium der Lage*. Mithilfe dieses Kriteriums lassen sich die Knochen der Vorderextremitäten von Wirbeltieren als homolog kennzeichnen. Dies gilt auch dann, wenn ihre Funktionen sehr unterschiedlich sind. Ein Beispiel sind die Armknochen beim Wal und beim Menschen (Abb. 3).

Kriterium der Stetigkeit

Wenn im Evolutionsverlauf starke Veränderungen entstanden sind oder Teile fehlen, ist die Lage von Strukturen schwer zu beurteilen. Vielfach wird durch Zwischenformen ein stetiger Übergang erkennbar. Die Zwischenformen können sich bei anderen Organismen finden, bei Fossilien oder bei Embryonalstadien. Dies ist das *Kriterium der Stetigkeit*. Ein Beispiel sind die Pferdeextremitäten (s. Seite 276).

Kriterium der spezifischen Qualität

In anderen Fällen findet man bei äußerlich wenig ähnlichen Strukturen einzigartige Merkmale. Dies ist das *Kriterium der spezifischen Qualität*. Die Hautschuppen eines Hais und Zähne zeigen in diesem Sinn einen gleichartigen Bau aus spezifischen Substanzen (Abb. 3).

A1 Erläutern Sie, wie das jeweilige Beispiel (Abbildung 1, 3 und 4) die Homologiekriterien erfüllt.

A2 Entwerfen Sie einen hypothetischen Stammbaum, mit dem Sie darstellen, dass ein abgeleitetes Merkmal zweier Arten analog ist, und einen Stammbaum, in dem ein Merkmal homolog ist.

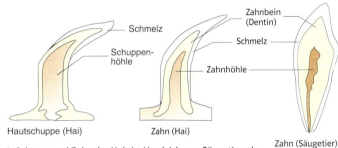

4 Schuppe und Zahn des Hais im Vergleich zum Säugetierzahn

Info-Box: Homologie beim Insektenbein

Die meisten Insekten zeigen deutliche Übereinstimmungen im Körperbau. Insekten besitzen drei Beinpaare an den Brustabschnitten, die je nach Art der Fortbewegung abgewandelt sein können, aber erkennbar den gleichen Grundbauplan aufweisen. Es handelt sich damit nach dem Kriterium der spezifischen Qualität und dem Kriterium der Lage um homologe Organe.

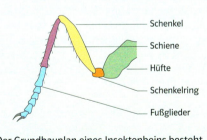
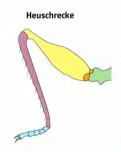
Heuschrecke

Der Grundbauplan eines Insektenbeins besteht aus fünf Gliedern: Hüfte, Schenkelring, Schenkel, Schiene und Fußglieder, das Fußende kann Krallen oder Haftbläschen aufweisen. Die Form der einzelnen Glieder unterscheidet sich aber bei Lauf-, Grab-, Spring- oder Schwimmbeinen.

A3 Ein Sonderfall sind Fangbeine. Fertigen Sie eine Zeichnung an, in der Sie die Vorderbeine der Gottesanbeterin mit dem Grundbauplan homologisieren.

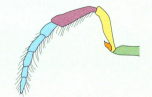
Gelbrandkäfer

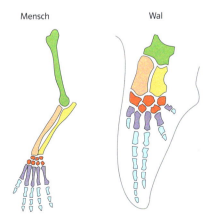

3 Vorderextremitäten zweier Säugetierarten

Rudimente und Atavismen

1 *Körperbehaarung bei Menschen ist ein Atavismus*

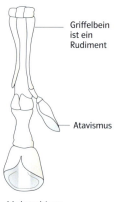

Griffelbein ist ein Rudiment

Atavismus

Mehrzehiger Pferdefuß

Rudimente
Pferde haben eine stark ausgebildete Mittelzehe. Dem dritten Mittelfußknochen liegen links und rechts dünne, schwache Knochen an (Griffelbeine), die für die Fortbewegung keine Bedeutung mehr haben. Sie sind den zweiten und vierten Mittelfußknochen anderer Wirbeltiere homolog. Derartige Organe bezeichnet man allgemein als *Rudimente* oder rudimentäre Organe. Rudimente haben manchmal keine erkennbare Funktion. Dazu gehören beispielsweise die Reste eines Schultergürtels bei unserer einheimischen Blindschleiche oder die Flügelreste bei flugunfähigen Vögeln. Der Wurmfortsatz, eine Ausbuchtung des Dickdarms des Menschen, hat heute für die Verdauung keinerlei Bedeutung mehr, sondern dient stattdessen als lymphatisches Organ.

Es ist ein Beispiel dafür, dass Rudimente häufig eine neue Funktion haben. Die Bildung von Rudimenten erklärt man durch Funktionsverlust oder Funktionsänderung von Organen, die mit Änderungen der Lebensweise entstanden.

Atavismen
In seltenen Ausnahmefällen werden Pferde geboren, die eine zweite oder sogar eine dritte Zehe mit einem Huf aufweisen. Diese mehrzehigen Pferde weisen also ein Merkmal auf, das auf eine mehrstrahlige Wirbeltierextremität hinweist. Derartige urtümliche Merkmale, die bei heute lebenden Lebewesen nur ausnahmsweise auftreten, für deren Vorfahren aber typisch waren, nennt man *Atavismen* (lat. *atavus* = Großvater). Atavismen findet man bei zahlreichen Lebewesen: Rosen und Tulpen weisen gelegentlich grüne, blattförmig ausgebildete Staubblätter auf. Bei der Taufliege gibt es eine atavistische Form mit vier Flügeln. Auch beim Menschen sind Atavismen immer wieder zu beobachten: z. B. starke Körperbehaarung, Ausbildung einer Schwanzwirbelsäule oder überzählige Brustwarzen.

Individualentwicklung und Evolution
Weisen zwei Arten einige homologe Strukturen auf, so kann man davon ausgehen, dass alle oder fast alle anderen Merkmale homolog sind. Dies weist darauf hin, dass es zwischen den verschiedenen Organismen einen gemeinsamen „Grundbauplan" gibt, der wiederum als Hinweis auf eine gemeinsame Abstammung schließen lässt. Auch die Individualentwicklung lässt Rückschlüsse auf eine gemeinsame Abstammung zu und findet große Beachtung in der „Evo-Devo (Evolution and Development)-Forschung" — einem Forschungszweig der Evolutionsbiologie, der sich den Zusammenhängen von Evolution und Individualentwicklung widmet.

Haeckels biogenetische Grundregel
ERNST HAECKEL formulierte aus der Beobachtung, dass sich die Embryonen der Wirbeltiere in den anfänglichen Entwicklungsstadien sehr ähneln, im Jahre 1866 die *biogenetische Grundregel*: „Die Keimesentwicklung *(Ontogenese)* ist eine kurze, unvollständige und schnelle Rekapitulation der Stammesentwicklung *(Phylogenese)*".

Moderne Evo-Devo-Forschung
Heutige Evo-Devo-Forscher (Evolution and Development) widmen sich neben morphologischen Merkmalsvergleichen vor allem molekularer Merkmalsvergleiche. Dabei werden die Homologien von Genen untersucht, indem die DNA-Sequenzen verglichen und auf Ähnlichkeiten überprüft werden (s. Seite 331).

A1 ○ Erläutern Sie den Unterschied zwischen Rudimenten und Atavismen.

Material
Homologie und Analogie

Vergleicht man Formen und Strukturen von ähnlichen Organismen, kann man viele offensichtliche Homologien finden. Daneben gibt es aber auch bestimmte Strukturen, die sich schwerer identifizieren bzw. zuordnen lassen. Sind Ähnlichkeiten zwischen Formen und Strukturen nicht mithilfe der Homologiekriterien als Homologie zu identifizieren, so werden sie als Analogien angesehen.

Linsenaugen

Kopffüßer gehören zum Tierstamm der Mollusken (Weichtiere), d. h. sie sind nicht sehr nah mit den Säugetieren bzw. dem Menschen verwandt. Vergleicht man aber die Augen eines Kopffüßers wie dem Tintenfisch (s. Abb. 1) mit denen der Säugetiere, so stellt man zahlreiche Übereinstimmungen fest. Die unten stehenden Abbildungen zeigen schematisch die Bildung der Linsenaugen im Verlauf der Embryonalentwicklung bei Wirbeltieren und bei Kopffüßern.

A1 ○ Nennen Sie die Strukturen im Linsenauge des Tintenfischs, die mit den Augen der Säugetiere vergleichbar sind.

A2 ◐ Begründen Sie, ob die Augen der beiden Tiergruppen homolog sind oder nicht. Nennen Sie die Homologiekriterien, die Sie für Ihre Argumentation verwenden.

A3 ◐ Beschreiben und vergleichen Sie die evolutive Entwicklung von Augen bei Kopffüßern und bei Säugetieren. Verwenden Sie bei Ihrer Antwort auch das Ergebnis aus Aufgabe 2.

2 *Tintenfisch*

Hahnenfußgewächse

Küchenschelle, Leberblümchen und Buschwindröschen sind bekannte Pflanzen aus der Familie der *Hahnenfußgewächse*.

Betrachtet man bei verschiedenen Vertretern dieser Pflanzenfamilie die Blätter und die Blüten, so sieht man, dass sich bei der Küchenschelle hoch am Spross in Blütennähe Blätter befinden. Solche Blätter werden als *Hochblätter* bezeichnet.

3 *Leberblümchen*

An diesen Beispielen kann mithilfe der Homologiekriterien die Frage untersucht werden, ob die Kelchblätter der Blüte aus Laubblättern hervorgegangen sind oder nicht.

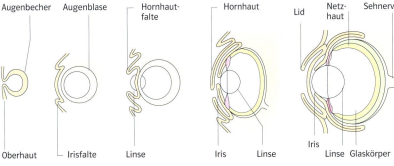

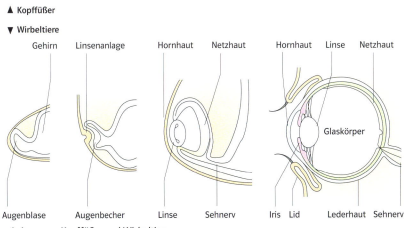

1 *Auge von Kopffüßer und Wirbeltier*

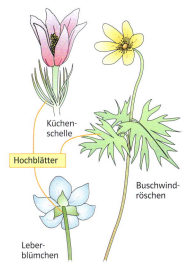

4 *Hochblätter von Hahnenfußgewächsen*

A4 ○ Vergleichen Sie die Blätter der abgebildeten Pflanzen.

A5 ○ Ordnen Sie die Pflanzen in Bezug auf die Lage der Hochblätter in eine Reihe.

A6 ◐ Erklären Sie, wie sich aus der Abbildung ersehen lässt, ob die Kelchblätter des Leberblümchens aus Laubblättern hervorgegangen sind.

327

Merkmale und Merkmalsprüfungen

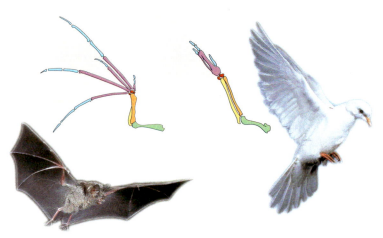

1 *Fledermaus und Taube sowie Schema der Vorderextremität*

Taxon (Plural: Taxa)
Gruppe von Lebewesen mit gemeinsamer evolutiver Herkunft, z.B. Art, Gattung, Ordnung, Klasse

Schon ein Kleinkind erkennt auf Anhieb, dass Dogge und Dackel Hunde sind. Kinder orientieren sich vor allem am Gebell von Hunden, aber auch am Schwanzwedeln. Diese Verhaltensmerkmale haben alle Hunde gemeinsam und sie fehlen bei anderen Säugetieren. Kein geeignetes Merkmal ist dagegen die Größe des Hundes (sehr variabel).

Nicht immer gelingt die richtige Zuordnung mit dem ausgewählten Merkmal. Das zeigt z.B. die umgangssprachliche Benennung des Wales als „Walfisch". Die Schwanzflosse des Fisches enthält jedoch Skelettelemente, die Fluke des Wales besteht aus Bindegewebe. Schwanzflosse und Fluke üben lediglich die gleiche Funktion aus. Es handelt sich also um analoge Merkmale, die über die verwandtschaftliche Beziehung nichts aussagen.

Merkmalsüberprüfung

Auch Wissenschaftler müssen bei der Klärung von Verwandtschaftsbeziehungen geeignete von ungeeigneten Merkmalen unterscheiden. In der langen Liste morphologischer, ethologischer, embryologischer, biochemischer oder genetischer Merkmale suchen sie im ersten Schritt nach Ähnlichkeiten. Analoge Ähnlichkeiten täuschen eine Verwandtschaft allerdings nur vor, sie gehören nicht in diese Liste. Für die Überprüfung der *Homologie-Vermutung* stehen die Homologiekriterien zur Verfügung (s. Seite 325).

Aber nicht alle homologen Ähnlichkeiten eignen sich für die Unterteilung von Verwandtschaftsgruppen. Die Haare von Dackel und Hauskatze sind zwar ein gemeinsames homologes Merkmal, trotzdem ist ein Dackel keine Katze. Auch Feldmäuse und Fledermäuse haben Haare, es handelt sich um ein *ursprüngliches Merkmal*, das diese vier Arten von einem gemeinsamen Vorfahren übernommen haben. Solche gemeinsamen, ursprünglichen, homologen Merkmale sind zwar zur Charakterisierung höherer Taxa (Klasse der Säugetiere) geeignet, nicht aber für eine feinere Unterteilung. Dafür braucht man vielmehr *abgeleitete Merkmale*, die von der gemeinsamen Stammart der betrachteten Untergruppe „erfunden" wurden. Solche „evolutiven Neuheiten" (*Apomorphien*) fehlen außerhalb des betrachteten Taxons. Ein gemeinsames abgeleitetes homologes Merkmal der Nagetiere sind die Nagezähne, bei den Fledermäusen die Flügel. Um zu erkennen, ob ein Merkmal abgeleitet ist, kontrolliert man, ob es auch außerhalb der Gruppe vorkommt (*Außengruppenvergleich*).

Flügel findet man z.B. nicht nur bei Fledermäusen, sondern auch bei der Taube. Gibt es also eine gemeinsame Stammart? Die Flügel von Fledermaus und Taube sind aus den gleichen Knochenelementen konstruiert, als Vorderextremität sind sie deshalb als homolog anzusehen (Abb. 1). Vergleicht man die Fledermäuse jedoch anhand weiterer Merkmale mit Arten aus der Außengruppe („Flügellose"), stellt man fest, dass man Milchdrüsen oder Gebisse nicht nur bei Fledermäusen, sondern auch bei „Flügellosen" findet. Bei einer Einteilung in „Flügeltiere" und „Flügellose" müssten diese mehrfach konvergent entstanden sein. Es ist die einfachste Erklärung, wenn man den Flügel als Merkmal einstuft, das sich bei Vogel und Fledermaus unabhängig voneinander, wenn auch aus einem homologen Merkmal, entwickelt hat. Es gibt keinen Verwandtschaftskreis der Flügeltiere, eine Unterteilung in die Gruppierungen „Säugetier" und „Vogel" wird bevorzugt.

A1 Analysieren Sie die wesentlichen Schritte der Merkmalsprüfung.

Dogge und Dackel

Morphologische Rekonstruktion von Stammbäumen

Geeignete taxonomische Einheiten

Die *phylogenetische Systematik* strebt an, ein natürliches System so aufzustellen, dass jedes Taxon einen Verwandtschaftskreis darstellt, also eine sogenannte *monophyletische Gruppe* bildet. *Para-* und *polyphyletische Gruppen* dagegen versucht man aufzulösen, da sie ungeeignete taxonomische Einheiten darstellen. Ausgangspunkt ist eine Merkmalstabelle. Merkmale, die bei vielen Taxa auftauchen, stehen hier weiter oben (Abb. 1a). In den Stammbäumen markieren die farbigen Punkte das erste Erscheinen des neuen Merkmals (Abb. 1b). Häufig gibt es dafür mehrere Möglichkeiten: So könnten Vögel und Säugetiere eine monophyletische Gruppe der „Gleichwarmen" bilden. Damit hätten sie dann die *Homoiothermie* von einer gemeinsamen Stammart übernommen. Dann müssten aber die Merkmale „Mahlmagen" und „vier Fußzehen" der Krokodile und Vögel konvergent entstanden sein *(Außengruppenvergleich)*. Es führt zu weniger Widersprüchen (Prinzip der einfachsten Erklärung/Sparsamkeitsprinzip), wenn man Krokodile und Vögel als monophyletische Gruppe einstuft und die Homoiothermie als konvergentes Merkmal betrachtet (Abb. 1b).

Das Taxon Reptilien

Der Stammbaum zeigt ferner, dass die gemeinsame Stammart von Schildkröten, Eidechsen, Schlangen und Krokodilen auch der Vorfahr von Vögeln und Säugetieren ist. Das typologische und bekannte Taxon „Reptilien" bildet demnach keine *monophyletische*, sondern eine *paraphyletische Gruppe*, weil sie nicht alle Abkömmlinge der Stammart enthält.

Heute werden neben morphologischen vor allem molekulargenetische Merkmale herangezogen (s. Seite 330). Widersprüche vor allem zwischen diesen Merkmalen lenken dabei das Augenmerk auf bisher nicht erkannte *Konvergenzen*.

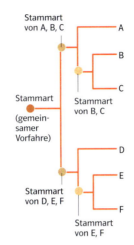

A1 Skizzieren Sie den im Text als weniger wahrscheinlich vorgestellten Stammbaum. (Vorlage: Stammbaum in Abb. 1).

a)

	Taxon, Merkmal	Amphibien	Schildkröten	Eidechsen und Schlangen	Krokodile	Vögel	Säugetiere
1	vier Extremitäten	+	+	+	+	+	+
2	Eihülle (Amnion)	–	+	+	+	+	+
3	Schläfenfenster	–	–	+	+	+	+
4	vier Fußzehen	–	–	–	+	+	–
5	Mahlmagen	–	–	–	+	+	–
6	Homoiothermie	–	–	–	–	+	+
7	nackte Haut	+	–	–	–	–	–
8	Panzer	–	+	–	–	–	–
9	Häutung	–	–	+	–	–	–
10	3faches Augenlid	–	–	–	+	–	–
11	Federn	–	–	–	–	+	–
12	Milchdrüsen	–	–	–	–	–	+

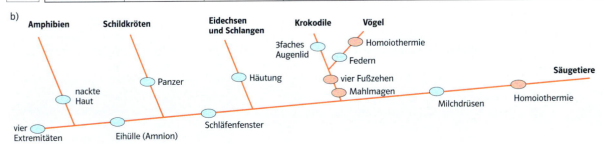

1 *Stammbaum der vierfüßigen Wirbeltiere (Tetrapoda)*

Molekulare Verwandtschaft

Ist das Auftreten gleicher Merkmale homolog, liegen diesen Merkmalen ähnliche molekularbiologische Informationen zugrunde: So werden zum Beispiel ähnliche Strukturen aus gleichen oder ähnlichen Proteinen aufgebaut. Diesen Proteinen liegt eine gleiche oder ähnliche genetische Information zugrunde.

Molekulare Homologien
Zur Aufstellung von Vermutungen über Merkmalsherkunft und Verwandtschaft kann man also neben den Homologiekriterien makroskopischer Merkmale auch die Homologie biochemischer und genetischer Merkmale heranziehen.

Proteinvergleich
Manche Proteine sind in vielen Organismen zu finden, so z. B. das an der Atmung beteiligte Enzym Cytochrom c. Es besteht aus einem Protein mit 104 Aminosäuren und dem Nichtproteinanteil Häm A (Hämgruppe mit einem zentralen Eisenatom an den Positionen 18 und 80). Die Unterschiede in den Aminosäuresequenzen zeigen die Nähe der Verwandtschaft der Arten an. Aus den Daten lassen sich Stammbäume konstruieren. Allerdings besitzen Proteine keine zufällige Struktur, sondern erfüllen im Körper eine bestimmte Funktion, die durch eine spezifische Molekülform ermöglicht wird. Hierfür sind die Aminosäuresequenzen optimiert und könnten so durch eine konvergente Entwicklung ähnlich geworden sein. Die Proteine wären dann lediglich als Analogien anzusehen und nicht als Nachweis von Verwandtschaften geeignet. Dies trifft allerdings nur für solche Abschnitte von Proteinen zu, die für die Funktion des Proteins wesentlich sind. Andere Molekülteile können dagegen deutlich verschieden sein, ohne dass dabei das Protein seine grundsätzliche Funktion verliert. Bei Arten, die in diesen variablen Abschnitten große Übereinstimmungen aufweisen, vermutet man daher eine nähere Verwandtschaft. Verwandtschaft und Konvergenz lassen sich aber mithilfe von Proteinen nicht immer eindeutig unterscheiden.

DNA-Vergleich
Erst der Vergleich der Gene bzw. der DNA allgemein führt hier weiter. Viele Aminosäuren können von verschiedenen Tripletts codiert sein. Nur das Protein und damit die Aminosäuresequenz stellt das phänotypische Merkmal dar, das mit seinem Träger der Selektion unterliegt. Welche DNA-Basensequenz dafür codiert, sollte dabei unwichtig sein. Organismen, die nahe miteinander verwandt sind, weisen demnach eine ähnliche Triplettsequenz auf. Bei einem Aminosäurevergleich des Serumproteins von Schaf und Mensch stimmten 84 von 100

Info-Box: Saurierproteine analysiert
Im Jahr 1992 untersuchte die Wissenschaftlerin MARY SCHWEITZER mit dem Mikroskop den Dünnschliff eines 67 Millionen Jahre alten Tyrannosaurus-Rex-Knochens. Was sie dabei entdeckte, war eine wissenschaftliche Sensation, da es allen bisherigen Vorstellungen der Wissenschaftler widersprach. Sie fand heraus, dass sich in den Kanälen, in denen beim lebenden Tier die Blutgefäße liegen, noch Reste von Blutzellen befanden. Auch an weiteren Saurierresten ließen sich inzwischen solche Reste nachweisen. Mit der sogenannten serologischen Methode wies sie nach, dass es sich um Reste von Hämoglobin handelt. Die Aminosäuresequenz der Proteinfragmente ähnelt am stärksten derjenigen von Vögeln und etwas weniger derjenigen von Krokodilen. Dies sind die beiden heute noch lebenden nächsten Verwandten der Dinosaurier.

verglichenen Aminosäuren überein. Die weitere Untersuchung der dafür codierenden Triplett-DNA-Bereiche ergab eine Übereinstimmung aller drei Basen bei 64 von insgesamt 84 Aminosäuren (76%). Der zufällige Wert der Übereinstimmungen, bedingt durch Mehrfachcodierungsmöglichkeiten, liegt bei 33%. Damit belegt das Gen für Serumalbumin eine nahe Verwandtschaft von Mensch und Schaf. Nach dem Kriterium der spezifischen Qualität handelt es sich in diesem Fall aller Wahrscheinlichkeit nach um Homologien. DNA-Vergleiche werden allerdings immer häufiger mit Genen durchgeführt, die nicht für Proteine oder RNA codieren.

Geeignete DNA-Abschnitte

Grundsätzlich kann man beliebig große DNA-Abschnitte bis hin zu ganzen Genomen vergleichen. Je nach Fragestellung eignen sich aber verschiedene Abschnitte unterschiedlich gut. Da Gene und deren Expression mitbestimmend für die Fitness der Träger sind und somit der natürlichen Selektion unterliegen, eignen sich Protein codierende Gene weniger zur Klärung von Verwandtschaftsfragen. Geeigneter sind DNA-Abschnitte, die nicht der Selektion unterliegen und sich aus diesem Grund verhältnismäßig gleichmäßig über die Generationen verändern.

Genetische Marker

DNA-Abschnitte, die für die Klärung bestimmter Fragestellungen ausgewählt wurden, werden als *„genetische Marker"* bezeichnet. Welcher DNA Abschnitt als Marker geeignet für die Analyse von Verwandtschaften ist, hängt sowohl von der betrachteten Organismengruppe als auch von der Fragestellung ab. Allgemein hat man die Auswahl zwischen der DNA, die sich im Zellkern befindet, und der DNA, die in den Zellorganellen, also den Chloroplasten und Mitochondrien liegt.

Zudem ist zu beachten, dass kurze DNA-Fragmente sich zwar einfacher untereinander vergleichen lassen, aber auch einen geringeren Informationsgehalt haben.

Konservierte DNA-Abschnitte im Kern

Möchte man die Verwandtschaft übergeordneter Verwandtschaftsgruppen analysieren, eignen sich stark konservierte Regionen der Kern-DNA, d. h. Bereiche, in denen nur sehr selten Mutationen auftreten. Für die Analyse von vermutlich erst kurz voneinander unabhängigen (divergierten) Organismengruppen bedient man sich am besten Regionen mit besonders hohen Mutationsraten, z. B. Mikrosatelliten-Fragmenten, da in anderen Regionen häufig keine Unterschiede zwischen den Sequenzen zu finden sind.

Mitochondrien-DNA

Besonders häufig werden für die Analyse von Verwandtschaften Abschnitte der Mitochondrien-DNA (mt-DNA) genutzt, denn sie wird ausschließlich in mütterlicher Linie vererbt und durchläuft keine Meiose oder Rekombination (s. Randspalte). Die Vererbung ist daher leichter rekonstruierbar und Verwandtschaftsbeziehungen können schneller aufgedeckt werden. Man kennt auf dem ringförmigen Molekül der mt-DNA einen nicht codierenden, hochvariablen Bereich, der für die Analysen bevorzugt verwendet wird.

A1 Auch DNA-Abschnitte, die nicht der natürlichen Selektion unterliegen, verändern sich im Laufe der Generationen. Erläutern Sie, wie dies zu erklären ist.

A2 Abbildung 1 stellt DNA-Sequenzen desselben Fragments sechs verschiedener Individuen dar. Identifizieren Sie den konservierten und den am stärksten variablen Bereich (unter Angabe der Basenpositionen).

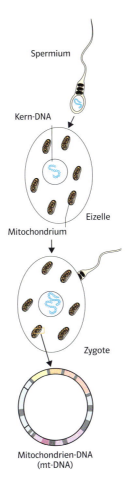

Mütterliche Vererbung der mt-DNA

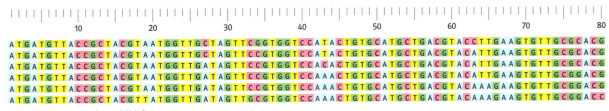

1 *Vergleich verschiedener DNA-Sequenzen*

Molekulare Uhren

Die Veränderung der DNA im Laufe der Zeit erfolgt je nach Genomabschnitt in unterschiedlichem Tempo.

Proteine erfüllen im Stoffwechsel wichtige Funktionen und haben eine Raumstruktur, die daran angepasst ist (Abb. 1). Man sollte daher erwarten, dass Änderungen in der Aminosäureabfolge fast immer nachteilig sind und durch Selektion wieder aus dem Genpool verschwinden. Dies trifft aber nur für funktionell entscheidende Aminosäurepositionen zu. Änderungen an anderen Stellen des Moleküls wirken sich nicht aus, sie sind neutral. An solchen Orten sammeln sich deswegen Unterschiede zwischen Arten an, und zwar umso mehr, je länger die Arttrennung zurückliegt. Diese Gesetzmäßigkeit kann man zur *Stammbaumanalyse* nutzen.

Sequenzänderungen als Zeitmesser
Während man mithilfe paläontologischer Daten aus Fossilfunden den gemeinsamen Ursprung datiert, ermöglichen molekularbiologische Verfahren eine Zeitmessung auf der Basis biochemischer Unterschiede (*molekulare Uhr*). Mithilfe der Daten vieler Organismen lässt sich dann ein Stammbaum erstellen, der auch als Beleg der gemeinsamen Abstammung herangezogen wird (Abb. 1). Verschiedene Proteine haben unterschiedliche Veränderungsraten. Dies liegt vorwiegend daran, wie groß die Bereiche im Molekül sind, an denen neutrale Änderungen möglich sind. Diese sind beispielsweise nur gering beim Cytochrom c, das in den Mitochondrien als Teil der Atmungskette vorkommt. Bei Fibrinpeptiden, die am Wundverschluss beteiligt sind, ist sie dagegen ziemlich groß (Abb. 2).

Selektionsneutrale Zeitmesser
Molekulare Uhren auf Proteinbasis sind wegen eventuell übersehener Selektionseinflüsse stets unsicher. Daher sind Vergleiche auf der Ebene der DNA besser geeignet. Man wählt dazu selektionsneutrale Bereiche. Hier können sich Mutationen ansammeln und zur Zeitmessung genutzt werden. Darüber hinaus beschränkt man die Vergleiche nicht auf die DNA aus dem Zellkern. Auch hier interessiert besonders die DNA aus Mitochondrien, da sie ausschließlich in mütterlicher Linie vererbt wird und keine Meiose oder Rekombination durchläuft. Entsprechend der mt-DNA interessieren auch nicht codierende Bereiche der DNA auf Y-Chromosomen, da diese nur über die väterliche Linie vererbt werden. Mit beiden Quellen erhält man molekulare Uhren mit feiner Auflösung.

A1 Berechnen Sie mithilfe der Abb. 2 die Zeit für den Austausch einer Aminosäure bei den drei Proteinen.

A2 Vergleichen Sie den Stammbaum in Abb. 1 mit der Systematik des Tierreiches (s. Seite 361).

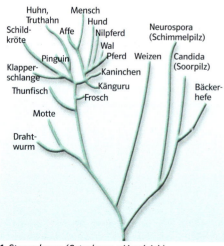

1 *Stammbaum (Cytochrom-c-Vergleich)*

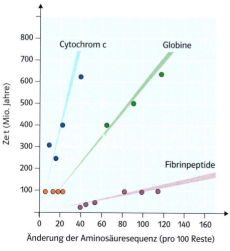

2 *Geschwindigkeit molekularer Uhren*

Neue Gene entstehen

Der französische Nobelpreisträger François Jacob beschreibt in einer seiner Vorlesungen die biologische Evolution wie einen Tüftler, der aus bestehendem Material Neues erschafft. Vertiefende Erkenntnisse in der Molekularbiologie bestätigen diesen bildhaften Vergleich. Als ein Beispiel wollen wir uns die Entstehung neuer Gene genauer betrachten.

Gen- und Genomduplikation
Der Sequenzvergleich heutiger Organismen hat gezeigt, dass sich im Laufe der stammesgeschichtlichen Entwicklung nicht nur einzelne Gene, sondern in vereinzelten Events sogar ganze Genome verdoppelt haben. In den meisten Fällen gingen die doppelten Gene verloren, da für sie kein Bedarf bestand. In einigen Fällen erwarben die Kopien aber neue Funktionen und erweiterten damit das genetische Spektrum ihrer Träger.

Neue Gene aus Genduplikation
Mehrere Duplikationsschritte eines Ursprungsgens führen zur Entstehung von Genfamilien. Dass *Genduplikate* Selektionsvorteile bieten können, zeigt die Familie der Hämoglobine mit ihren unterschiedlichen Affinitäten für Sauerstoff: Der Sperbergeier lebt in der trockenen Savanne Afrikas und kann bei seiner großräumigen Nahrungssuche bis in Höhen über 11 000 m fliegen. Er besitzt drei Hämoglobinvarianten, die ihm die Atmung in einer breiten Spanne von Sauerstoffpartialdrucken ermöglichen (Abb. 1).

Im Falle des Sperbergeiers bietet es Vorteile, mehrere Gene mit der gleichen Funktion zu besitzen. Damit eine Genkopie eine neue Funktion erlangt, müssen die Gene durch Mutationen unterschiedlich werden (Abb. 2). Voraussetzung ist außerdem, dass eine Zweitfunktion für den Träger vorteilhaft ist. Manche Proteine haben mehrere Funktionen, je nachdem, in welchem Gewebe das Gen exprimiert wird. Duplizierte Gene ermöglichen dann eine Spezialisierung auf eine der Funktionen. Das Wachstumshormon, das Größenwachstum beim Menschen fördert, wird in der Hypophyse gebildet. Zu seiner Genfamilie gehört auch das Gen für Chorion-Somatotropin. Dieses Hormon wird nur während einer Schwangerschaft in der Plazenta gebildet und fördert u. a. die Ausbildung von Milchdrüsen. Beide Gene haben den gleichen Ursprung, codieren aber für Proteine mit deutlich verschiedenen Funktionen.

Aus Junk-DNA werden neue Gene
Neue Gene können auch aus zuvor funktionslosen DNA-Abschnitten entstehen, wie anhand eines Beispiels in Mäusen gezeigt wurde. Das neu entdeckte Gen „Poldi" ist das einzige, das sich in der Mitte eines langen nicht-codierenden Chromosomenabschnitts befindet. Der gleiche Abschnitt findet sich auch in allen anderen bekannten Säugetier-Genomen, aber nur bei Mäusen existiert das Gen, welches aus einer Reihe von zufälligen Mutationen entstanden ist. Durch Sequenzanalysen konnten mausspezifische Mutationen identifiziert werden, welche die Wissenschaftler für die Entstehung von Poldi verantwortlich machen.

A1 Beschreiben Sie die Vorteile mehrerer Hämoglobinvarianten beim Sperbergeier.

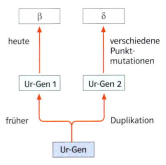

Beispiel für Genduplikation

1 *Sperbergeier*

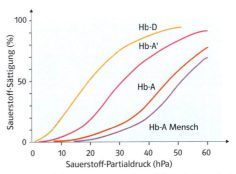

2 *Sauerstoffsättigung verschiedener Hämoglobinvarianten*

DNA-Datenbanken

Das Rufen der Brüllaffen dringt durch das dichte Blätterwerk des tropischen Regenwaldes und begleitet die Forscher auf ihrer Expedition durch eine der artenreichsten Landschaft. Ziel der Tropenökologen ist die Entdeckung neuer Arten.

Archive der Artenvielfalt
Weltweit wird die Zahl aller Arten auf 20 bis 30 Millionen geschätzt, von denen bisher etwa 1,8 Millionen bekannt sind. Viele der bislang unbekannten Arten werden von diesem Planeten verschwunden sein, ohne dass die Menschheit jemals Kenntnis von ihrer Existenz genommen haben wird, denn täglich sterben über 100 Arten aus. Um einen Teil der Informationen über die Vielfalt des Lebens zu wahren, befinden sich zentrale Archive zur Erfassung der Arten im Aufbau, wie zum Beispiel der „Encyclopedia of Life".

Der Barcode des Lebens
Aber nicht nur die Identifizierung ist für die Untersuchung neuer Arten wichtig, sondern auch das Nachvollziehen des aktuellen evolutionären Wandels. Woher wissen Forscher, ob es sich bei dem entdeckten Organismus um eine neue Art handelt und welcher Klasse sie zuzuordnen ist? Die traditionellen Methoden zur Klassifizierung von Arten richteten sich nach morphologischen Merkmalen, wie beispielsweise dem Körperbau bei Tieren oder dem Blütenaufbau bei Pflanzen. Ihre Anwendung ist sehr zeitaufwändig und nur möglich, wenn der vollständige Organismus vorliegt. Sind nur Teile verfügbar, wie Reste eines Organismus, Wurzeln oder Pollen, ist eine genaue Artbestimmung mittels klassischer Methoden oft unmöglich.

Spezielle genetische Marker, sogenannte Barcodes, haben die Arbeit der Biologen revolutioniert. Eine Barcode-Sequenz ist eine kurze Nucleotidsequenz eines standardisierten genetischen Bereichs, der zur Identifizierung von Arten genutzt wird. Dabei handelt es sich um eine Art genetischen Fingerabdrucks, nur eben nicht auf der individuellen Ebene, sondern auf der Art-Ebene. Die verwendeten Sequenzen sind nicht Protein codierend und unterliegen kaum einer selektiven Wirkung, sodass sie sich mit einer relativ gleichmäßig niedrigen Rate verändern. Analog zum Strichcode bei Warenverpackungen kann die Abfolge der Basenpaare als Kennzeichen für eine Art verwendet werden.

Wo ist die Kasse?
Im Supermarkt werden Strichcodes an der Kasse eingelesen und erkannt. Wo aber können Wissenschaftler ihre Barcodes einreichen, speichern und veröffentlichen? Das nationale Zentrum für biotechnologische Informationen der USA (NCBI) bietet die Möglichkeit, Barcode-Sequenzen in einer der weltweit größten DNA-Datenbanken, der sogenannten Gen-Bank, hochzuladen und zu speichern. Diese Daten sind für jedermann frei zugänglich. Wissenschaftler aus der ganzen Welt können ihre Daten in der Gen-Bank ablegen und zentral abrufen.

Der Sequenzvergleich
Nach der DNA-Extraktion wird die Barcode-Sequenz mittels PCR vervielfältigt und anschließend sequenziert (Abb. 3). Anschließend kann man die ermittelte Sequenz in Datenbanken abfragen. Durch den Abgleich mit den dort hinterlegten Sequenzen kann die Spezies identifiziert werden. Für diesen Sequenzvergleich wurde ein spezieller Algorithmus entwickelt, das *Basic Local Alignment Search Tool* (BLAST). Damit lassen sich in relativ kurzer Zeit experimentell ermittelte DNA-Sequenzen

Beispiel für Barcodes

1 *Brüllaffe Alouatta palliata mit Barcodes*

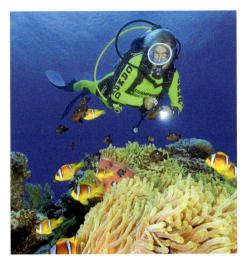

2 *Taucher mit einer Seeanemone*

Letzteres brachte im Jahr 2007 ein für die Wissenschaft unerwartetes Ergebnis hervor. Bei dem Vergleich des menschlichen Genoms mit den derzeit verfügbaren Genomen anderer Organismen ergab sich eine ungeahnte Beziehung des Menschen zur Seeanemone. Die Ergebnisse zeigten nämlich, dass wir enger mit der Seeanemone verwandt sind, als beispielsweise mit der Fliege. Das phylogenetisch alte Genom der Seeanemone ähnelt dem menschlichen in ungeahntem Ausmaß. Der Genomvergleich brachte die Forscher zu dem Ergebnis, dass unser mit diesem und ähnlich „einfachen" Tieren letzter gemeinsamer Vorfahre vor etwa 750 Millionen Jahren existiert hat.

A1 ○ Recherchieren Sie den Unterschied von Gendatenbanken und Genbanken.

A2 ● Stellen Sie eine mögliche Sequenziermethode vor (s. Seite 64) und begründen Sie deren Einsatz.

mit den in einer Datenbank vorhandenen Sequenzen abgleichen. Im Wesentlichen versucht BLAST die Basenabfolge einzelner Sequenzen möglichst passgenau übereinanderzulegen, ohne die Sequenzen dabei zu verändern. Als Ergebnis liefert das Programm eine Reihe sogenannter Sequenz-Alignierungen, also Vergleiche von Stücken der gesuchten Sequenz mit ähnlichen Stücken aus der Datenbank. Darüber hinaus gibt BLAST an, wie signifikant die gefundenen Treffer sind, also wie gut die jeweiligen Sequenzen übereinstimmen. Anhand der Sequenz-Alignierung lassen sich erste Erkenntnisse darüber gewinnen, ob es sich bei der untersuchten Probe um eine bekannte Art handelt.

Stammbäume mittels Datenbanken

Die enorme Menge an Daten, die den Wissenschaftlern durch die zentrale DNA-Datenbank zur Verfügung steht, bietet aber noch einen weit größeren Spielraum an phylogenetischen Auswertungsmöglichkeiten. Denn in Gen-Datenbanken werden nicht nur Marker-Sequenzen hinterlegt, auch Proteinsequenzen bis hin zu ganzen Genomen werden in den Datenbanken gespeichert. So kann beispielsweise ein Stammbaum eines einzelnen Gens zwischen bestimmten Arten erstellt werden oder es können Vergleiche ganzer Genome verschiedener Organismen angestellt werden.

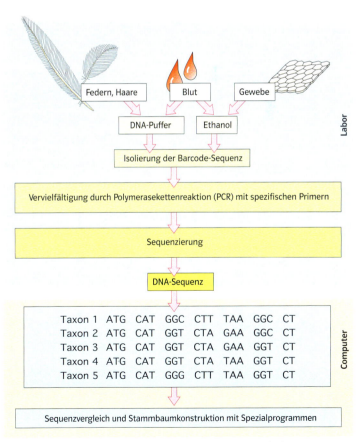

3 *Schema der Stammbaumkonstruktion aus DNA-Sequenzvergleichen*

Material
Gen-Datenbanken

In einer Gendatenbank werden die genetischen Informationen beliebig vieler Menschen, Tiere, Pflanzen oder Mikroorganismen gespeichert. Je nachdem, welches Ziel mit der Speicherung von genetischen Daten verbunden ist, unterscheiden sich die Datenbanken in ihrem Inhalt und ihren Zugriffsrechten. Die DNA-Analysedatei des Bundeskriminalamtes wurde beispielsweise zur Speicherung von DNA-Profilen eingerichtet. Gespeichert werden die genetischen Fingerabdrücke von bekannten Personen, aber auch von Tatort-Spuren, die von unbekannten Personen stammen. Seit Anfang 2001 werden die Wiederholungen des jeweiligen Basenpaarmotivs (Mikrosatellit) von acht Merkmalssystemen analysiert. Gespeichert wird die Anzahl der Wiederholungen auf den beiden Chromosomen in Form von zwei Zahlen.

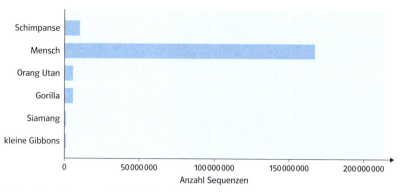

3 Anzahl an Sequenzen in Gen-Bank nach Gattung 2006

Öffentliche Gen-Datenbanken

Die größte öffentliche Datenbank wird vom US-amerikanischen Nationalen Informationszentrums für Biotechnologie (NCBI) bereitgestellt. In ihr werden alle

1 Kosten und Anzahl von DNA-Daten

zugänglichen DNA-Sequenzen gesammelt. Täglich speisen Wissenschaftler aus der ganzen Welt ihre Sequenzen in die Datenbank ein und nutzen den Informationspool, um medizinische und biologische Fragestellungen zu analysieren. Das Diagramm in Abb. 2 zeigt, dass sich die verfügbaren Sequenzdaten der Gen-Bank je nach Art bzw. Gattung stark unterscheiden.

A1 ○ Beschreiben Sie anhand von Abb.1 den Zusammenhang zwischen der Entwicklung von Sequenziermethoden und dem Datenwachstum in der NCBI-Genbank.

A2 ⊖ Stellen Sie eine begründete Vermutung für die unterschiedliche Anzahl an Sequenzen in der Genbank auf.

Anwendung von Gen-Datenbanken

Viele der Sequenzdaten, die in den Gendatenbanken gespeichert sind, sind bereits analysiert und in wissenschaftlichen Artikeln veröffentlicht. Die Bereitstellung der Daten kann der wissenschaftlichen Gemeinschaft den Nachvollzug der publizierten Forschungsresultate ermöglichen: Die Daten können heruntergeladen und von jedem neu analysiert werden. Dadurch wird Forschung besonders transparent. In den Datenbanken des NCBI findet man die Datenbank „Popset".

Hier werden Daten gespeichert, die aus Populationsstudien stammen, z. B. die Ergebnisse der Sequenzierung eines Genabschnitts für eine Anzahl von Individuen einer Populationsuntersuchung.

Abbildung 2 zeigt die Sequenzdaten eines DNA-Vergleichs von drei verschiedenen Phänotypen (groß, mittelgroß, klein) von Individuen der Philippinischen Hufeisennase (*Rhinolophus philippinensis*).

4 Philippinische Hufeisennase

A3 ⊖ Beschreiben Sie die Sequenzpolymorphismen des dargestellten Genabschnitts.

A4 ⊖ Nennen Sie die mögliche Kernaussage der Autoren für diese Populationsuntersuchung.

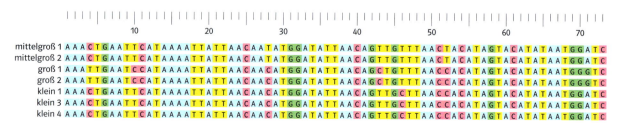

2 Sequenzen eines DNA-Abschnitts von Individuen verschiedener Größenklassen

DNA-Barcoding

Der molekulare Strichcode hat sich als globaler Standard zur schnellen und zuverlässigen genetischen Artidentifizierung von Tieren, Pflanzen und Pilzen entwickelt. Das US-amerikanische Nationale Informationszentrum für Biotechnologie (NCBI) stellt daher auch ein web-basiertes Werkzeug zur Verfügung, mit dem man Barcode-Sequenzen in die zentrale Datenbank einspeisen kann. Es haben sich aber auch spezielle Barcode-Datenbanken etabliert. Die Barcode of Life Database (BOLD) ist eine der größten Datenbanken, die Barcoding-Sequenzen speichert und eine Online-Plattform zur Analyse der Sequenzen bereitstellt.

Außerdem werden Informationen zum Fundort und Fotos der jeweiligen Art in der Datenbank gespeichert. Die Barcoding-Methode lässt sich nicht nur dazu anwenden, neue Arten zu erkennen, sondern sie bietet auch die Möglichkeit, nähere Informationen über die Ökologie bestimmter Arten zu gewinnen.

A5 ⬤ Beschreiben Sie anhand der Abbildung 5, wie sich mithilfe des DNA-Barcodings die Wirtspflanze eines Organismus bestimmen lässt.

BLAST-Programm

Mithilfe des BLAST-Programms der NCBI-Datenbank kann man Teile von DNA und Proteinsequenzen mit allen in der Datenbank befindlichen Sequenzen vergleichen. Gibt man die bekannten Teile der Tyrannosaurus-Sequenz des Proteins „collagen alpha-1" in der BLAST-Suche ein, erhält man unter anderem eine enge Übereinstimmung der Sequenz des Bankivahuhns.

Das Protein collagen alpha 1 ist ein Hauptbestandteil der Haut und macht diese weich und elastisch.

6 *Bestimmung von Wirtspflanzen mittels DNA-Barcoding*

A6 ⬤ Beschreiben Sie basierend auf dem Ergebnis aus der Tabelle in Abbildung 5 den Nutzen der BLAST-Suche für die Aufstellung phylogenetischer Stammbäume.

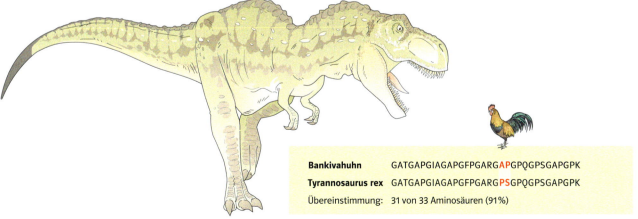

5 *BLAST-Ergebnis zur annotierten Proteinsequenz collagen alpha-1 des Tyrannosaurus rex*

337

Methoden der Paläontologie

1 *Paläontologen bei der Arbeit*

Die Erde entstand vor ca. 4,5 Milliarden Jahren. Vor etwa 3,6 Milliarden Jahren entwickelten sich die einfachsten Lebensformen, die Einzeller. Seit 2 bis 3 Milliarden Jahren gibt es mehrzelliges Leben. Später folgten die ersten Tiere, deren Evolution zu den heutigen Lebensformen führte und zukünftig andere hervorbringen wird.

Dokumente vergangenen Lebens

Die *Paläontologie* ist die Wissenschaft, die die Lebensformen und deren Entwicklung, also die Evolution in der Vergangenheit untersucht. Paläontologie ist die „Logie" (Wissenschaft), die sich mit dem „Altseienden" befasst.

Der Forschungsgegenstand der Paläontologie sind *Fossilien*, abgeleitet aus dem lateinischen *fossilis* = ausgegraben. Fossilien sind das erhalten gebliebene pflanzliche und tierische Leben oder seine Spuren, z. B. Fußabdrücke, vergangener Zeitalter oder kurz: Fossilien sind Dokumente vergangener Lebensformen.

Auch wenn an machen Plätzen sehr viele Fossilien gefunden werden, ist doch die Zahl der Arten, die bislang gefunden wurden, nur ein kleiner Ausschnitt dessen, was man vermutet. Man geht davon aus, dass mehr als 10 Mio. Arten ausgestorben sind, es sind aber nur 150 000 gefunden und bestimmt worden. Gemessen an den zu vermutenden Individuenzahlen sind die Funde noch erheblich geringer.

Die Entstehung von Fossilien

Fossilien zu finden ist also ein relativ seltenes Ereignis und es müssen spezielle Bedingungen vorliegen, damit sich Fossilien bilden und diese über eine hinreichend lange Zeit erhalten bleiben, damit sie heute gefunden werden können.

Weil organische Substanzen schnell von Fäulnisbakterien und Pilzen *(Destruenten)* zersetzt werden, können Fossilien nur gebildet werden, wenn die Lebewesen schnell mit Sedimenten bedeckt werden, die verhindern, dass sauerstoffabhängige Destruenten „ans Werk" gehen können. Durch schnelle Sedimentation werden die notwendigen Bedingungen geschaffen. Das kann geschehen durch Sandbedeckung, in Sümpfen, Mooren, Seen, Flachmeeren und im Ascheauswurf von Vulkanen.

Fossilienfunde

Damit Fossilien heute gefunden werden können, ist es notwendig, dass die abgestorbenen Individuen versteinern oder verkieseln, d. h. das tote Material durch Minerallösungen oder Kieselsäure ersetzt wird. Fossilierung erfolgt ebenso durch die Verwandlung der organischen Substanz in Braun- oder Steinkohle. Fossilisierte Insekten findet man auch in Bernstein. Die Insekten wurden vom Nadelholzharz eingeschlossen und in der Brandungszone schnell mit Sediment bedeckt. Deshalb findet man Bernstein und darin eingeschlossene Insekten besonders an Küsten wie bei uns an der Ostsee.

2 *Fossil einer Schildkröte*

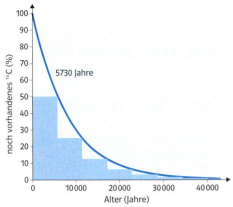

3 *Halbwertszeit von ¹⁴C*

der paläontologischen Wissenschaft. Sie liefert im günstigen Fall die relative Abfolge der Arten, gibt also Aufschluss darüber, in welcher Reihenfolge sie auf der Erde gelebt haben.

Uhren für die Altersbestimmung
Zur zeitlichen Einordnung der Fossilien benötigt man ablesbare „Uhren". Verwendet werden „Uhren" auf der Basis radioaktiver Elemente, von denen man weiß, wieviel sich zum Zeitpunkt des Einschlusses im Fossil oder seiner erhalten gebliebenen Umgebung befand. Unter ungestörten Umständen lässt sich aus dem verbliebenen Rest oder der Menge der Zerfallsprodukte die seit dem Einschluss vergangene Zeit „ablesen".

¹⁴C zur absoluten Einordnung
Ein für diese Methode besonders häufig verwendetes Element ist radioaktiver Kohlenstoff (¹⁴C), der von allen lebenden Organismen aufgenommen wird und nach dem Absterben mit einer Halbwertszeit von 5715 +/- 30 Jahren zerfällt. Nutzbar ist die ¹⁴C-Methode für die letzten 60 000 Jahre. Mit ihr kann demnach bestimmt werden, ob ein Fossil aus der letzten Warmzeit stammt, die vor ca. 20 000 Jahren endete oder aus der darauf folgenden Würm-Eiszeit.

Rekonstruktion vergangenen Lebens
Unter günstigen Voraussetzungen findet man Fossilien in übereinander gelagerten Schichten. Gräbt man solche Plätze auf, findet man zuerst die jüngeren Fossilien und mit zunehmender Tiefe die älteren Fossilien. Gäbe es eine Fundstelle, in der alle je auf der Erde gelebten Arten erhalten wären, könnte man die Lebensformen und die Evolution im Detail studieren und nachvollziehbar machen. Durch erfolgte Erdbeben, Hangrutschungen oder die Auffaltung von Gebirgen kann es einen solchen Ort allerdings nicht geben.

Hilfreich ist aber, dass es eine große Anzahl von Fossilien-Fundplätzen mit mehreren Schichten in zeitlicher Abfolge gibt. Diese zeitlichen Schichten überlappen sich zwischen den Fundstätten. Gräbt man einen solchen Fossilienfundplatz aus oder wurde er etwa an Flussläufen oder Meeresküsten durch das Wasser freigelegt, spricht man von *Profilen*.

Leitfossilien
Die in Profilen gefundenen Fossilien kann man dazu benutzen, unterschiedliche Fundorte in ihren Abfolgen einander anzupassen. Fossilien, die für solche Anpassungen verwendet werden, müssen relativ häufig in den Profilen vorkommen und werden *Leitfossilien* genannt.

Biostratigraphie zur relativen Einordnung
Die Verwendung von Leitfossilien bezeichnet man als *Biostratigraphie*. Es ist die älteste Form der Abfolgenbestimmung in

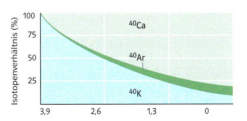

4 *Halbwertszeit von Argon*

Für weiter zurückliegende Zeiten werden Uranisotope mit Halbwertszeiten zwischen 700 Millionen und 4,5 Milliarden Jahren, sowie Kalium-Argon mit einer Halbwertszeit von 1,25 Milliarden Jahren verwendet.

A1 Erläutern Sie die Bedingungen für Fossilienentstehung.

A2 Erklären Sie die Unterschiede zwischen relativer und absoluter Altersbestimmung von Fossilien.

339

Lebende Fossilien

Quastenflosser

Armfüßer

Schachtelhalm

Pfeilschwanzkrebs

Vor der Mündung des Chalumna-Flusses in den Indischen Ozean wurde 1938 ein Fisch mit muskulösen, quastenförmigen Flossen, ein *Quastenflosser*, gefangen. Zu Ehren seiner Entdeckerin, Marjorie E. D. Courtenay-Latimer, gab man ihm den Namen *Latimera chalumnae*. Diese Fische haben ein knöchernes Skelett in ihren Flossen, während andere Fische nur Flossenstrahlen aufweisen. Bekannt sind Quastenflosser aus dem Devon. Zu ihnen gehören z. B. der nur etwa 55 cm lange *Eusthenopteron*, der sich vermutlich mithilfe seiner knochigen Flossen an Land über kurze Entfernungen bewegen konnte. Bis zum Jahre 1938 war man der Meinung, die letzten Quastenflosser seien am Ende der Kreidezeit, also vor ca. 65 Mio. Jahren, ausgestorben. Umso größer war die Überraschung, mit *Latimeria* einen lebenden Quastenflosser zu entdecken.

Arten mit urtümlichen Merkmalen

Auch andere, heute lebende Tier- oder Pflanzenarten unterscheiden sich von ihren nächsten Verwandten durch eine auffällige Anhäufung altertümlicher Merkmale, wie sie bei den Fossilien der schon lange ausgestorbenen Vorfahren dieser Lebewesen auftraten. Solche rezenten (das heißt heute noch lebenden) Lebewesen mit zahlreichen urtümlichen Merkmalen nennt man *lebende Fossilien*.

Lebende Fossilien findet man vor allem in Lebensräumen, in denen sich über viele Millionen Jahre die Lebensbedingungen kaum geändert haben (Tiefsee, Urwälder) und in denen sie nicht der Konkurrenz „modernerer" Arten ausgesetzt waren, wie zum Beispiel in Australien und Neuseeland. Dadurch blieben bei Pflanzen und Tieren altertümliche „Baupläne" weitgehend erhalten. Zu deutlichen Veränderungen der Arten kam es nur selten.

Trotzdem sind lebende Fossilien mit ihren Vorfahren nicht völlig identisch, da auch sie einer Millionen Jahre dauernden Wirkung von Evolutionskräften wie Mutation, Selektion und Drift ausgesetzt waren. Beispielsweise ist *Latimeria* ein Lebewesen der Tiefsee und lebt vor allem in 70 bis 250 m Tiefe bei der Inselgruppe der Komoren.

Eusthenopteron dagegen lebte in Süßwassertümpeln, die er in Trockenzeiten mithilfe seiner Flossen verlassen konnte. Ein Hohlorgan, das sich vom Darm ableitet, erfüllte bei ihm die Aufgabe der Atmung (Lunge). Bei Latimeria dagegen ist dieses Organ mit Fett gefüllt und dient nicht zur Atmung, sondern vor allem zur Regulierung des Auftriebs.

Der *Schachtelhalm (Equisetum)* ist ein weiteres lebendes Fossil. Schachtelhalme waren im Karbon vor 300 Millionen Jahren an der Entstehung der Steinkohle beteiligt. Heute werden sie in der Medizin als harntreibend, bei Rheuma und Nierenleiden eingesetzt. Sie kommen außer in Australien auf allen Kontinenten vor. Waren sie im Karbon holzig bis 30 m hoch, werden sie heute maximal 2 m hoch. Der Name kommt daher, dass sich jede neue „Schachtel" aus der vorhergehenden schiebt und damit einer Teleskopstange ähnelt.

Auf eine noch längere Geschichte sehen die *Armfüßer* zurück. Sie kommen schon im frühen Kambrium vor, sind also seit mehr als 500 Millionen Jahren bekannt. Als Fossilien hat man bislang mehr als 30 000 ausgestorbenen Arten gefunden, die sich mehr als 4000 Gattungen zuordnen lassen. Heute existieren ca. 83 Gattungen mit etwa 375 Arten an Armfüßern. Sie sind meeresbewohnend und ähneln äußerlich den Muscheln. Ihren Namen tragen sie dank eines Armapparats an der Innenseite einer der beiden Schalen.

Im Kambrium haben sich auch die ersten *Pfeilschwanzkrebse* entwickelt, von denen noch vier rezente Arten leben. Ihre größte Vielfalt lag in den Erdzeitaltern Silur bis Jura (450 bis 150 Mio. Jahre)

A1 ● Erläutern Sie, warum lebende Fossilien vor allem in Lebensräumen vorkommen, in denen sich die Lebensbedingungen über lange Zeit gleich gehalten haben.

A2 ● Stellen Sie eine begründete Hypothese auf, wieso es in Australien besonders viele lebende Fossilien gibt.

Brückentiere

Neben den lebenden Fossilien tauchen in der Erdgeschichte immer wieder größere Organismengruppen auf, die es vorher so nicht gegeben hat: die Vögel, die Säugetiere und auch der Mensch. Man kann den Eindruck gewinnen, die neuen Artengruppen träten schlagartig und unverhofft auf.

Nach der Evolutionstheorie aber sind alle Arten aus Vorgängerarten entstanden. Das heißt, die Entstehung der heutigen Arten müsste theoretisch über die fossilen Vorfahren und somit über Übergangsformen rückverfolgt werden können. Allerdings wurden bislang nur ca. 1% der ausgestorbenen Arten als Fossilien gefunden. Hätten wir alle gefunden, so würden wir auch die Übergangsformen kennen.

Alte und neue Merkmale vereint
Einige Übergangsformen sind jedoch bekannt. Sie zeichnen sich dadurch aus, dass sie sowohl die Merkmale der alten als auch der neuen Organismengruppe aufweisen. Solche Fossilien oder auch heute noch lebende Übergangsformen werden als *Brückentiere* bezeichnet.

Rezente Brückentiere
Beispiel einer lebenden *(rezenten)* Übergangsform zwischen Reptilien und Säugetieren ist das australische *Schnabeltier*. Von den Reptilien hat das Schnabeltier die Merkmale „eierlegend", Geschlechtsorgane und Ausscheidungsorgane, die mit Hornplatten versehenen schnabelartigen Kiefer sowie das Raben- und Zwischenschlüsselbein im Schultergürtel. Mit den Säugetieren hat das Schnabeltier die Behaarung, die Milchdrüsen, die Gehörknöchelchen, die gleichwarmen Körpertemperatur und den Beutelknochen am Becken. Aus der Kreidezeit (155 bis 66 Mio. Jahre) kennt man Fossilien, die eine sehr nahe Verwandtschaft zum heutigen Schnabeltier zeigen.

Fossile Brückentiere
Im Oberdevon vor 350 Mio. Jahren kommt mit dem *Ichthyostega* das tierische Leben vom Wasser aufs Land. Ichthyostega weist sowohl Fisch- als auch erste Amphibienmerkmale auf und ist ein sehr frühes und damit wichtiges Brückentier als morphologischer Beweis für die Evolutionstheorie.

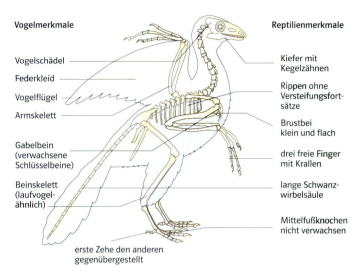

1 *Archaeopteryx hatte Vogel- und Reptilienmerkmale*

Zwischen Saurier und Vogel steht der vor 145 Mio. Jahren ausgestorbene „Urvogel" *Archaeopteryx*. Von den Reptilien hat er die Zähne, die lange Schwanzwirbelsäule und den unverschmolzenen Mittelhandknochen. Vogelmerkmale sind das Federkleid, der Fuß mit der nach hinten gerichteten Zehe (Greiffuß) und das Gabelbein (verwachsene Schlüsselbeine).

2 *Schnabeltier*

Ichthyostega

A1 Erläutern Sie, warum lebende Fossilien und Brückentiere wichtige Belege für die Evolutionstheorie sind.

A2 Stellen Sie dar, warum der Wal kein Brückentier ist.

341

4.6 Evolution des Menschen
Der Mensch ist ein Primat

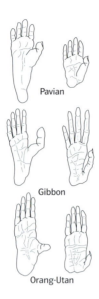

Die Aussage der Evolutionstheorie, dass der Mensch von tierischen Vorfahren abstamme, war lange umstritten. Trotz zahlreicher neuer Erkenntnisse ist die Evolution des Menschen auch heute noch längst nicht bis in alle Details geklärt. Unstrittig ist, dass aufgrund seiner vielen Säugetiermerkmale der Mensch dieser Klasse der Wirbeltiere zuzuordnen ist. Als vor 65 Mio. Jahren die Dinosaurier ausstarben, breiteten sich die Säugetierarten ca. 9 Mio. Jahre später stark aus. Heute gibt es ca. 4500 verschiedene Säugetierarten. Weshalb die enorme Ausbreitung nicht unmittelbar nach dem Aussterben der Dinosaurier stattfand, ist derzeit nicht bekannt. In einer erdgeschichtlich kurzen Zeitspanne entstanden die Vorfahren aller heute noch lebenden Säugetierordnungen und besiedelten die frei gewordenen Lebensräume. Vor 80 Mio. Jahren tauchten die ersten *Primaten* auf. Sie sind Teil der adaptiven Radiation der Säugetiere.

Unterschiede bei Primatenarten
Primaten (die Menschen nicht mit einbezogen) besiedeln heute Südamerika, Afrika und Asien. Ihre kleinsten Vertreter, wie der Mausmaki auf Madagaskar, wiegen knapp 50 g, männliche Gorillas dagegen 250 kg.

Man unterscheidet bei den Primaten die *Halbaffen* von den *Affen*. Die bekannteste Gruppe der Halbaffen sind die *Lemuren*, die auf Madagaskar isoliert vom afrikanischen Kontinent eine unabhängige Entwicklung durchliefen. Die echten Affen unterteilt man in *Alt-* und *Neuweltaffen*. Die Altweltaffen besiedeln Afrika und Asien. Zu ihnen gehören die Meerkatzen und die Menschenaffen, zu denen auch der Mensch gezählt wird. Ihre kennzeichnenden Merkmale sind die kommaförmigen Nasenlöcher und die schmale Nasenscheidewand. Die in Südamerika lebenden Neuweltaffen (z. B. Kapuzineraffen) besitzen dagegen runde Nasenöffnungen und eine breite Nasenscheidewand.

Primaten und andere Säugetiere
Primaten sind anhand von morphologischen (die Gestalt betreffenden) Merkmalen schwierig zu definieren: Die meisten besitzen an das Greifen angepasste Hände und Füße und ein im Verhältnis zu anderen Säugern großes Gehirn. Verbunden ist damit eine relativ gut ausgebildete Intelligenz und eine entsprechende Flexibilität im Verhalten.

Die Lebenserwartung ist hoch, die Fortpflanzungsrate gering und die Brutpflege intensiv. Statt Krallen wie die anderen Säuger besitzen Primaten Plattnägel. Hautleisten auf der Handinnenseite und den Fußsohlen erhöhen die Tastempfindlichkeit. Durch die nach vorn stehenden Augen überdecken sich die Gesichtsfelder. So ist ein gutes räumliches Sehen möglich.

A1 ⬤ In jüngerer Zeit geht man vermehrt davon aus, dass Werkzeugbenutzung bei Primaten eher eine Folge der Intelligenzentwicklung war als eine Ursache. Entwickeln Sie zur Erklärung eine Hypothese.

1 *Stammbaum der Primaten*

Unsere nächsten Verwandten

1 *Bonobo, Schimpanse, Gorilla*

Bis vor wenigen Jahrzehnten hat man den Menschen aufgrund morphologischer und anatomischer Merkmale in eine eigene Familie eingeordnet und ihn den großen Menschenaffen gegenübergestellt. Neuere Forschungsergebnisse korrigieren dieses Bild.

DNA-Hybridisierung

Die DNA-Hybridisierung nach SIBLEY und AHLQUIST hat die verwandtschaftlichen Zusammenhänge weiter aufgeklärt. Bei dieser Methode werden die DNA-Doppelstränge zweier zu vergleichender Arten erhitzt. Die Wasserstoffbrücken zwischen den komplementären Basen brechen auf und die Doppelstränge „schmelzen" zu Halbsträngen. Kühlt man diese Gemische wieder ab, paaren sich komplementäre Fragmente. Je näher zwei zu vergleichende Arten verwandt sind, desto ähnlicher ist ihre DNA, d. h. umso mehr komplementäre Bereiche gibt es. Die Temperatur, bei der 50 % der Hybrid-Doppelstränge geschmolzen sind, bezeichnet man als $T_{50}H$. Der Wert wird aus den unterschiedlichen Werten ermittelt und ist ein Maß für die genetische Distanz zweier Arten. Je kleiner er ist, desto höher ist der Schmelzpunkt der Hybrid-DNA.

DNA-Sequenzierung

Die Ergebnisse von SIBLEY und AHLQUIST ließen sich in Kontrollversuchen nicht reproduzieren. Durch die kurze Zeit später entwickelte Methode der DNA-Sequenzierung erlangte man aber zuverlässigere Zahlen, die sich mit denjenigen aus den Hybridisierungsversuchen annähernd deckten. Die menschliche DNA unterscheidet sich nach den neueren Zahlen von Schimpansen-DNA zu etwa 1,6 %.

Verwandtschaft

Nach den genetischen Abständen sind Bonobos und Schimpansen ganz nahe verwandte Arten, die sich erst vor etwa 1,5 Millionen Jahren trennten. Die Linien von Schimpanse und Mensch spalteten sich vor etwa 5,2 Millionen Jahren auf. Dagegen war die Linie zum Gorilla schon vor ca. 7,4 Millionen Jahren abgezweigt. Der Orang-Utan hatte schon vor rund 16 Millionen Jahren eine eigene Entwicklungsrichtung eingeschlagen. Nach diesen Daten sind die Schimpansen mit dem Menschen näher verwandt als mit den Gorillas.

A1 Begründen Sie, warum in der modernen Forschung die DNA-Hybridisierung nach SIBLEY und AHLQUIST in der Stammbaumforschung keine große Rolle mehr spielt.

A2 Entwickeln Sie ein Dendrogamm für Menschenaffen und Menschen auf der Basis der $\Delta T_{50}H$-Werte (Darstellung wie in Abb. 2 auf Seite 350).

Art	M	B	S	G	O
M	0	–	–	–	–
B	1.64	0	–	–	–
S	1.63	0.69	–	–	–
G	2.27	2.37	2.21	–	–
O	3.60	3.56	3.58	3.55	–

$\Delta T_{50}H$-Wert für verschiedene Primaten

M = Mensch
B = Bonobo
S = Schimpanse
G = Gorilla
O = Orang-Utan

Info-Box: Gehören Menschen und Schimpansen in eine Gattung?

Der Mensch hat sich immer schon als fundamental anders als Affen empfunden. In Stammbaumdarstellungen der 1960er-Jahre zweigt er dementsprechend schon ganz früh, vor der Entwicklung der Menschenaffen ab. Darin spiegelt sich die Vorstellung wider, dass die Affen untereinander näher verwandt sind als mit dem Menschen. Die Primatenforschung der letzten Jahrzehnte hat diese Vorstellung als vollkommen falsch erkannt. Die genetischen Untersuchungen an den Menschenaffen belegten, dass der Schimpanse näher mit dem Menschen verwandt ist als mit dem Gorilla. Nachdem die Verhaltensforscher dann auch noch Sprachverständnis, Werkzeugherstellung, Empathie, Wertvorstellungen und Kulturen bei Schimpansen belegten, forderten sie, die Schimpansen in die Gattung *Homo* einzuordnen.

A3 Stellen Sie Argumente für und gegen die Forderung zusammen und nehmen Sie Stellung.

Mensch und Schimpanse — ein Vergleich

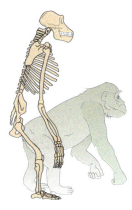
Schimpanse

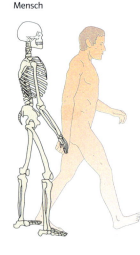
Mensch

Mit den Erkenntnissen der modernen Evolutionstheorie wandelte sich das Bild vom Menschen grundlegend. Vergleichende Untersuchungen zeigen, dass Schimpanse und Mensch nah miteinander verwandt sind. Es gibt aber auch anatomische und genetische Unterschiede.

Fortbewegung und Gang
Das Skelett des Menschen mit seinen im Vergleich zu den Armen längeren Beinen ist an den aufrechten, zweibeinigen Gang angepasst. Der Fuß ist gewölbeförmig, was stabilisierend bei Druckbelastung wirkt. Die Kniegelenke sind so gebaut, dass sie hohe Belastungen durch den ständigen aufrechten Gang abfedern. Die Wirbelsäule ist doppelt-S-förmig gekrümmt und kann Druck- und Scherbelastungen gut aufnehmen. Der Brustkorb ist breit, hat dafür eine geringe Tiefe. Dadurch liegt sein Schwerpunkt auf der Körperachse.

Schimpansen leben als Waldbewohner im tropischen Afrika. Beim Klettern stellen sie sowohl den Daumen als auch die große Zehe den anderen Fingern bzw. Zehen gegenüber. So können sie mit Händen und Füßen Äste umgreifen *(Greifhand* und *Greiffuß)*. Dadurch sind Schimpansen an das Leben auf Bäumen angepasst. Relativ selten erheben Schimpansen sich zum aufrechten, zweibeinigen Gehen *(Bipedie)*, beispielsweise wenn sie Früchte tragen.

Gebrauch der Hand
Beim Menschen sind Arme und Hände universell einsetzbare Greifwerkzeuge, die einen vielseitigen Werkzeuggebrauch ermöglichen. Der Unterarm ist um seine Längsachse drehbar. Der Daumen kann jedem Finger der Hand gegenübergestellt werden. Auf diese Weise ist ein *Präzisionsgriff* möglich. Das Hautleistenmuster mit den darunter liegenden Sinneszellen ermöglicht eine sehr feine Dosierung der Kraft, mit der zum Beispiel ein Gegenstand oder Werkzeug gehalten wird. Kleinere Gegenstände werden von Schimpansen, wie von Menschen, zwischen Daumen und Zeige- und Mittelfinger gefasst. Im Unterschied zum Menschen halten Schimpansen den Gegenstand dabei nur seitlich am Daumen, also nicht mit der Daumenkuppe wie der Mensch.

Schädel und Gebiss
Schimpansenschädel besitzen eine deutlich ausgebildete Schnauze. Der Gehirnschädel hat ein Volumen von ca. 350 cm³. Die Stirn ist fliehend, die Augen sind durch Überaugenwülste vor Verletzungen geschützt. Beim heutigen Menschen dagegen ist keine ausgeprägte Schnauze erkennbar. Der Gesichtsschädel liegt weitgehend unter dem großen Gehirnschädel, dessen Volumen etwa 1450 cm³ groß ist.

Intelligenz, Sozialverhalten und Sprache
Der Mensch besitzt im Verhältnis zu seiner Körpermasse das größte Gehirn unter den Primaten. Es stellt die Voraussetzung dar für die typisch menschlichen Fähigkeiten, z. B. die ausgeprägte Lernfähigkeit, das komplexe Sozialverhalten und die Kommunikation durch Sprache sowie die sich daraus ergebende enorme Flexibilität und Anpassungsfähigkeit. Auch Schimpansen zeigen herausragende Fähigkeiten: Sie kommunizieren intensiv über Mimik, Gestik und Laute. Sie besitzen zwar ein einfaches Sprachverstehen, für eine artikulierte Sprache fehlen ihnen jedoch die anatomischen Voraussetzungen.

Chromosomale Unterschiede
Die nahe Verwandtschaft zeigt sich bereits beim Vergleich der *Karyogramme*: Die Chromosomen von Mensch und Schimpanse gleichen sich in Form, Größe und Bandenmuster. Im Unterschied zum Schimpansen ($2n = 48$) besitzt der Mensch nur $2n = 46$ Chromosomen. Die verringerte Chromosomenanzahl ist auf eine Fusion von Chromosom 2 und 3 zurückzuführen. In der Reihung entspricht Chromosom 21 des Menschen daher Chromosom 22 des Schimpansen. Aus der nahen genetischen Verwandtschaft von Schimpanse und Mensch kann man schließen, dass beide gemeinsame Vorfahren haben.

Unterschiede bei den Strukturgenen
Der genetische Vergleich zwischen Mensch und Schimpanse ergibt insgesamt eine Übereinstimmung von knapp 99 %. In diesen veränderten ca. 30 Mio. Basen gilt es, die entscheidenden Veränderungen herauszufiltern. Gefahndet wird mithilfe von Biostatistikern und entsprechenden Computerprogrammen.

Wissenschaftler untersuchen derzeit genetisches Material von Zellen des Gehirns, da sie hier aufgrund der unterschiedlichen Komplexität der Gehirne, der Feinmotorik (v.a. Gesicht, Mund und Hände) und der Sprache die größten genetischen Unterschiede innerhalb verwandter Gene *(Genfamilien)* vermuten. Aber auch innerhalb der Gene im Bereich der Verdauung wurden Unterschiede entdeckt.

Beim *FOXP2-Gen*, einem Gen, das für die Sprachentwicklung eine entscheidende Rolle spielt, gab es in ca. 70 Mio. Jahren seit der Trennung von Maus und Schimpanse nur eine Aminosäureänderung infolge einer Punktmutation, während es in den letzten 6 Mio. Jahren (Zeitraum seit der Trennung von Mensch und Schimpanse) dort immerhin zwei weitere Aminosäureveränderungen gab. Dies ist ein Hinweis auf eine positive Selektion. Man vermutet derzeit, dass dieses menschliche FOXP2-Gen für eine deutliche Verfeinerung der Mund- und Gesichtsmotorik verantwortlich ist.

Unterschiede in der Genexpression
Bereits wenige Mutationen, die z.B. ein Regulationsgen betreffen, führen zum Teil zu starken Veränderungen im Zellstoffwechsel, denn diese Gene steuern das Zusammenspiel von mehreren Strukturgenen (vgl. Genetik, Seite 148). Ein Beispiel hierfür ist das sogenannte *HAR1-Gen (human accelerated region 1* = beschleunigt veränderte Region Nr. 1). Bei diesem 118 Basen umfassenden Gen handelt es sich um ein Regulationsgen, das in Neuronen eines bestimmten Nervenzelltyps aktiv ist, die während der Embryonalentwicklung für die Furchungen der Großhirnrinde verantwortlich sind.

Treten auf diesem Gen Veränderungen auf, so ist die sensible genetische Balance gestört. Eine meist tödlich verlaufende Erkrankung ist die Folge, bei der die Furchenbildung während der Embryonalentwicklung im Mutterleib nicht mehr abläuft *(Lissenzephalie* = glattes Gehirn). Die Ergebnisse des Sequenzvergleichs zwischen Mensch, Schimpanse und Huhn zeigt Abbildung 1. Aus der Anzahl der Unterschiede kann man Rückschlüsse auf die Dauer der Getrenntentwicklung ziehen. Der evolutive Abstand zwischen Huhn und Primatenvorfahren wird mit 300 Mio. Jahren angegeben, während der zwischen Schimpanse und Mensch nur 6 Mio. Jahre beträgt.

Unterschiede in der Genkopien-Anzahl
Nicht nur in der Qualität bestimmter Gene sind Unterschiede zu finden, sondern auch in der Quantität. Vor allem Kopien von Genen *(Duplikationen)*, welche die Hirnfunktion steuern, liegen beim Menschen in deutlich höherer Anzahl vor als beim Schimpansen.

A1 Zeigen Sie die hier genannten Beispiele für das Basiskonzept Struktur und Funktion auf.

A2 Werten Sie die DNA-Sequenzen der drei Lebewesen in Abbildung 1 aus. Erklären Sie, weshalb die Sequenz des Huhns ebenfalls analysiert wurde.

A3 Zeichnen Sie anschließend hierfür ein Dendrogramm und beschriften Sie es (Vorlage: Abb. 2 auf Seite 350).

T	G	A	A	A	C	G	G	A	G	G	A	G	A	C	G	T	T	A	C
A	G	C	A	A	C	G	T	G	T	C	A	G	C	T	G	A	A	A	T
G	A	T	G	G	G	C	G	T	A	G	C	C	G	C	A	C	G	T	C
A	G	C	G	G	C	G	G	A	A	A	T	G	G	T	T	T	C	T	A
T	C	A	A	A	A	T	G	A	A	A	G	T	G	T	T	T	A	G	A
G	A	T	T	T	T	C	C	T	C	A	A	G	T	T	T	C	A		

Mensch

■ Änderungen in der Humansequenz relativ zu der des Schimpansen

T	G	A	A	A	T	G	G	A	G	G	A	G	A	A	A	T	T	A	C
A	G	C	A	A	T	T	T	A	T	C	A	A	C	T	G	A	A	A	T
T	A	T	A	G	G	T	G	T	A	G	A	C	A	C	A	T	G	T	C
A	G	C	A	G	T	G	G	A	A	A	T	A	G	T	T	T	C	T	A
T	C	A	A	A	A	T	A	A	A	G	T	A	T	T	T	A	G	A	
G	A	T	T	T	T	C	C	T	C	A	A	A	T	T	T	C	A		

Schimpanse

■ Veränderungen in der Schimpansenfrequenz relativ zu der des Huhns

T	G	A	A	A	T	G	G	A	G	G	A	G	A	A	A	T	T	A	C
A	G	C	A	A	T	T	T	A	T	C	A	A	C	T	G	A	A	A	T
T	A	T	A	G	G	T	G	T	A	G	A	C	A	C	A	T	G	T	C
A	G	C	A	G	T	A	G	A	A	A	C	A	G	T	T	T	C	T	A
T	C	A	A	A	A	T	A	A	A	G	T	A	T	T	T	A	G	A	
G	A	T	T	T	T	C	C	T	C	A	A	A	T	T	T	C	A		

Huhn

1 *Sequenzvergleich beim HAR1-Gen*

Die frühen Hominiden

Unter *Hominisation* fasst man die Vorgänge zusammen, die im Verlauf der Evolution zur Entstehung des modernen Menschen geführt haben.

Lucy — Australopithecus afarensis

Einen der bedeutendsten Funde menschlicher Vorfahren machte der Amerikaner DONALD JOHANSON. Er entdeckte 1974 im südlichen Äthiopien einen Schädel und in nächster Nähe weitere Knochen, die alle von demselben weiblichen Skelett stammen. Die Forscher nannten den Fund *Lucy* (nach einem Beatles-Song). Dieser Fund wurde auf etwa 3,3 Mio. Jahre datiert und wird heute der Art *Australopithecus afarensis* zugeordnet. Vermutlich ist diese Art bereits vor ca. 4 Mio. Jahren entstanden und ein Vorfahre der nachfolgenden Hominiden. Als *Hominiden* werden alle Arten zusammengefasst, die in den zum Menschen führenden Stammbaum gehören.

Lucy gilt als Vertreter einer Art, die den ersten Schritt zur Menschwerdung vollzogen hatte: Der Körper der Australopithecinen war schon an den aufrechten Gang angepasst, aber ihre Schädel zeigten noch eine Reihe ursprünglicher Merkmale. Wahrscheinlich gab es ausgeprägte Geschlechtsunterschiede. Die weiblichen Individuen waren nur wenig über einen Meter groß und nur ca. 30 kg schwer. Die Männchen waren deutlich größer und schwerer. Der Gesichtsschädel sprang etwas vor und eine Stirn fehlte. Das Gehirnvolumen lag bei ca. 400—550 cm³. Eine kräftige Nackenmuskulatur hielt den Kopf im Gleichgewicht, das Hinterhauptsloch lag zentral. Der Bau der Kniegelenke und des Beckens war bereits an den aufrechten Gang angepasst. Die auf 3,6 — 3,7 Mio. Jahre datierten fossilen *Fußspuren von Laetoli* bestätigen das (siehe Randspalte).

Fußspuren von Laetoli

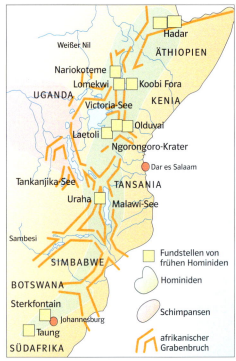

1 *Der ostafrikanische Graben*

Neuere Untersuchungen der Extremitätenknochen zeigen aber auch, dass Australopithecinen noch gut klettern und sich auf allen Vieren auf dem Boden fortbewegen konnten.

Ältere Funde

Neben Lucy wurden weitere Fossilien gefunden, die unseren Vorfahren zugeordnet werden können. Einer der bisher ältesten Funde ließ sich auf etwa 6—7 Mio. Jahre datieren. Der *Sahelanthropus tchadensis* genannte Vorfahre lebte vor der Auftrennung in Schimpansen und Menschen. Wie der spätere *Homo erectus* besaß er ausgeprägte Überaugenwülste. Aus der Zeit vor 4,4 Mio. Jahren stammt *Ardipithecus*

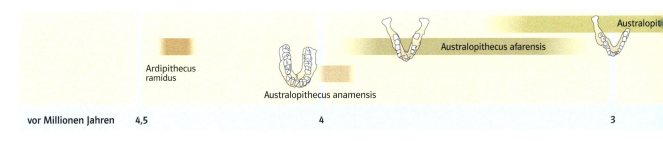

vor Millionen Jahren 4,5 4 3

ramidus. Er steht der Aufspaltung von Schimpanse und Mensch, die vor 6,3—5,4 Mio. Jahren stattfand, sehr nahe. Ob mit ihm das „missing link", das Zwischenglied in der evolutionären Entwicklung, gefunden ist, ist weiterhin unklar.

Etwas jünger ist *Australopithecus anamensis*, dessen Merkmale zum Teil an die von Menschenaffen erinnern. Andererseits ging er anscheinend schon aufrecht. Wegen der Unvollständigkeit dieser beiden ersten Hominidenfunde ist die systematische Einordnung unsicher. Zurzeit geht man davon aus, dass *A. anamensis* zu den möglichen Vorfahren von *A. afarensis* gehört, von dem es neben Lucy weitere Fossilfunde gibt.

Jüngere Funde

A. afarensis verschwand vor 3—2,5 Mio. Jahren. Zur gleichen Zeit entstand ein anderer Hominide mit etwa gleichem Hirnvolumen, *A. africanus*. Er war wie sein Vorgänger von grazilem Körperbau. Die Abnutzungsspuren auf den Zahnoberflächen beider Arten deuten auf vorzugsweise pflanzliche Kost hin. Aus *A. africanus* ging wahrscheinlich eine weitere Gruppe von Hominiden mit robustem Körperbau hervor, die von den meisten Wissenschaftlern inzwischen einer neuen Gattung zugeordnet werden: *Paranthropus aethiopicus*, *P. boisei* und *P. robustus*. Ihr außerordentlich kräftiges Gebiss und die Abnutzungsmerkmale deuten auf harte pflanzliche Kost hin. Charakteristisch sind die ausgeprägten Scheitelkämme des Hirnschädels. Ihr Hirnvolumen lag zwischen 410 und etwas über 500 cm^3.

Zur Entwicklung des aufrechten Ganges gibt es unterschiedliche Hypothesen. Die Zweibeinigkeit in der Savanne könnte den Vorteil gehabt haben, dass die Hände frei für andere Tätigkeiten wurden, die Wärmeeinstrahlung auf den Körper verringert wurde und unsere Vorfahren Feinde besser sehen konnten. Da die Fortbewegung auf zwei Beinen aber zwangsläufig langsamer ist, sehen manche Wissenschaftler darin einen großen Nachteil. Alle Steppenbewohner sind schnelle Fluchttiere, sodass sie annehmen, die Zweibeinigkeit sei bei waldbewohnenden Affen entstanden.

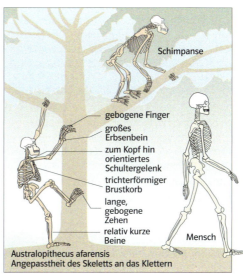

2 *Skelettvergleich*

Homo — eine Gattung erobert die Erde

Homo habilis

Homo rudolfensis

Homo ergaster

Homo erectus

Einer der ersten Vertreter der Gattung *Homo*, zu der auch wir heutigen Menschen gehören, ist *Homo habilis*. Ihm werden die ältesten bekannten, aus vor 2,5 bis 1,2 Millionen Jahren alten Geröllen hergestellten *Steinwerkzeuge* (Olduvan-Industrie) zugeschrieben. Sie bestehen aus einfachen Abschlägen und Steinkernen. Die Herstellung dieser frühesten Geräte erfordert bereits eine gute räumliche Vorstellung und motorische Fertigkeiten. Die ältesten Reste des *Homo habilis* werden auf ca. 2,5 Mio. Jahre datiert. Sein Gehirnvolumen — ein wichtiges Kriterium für die Zuordnung zur Gattung *Homo* — war mit 600 bis 800 cm^3 deutlich größer als das von *Australopithecus africanus*, seinem möglichen Vorfahren (Abb. 1).

Im gleichen Zeitraum lebten in Afrika weitere Hominiden mit größerem Gehirn, der etwas ältere *Homo rudolfensis* (Hirnvolumen ca. 750 cm^3) und der etwas jüngere *Homo ergaster* mit deutlich moderneren Merkmalen. Ob Letzterer aus *Homo habilis* oder *Homo rudolfensis* hervorging, ist nicht geklärt. *Homo ergaster* nutzte kontrolliert das Feuer. Dies ermöglichte ihm nicht nur die Abwehr von Tieren, er konnte so erstmals kalte Klimazonen besiedeln. Zudem stellte *Homo ergaster* höher entwickelte Steingeräte her, z. B. symmetrische Faustkeile.

Fossilfunde aus Asien zeigen, dass frühe Menschen Afrika verließen. Ein auf Java gefundener Schädel wurde auf 1,6 bis 1,8 Mio. Jahre datiert. Weitere Funde aus Asien sind deutlich jünger. Die asiatischen Funde werden heute oft als *Homo erectus* von der schlankeren afrikanischen Art *Homo ergaster* unterschieden. Das Gehirnvolumen der *Homo ergaster*- bzw. *Homo erectus*-Gruppe schwankte zwischen ca. 800 cm^3 bei frühen Funden und ca. 1200 cm^3 bei späteren Funden. Die frühen Menschen, die vor weniger als 1 Mio. Jahren Europa von Afrika aus besiedelten, wurden zunächst ebenfalls dem *Homo erectus* zugeordnet. Inzwischen werden sie von vielen Wissenschaftlern in Anlehnung an den etwa 600 000 Jahre alten Unterkieferfund in der Nähe von Heidelberg als *Homo heidelbergensis* innerhalb der *Homo ergaster-/Homo erectus*-Gruppe und damit als eigene Art klassifiziert. Diese Menschenart war auch im westlichen Asien und im nördlichen Afrika verbreitet. Heute geht man davon aus, dass *Homo heidelbergensis* der Vorfahre des Neandertalers (*Homo neanderthalensis*) ist. Dieser entstand vor etwa 200 000 Jahren irgendwo in Europa oder im Nahen Osten.

Zwischen 1995 und 1998 machte man in einem Braunkohletagebau bei Helmstedt eine Entdeckung, die unsere herkömmlichen Vorstellungen über unsere frühen Vorfahren revolutionierte. Man fand an einem ehemaligen Seeufer einen Lagerplatz von Menschen aus der Zeit vor 400 000 bis 270 000 Jahren. Mit diesem Alter ließ er sich nur dem *Homo heidelbergensis* zuordnen. Der Platz lieferte neben Steinwerkzeugen und vielen Knochenresten auch acht hölzerne Wurfspeere, mit denen die damaligen Bewohner mindestens 20 Pferde, Wisente und Rothirsche erbeutet hatten. Diese Menschen waren also schon Großwildjäger.

Homo sapiens
Der heute lebende *Homo sapiens* entstand vor 150 000 bis 200 000 Jahren aus afrikanischen Populationen der *Homo ergaster-/Homo erectus*-Gruppe und verließ vor ca. 100 000 Jahren ebenfalls Afrika. Europa wurde nach dieser Theorie in zwei Wellen von *Homo* besiedelt („Out of Africa"-Modell). Neandertaler und moderner Mensch

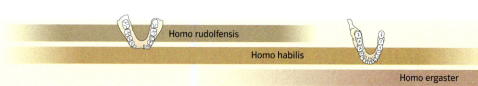

vor Millionen Jahren 2,5   2

348   Evolution

Info-Box: Der Mensch von Flores gibt Rätsel auf

Im Jahr 2003 fanden Anthropologen im Sediment einer Höhle auf Flores in Indonesien Reste von bis zu acht Lebewesen, deren Merkmalskombination sehr schwer in das herkömmliche Bild der Menschenevolution passt. Man nannte sie *Homo floresiensis*. Diese Menschen waren nur etwa einen Meter groß und besaßen ein Gehirn mit einem Volumen von etwa 380 cm³, also nur wenig mehr als ein Schimpanse. Ihre Füße waren denen des Menschen ähnlich geformt, aber im Vergleich zur Beinlänge viel größer. Das Körperskelett wirkt primitiver als das von *Homo erectus* und passt besser zu *Australopithecinen*. Diese Einordnung wird zum Teil auch von den aufgefundenen Steinwerkzeugen gestützt, die hauptsächlich aus einfachen Geröllgeräten und Abschlägen bestehen. Diese Merkmale deuten an, dass diese Menschenform vor dem *Homo erectus*, also vor mehr als 1,8 Mio. Jahren, abgezweigt sein müsste. Die Knochen von Flores sind aber nur 18 000 Jahre alt. Möglicherweise verließ also *Homo erectus* nicht als Erster Afrika.

lebten zeitweise nebeneinander in Europa (s. Seite 352). Die Evolution des *Homo sapiens* geht mit einer Weiterentwicklung in der Werkzeugherstellung einher. Er stellte Klingen, Stichel, Kratzer und Spitzen sowie sägeähnliche Geräte her.

Großtierherden Ostafrikas boten ideale Lebensbedingungen für unsere Vorfahren, da immer ausreichend Nahrung vorhanden war. Gebrauchsspurenanalysen weisen auf das Schneiden von Fleisch und Pflanzen sowie Holzbearbeitung hin. Die Verwendung von Steinwerkzeugen brachte Überlebensvorteile. So war es möglich, auch Großtiere als Nahrung zu verwerten, da sie nun zerlegt und abtransportiert werden konnten (Abb. 2).

Kulturelle Evolution

Schon aus der Steinzeit kennt man Handwerk, Handel und Totenkult. Kultur entsteht in der Auseinandersetzung des Menschen mit seiner Umwelt. Zu den Kulturgütern gehören Sprache, Religion, Ethik, Kunst, Recht, Staat, Geistes- und Naturwissenschaften sowie die Umsetzung von Erkenntnissen in der Technik. Ihre Entwicklung und Weitergabe ist ein Artmerkmal des Menschen.

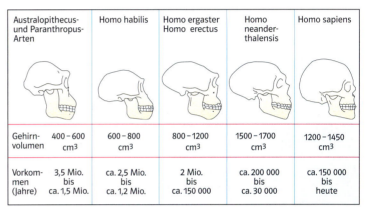

1 *Zunahme des Gehirnvolumens im Verlauf der menschlichen Evolution*

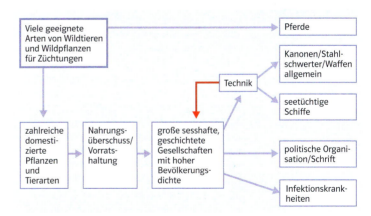

2 *Kulturelle Entwicklung beim Menschen*

Die Herkunft des heutigen Menschen

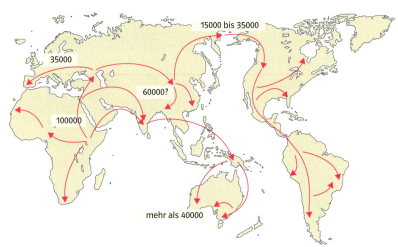

1 *Ausbreitung des Homo sapiens nach dem „Out of Africa"-Modell*

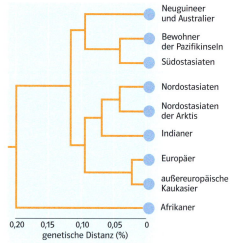

2 *Dendrogramm basierend auf mt-DNA*

Woher kommen wir und wie wurden wir, was wir sind? Das ist nicht nur eine philosophische Frage.

Das „Out of Africa"-Modell
Viele Forscher vertreten auf der Basis der räumlichen und zeitlichen Verteilung von Fossilfunden das *„Out of Africa"*-Modell. Danach entstand der moderne *Homo sapiens* vor weniger als 200 000 Jahren in Afrika, von wo er sich etwa 100 000 Jahre später über die ganze Erde ausbreitete und dabei die bereits ansässigen Hominiden *(Neandertaler)* verdrängte (Abb. 1).

Das „Out of Africa"-Modell wird durch molekulargenetische Befunde gestützt: Man verglich die DNA der Mitochondrien (mt-DNA) von Menschen in Europa, Afrika, Asien, Australien und Neuguinea. Weil Mitochondrien hauptsächlich von der Mutter vererbt werden, entfällt die genetische Rekombination weitgehend. mt-DNA-Unterschiede lassen sich somit fast ausschließlich auf Mutationen zurückführen (s. Seite 351). Man nimmt an, dass die genetische Distanz, ausgedrückt in Basenpaarunterschieden, proportional zur Zeit seit der Trennung der Populationen ist. Die Eichung dieser *molekularen Uhr* erfolgte anhand von gut datierbaren anthropologischen Zeugnissen. Danach entspricht einem Zeitraum von 100 000 Jahren eine mittlere Veränderung der DNA von 0,2 bis 0,4 %. Mithilfe der Ergebnisse konnte man ein *Dendrogramm* erstellen (Abb. 2) und die Ausbreitungswege rekonstruieren.

Kritiker wenden ein, das die Schlussfolgerungen aus der Untersuchung der mt-DNA auf zum Teil ungesicherten Annahmen beruhen. Sie meinen, die Mutationsrate muss nicht immer gleich groß gewesen sein und eine spätere Vermischung der aufgespaltenen Linien sei möglich.

Alternative Vorstellungen
Neben dem „Out of Africa"-Modell ist das *multiregionale Modell* der Menschwerdung in der wissenschaftlichen Diskussion. Es geht davon aus, dass in mehreren Gebieten Afrikas, Europas und Asiens unabhängig voneinander aus *Homo erectus* bzw. *Homo ergaster* der moderne *Homo sapiens* entstanden sein soll. Intensiver Genfluss zwischen den Populationen soll dann dafür gesorgt haben, dass *Homo sapiens* heute eine einzige Art bildet. Dieses Modell ist jedoch sehr umstritten.

A1 Vergleichen Sie das Dendrogramm (Abb. 2) mit dem in Abb. 1 dargestellten Ausbreitungsweg.

A2 Stellen Sie die wichtigsten Aspekte des „Out of Africa"-Modells und der Hypothese von der multiregionalen Entwicklung gegenüber. Beurteilen Sie, nach welcher der Theorien die gemeinsame Wurzel aller Menschen weiter zurückliegt.

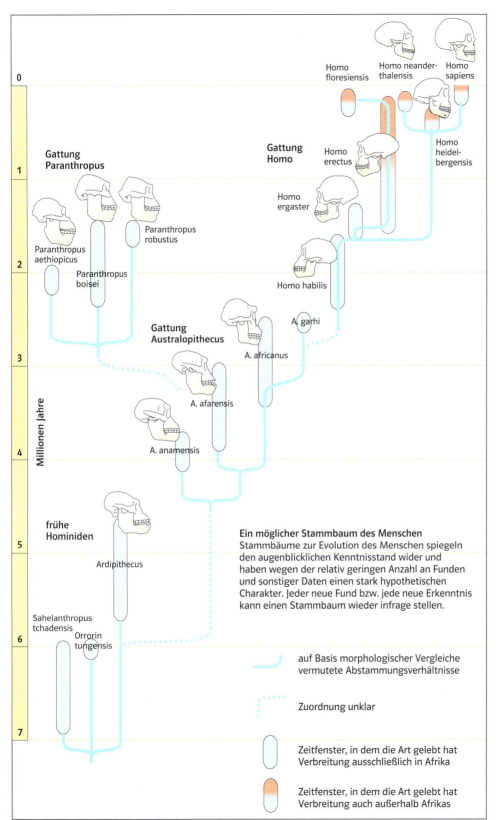

Homo neanderthalensis

Homo ergaster

Paranthropus boisei

Homo habilis

Australopithecus africanus

Australopithecus afarensis

Neandertaler — ein Stück Forschungsgeschichte

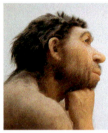

Rekonstruktionen um 1900 und heute

Drei Jahre vor dem Erscheinen von DARWINS Werk „Die Entstehung der Arten ...", fanden Arbeiter 1856 im Lehm einer Höhle des Neandertals Knochen, die sie zum Teil in einer Kiste sammelten. Den Rest schaufelten sie aus der Höhle heraus.

Frühe Vorstellungen vom Neandertaler

Der ortsansässige Lehrer CARL FUHLROTT erkannte ihre Besonderheiten und gab sie an HERMANN SCHAFFHAUSEN ab, der sie 1857 als Reste einer „barbarisch wilden Rasse" bezeichnete. Die führenden Wissenschaftler der damaligen Zeit — mit Evolutionsgedanken noch nicht vertraut — betrachteten die Skelettreste als Überbleibsel eines kranken Individuums. 1863 vergab WILLIAM KING die Artbezeichnung *Homo neanderthalensis*. Er glaubte in der Schädelform die „Dumpfheit des Schimpansen" zu erkennen. Im gleichen Jahr erhielt der englische Forscher GEORGE BUSK einen fast identischen Schädel, den man schon 1848 in einem Steinbruch in Gibraltar gefunden hatte. Dadurch ließ sich der Neandertaler nicht mehr als krankhafte Ausnahmeerscheinung deuten. Eine Anerkennung als eigene Menschenform erlangte er aber erst, als man 1886 im belgischen Spy zwei fast vollständige Skelette entdeckte. Ein weiteres Skelett in der Nähe von Chapelle-aux-Saints in Frankreich wurde von MARCELLIN BOULE 1911 beschrieben. Er zeichnet das Bild vom dumpfen Wilden, der in gebeugter Haltung, mit schiefem Hals und kleinem Hirn, mit Keule bewaffnet durch die Welt schlurfte — ein Bild, das zum Teil bis heute vorhalten sollte.

Heutige Vorstellungen vom Neandertaler

Erst Grabungen von RALPH SOLECKI 1953 und 1957 in Shanidar/Irak änderten das Bild. Er fand die Reste von neun Neandertalern, von denen einer zeitlebens einen verkrüppelten Arm hatte, ein anderer nach Pollenanalysen Blumen ins Grab gelegt bekam. SOLECKIS Forschung machte aus den dumpfen Trotteln plötzlich sozial engagierte „Blumenkinder". Zwei Anatomen untersuchten zur gleichen Zeit das Skelett aus Chapelle-aux-Saints erneut, deckten Fehleinschätzungen von BOULE auf und kamen zu dem Schluss, dass der Neandertaler — rasiert und in einem Anzug steckend — mit der New Yorker U-Bahn fahren könnte, ohne aufzufallen. Entsprechend wertete man den Neandertaler zu einer ausgestorbenen Unterart des modernen Menschen auf und nannte ihn *Homo sapiens neanderthalensis*.

1 *Moderne Neandertaler-Rekonstruktion*

1997 konnten die Urgeschichtler RALF SCHMITZ und JÜRGEN THISSEN bei einer Nachgrabung im Neandertal den 1856 aus der Höhle geschaufelten Lehm lokalisieren. Er enthielt neben Steinwerkzeugen und Tierresten Knochenfragmente, die exakt zu dem 1856 geborgenen Material passten – die Sensation war perfekt (s. Abb. Randspalte).

Neandertaler waren etwas kleiner, aber kräftiger gebaut als der moderne Mensch und besaßen ein etwas größeres Hirnvolumen (1200 — 1700 cm^3). Sie bewohnten Europa und den Nahen Osten seit 200 000 bis 300 000 Jahren — eine Phase mit Eiszeiten, in denen sie Rentiere, Wollnashörner und Mammuts jagten. Ihr typisches Werkzeug war der Faustkeil. Schmuck und Kunstwerke ließen sich ihnen bis jetzt nicht eindeutig zuordnen.

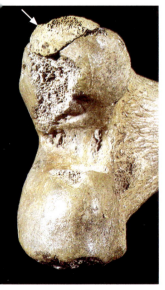

1856 geborgener Oberschenkel mit 1997 ausgegrabenem Fragment

Material
Neandertaler und moderne Menschen

Das Bild des Neandertalers wandelte sich im Verlauf der Forschungsgeschichte mehrfach vom primitiven Urmenschen über eine Unterart zu einer dem Homo sapiens sehr ähnlichen eigenen Art. Einige Forscher weisen aber darauf hin, dass die Neandertaler anders waren als wir.

Neandertalerfunde

Abbildung 1 und 2 zeigen Schädel und Skelette im Vergleich sowie die Verteilung der Neandertalerfunde im europäischen Raum. Im Jahr 2010 gab es allein in Deutschland 10 Fundstellen mit Resten von Neandertalern.

A1 Stellen Sie die wesentlichen Merkmale im Schädel- und Skelettbau von Neandertaler und modernem Menschen gegenüber.

A2 Stellen Sie einen möglichen Zusammenhang zwischen dem Körperbau des Neandertalers, seiner Verbreitung und dem damals herrschenden Klima her.

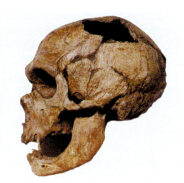

1 Schädel Homo neanderthalensis

Sprache der Neandertaler

Sprache entsteht im Bereich von Kehlkopf, Zungenbein und Schädelbasis. Während ein in Kebara (Israel) gefundenes Neandertaler-Zungenbein sehr modern wirkt, lässt die Schädelunterseite auf eine andere Form des Stimmapparates schließen.

Neandertaler besaßen im Vergleich zum modernen Menschen eine längere Zunge, eine höhere Lage des Kehlkopfes und dadurch einen kürzeren Rachenraum. Neuere Untersuchungen an der Neandertaler-DNA weisen sehr stark auf Sprachfähigkeit hin.

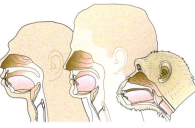

3 Vergleich der Stimmapparate

A3 Leiten Sie aus dem Bau der in Abbildung 3 dargestellten Kehlköpfe von Neandertaler, Mensch und Schimpanse ab, warum der Neandertaler wahrscheinlich anders gesprochen hat als der moderne Mensch.

DNA-Vergleiche

1997 gelang es zum ersten Mal, Teile der Neandertaler-mt-DNA zu entschlüsseln. Die Unterschiede waren so groß, dass man eine Vermischung von Neandertalern und modernen Menschen ausschloss. Bis 2010 waren über drei Milliarden Nucleotide der Kern-DNA des Neandertalers sequenziert. Es zeigte sich, dass sich Neandertaler-DNA von der des modernen Menschen nur zu 0,5 Prozent unterschied. Mehrere Dutzend Genvarianten waren für die Neandertaler typisch. Ein bis vier Prozent dieser Neandertalergene fanden sich auch in modernen Europäern und Asiaten, aber nicht in Völkern Afrikas südlich der Sahara. Über diese quantitativen Unterschiede hinaus ließen sich auch schon einzelne Gene nachweisen. Zwischen 2007 und 2010 fanden die Forscher einige Gene mit bekannter Funktion. So das FOXP1-Gen, das beim Menschen für Sprachausbildung und Sprachverständnis sorgt. Das Gen MC1R verursacht die Bildung von schwarzem oder braunem Hautpigment. Mutierte Formen, die gelbes oder rötliches Pigment bilden, fand man bei zwei Neandertalern.

A4 Erklären Sie das Fehlen von Neandertalergenen bei Menschen südlich der Sahara.

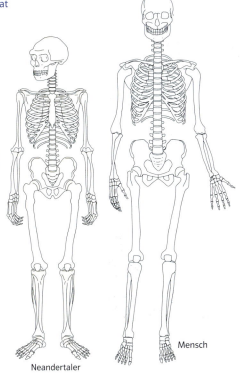

2 Fundstellen und Schädel- und Skelettvergleich

Hautfarbe und Diskriminierung

1 Schüleraufenthalt in Ghana

Hinweisschilder sind Zeugen der „Rassentrennung" in den USA der 1950er-Jahre. Die Diskriminierung von Fremden ist ein weltweites Phänomen. Fremd aussehende Menschen werden abgelehnt. Woher kommt dieses Verhalten? Wie kann man ihm begegnen?

Affen und Menschen erlernten in Versuchen sehr schnell die Angst vor Spinnen und Schlangen, diejenige vor Vögeln und Schmetterlingen aber sehr langsam. In den anschließenden Versuchen, diese Ängste wieder abzubauen, zeigte sich, dass die Angst vor Schlangen und Spinnen nicht mehr völlig verlernt wurde, die vor Vögeln und Schmetterlingen aber vollständig (Abb. 2). Dies legt nahe, dass Spinnen- und Schlangenphobie genetische Grundlagen haben, die durch Lernen verstärkt werden.

In Versuchen mit Schwarzen und Weißen testete man die Reaktion auf Gesichter verschiedener Hautfarbe und kam zu dem gleichen Ergebnis. Der Anblick abweichend aussehender Menschen löst beim jeweiligen Betrachter Furcht aus. Gemessen hat man die Größe der Ängstlichkeit an der jeweiligen Hautleitfähigkeit (HLF). Parallel dazu ließen sich Reaktionen im Mandelkern, einem Hirnbereich, der für Angstgefühle zuständig ist, nachweisen. Beides belegt eine genetische Disposition für Fremdenfurcht. Dass eine solche Furcht genetisch verankert ist, legt nahe, dass sie über einen langen Zeitraum der Menschheitsgeschichte einen Überlebensvorteil bot. Dabei kann Fremdenfurcht natürlich nicht gegen andere Hautfarben entstanden sein, da sich in früheren Zeiten derartig unterschiedliche Menschen gar nicht begegnet sind.

Außerdem spielte man Menschen in einen Film eingebettete Bilder von Fremden so kurz vor, dass sie von den Versuchspersonen nicht wahrgenommen wurden. Der Mandelkern zeigte aber eine starke Angstreaktion an. Präsentierte man die Bilder so lange, dass sie wahrgenommen wurden, reagierte auch das Frontalhirn und die Angst wurde gedämpft.

Dies alles lässt nur einen Schluss zu: Um Fremdenfurcht abzubauen, muss man dafür sorgen, dass das Fremde „vertraut" wird. Das legt nahe, dass Jugendliche rechtzeitig entsprechende Erfahrungen mit Menschen aus anderen Kulturen machen sollten. Intelligenz und soziale Kooperation waren Voraussetzung für die weltweite Ausbreitung des Menschen. Die verschiedenen Hautfarben entwickelten sich als Angepasstheiten an lokale Klimabedingungen erst, nachdem die ganze Welt besiedelt war. Als die frühen Menschen sich anschickten, alle Kontinente zu besiedeln, war das „Grunddesign" fertig, nur die „Verpackung" hat sich danach noch geändert. Da die Wanderung in Afrika ihren Ursprung hatte, sind wir innerlich alle „Afrikaner".

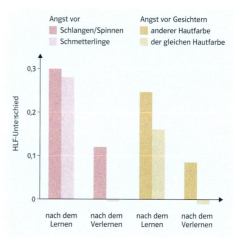

2 Angstreaktion und Lernen

354 Evolution

Material
Hautfarbe und Sonnenlicht

Die Hautfarbe gehört zwar zu den offensichtlichsten geografischen Variationen beim Menschen, sie lässt aber keine Rückschlüsse auf die phylogenetische Verwandtschaft zu. Die Hautfarbe ist vielmehr ein Zeichen für die Variationsbreite des Menschen und für seine Anpassungsfähigkeit an die jeweiligen Lichtbedingungen. UV-Licht wirkt in vielfacher Hinsicht auf den Stoffwechsel ein.

A1 Die Färbung der Haut lässt sich auf das Pigment Melanin zurückführen. Es wird auch als „natürlicher Sunblocker" bezeichnet, denn es schützt die Haut vor der mutagenen Wirkung des UV-Lichtes und damit vor der Entstehung von Hautkrebs. Beschreiben Sie anhand Abb. 1.

A2 Hautkrebs entsteht meist im fortgeschrittenen Alter von Menschen, die sich in der Vergangenheit zu hohen Sonnenintensitäten ausgesetzt haben. Was bedeutet das für ihre reproduktive Fitness?

A3 Das UV-Licht der Sonne beeinflusst auch die Bildung und den Zerfall von Vitaminen. Beschreiben Sie dies anhand des Schemas (Abb. 3).

A4 Folsäuremangel in der Schwangerschaft einer Frau erhöht das Risiko für Neuralrohrdefekte beim ungeborenen Säugling, Vitamin-D-Mangel erschwert die Calciumaufnahme im Verdauungskanal und damit die normale Entwicklung des Skelettsystems. Begründen Sie, warum in sonnenreichen Regionen Menschen mit dunkler Hautfarbe begünstigt sind, in Regionen mit einer geringeren täglichen UV-Strahlung dagegen solche mit heller Hautfarbe.

A5 Beschreiben Sie die Verteilung der Hautfarben auf der Erde (Abb. 2) und formulieren Sie eine evolutionsbiologische Erklärung.

A6 Bei der geografischen Verteilung gibt es auch Abweichungen von der aufgrund der UV-Intensität erwarteten Hautfarbe, z.B. sind viele heutige Bewohner Australiens heller als die Ureinwohner *(Aborigines)*. Nennen Sie mögliche Ursachen. Berücksichtigen Sie dabei die heutigen Lebensumstände der Menschen.

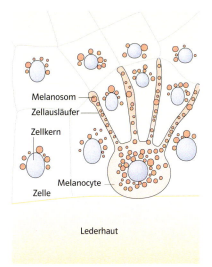

1 *Melaninbildung in der Oberhaut*

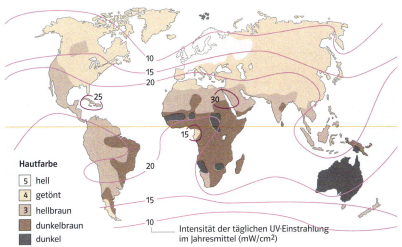

2 *Geografische Verbreitung der Hautfarbe und UV-Einstrahlung*

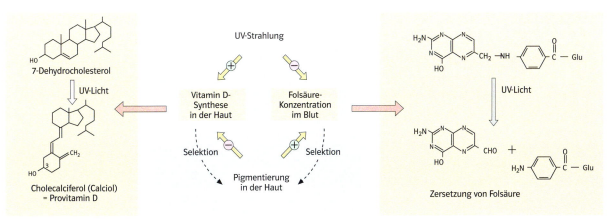

3 *Wirkung der UV-Strahlung auf die Vitamin D- und Vitamin B-(Folsäure-) Konzentration*

4.7 Die Evolution des Lebens auf der Erde
Frühe biologische Evolution: Erste lebende Zellen

1 *Stromatolithen*

Stromatolith
stroma (gr.): Lager
lithos (gr.): Gestein

Schon 1855 postulierte RUDOLPH VIRCHOW, dass Zellen nur aus Zellen entstehen können. Dies sagt natürlich nichts darüber aus, woher die ersten Zellen gekommen sind. Man geht heute davon aus, dass erste einfache protobiontische Zellen in der Ursuppe entstanden sind.

Bereits die Protobionten in der Ursuppe besaßen biologische Eigenschaften. Sie wuchsen und vermehrten sich umso mehr, je besser sie sich für die Ur-Umwelt eigneten. Sie konnten diese günstigen Eigenschaften nur an ihre Nachkommen weitergeben, wenn eine Erbsubstanz diese Information einerseits speichern, verdoppeln und aufteilen konnte. Andererseits muss diese Erbsubstanz — bei allen heutigen Lebewesen die DNA — ihre steuernde Wirkung entfalten. Dies geschieht durch die Proteinbiosynthese und die Wirkungen der so entstandenen Proteinmoleküle.

In der Ursuppe ernährten sich die ersten Urzellen anaerob von dort vorhandenen organischen Molekülen, vielleicht auch von weniger erfolgreichen Urzellen, es waren also *heterotrophe Protocyten*. Organische Rohstoffe waren aber nur begrenzt vorhanden, dies begünstigte Zellen, die ihren Energiebedarf aus anorganischen Stoffen oder mit dem Licht der Sonne decken konnten.

Die Entstehung der Fotosynthese brachte die entscheidende Wende in der Geschichte des frühen Lebens. *Autotrophe Zellen*, die den noch heute existierenden Cyanobakterien ähnelten, sind die ältesten nachgewiesenen *fossilen Zellen*. Sie stammen aus 3,5 Mrd. alten Sedimentgesteinen, den sogenannten Teppichsteinen *(Stromatolithen)*, welche man in der westaustralischen Sharkbay finden kann (Abb. 1).

Diese bestehen aus teppichartigen Kolonien von Cyanobakterien und anderen Bakterien, zwischen denen sich Sedimente verfingen. Durch die Fotosynthese der Cyanobakterien entstand Sauerstoff als Abfallprodukt. Das war für viele anaerobe Urzellen eine Umweltkatastrophe, denn der oxidativen Wirkung hielten ihre organischen Bestandteile nicht stand. Allmählich entstand aus der anaeroben Uratmosphäre die Luft in ihrer heutigen Zusammensetzung (Abb. 2). Es entwickelten sich andere heterotrophe Prokaryoten, die den Sauerstoff für aerobe Stoffwechselwege mit hoher Energieausbeute nutzten.

A1 ○ Anaerobe Bakterien findet man heute beispielsweise im Faulschlamm in Kläranlagen. Begründen Sie das Vorkommen.

A2 ● Cyanobakterien waren die größten Umweltverschmutzer in der Geschichte der Erde. Nehmen Sie Stellung zu dieser Aussage.

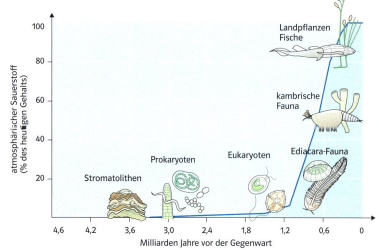

2 *Zunahme des atmosphärischen Sauerstoffs*

356 Evolution

Mehrzeller entstanden mehrmals in der Evolution

Nach der Entwicklung der Fotosynthese durch die Prokaryoten und der Bildung der Eucyte als zusammengesetzter Superzelle wird diese durch weitere *Kompartimentierung* komplexer und leistungsfähiger: Das Zellvolumen einer Eucyte ist etwa 40-mal so groß wie das einer Protocyte, die Zelloberfläche ist dagegen relativ klein. Der Stoffaustausch über die Zellmembran reicht nicht mehr aus, um das Cytoplasma zu versorgen. Innerhalb der Zelle werden die Transportwege für Diffusion zu lang. Eucyten vergrößern die innere Oberfläche auf das Fünfzigfache, indem sie aus Membranen Einstülpungen, Falten und Röhren bilden, die als neue Verteiler dienen. Außerdem wird der große Zellkörper durch ein *Cytoskelett* aus Proteinfilamenten gestützt.

Die eukaryotischen Einzeller *(Protista)* ernährten sich sehr unterschiedlich. Manche konnten die Ernährungsweise offenbar auch je nach Umweltbedingungen wechseln. In nährstoffreicher Umgebung gaben einige Zellen Enzyme ab und nahmen dann die gelösten Stoffe wieder auf, sie waren die Vorfahren der heutigen *Pilze*. Dies war aber nicht die einzige Form heterotropher Ernährung. Die Aufnahme fester Nahrungsbestandteile und Beweglichkeit führten zur Evolution der *Tiere*. Verschiedene autotrophe Formen entstanden möglicherweise allein schon durch die Aufnahme von verschiedenen autotrophen Zellen als Endosymbionten. Das könnte die vielfältigen Plastidentypen der heutigen Algen erklären. Aus Grünalgen entwickelten sich letztlich die *Pflanzen*.

Mehrzelligkeit

In allen Fällen sind der Größe von Einzellern Grenzen gesetzt, denn eine bestimmte Kern-Plasma-Relation darf nicht unterschritten werden, damit der Zellkern den Zellstoffwechsel steuern kann. Die Entwicklung der *Mehrzelligkeit* erfolgte offenbar mehrmals konvergent bei Tieren, Pilzen, Algen und Pflanzen. Mehrzelligkeit entstand erst gegen Ende des Präkambriums, vor etwa 700 Mio. Jahren. Um diese Zeit gingen die Stromatolithen stark zurück und wurden von Mehrzellern verdrängt *(Ediacara-Fauna, Abb. 1)*.

Es gibt prinzipiell zwei Möglichkeiten für die Entstehung von Mehrzellern: Einzelne Zellen einer Art können gezielt zusammenkommen und nachträglich mit einer Matrix verkleben, es entstehen *Aggregationskolonien*. Unter den Eukaryoten erreichen die Schleimpilze so Mehrzelligkeit. Die andere Möglichkeit besteht darin, dass Tochterzellen nach der Zellteilung zusammenbleiben und sogenannte *Zellteilungskolonien* bilden, wie sie von der kugelförmigen Grünalge *Volvox* bekannt sind. Diese zweite Variante erlaubt, dass eine Zellverbindung zwischen den Tochterzellen erhalten bleiben kann. Die Zellen sind dann nicht mehr eigenständig, sie übernehmen unterschiedliche Aufgaben, es ist also *Differenzierung* möglich.

Eine für die Evolution besonders bedeutsame Entwicklung war die Entstehung der *sexuellen Fortpflanzung,* also die Differenzierung von Keimzellen und Körperzellen. Die Rekombination des genetischen Materials durch Meiose und Befruchtung ermöglichte in den folgenden Erdzeitaltern eine enorme Artenvielfalt.

A1 ○ Die Grünalge Volvox gilt als besonders einfacher Mehrzeller. Beschreiben Sie Bau und Organisation dieser kugelförmigen Alge (s. Randspalte).

A2 ◐ Gibt es nach phylogenetischen Gesichtspunkten eine systematische Gruppe der „Mehrzeller"? Begründen Sie.

Volvox

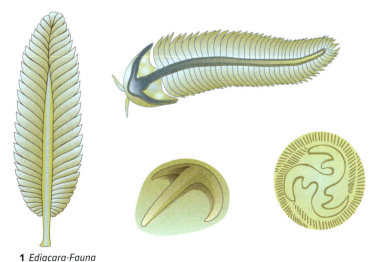

1 *Ediacara-Fauna*

357

Tier- und Pflanzengeografie

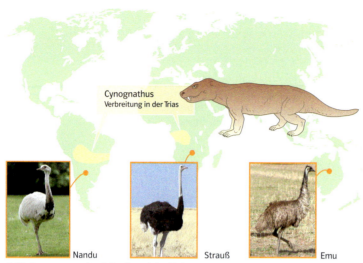

1 *Vorkommen von Laufvögeln auf der Erde*

Am Ende des 18. und in der ersten Hälfte des 19. Jahrhunderts trugen Naturwissenschaftler eine Fülle von Daten über die geografische Verbreitung von Pflanzen und Tieren zusammen.

Befunde der Biologie

Die Ergebnisse der Tier- und Pflanzengeografie zeigten für die damalige Zeit überraschende Ergebnisse: So ähneln sich auf der Nordhalbkugel die Faunen Nordamerikas, Europas und Asiens (außer Südasien), während auf der Südhalbkugel sich die Faunen Südamerikas, Afrikas und Australiens deutlich unterscheiden. Andererseits gibt es Laufvogelarten in Südamerika, Südafrika und Australien (Abb. 1). Sie sind nach neueren Analysen ihrer mitochondrialen DNA alle miteinander verwandt, stammen also von einer gemeinsamen Stammart ab (Abb. 1). Es blieb lange unklar, wie das auf getrennten Kontinenten möglich ist.

Befunde der Geologie — die Kontinentalverschiebung

Neben den biologischen Ähnlichkeiten findet man auch in der Geologie viele Übereinstimmungen zwischen den Kontinenten. Beispielsweise gleichen sich Gesteinsformationen und die darin enthaltenen Fossilien in Ost-Brasilien und Westafrika. Eine erste Erklärung derartiger Befunde lieferte ALFRED WEGENER (1880–1930). Er betrachtete die Umrisse der Kontinente und stellte fest, dass sie sich teilweise wie ein Puzzle zusammenfügen lassen. Er entwickelte 1912 die Theorie, dass die Kontinente erst im Verlauf von vielen Millionen Jahren in ihre heutige Position gelangt seien *(Kontinentalverschiebung)*. Zu seiner Zeit wurde diese Theorie belächelt, aber inzwischen wurde sie vielfältig bestätigt und gehört heute als *Plattentektonik* zu den Grundkenntnissen der modernen Geologie.

Nach der Plattentektonik haben die Kontinente eine eigene Geschichte. Die Kontinentalplatten sind seit der Entstehung der Erde vielfach auseinandergebrochen, über den Globus gedriftet und nach Zusammenstößen wieder zu größeren Einheiten verschmolzen. Es gab also im Laufe der Erdgeschichte unterschiedlich viele Kontinente an verschiedensten Positionen auf der Erde (Abb. 2). Heute beobachtet man die Verschiebung der Kontinente mithilfe von hochauflösenden Messungen durch Laser und Satelliten. Demnach driften

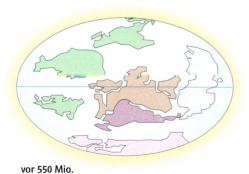

vor 550 Mio. Jahren

2 *Die Kontinente im Laufe der Erdgeschichte*

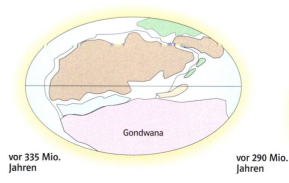

vor 335 Mio. Jahren

vor 290 Mio. Jahren

358 Evolution

z. B. Nordamerika und Europa jährlich um 6 cm auseinander. Dies erscheint nicht viel, aber im Laufe mehrerer Millionen Jahre wird daraus eine große Entfernung.

Verteilung der Arten
Die Verteilung der Kontinente hatte großen Einfluss auf die Evolution der Organismen auf der Erde. Zum einen beeinflussen Lage und Relief das Klima der Kontinente mit Temperaturen, Meeresströmungen, Winden und Niederschlägen. Von diesen Faktoren hängt es ab, welche Ökosysteme auf dem Kontinent vorkommen und welche Organismen dort existieren können. Beispielsweise liefern der kalte Humboldtstrom, die Andenkette und die vorherrschenden Passatwinde die klimatischen Bedingungen für die Wüste Atacama an der Westküste Südamerikas.

Zum anderen sind Meere für viele Lebewesen ein unüberwindliches Hindernis. Die Arten auf einem Kontinent sind daher von Arten anderer Kontinente isoliert. So entwickelten sich z. B. die Beuteltiere Australiens in kontinentaler Abgeschiedenheit. Viele Arten, die ursprünglich einen gesamten Kontinent besiedelt hatten, wurden durch Aufbrechen und Auseinanderdriften des Kontinents in Populationen mit unterschiedlicher Selektion getrennt. So entstanden neue Arten.

Wenn durch geologische Vorgänge eine neue Landverbindung entsteht, kommt es zur räumlichen Vermischung der Arten beider Kontinente. Arten, die auf den getrennten Kontinenten ähnliche ökologische Nischen besetzt hatten, stehen nun in starker Konkurrenz. Alle Arten sind mit neuen Räubern konfrontiert, während sich das Beutespektrum für Räuber erweitert. Viele Arten sind dem neuen Selektionsdruck nicht gewachsen und sterben aus, während sich für erfolgreichere Arten ein Freiraum für Radiationen öffnet.

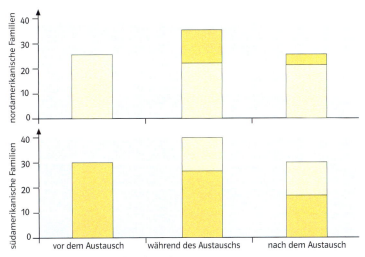

3 *Säugerfamilien Nord- und Südamerikas*

A1 ○ Erklären Sie die Verteilung der Fossilfundstellen von Cynognathus (Abb. 1) mithilfe der Kontinentalverschiebung (Abb. 2).

A2 ◐ Nord- und Südamerika waren fast immer getrennte Kontinente, erst vor 2 Millionen Jahren entstand eine Landbrücke im heutigen Panama. Erklären Sie vor diesem Hintergrund die in Abb. 3 dargestellten Veränderungen der Säugerfamilien Nord- und Südamerikas.

Tethysmeer

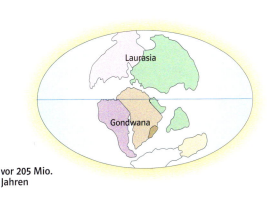
vor 205 Mio. Jahren

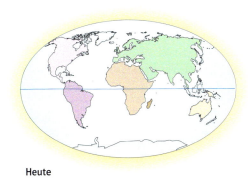
Heute

359

Systematik der Lebewesen

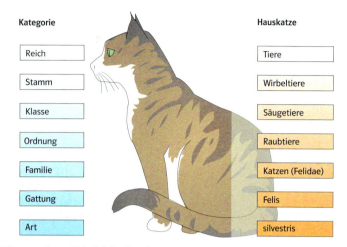

1 *Taxonomie am Beispiel der Hauskatze*

CARL VON LINNÉ unterteilte die zu seiner Zeit bekannten Lebewesen in zwei typologische Reiche: die beweglichen Tiere und die unbeweglichen Pflanzen, letzteren ordnete er auch die Pilze zu. In unserer alltäglichen Umwelt ist diese Einteilung durchaus hilfreich, aber schon ein Blick ins Mikroskop wirft die Frage auf, wie man die Bakterien und die vielfältigen Einzeller einordnen soll. Im Jahr 1969 entwickelte ROBERT H. WHITTAKER ein typologisches System, das die einzelligen Gruppen einschloss. Er unterschied fünf *Reiche*: prokaryotische Einzeller *(Monera)*, eukaryotische Einzeller, einfache Mehrzeller *(Protista)*, Pilze, Pflanzen und Tiere.

Durch vergleichende Sequenzanalysen von ribosomaler RNA vieler Mikroorganismen kamen CARL R. WOESE und OTTO KANDLER im Jahr 1990 wiederum zu einer neuen Systematik. Sie schlugen vor, das bisherige *Fünf-Reiche-Modell* durch das *Drei-Domänen-Modell* zu ersetzen. Unter einer *Domäne* versteht man dabei eine taxonomische Kategorie, die noch über der Kategorie „Reiche" einzuordnen ist. Eine Domäne kann dementsprechend mehrere Reiche umfassen. WOESES und KANDLERS „neues" Modell umfasst die drei Domänen *Archaea*, *Bacteria* und *Eukaryota*.

Bei den Archaea handelt es sich um einfach gebaute, prokaryotische Einzeller. Die heute vorkommenden Vertreter sind häufig an extreme Umweltbedingungen angepasst, z. B. an hohen Salzgehalt oder sehr hohe Temperaturen. Die Organismen der Domäne „Bacteria" sind ebenfalls prokaryotisch, sind aber häufig komplexer gebaut als die Archaea. Bakterien kommen heute in allen Ökosystemen vor. Die Organismen der Domäne „Eukaryota" sind erst aus einer Fusion von Archaeen und Bakterien hervorgegangen, wodurch auch die Mitochondrien und Chloroplasten der Eukaryoten entstanden sind *(Endosymbiontentheorie)*.

Im Laufe der Evolution sind innerhalb mehrerer Gruppen der Eukaryota vielzellige Organismen entstanden. Zu ihnen gehören Tiere, Pflanzen, Pilze und Algen. Die Vielzelligkeit bietet vielerlei Vorteile. Durch die Spezialisierung von einzelnen Zellen oder Zellgruppen konnten neue Nahrungsquellen erschlossen, Stoffwechselvorgänge effektiver genutzt sowie der Schutz vor Fressfeinden und die Angepasstheit an Umweltfaktoren optimiert werden.

Die vielzelligen Organismen weisen heute eine unermessliche Arten- und Formenvielfalt auf und haben die unterschiedlichsten Lebensräume besiedelt. Bei Betrachtung dieser Tier-, Pflanzen- und Pilzstämme darf nicht außer Acht gelassen werden, dass sie alle derselben Domäne angehören und somit auf einen gemeinsamen Ursprung zurückgehen.

Taxonomie und Nomenklatur
Neben der Einteilung der Lebewesen in Reiche oder Domänen werden sie nach ihren verwandtschaftlichen Beziehungen in weitere Gruppen (auch *Taxa* genannt) unterschiedlicher Hierarchien unterteilt. Für die Benennung einer Art verwenden wir die von LINNÉ begründete *binäre Nomenklatur*, nach der jede Art durch einen Doppelnamen benannt wird. So heißt die Hauskatze wissenschaftlich *Felis sylvestris*. Der erste Name bezeichnet die Gattung, der zweite die Art. Durch diese Gruppierung entsteht die Hierarchie von Stamm, Klasse, Ordnung und Familie (Abb. 1).

A1 ○ Stellen Sie die verschiedenen im Text genannten Systeme einander grafisch gegenüber.

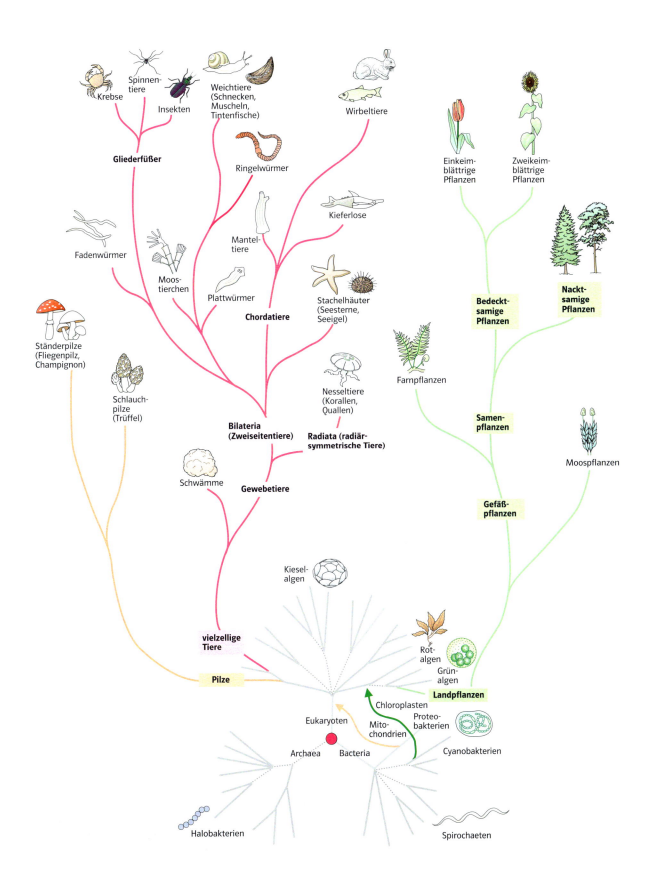

Übungen
Evolution

Buntbarsche sind beliebt in der Evolutionsforschung. Es existiert eine große Farben- und Formenvielfalt in verschiedenen Seen in Ostafrika (Abb. 2), aber auch in Mittel- und Südamerika. Die hohe Artenvielfalt, die sich in sehr kurzer Zeit entwickelt hat, genießt große Aufmerksamkeit bei Evolutionsbiologen. In vielen Laboren werden Buntbarscharten gehalten, beobachtet, gezüchtet und gekreuzt. Die große Vielfalt ihrer Gestalt, ihrer Fortpflanzungsstrategien, ihrer Habitatnutzung oder ihrer Ernährungsweise macht sie zu begehrten Studienobjekten.

1 Radiation der Buntbarsche

Besonders die ostafrikanischen Seen sind bekannt für die große Vielfalt an Buntbarschen. Ihre Vorfahren sind ursprünglich vor ca. 25 Millionen Jahren — also vor noch nicht allzu langer Zeit — aus Westafrika zunächst in den Tanganjikasee eingewandert. Heutzutage können in Ostafrika Hunderte von nah verwandten, aber phänotypisch sehr unterschiedlichen Arten beobachtet werden. So beherbergt der Tanganyika See über 200 Arten von Buntbarschen, und die Seen Victoria und Malawi je über als 500 Arten. Ein Vergleich der Artzusammensetzung in den verschiedenen Seen zeigt, dass Arten innerhalb eines Sees näher verwandt sind als Arten unterschiedlicher Seen. Für die Besiedlung und adaptive Radiation des Malawisees nehmen Forscher ein stufenweises Modell (Abb.1) an, bei dem verschiedene Artbildungsmechanismen zu verschiedenen Zeitpunkten gegriffen haben.

2 Vorkommen Buntbarsche in Afrika

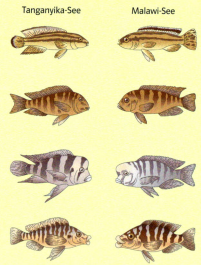

3 Farben und Formenvielfalt

A1 ⬤ Tragen Sie die Merkmale der Buntbarsche zusammen, die sie für die Evolutionsforschung besonders geeignet machen.

A2 ⬤ Erläutern Sie das in Abb. 1 dargestellte Modell und geben Sie Beispiele für Artentstehungsprozesse.

A3 ⬤ Vergleichen Sie die Radiation der Buntbarsche mit der der Darwin-Finken und stellen Sie Gemeinsamkeiten und Unterschiede heraus (s. Seite 263).

A4 ⬤ Erläutern Sie, durch welche Prozesse es unabhängig zu den ähnlichen Formen und Farben der Fische kommen konnte.

A5 ⬤ Entwerfen Sie eine Studie, durch die Sie die Hypothese der unabhängig entstandenen Formengleichheit überprüfen könnten.

2 Farben- und Formenvielfalt

Abb. 3 zeigt eine Auswahl verschiedener Formen und Farben von Buntbarschen verschiedener Seen.

3 Evolution im Kratersee

In einem kleinen Kratersee in Nicaragua leben zwei Buntbarsch-Arten: der in ganz Nicaragua verbreitete Midas-Buntbarsch und der nur in diesem See vorkommende Pfeil-Buntbarsch. Der Kratersee bietet durch seine sehr großen Tiefen und steil abfallenden Kraterwänden und der Uferregion zwei völlig verschiedene Habitate. Während der Midas-Buntbarsch eher an das Leben im ufernahen Bereich angepasst ist, bevorzugt der Pfeil-Buntbarsch das offene Wasser. In einer Felduntersuchung fand man Hinweise auf eine sympatrische Artbildung der beiden Buntbarsche. Abb. 4 zeigt das Ergebnis einer Mageninhaltsuntersuchung der beiden Fischarten.

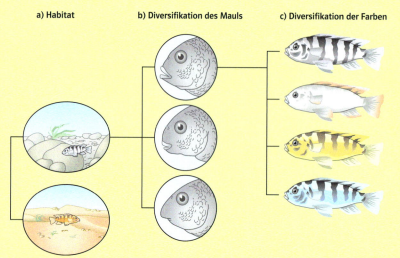

1 Stufenmodell der Artaufspaltung

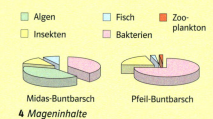

4 Mageninhalte

A6 ⬤ Erläutern Sie, inwiefern die Daten der Feldstudie Hinweise auf den Artbildungsmechanismus geben.

A7 ⬤ Stellen Sie dar, inwiefern genetische Fingerabdrücke von Individuen der beiden Fische im Kratersee und des Midas-Buntbarschs in anderen Seen Nicaraguas weitere Hinweise auf die Artentstehung geben könnten.

A8 ⬤ Beschreiben Sie die Aussage in Abb. 6 und erläutern Sie, warum dieses Ergebnis für die weitere Versuchsauswertung dargestellt werden muss.

A9 ⬤ Erläutern Sie anhand von Abb. 7 und Abb. 8 die Ergebnisse des Verhaltensversuchs. Erklären Sie die Unterschiede in der Brutpflege aus evolutionsbiologischer Sicht.

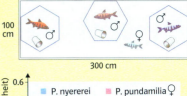

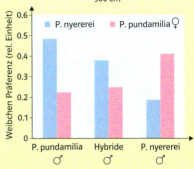

9 *Partnerwahlexperiment*

4 Investment

Brutpflege ist bei vielen Buntbarschen Weibchensache. Bei der Art *Pelvicachromis taeniatus* kümmern sich sowohl die Mütter als auch die Väter um die jungen Fische, indem beide Elternteile die Jungfische bis zu ihrer Unabhängigkeit bewachen. In einem Experiment wurden die Nachkommen mehrerer Pärchen über die zur Verfügung gestellte Nahrungsmenge so manipuliert, dass eine Gruppe von Buntbarscheltern schlechter ernährte Jungtiere hatte als die andere Gruppe. Das Verhalten der beiden Versuchsgruppen (Aggression gegenüber dem Partner, Brutpflegeverhalten) wurde über den Versuchszeitraum von 4 Wochen beobachtet.

5 *Brütende Buntbarsche*

Abb. 6 zeigt die Körperlänge der jungen Fische nach einem unterschiedlichen Nahrungsangebot von 4 Wochen (links: schlecht ernährte Jungtiere, rechts gut ernährte Jungtiere). Abbildung 8 zeigt die Anzahl der Angriffe gegen ihre Partner durch die Mütter (in blau) und die Väter (in rosa) für die beiden Versuchsgruppen. Abb. 7 zeigt den prozentualen Zeitanteil, in dem mindestens ein Elternteil die Jungfische bewacht hat (über einen Zeitraum von 4 Wochen): Links sind die Daten für die Versuchsgruppe „schlecht ernährt" dargestellt, rechts für die Versuchsgruppe „gut ernährt".

5 Damenwahl

In einem Laborexperiment wurde das Wahlverhalten von zwei nah verwandten Buntbarscharten und deren Hybriden untersucht. Die beiden Arten unterscheiden sich hauptsächlich in der Färbung der Männchen. Die Männchen der einen Art sind rot, die der anderen Art blau. Hybride haben eine intermediäre Färbung. Im Partnerwahlexperiment wurde den Weibchen jeweils ein Männchen beider Arten und ein Hybride zur Wahl gegeben. Die Partnerpräferenzen der Weibchen (gemessen in Reaktionen auf männliches Werbeverhalten) zeigt Abb. 9.

A10 ⬤ Erläutern Sie die Ergebnisse des Versuchs mithilfe von Abb. 9. Analysieren Sie das Ergebnis in Hinsicht auf Genfluss und Artdivergenz.

A11 ⬤ Beschreiben Sie, welches Ergebnis man nach dem biologischen Artkonzept erwartet hätte und begründen Sie, warum bei einer ökologischen Trennung der Arten dies nicht relevant hinsichtlich der Artdivergenz wäre.

A12 ⬤ Nennen Sie Faktoren, die den Versuch so beeinflussen könnten, dass das Ergebnis verfälscht würde. Beschreiben Sie, wie man solchen „Fehlern" vorbeugen könnte.

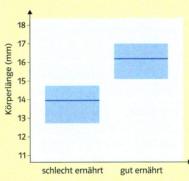

6 *Körperlängen und Nahrungsangebot*

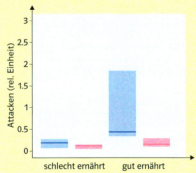

8 *Attacken und Nahrungsangebot*

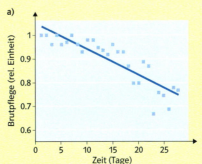

7 *Brutpflege über die Zeit (links: Jungtiere gut ernährt, rechts: Jungtiere schlecht ernährt)*

363

Basiskonzepte
System

Als ein biologisches System kann z. B. eine Zelle, ein Lebewesen, ein Ökosystem oder die Biosphäre sein. Der Aspekt wird vom Betrachter festgelegt. Ein System grenzt sich von einer Umgebung ab. Lebende Systeme sind offene Systeme. Sie haben einen ständigen Austausch zur Umgebung. Als Umgebung bezeichnet man den Teil der Natur, mit dem das System Stoffe, Energie oder Informationen austauscht. Systeme setzen sich aus unterschiedlichen Elementen zusammen, die miteinander in Wechselwirkung stehen. Ein Organismus besteht beispielsweise aus Organen, diese wiederum aus differenzierten Zellen. Lebende Systeme haben jeweils spezifische Eigenschaften, z. B. Stoffaufnahme und -abgabe, Stoff- und Energieumwandlung, Regelung von Stoffwechselvorgängen, Informationsverarbeitung, Bewegung sowie die Weitergabe und Ausprägung genetischer Information (Abb. 1).

2 Eisvogel mit Beute

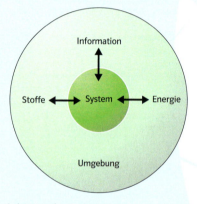
1 Austausch mit einem System

Trophieebenen

Ökosysteme haben verschiedene Energieebenen *(Trophiebenen)*. Die Energie wird als Sonnenlicht während der Fotosynthese in die chemisch gebundene Energie umgewandelt. Die Pflanzen als System nehmen die Sonnenenergie auf. Ihre Energie steht anderen Systemen, z. B. den tierischen Lebewesen, zur Verfügung.

Ökosysteme

Pflanzen und Tiere bestehen einerseits aus Organen und aus Zellen, andererseits sind sie aber auch Bestandteile von *Ökosystemen* und der Biosphäre. Diese wirkt mit biotischen und abiotischen Faktoren auf die Lebewesen ein. In der sich ständig verändernden Umwelt, der Umgebung des Systems, sorgen die einzelnen Organismen für ein konstantes inneres Körpermilieu. Verschiedene Faktoren werden hierzu zwischen den Systemebenen ausgetauscht. Tiere geben Wärmeenergie an die Umgebung ab. Die Energieabgabe und -aufnahme kann bei vielen Organismen geregelt werden. Nährstoffe werden von Tieren aufgenommen, gleichzeitig sind sie im Ökosystem aber Nahrung für andere Lebewesen.

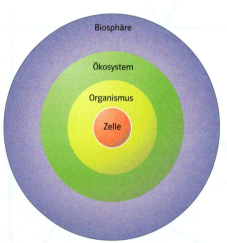
3 Systemebenen

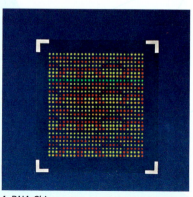
4 DNA-Chip

Genetik

Die Lebensvorgänge der Lebewesen werden gesteuert durch die Informationen der DNA. Sie führen zu verschiedenen Stoffwechselvorgängen und Strukturen in den Geweben und Organen. Diese unterschiedlich spezialisierten Zellen prägen den Aufbau und die Lebensweise der jeweiligen Organismen. Die Systemebene des Zellkerns ist für das System Organismus zuständig. Informationen aus dem Genom werden innerhalb der Zelle weitergegeben und führen zu den unterschiedlichen Proteomen. Diese sind die verschiedenen Enzyme und Strukturproteine der Zellen, wie einer Leberzelle oder Muskelzelle. Die verschiedenen Variationen einzelner Organismen führen sowohl zu einer individuellen als auch evolutionären Entwicklung.

Nervenzellen und Gehirn

Das Nervensystem und das Gehirn bestehen aus *Nervenzellen*. Die Gesamtheit dieser Zellen führt zu der individuellen Funktion des *Gehirns*. Die Aktivitäten des Organismus werden durch die Tätigkeit des Gehirns gesteuert. Je nach den Informationen aus der Umgebung führt diese Informationsaufnahme zwischen dem System Gehirn und der Umgebung sowie die Informationsverarbeitung im Gehirn zu Gehirnaktivitäten, die Handlungen und Verhaltensweisen auslösen.

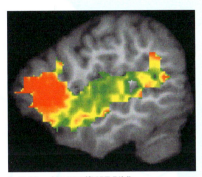

5 *Gehirnaktivität (fMRT-Bild)*

Tarnung

Die *Tarnung* des Chamäleons als Schutz vor Fressfeinden ist eine Angepasstheit des Systems Organismus an die Umgebung. Die Selektion erfolgt auf der Ebene der Organismen über den jeweiligen Phänotyp, die Veränderung im Genpool erfolgt jedoch auf der Systemebene der Gene in der Zelle.

6 *Chamäleon, an die Umgebung angepasst*

Angepasstheit

Die Wuchsform von Pflanzen und Bäumen ist *angepasst* an die Lichtverhältnisse von der Sonnenstrahlung. Die Krone der Bäume führt mit den Ästen, Zweigen und Blättern zu einer Vergrößerung der Oberfläche. Diese Angepasstheit ermöglicht Pflanzen eine höhere Fotosyntheserate und Energieausbeute als kleinere Flächen. Das Prinzip der Oberflächenvergrößerung findet man auch auf der Ebene der Zellorganellen bei den Thylakoiden der Chloroplasten.

7 *Große Oberfläche — Baumkrone*

A1 Erläutern Sie die Bedeutung der verschiedenen Systemebenen, um biologische Zusammenhänge unter dem Aspekt eines besseren Verständnisses an einem Beispiel zu betrachten.

A2 Beschreiben Sie an einem Beispiel aus der Evolution die Selektion und die unterschiedlichen Aspekte durch die verschiedenen Systemebenen.

A3 Erläutern Sie die Bedeutung der Fotosynthese auf den Systemebenen der Moleküle, Zellen, Organismen, Ökosysteme und der Biosphäre.

Basiskonzepte
Struktur und Funktion

Die Funktionen von Zellen und Organismen sind durch ihre jeweilige Struktur festgelegt. Die Strukturen sind spezifisch für die verschiedenen Aufgaben der Zellen, im Gewebe und den Organen. Stoffwechselvorgänge, der Energieumwandlung oder die Reproduktion wären ohne diese nicht möglich.

Auch Ökosysteme haben Strukturen, die durch die Zusammensetzung mit den dort lebenden Organismen und den Energiefluss entstehen. Die Vorgänge in den einzelnen Organismen im Ökosystem sind durch die Strukturen der DNA auf der molekularen Ebene vorgegeben.

1 *Kakteen in der Wüste*

Oberflächen

Über *Oberflächen* von Zellen oder Organismen erfolgt der Stoffaustausch oder die Wärmeenergieabgabe oder -aufnahme. Durch eine Vergrößerung der Oberfläche wird ein schnellerer Austausch über die Membran ermöglicht, denn über eine große Fläche können im gleichen Zeitraum mehr Teilchen ausgetauscht werden als über eine kleine. Pflanzen mit vielen Blättern haben eine große Austauschfläche für Wasser mit der Umgebung. Sukkulenten hingegen haben eine verringerte Oberfläche (Abb. 1).

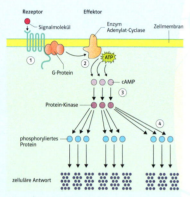

2 *Signalverstärkung*

Signalverstärkung

Einzelne Lichtimpulse oder einzelne Moleküle wie Hormone, Duftstoffe oder Neurotransmitter können in den jeweiligen Zellen über Rezeptoren gezielte Reaktionen auslösen. Das Schlüssel Schloss-Prinzip ermöglicht eine spezifische Reaktion. Diese Signaltransduktion führt innerhalb der Zelle zu einer *Signalverstärkung*, die immer durch gleiche kaskadenartigen Strukturen ausgelöst wird.

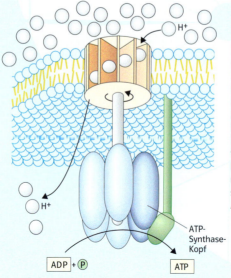

3 *Energieumwandlung*

Energieumwandlung

In den Chloroplasten wird die Energie des Sonnenlichts in chemisch gebundene Energie umgewandelt. Diese Vorgänge laufen nicht nur als chemische Reaktionen ab, sondern hierzu sind auch besondere Strukturen notwendig. Durch die Thylakoidmembranen entstehen abgegrenzte Räume, in denen unterschiedliche Konzentrationen von Protonen aufgebaut werden können. Das Enzym ATP-Synthase (Abb. 3) nutzt die Energie im Konzentrationsunterschied der Protonen für den Aufbau von ATP aus ADP und Phosphat.

Angepasstheit

Nicht nur zelluläre Strukturen sind *angepasst*, sondern auch Teile einzelner Organismen, wie zum Beispiel die Schnabelform der Darwinfinken (Abb. 4). Durch das breitere Nahrungsspektrum können unterschiedliche Lebensräume genutzt werden. Dies führt zu einer Variabilität in der Merkmalsausprägung. Die Variabilität ist auf Veränderungen in der molekularen Ebene, der DNA zurückzuführen.

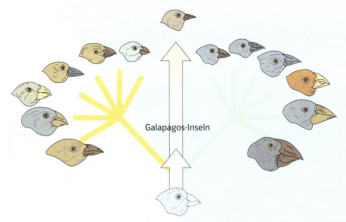

4 *Schnäbel mit verschiedenen Funktionen*

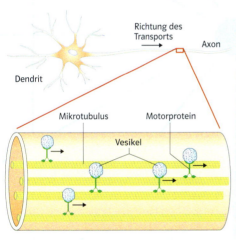

5 *Axontransport Motorproteine*

Cytoskelett

Transportvorgänge innerhalb der Zelle laufen schnell ab. Hierdurch können Zellen schnell auf Veränderungen oder Reize aus der Umgebung reagieren. Die Teilchenbewegung durch Diffusion ist hierfür wegen der geringen Geschwindigkeit ungeeignet. Das *Cytoskelett* bildet innerhalb der Zelle Strukturen, die mithilfe der Motorproteine einen schnellen Transport ermöglichen (Abb. 5). Besonders im Axonbereich der Nervenzellen ist ein schneller Stofftransport vom Zellkörper zu den Synapsen notwendig. Dies ist auf molekularer Ebene eine Voraussetzung für die Kommunikation zwischen den Zellen.

Zellstrukturen

Nicht alle Zellen haben den gleichen strukturellen Aufbau. Zellen können durch angepasste Strukturen spezifische Aufgaben übernehmen. Die Schließzellen (Abb. 6) übernehmen in Verbindung mit den Nachbarzellen die gezielte Wasserdampfabgabe in Blättern. Diese Regulation der Verdunstung im Tagesverlauf ermöglicht es den Pflanzen, Lebensräume mit verschiedenen Temperaturen und Feuchtigkeitsgraden zu nutzen.

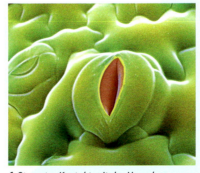

6 *Stomata: Kontakt mit der Umgebung*

A1 Die Stoff- und Energieumwandlung ist durch Strukturen in ihrer Funktion festgelegt. Nennen Sie auf den verschiedenen Systemebenen Beispiele und erklären Sie die jeweilige Bedeutung der Struktur.

A2 Stellen Sie Regelvorgänge aus den Bereichen Genetik, Ökologie, Neurobiologie und Evolution zusammen und erklären Sie deren jeweilige Bedeutung.

A3 Variabilität und Angepasstheit ist ein Kriterium des Basiskonzepts Struktur und Funktion. Erläutern Sie anhand von Beispielen deren Bedeutung.

A4 Erklären Sie den Vorteil der Oberflächenvergrößerung an verschiedenen Beispielen und machen Sie daran die Möglichkeit der Regelung von stoffwechselphysiologischen, neuronalen und genetischen Vorgängen deutlich.

367

Basiskonzepte
Entwicklung

Das Basiskonzept Entwicklung beschäftigt sich mit den zeitlichen Veränderungen von Systemen. Veränderungen können auf den verschiedenen Systemebenen ablaufen. In der Systemebene der Zelle findet man die Entwicklung in Form der Zellteilung, des Zellwachstums oder der Zelldifferenzierung. In der Systemebene des Organismus geht es sowohl um das Wachstum und Altern bei Pflanzen, Tieren oder Menschen als auch um die Differenzierung durch besondere Beanspruchung, wie der Plastizität des Gehirns.

Neben der Individualentwicklung spielt auch die stammesgeschichtliche Entwicklung eine Rolle. Veränderungen im Laufe der Evolution spielen bei der Angepasstheit von Zellen und Lebewesen eine entscheidende Rolle. Die Mechanismen dieser Veränderungen sind verschieden.

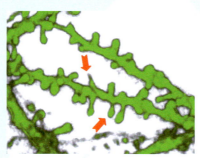

1 Verknüpfungen im Gehirn

Plastizität

Das Gehirn verändert sich ständig. Lernvorgänge führen zur Bildung neuer Synapsen und zu neuen Verbindungen (Abb. 1). Diese Entwicklung des Gehirns ist nicht nur in der Kindheit vorhanden, sondern erstreckt sich über das gesamte Leben. Die *Plastizität* des Gehirns ist die Grundlage, sich ständig an neue Lebenssituationen anzupassen und Erfahrungen zu nutzen. Die Plastizität führt in der zeitlichen Entwicklung jedoch nicht nur zu einer Zunahme der Verknüpfungen, sondern meist im Alter auch zu einem Abbau.

Veränderung des Phänotyps

Das Aussehen der Lebewesen über die Generationen bleibt nicht gleich. Veränderungen der Gene oder verschiedene Umwelteinflüsse führen zu unterschiedlichen Varianten des *Phänotyps* (Abb. 2). Auf der Systemebene Organismus sind die veränderlichen Merkmale gut beobachtbar. Auch das Alter kann bei der Ausprägung des Phänotyps eine Rolle spielen: Kaulquappen sind z. B. die Jugendform, Frösche die adulte Form.

2 Verschiedene Phänotypen

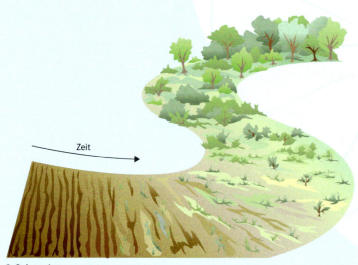

3 Sukzession

Sukzession

In Ökosystemen sind Entwicklungen nach menschlichem Ermessen schwer nachvollziehbar, da sie sich oft über Jahrzehnte bzw. Jahrhunderte erstrecken. Spontane Entwicklungen sind nur nach natürlichen Ereignissen wie Feuer, Sturm, Überflutungen oder Schädlingsbefall sichtbar. Auch anthropogene Eingriffe, wie die Rodung von Wäldern oder die Beweidung, führen zu einer Veränderung von Landschaften und Ökosystemen. Ökosysteme ändern sich jedoch auch natürlicherweise durch das Wachstum und die Migration von Organismen. Diese *Sukzession* führt zu einer sukzessiven Veränderung der Vegetation (Abb. 3), die wiederum neue Lebensräume für Tiere schafft.

Veränderung des Genoms

Das *Genom* verändert sich durch Mutationen und Rekombination. Veränderungen der DNA und zufällige Anordnungen der Chromosomen während der Meiose führen zu verschiedenen Genomen. Auch bei gleicher gespeicherter genetischer Information können unterschiedliche Phänotypen oder Verhaltensmuster entstehen. Dies liegt an einer Vielzahl von Epigenomen, die durch das unterschiedliche Ablesen der DNA durch das Chromatin festgelegt (Abb. 4) wird.

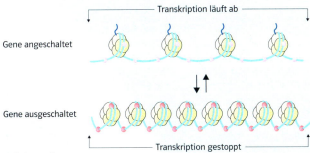

4 *Epigenetik*

Stammbäume

Unterschiedliche Überlebens- und Fortpflanzungschancen von verschiedenen Artgenossen können zu einer Veränderung in der Häufigkeit von Allelen im Genpool führen. Diese Entwicklung führt in unterschiedlich langen Zeiträumen dazu, dass Populationen und Arten sich verändern. Die Veränderungen im Genpool können durch veränderte Nahrung oder Lebensräume bedingt sein. Solche langfristigen Entwicklungen lassen sich über *Stammbäume* nachvollziehen (Abb. 5).

5 *Stammbaum der Pferde*

Wechselseitige Entwicklung

Entwicklungen über lange Zeiträume können zu Veränderungen bei Lebewesen führen, die aneinander angepasst sind. Bei dem Vorgang der Coevolution sind zwei Arten in ihrer Lebensweise angepasst. Bei den Kolibris und einigen Blütenpflanzen ist dies beobachtbar. Der lange Schnabel mit der Rollzunge ermöglicht es dem Kolibri, den Nektar aus sehr langen Blüten zu nutzen (Abb. 5). Die Pflanze hat für die Fortpflanzung den Vorteil der Bestäuberkonstanz, da die Kolibris den Pollen anderer Pflanzen der gleichen Art verbreiten. Der Pollen anderer Arten bei der Bestäubung ist für die Befruchtung nicht nutzbar.

6 *Coevolution*

A1 Stellen Sie tabellarisch Beispiele verschiedener Entwicklungen auf verschiedenen Systemebenen zusammen. Erläutern Sie, weshalb die Mechanismen der genannten Vorgänge nicht alle vergleichbar sind.

A2 Erläutern Sie den Unterschied zwischen den Veränderungen des Genoms und des Epigenoms.

Lösungen zu den Übungsseiten

Lösungen zu Seite 98/99

A1 Die Vererbung erfolgt über einen autosomal-dominanten Erbgang. Dies zeigt sich daran, dass bei Paar 3/4 nur der Vater erkrankt ist und trotzdem erkrankte Kinder aus der Beziehung hervorgehen. Ein x-chromosomal-dominanter Erbgang kann an den Personen 1 und 4 ausgeschlossen werden. Kranke Väter können keine kranken Söhne zeugen, da sie an die Söhne das Y- Chromosom weitergeben. Alle erkrankten Personen haben den Genotyp Aa und alle gesunden Personen den Genotyp aa. Rezessive Erbgänge, bei denen gesunde Eltern kranke Kinder haben können, sind hier demzufolge ausgeschlossen.

A2 Die PCR läuft in drei Schritten ab, die 20- bis 30-mal wiederholt werden: Denaturierung: Zunächst werden die Wasserstoffbrückenbindungen zwischen den Einzelsträngen einer DNA-Doppelhelix bei 95 °C getrennt. Anlagerung der Primer: Genau wie bei der DNA-Replikation in einer Zelle benötigt man für die PCR Primer, die die Ansatzstellen für die DNA-Polymerase bilden. Damit die Primer an die einzelsträngigen DNA-Abschnitte binden können, wird die Temperatur auf etwa 50 °C heruntergefahren.
Synthese des DNA- Doppelstrangs: Nachdem die Primer gebunden haben, kann die Taq-Polymerase bei 72 °C mit der Synthese des komplementären DNA-Strangs beginnen. Vom 3'-Ende des Primers an werden freie Nucleotide angelagert und zu einem kontinuierlichen Strang verknüpft. Nach dem dritten Schritt beginnt der PCR- Zyklus von vorn. Die Erhöhung der Temperatur bewirkt, dass die Taq-Polymerase sich ablöst und die Doppelstränge sich wieder voneinander trennen.
Zur Analyse wird die DNA mit passenden Restriktionsenzymen geschnitten und analysiert. Unterschiedlich große Restriktionsfragmente verschiedener Personen (z. B. Eltern und Kinder) werden nach Länge durch Gelelektrophorese sortiert und durch Gensonden identifiziert. Für die genetische Diagnostik von Chorea Huntington nutzt man die DNA-Bereiche, in denen das Basentriplett CAG gehäuft vorkommt. Die Diagnose gibt Auskunft über die Länge und damit über die Anzahl der Wiederholungen. So ergibt sich für jeden Menschen ein charakteristisches Bandenmuster.

A3 Für jede Testperson sind zwei Banden zu sehen, da jeder Mensch 2-mal über das Chromosom 4 verfügt. Beim Vater sind zwei Banden zu sehen, eine für einen Genabschnitt mit etwas mehr als 18 CAG-Wiederholungen und eine für ein Abschnitt mit etwas weniger als 18 CAG-Wiederholungen. Da der Vater gesund ist, spricht dies dafür, dass diese Anzahl an Wiederholungen für ein gesundes Allel steht. Die Mutter trägt ein gesundes Allel mit etwas mehr als 18 CAG-Wiederholungen und ein krankes Allel mit mehr als 48 Wiederholungen.
Kind 1 und 3 haben jeweils vom Vater und der Mutter die gesunden Allele geerbt, werden also nicht erkranken. Kind 2 und 4 haben von der Mutter das kranke und vom Vater ein gesundes Allel geerbt. Sie werden an Chorea Huntington erkranken. Kind 5 hat vom Vater das gesunde Allel und von der Mutter das kranke Allel geerbt. Hier ist es jedoch durch eine Spontanmutation zu weiteren CAG-Wiederholungen im Gen gekommen, weshalb das PCR-Produkt etwas länger ist als beim mütterlichen Allel. Dies Kind wird ebenfalls an Chorea Huntington erkranken.

A4 Die Abbildung 5 zeigt, dass das Erkrankungsalter von der Anzahl der CAG-Wiederholungen abhängt. Je mehr CAG-Wiederholungen vorhanden sind, desto früher tritt die Erkrankung auf. Weniger als 30 Wiederholungen scheinen für ein gesundes Allel zu sprechen, da die Grafik zeigt, dass ca. 35 Wiederholungen zu einem Ausbruch der Erkrankung zwischen dem 62. und 75. Lebensjahr führen. Geht man von einer linearen Entwicklung der Grafik aus, dürften Patienten mit weniger als 30 Wiederholungen vor einem möglichen Ausbruch der Krankheit bereits verstorben sein. Wiederholungen zwischen 60 und 70 führen dazu, dass Patienten bereits im Kindesalter erkranken. Bei unserer Familie hat das mütterliche Allel ca. 50 Wiederholungen. Das bedeutet, dass die Mutter im Alter zwischen 40 und 50 Jahren erkrankt ist. Für die beiden Kinder, die dieses Allel unverändert tragen, kann man die gleiche Prognose aufstellen. Kind 5 trägt das durch Mutation verlängerte Allel. Bei ihm ist davon auszugehen, dass es bereits im Alter zwischen 30 und 40 Jahren erkranken wird.

A5 Bei der Antisense-Technik wird ein einzelsträngiges DNA-Oligonucleotid in die Zelle geschleust, das zu einem Abschnitt des HD-Gens komplementär ist. Wird das HD-Gen der Zelle abgelesen, entstehen einzelsträngige m-RNA-Moleküle. Die Antisense-DNA bindet an die m-RNA des Zielgens. Das daraus entstehende DNA-RNA-Molekül kann nicht translatiert werden. Es entsteht kein HD-Genprodukt. Die Antisense-DNA muss jedoch immer wieder neu in die Zelle geschleust werden, da sie nicht ins Genom eingebaut wird.

A6 Ein Gentest für Chorea Huntington bedeutet eine zu 100% sichere Aussage darüber, ob die beiden Schwestern erkranken werden oder nicht. Sollte dieser Test positiv ausfallen, bedeutet das, dass sie das gleiche Schicksal erleiden werden wie ihre Mutter.
Für Lisa und Lena besteht als eineiige Zwillinge eine besondere Situation. Es bedeutet, dass der Test der einen Schwester auch für die andere gilt. Wenn nur eine Schwester den Test durchführen lässt, ist das Recht auf Nichtwissen der anderen Schwester nur schwer zu gewährleisten.
Ein weiterer Aspekt ist, dass die Schwestern noch ziemlich jung sind. Ohne einen Test gehen sie das Risiko ein, unwissend das kranke Gen an Kinder weiterzugeben. Es lassen sich aber auch noch weitere Aspekte berücksichtigen, wie z. B. die Situation eines zukünftigen Lebenspartners.

A7 Durch Gentests ist es möglich, weit vor dem Auftreten jeglicher Symptome bei Menschen aus betroffenen Familien eindeutig festzustellen, ob sie den zur Chorea Huntington führenden Gendefekt haben oder nicht. Die Entscheidung darüber, ob eine solche Diagnostik gewünscht wird, ist höchst persönlich und kann nur nach einer umfassenden Aufklärung getroffen werden, die die persönlichen psychologischen Folgen einer solchen Diagnose für sich selbst und die Familie in den Blick nimmt. Zugleich muss berücksichtigt werden, dass mit einer solchen Diagnostik auch Informationen über andere Blutsverwandte bekannt werden. So würde mit einer positiven Diagnostik bei einem Enkel eines Betroffenen auch klar, dass der entsprechende Elternteil betroffen ist. Die Bedenkzeit zwischen Aufklärung und Durchführung muss die Möglichkeit offen lassen, die Entscheidung für einen Gentest zu überdenken, zu reflektieren und gegebenenfalls zu revidieren. Der Ratsuchende muss bestimmen, ob und in welchem Umfang er informiert werden möchte (Recht auf Wissen bzw. Nichtwissen).

Lösungen zu den Übungsseiten

Lösungen zu Seite 158/159

A1 Fliegen gelangen auf die Innenseite des Blattes und berühren die Sinneshaare (1). Hierdurch schließt sich das Blatt durch Motorzellen, sodass ein geschlossener Raum innerhalb des gefalteten Blatts entsteht in welchem die Fliege gefangen ist (2). Die Verdauungsdrüsen geben Substanzen ab, die zur Verdauung der Fliegen im gefalteten Blatt führen (3).

A2 In Abb. 2 sind der Potentialverlauf in mV und die Ionenpermeabilität von Kalium- und Chloridionen an der Zellmembran der Motorzellen über einen Zeitraum von 8s dargestellt. Ohne Reizung liegt das Membranpotential bei ca. −90mV. Die Ionenpermeabilität der Chlorid- und Kaliumionen ist sowohl in die Zelle als auch nach außen durch die Membran ausgeglichen. Durch einen Reiz erhöht sich die Permeabilität der Chlorid- und Kaliumionen innerhalb einer Sekunde drastisch. Hierbei steigt die Permeabilität der Chloridionen sofort an. Das Potential steigt schnell auf ca. +40mV. Durch den starken Ionenfluss der negativ geladenen Chloridionen aus der Zelle kommt es zu einer Veränderung der Ionenkonzentrationen innerhalb und außerhalb der Zelle. Diese führt zu der Veränderung des Potentials an der Zellmembran. Danach flacht es innerhalb von 2 Sekunden wieder ab. Der Anstieg der positiv geladenen Kaliumionen gleicht das Potential wieder aus.

A3 Die Veränderung der Ionenkonzentration innerhalb der Motorzellen verändert das osmotischen Druck der Zelle. Dies wird verstärkt durch die Weiterleitung der Membranpotentiale auf benachbarte Zellen, sodass der osmotische Druck der Zellen (Turgor) in einem ganzen Zellbereich geringer wird.

A4 Bei einer tierischen Zelle verändert sich die Permeabilität der positiv geladenen Natriumionen beim schnellen Anstieg des Potentials. Dies ist gleichzusetzen mit der schellen Änderung der Permeabilität der negativ geladenen Chloridionen bei der Venusfliegenfalle. Der Ausgleich des Potentials erfolgt bei der tierischen Zelle durch den Einstrom der positiv geladenen Kaliumionen, bei der Venusfliegenfalle durch den Ausstrom der Kaliumionen. In beiden Fällen erfolgt ein Ausgleich der Ladungen.

A5 An einem Axon ist ein Teilstück stark gekühlt. Vor diesem Kälteblock wird ein Reiz ausgelöst. In unterschiedlichen Abständen nach dem Kälteblock wird eine Potentialmessung durchgeführt. Die Messergebnisse zeigen, dass hinter dem Kälteblock Potentiale vorliegen. Diese ausgelösten Potentiale werden mit zunehmender Entfernung immer kleiner.

A6 Die Axonmembran wird durch einen Reiz depolarisiert. Dadurch wird die Leitfähigkeit der Na$^+$-Ionen erhöht. Es ändert sich das Membranpotential und durch diese Veränderung des elektrischen Feldes werden die benachbarten spannungsabhängigen Ionenkanäle geöffnet. An der gekühlten Stelle findet eine geringe Ionenbewegung statt, wodurch sich das Membranpotential kaum ändert. Es kommt zu keiner Weiterleitung. Das elektrische Feld vor dem Kälteblock wirkt jedoch noch auf die spannungsabhängigen Kanäle nach dem Kälteblock. Mit zunehmender Entfernung wird es immer schwächer.

A7 Die Hypothese, dass Ionen entlang des Axons transportiert werden, konnte widerlegt werden, da die geringe Temperatur die Ionenbewegung „einfriert" und keine weiteren Potentiale nach dem Kälteblock auftreten können. Das elektrische Feld ist kälteunabhängig und nimmt mit der Entfernung ab, was auch den Messungen von HODGKIN entspricht.

A8 In den Stäbchen der Netzhaut sind die Sehpurpurmoleküle (Rhodopsin). Rhodopsinmoleküle reichen durch die Membran hindurch. Es besteht aus Retinal und Opsin. Durch Lichteinfall verändert das Retinal die räumliche Struktur und spaltet das Retinal ab. Dieses wirkt indirekt auf die Na$^+$-Ionenkanäle ein und führt zum Schließen der Na$^+$-Ionenkanäle. Hierdurch sinkt die Membranspannung.

A9 Das Membranpotential ist bei verschieden intensiven Lichtreizen gegen die Zeit gemessen worden. Je höher die Lichtintensität ist, desto stärker sinkt das Membranpotential. Die unterschiedlichen Reizintensitäten führen hier zu unterschiedlichen Potentialintensitäten, die sich durch die Höhe des Ausschlags in der Messung zeigen (Amplitude). Das Aktionspotential ist immer gleich hoch und kommt häufiger oder weniger häufig (Frequenz).

A10 In den Stäbchen ist die Potentialhöhe von der Anzahl der gespalteten Rhodopsinmoleküle abhängig, die auf die substratgesteuerten Ionenkanäle wirken. Das Aktionspotential wird durch spannungsabhängige Ionenkanäle ausgelöst.

A11 Je höher die Lichtintensität ist, desto mehr Rhodopsinmoleküle werden im gleichen Zeitraum gespalten und umso mehr Na$^+$-Ionenkanäle werden geschlossen. Dies führt zu den unterschiedlichen Potentialstärken.

A12 Ein Aktionspotential kommt über das Axon an einer Synapse an. Hierdurch wird in den Endknöpfchen die Ausschüttung von Transmittern ausgelöst. Je nach Anzahl der Potentiale werden mehr oder weniger Transmitter freigesetzt. An der postsynaptischen Membran werden durch die Transmitter Ionenkanäle geöffnet, durch die Natriumionen einströmen. Die Transmitter werden gespalten und können in der Synapse wieder recycelt werden.

A13 Bei der Ableitung von Muskelspindeln aus den Beinmuskeln (Strecker und Beuger) werden Reize ausgelöst und an einem Neuron des Rückenmarks mithilfe einer Glasmikroelektrode die Potentiale gemessen. Es geht um die erregenden und hemmenden postsynaptischen Potentiale. Wird an dem Axon von der Spindel des Beugers ein Reiz ausgelöst, so ist am Neuron ein erregendes postsynaptisches Potential zu messen. Bei der Erregung des Axons von der Spindel des Streckers ist ein inhibitorisches Potential zu messen. Hier ist ein hemmendes Neuron dazwischengeschaltet. Werden beide Axone gereizt, entsteht nur ein sehr kleines Potential. Die Koordination der Bewegung kann hierdurch sinnvoll geschaltet werden, da Bewegungsabläufe von Antagonisten durch Hemmung und Erregung sinnvoll geregelt werden können. Die Muskeln werden kontrahiert oder sie erschlaffen.

A14 Die Leitungsgeschwindigkeit ohne Synapsen ist zwar höher, jedoch sind Verschaltungen zur Verstärkung oder Schwächung von Erregungen nur über Schaltstellen wie den Synapsen möglich.

A15 In Abb. 7 ist der Verlauf des Membranpotentials mit und ohne Zugabe von Tetrodotoxin über einen Zeitraum von ca. 5 ms angegeben. Das Membranpotential ohne Tetrodotoxin hat ein Maximum bei ca. +30 mV und zeigt den typischen Verlauf eines Aktionspotentials. Das Membranpotential mit Tetrodotoxin erhöht sich langsam bis −40 mV und fällt darauf langsam wieder ohne den charakteristischen Verlauf eines Aktionspotentials.

A16 Das Tetrodotoxin bindet an die spannungsabhängigen Natriumionenkanäle und verschließt diese dadurch. Ohne die fehlenden Ionenströme kommt es zu keiner Depolarisation an der Axonmembran. Ein Aktionspotential kann nicht entstehen. Hierdurch kommt es an den Nervenzellen zu keiner Weiterleitung der Aktionspotentiale und somit zu keiner Erregung an den Muskeln der Atemmuskulatur.

Lösungen zu Seite 262/263

A1 Das Fernhalten der Beringmöwen und Braunmantel-Austernfischer führte nicht zu der deutlichen Veränderung der bevorzugten Beutetiere, wie man es erwartet hatte. Hier sind andere Faktoren mitbestimmend. Der Platzbedarf an der Steilküste ist der entscheidende Faktor.
L. strigatella ist dem Konkurrenzdruck der anderen Arten unterlegen. Durch das Fehlen der Entenmuschel wird sogar die Pflanzenwelt verändert, da durch das geringere Abweiden durch die Napfschnecken mehr thallöse Algen vorhanden sind.

A2 Die verschiedene Tiere und Pflanzen zeigen zusammen einen größeren Zusammenhang als einzelne Beobachtungen von jeweils zwei Arten. Dies liegt daran, dass Platzprobleme durch die festsitzenden Lebewesen auf engem Lebensraum mit den räuberischen Feinden in einem Zusammenhang stehen. Zusätzlich kommt hinzu, dass bestimmte Napfschnecken die festsitzenden Algen dezimieren und so auch zu veränderten Platzbedingungen durch Pflanzen führen.

A3 Der physiologische Toleranzbereich der Waldkiefer reicht von trocken bis nass mit einem deutlichen Optimum bei feuchtem Boden und nur geringer Verbreitung auf trockenen und nassen Standorten. Das natürliche Vorkommen ist im Gegensatz dazu auf trockene und nasse Standortextreme beschränkt.

A4 Die breite ökologische Toleranz ermöglicht es der Waldkiefer, unter Konkurrenzbedingungen an extremen Standorten zu wachsen, weit entfernt vom Optimum ihrer physiologischen Potenz. Die reale ökologische Potenz hängt wesentlich von den Konkurrenzarten ab.

A5 Im Diagramm ist die Lichtintensität in relativen Einheiten in Prozent über den Jahresverlauf dargestellt. Die Messungen sind für die Kronenschicht und die Krautschicht erfolgt. Als zweiter Faktor wurde CO_2-Assimilation der Sonnenblätter in relativen Einheiten in Prozent über den Jahresverlauf dargestellt. Im April bis Mai steht der Wald vor der Laubentfaltung. In der Krautschicht ist im März und April die Lichtintensität relativ groß. Sie sinkt nach der Laubentfaltung und steigt erst wieder nach dem Laubfall. Die Buche setzt vor der Laubentfaltung (Februar) Kohlenstoffdioxid frei, sie mobilisiert über die Dissimilation Energie aus gespeicherter Glucose oder Stärke für den Blattaustrieb. Die Fotosynthese und damit die Kohlenstoffdioxid-Assimilation steigen mit der Laubentfaltung und sinken mit dem Laubfall im Oktober wieder auf Null.

A6 Im Sommer ist die Buche voll belaubt. Ihre Fotosyntheserate ist maximal infolge der hohen Lichtintensität mit steigendem Sonnenstand. Nur wenige schattenliebende Pflanzen sind unter dem Kronendach zu finden, wie der Waldziest. Andere Pflanzen der Krautschicht sind bereits früher im Wachstum, wenn die Belaubung noch nicht ausgeprägt ist.

Lösungen zu den Übungsseiten

Lösungen zu Seite 362/363

A1 Folgende Eigenschaften machen die Buntbarsche zu geeigneten Studienobjekten der Evolution:

- Sie haben sich vor relativ kurzer Zeit zu solch vielen Arten aufgespalten. Viele Arten sind noch untereinander im Labor kreuzbar. So kann man (auch auf genetischer Ebene) nach Schlüsselereignissen bei der Artaufspaltung suchen, d. h., was sind die ersten Schritte, die zur Aufspaltung führen.
- Die junge und schnelle Evolution kann auch Zwischenschritte auf dem Weg zur Artauftrennung sichtbar machen.
- Ihre unterschiedlichen Formen, Lebensweisen und Fortpflanzungsstrategien, die häufig unterschiedlich voneinander in den verschiedenen Seen entstanden sind und somit konvergente Entwicklungen darstellen (Abb. 3).
- Günstig ist auch, dass man Fische relativ gut im Labor halten kann (weniger Aufwand als z. B. Vögel). Zudem ist die Generationszeit der meisten Arten relativ kurz.

A2 Zunächst erfolgte Artbildung durch geografische Trennung der Gründerpopulationen von der Ausgangspopulation. Bei der Besiedlung des neuen Lebensraumes erwarben dann unterschiedliche Populationen der Einwanderer zunächst Angepasstheiten an die zur Verfügung stehenden unterschiedlichen Habitate.
Innerhalb der Habitate spalteten sich im Folgenden die Populationen durch Spezialisierung auf unterschiedliche Nahrungsquellen und die damit verbundenen unterschiedlichen Angepasstheiten auf.
Weiterhin konnte eine Divergenz durch sexuelle Selektion erfolgen, indem unterschiedliche Körperfärbungen einhergehend mit divergierender Partnerwahl auftraten.

A3 Beide Radiationen beruhen auf der Besiedlung „leeren" Lebensraumes, die Buntbarsche in Ostafrika sind aber wesentlich artenreicher als die Finken der Galapagos-Inseln und ihre Artaufspaltung hat vor wesentlich kürzerer Zeit stattgefunden.

A4 Die Lebensräume, die in den verschiedenen ostafrikanischen Seen zur Verfügung standen, waren sich untereinander ähnlich und lieferten ähnliche Lebensbedingungen. Die Anpassungen an diese Habitate und Lebensbedingungen „formten" parallel und unabhängig voneinander ähnliche Phänotypen, wobei die genetische Basis dieser nicht ähnlich sein muss — unterschiedliche genetische Merkmale können zu ähnlichen phänotypischen „Ergebnissen" führen. Die Lebensweise der Fische (Räuber, Algenfresser, Uferbewohner, ...) prägt einen hier wie dort idealen Phänotyp durch gleiche oder sehr ähnliche Anforderungen (z. B. Schwimmgeschwindigkeit — Körperform, Tarnungsbedarf — Körperfärbung, etc.).

A5 Um zu prüfen, ob die Formengleichheit unabhängig voneinander entstanden ist, könnte man mittels molekularer Verwandtschaftsanalyse überprüfen, wie nah die Arten gleichen Phänotyps unterschiedlicher Seen zueinander und zu Arten anderen Phänotyps des jeweils gleichen Sees sind. Findet man eine nähere Verwandtschaft zu anderen Phänotypen im eigenen See, kann man davon ausgehen, dass die phänotypische Ähnlichkeit unabhängig voneinander entstanden ist.

A6 Die Grafik stellt dar, dass nur der Midas-Buntbarsch sich von Algen ernährt, der Pfeil-Buntbarsch von Zooplankton. Dies deutet auf eine andere Ökologie zwischen den beiden Arten hin. Die Tatsache, dass die Algen vor allem in Ufernähe auftauchen, das Zooplankton in tieferen Gewässern, unterstützt diese Annahme. Vermutlich handelt es sich hier um parapatrische Artbildung, bei der sich eine Population auf ein neues Habitat — die tieferen Gewässer — spezialisiert hat.

A7 Wenn der Pfeil-Buntbarsch aus Populationen des Midas-Buntbarschs im Kratersee hervorgegangen ist, müssten molekulare Verwandtschaftsanalysen dieser Arten und Midas-Buntbarschen anderer Lokalitäten zeigen, dass die Kratersee-Arten näher miteinander verwandt sind als die verschiedenen Populationen des Midas-Buntbarschs.

A8 Abbildung 6 zeigt, dass die Größe der Jungtiere durch die Ernährungsqualität (gut vs. schlecht) stark beeinflusst wird. So ist anzunehmen, dass den Elterntieren zwei unterschiedliche Jungtiergruppen (Stichproben) präsentiert werden. Hätte die unterschiedliche Behandlung vor dem Versuch keinen messbaren Unterschied herbeigeführt, wäre das Versuchsergebnis wenig aussagekräftig gewesen (wobei zu bedenken ist, dass die Fische vielleicht einen Unterschied zwischen den Jungtieren beider Gruppe wahrgenommen hätten, der den menschlichen Experimentatoren nicht aufgefallen wäre).

A9 Abbildung 8 zeigt, dass Mütter schlecht ernährter Jungtiere wesentlich geringere Aggression (in Form von Attacken gegen den Partner) zeigen als Mütter gut genährter Jungtiere. Aus evolutionsbiologischer Sicht lässt sich dies so deuten, dass jedes Verhalten stets Nutzen und Kosten mit sich bringt. Im Laufe der Evolution bilden sich Mechanismen heraus, die dieses Verhältnis zugunsten des „Nutzens" optimieren. Aggressionsverhalten gegen potenzielle Gefahren für die Jungtiere stellen eine Investition der Mutter dar – im Falle der schlecht genährten Jungtiere scheint sich das Weibchen gegen diese Investition zu entscheiden: Für diese Jungtiere „lohnt" sich der Aufwand nicht, da sie ohnehin weniger konkurrenzfähig sind als gut genährte Nachkommen, in die man in der Zukunft investieren könnte. Durch eine Verminderung der Attacken sparen die Mütter Energie, die sie anderweitig, etwa in die Produktion kostspieliger Eizellen, für konkurrenzfähige künftige Nachkommen investieren können.
Abbildung 7 zeigt, dass die Zeit, die die Elterntiere die Jungtiere bewachen, zunächst bei beiden Versuchsgruppen gleich ist. Bei der Gruppe schlecht ernährter Jungtiere nimmt die investierte Zeit durch Männchen oder Weibchen relativ schnell ab, wohingegen sie bei der Gruppe gut ernährter Jungtiere wesentlich langsamer abnimmt. Auch dieses Ergebnis zeigt die Evolution von Verhaltensanpassungen zur Optimierung des Nutzen-Kosten-Verhältnisses.

A10 Die Weibchen beider Arten zeigen eine deutliche Signifikanz für das Männchen der eigenen Art, und zwar in vergleichsweisem Ausmaß. Die *P. pundamilla*-Weibchen zeigen allerdings nur geringfügig weniger Präferenz für das Hybridmännchen als das reinerbige Männchen. Dieser Unterschied ist bei den *P. neyererei*-Weibchen größer — sie scheinen hier stärker zu unterscheiden. Diese Tatsache zeigt, dass zwar eine Divergenz in der Partnerwahl zu erwarten ist, ein Genfluss aber vermutlich nicht ausgeschlossen ist, sollten sich die Tiere in der freien Wildbahn begegnen.

A11 Nach dem biologischen Artkonzept hätte man eine Trennung der Tiere in zwei getrennte Fortpflanzungsgemeinschaften erwartet. Weibchen hätten nur eine Präferenz für das jeweilig eigene Männchen gezeigt. Bei einer ökologische Trennung, bei der zum Beispiel durch Nahrungs- oder Aktivitätsspezialisierung Populationen getrennt wurden, ist dies dann nicht ausschlaggebend für die Divergenz, wenn sich Tiere im natürlichen Habitat durch populationsspezifische Merkmale als „eigen" und „fremd" unterscheiden können (dies im Labor aber nicht nachstellbar ist).

A12 Verschieden Faktoren können die Verhaltensversuche so beeinflussen, dass die Ergebnisse verfälscht werden. Wichtig ist es, den unterschiedlichen Gruppen gleiche Bedingungen zu bieten, z.B. nicht immer eine Art in einer Aquariumhälfte zu testen — die Tiere sollten möglichst zufällig auf die Aquarien verteilt werden, um Effekte z.B. durch Seitenbevorzugung zu vermeiden.

Wichtig ist auch, sicher zu gehen, dass die Präferenz für das Männchenmerkmal „Art" untersucht wird. Problematisch kann es z.B. sein, immer die drei gleichen Männchen zu verwenden, sodass die Präferenz der Weibchen sich an den jeweiligen Individuen (z.B. Gesundheitszustand, Ernährung, Verhalten) und nicht an der Artzugehörigkeit orientieren könnte. Dies kann vermieden werden, indem verschiedene Individuen der Arten jeweils unterschiedlich zusammengesetzt als Testmännchen dienen.

Wichtig ist bei Verhaltensversuchen auch, nicht voreingenommen an die Beobachtung zu gehen. So sollte jemand die Beobachtungen machen, der die Fragestellung nicht kennt, um nicht unterbewusst, zur Bestätigung der eigenen Annahme, die Ergebnisse zu verfälschen.

Glossar

Absorption
Schwächung bzw. Aufnahme von Strahlungsanteilen beim Durchgang durch Materie; auch Aufnahme von Flüssigkeiten, Gasen oder Energie

Abundanz
Dichte und Häufigkeit von Individuen einer Art, bezogen auf ihr Habitat

Adaptation
Anpassung, speziell von Sinnesorganen oder Rezeptoren an unterschiedliche Reizintensitäten

adaptive Radiation
Aufspaltung einer Ursprungsart in abgeleitete Arten durch evolutive Anpassung an verschiedene ökologische Bedingungen in meist unbesetzten Lebensräumen in einem geologisch kurzen Zeitraum

aerob
werden Stoffwechselprozesse genannt, die nur in Gegenwart von Sauerstoff ablaufen bzw. die Lebensweise in sauerstoffhaltiger Umgebung (s. *anaerob*)

Aktinfilamente
fadenförmige Proteine, die Bestandteil des Zellskeletts sind

Aktionspotential
während der Erregung des Axons gemessener zeitlicher Verlauf des Membranpotentials; pflanzt sich über das Axon durch Veränderung der Ionenkanäle fort

Allel
eine von mehreren möglichen Ausführungen eines Gens. Diploide Körperzellen enthalten zwei Allele, haploide Keimzellen nur ein Allel. *Dominantes Allel:* Allel, das bei heterozygoten Lebewesen zur Ausprägung eines Merkmals führt.
Rezessives Allel: Eigenschaft eines Allels, bei heterozygoten Lebewesen nicht ausgeprägt zu werden (s. *Erbgang*)

Alles-oder-Nichts-Gesetz
Gesetzmäßigkeit für bestimmte Vorgänge, die entweder nur vollständig und in voller Intensität oder gar nicht ablaufen, z. B. beim *Aktionspotential* von Nervenzellen

allosterisch
Fähigkeit eines Moleküls, reversibel mehrere stabile Formen einnehmen zu können

Aminosäure
organische Säure, die neben der Carboxylgruppe eine Aminogruppe enthält; kommt in freier Form und als Baustein von Peptiden und Proteinen in der Zelle vor

anaerob
werden Stoffwechselprozesse genannt, die ohne Beteiligung von Sauerstoff ablaufen bzw. die Lebensweise von Organismen in sauerstofffreier Umgebung (s. *aerob*)

Analogie
Ähnlichkeit in Gestalt oder anderen Merkmalen, die aufgrund übereinstimmender Selektionsbedingungen unabhängig voneinander entstanden sind und die nicht auf gemeinsamer Herkunft beruht (s. *Homologie*)

Anticodon
Basentriplett eines t-RNA-Moleküls, das komplementär zu einem m-RNA-Codon ist

Archaebakterien (Archaea)
urtümliche, an extreme Lebensbedingungen angepasste Prokaryoten; im Zellaufbau den echten Bakterien (*Eubacteria*) ähnlich

Art
Man unterscheidet zwei Sichtweisen:
morphologische Art: eine Gruppe von Lebewesen, die in wesentlichen Merkmalen übereinstimmen
genetische Art: alle Individuen, die unter natürlichen Bedingungen derselben Fortpflanzungsgemeinschaft angehören und von anderen getrennt sind

Artbildung
Prozess der Entstehung neuer Arten aus einer Ursprungsart; man unterscheidet *allopatrische Artbildung* bei räumlicher Trennung von Populationen und *sympatrische Artbildung* bei gemeinsamen Vorkommen sowie *parapatrische Artbildung* (Angepasstheiten an verschiedene ökologische Bedingungen im gleichen Gebiet wirken isolierend)

Assimilation
bei Stoffwechselvorgängen: Aufbau organischer Substanzen aus anorganischen Ausgangsstoffen; auch Umbau aufgenommener Nährstoffe in körpereigene Stoffe

Atmung
äußere Atmung: Sauerstoff- und Kohlenstoffdioxidaustausch mit der Umgebung;
innere Atmung bzw. Zellatmung: aerobe Stoffwechselvorgänge zur Energiefreisetzung in Zellen

Atmungskette
Kette von Redoxreaktionen in Mitochondrien, bei der Elektronen von wasserstoffhaltigen Verbindungen auf Sauerstoff übertragen werden; aufgrund des entstehenden H^+-Konzentrationsunterschieds wird ATP gebildet (s. *Endoxidation*)

ATP (Adenosintriphosphat)
wichtigster Energiespeicher und -überträger des Stoffwechsels, entsteht aus ADP und Phosphat unter Energieaufnahme; setzt beim Zerfall 30,5 kJ/mol frei und treibt dadurch endergonische Reaktionen an oder macht durch Übertragung von Phosphat andere Stoffe energiereicher und damit reaktionsfähiger

Autökologie
Teilbereich der Ökologie, der sich mit den Beziehungen einer Art zu seiner Umwelt beschäftigt (s. *Umweltfaktor, Ressource*)

Autosom
Chromosom, das im Gegensatz zum *Gonosom* keine geschlechtsbestimmenden Gene trägt; in Körperzellen sind bei diploiden Zellen von jedem Autosom zwei homologe Ausgaben vorhanden

Autotrophie
Ernährungsweise, bei der nur anorganische Stoffe benötigt werden (Fotosynthese, Chemosynthese; s. *Heterotrophie*)

Axon
bis 100 cm langer Ausläufer einer Nervenzelle, über den die Erregungen vom Zellkörper zu den Synapsen geleitet werden

Bakteriophage (Phage)
Virus, das Bakterien befällt; es nutzt den Syntheseapparat der Bakterienzelle zur eigenen Vermehrung

Bakterium
Angehöriger einer systematischen Gruppe von einzelligen, zellkernlosen (prokaryotischen) Kleinstlebewesen; man unterscheidet echte Bakterien (*Eubacteria*) von den Archaebakterien (*Archaea*)

Befruchtung
Verschmelzung der Zellkerne zweier Keimzellen zur befruchteten Eizelle (*Zygote*)

Begattung
geschlechtliche Vereinigung eines männlichen und eines weiblichen Individuums zur direkten Übertragung von Spermienzellen in die weiblichen Fortpflanzungsorgane; dadurch wird die *Besamung* und *Befruchtung* der Eizelle ermöglicht

Bergmann'sche Regel
Bei nahe verwandten, gleichwarmen Tierarten nimmt die Größe von warmen Zonen in Richtung kalter häufig zu.

Biogenetische Grundregel
Während der Keimesentwicklung eines Individuums zeigen einige Stadien Merkmale von Organismengruppen aus früheren Stufen der Stammesentwicklung. Die Keimesentwicklung scheint die Stammesgeschichte sehr kurz zu wiederholen.

Biomembran
Doppelmembran mit einer immer gleichen Grundstruktur, die jede Zelle umgibt bzw. in kleinere Räume aufteilt

Biosphäre
der vom Leben erfüllte Raum der Erde

Biotop
Lebensraum einer Lebensgemeinschaft

Biozönose
Lebensgemeinschaft aller Organismen in einem Lebensraum

Blastula (Hohlkeim)
frühes Entwicklungsstadium eines tierischen Mehrzellers, bei dem äußerlich gleichartige Zellen eine Hohlkugel bilden

Blotting
Basismethode der Molekularbiologie, mit der Moleküle (Proteine, Nucleinsäuren) aus Elektrophorese-Gelen zur weiteren Bearbeitung in gleicher Anordnung auf Membranen übertragen und so isoliert werden

Bruttoprimärproduktion
gesamte durch *Fotosynthese* oder *Chemosynthese* gebildete Biomasse in einer bestimmten Zeit (s. *Nettoprimärproduktion*)

Calvinzyklus
zyklische Reaktionsfolge, die der lichtabhängigen Reaktion der *Fotosynthese* nachgeschaltet ist, bei der CO_2 fixiert und Glucose gebildet wird

Carrier
integrales Protein in der Biomembran, das einen Transport spezifischer Substanzen durch die Biomembran ermöglicht; Transportproteine, Translokatoren

Chemosynthese
Form der *autotrophen* Lebensweise, bei der anorganische Verbindungen für die Gewinnung von Reduktionsäquivalenten und ATP oxidiert werden

Chloroplast
fotosynthetisch aktives, Chlorophyll enthaltendes Zellorganell (s. *Plastid*)

Chromatographie
Auftrennen von Stoffgemischen unter Ausnutzung der unterschiedlichen Beweglichkeit von Stoffen in einem Strom aus Trägersubstanz (Flüssigkeit oder Gas)

Chromosom
Träger der Erbinformation in einer Zelle; Chromosomen enthalten Gene in spezifischer Anordnung und können identisch verdoppelt werden (*Replikation*). Bei Eukaryoten werden sie vor allem bei der Zellteilung lichtmikroskopisch sichtbar.

Chromosomenmutation
Veränderung der Erbinformation, die durch Bruch und Fusion zum Umbau eines Chromosoms führt; dabei können Teile eines Chromosoms verloren gehen (*Deletion*), an eine andere Stelle verlagert werden (*Translokation*), verdoppelt werden (*Duplikation*) oder um 180° gedreht wieder eingebaut werden (*Inversion*)

Citronensäurezyklus
wichtigste, zyklisch verlaufende Reaktionsfolge zum oxidativen Endabbau von Kohlenstoffverbindungen

Code, genetischer
verschlüsselte Anweisung für die Proteinsynthese, nach der die genetische Information der DNA (Basensequenz) in die Aminosäuresequenz der Proteine übersetzt wird

Codon
aus 3 *Nucleotiden* bestehender m-RNA-Abschnitt (Basentriplett), der für eine Aminosäure codiert

Coevolution
gegenseitige Beeinflussung der Evolution zweier oder mehrerer Arten, die miteinander in Wechselbeziehungen stehen durch Anpassung bzw. Gegenanpassung

Crossingover
wechselseitiger Austausch von Chromosomenstücken zwischen homologen Chromosomen während der Meiose; ein Crossingover führt zur *Rekombination* der Erbinformation, d.h. Gene, die zuvor auf dem gleichen Chromosom lagen, können auf verschiedene Chromosomen verteilt werden oder ehemals getrennte Gene können auf das gleiche Chromosom gelangen

Cytokinese
Zellteilung nach der Kernteilung (s. *Mitose*)

Cytoplasma
von der Zellmembran umgebener Zellinhalt mit Ausnahme des Zellkerns; in der Grundsubstanz des Cytoplasmas liegen die Organellen

Cytoskelett
Netzwerk feiner Proteinstrukturen, die der Zelle Stabilität und Festigkeit verleihen und Transportaufgaben erfüllen

Denaturierung
durch Hitze, organische Lösungsmittel, pH-Wert-Änderungen oder Salze verursachte Konformationsänderung von *Nucleinsäuren* oder *Proteinen*; in der Regel mit Funktions- oder Aktivitätsverlust verbunden

Dendrogramm
Darstellung der Verwandtschaft von Lebewesen in einem baumartigen Schema; der Begriff wird vor allem für Stammbäume benutzt, denen genetische Merkmale zugrunde liegen

Destruent
Organismus, der sich von totem organischem Material ernährt und es zu anorganischer Substanz abbaut

diploide Zelle
Zelle mit zwei homologen Chromosomensätzen (2n), von denen einer von der Mutter und einer vom Vater stammt

Dispersion
räumliches Verteilungsmuster von Individuen in ihrem Verbreitungsgebiet

Dissimilation
Gesamtheit aller abbauenden, der Energiefreisetzung dienenden Stoffwechselwege

Divergenz
beschreibt das Auseinanderlaufen verschiedener evolutiver Entwicklungslinien zu größeren Unterschieden hin (s. *Konvergenz*)

Diversität
Vielfalt in einem Ökosystem; sie berücksichtigt die Artenzahl, deren Häufigkeitsverteilung und ihre genetische Vielfalt

DNA = DNS (Desoxyribonucleinsäure)
schraubig gewundene, zweisträngige Kette von *Nucleotiden* (besteht aus dem Zucker Desoxyribose, Phosphat und einer der 4 Basen Adenin, Thymin, Guanin und Cytosin); die Reihenfolge der Nucleotid-Typen in einem Nucleinsäurestrang verschlüsselt die genetische Information einer Zelle

Elektrophorese
Methoden, mit denen Moleküle in einem Gleichspannungsfeld nach ihrer Masse und Ladung aufgetrennt werden

Elterninvestment
Fürsorgeaufwand, den Eltern in die Aufzucht von Nachkommen investieren

Endoplasmatisches Retikulum (ER)
Organell in Eukaryotenzellen, das aus einem Membransystem besteht; es wirkt bei Synthese, Umwandlung und Transport von Stoffen mit

Endosymbiontentheorie
Theorie über den Ursprung der Eukaryotenzelle (*Eucyte*): sie ist aus einer symbiotischen Gemeinschaft von Zellen hervorgegangen; *Mitochondrien* entstanden aus bakterienartigen Zellen, Plastiden aus cyanobakterienartigen Zellen

Endoxidation
Übertragung von Elektronen im aeroben Stoffwechsel von wasserstoffhaltigen Verbindungen auf Sauerstoff unter Bildung von Wasser in den Mitochondrien zur Gewinnung von ATP (s. *Atmungskette*)

Enzym
Protein, das als Biokatalysator wirkt und dadurch die chemische Umsetzung bei Stoffwechselprozessen beschleunigt

Erbgang
statistisch-gesetzmäßiges Auftreten von Merkmalen in den Nachkommengenerationen; beim *rezessiv-dominanten Erbgang* bestimmt das Allel von nur einem Elternteil die Ausprägung des Phänotyps in der mischerbigen Filialgeneration, beim *kodominanten Erbgang* dagegen zwei Allele. Beim *intermediären Erbgang* findet man eine abgeschwächte Ausprägung des Merkmals in der mischerbigen Filialgeneration

Eucyte
Zelltyp; Grundbaustein aller *Eukaryoten*; unterscheidet sich u.a. durch den Besitz von Zellkern (*Nucleus*), *Mitochondrien* und die Kompartimentierung von der *Procyte*

Eukaryoten (auch Eukaryonten)
Lebewesen, deren Zelltyp die Eucyte ist (Protisten, Pflanzen, Pilze und Tiere)

eurypotent
Fähigkeit eines Lebewesens, starke Schwankungen eines bestimmten Umwelteinflusses zu tolerieren

Eutrophierung
Anreicherung eines Gewässers mit Mineralstoffen („Überdüngung")

Evolution
alle Prozesse, die zur Entstehung des Lebens in seiner heutigen Vielfalt geführt haben

Exon
codierender Abschnitt gestückelter eukaryotischer Gene (s. *Intron*)

Fitness, reproduktive
Maß für den Lebensfortpflanzungserfolg eines Individuums, d.h. die Fähigkeit, seine Gene in der Folgegeneration zu verbreiten

Flaschenhalseffekt
Form von *Gendrift*, die sich aus einer drastischen Verkleinerung einer Population, z.B. durch eine Naturkatastrophe, ergibt

Fließgleichgewicht
Zustand gleicher Konzentrationen von Stoffen in einem offenen System bei dauerndem Zu- und Abfluss von Stoffen und Energie

Fluoreszenz
Aufleuchten von Stoffen bei Bestrahlung mit Licht, wobei das ausgesandte Licht eine größere Wellenlänge aufweist als das absorbierte

Fortpflanzung
Kennzeichen des Lebens, wobei durch die Weitergabe genetischer Information artgleiche, eigenständige Individuen entstehen. Zur geschlechtlichen (*sexuellen*) Fortpflanzung gehört die Befruchtung von Keimzellen. Bei der ungeschlechtlichen (*asexuellen*) Fortpflanzung entstehen neue Lebewesen aus einem Teil des Elternorganismus. Fortpflanzung ist meistens mit einer *Vermehrung* verbunden.

Fortpflanzungsstrategie
betrachtet den Anteil der verfügbaren Biomasse und Energie, der von Individuen einer Art für die Fortpflanzung eingesetzt wird; der Anteil ist genetisch bestimmt

Fossil
versteinerter Rest oder Spur eines Lebewesens in Gesteinen bzw. Sedimenten früherer Perioden der Erdgeschichte

Fotosynthese
wichtigste Form der *autotrophen Assimilation*, bei der mithilfe des Chlorophylls unter Einwirkung des Sonnenlichtes aus CO_2 und Wasser Glucose und Sauerstoff entstehen

Fundamentalnische
Ansprüche einer Art an ihre Umwelt ohne Einfluss von biotischen Faktoren (s. *Realnische*; *Nische, ökologische*)

Gamet (Geschlechtszelle, Keimzelle)
haploide Ei- oder Spermienzelle, die sich nach einer Befruchtung zu einem mehrzelligen Organismus weiterentwickelt; in diploiden Organismen entstehen Gameten durch *Meiose*, in haploiden Organismen durch *Mitose*

Gedächtnis
Speicher für erworbene Informationen im Gehirn, die als Erinnerung wieder abrufbar sind; man unterscheidet das *deklarative* und das *prozedurale Gedächtnis*

Gegenspielerprinzip
Prinzip, nach dem ein Zustand in einem Organismus durch mindestens zwei gegeneinander wirkende Steuermechanismen kontrolliert und geregelt wird (s. *Antagonist*)

Gegenstromprinzip
optimierte Form des Wärme- oder Stoffaustausches zwischen unterschiedlichen Flüssigkeiten oder Gasen, die sich durch eine dünne Barriere getrennt in entgegengesetzter Richtung bewegen

Gen
Funktionseinheit der Erbinformation, die auf einem *Chromosom* liegt und aus DNA besteht; ein Gen ist nach heutiger Auffassung der DNA-Abschnitt, der für ein RNA-Molekül codiert

Gendrift
durch Zufallsereignisse bedingte, sprunghafte Veränderung von Gen- bzw. Allelhäufigkeiten, die in kleinen Populationen von Bedeutung sind (*Gründereffekt*, *Flaschenhalseffekt*)

genetischer Fingerabdruck
Verfahren zur Analyse von DNA z.B. aus Haaren oder Blutflecken zur Identifizierung von Personen, auch *DNA-Typisierung* oder *DNA-Profiling* genannt

Genexpression
Vorgang der Merkmalsausbildung, in dem eine Zelle die Information eines Gens nutzt; alle Gene werden dabei zunächst transkribiert (m-RNA-Bildung), codieren sie für Proteine, findet auch Translation statt

Genkopplung
Vorhandensein von Gruppen von Genen, die gemeinsam vererbt werden, weil sie auf demselben Chromosom liegen; durch Crossingover können solche Kopplungsgruppen durchbrochen werden

Genom
Gesamtheit des genetischen Materials (codierende DNA-Abschnitte) eines Organismus im einfachen Chromosomensatz

Genommutation
Mutation, die zu einer Veränderung der Chromosomenanzahl in einer Zelle führt; es können entweder einzelne Chromosomen hinzukommen oder verloren gehen, oder der ganze Chromosomensatz kann vervielfacht oder halbiert werden

Genotyp
Beschreibung der Gesamtheit der Gene eines Organismus (s. *Phänotyp*)

Genpool
Gesamtheit aller Gene in einer Population zu einem bestimmten Zeitpunkt

Genregulation
Regulation der Proteinsynthese in einer Zelle durch Genaktivierung bzw. -hemmung

Gensonde
kurzkettiges, markiertes DNA- oder RNA-Einzelstrang-Molekül zum Aufspüren komplementärer Basensequenzen

Gentechnik
Verfahren zur gezielten Veränderung des Genoms einer Zelle durch Übertragung oder Entfernung definierter DNA-Abschnitte

Glykolyse
erster Teil des Glucoseabbaus bis zur Brenztraubensäure

Golgi-Apparat
Gesamtheit der *Dictyosomen* in einer Zelle; modifiziert und speichert Produkte des ER

Gonosom (Geschlechtschromosom, Heterosom)
Chromosom, das im Gegensatz zum *Autosom* geschlechtsbestimmende Gene trägt; Gonosomen legen bereits in der diploiden Zygote das Geschlecht fest und werden meist als X- oder Y-Chromosom bezeichnet

Gründereffekt
Form von *Gendrift*, die auf die Besiedlung eines neuen Lebensraumes durch eine kleine Anzahl von Individuen (Gründerpopulation) zurückzuführen ist, die sich von einer großen Ausgangspopulation abgespalten hat

Hardy-Weinberg-Gesetz
mathematisches Modell zur Berechnung der Häufigkeiten von *Allelen* und *Genotypen* in einer *Population*

hemizygot
trotz Diploidie mit nur einem Allel für ein bestimmtes Merkmal ausgestattet; dies gilt z. B. für viele Allele auf den Geschlechtschromosomen

Hemmung, neuronale
Hemmung von Übertragungsvorgängen im Gehirn durch inhibitorische postsynaptische Potentiale

Heterotrophie
Ernährungsweise, bei der organische Nahrungsstoffe als Energie- und Kohlenstoffquellen aufgenommen und in körpereigene Verbindungen umgewandelt bzw. abgebaut werden

heterozygot (mischerbig)
mit zwei verschiedenen *Allelen* für ein bestimmtes Merkmal ausgestattet (s. *homozygot*)

Hominiden
Menschenaffen (Orang-Utan, Gorilla, Schimpanse, Bonobo) und Mensch einschließlich aller ausgestorbener Vorfahren; nach älterer Gliederung nur der Mensch und seine ausgestorbenen Vorfahren / heute: Hominine)

homoiotherm (gleichwarm)
Temperaturkonstanz von Organismen, die ihre Körpertemperatur stoffwechselphysiologisch unabhängig von den Außenbedingungen innerhalb enger Grenzen regeln; homoiotherm sind Säugetiere und Vögel

Homologie
Ähnlichkeit in Gestalt oder anderen Merkmalen, die sich auf Verwandtschaft bzw. gleiche Herkunft und damit ähnliche genetische Ausstattung gründet (s. *Analogie*)

homozygot (reinerbig)
mit zwei identischen Allelen für ein bestimmtes Merkmal ausgestattet (s. *heterozygot*)

Hormon
in Drüsen gebildeter Signalstoff, der physiologische Veränderungen hervorruft

Hybridisierung
molekularbiologisches Verfahren; komplementäre Einzelstränge von *Nucleinsäuren* unterschiedlicher Herkunft lagern sich nach gemeinsamer Erhitzung bei anschließender Abkühlung bei hinreichender Ähnlichkeit zusammen (s. *Gensonde*)

Indikatororganismus (Zeigerart)
Lebewesen, das besonders empfindlich *(stenopotent)* auf bestimmte Ökofaktoren reagiert und deshalb als Nachweisorganismus für eben diese Umweltbedingungen verwendet werden kann; Indikatororganismen spielen vor allem bei der Beurteilung bzw. Erfassung von Verschmutzungen von Wasser, Luft und Boden eine Rolle

Infantizid
Tötung von Jungtieren der eigenen Art

Intron
nicht codierender Abschnitt gestückelter eukaryotischer Gene; der entsprechende m-RNA-Abschnitt wird beim *Spleißen* entfernt (s. *Exon*)

Isolation
trennender Mechanismus, der den Genaustausch von Individuen unterbindet; man unterscheidet *präzygote Mechanismen*, die vor der Befruchtung einer Eizelle wirken, und *postzygote Mechanismen*, die die Entwicklung der Zygote zu einem fruchtbaren Individuum verhindern. *Isolation* trennt verschiedene Genpools bzw. Arten und ermöglicht dadurch deren eigenständige Entwicklung

isotonisch
Die Konzentration der gelösten Teilchen in der Lösung ist identisch mit der in einer Vergleichslösung (s. *Osmose*)

Karyogramm
aufreihende Darstellung der gefärbten Metaphase-Chromosomen eines Organismus; ermöglicht eine Unterscheidung nach Größe, Gestalt und Muster

Keimbahn
Zellenfolge bei Tieren, die von der befruchteten Eizelle bis zu den Keimzellen führt

Klimax
bestimmter Reifezustand eines Ökosystems; Abschluss einer Sukzession vor der Zerfallsphase

Klonen
Vervielfältigung genetisch identischer Zellen; nicht zu verwechseln mit „klonieren", der Vervielfältigung einzelner Gene (s. *PCR*)

kodominant
gemeinsam vorherrschend; Eigenschaft zweier Allele, sich im diploiden Organismus beide phänotypisch voll auszuwirken bzw., wenn sie einzeln auftreten, ein weiteres rezessives zu dominieren (s. *Erbgang*)

Kompartimentierung
Unterteilung des Zellinhaltes in Reaktionsräume, die durch Membranen abgegrenzt sind; wird auch für ökologische Nischen und Ökysysteme verwendet

Kompensationspunkt
jener Zustand, bei dem die Sauerstoffproduktion durch die *Fotosynthese* genau so groß ist wie der Sauerstoffverbrauch durch die *Atmung*; bestimmende Größe ist die Beleuchtungsstärke (Lichtkompensationspunkt)

Konjugation
Zusammenlagerung von Protozoen oder Bakterien mit nachfolgendem Austausch von Erbgut

Konkurrenz
gegenseitige Einschränkung von Lebewesen durch die Nutzung gleicher begrenzter Ressourcen

Konkurrenzausschlussprinzip
Verschiedene Arten in einem Lebensraum können auf Dauer nicht koexistieren, wenn ihre ökologischen Nischen bezüglich der genutzten knappen Ressourcen gleich bzw. zu ähnlich sind

Konsument
Organismus, der bereits vorliegende Biomasse lebender Organismen als Ressource nutzt (s. *Produzent*)

Konvergenz
beschreibt eine im Verlauf der Evolution zunehmende Ähnlichkeit von Individuen oder Organen bei verschiedenen Entwicklungslinien; Ursache ist meist ein ähnlicher Selektionsdruck (s. *Divergenz*)

Krebs
Sammelbezeichnung für bösartige Geschwülste in Körpergeweben; im Gegensatz zu den gutartigen Tumoren können sich Krebsgeschwüre im Körper ausbreiten *(Metastasen)*

K-Stratege
Lebewesen, das seine Biomasse und Energie vorwiegend in die Sicherung der eigenen Existenz investiert und dadurch konkurrenzstark und langlebig ist (s. *r-Stratege*)

Kutikula
von Epidermiszellen der Pflanze nach außen abgesonderte, meist wenig durchlässige Schutzschicht aus wachsartigen Substanzen

Lernen
Verhaltens- oder Wissensveränderung infolge individueller Erfahrung auf Grundlage veränderter neuronaler Strukturen

Liebig'sches Minimumgesetz
Das Gedeihen von Pflanzen wird maßgeblich von dem Mineralstoff bestimmt, der im Vergleich zum Bedarf in der geringsten Konzentration vorliegt

Ligase
genetischer „Kleber"; Enzym, das DNA-Fragmente miteinander verknüpfen kann (s. *Restriktionsenzym*)

Lipid
unpolare chemische Verbindung, die sich schlecht in Wasser löst; Fette und fettähnliche Substanzen

lipophil
fettliebend; unpolare Substanzen, die sich mit anderen unpolaren (z. B. *Lipiden*) mischen (s. *hydrophob*, Gegensatz *hydrophil*)

Lotka-Volterra-Regeln
aus dem Lotka-Volterra-Modell abgeleitete Regeln der Interaktion von Räuber- und Beutepopulation und der wechselseitigen Beeinflussung ihrer Individuendichte:
1. periodische Schwankungen der Bestandsdichten
2. langfristige Konstanz der Mittelwerte
3. schnellere Erholung der Beutepopulation nach einer Dezimierung

Meiose
zweischrittige Kern- und Zellteilung im Rahmen der geschlechtlichen Fortpflanzung; die Meiose führt zur Bildung von Keimzellen mit einem einfachen Chromosomensatz aus Urkeimzellen mit einem doppelten Chromosomensatz. Die genetische Information wird neu kombiniert.

Membranpotential
elektrische Spannung über die Zellmembran, hervorgerufen durch eine unterschiedliche Verteilung von Ionen; wechselt am Axon zwischen *Ruhepotential* und *Aktionspotential*

Mikrotubulus
rohrenförmige Proteinstruktur, die an der Bildung des Cytoskeletts, der Mitosespindel und von Cilien beteiligt ist

Mineralstoffe (auch Mineralsalze)
anorganische Verbindungen, die vom pflanzlichen und tierischen Organismus für den Aufbau von Körpersubstanz und für einen geregelten Stoffwechsel aufgenommen werden müssen

missing link
fehlendes Bindeglied; aus evolutionsbiologischer Sicht zu erwartender, aber bisher nicht gefundener Organismus, der Merkmale von stammesgeschichtlich älteren und jüngeren Lebewesen in sich vereint

Mitochondrium
in der Eucyte vielfach vorhandenes Organell mit einer Doppelmembran, in dem die *Zellatmung* abläuft

Mitose
Kernteilung, bei der die zwei Chromatiden eines Chromosoms auf die beiden neu entstehenden Tochterzellen verteilt werden; die Chromosomenzahl bleibt erhalten. Der Kernteilung folgt in der Regel die Zellteilung (s. *Cytokinese*)

Modifikation
umweltbedingte Veränderung im Erscheinungsbild (*Phänotyp*) eines Organismus, die nicht vererbt wird

Mutagene
Substanzen, die in einem DNA-Molekül Veränderungen der Erbinformation (*Mutationen*) auslösen können

Mutation
spontan oder durch *Mutagene* verursachte qualitative oder quantitative Veränderung des genetischen Materials; in Abhängigkeit vom Ausmaß unterscheidet man *Gen-*, *Chromosomen-* und *Genommutationen*

Nachhaltigkeit
dauerhafte umweltgerechte Entwicklung, bei der soziale, ökologische und ökonomische Bezüge zu berücksichtigen sind

NAD$^+$
Nicotinamid-Adenin-Dinucleotid; ein in allen Zellen vorhandenes, bei Redoxreaktionen Wasserstoff und Elektronen übertragendes Coenzym (Cosubstrat); reduzierte Form NADH + H$^+$

NADP$^+$
Nicotinamid-Adenin-Dinucleotid-Phosphat; Wasserstoff und Elektronen übertragendes Coenzym (Cosubstrat) bei Redoxreaktionen, vor allem Reduktion beim Stoffaufbau in der Fotosynthese; reduzierte Form NADPH + H$^+$

Nahrungskette
Abfolge von Organismen, die sich jeweils voneinander ernähren und damit Biomasse und Energie an das folgende Glied weitergeben; sie beginnt vielfach mit Pflanzen als *Produzenten* und führt weiter zu *Konsumenten* und *Destruenten*

Nahrungsnetz
netzartige Verknüpfung von Nahrungsbeziehungen (*Nahrungsketten*) in einem *Ökosystem*

Natrium-Kalium-Pumpe
ATP verbrauchender Transportmechanismus in der Zellmembran, der auch gegen einen hohen Konzentrationsunterschied Na^+- gegen K^+-Ionen austauschen kann; wichtig für das Ruhepotential, vor allem an Muskel- und Nervenzellen

Nerv
ein Bündel von Nervenfasern (Axone mit Hüllzellen), von Bindegewebe umgeben; er dient der Leitung elektrischer Erregungen (s. *Aktionspotential*)

Nettoprimärproduktion
die in einer bestimmten Zeit durch Foto- oder Chemosynthese gebildete Biomasse nach Abzug des von den Pflanzen selbst verbrauchten Anteils (s. *Bruttoprimärproduktion*)

Neuron (Nervenzelle)
spezialisierter Zelltyp, der elektrische Erregungen bildet bzw. leitet

Nische, ökologische
Gesamtheit der Ansprüche, die eine Art an ihre Umwelt stellt; sie werden durch den Einfluss von Umweltfaktoren und durch die Nutzung von lebensnotwendigen Ressourcen bestimmt. Die ökologische Nische kann auch als Gesamtheit der ökologischen Potenzen beschrieben werden

Nucleinsäure
aus *Nucleotiden* aufgebautes Makromolekül, das als DNA oder RNA Erbinformation speichert bzw. überträgt

Nucleolus
Kernkörperchen; Syntheseort der ribosomalen RNA im Zellkern

Nucleotid
aus Zucker, Phosphat und einer stickstoffhaltigen Base zusammengesetzter Baustein der Nucleinsäuren bzw. der Coenzyme ADP, NAD^+ und $NADP^+$

Nucleus (Zellkern)
enthält den größten Teil der Erbinformation; Steuerzentrum der Zelle; kommt nur in der *Eucyte* vor

Oberflächenvergrößerung
bei Lebewesen zu beobachtendes und von ihnen genutztes Strukturprinzip; eine möglichst große Oberfläche bei gegebenem Volumen verbessert die Funktion als Austausch- und Reaktionsfläche

Ökofaktor
beeinflusst das Wachstum von Populationen; man unterscheidet *dichteabhängige Faktoren*, deren Wirkung davon abhängt, wie viele Individuen bereits vorhanden sind (z. B. bei der Konkurrenz um Ressourcen) und *dichteunabhängige Faktoren*, die generell wirken (z. B. Wetter)

Ökosystem
dynamisches Beziehungsgefüge aus *Biozönose* (Lebensgemeinschaft) und *Biotop* (Lebensraum), das durch Stoffkreisläufe und Energiefluss gebildet wird

oligotroph
arm an Mineralstoffen (besonders Phosphat), was bei Stillgewässern meist mit hohem Sauerstoffgehalt einhergeht; im Gegensatz zu eutroph: hoher Gehalt an Mineralstoffen (s. *Eutrophierung*)

Onkogene
Gene, die an der Auslösung von *Krebs* beteiligt sind; sie entstehen in Zellen aus Genen, die das Zellwachstum kontrollieren (*Proto-Onkogene*) und kommen in Viren vor

Operon
Funktionseinheit von Genen des Bakteriengenoms, die eine bedarfsgerechte Synthese der darin codierten Enzyme bewirkt

Optimierungsprinzip
Organismen sind so strukturiert bzw. verhalten sich so, dass die Nutzen (Fitness fördernde Faktoren) dieser Strukturen bzw. dieses Verhaltens ihre Kosten (Fitness mindernde Faktoren) überwiegen

Organell
abgrenzbare Bau- und Funktionseinheit im Cytoplasma der Zelle

Osmose
Diffusion zwischen zwei durch eine *semipermeable Membran* getrennten Lösungen, bei denen nur die Lösungsmittelteilchen, nicht aber die Teilchen des gelösten Stoffes die Membran passieren können

Oxidation
Elektronenabgabe einer Substanz; in biologischen Systemen meist einhergehend mit der Abgabe von Wasserstoff oder der Aufnahme von Sauerstoff (s. *Reduktion*)

Paarungssystem
beschreibt, mit welchen (wie vielen) Partnern sich Individuen — unabhängig vom vorliegenden Sozialsystem — paaren

Paläontologie
Wissenschaft aus Teilen von Geologie und Biologie; beschäftigt sich mit Resten und Spuren von Lebewesen (s. *Fossil*) in Gesteinen früherer Perioden der Erdgeschichte

Panmixie
gleiche Paarungswahrscheinlichkeit für jedes Individuum einer Population mit jedem anderen des anderen Geschlechts

Parasympathicus
Teil des vegetativen Nervensystems, der die Aktivität z. B. der Muskeln reduziert und die der Verdauung erhöht; Gegenspieler zu *Sympathicus*

Parasitismus
Beziehung zwischen Lebewesen unterschiedlicher Arten, bei der das eine (der *Parasit*) auf Kosten des anderen (des Wirtes) lebt, indem er sich von diesem ernährt; der Parasit tötet seinen Wirt meist nicht

Parthenogenese (Jungfernzeugung)
Fortpflanzungstyp, bei dem aus unbefruchteten Eizellen Nachkommen hervorgehen; bei Insekten recht häufig

PCR (Polymerasekettenreaktion)
engl. *polymerase chain reaction*; Verfahren zur gezielten Vervielfältigung bestimmter DNA-Abschnitte

Peptidbindung
chemischer Bindungstyp zwischen zwei Aminosäuren in Peptiden und Proteinen, der die Primärstruktur erzeugt

Phage
Virus, das Mikroorganismen befällt, z. B. Bakteriophage

Phagocytose
Anlagerung, Einverleibung und Verdauung körperfremder Materialien, insbesondere durch Zellen des Immunsystems; alle Weißen Blutzellen phagocytieren (s. *Makrophage*)

Phänotyp
Gesamtheit der Merkmale eines Organismus (s. *Genotyp*)

Phosphorylierung
Übertragung einer Phosphatgruppe auf ein Molekül; oft zur Aktivierung des Stoffes oder Steuerung der Enzymaktivität

381

Phylogenie
Evolutionsgeschichte einer Art oder Verwandtschaftsgruppe

PID (Präimplantationsdiagnostik)
Verfahren, bei dem einzelne Zellen eines mehrzelligen Embryos entnommen und auf genetische Schäden untersucht werden, bevor der Embryo in den Mutterleib übertragen und ausgetragen wird; *PID* ist in Deutschland aus ethischen Gründen verboten (Gefahr der Selektion von Embryonen nach nichtmedizinischen Kriterien)

Plankton
im Wasser lebende, meist kleine Organismen, die sich nur in geringem Maße aktiv fortbewegen können und vorwiegend von Strömungen verdriftet werden; man unterscheidet pflanzliches (*Phytoplankton*) und tierisches Plankton (*Zooplankton*)

Planstelle, ökologische
Struktur eines Ökosystems, die für bestimmte Arten Lebensmöglichkeiten bietet; Arten mit gleichen ökologischen Nischen nutzen in verschiedenen Regionen gleiche ökologische Planstellen

Plasmid
ringförmiges DNA-Molekül, das unabhängig vom übrigen Genom einer Zelle ist; Plasmide kommen hauptsächlich in Bakterien vor, Bakterien können sie an andere weitergeben; sie werden zum Gentransfer genutzt (s. *Vektor*)

Plasmolyse
Abgabe von Wasser aus der Zellvakuole aufgrund osmotischer Vorgänge, bis sich der Protoplast von der Zellwand löst; Umkehrung: *Deplasmolyse*

Plastid
in Pflanzenzellen und verschiedenen Algen vorkommendes, von zwei Membranen umgebenes Zellorganell mit eigener *DNA* und 70-S-Ribosomen; wichtigster Typ sind die *Chloroplasten*; außerdem kommen Chromoplasten und Leukoplasten vor

poikilotherm (wechselwarm)
Organismen, deren Körpertemperatur weitgehend von der Umgebungstemperatur abhängt

Polygenie
Beeinflussung eines Merkmals durch zwei oder mehrere Gene

Polymorphismus
genetisch bedingte Variabilität innerhalb einer Art, z. B. Gestalt- oder Farbvariationen

polyploid
Organismus mit mehr als zwei kompletten homologen Chromosomensätzen in den Zellen

Population
Gruppe von Individuen einer Art in einem bestimmten Gebiet, die eine Fortpflanzungsgemeinschaft bilden

Populationsgenetik
befasst sich mit den Häufigkeiten von Genen und Phänotypen in einer Population; auch mit Gesetzmäßigkeiten möglicher Veränderungen der Häufigkeiten

Potenz, ökologische
Reaktionsbreite einer Art gegenüber einem Umweltfaktor; sie wird quantitativ als Vitalität (Überlebensfähigkeit, etwa Biomassenzuwachs, Überlebensrate etc.) in Abhängigkeit von diesem Umweltfaktor beschrieben

Prädisposition
Merkmal, das unter veränderten Umweltbedingungen eine zusätzliche oder andere Funktion hat als vorher und dadurch einen Selektionsvorteil darstellt

Präferenzbereich
Bereich eines Umweltgradienten, der durch einen Organismus bzw. eine Art bevorzugt wird

Primer
engl. Starter; kurze, einsträngige Nucleotidkette, die basenkomplementär zu einer Matrize (z. B. DNA) ist; dient als Ausgangspunkt für die Synthese des Komplementärstranges durch Polymerasen (s. *PCR*, *Replikation*)

Procyte (Protocyte)
Zelltyp der Prokaryoten, der keinen Zellkern besitzt (s. *Eucyte*)

Produzent
Organismus, der organische Biomasse durch *Fotosynthese* oder *Chemosynthese* selbst erzeugen kann; größte Gruppe sind die autotrophen Pflanzen (s. *Konsument*)

Prokaryot (auch Prokaryont)
einzelliges, aus einer *Procyte* (auch *Protocyte*) bestehendes Lebewesen; zu den Prokaryoten gehören Eubakterien und Archaebakterien (s. *Eukaryot*)

Promotor
DNA-Abschnitt am Anfang eines Gens, der als Startsequenz für die DNA-Polymerase dient, die m-RNA herstellt (s. *Transkription*)

Protein (Eiweiß)
hochmolekulare Kette aus verschiedenen Aminosäuren mit einer dreidimensionalen Struktur, die eine große Bedeutung in der Zelle als Gerüstsubstanz, Enzym bzw. kontraktiles Filament hat

Proteinbiosynthese
Herstellung von *Proteinen* nach den Informationen der DNA mit den beiden Teilschritten *Transkription* und *Translation*

Protisten
eukaryotische Einzeller bzw. einfache Mehrzeller, die nicht zu den Pilzen, Pflanzen und Tieren gehören; Beispiele: Kieselalgen, Grünalgen, Amöben

Protonengradient
Unterschied in der Protonenkonzentration zwischen zwei durch eine Membran abgegrenzten Räumen in Zellen oder Organellen, z. B. in *Mitochondrien* oder *Chloroplasten*; z. B. wichtig bei der ATP-Synthese

Punktmutation
Austausch oder Verlust einer einzelnen Base in einem DNA-Molekül (s. *Mutation*)

Rasterelektronenmikroskopie (REM)
Variante der Elektronenmikroskopie, bei der das Präparat mit einem Elektronenstrahl abgetastet wird; für die Darstellung von Oberflächen besonders geeignet

Reaktion, lichtabhängige
erste Schrittfolge der Fotosynthese, in der unter Nutzung der Lichtenergie *ATP* und *NADPH + H$^+$* gebildet werden sowie Sauerstoff freigesetzt wird; Reaktionsorte sind die Thylakoidmembranen der *Chloroplasten*

Reaktion, lichtunabhängige
Teil der Fotosynthese, in dem CO$_2$ fixiert und mithilfe der Produkte der *lichtabhängigen Reaktion* zu Glucose reduziert wird (= Dunkelreaktion, s. *Calvinzyklus*)

Realnische
Ansprüche einer Art an ihre Umwelt unter Freilandbedingungen (s. *Fundamentalnische*; *Nische, ökologische*)

Reduktion
Elektronenaufnahme durch eine Substanz; in biologischen Systemen meist verbunden mit der Anlagerung von Wasserstoff bzw. Abgabe von Sauerstoff (s. *Oxidation*)

Redundanz
bedeutet teilweise Wiederholung einer Nachricht oder „überflüssige Information", um die fehlerfreie Übertragung sicherzustellen (z. B. liegen Gene in mehrfachen Kopien im Genom vor); Codierung von Aminosäuren durch unterschiedliche Basentripletts

Reflex
weitgehend erblich bestimmte, mehr oder weniger zwangsläufige Reaktion eines Organismus auf einen bestimmten Reiz

Reflex, bedingter
erlernter, konditionierter *Reflex*, der nicht mehr nur auf den angeborenen unbedingten Reiz, sondern auf einen bestimmten, erlernten Reiz hin erfolgt

Reflexbogen
Kette von Prozessen und Stationen (*Rezeptoren*, *afferenten* und *efferenten* Nervenbahnen, *Synapsen*, Reflexzentrum und *Effektoren*), die für den Ablauf eines *Reflexes* verantwortlich sind

Refraktärzeit
Zeit, in der an einer erregbaren Membran (z. B. eines Axons) nach einer Erregung aufgrund der Inaktivität bestimmter Ionenkanäle trotz Depolarisierung keine neue Erregung ausgebildet werden kann

Regelkreis
Modell zur Darstellung einer *Regelung* als Blockschaltbildern oder Pfeildiagramm

Regelung
Aufrechterhalten eines bestimmten Zustandes gegenüber verändernd wirkenden Einflüssen; Ausgleich von Störungen und Einstellung eines Gleichgewichts erfolgen meist durch negative Rückkopplung

Reiz
Umwelteinfluss, der auf einen Organismus einwirkt und an spezifische Zellen (*Rezeptoren*) Erregungen auslösen kann

Rekombination
Um- und Neukombination des genetischen Materials, z. B. im Rahmen der *Meiose*; die *Rekombination* führt zur genetischen Variabilität einer Art

Replikation
identische Verdopplung der DNA, die vor jeder Zellteilung (*Mitose* und *Meiose*) stattfindet; der DNA-Doppelstrang wird getrennt und die elterlichen Einzelstränge dienen jeweils als Vorlage für einen Tochterstrang

Resistenz
erblich bedingte Widerstandsfähigkeit gegenüber Krankheiten, Klima, Giften, Medikamenten u. a.; Resistenz ist abzugrenzen von der erworbenen Widerstandsfähigkeit (s. *Immunität*)

Resorption
Stoffaufnahme durch lebende Zellen, im Allgemeinen aktiver Transportprozess ins Zellinnere bzw. ins Blut

Ressource
Bestandteile der Umwelt, die ein Organismus braucht bzw. verbraucht und die dadurch anderen Organismen nicht mehr zur Verfügung stehen (Nahrung, Wasser, Raumbedarf); ist die Ressource knapp, führt das zu Konkurrenz

Restriktionsenzym
Enzym, das doppelsträngige DNA an einer spezifischen Basensequenz schneiden kann (s. *Ligase*)

Reverse Transkriptase
Enzym, das nach der Vorlage eines RNA-Moleküls DNA aufbaut

Rezeptor
Sinnesphysiologie: Zone, an der durch spezifische Reize Erregungen ausgelöst werden; Molekularbiologie: meist membrangebundenes Molekül, das spezifische Moleküle bindet und damit Prozesse im Zellinneren auslöst

rezessiv
Eigenschaft eines Allels, bei heterozygoten Lebewesen nicht ausgeprägt zu werden (s. *Erbgang*)

Ribosom
aus RNA und Proteinen aufgebautes Organell, an dem die Proteinsynthese (Translation) stattfindet

RNA (Ribonucleinsäure)
im Vergleich zur DNA kurze Kette von *Nucleotiden*, bestehend aus dem Zucker Ribose, einem Phosphatrest und einer der vier Basen Adenin, Uracil, Guanin und Cytosin; man unterscheidet messenger-RNA, transfer-RNA und ribosomale RNA; m-RNA dient der Transkription, t-RNA der Translation, r-RNA ist Bestandteil der Ribosomen

r-Stratege
Lebewesen, das Energie vorwiegend in Fortpflanzungsprodukte investiert; es hat zahlreiche, konkurrenzschwache Nachkommen (s. *K-Stratege*)

Rückkopplung
Ein Zustand oder Vorgang übt eine Wirkung aus, die ihn selbst wieder positiv (Aufschaukelungskreis) oder negativ (*Regelkreis*) beeinflusst

Ruhepotential
elektrische Spannungsdifferenz zwischen Innen- und Außenseite einer erregbaren Membran im nicht erregten Zustand, z. B. an Nerven- oder Muskelzellen

Saprobiensystem
Indikatorsystem für Gewässerverschmutzung (s. *Indikatororganismus*)

Schlüsselreiz
Reiz oder Reizkombination, die eine erbkoordinierte Handlung auslöst

Schlüssel-Schloss-Prinzip
räumliches Passen zweier Moleküle zueinander, z. B. Enzym und Substrat

Selektion (Auslese)
natürliche Selektion: beruht auf dem unterschiedlichen Fortpflanzungserfolg verschiedener Phänotypen, der auf die Wechselbeziehungen zwischen den Organismen und Umwelt zurückzuführen ist
künstliche Selektion: Auswahl von Haustieren und Kulturpflanzen entsprechend der menschlichen Zuchtziele *sexuelle Selektion*: Auswahl durch den Geschlechtspartner; beruht auf der Variabilität der sekundären Geschlechtsmerkmale

Selektionsfaktoren
Faktoren, die den unterschiedlichen Fortpflanzungserfolg verschiedener *Phänotypen* bewirken; man unterscheidet *abiotische Selektionsfaktoren* (z. B. Kälte, Dunkelheit) und *biotische Selektionsfaktoren* (z. B. Räuber, Parasiten)

Selektionstypen
aufspaltende Selektion: Individuen am Rande des phänotypischen Spektrums werden gegenüber denen in der Mitte begünstigt. Folge: Im ursprünglichen Maximum der Häufigkeitskurve entsteht ein Minimum.
gerichtete Selektion: Individuen eines Teils des phänotypischen Spektrums werden begünstigt. Folge: Häufigkeitsverteilung verschiebt sich in die Richtung der begünstigten Teilpopulation *stabilisierende Selektion*: Individuen in der Mitte des phänotypischen Spektrums werden gegenüber denen am Rande begünstigt. Folge: Häufigkeitsverteilung bleibt konstant

Sinneszelle
Zelle, an der spezifische Reize neuronale Erregungen auslösen

Sozialsystem
beschreibt, in welcher Konstellation Männchen und Weibchen zusammenleben (s. *Paarungssystem*)

Soziobiologie
Wissenschaft, die biologische Angepasstheiten des sozialen Verhaltens von tierischen Populationen untersucht

Spleißen
Entfernen von Abschnitten *(Introns)* aus der Prä-m-RNA, die dann als reife m-RNA den Zellkern einer Eukaryotenzelle verlässt

Stammzelle
nicht ausdifferenzierte, teilungsfähige Zelle im Gewebe von Mehrzellern, die Wachstum und Erneuerung von Geweben ermöglicht

stenopotent
Kennzeichen eines Lebewesens, das nur in einem engen Bereich eines Umweltfaktors überlebt (s. *eurypotent);* wenig tolerant gegenüber einem Umwelteinfluss

Steuerung
im Unterschied zur *Regelung* die Beeinflussung der Richtung oder Intensität von Größen oder Vorgängen

Stoffkreislauf
Zirkulation von Stoffen bzw. chemischen Elementen, wie Kohlenstoff oder Stickstoff, in einem Ökosystem; ein Kreislauf besteht aus Speichern (z. B. Biomasse, Atmosphäre, Ozeane, Gesteine) und Flüssen (z. B. Assimilation, Zersetzung, Fossilisierung). *Produzenten* binden in ihrer Biomasse Elemente aus den Speichern Atmosphäre und Boden. Konsumenten bzw. *Destruenten* setzen sie meist in die gleichen Speicher wieder frei

Stoma
Spaltöffnung in der Pflanzenepidermis, bestehend aus Spalt und Schließzellen

Sukkulenz
Fähigkeit von Pflanzen, Wasser in spezifischen Geweben zu speichern, z. B. im Spross und / oder in Blättern

Sukzession
natürliche Abfolge von Ökosystemen, z. B. bei der Wiederbewaldung einer Brachfläche oder der Verlandung eines Gewässers

Symbiose
Abhängigkeit zwischen zwei Arten mit gegenseitigem Nutzen

Sympathicus
Teil des vegetativen Nervensystems, der bestimmte Organe (z. B. Skelettmuskulatur, Herz) zu höherer Leistungsfähigkeit des Körpers aktivieren kann und andere (z. B. Verdauung, Sexualfunktion) hemmt; Gegenspieler zum *Parasympathicus*

Synapse
Kontaktstelle zur Erregungsübertragung zwischen Nervenzelle einerseits und Nerven-, Muskel- oder Drüsenzelle andererseits

Synökologie
Teilbereich der Ökologie, der sich mit den Beziehungen der Lebewesen in einer *Biozönose* beschäftigt (z. B. Räuber-Beute-Beziehungen, Parasitismus etc.)

System
Einheit mit festgelegten Grenzen, bestehend aus Teilen *(Elementen)* und deren Beziehungen *(Relationen)*

Taxonomie (Systematik)
Beschreiben, Benennen und Ordnen der Organismen nach systematischen Kriterien

Toleranzbereich
Bereich eines bestimmten Umweltfaktors, in dem ein Lebewesen existieren kann

Totipotenz
Fähigkeit bestimmter Zellen, durch Teilung und Differenzierung einen vollständigen Organismus hervorzubringen

Transformation
Übertragung von DNA in eine beliebige lebende Zelle

transgen
Lebewesen, denen mit gentechnischen Methoden artfremde Gene übertragen wurden

Transkription
Synthese von m-RNA-Molekülen am codogenen DNA-Strang

Translation
Polypeptid-Synthese anhand einer m-RNA an Ribosomen; Teil der Proteinbiosynthese

Transmitter
Übertragersubstanz, die an einer *Synapse* die Übertragung der Erregung von der prä- auf die postsynaptische Seite bewirkt

Transpiration
bei Pflanzen: regulierbare Wasserdampfabgabe über die Spaltöffnungen *(stomatäre Transpiration)* und die nicht regulierbare Wasserdampfabgabe über die Kutikula *(kutikuläre Transpiration)*
bei Tieren: Abgabe von Schweiß

Triplett
aus drei *Nucleotiden* bestehende Informationseinheit der DNA bzw. RNA (s. *Codon*)

Trisomie
Genommuation, die zum dreifachen (anstelle zweifachen) Vorkommen eines Chromosoms in Körperzellen führt

Trophiestufe
Ausmaß des Mineralstoffangebots in Gewässern und Böden: oligo-, meso-, poly- oder eutroph (s. *Eutrophierung*)

Tumor (Geschwulst)
undifferenzierte Zellmasse, die sich durch die unkontrollierte Vermehrung einer Zelle im Gewebe bilden kann; gutartige Tumore wachsen nur langsam, bösartige Tumore (Krebs) können sich im Körper ausbreiten.

Turgor
osmotisch bedingter Innendruck von Zellen mit stabiler Zellwand

Umweltfaktor
Einfluss, der von außen auf ein Lebewesen wirkt; zu unterscheiden sind *abiotische* und *biotische* Faktoren

Ursache, proximate
genetischer, physiologischer, wie z. B. hormoneller oder jeglicher andere direkte Einfluss, der die Ausbildung eines Merkmals bewirkt

Ursache, ultimate
selektionstheoretischer Grund für die Ausbildung eines Merkmals, bei dem die Funktion des Merkmals und deren Selektionswert herangezogen werden

Variabilität
die Erscheinung, dass die Individuen einer Population ungleich sind; dies kann genetisch bedingt *(genetische Variabilität, Polymorphismus)* oder durch Umweltunterschiede hervorgerufen sein *(modifikatorische Variabilität)*

Vektor
„Genfähre"; DNA-Molekül, in das man eine Fremd-DNA einbauen kann (s. *Restriktionsenzym, Ligase*) und das in einer Wirtszelle vervielfältigt werden kann (s. *Plasmid*)

Vermehrung
Kennzeichen des Lebens, bei dem die Anzahl der Individuen vergrößert wird; Vermehrung ist stets mit *Fortpflanzung* verbunden

Verwandtschaftsgrad
Maß für die genetische Übereinstimmung zwischen zwei Individuen, gemessen am Anteil abstammungsgleicher Gene in Prozent des Genoms

Virus
nichtzelluläre genetische Einheit aus Nucleinsäuren und Proteinen, die sich nur in einer Wirtszelle vermehren kann

Wachstum
irreversible Volumenzunahme eines Organismus mit Zunahme körpereigener Substanz; bei Vielzellern durch Zellwachstum und Zellteilung

Wasserstoffbrückenbindung
Wechselwirkung zwischen Molekülgruppen mit einem partiell positiv geladenen Wasserstoffatom und Nachbarmolekülen mit einem freien Elektronenpaar

Zellatmung
Energiefreisetzung in der Zelle durch Oxidation von energiereichen chemischen Verbindungen unter Sauerstoffaufnahme

Zelle
kleinste, mit allen Merkmalen des Lebens ausgestattete Bau- und Funktionseinheit aller Lebewesen; Zellen entstehen aus Zellen. Die Zelle kommt als *Procyte* (auch *Protocyte*) und *Eucyte* vor. Aus Eucyten bestehende Lebewesen können ein-, mehr- oder vielzellig sein.

Zellzyklus
regelmäßige Abfolge von Zellteilung sowie Protein- und DNA-Synthese in einer Zelle; der Zellzyklus wird in Phasen untergliedert und sein Ablauf durch verschiedene Steuer- und Regelmechanismen kontrolliert

Zooplankton
tierische Kleinstlebewesen eines Gewässers, die im Wasser schweben und überwiegend passiv durch die Strömung fortbewegt werden (s. *Plankton*)

Zygote
befruchtete Eizelle; Produkt der Verschmelzung von Eizelle und Spermium

Register

A

Abhängigkeit, psychische 154
Aborigines 355
Absorption 220
Absorptionsspektrum 220
Abstammung 321
Abundanz 184, 232
Abyssal 254
Acetabularia 31
Acetylcholin 114, 118, 137
Acetylcholinesterase 118
Acetylcholinrezeptor 118
Acetylierung 44
Achtzellstadium 12
Adaptation 125
Adenin 20
Adenosindiphosphat (ADP) 8, 216
Adenosintriphosphat (ATP) 8, 216
Aderhaut 124
Adrenalin 137, 138
aerob 245
Affe 342
afferent 102, 122
Aggregationskolonie 357
Agouti 44
Agouti-Maus 44
AHLQUIST, JON EDWARD 343
AIDS 94
Akkommodation 124
Aktionspotential 108, 110, 121
Aktivator 41
Aktivierungsenergie 8
Albinismus 27
Alge 198
Algenöl 257
Algoil 257
Alkaptonurie 27
Alkohol 154
Alkylphosphat 118
Allel 61
Allel, kodominantes 63
Allelfrequenz 280
Allelie, multiple 63
Allelverteilung 15
ALLEN, J. A. 168
Allen-Regel 168
Alles-oder-Nichts-Gesetz 108, 110, 120
Alpensalamander 302
Altern 84
Altersbestimmung 339
Altersstruktur 235
Altruismus 314, 315, 316
Altruismus, reziproker 316
Altweltaffe 342
Alzheimer Krankheit 150
Amakrine 124
Ameise 197
Amflora 97
Aminoacyl-t-RNA-Synthetasen 34
Aminosäurebindungsstelle 34

Aminosäuresequenz 32
Ammoniak 244, 245
Ammonium 244
Amplitude 121
Amplitudencodierung 120
Amygdala 152, 154
Amyloid-Peptid 151
anaerob 245
Analogie 324, 327, 330
Angepasstheit 160, 237, 266, 267, 274, 275, 279, 365, 367
Anlandung 250
Anolis 297, 310
Anpassung 267, 274, 298
Ansatz, orthogonaler 92
anthropogen 245
Anthropozentrismus 258
Antibiotikum 88, 301
Anticodon 34
Antikörper 54
Anti-Matsch-Tomate 96
antiparallel 20
Antisense-Gentherapie 99
Antisense-RNA 96
Antisense-Technik 96
Apfelwickler 177
Apomorphie 328
Apoptose 85
Arabidopsis thaliana 90
Arbeitsgedächtnis 144
Archaea 360
Archaeopteryx 341
Ardipithecus ramidus 346
Argininsynthese 27
Armfüßer 340
ARNON, DANIEL 218, 219
Art 268
Art, invasive 191
Artaufspaltung 362
Artbegriff, biologischer 269
Artbegriff, morphologischer 268
Artbildung 288, 321
Artbildung, allopatrische 290, 296
Artbildung, parapatrische 290
Artbildung, sympatrische 290
Artbildungsmodell 290
Artenschutz 259
Artenvielfalt 268, 334
Arzneimittel 119
Arzneimittel, gentechnisch hergestelltes 94
Assel 179
Assimilation 209, 212, 218
Assoziation 68, 144, 149
Assoziationsstudie 68
Atavismus 326
ATP-Synthase 221
ATP-Synthese 221
Atropa belladonna 119
Atropin 119
Aue 251
Aufmerksamkeit 148

Aufwuchsorganismus 253
Auge 124, 135
Ausrottung 259
Außengruppenvergleich 328, 329
Austernfischer 184, 262
Australopithecus 349
Australopithecus afarensis 346, 347, 351
Australopithecus africanus 347, 348, 351
Australopithecus anamensis 347
Autoimmunerkrankung 119
Autökologie 163
Autoradiographie 223
Autosom 58, 61
autotroph 206, 208
Axon 103
Axon, myelinisiertes 110
Axonhügel 103

B

Bachforelle 166
Bacillus thuringiensis 203
Bacteria 360
Bakteriophage 25
Bakteriorhodopsin 226
Bakterium 90, 274
Balanus balanoides 185
Balken 141
Barberfalle 239
Barcode 334
Barcode of Life Database (BOLD) 337
Bärlauch 215
Barr-Körperchen 47
Basenanaloga 50
Basenpaar 22
Basenstapelkraft 21
Basentriplett 32
Basic Local Alignment Search Tool (BLAST) 334
BATEMAN, A. J. 304
Bateman-Prinzip 304, 306
Bathyal 254
Baumwollpflanze 202
Baumwollwurm 202
BEADLE, GEORGE 26
Befruchtung 56
Befruchtung, künstliche 72
Begattung 56
Beratung, genetische 76
Bergmann'sche Regel 168
Bergmolch 312
Berlese-Apparat 239
BERNARD, CLAUDE 119
Besamung 56
Besenheide 170
Beuger-Strecker-Reflex 122
Beute 190
Beutespezifität 203

Beutewechsel 194, 196
Bevölkerungswachstum 256
Bewachungsmonogamie 309
Bewegungswahrnehmung 134
Bewerten 10
Bewertungskriterien 10
Bicoid 79
Bienenstaat 315
Bindehaut 124
Bio-Brick 92
Biodiversität 232, 261
Bioethik 11
Biogaserzeugung 257
Bioindikator 174
Biokapazität 260
Biokatalysator 8
Biologie, synthetische 92, 93
Biomanipulation 247
Biomasse 206
Biomassenpyramide 207
Biomembran 6, 7, 104
Biosphäre 162
Biostratigraphie 339
Biotechnologie 19, 88
Biotop 162, 206
Biotopenschutz 259
Biozentrismus 258
Biozönose 162, 206
Bipedie 344
Bipolarzelle 124
Birkenspanner 287
Birkhuhn 259
Black Smoker 228
Bläschen, synaptisches 114
Blastocyste 80
BLAST-Programm 337
Blatt 210, 213
Blaumeise 306
Blinder Fleck 124
Blotting-Verfahren 70
Bluterkrankheit 61
Blutgruppe 286
Bluttest 75
Boa constrictor 277
Boden 238
Boiga irregularis 191
Bonobo 343
Botenstoff, primärer 128
Botenstoff, sekundärer 128
Botryococcus 257
Bottum up 195
Bottom-up-Ansatz 92
Botulinumtoxin 118
BOULE, MARCELLIN 352
Brachland 202
Braunalge 227
Brenztraubensäure 224
BROWN, LOUISE JOY 72
Brücke 141
Brückentier 341
Brückentier, fossiles 341
Brückentier, rezentes 341
Bruthilfe 314
Brutnische 181

386 Register

Brutpflege 305
Bruttoprimärproduktion 208, 213
BSB-Wert 248, 249
Bt-Mais 203
Buchenwald 235
Buntbarsch 362, 363
Buri 286
Buschblauhäher 314
Buschwindröschen 214, 215
Busk, George 352

C

Caenorhabditis elegans 84, 90
Calvin, Melvin 222
Calvinzyklus 223, 225
Capra ibex 285
Cellulose 6
cff-DNA 75
Chaetodipus baileyi 283
Chaetodipus intermedius 282
Chaetodipus penicillatus 283
Chamäleon 365
Chaoborus 246
Chargaff, Erwin 20
Chase, Martha 25
Chemosynthese 228
Chiasma 57
Chip 68, 69
Chironomus 243
Chlorella 198
Chlorophyll 210
Chloroplast 6, 209, 210
Chorea Huntington 98
Chorionzottenbiopsie 74
Chromatid 21
Chromatographie 223
Chromosomenanomalie 59
Chromosomenanomalie, numerische 58
Chromosomenmutation 58
Chthamalus stellatus 185
cis-Form 126
Citronensäurezyklus 9
Cladoceren 246
Clostridium botulinum 118
Code 32
Code, genetischer 32, 33
Code, redundanter 32
Codesonne 32
Codierung 111
Codon 32, 34
Codonerkennung 36
Coevolution 298, 299, 369
Colchicum autumnale 58
complementary DNA (c-DNA) 69
Computertomographie (CT) 142
Coniin 118
Cortex 140, 146, 148, 149
Coulson, Alan 65
Courtenay-Latimer, Marjorie E. D. 340
Crassulaceae 224

Crassulacean Acid Metabolism (CAM) 224
Crick, Francis H. C. 14, 20, 35
Crossingover 57, 91
Curare 119
Cyanid 113
Cyanobakterium 198
Cycnia tenera 298
Cystic Fibrosis Transmembrane Conduction Regulator (CFTR) 60
Cystische Fibrose (CF) 60
Cytoplasma 6, 7, 106
Cytosin 20
Cytoskelett 7, 357, 367

D

Dackel 328
Danio rerio 90
Daphnia hyalina 246
Daphnia magna 189, 299
Daphnie 246
Darwin, Charles 296, 298, 320, 322, 352
Darwinismus 320
Datenbank 69
Dauerstadium 299
Deacetylierung 44
Deletion 51, 59
Demenz 150
Dendrit 103, 148
Dendrogramm 350
Denitrifikation 231, 245
Depolarisation 108, 115
Depolarisationsphase 108
Desaminierung 24
Desmodus rotundus 317
Desoxy-Nucleotid 65
Desoxyribose 20
Destruent 229, 338
Determination 80
Determinierung 80
Detritus 198, 229, 241, 244
Diabetes mellitus 86
Diagnostik, genetische 94
Diagnostik, molekulare 98
Dicer 48
Dichte 186
Dichteanomalie 241
Dictyosom 6
Didesoxy-Nucleotid 65
Differenzierung 78, 80, 357
Diffusion 172
diploid 58, 315
Dipodomys merriami 169
Dispersion 201, 204
Dissimilation 8, 209, 212
Divergenz 288, 290, 324
Diversität 232
Diversitätsindex 232
Diversitäts-Stabilitäts-Hypothese 233

DNA (deoxyribonucleic acid 20, 26
DNA-Abschnitt 331
DNA-Analyse 70
DNA-Barcoding 337
DNA-Datenbank 334
DNA-Hybridisierung 343
DNA-Methyltransferase 45
DNA-Microarray 69
DNA-Replikation 22, 23
DNA-Sequenzierung 65, 343
DNA-Vergleich 330, 353
Dobzhansky-Muller-Modell 293
Dogge 328
Domäne 360
Dopamin 154
Doping 156
Doppelhelix 20
Doppelhelixmodell 20
Doppelstrang 22, 23
Down-Syndrom 58
Drei-Domänen-Modell 360
Droge 154
Drosophila melanogaster 79, 90
Druck, osmotischer 172
Dugesia gonocephala 178
Duplikation 345
Durchblutung 138
Dystrophie, myotone 76

E

Ebbe 255
Ediacara-Fauna 357
Edukt 216
Edwards-Syndrom 58
Effektor 40, 122
efferent 102, 122
Ei 56
Eichhörnchen 183
Eidechse 165
Eigenbeschattung 240
Eigenreflex 123
Ein-Gen-ein-Enzym-Hypothese 26
Ein-Gen-ein Ribosom-ein-Protein-Hypothese 30
Einsiedlerkrebs 318
Einzelstrang 20, 22
Eisvogel 364
Ektomykorrhiza 199
Ektoparasit 197
Elastizität 233
Elektroenzephalographie (EEG) 142
Elektronentransportkette 221
Elektrophorese 64, 301
elektrotonisch 120
Embryonalentwicklung 78
Embryonenschutzgesetz 80
Embryonentransfer 72, 95
endergonisch 216
Endhirn 140

Endknöpfchen 103, 114
Endonuclease 52
Endoparasit 197
Endoplasmatisches Reticulum (ER) 6
Endorphine 154, 155
Endosymbiontentheorie 360
Endprodukt-Repression 40
Endwirt 197
Energie 165, 216, 221, 257
Energieentwertung 207
Energiefluss 231, 235
Energiequelle, regenerative 257
Energiestoffwechsel 8
Energieumwandlung 8, 207, 209, 216, 366
Enhancer 42
Entenmuschel 262
Entwicklung 78, 368
Enzym 8, 54
Enzymadaptation 41
Ephippien 246
Epidermis 210
Epigenetik 18, 44, 45, 46, 369
Epilimnion 240
Epiphyse 141
Equisetum 340
Erbgang 61
Erbgang, autosomaler 61
Erbgang, dominanter 62
Erbgang, gonosomaler 61
Erbgang, rezessiver 62
Erhaltungsmethylase 47
Erkrankung, degenerative 150
Ernährung 246
Ernährungsstrategie 196
Erregungsleitung 158
Erregungsleitung, kontinuierliche 110
Erregungsleitung, saltatorische 110
Erstbesiedlung 296
Erythrocyt 9, 50, 300
Escherichia coli 21, 87, 88, 90, 91
Eselhase 168
Ethik 11
Ethik, deontologische 11, 13
Ethik, utilitaristische 11
Euchromatin 45
Eukalyptus 196
Eukaryot 38, 42
Eukaryota 360
Eulenfalter 202
Eulitoral 255
Eurypotenz 166, 175, 176
Eusthenopteron 340
Eutrophierung 242, 243, 245, 248, 259
Evo-Devo-Forschung 326
Evolution 302, 318, 362
Evolution, biologische 356
Evolution, konvergente 279

Evolution, kulturelle 349
Evolution des Menschen 265
Evolutionsbiologie 266, 323
Evolutionsfaktor 284
Evolutionsforschung 268
Evolutionstheorie 266
Evolutionstheorie, synthetische 320
Excisionsreparatur 53
exergonisch 216
Exon 39
exotherm 216
Expressivität, variable 61

F

Faktor, abiotischer 238, 252
Faktor, dichteabhängiger 188
Faktor, dichteunabhängiger 188
Farbensehen 130
Farbmischung, additive 130
Feld, rezeptives 132, 133
Feldlerche 259
Felis sylvestris 360
Felsen-Taschenmaus 282
Fennek 168
Feuchtigkeit 170
Feuchtpflanze 171
Feuersalamander 297
Fichtenspargel 199
Fight-or-flight-Syndrom 138, 157
Filament 7
Fingerabdruck, genetischer 70, 71
Fingerhut, Purpurroter 174
Fitness 266, 312
Fitness, evolutionäre 266, 272, 279, 314
Fitness, indirekte 304
Fitnessvorteil 311
Flaschenhalseffekt 285
Flavr-Savr-Tomate 96
Flechte 198, 199
Fließgeschwindigkeit 248
Fließgewässer 248, 251
Floh 197
Flughund 324
Fluktuation 188
Fluoreszenzmarkierung 66
Flussaue 250
Flussrate 230
Flussschwimmschnecke 176
Flut 255
Folgephase 236
Forschung, neurobiologische 112
Forst 234
Fortbewegung 344
Fortleitung, saltatorische 121
Fortleitung, elektrotonische 110
Fortpflanzung 246, 304, 318, 319

Fortpflanzung, sexuelle 357
Fortpflanzung, ungeschlechtliche 364
Fortpflanzungserfolg 264
Fortpflanzungserfolg, individueller 304
Fortpflanzungsstrategie 365
Fortpflanzungstaktik 308
Fossil 338
Fossil, lebendes 340
Fossilienfund 338
Fotolyse 220
Fotoreaktion 220, 223
Fotosynthese 209, 210, 212, 218, 219, 224, 226
Fotosynthese, apparente 212
Fotosyntheserate 212
Fototransduktion 128
Fovea 124, 132
FOXP2-Gen 345
F-Plasmid 87
Fragment 64
Fragmentierung 70
Frameshiftmutation 51
Franklin, Rosalind 14, 20
Freie Radikale 84
Freilandökologie 252
Freilanduntersuchung 179
Freisetzungsfaktor 36
Fremdreflex 123
Frequenz 121, 280
Frequenzcodierung 120
Fressrate 203
Freud, Sigmund 134
Frischmasse 238
Frühblüher 214, 215, 235
Frühjahrszirkulation 240
Fuhlrott, Carl 352
Fundamentalnische 176, 177, 181
Fünf-Reiche-Modell 360
Fungizid 202
Funktion 366
Fußabdruck, ökologischer 260

G

GABA 154
Gamet 56
Ganglienzelle 124
Ganglion 136
Garrod, Archibald 26
Gause, Georgij F. 182
Gebiss 344
Geburtenrate 192
Gedächtnis 144
Gedächtnis, episodisches 145, 152
Gedächtnis, perzeptuelles 145
Gedächtnis, prozedurales 145
Gedächtnis, sensorisches 144
Gedächtnismodell, inhaltsbezogenes 144, 145

Gedächtnismodell, zeitbezogenes 144
Gehäuseschnecken 179
Gehirn 101, 135, 140, 146, 150, 156, 365
Gelée Royale 46
Gelelektrophorese 55, 64, 70
Gen 26, 89
Gen, homöotisches 79
Gen, konstitutives 40
Genaktivierung 43
Genaktivität, differentielle 78
Gen-Datenbank 335, 336
Gendiagnostikgesetz 76
Gendrift 284, 285, 286, 287, 320
Genduplikat 333
Genduplikation 333
Generalist 196
Gene targeting 91
Gen-Ethik 97
Genetik 364
Genetik, reverse 91
Genexpression 48, 270, 345
Genfamilie 345
Genfluss 285
Genmutation 50
Genom 44, 54, 68, 369
Genomduplikation 333
Genomik 54, 66, 68
Genommutation 58
Genotyp 266, 268, 320
Genpool 270, 288, 320
Genregulation 40, 41, 42
Gen-Silencing 48, 49
Gen-Silencing, posttranskriptionelles (PTGS) 48
Gen-Silencing, transkriptionelles 49
Gensonde 70
Gentechnik 49, 86, 93, 94, 96, 97, 203
Gentest 94, 99
Gentest, nicht-invasiver pränataler (NIPT) 75
Gentherapie 99
Gentherapie, somatische 94
Genwirkkette 26, 27
Gesamtfitness 304, 315
Gesamtrespiration 236
Geschlechterkonflikt 305, 306
Geschlechtsbestimmung 365
Geschlechtsdimorphismus 310
Gesetz des Minimums 208
Gewässer 252
Gewässergüteklasse 249
Gezeiten 255
Glaskörper 124
Gleichgewicht, dynamisches 230
Gleitklammerprotein 22
Gliazelle 103
Gliederung, jahreszeitliche 235
Glockentierchen 253
GloFish 86

Glucose 8, 209
Glucosekonzentration 139
Glucosesynthese 222
Glutamat 147, 154
Golden Rice 96
Goldregenpfeifer 259
Golgi-Apparat 6
Gonade 56
Gonosom 59, 61
Gorilla 343
graduell 321
Granastapel 218
Grauhörnchen 183
Grauspecht 288
Grauwolf 293
Greiffuß 344
Greifhand 344
Greiskraut, Schmalblättriges 204
Großhirn 140
Grottenolm 275
Grundregel, biogenetische 326
Grünspecht 288
Gruppe, monophyletische 329
Gruppe, paraphyletische 329
Gruppe, polyphyletische 329
Guanin 20
Guanosinmonophosphat, zyklisches (c-GMP) 128
Gülle 248
Guppy 319
Gute-Gene-Hypothese 311
Gymnogyps californianus 285

H

Habitat 164, 303
Habitatwahl 302, 303
Hadal 254
Haeckel, Ernst 162, 326
Hahnenfußgewächs 327
Hahnschweifwida 310
Halbaffe 342
Halbwertszeit 339
Haldanes Regel 292
Hall, Jerry 95
Halobakterium halobium 226
Halophyt 172
Hamilton 314
Hamletbarsch 318
Hämoglobin 9, 175
Hämophilie 61, 63
Haplodiploidie 315
haploid 58, 315
HAR1-Gen 345
Hardy, Godfrey Harold 15, 280
Hardy-Weinberg-Gesetz 280, 281
Hartholzaue 250
Hausmaus 294, 295
Hautatmer 175
Hautfarbe 354, 355
Hautkrebs 53
Hecke 202
Heckenbraunelle 308

Helferverhalten 315
Hemisphäre 140
Hemizygotie 61
Hemmstoff 29
Hemmung,
  postsynaptische 117
Hemmung, präsynaptische 117
Herbizid 202
Herbstzirkulation 240
Heringsschwarm 268
HERSHEY, ALFRED 25
Hershey-Chase-Experiment 25
Heterochromatin 44, 45
heterotroph 208
Heterozygotenvorteil 301
Heterozygotie 61
Heuschrecke 191
Hilfspigment 220
HILL, ROBERT 218
Hill-Reaktion 218
Hippocampus 141, 152
Hirnforschung 142
Hirnrinde 141
Hirschkäfer 310
Histon 21
Histonschwanz 45
HI-Virus 94
Hochblatt 327
Hochdurchsatzsequenzie-
  rung 66
HODGKIN, ALAN L. 108, 158
Höhlensalamander 291
Hominide 346
Hominisation 346
Homo 348
Homo erectus 346, 348, 349, 350
Homo ergaster 348, 350, 351
Homo floresiensis 349
Homo habilis 348, 351
Homo heidelbergensis 348
homoiohydrisch 170
homoiosmotisch 173
homoiotherm 164, 329
Homologie 324, 325, 327,
  328, 330
Homologiekriterien 325
Homo neanderthalensis 348,
  351, 352, 353
Homo rudolfensis 348
Homo sapiens 348, 350
Homo sapiens neander-
  thalensis 352
Homozygotie 61
Horizontalzelle 124, 133
Hormon 101, 129, 138
Hormon, Follikel
  stimulierendes (FSH) 141
Hornhaut 124
Hufeisennase,
  Philippinische 336
Hüllzelle 103
Humangenetik 19, 61
Hunderasse 269
HUNTINGTON, GEORGE 98

Husten 123
HUTCHISON, CLYDE 92
Hybride 292, 295
Hybridenlethalität 289
Hybridensterilität 289
Hybridisierung 292
Hybridzone 292, 294, 295
Hypermethylisierung 45
Hyperpolarisation 108, 115, 126
Hypolimnion 240
Hypophyse 141
Hypothalamus 141, 152

I

Ichthyostega 341
Individualentwicklung 326
Individuendichte 201, 206
Individuenzahl 206
Inhibition, laterale 133
Initialphase 236
Inkompatibilität 292, 293, 295
Insektenbein 325
Insektizid 202
Insertion 51, 91
Insulin 86
Intelligent Design 323
Intelligenz 156, 344
Interneuron 136
Interzellulare 210
Intracytoplasmatische
  Spermieninjektion (ICSI) 72
Intron 38
Inuit 286
Invasion, biologische 204
Inversion 59
Investition 302
Investment 309, 313, 363
In-vitro-Fertilisation (IVF) 72, 95
Ion 158
Ionenkanal 105, 109, 285
Ionenkanal, liganden-
  gesteuerter 105, 115
Ionenkanal, spannungs-
  gesteuerter 105, 115
Ionenleckstrom 107
Iris 124
Isolation 288, 321
Isolation, gametische 289
Isolation, mechanische 289
Isolation, ökologische 289
Isolation, reproduktive 290
Isolation, zeitliche 289
Isolationsmechanismus,
  postzygoter 289
Isolationsmechanismus,
  präzygotischer 289
Isolierung 86

J

JACOB, FRANÇOIS 40, 41, 333
JAGENDORF, A. T. 226
JOHANSON, DONALD 346
Jungenaufzucht,
  kooperative 305
Junk-DNA 333

K

Kaktus 366
Kaliumgleichgewichts-
  potential 107
Kampfgleichgewicht 198
KANDLER, OTTO 360
Kängururatte 169
Kapazität 187
Kapillarelektrophorese 66
Kapuzineraffe 317
Karibu 194
Karpfen 166
Kartoffel 270
Kartoffelkäfer 205
Karyogramm 344
karzinogen 82, 83
Katalepsie 123
KATZ, BERNARD 108
Katzenschrei-Syndrom 59
Keimbahn 80
Keimbahntherapie 94
Keimbahnzelle 80
Keimzelle 56
Keimzelle, haploide 56
Kernspinresonanztomo-
  graphie, funktionelle
  (fMRT) 143
Kerntransplantation 95
KHORANA, HAR GOBIND 33
Kieselalge 176
Kiesgrube 259
KING, WILLIAM 352
Klarwasserstadium 241
Klausurvorbereitung 16
Kleinhirn 141
Klimaxphase 236
Klinefelter-Syndrom 59
Kloake 309
Klon 95
Klonen 95
Klonschaf Dolly 95
Kniesehnenreflex 122
Knockout-Organismus 87, 91
Knollenblätterpilz 199
Koadaptation 298
Koala 196
Koexistenz 181, 182
Kognition 135
Kohlenstoff, radioaktiver 339
Kohlenstoffdioxid 218, 222, 224
Kohlenstoffkreislauf 230
Kohlmeise 318, 324
Kojote 293
Kolibri 165
Kolinearität 32

Kompartiment 6
Kompartimentierung 7, 357
Kompatible-Gene-
  Hypothese 311
Kompensation 212
Kompensationspunkt 212
Kompensationstiefe 240
Kondor, Kalifornischer 285
Konduktor 61
Konformer 164, 173, 255
Konjugation 86, 89
Konkurrent 202
Konkurrenz 266, 305, 308
Konkurrenz, interspezi-
  fische 181, 182, 184, 303
Konkurrenz, intraspezi-
  fische 180, 184, 296, 303
Konkurrenzausschlussprin-
  zip 181, 182
Konkurrenzstärke 181
Konkurrenzvermeidung 181
Konstanz 200, 233
Konsument 206
Kontinentalverschiebung 358
Kontrastverstärkung 132
Kontrolle, negative 41
Kontrolle, positive 41
Konvergenz 324, 329
Konzentrationsausgleich 172
Kooperation 316, 317
Kopulation 56
Korallenriff 268
Körperachse 79
Krankheit, erblich bedingte 60
Krautschicht 235
Kreationismus 323
Krebs 45, 82
Krebszelle 82
Kretinismus 27
Kriterium der Lage 325
Kriterium der spezifischen
  Qualität 325
Kriterium der Stetigkeit 325
K-Strategie 200, 234
Kulturwald 234
Kutikula 210

L

Labormaus 90
Laboruntersuchung 179
Lachmöwe 275
lac-Operon 40, 41
Lactase 278
Lactose 278
Lactoseintoleranz 278, 279
Lactosetoleranz 279
Laetoli 346
Lama 175
LAMARCK, JEAN BAPTISTE 322
Landbau, ökologischer 203
Landwirtschaft 259
LANGDON-DOWN, JOHN 59
Langzeitgedächtnis 145

389

Lärchensporn 270
Latimera chalumnae 340
Laubenvogel 313
Laubwald 234, 263
Lebenslaufstrategie 302
Lebensmittelherstellung 96, 97
Lebensraum 254, 259
Leberblümchen 174, 327
Leberegel, Kleiner 197
LEDERER, PHILIP 33
Lederhaut 124
Leitbündel 210
Leitfossil 339
Leitungsgeschwindigkeit 113
Lemming 187
Lemuren 342
Lerneffizienz 16
Lernen 17, 146, 149
Lernportion 16
Lernprozess 148
Leukämie 81
Licht 212, 220, 238
Lichtempfindlichkeit 125
Lichtpflanze 215
Lichtsinneszelle 127, 159
Lidschlussreflex 123
Liebig'sches Minimumgesetz 176, 208, 241
Ligand 105, 115
Ligase 86, 88
Ligation 89
Liger 289
Limbisches System 136, 141, 154
LINNÉ, CARL VON 360
Linse 124
Linsenauge 327
Lipiddoppelschicht 7, 104
Lissenzephalie 345
Loligo 158
LOTKA, ALFRED 15, 192
Lotka-Volterra-Regel 193
Lottia digitalis 262
Lottia pelta 262
Lottia strigatella 262
Luchs 194
Lucy 346, 347
Luftzufuhr 139
Lungenenzian 259
Lymphe 106
Lysosom 6

M

Makroevolution 267, 324
Malaria 300
Malaria-Resistenz 301
Malaria tropica 300
Malignes Melanom 53
MALTUS, THOMAS 322
Mandelkern 141
Mandrill 310
Mangelmutante 26, 27
Mark, verlängertes 141
Marker, genetischer 331

Marker-Gen 87
Markscheide 103
Massenspektrometrie 55
Matrize 22
Matrizenstrang 28
Mauerpfeffer 174
Maus 165
Mäusebussard 180, 181
Mauswiesel 196
mc1r-Gen 282, 283
Mediator 42
Meer 254
Meeresströmung 254
Meeresvogel 180
Mehlkäfer 287
Mehrartensystem 194
Mehrzeller 357
Meiose 56, 57
Melanin 53
Melanocyt 53
Membran, semipermeable 172
Membranpotential 106, 107
Membranprotein, integrales 104
Membranprotein, peripheres 104
Membranveränderung 112
MENDEL, GREGOR 26
Mendelismus 320
Mensch 161, 162, 230, 342, 343, 344, 350, 353
Merkmal 266, 328
Merkmal, abgeleitetes 328
Merkmal, ursprüngliches 328
Merkmalsprüfung 328
Merozoit 300
Messdaten 15
messenger-RNA (m-RNA) 30
Metalimnion 240
Metastasen 82
Methylierung 45
micro-RNA (mi-RNA) 48
Miesmuschel 262
Migration 285, 286
Mikroevolution 267, 324
Mikroorganismus 88, 238
Mikrosatellit 70, 336
Mineralstoffe 244
Minierer 202
Minimal-Genom 92
Minimalmedium 26
Minisatellit 70
Misch-Mosaikstruktur 235
Missense-Mutation 50
missing link 347
misssense Mutation 283
Mitochondrien-DNA 331
Mitochondrium 6, 8
Mitose 7
Mittelhirn 141
Modell 14
Modell, multiregionales 350
Modellorganismus 90
Modifikation 39, 270

Modifikation, posttranslationale 54
Molekulargenetik 18
Mondscheinkind 52
Mondscheinkrankheit 52
Monera 360
MONOD, JACQUES 40, 41
Monogamie 305, 308
Monosomie 58
Moor 259
Moorbläuling, Kleiner 259
Moorhuhn 259
Moral 11
Morphologie 266
Mosaikzyklus 237
Motorprotein 104
Motorzelle 158
Mückenfledermaus 269
Mukoviszidose 60
Multienzymkomplex 22
multipotent 80
Muskeldystrophie Duchenne 77
Muskelspindel 111
Mus musculus 294, 295
Mutagen 50
Mutation 50, 270, 282, 298, 320
Mutation, stumme 50
Myasthenia gravis 119
Mycoplasma laboratorium 92
Mycoplasma mycoides 92
Myelin 103
Mykorrhiza 199
Mykorrhiza, arbuskuläre 199

N

Nabelschnurblut 81
Nabelschnurvenenpunktion 74
Nachhaltigkeit 256
Nachhirn 141
NACHMANN, MICHAEL 282
Nachtbaumnatter 191
Nackenfalte 74
Nackentransparenz 74
Nacktmull 84
Nacktschnecke 179
Nadelwald 234, 263
NADP 222
Nagel-Patella-Syndrom 63
Nahakkommodation 124
Nährstoffe 9
Nahrungsbeziehung 240
Nahrungskette 241
Nahrungsnetz 255
Nahrungspflanze 257
Nahrungsspektrum 196
Napfschnecke 262
Nase 169
Natriumionenkanal, ligandengesteuerter 121
Natriumionenkanal, spannungsgesteuerter 120
Natrium-Kalium-Ionenpumpe 105

Naturalismus 323
Naturkatastrophe 235
Naturschutz 261
Neandertaler 348, 350, 352, 353
Nebenzelle 211
Nekrose 85
Neobiota 204, 205
Neophyt 204
Neostigmin 119
Nerv 103, 138
Nerv, motorischer 122
Nerv, sensorischer 122
Nervenfaser 103
Nervensystem 100, 136
Nervensystem, autonomes 136, 137
Nervensystem, peripheres 136
Nervenzelle 102, 103, 365
Nervenzelle, afferente 102
Nervenzelle, efferente 102
Nervenzelle, motorische 102
Nervenzelle, sensorische 102
Nettoprimärproduktion 208, 213
Netzhaut 124, 125, 126, 132
Neubesiedlung 200
NEUMANN, DIETRICH 176
Neurit 103
Neuro-Enhancer 156, 157
Neurofibrille 151
Neurofibromatose 61
Neuron 103, 104, 113
Neurospora 26
Neuweltaffe 342
Nippflut 255
NIRENBERG, MARSHAL 33
Nische, ökologische 176, 178, 179
Nitrat 244
Nitratammonifikation 245
Nitratatmung 245
Nitrifikation 231, 245
Nitrit 245
Nomenklatur, binäre 360
Nondisjunction 58
Nonsense-Mutation 51
Noradrenalin 137, 138
Nucleinsäure 25
Nucleosom 21
Nucleotid 20
Nucleus 6
Nucleus accumbens 154
NÜSSLEIN-VOLHARD, CHRISTIANE 79

O

Oberboden 238
Oberfläche 366
Oberflächentemperatur 254
Ochotona princeps 303
Okazaki-Fragment 22
Ökofaktor 180
Ökosystem 161, 162, 206, 234, 364
oligotroph 242, 245
Ontogenese 326

Operator 40
Operon 40
Operon-Modell 40
opportunistisch 196
Opsin 126
optische Täuschung 131
Orang-Utan 307
Orchideenwiese 259
Organ, homologes 325
Organelle 7
Organentwicklung 79
Organismus, synthetischer 92
Organismus, transgener 86, 87
Origin 22
Ornament 310
Osmose 172
Oszillation 188, 189
Out of Africa-Modell 348, 350
Ozean 254

P

p53-Protein 83
Paarung 308, 312
Paarungskonkurrent 307
Paarungssystem 305
Paarungsverhalten 304
Paläontologie 338
Palisadengewebe 210
Paramecium aurelia 182
Paramecium bursaria 182, 198
Paramecium caudatum 182
Paranthropus aethiopicus 347
Paranthropus boisei 347, 351
Paranthropus robustus 347
Parapox-Virus 183
Parasit 197, 202
Parasitismus 197
Parasitoid 197
Parasympathicus 136, 137, 139
Parthenogenese 246
Partnerwahl 302, 304, 310, 311, 363
Pasteuria ramosa 299
Pätau-Syndrom 58
Patch-Clamp-Technik 109, 112
Patella 63
PAULING, LINUS 14
PCR (Polymerase-chain-reaction) 64
Pektinase 96
Pelagial 254
Pelvicachromis taeniatus 363
Penetranz, unvollständige 61
Penicillin 274
Peptidbindung 36
Peptidkette 36
Permeabilität, selektive 106
Pessimumbereich 166
Pfau 311
Pfeifhase 303
Pfeilschwanzkrebs 340
Pflanze 90
Pflanzenerfassung 239

Pflanzengeografie 358
Pflanzenschädling 202
Pflanzenschutz 202
Pflanzen-Weidegänger-Beziehung 190
Pflegemaßnahme 259
Phage 25
Phänotyp 266, 272, 307, 320, 368
Phenylalanin 27
Phenylalaninstoffwechsel 27
Phenylketonurie (PKU) 27
Phosphat 20
Phosphatkreislauf 244
Phosphodiesterase 129
Phosphoglycerinsäure (PGS) 223
Phosphor 244
pH-Toleranz 178, 179
Phylogenese 326
Physcomitrella patens 90
Phytoplankton 241
Pigment, akzessorisches 220
Pilz 90, 198, 235
Pilzsymbiose 199
Pinguin 305
Planstelle, ökologische 177
Plaque 151
Plasmid 89
Plasmodium 300
Plastizität 148, 368
Plastizität, neuronale 146
Plattentektonik 358
pluripotent 7, 80
poikilohydrisch 170
poikilosmotisch 173
poikilotherm 164
Polyandrie 305, 308
Polycelis felina 178
Polygamie 305
Polygynandrie 308
Polygynie 308
Polymerase 22, 23, 28
Polymerasekettenreaktion (PCR) 23
Polymorphismus 68, 282
Polypeptid 26
Polyploidie 58
Polyploidisierung 291
Polysom 38
Pons 141
Population 160, 186, 188, 190, 278, 280, 282
Populationsdivergenz 288, 292
Populationsdynamik 15
Populationsgenetik 301
Populationsökologie 163, 202
Porphyritsalamander 291
Postreplikationsreparatur 53
postsynaptisch 114
Potential, erregendes 132
Potential, erregendes postsynaptisches (EPSP) 142
Potential, excitatorisches postsynaptisches (EPSP) 115, 116

Potential, inhibitorisches 132
Potential, inhibitorisches postsynaptisches (IPSP) 115, 116
Potentialdifferenz 106
Potenz, ökologische 166
Potenz, physiologische 166
Präadaptation 274
Prädation 272
Präferenz 166, 167
Präferenzbereich 166
Prägung, genomische 47
Präimplantationsdiagnostik (PID) 73, 77
prä-m-RNA 38
Pränataldiagnostik (PND) 74
präsynaptisch 114
Präzisionsgriff 344
Primärproduktion 206, 208
Primase 22
Primat 342
Primer 22, 23
Priming 145
Prinzip 324
Produktion 206
Produktivität 207
Produzent 206
Profil 339
Prokaryot 38, 40, 41
Promiskuität 305
Promotor 45
Protein 26, 104
Proteinbiosynthese 26, 28, 29, 38
Protein-Kinase 128
Proteinvergleich 330
Proteom 54
Proteomforschung 54, 55
Proteomik 54
Protista 357, 360
Protocyt, heterotropher 356
Protonengradient 217, 226
Proto-Onkogen 82
Pulse-Chase-Experiment 30
Punktmutation 50
punktuell 321
Pupille 124
Pupillenreaktion 125
Purinbase 20
Pyramide, ökologische 206
Pyrimidinbase 20

Q

Quastenflosser 340
Queller 172

R

Radiation 362
Radiation, adaptive 296, 297
Radula 176
rapid eye movement (REM) 153
Ras-Onkogen 83
Ras-Protein (Rat sarcoma) 83
Rastermutation 51
Räuber 190, 191
Räuber-Beute-Beziehung 190, 192
Räuberdruck 319
Raubinsekt 202
Reaktion 102, 120
Reaktion, lichtabhängige 218
Reaktionsdistanz 246
Realnische 176, 177, 181
Realtime-PCR 23
Rebhuhn 195
Red-Queen-Hypothese 299
Redundanz 34
REES, WILLIAM 260
Referat 16
Reflex 122, 123
Reflex, monosynaptischer 123
Reflex, polysynaptischer 123
Reflexbogen 122, 136
Refraktärzeit 109, 110, 121
Regel, tiergeografische 168
Regelung 138, 139
Regeneration 233
Regulation 42, 211
Regulierer 164
Reiz 102, 111, 120, 134
Reiz-Erregungs-Transformation 102, 111, 127
Reizstärke 111
Rekombination 271, 298, 299, 320, 364
Rekombination, homologe 91
Rekonstruktion 339
Rekonstruktion, morphologische 329
Releasing-Hormon 141
Renaturierung 251
Reparaturenzym 271
Replikation 22
Repolarisation 108
Repolarisationsphase 108
Repressor 41
Reproduktion 95, 312
Reproduktionstechnik 95
Reprogrammierung 81
Reptil 329
Resistenz 203, 233
Ressource 180, 256
Restriktionsendonuklease 86
Restriktionsenzym 71, 88
Retina 124
Retinal 126
Retinoblastom 45
Retrovirus 25
Reverse Transkriptase 69, 86
Revierbildung 180

391

Rezeptorpotential 111, 120
Rezeptorzelle 111
RGT-Regel 164, 175
Rhinolophus philippinensis 336
Rhizom 215
Rhodopsin 126
Ribonucleic-Acid (RNA) 24
Ribose 24
Ribosom 6, 28, 30, 36
Ribozym 24
Ribulosebisphosphat 223
Ribulose-1,5-bisphosphat
 carboxylase Rubisco) 223
Rio-Konvention 261
RNA 24, 26, 28, 30
RNA-induzierter Stillegungs-
 komplex 48
RNA-induzierter transkriptio-
 naler Stillegungskomplex
 (RITS) 49
RNA-Interferenz 48, 49
RNA-Virus 25
RNA-Welt 24
Röhrenwurm 228
Rohstoff, nachwachsender 257
Rotalge 227
Rotauge 292
Rotfuchs 304
Rot-Grün-Sehschwäche 63
Rotkehlchen 276
Rotwolf 293
r-Strategie 200
Rückenmark 122, 136
Rückkopplung, negative 40
Rudiment 326
Ruhepotential 106, 113, 120

S

Saccharomyces cerevisiae 90,
 91, 92
Sahelanthropus tchaden-
 sis 346
Salamandra atra 302
Salzausscheider 172
Salzausschließer 172, 173
Salzboden 172
Salzdrüse 173
Salzgehalt 255
Salzmelde 172, 173
Salzspeicherer 172
Salzsukkulenz 172
Salzwasser 172
Salzwiese 172
SANGER, FREDERICK 65
Sanger-Sequenzierung 66
Saprobiensystem 174, 248, 249
Satellitenmännchen 305
Sauerstoff 9, 175, 209
Sauerstoffbedarf, bioche-
 mischer (BSB) 248, 253
Sauerstoffgehalt 254
Sauerstoffverbrauch 178

Sauerstoffzehrung 248
Säurerhythmus, diurnaler 224
Saurierprotein 330
Schachtelhalm 340
Schädel 344
Schadinsekt 202
Schädling 202
Schädlingsbekämpfung,
 biologische 203
Schädlingsbekämpfung,
 chemische 202
SCHAFFHAUSEN, HERMANN 352
Schattenblatt 213
Schattenpflanze 215
Schierling, Gefleckter 118
Schildlaus 203
Schildpattkatze 47
Schimpanse 316, 343, 344
Schlaf 148, 152, 153
Schlankmacher 93
Schließzelle 211
Schlupfwespe 197, 203
Schlüssel-Schloss-Prinzip 43
SCHMITZ, RALF 352
Schnabeltier 341
Schnecke 179, 197
Schneehase 194
Schneeschuhhase 194
SCHONS 309
Schwammgewebe 210
Schwarze Witwe 118
Schwebfliege 191
Schwefelwasserstoff 245
SCHWEITZER, MARY 330
Schwertträger 306
Schwirrammer 303
Sciurus carolinensis 183
Sciurus vulgaris 183
Secchi-Scheibe 252
See 240, 244, 245, 246
See, eutropher 243
See, oligotropher 242
Seeanemone 335
Seeelefant 313
Seehund 165
Seepocke 185
Segmentierung 79
Segmentierungsgen 79
Sehen, räumliches 135
Sehgrube, zentrale 124
Sehrinde 134
Sekundärproduktion 206
Selbstreinigung 248
Selektion 87, 276, 278, 282, 314
Selektion, disruptive 273
Selektion, gerichtete 272
Selektion, intersexuelle 311
Selektion, intrasexuelle 311
Selektion, natürliche 265, 272,
 320, 322
Selektion, schwache 273
Selektion, sexuelle 310, 320
Selektion, stabilisierende 272

Selektion, starke 273
Selektionsfaktor,
 abiotischer 272
Selektionsfaktor,
 biotischer 272
Sequenz, regulatorische 42
Sequenz, repetitive 70
Sequenzierung 64, 65, 66, 92
Sequenzvergleich 334
Sexualität 365
Sexualstrategie 306, 307
Sexy-Sohn-Hypothese 311
SIBLEY, CHARLES GALD 343
Sichelzellanämie 300
Sichelzelle 50
Sichelzell-Hämoglobin
 (HbS) 50, 300
Signal 128, 129
Signal, elektrisches 111
Signalprotein 54
Signaltransduktion 128
Signalübertragung 128
Signalverarbeitung 134
Signalverstärkung 128, 366
Silbermöwe 275
Silencer 42
Silencing 45
Simulation 287, 319
Single Molecule Real Time
 Sequencing-Verfahren 67
Single Nucleotide Polymor-
 phism (SNP) 68
Sinneseindruck 134
Sinneszelle 102, 120
Sinneszelle, primäre 111
small interfering RNA
 (si-RNA) 48
Small tandem repeats
 (STRS) 71
SMITH, HAMILTON 92
SOLECKI, RALPH 352
Soma 103
Sommerstagnation 240
Sonnenblatt 213
Sonnenbrand 53
Sonnenlicht 355
Sonnentau, Rundblättriger 259
Sozialverhalten 344
Spalt, synaptischer 114
Spaltöffnung 210, 211, 224
Spechtart 288
Sperbergeier 333
Spermium 56
Spezialist 196
Spezifität 202
Spinalganglion 136
Spinalnerv 136
Spinne 202
Spleißen 38, 39
Spleißen, alternatives 39
Spleißen, differentielles 39
Spleißosom 39
Sporozoit 300

Sprache 344
Springflut 255
Springkraut, Drüsiges 181
Sprungschicht 255
Stäbchen 124, 126, 127
Stabilität 233
Stagnation 240
Stammbaum 61, 283, 329, 335,
 342, 369
Stammbaumanalyse 61, 62,
 63, 332
Stammhirn 141
Stammzelle 81, 84
Stammzelle, adulte 80, 81
Stammzelle, embryonale 12, 80
Stammzelle, induzierte pluri-
 potente 81
Stammzelle, multipotente 80
Stammzelle, pluripotente 12,
 80, 81
Stammzelle, totipotente 12, 80
Stammzellforschung 12
Stammzelltherapie 81
Stärke 209, 223
Startcodon 32, 36
Steinwerkzeug 348
Stellenäquivalenz 177
stenök 174
Stenopotenz 166
Sterberate 192
Steuergen 78
Stickstoff 244
Stickstoffkreislauf 231, 244
sticky ends 88
Stockwerkbau 234
Stoff, neuroaktiver 118
Stoff, psychoaktiver 155
Stoffabbau 229
Stoma 210, 211
Stomata 224, 367
Stoppcodon 32, 36
Stoppsequenz 28
Strahlung, elektro-
 magnetische 130
Strandflieder 173
Strandgrasnelke 172, 173
Strang, codogener 29
Strategie 200, 302
Strategie, evolutionär
 stabile 302
Streuschicht 238
Stroma 218
Stromatolith 356
Strömung 248
Strudelwurm 178
Struktur 366
Strukturgen 344
Strukturprotein 54
Sublitoral 255
Substanz, morpho-
 genetische 31
Substitution 50
Substrat 8

Substrat-Induktion 40
Sucht 154
Sukkulente 170
Sukkulenz 172, 224
Sukzession 236, 368
Sukzession, autotrophe 236
Sukzessionsphase 236
Summation, räumliche 116
Summation, zeitliche 116
Suppressor 82
Supralitoral 255
survival of the fittest 320
Suxamethonium 118
Symbiose 198, 199
Sympathicus 136, 137, 139
Sympatrie 292
sympatrisch 288
Synapse 103, 114, 116, 147, 159
Synapse, erregende 114, 115, 116
Synapse, hemmende 115, 116
Synapsengift 118, 119
Syndrom 59
Synökologie 163
Synthesereaktion 218, 222, 223, 225
Synthi-Fuels 93
System 364
Systematik 360
Systematik, phylogenetische 329

T

Tabakpflanze 174
Taktik 302
Tanytarsus 242
Tarnung 365
TATUM, EDWARD 26
Tau-Protein 150
Taxon 328, 329
Taxonomie 360
Teichmolch 302
Telomer 84
Telomerase 84
Temperatur 164, 212
Temperaturorgel 179
Temperaturtoleranz 178
Territorium 180, 184, 185
Tetrodotoxin 112
Thalamus 141, 152
Theorie 323
Thermocycler 23
Thermus aquaticus 23
THISSEN, JÜRGEN 352
Thylakoid 218
Thymin 20
Tide 255
Tiefenwahrnehmung 135
Tiefschlaf 152
Tier 90
Tiererfassung 239
Tiergeografie 358
Tiger 168

Tintenfisch 327
Toleranz 167
Toleranzbereich 166
Tonoplast 6
Top down 195
Top-down-Ansatz 92
Torpor 165
Totholz 235
totipotent 7
Tracer 41
Trade-off 302
Transducin 127
Transduktion 86
Transfektion 81
transfer-RNA (t-RNA) 34
trans-Form 126
Transformation 89
transgen 88
Transkription 28, 35
Transkriptionsfaktor 28, 42
Transkriptom 54
Translation 34, 36, 37
Translokation 59
Transmitter 114, 115
Transmitterausschüttung 121
Transpiration 210, 211
Transpirationsrate 211
Transport, aktiver 105
Transport, passiver 105
Traum 152
Traumforschung 152
Trennung, geografische 294
Triplettbindungstest 33
Trisomie 58
Trisomie 21 58, 59
Trockenmasse 238
Trockenpflanze 170
Trophieebene 364
Trophiestufe 206
Trophosom 228
Tryptophan 26
Tubifex 175
Tubocurarin 119
Tugendethik 11
Tumor 53
Tumorsuppressorgen 45, 82
Turgor 211
Turner-Syndrom 59
Two-Hit-Hypothese 83

U

Überflutung 250
Übergangsform 341
Überlebensrate 318
Überträgerstoff 114
Uhr, molekulare 332, 350
Ukelei 292
Umkippen 249
Umwelt, abiotische 266
Umwelt, biotische 266
Umweltethik 258
Umweltschutz 258

Unfruchtbarkeit 72
Uniport 105
unipotent 7
Unterboden 238
Uracil 30
USSHER 323
Utilitarismus 11, 13
UV-Strahlung 52, 53

V

Vakuole 6
VALEN, LEIGH VAN 299
Vampir-Fledermaus 317
Variabilität 237, 264, 268, 270, 271, 274, 320
Variabilität, genetische 270
Variabilität, modifikatorische 270
Variabilitätskurve 270
Variable number of tandem repeats (VNTRS) 70
Variationskurve 270
Vaterschaftsgutachten 71
Vegetationsaufnahme 252
Vektor 86, 89
Velociraptor 274
VENTER, CRAIG 92
Verband, überfamiliärer 305
Verdunstung 234
Vererbung 98
Vererbung, rezessive 61
Verfahren, invasives 74
Verhalten 302, 318
Verlandung 250
Vermehrungszyklus, ungeschlechtlicher 197
VERNE, JULES 254
Verschmutzungsgrad 249
Vertikalwanderung 246
Verwandtenselektion 314
Verwandtschaft 343
Verwandtschaft, molekulare 330
Vesikel 7
VIRCHOW, RUDOLPH 356
Virulenz 299
Virus 25
Virusabwehr 48
Vogelfalter 269
Vollmedium 27
VOLTERRA, VITO 15, 192
Volvox 357

W

Wachstum 318
Wachstum, exponentielles 186
Wachstum, logistisches 187
Wachstumsrate 186, 192
WACKERNAGEL, MATHIS 260
Wahrnehmung 131, 132
Wald 234, 235, 238
Waldweidenröschen 200
WALLACE, ALFRED RUSSEL 322
Wanderratte 169
Wärmehaushalt 168
Wasser 218, 241
Wasserbilanz 169
Wasserfloh 189, 299
Wasserfußabdruck, globaler 260
Wasserpflanze 171
Wasserschichtung 254
Wasserstoffbrücke 20, 21
WATSON, JAMES D. 14, 20
Wechselbeziehung 262
WEGENER, ALFRED 358
Weichholzaue 250
Weidenröschen, Schmalblättriges 214
WEINBERG, WILHELM 15, 280
WEISMANN, AUGUST 322
Weltbevölkerung 256
Wert 11
WHITTAKER, ROBERT H. 360
Wiesenschaumkraut 174
WILMUT, IAN 95
Winterstagnation 240
Wirkungsgesetz der Umweltfaktoren 176
Wirkungsspektrum 220
Wirt 197
Wirt-Parasit-Beziehung 190
Wirtsspezifität 203
Wirtswechsel 197
Wissensgedächtnis 145, 152
WOESE, CARL R. 360
Wolf 269
WOOTTON, TIMOTHY 262
Wühlmaus 188
Wüstenbewohner 169

X

Xanthopan morganii
   praedicta 298
X-Chromosom 61
Xeno-DNA (x-DNA) 92
Xeno-Nucleinsäure 92
Xeroderma pigmentosum
   (XP) 52
X-Gal 89
XIC-Region 47
XIST-RNA 47

Z

Zapfen 124, 126, 130
Zebrafink 312
Zeigerart 174, 243
Zeigerpflanze 174
Zeigerwert,
   Ellenberg'scher 174
Zelldifferenzierung 80
Zelle 6
Zelle, autotrophe 356
Zelle, fossile 356
Zelle, somatische 80
Zellgedächtnis 47
Zellkern 6
Zellkörper 103
Zellmembran 6
Zellorganelle 6
Zellsaftvakuole 6
Zellstruktur 367
Zellteilung 7
Zellteilungskolonie 357
Zelltod 85
Zelltod, programmierter 85
Zellwand 6
Zellzyklus 7, 82
Zentralnervensystem
   (ZNS) 102, 136, 154
Zierschildkröte 183
Zonierung, räumliche 249
Zonulafaser 124
Zooplankton 241
Zuckerkrankheit 86
Zufallseffekt 320
Zwergfledermaus 269
Zwillinge, eineiige 80
Zwillingsforschung 46
Zwischenhirn 141
Zwischenwirt 197
Zygote 57

Operatoren

Operator	Definition
ableiten	auf der Grundlage wesentlicher Merkmale sachgerechte Schlüsse ziehen
analysieren	wichtige Aussagen, Daten, Merkmale, Eigenschaften oder Sachverhalte auf eine bestimmte Fragestellung hin herausarbeiten
angeben	Elemente, Sachverhalte, Begriffe, Daten ohne Erläuterungen aufzählen
anwenden	einen bekannten Sachverhalt, ein Modell oder eine bekannte Methode auf etwas Neues beziehen
auswerten	Daten, Einzelergebnisse oder andere Elemente in einen Zusammenhang stellen und ggf. zu einer Gesamtaussage zusammenführen
begründen	Sachverhalte auf Regeln und Gesetzmäßigkeiten bzw. auf kausale Beziehungen von Ursache und Wirkung zurückführen
benennen	Strukturen, Sachverhalte oder Zusammenhänge fachsprachlich richtig bezeichnen
berechnen/bestimmen	Werte oder Größen mittels Gleichungen berechnen
beschreiben	Strukturen, Sachverhalte oder Zusammenhänge strukturiert unter Verwendung der Fachsprache wiedergeben
beurteilen	zu einem Sachverhalt ein selbstständiges Urteil unter Verwendung von Fachwissen und Fachmethoden formulieren und begründen
bewerten	Sachverhalte bzw. Methoden an Wertekategorien oder an ausgewiesenen bzw. bekannten Beurteilungskriterien messen
darstellen	Sachverhalte, Zusammenhänge, Methoden etc. unter Verwendung einer korrekten Fachsprache und fachüblicher Darstellungsweisen strukturiert wiedergeben
deuten	fachspezifische Zusammenhänge im Hinblick auf eine gegebene Fragestellung begründet herausstellen
diskutieren	Argumente und Beispiele zu einer Aussage oder These einander gegenüberstellen und abwägen
dokumentieren	Daten und Beobachtungen aus Experimenten / Untersuchungen unter Verwendung fachspezifischer Darstellungsformen festhalten
durchführen	eine vorgegebene oder eigene Experimentieranleitung umsetzen bzw. zielgerichtete Messungen und Änderungen vornehmen
entwickeln	zu einem Sachverhalt oder einer Problemstellung ein Modell oder ein Experiment entwerfen oder modifizieren
erklären	einen Sachverhalt mithilfe eigener Kenntnisse in einen Zusammenhang einordnen sowie ihn nachvollziehbar und verständlich machen
erläutern	einen Sachverhalt veranschaulichend darstellen und durch zusätzliche Informationen verständlich machen
ermitteln	einen Zusammenhang oder eine Lösung finden und herleiten und das Ergebnis formulieren
erörtern	siehe „diskutieren"
Hypothese entwickeln / aufstellen	begründete Vermutung auf der Grundlage von Beobachtungen, Untersuchungen, Experimenten oder Aussagen formulieren
interpretieren	siehe „deuten"
nennen	siehe „angeben"
protokollieren	Beobachtungen oder die Durchführung von Experimenten detailgenau zeichnerisch einwandfrei bzw. fachsprachlich richtig wiedergeben
prüfen/überprüfen	Sachverhalte oder Aussagen an Fakten und Gesetzmäßigkeiten messen und eventuelle Widersprüche aufdecken
skizzieren	Sachverhalte, Strukturen oder Ergebnisse auf das Wesentliche reduziert übersichtlich grafisch darstellen
Stellung nehmen	zu einem Sachverhalt, der an sich nicht eindeutig ist, nach kritischer Prüfung und sorgfältiger Abwägung ein begründetes Urteil abgeben
überprüfen	siehe „prüfen"
untersuchen	siehe „analysieren"; untersuchen beinhaltet zusätzlich praktische Anteile
vergleichen	Gemeinsamkeiten, Ähnlichkeiten und Unterschiede ermitteln und herausstellen
zeichnen	eine möglichst exakte grafische Darstellung beobachtbarer oder gegebener Strukturen anfertigen und beschriften
zusammenfassen	Sachverhalte, Strukturen oder Ergebnisse auf das Wesentliche reduziert sprachlich darstellen

Bildnachweis

U1 Corbis (Thomas Deerinck/Visuals Unlimited), Berlin; **U2** Hof, Jutta, Frankfurt/Main; **U3** Corbis (Jordi Matas/Demotix), Berlin; **3.1** FOCUS (EOS/Meckes/MPI), Hamburg; **3.2** Fotosearch Stock Photography (Stock Disc), Waukesha, WI; **4.1** Corbis (Manfred Mehlig), Berlin; **5.1** Corbis (Douglas P. Wilson/FLPA), Berlin; **9.5** Corbis (Dennis Kunkel Microscopy, Inc./Visuals Unlimited), Berlin; **9.6** Fotolia.com (Printemps), New York; **11.2** iStockphoto (Mark Bowden), Calgary, Alberta; **12.2a** Fotolia.com (Dalia Drulia), New York; **12.2b** FOCUS (SPL/Edelmann), Hamburg; **12.2c** Corbis (Dr. David Phillips/Visuals Unlimited), Berlin; **13.3** Imago (imagebroker), Berlin; **14.2** FOCUS (SCIENCE PHOTO LIBRARY), Hamburg; **14.4** FOCUS (SPL/A. Barrington Brown), Hamburg; **14.5** MRC Laboratory of Molecular Biology, Cambridge, UK; **17.3** f1 online digitale Bildagentur (Maskot), Frankfurt; **17.4** Die Bildstelle (Rex Features Ltd.), Hamburg; **18.1** Fotolia.com (Deklofenak), New York; **18.2** Okapia (Rolf Fischer), Frankfurt; **18.3** Corbis (Angelo Merendino), Berlin; **19.1** Picture-Alliance (dpa/www.glofish.com), Frankfurt; **19.2** Mauritius Images (Alamy/Feije Riemersma), Mittenwald; **20.1** Corbis (Pasieka//Science Photo Library), Berlin; **23.1** shutterstock.com (Vit Kovalcik), New York, NY; **29.4** PantherMedia GmbH (Helga Walter), München; **31.5** Berger-Seidel, Prof. Dr. Sigrid, Heidelberg; **38.Rd.** FOCUS (Dr. Elena Kiseleva/SPL), Hamburg; **40.Rd.** Okapia (Dr. Gary Gaugler), Frankfurt; **44.1** Dr. Randy Jirtle, Duke University Medical Center, Durham; **45.3** Okapia (NAS/Biophoto Associates), Frankfurt; **46.1** Epigenetic differences in identical twins, PNAS 2005,102:10407-10408/Copyright (2005) National Academy of Sciences, U.S.A; **46.2** Fotolia.com (pressmaster), New York; **46.3** Picture-Alliance (Markus Scholz/dpa), Frankfurt; **46.4** PantherMedia GmbH (Ikonoklast), München; **47.2** Fotolia.com (hemlep), New York; **50.Rd.** Glow Images GmbH (ScienceFaction), München; **52.1** Getty Images (AFP/Alain Jocard), München; **53.8** iStockphoto (Stacy Barnett), Calgary, Alberta; **54.1** Corbis (Ralph A. Clevenger), Berlin; **55.3; 55.4** Roche Diagnostics GmbH, Mannheim; **58.1** FOCUS (Science Photo Library/L. Willatt), Hamburg; **58.2** f1 online digitale Bildagentur (Bridge), Frankfurt; **61.1** iStockphoto (Reuben Schulz), Calgary, Alberta; **64.2** Ullstein Bild GmbH (Grabowsky), Berlin; **68.1** iStockphoto (dra_schwartz), Calgary, Alberta; **70.1** Picture-Alliance (dpa/lsn/Hendrik Schmidt), Frankfurt; **70.Rd.** iStockphoto (Daniela Schraml), Calgary, Alberta; **71.Rd.** Söhl, Dr. Goran, Bonn; **72.2** FOCUS (AJ/SPL), Hamburg; **73.Rd.** laif (Frederic Neema), Köln; **74.Rd.** Kulka, Matthias (Matthias Kulka), Hamburg; **75.Rd.** shutterstock.com (Lisa S.), New York, NY; **76.1** iStockphoto (Capifrutta), Calgary, Alberta; **79.3** FOCUS (Herman Eisenbeiss/ NatureSource), Hamburg; **79.6** FOCUS (EOS), Hamburg; **84.Rd.** Corbis (Jolanda Cats & Hans Withoos), Berlin; **86.Rd.** Picture-Alliance (dpa/ www.glofish.com), Frankfurt; **87.1** Glow Images GmbH (Science Faction), München; **90.1** Mauritius Images (Thonig), Mittenwald; **90.2** Corbis (SINCLAIR STAMMERS/Science Photo Library), Berlin; **90.3** Fotolia.com (mirkorrosenau4), New York; **90.4** Corbis (Solvin Zankl/Nature Picture Library), Berlin; **91.Rd.** shutterstock.com (Sergey Lavrentev), New York, NY; **92.Rd.** Corbis (Dr. Thomas Deerinck/Visuals Unlimited), Berlin; **96.Rd.** Picture-Alliance (dpa/ Universität Freiburg), Frankfurt; **97.1; 97.2** CC-BY-3.0 (BASFPlant Science, CC BY 2.0), siehe *1; **100.1** Biosphoto (Michel & Christin), Berlin; **100.2** Thinkstock (Hemera), München; **100.3** Okapia (John Allison/P. Arnold), Frankfurt; **101.1** Picture-Alliance (Waltraud Grubitzsch dpa/lsn), Frankfurt; **101.2** Fotolia.com (contrast werkstatt), New York; **102.1** Reinhard-Tierfoto, Heiligkreuzsteinach; **104.1a** FOCUS (SPL, David McCarthy), Hamburg; **106.1** Okapia (Norbert Lange), Frankfurt; **112.2** MPI- Medizinische Forschung (Bert Sakmann, Ernst Neher), Heidelberg; **112.4** Fotolia.com (manhattan-design.de), New York; **114.2** Getty Images (Media for Medical/UIG), München; **116.2** Getty Images (Visuals Unlimited/Dr. Don Fawcett), München; **118.1a** Okapia (Ernst Schacke, Naturbild), Frankfurt; **118.1b** FOCUS (Dr. Gary Gaugler/SPL), Hamburg; **118.1c** Thinkstock (istockphoto), München; **123.IB** iStockphoto (Jeroen Peys), Calgary, Alberta; **126.1** Okapia (NAS/Omikron), Frankfurt; **127.3a/b** Okapia (NAS/Omikron), Frankfurt; **131.1** Getty Images RF (EyeWire), München; **131.2** Mauritius Images (Cusp), Mittenwald; **135.2** Blickwinkel (McPHOTO), Witten; **137.2a** Thinkstock (Kraig Scarbinsky), München; **137.2b** Thinkstock (Christopher Robbins), München; **138.1** Thinkstock (Digital Vision), München; **142.1** laif (Lydie LECARPENTIER/REA), Köln; **143.3** FOCUS (SPL/ Pasieka), Hamburg; **143.5** Max-Planck-Institut f Kognitions- und Neurowiss. (Jens Brauer), Leipzig; **144.1** Fotolia.com (Robert Kneschke), New York; **148.1a/b** Max-Planck-Institut für Neurobiologie (Bonhoeffer), Martinsried bei München; **149.6** Wheeler M E et al., Memory's echo: Vivid remembering reactivates sensory-specific cortex, PNAS 2000, 97: 11125-11129 Copyright (2000) National Academy of Sciences, U.S.A.; **150.1** FOCUS (Dr Robert Friedland/SPL), Hamburg; **152.1** FOCUS (SPL/Ed Young), Hamburg; **153.Rd.** Dr. Michael Czisch, Max-Planck-Institut für Psychiatrie, München; **154. Rd.** Picture-Alliance (Christian Büchel dpa/lno), Frankfurt; **155.3** Henning Boecker, Till Sprenger, Mary E. Spilker, Gjermund Henriksen, Marcus Koppenhoefer, Klaus J. Wagner, Michael Valet, Achim Berthele, and Thomas R. Tolle. The Runner's High: Opioidergic Mechanisms in the Human Brain. Cerebral Cortex (2008) 18(11): 2523-2531, Fig. 2 (verändert); **155.4** Thinkstock (Hermera), München; **156.1** Fotolia.com (milanmarkovic78), New York; **159.8** shutterstock.com (Beth Swanson), New York, NY; **160.1** Mauritius Images (ANP Photo), Mittenwald; **160.2** Mauritius Images (imagebroker), Mittenwald; **160.3** Okapia (Fritz Pölking/ SAVE), Frankfurt; **160.4** YOUR PHOTO TODAY (JTB_Photo/UIG), Taufkirchen; **161.1** Mauritius Images (Andreas Vitting), Mittenwald; **161.2** Thinkstock (iStockphoto), München; **162.1** Picture-Alliance (Arco Images GmbH/Layer, W.), Frankfurt; **163.2** VISUM Foto GmbH (Martin Franz), Hamburg; **164.1** Tierbildarchiv Angermayer (Hans Reinhard), Holzkirchen; **164.2** shutterstock.com (gary718), New York, NY; **165.2** Thinkstock (AbleStock.com), München; **165.5** Fotolia.com (Basil123), New York; **169.1** gemeinfrei; **170.1** LAYER — NATURFOTOGRAFIE, Mannheim; **170.2a; 170.2b** Pott, Dr. Eckart, Stuttgart; **172.1** MEV Verlag GmbH, Augsburg; **172.IB01; 172.IB02** Klett-Archiv (Nature + Science AG/Mangler), Stuttgart; **173.3** Fotolia.com (Photocomptoir), New York; **173.Rd.** laif (Johannes Arlt), Köln; **174.1** shutterstock.com (ying), New York, NY; **174.2a** FOCUS (Duncan Smith/SPL), Hamburg; **174.2b** Bayerisches Landesamt für Umwelt (Joachim Nittka), Augsburg; **176.1** Imago (Michael Westermann), Berlin; **176.Rd.** FOCUS (Steve Gschmeissner/SPL), Hamburg; **177.Rd.** Bellmann, Dr. Heiko, Lonsee; **178.1** Heitkamp, Prof. Dr. Ulrich, Gleichen-Diemarden; **179.2** Fotolia.com (Sebastian Hehn), New York; **181.2** Thinkstock (iStockphoto), München; **182.1a; 182.1c** Okapia (Roland Birke), Frankfurt; **182.1b** Okapia (NAS/M.I.Walker), Frankfurt; **183.1** Okapia (Regis Cavignaux, BIOS), Frankfurt; **183.2** Fotosearch Stock Photography, Waukesha, WI; **184.1** Mauritius Images (imagebroker), Mittenwald; **184.3** Picture-Alliance (Arco Images GmbH/Siegel, R.), Frankfurt; **185.6** Fotolia.com (yxowert), New York; **185.7** Biosphoto, Berlin; **185.8** iStockphoto (GarysFRP), Calgary, Alberta; **187.2** WILDLIFE Bildagentur GmbH (D.Harms), Hamburg; **187.4** Getty Images (Photo Researchers/Jim Cartier), München; **188.Rd.** Fotolia.com (JussiR), New York; **189.Rd.** iStockphoto (Nancy Nehring), Calgary, Alberta; **190.1** Okapia (Robert Groß), Frankfurt; **190.2a** Fotolia.com (wernerrieger), New York; **190.2b** iStockphoto

396 Bildnachweis

(Mark Goddard), Calgary, Alberta; **190.2c** Okapia (Stouffer), Frankfurt; **190.2d** Tierbildarchiv Angermayer, Holzkirchen; **191.3** FOCUS (John Mitchell/Photo Researchers), Hamburg; **191.4** laif (Joe K/Sun-REA), Köln; **191.Rd.** Klett-Archiv (Aribert Jung), Stuttgart; **192.2** FOCUS (Tom & Pat Leeson/NatureSource), Hamburg; **196.2** shutterstock.com (Dan Rodney), New York, NY; **196.Rd.** shutterstock.com (Andrew Taylor), New York, NY; **197.1b** Fotolia.com (sewkol), New York; **198.1** shutterstock.com (Lebendkulturen.de), New York, NY; **199.1** iStockphoto (stephane duchateau), Calgary, Alberta; **199.4** Okapia (Hans Reinhard), Frankfurt; **200.1** shutterstock.com (Valery Kraynov), New York, NY; **200.2** shutterstock.com (Sharon Day), New York, NY; **200.Rd.** Klett-Archiv (Aribert Jung), Stuttgart; **201.2a** iStockphoto (RF/ron hilton), Calgary, Alberta; **201.2b** gemeinfrei; **201.2c** Fotolia.com (qphotomania), New York; **202.Rd.** Arco Images GmbH (NPL), Lünen; **203.3** Okapia (Nigel Cattlin/FLPA/Holt St.), Frankfurt; **204.1** Prof. Dr. Horst Müller, Dortmund; **205.4** Tierbildarchiv Angermayer (Hans Pfletschinger), Holzkirchen; **209.1** Corbis (Dr. Brad Mogen/Visuals Unlimited), Berlin; **209.2** Wanner, Gerhard (LMU), Moosburg; **210.1b** FOCUS (2002 Dr. Wanner/eye of science/AGENTUR FOCUS), Hamburg; **211.1a** Thinkstock (Hemera), München; **213.1** YOUR PHOTO TODAY (Heinz Schmidbauer), Taufkirchen; **214.1** shutterstock.com (vic927), New York, NY; **214.3** Fotolia.com (Tilo Grellmann), New York; **216.Rd.** shutterstock.com (ArTDi101), New York, NY; **218.1a** Corbis (Clouds Hill Imaging Ltd.), Berlin; **223.5** Fotolia.com (pixelumbau), New York; **224.1** Corbis RF (RF), Düsseldorf; **226.1** Klett-Archiv (Horst Bickel), Stuttgart; **227.7** dreamstime.com (Pufferfishy), Brentwood, TN; **228.1** FOCUS (P. Rona/OAR/National Undersea Research Program/NOAA/SPL), Hamburg; **228.2** FOCUS (Dr. Ken MacDonald/SPL), Hamburg; **230.Rd.** RWE PowerAG, Köln; **233.4** Thinkstock (iStock/Pi-Lens), München; **234.1a** shutterstock.com (Aleksander Bolbot), New York, NY; **234.1b** Fotolia.com (mediarts.ch), New York; **238.2** Rehfuess, Prof. Dr. Karl Eugen, Pöcking; **242.3** Getty Images (Taxi/Zen Sekizawa), München; **243.1** Klett-Archiv (Aribert Jung), Stuttgart; **246.1** Wothe, Konrad, Penzberg; **250.2** TOPICMedia (Norbert Rosing), Putzbrunn; **251.1** Thinkstock (iStock/Kevin Eaves), München; **251.2** Tierbildarchiv Angermayer (Ernst Elfner), Holzkirchen; **252.1** Fotolia.com (Lane Erickson), New York; **253.5** FOCUS (Meckes/Ottawa/eye of science), Hamburg; **254.2** creativ collection Verlag GmbH, Freiburg; **256.2** Mandzel, Waldemar (Waldemar Mandzel), Bochum-Wattenscheid; **257.Rd.** Ullstein Bild GmbH (Jörg Böthling), Berlin; **258.1** shutterstock.com (Robin Kay), New York, NY; **258.2** Fotolia.com (Tom Klimmeck), New York; **259.1a** Okapia (Jeffrey Rich), Frankfurt; **259.2** Okapia (Detlef Lämmel), Frankfurt; **259.Rd.1** Corbis (Rene Krekels/NiS/Minden Pictures), Berlin; **259.Rd.2** Fotolia.com (christofmuller), New York; **259.Rd.3** shutterstock.com (scaners3d), New York, NY; **261.2** iStockphoto (luoman), Calgary, Alberta; **261.Rd.** Getty Images (Zoonar), München; **262.1** Avenue Images GmbH (Pixtal), Hamburg; **262.2** shutterstock.com (Rick Wylie), New York, NY; **262.3** WILDLIFE Bildagentur GmbH (N.Benvie), Hamburg; **262.4** Okapia (Doug Wechsler), Frankfurt; **262.5** PantherMedia GmbH (UJac), München; **263.7** Okapia (Jens-Peter Laub), Frankfurt; **263.11** ddp images GmbH (Walter J. Pilsak), Hamburg; **264.1** Fotolia.com (Sunshine Pics), New York; **264.2** dreamstime.com (Isselee), Brentwood, TN; **264.3** Fotolia.com (arolina66), New York; **265.1** Imago (McPhoto), Berlin; **265.2** Ullstein Bild GmbH (Archiv Gerstenberg), Berlin; **268.1** Glow Images GmbH (ScienceFaction), München; **268.2** shutterstock.com (Vlad61), New York, NY; **269.3** Picture-Alliance (Arco Images GmbH/Usher, D.), Frankfurt; **269.4** iStockphoto (PK-Photos), Calgary, Alberta; **269.Rd.1** Passior, Karsten, Nordstemmen; **269.Rd.2** Mauritius Images (Alamy/Nic Cleave Photography), Mittenwald; **270.1** Picture-Alliance (dpa Themendienst/Monique Wüstenhagen), Frankfurt; **270.Rd.1** Picture-Alliance (Hippocampus Bildarchiv/Frank Teigler), Frankfurt; **270.Rd.2** Blickwinkel (R. Bala), Witten; **272.1** Mauritius Images (Alaska Stock), Mittenwald; **272.2** shutterstock.com (Vasik Olga), New York, NY; **274.Rd.** dreamstime.com (Elena Duvernay), Brentwood, TN; **275.2** Getty Images (Oxford Scientific/Ian West), München; **275.3** Fotolia.com (Hellen Sergeyeva), New York; **275.Rd.** Okapia (Francesco Tomasinelli/Lighthouse), Frankfurt; **276.3** Thinkstock (webguzs), München; **276.4** Thinkstock (iStock/rekemp), München; **277.5** Fotolia.com (lunatic67), New York; **278.Rd.** Thinkstock (Banana Stock), München; **279.2** iStockphoto (Britta Kasholm-Tengve), Calgary, Alberta; **280.1** Thinkstock (Alfredo Maiquez), München; **282.1a** Mauritius Images (Alamy/Rick & Nora Bowers), Mittenwald; **282.1b** Getty Images (Visuals Unlimited/John & Barbara Gerlach), München; **284.1** Picture-Alliance (dpa Themendienst/Klaus-Dietmar Gabbert), Frankfurt; **285.3** Picture-Alliance (Tom & Pat Leeson/ardea.com), Frankfurt; **286.4** Corbis (Rob Howard), Berlin; **287.6** Okapia (NAS/Michael Tweedie), Frankfurt; **288.1a** Picture-Alliance (blickwinkel/McPHOTO), Frankfurt; **288.1b** Thinkstock (Ryzhkov_Sergey), München; **289.Rd.1** © www.splashnews.com (Marianne Armshaw), London; **289.Rd.2** Thinkstock (iStock/randimal), München; **291.2** Okapia (NAS/Dante Fenolio), Frankfurt; **291.3** Corbis (Visuals Unlimited), Berlin; **292.1a**; **292.1b**; **292.1c** Okapia (Andreas Hartl), Frankfurt; **293.4a** shutterstock.com (Jean-Edouard Rozey), New York, NY; **293.4b** Getty Images (Robert Harding/Thorsten Milse), München; **293.4c** iStockphoto (Geoff Kuchera), Calgary, Alberta; **294.1** PantherMedia GmbH (Uwe Schwarz), München; **295.IB** Fotolia.com (Igrik), München; **297.1** Imago (blickwinkel), Berlin; **299.IB** Ullstein Bild GmbH (Granger, NYC), Berlin; **302.1** Panther Media GmbH (Thomas Huntke), München; **302.2** dreamstime.com (Holger Leyrer), Brentwood, TN; **303.1a** Picture-Alliance (WILDLIFE/H.Schweiger), Frankfurt; **303.1b** Thinkstock (studioworxx), München; **303.Rd.** Getty Images (All Canada Photos/Nick Saunders), München; **304.1** Corbis (Eric TEISSEDRE//Photononstop), Berlin; **305.Rd.** Corbis (Winfried Wisniewski/Minden Pictures), Berlin; **306.1** iStockphoto (pengpeng), Calgary, Alberta; **306.4** Fotolia.com (hfox), New York; **307.5** shutterstock.com (worldswildlifewonders), New York, NY; **307.6** shutterstock.com (javarman), New York, NY; **308.1** TOPICMedia (Roger Wilmshurst), Putzbrunn; **308.6** shutterstock.com (S.Cooper Digital), New York, NY; **310.1** Thinkstock (iStock/Eric Isselée), München; **310.Rd. 1** Fotolia.com (JLindsay), New York; **310.Rd. 2** Fotolia.com (Henrik Larsson), New York; **311.2** Danegger, Manfred, Owingen; **311.Rd.** Fotolia.com (Alexander Tarasov), New York; **312.1** PantherMedia GmbH (Herbert_R), München; **312.3** Fotolia.com (Antje Lindert-Rottke), New York; **313.2** TOPICMedia (E. u. D. Hosking), Putzbrunn; **313.3** Picture-Alliance (WILDLIFE), Frankfurt; **314.1** Fotolia.com (visceralimage), New York; **316.1** shutterstock.com (Scandium), New York, NY; **317.6** shutterstock.com (LeonP), New York, NY; **318.1** TOPICMedia (Kelvin Aitken), Putzbrunn; **318.4** Okapia (Jef Meul/SAVE), Frankfurt; **318.5** Imago (McPHOTO/de Freitas), Berlin; **319.6** Ullstein Bild GmbH (Ibis Bildagentur), Berlin; **322.1a** akg-images (North Wind Picture Archives), Berlin; **322.1b** Picture-Alliance (maxppp), Frankfurt; **322.Rd.** Getty Images (Science Source), München; **323.1** Corbis (The Gallery Collection), Berlin; **324.1a** iStockphoto (Craig Dingle), Calgary, Alberta; **324.1b** shutterstock.com (Victor Tyakht), New York, NY; **326.1** Picture-Alliance (dpa/Barbara Walton), Frankfurt; **327.2** Okapia (David Wrobel), Frankfurt; **327.3** iStockphoto (Janno Vään), Calgary, Alberta; **328.1a** Okapia (Joe McDonald), Frankfurt; **328.1b** Okapia (Michael Leach/OSF), Frankfurt; **328.Rd.1** dreamstime.com (Pixbilder), Brentwood, TN;

397

328.Rd.2 shutterstock.com (Iurii Konoval), New York, NY; **330.IB** FOCUS (Christian Darkin/SPL), Hamburg; **333.1** Imago (McPHOTO), Berlin; **334.1** Getty Images (National Geographic), München; **335.2** Getty Images (WaterFrame/Wolfgang Poelzer), München; **336.4** Okapia (Carlos Sanz/Visual & Written), Frankfurt; **338.1** laif (Polaris), Köln; **338.2** shutterstock.com (B.G. Smith), New York, NY; **339.Rd.** Corbis (Roger Ressmeyer/Science Faction), Berlin; **340.Rd.1** Glow Images GmbH (Superstock RM), München; **340.Rd.2** Getty Images (Oxford Scientific/Cultura Science/Alexander Semenov), München; **340.Rd.3** Corbis (Carol Sharp/http://www.flowerphotos.com/Eye Ubiquitous), Berlin; **340.Rd.4** Picture-Alliance (WILDLIFE/J.Freund), Frankfurt; **341.2** Corbis (David Watts/Visuals Unlimited), Berlin; **343.1a** CC-BY-SA-3.0 (Kabir Bakie CC BY-SA 2.5), siehe *3; **343.1b** PantherMedia GmbH (Julia Schappert), München; **343.1c** iStockphoto (Peter Clark), Calgary, Alberta; **346.Rd.1** FOCUS (John Reader/SPL, Photo Researchers), Hamburg; **346.Rd.2** FOCUS (John Reader/SPL/Photo Researchers), Hamburg; **347.2a** Corbis (Michael Nicholson), Berlin; **347.2b** Getty Images (DEA/G. CIGOLINI/De Agostini), München; **347.2c** Getty Images (Science Source/Barbara Strnadova), München; **348.Rd.1** Getty Images (Dorling Kindersley/Colin Keates), München; **348.Rd.2** akg-images (Erich Lessing), Berlin; **348.Rd.3** Corbis (DK Limited), Berlin; **348.Rd.4** Imago (imagebroker/saurer), Berlin; **349.IB** FOCUS (LAURENT ORLUC/EURELIOS/SPL), Hamburg; **351.Rd.1-Rd.6** Bilderberg (Ernsting), Hamburg; **352.1** Ullstein Bild GmbH (CARO/Rupert Oberhäuser), Berlin; **352.Rd.1** gemeinfrei (Hermann Schaaffhausen); **352.Rd.2** Imago (Steffen Schellhorn), Berlin; **352.Rd.3** LVR-LandesMuseum (F. Willer), Bonn; **353.1** FOCUS (John Reader, Science Photo Library), Hamburg; **354.1** Klett-Archiv (Hans-Peter Krull), Stuttgart; **354.Rd.** Picture-Alliance (AP), Frankfurt; **356.1** Okapia (F. Gohler), Frankfurt; **357.Rd.** iStockphoto (Nancy Nehring), Calgary, Alberta; **358.1a** Picture-Alliance (Arco Images GmbH/C. Hütter), Frankfurt; **358.1b** shutterstock.com (kbremote), New York, NY; **358.1c** shutterstock.com (deb22), New York, NY; **363.5** Alamy Images (Maximilian Weinzierl), Abingdon, Oxon; **364.2** Arco Images GmbH (NPL), Lünen; **364.4** iStockphoto (dra_schwartz), Calgary, Alberta; **365.5** Max-Planck-Institut f Kognitions- und Neurowiss. (Jens Brauer), Leipzig; **365.6** Fotolia.com (Gerd Reiber), New York; **365.7** PantherMedia GmbH (voyant), München; **366.1** Corbis RF (RF), Düsseldorf; **367.6** FOCUS (Dr. Jeremy Burgess/SPL), Hamburg; **368.1** Max-Planck-Institut für Neurobiologie (Bonhoeffer), Martinsried bei München; **368.2** Picture-Alliance (dpa/stockfood), Frankfurt; **369.6** Fotolia.com (kojihirano), New York;

*1 Lizenzbestimmungen zu CC-BY-3.0 siehe: http://creativecommons.org/licenses/by/3.0/de/
*3 Lizenzbestimmungen zu CC-BY-SA-3.0 siehe: http://creativecommons.org/licenses/by-sa/3.0/de/

Sollte es in einem Einzelfall nicht gelungen sein, den korrekten Rechteinhaber ausfindig zu machen, so werden berechtigte Ansprüche selbstverständlich im Rahmen der üblichen Regelungen abgegolten.